SURRENDER

SURRENDER

40 CANCIONES, UNA HISTORIA

Traducción de
Ana Mata Buil y Miguel Temprano García

VINTAGE ESPAÑOL

Penguin
Random House
Grupo Editorial

Título original: *Surrender. 40 songs, one story*

Primera edición: diciembre de 2022

Dibujos: Bono
Diseño creativo: Gavin Friday y Bono

Impreso en México / *Printed in Mexico*

ISBN: 978-1-64473-719-4

22 23 24 25 26   10 9 8 7 6 5 4 3 2 1

Oigo los pasos antiguos como el movimiento del mar.

En ocasiones me giro, hay alguien ahí, a veces solo soy yo.

BOB DYLAN,
«Every Grain of Sand»

ÍNDICE

SEGUNDA PARTE

TERCERA PARTE

PRIMERA PARTE

No puedo cambiar el mundo, pero puedo
cambiar el mundo que hay en mí.

–Teatro SFX de Dublín,
diciembre de 1982

a bicuspid view of the world
starts way before

I am told I have
an eccentric heart....

1

Lights of Home

I shouldn't be here 'cause I should be dead
I can see the lights in front of me
I believe my best days are ahead
I can see the lights in front of me.*

Nací con un corazón excéntrico. En una de las habitaciones de mi corazón, donde la mayor parte de las personas tienen tres puertas, yo tengo dos. Dos puertas batientes que, en la Navidad de 2016, estuvieron a punto de salirse de los goznes. La aorta es la arteria principal, la cuerda de salvamento de una persona, que lleva la sangre oxigenada a los pulmones y se convierte en vida. Pero hemos descubierto que mi aorta se ha estresado con el tiempo y le ha salido una ampolla. Una ampolla que está a punto de explotar, algo que me llevaría al otro mundo antes de que me diera tiempo de llamar a urgencias. Antes de que pudiera despedirme de esta vida.

Así pues, aquí estoy. Hospital Mount Sinai. Nueva York.

Me observo desde arriba con los arcos voltaicos reflejados en el acero inoxidable. Pienso que la luz es más dura que la camilla metálica en la que estoy tumbado. Noto el cuerpo separado de mí. Reducido a carne blanda y duro hueso.

---

* «No debería estar aquí, debería estar muerto. / Puedo ver las luces frente a mí. / Creo que me esperan mis mejores días. / Puedo ver las luces frente a mí».

No es un sueño ni una visión, pero siento como si un mago me cortara por la mitad con una sierra.

El corazón excéntrico está congelado.

Es preciso realizar algún tipo de reajuste, aparte de toda esta sangre dando vueltas y poniéndolo todo perdido, como suele hacer la sangre cuando no se dedica a mantenernos con vida.

Sangre y aire.

Sangre y entrañas.

Sangre y cerebro es lo que se necesita ahora mismo, si tengo que continuar cantando a mi vida y viviéndola. Mi sangre.

El cerebro y las manos del mago que está encima de mí y puede convertir un día pésimo en otro fantástico con la estrategia y la pericia adecuadas.

Nervios de acero y cuchillas de acero.

Ahora ese hombre se sube literalmente encima de mi pecho, hinca el bisturí con las fuerzas combinadas de la ciencia y la carnicería. Las fuerzas que se precisan para romper la caja torácica y entrar en el corazón de alguien. La magia que es la medicina.

Sé que no me parecerá un buen día cuando me despierte tras estas ocho horas de cirugía, pero también sé que despertarme es mejor que la alternativa.

Aunque no pueda respirar y sienta que me ahogo. Aunque intente por todos los medios tomar una bocanada de aire y no pueda.

Aunque tenga alucinaciones, porque ahora veo visiones y todo está adoptando un cariz a lo William Blake.

Tengo mucho frío. Necesito estar a tu lado, necesito tu calor, necesito tu cariño. Voy vestido de invierno. Llevo unas botas enormes, aunque estoy tumbado en la cama, pero me congelo, me muero de frío.

Empiezo a soñar.

Me encuentro en una escena de una película en la que al actor principal se le agota la vida. En los últimos momentos vitales, se irrita e interpela a su gran amor.

—¿Por qué te vas? ¡No me dejes!

—Estoy aquí, a tu lado —le recuerda su amada—. No me he movido.

—¿Qué? ¿No eres tú la que se marcha? ¿Soy yo el que se aleja? ¿Por qué me alejo? No quiero dejarte. Por favor, no permitas que me vaya.

Hay algunos secretillos sucios relacionados con el éxito que ahora empiezo a ver con claridad. Y de los que me estoy despertando.

El éxito como una consecuencia de la disfunción, una excusa para las tendencias obsesivo-compulsivas.

El éxito como recompensa al trabajo tenaz, muy tenaz, tanto que podría estar ocultando algún tipo de neurosis.

El éxito debería llegar con una advertencia para la salud: para el adicto al trabajo y para quienes lo rodean.

El éxito puede verse impulsado por alguna ventaja o circunstancia injusta. Si no por un privilegio, sí al menos por un don, un talento u otra forma de riqueza heredada.

Pero el trabajo arduo también se esconde detrás de esas puertas.

Siempre había pensado que mi don era saber encontrar la nota aguda, no solo en la música, sino en la política, en el comercio y en el mundo de las ideas en general.

Donde otras personas apreciaban la armonía o el contrapunto, a mí se me daba mejor encontrar la nota aguda, el gancho, el pensamiento claro. Probablemente porque tenía que cantarlo o venderlo.

Sin embargo, ahora veo que mi ventaja era algo más prosaico, más básico. Mi ventaja no era genética, era el don del… aire.

Eso es.

Aire.

—Su marido tiene una potencia de fuego increíble dentro de ese pecho de guerra.

Eso le dijo el hombre que me había serrado la caja torácica a mi esposa y a mi alma gemela, Ali, después de la operación.

—Ha hecho falta un hilo extrafuerte para coserlo. Diría que está a un ciento treinta por ciento de la capacidad pulmonar normal para su edad.

No emplea la expresión «bicho raro», pero Ali me cuenta que

ha empezado a considerarme «el hombre de la Atlántida», el personaje de aquella serie de ciencia ficción de la década de 1970 sobre un detective anfibio.

David Adams, el hombre a quien le debo la vida, el cirujano-mago, habla con un deje sureño, y en mi estado blakeano aumentado empiezo a confundirlo con el demente villano de *La matanza de Texas*. De fondo, lo oigo preguntarle a Ali por los tenores, que no suelen ser famosos por pasearse por el escenario cantando notas agudas.

—¿No se supone que los tenores tienen que quedarse quietos, con las piernas separadas, bien enraizadas en el suelo, antes de plantearse siquiera hacer un do de pecho?

—Sí —digo, sin abrir la boca y antes de que se me pase el efecto de los fármacos—. Un tenor debe convertir la cabeza en un amplificador y su cuerpo en un fuelle para hacer que se rompan los cristales.

Yo, por el contrario, me he pasado tres décadas dando vueltas por anfiteatros y corriendo por los estadios mientras cantaba «Pride (In the Name of Love)», en un la alto o en un si alto, según el año.

En la década de 1980, el estiloso cantante inglés Robert Palmer paró un momento a Adam Clayton para suplicarle: «¿Por qué no convences a Bono para que cante en un tono más bajo? Así su vida sería más fácil y también la de los que tenemos que escucharlo».

El aire es fortaleza.

El aire es tener confianza para asumir grandes retos o enfrentarse a grandes contrincantes.

El aire no es la voluntad de conquistar el Everest de la vida de cada cual, sino la capacidad de aguantar el duro ascenso.

El aire es lo que hace falta para subir cualquier cara norte.

Y aquí estoy yo ahora sin él, por primera vez.

En la sala de urgencias de un hospital, sin aire.

Sin aliento.

Los nombres que damos a Dios.

Puro aliento.

Jehovááááá.

Alááááá.

Yeshúaaaa.

Sin aire… Sin darse aires… Sin un aria.

Estoy aterrado porque, por primera vez en la vida, busco la fe y no la encuentro.

Sin aire.

Sin plegaria.

Soy un tenor que canta bajo el agua. Noto que los pulmones se me encharcan. Me ahogo.

Tengo alucinaciones. Tengo una visión de mi padre en una cama de hospital y de mí mismo durmiendo a su lado, en un colchón puesto en el suelo. Hospital Beaumont, Dublín, verano de 2001. Toma aire con profundidad, pero su respiración se vuelve cada vez más superficial, como si tuviera la tumba metida en el pecho. Grita mi nombre, pero me confunde con mi hermano, o al revés.

–Paul. Norman. Paul…

–Papá.

Me levanto de un brinco y llamo a una enfermera.

–¿Estás bien, Bob? –le susurra al oído a mi padre.

Estamos en un mundo de susurros animados y percutores, un mundo de sibilancias, su voz de tenor sale ahora en cortas espiraciones metálicas, se oye una *s* detrás de cada exhalación.

–Sí sssss, ssssss.

La enfermedad de Parkinson le ha robado la sonoridad.

–Quiero ir a casa sssss. Quiero marcharme de aquí ssssss.

–Dilo otra vez, papá.

Al igual que la enfermera, me he inclinado sobre él, con la oreja cerca de su boca.

Silencio.

Seguido de otro silencio.

Seguido de:

–¡A LA MIERDA!

Hay algo perfectamente imperfecto en la salida de mi padre de este mundo. No creo que nos estuviera diciendo a mí o a la enfermera siempre vigilante que nos fuéramos a la mierda. Me gustaría creer que se dirigía al mono que había llevado a cuestas, en el hombro, durante buena parte de su vida.

Durante aquellos últimos días me contó que, mientras aceptaba sus distintos cánceres, había perdido la fe, pero también me dijo que yo no debía perderla. Que era lo más interesante de mí.

Envalentonado, le leí parte de un salmo del rey David, el salmo 32.

El propio David estaba en un gran embrollo. Mi padre no estaba de humor para sermones y vi que desviaba la mirada hacia arriba, pero no parecía que mirase el cielo.

Mientras callé, se envejecieron mis huesos
en mi gemir todo el día,
porque de día y de noche se agravó sobre mí tu mano;
se volvió mi verdor en sequedades de verano. […]
Por esto orará a ti todo santo
en el tiempo en que puedas ser hallado;
ciertamente en la inundación de muchas aguas
no llegarán estas a él.
Tú eres mi refugio;
me guardarás de la angustia;
con cánticos de liberación me rodearás.

¿Esto era para mí, o para él?

Mi padre confesó su admiración ante lo que parecía una «conversación en ambos sentidos con el hombre de arriba» por mi parte.

—Mis conversaciones con Dios siempre son en un sentido, pero ahora vete, anda. Intento encontrar un poco de paz aquí.

Bueno, aquí no la encontró, pero quiero creer que allá sí.

¿Dónde es allá?

El hogar.

No sé si sé qué es eso.

Me despido, respiro hondo y me marcho en busca del hogar.

Primavera de 2015.

Más luz blanca y fría de fluorescente. Acero y cristal.

Náuseas.

Esta vez no es un asunto de vida o muerte. Me miro al espejo en el cuarto de baño adyacente al camerino, bajo un campo de hockey sobre hielo en Vancouver (Canadá). Es la primera noche del Innocence + Experience Tour.

De joven nunca fui vanidoso. Evitaba ponerme delante del espejo. Pero aquí estoy, en el baño de baldosas blancas, observando con atención mi cara, para ver si, mirando otra vez, puede volverse más atractiva.

Ya oigo el rumor de la multitud a través de las paredes, cantando «Cars» a coro con Gary Numan: «Here in my car / I feel safest of all / I can lock all my doors / It's the only way to live / In cars».*

Estoy en el futuro con el que soñé la primera vez que oí esa canción de sintetizador a finales de los setenta. No puedo creer que ahora, con cincuenta y cinco cumplidos, haya optado por el peróxido del rubio de bote casero de aquella época. El color de las alas de pollo, como diría más adelante un crítico de música español. El retumbar del estadio no hace más que aumentar el escalofrío de emoción que siento. Vuelvo a entrar en el camerino, que es una cápsula de tiempo, y me quejo de que se parece al que tuvimos en la última gira. Me dicen que es el mismo desde hace veinte años. Arpillera verde, guirnaldas de luces, sofá de piel color tabaco. Después de todo este tiempo, ¿por qué siento los nervios tan a flor de piel al disponerme a salir al escenario delante de 18.474 de nuestros amigos más cercanos? Es el estreno de nuestra gira mundial, pero, como siempre, no estoy solo.

Larry tiene un aura angelical, el aspecto de alguien que ha visto lo que hay al otro lado. Creo que podría ser verdad, dado que enterró a su padre ayer mismo. Adam parece el protagonista de una

---

* «Aquí dentro de mi coche / es donde más seguro me siento. / Puedo cerrar todas las puertas. / Es la única forma de vivir / en los coches».

película de cine independiente. Sereno. Edge está tenso y es intenso, pero parece capaz de ocultarlo.

Como hacemos antes de todos los conciertos, rezamos.

A veces puede dar la sensación de que somos desconocidos que rezan para encontrar la complicidad de una banda que esta noche pueda ser útil para nuestro público. ¿Útil? Para la música. Para un fin más elevado. De algún modo extrañamente familiar, nos transformamos. Empezamos a orar como camaradas; terminamos como amigos que encuentran una imagen distinta de sí mismos, al igual que el público que estamos a punto de conocer nos transformará de nuevo.

Rezar para ser útil es una curiosa plegaria. Nada romántica. Incluso un poco aburrida, pero constituye la esencia de quiénes somos y por qué continuamos juntos en esta banda. Hombres que se conocieron de niños. Hombres que han roto la promesa que en el fondo esconde el rock'n'roll: que puedes tener el mundo, pero a cambio el mundo te tendrá a ti. Puedes tener complejo de mesías, pero debes morir en una cruz a los treinta y tres años, o todos pueden exigir que les devuelvan el dinero. En ese sentido, les hemos fallado. De momento.

Somos hombres que soportan algún tejido cicatrizado fruto de nuestras diversas peleas con el mundo, pero cuyos ojos tienen una mirada asombrosamente limpia tras las vicisitudes y el surrealismo de una vida tocando en estadios durante treinta y cinco años.

Ahora, a través de las paredes, oigo a Patti Smith cantar «People Have the Power», la señal de que nos quedan cinco minutos y diez segundos antes de que empiece el espectáculo, cinco minutos y diez segundos antes de que descubramos si todavía tenemos lo que la gente espera encontrar, para lo que ha venido, que no es solo nuestra música, sino también nuestra amistad. Lo que ofrecemos es nuestra banda como un juego de química, una reacción química entre el público y nosotros. Eso es lo que hace que una buena banda sea genial.

El rugido de la multitud aumenta conforme recorremos el pasillo desde el camerino, un rugido que transforma a este ratón en un león. Elevo el puño en el aire cuando subo al escenario y me preparo para entrar en la canción. A lo largo de las siguientes páginas trataré de transmitir qué significa eso. Pero, tras cuarenta años dedicados a la música, sé que, si consigo mantenerme dentro de las canciones, estas me cantarán a mí y la noche dejará de ser trabajo para convertirse en placer.

Casi veinte mil personas cantan a coro el estribillo de «The Miracle (Of Joey Ramone)» y, mientras Edge, Larry y Adam se desplazan hasta la parte delantera del escenario, yo avanzo en solitario desde el otro extremo del estadio para encontrarme con ellos. Camino entre el público, entre el ruido. Por dentro tengo diecisiete años, acabo de salir de mi casa en la parte norte de Dublín y recorro toda Cedarwood Road, rumbo a los ensayos compartidos con estos hombres, pero hace un millón de años, cuando ellos también eran muchachos.

Salgo del hogar para encontrar el hogar. Y canto.

the miracle of Joey Ramone

2

Out of Control

Monday morning
Eighteen years of dawning
I said how long
*Said how long.**

Doy saltos por la sala de estar del número 10 de Cedarwood Road al ritmo de «Glad to See You Go», del álbum *Leave Home* de los Ramones.

You gotta go go go go go goodbye
*Glad to see you go go go go goodbye****

Estamos en 1978, el día en que cumplo dieciocho años.

Esas canciones son muy sencillas, pero a la vez encierran una complejidad que resulta mucho más relevante para mi vida que *Crimen y castigo*, de Dostoievski. Un libro que acabo de terminar. Y que he tardado tres semanas y media en leer. Este álbum requiere solo veintinueve minutos y cincuenta y siete segundos. Son can-

---

* «Lunes por la mañana, / dieciocho años amaneciendo. / Dije cuánto tiempo. / Dije por cuánto tiempo».

** «Tienes que irte, irte, irte, adiós. / Me alegro de verte partir, partir, partir, adiós».

ciones tan sencillas que incluso yo puedo tocarlas con la guitarra. Y no sé tocar la guitarra.

Son canciones tan sencillas que incluso yo podría ser capaz de escribir una. Sería una especie de revolución personal, cuyos retumbos podrían notarse hasta en el piso de arriba, hasta en la habitación vacía de mi hermano mayor, Norman. O, algo todavía más importante, por todo el pasillo hasta la cocina, donde está mi padre.

Mi padre, que quiere hablar conmigo sobre la posibilidad de que me busque un trabajo.

¡Trabajo!

Un trabajo es un sitio donde haces algo que, en el fondo, no te gusta durante unas ocho horas al día cinco o seis días a la semana a cambio de dinero que te permita hacer el fin de semana las cosas que te gustaría hacer todo el tiempo.

Sé que me gustaría no trabajar. Sé que, si pudiera hacer lo que me encanta, no tendría que volver a trabajar ni un solo día de mi vida. Pero hay un problema. Incluso en mi odiosa adolescencia llena de granos sé que es poco probable que ocurra si no soy genial en algo.

Y no soy genial en algo.

No soy genial en nada.

Bueno, sí, se me da bastante bien imitar a la gente. Mi amigo Reggie Manuel dice que la razón por la que me fui con su novia Zandra se reduce a mi imitación de Ian Paisley. Se me da bastante bien canalizar la belicosa vociferación del reverendo Ian Paisley, líder de los unionistas en el norte.

—¡No nos rrrrendirrrreeeeemos! —berreaba el pastor.

Mi versión de Ian Paisley hace reír tanto a Zandra que me digo que es vulnerable a mis avances, pero también sé que puede dejarme por Keith no sé qué más, pues no basta con ser divertido. También hay que ser listo, y yo soy lo bastante listo para saber que no soy listo. O no tanto.

Hasta hace poco, me iba bien en el colegio, pero desde hace un tiempo no puedo concentrarme en nada, salvo en las chicas y en la música. Y soy lo bastante listo para advertir la correlación.

Pinto bastante bien, pero no tanto como mi mejor amigo, Guggi. Escribo historias bastante bien, pero no tanto como ese sabelotodo tan dotado, Neil McCormick, que escribe para la revista del colegio. Me he planteado hacerme periodista, he fantaseado con ser corresponsal en el extranjero, con cubrir noticias en zonas bélicas. Pero para ser periodista tienes que sacar buenas notas, y los exámenes no son mi fuerte. Me cuesta quedarme quieto en el pupitre y hacerlos.

Y, además, hay otra zona bélica en la que estoy metido.

En nuestra calle, en mi casa, en mi mente.

¿Para qué desplazarme hasta el lejano Tombuctú como corresponsal de guerra cuando hay tanto material de primera debajo de mi cama? Los miedos y fantasmas que tengo allí son las razones por las que a veces no quiero levantarme. Todavía no sé que el rock'n'roll (y, en especial, el punk rock) demostrará ser mi liberación.

Que terminará con la ocupación.

De mi cama.

Tenemos un sofá de piel sintética en la sala de estar del número 10 de Cedarwood Road. Una moqueta anaranjada y negra descolorida por el sol que va de una pared a otra y que nos abraza los pies descalzos en invierno. Acaban de ponernos la calefacción central, de modo que por primera vez el frío no nos persigue por las mañanas desde la habitación hasta el cuarto de baño.

Somos ricos.

Tan ricos que mi padre conduce un Hillman Avenger rojo metalizado. Tan ricos que nos compramos una tele en color antes que nuestros amigos. Una tele en color son palabras mayores. En nuestra casa consigue que la vida real parezca menos real y, en mis años de adolescencia, la vida de papá, la de Norman y la mía necesitan parecer con frecuencia un poco menos reales.

Durante la década de 1970, la tele en color hace que el verde de los campos de fútbol de Old Trafford, Anfield o Highbury se vea mucho más verde en el programa *Match of the Day* que cualquier campo de hierba que pueda haber detrás de nuestro complejo de edificios. Las camisas rojas de George Best y Charlie George parecen llamas ardiendo. Aunque Malcolm Macdonald no cambia mucho. ¿Qué sentido tiene ser hincha del Newcastle United, con sus vestimentas monocromas, cuando el blanco y negro ha pasado a la historia?

Mi padre dice que la realeza también debería pasar a la historia, pero está de acuerdo con mi madre en que la reina se ve estupenda en color. Todos los años, mis padres discuten entre risas si nosotros, los irlandeses, deberíamos interrumpir la comida navideña para ver el discurso que Su Majestad da el día de Navidad por televisión a las tres en punto. Parece como si todo el mundo sintiera debilidad por la fanfarria y la ostentación, por la pompa y el boato de la realeza. Pero la guerra es en blanco y negro, incluso cuando es a todo color. Unas partes de nuestro país están en guerra con otras partes de nuestro país. Nuestro vecino de al lado, Gran Bretaña, se ha cebado con nosotros y nos hemos hartado. La sangre es de color carmín en las noticias. Cada vez hay más banderas en nuestra calle que ocupan el espacio público con la historia de la división de Irlanda e Inglaterra, pero eso no nos impide pararnos a contemplar el Desfile de los Colores el día del cumpleaños de la reina. Todo cobra vida en una tele en color.

No obstante, incluso teniendo en cuenta el punk rock de Gran Bretaña, para un adolescente de Dublín Inglaterra nunca podrá estar tan llena de vitalidad como Estados Unidos. Los «cowboys» introducen una gama totalmente distinta (John Wayne, Robert Redford, Paul Newman) y lo mismo hacen los «indios», aunque estos no eligieron qué imagen se daba de ellos. El retrato de los apaches, los pawnees, los mohicanos influirá en la estética punk. Luego están los agentes de la ley urbanos como Clint Eastwood en el papel de Harry el Sucio, Peter Falk interpretando a Colombo o Telly Savalas en *Kojak*.

Pero la ficción no puede competir con la auténtica vida americana. No es nada en comparación con la impactante misión espacial Apolo, la más visionaria de todas las visiones.

Qué locos están los estadounidenses para pensar que podían mandar a un hombre a la Luna, la clase de locura en la que a los irlandeses nos gusta participar. Y ¿acaso no fue uno de los miembros de nuestra particular familia real, John Fitzgerald Kennedy, quien primero concibió la idea de mandar al hombre a la Luna? Eso es lo que dice mi padre.

Como adolescente dublinés de los setenta, me tomo en serio la tarea de convertir el mundo en blanco y negro que se ve por las ventanas con las repisas abarrotadas de adornos de Cedarwood Road en el tipo de color que tenemos en ese televisor Murphy. Y no solo quiero ver la vida de otra forma, también quiero oírla de otra forma. Salir del monotono de la impotente adolescencia para entrar en los sonidos más ricos y redondos de otro *objet d'art* del salón.

Nuestro estéreo.

Tenemos un estéreo genial. No es un simple tocadiscos que llene la casa con las óperas de mi padre. También tiene una grabadora de casetes de doble pletina que va a darle la vuelta a mi vida como si fuese una cinta. Los Ramones, los Clash y Patti Smith redibujarán el mundo exterior, pero el cambio ya había empezado con los Who y Bob Dylan y la particular obsesión que sentí por David Bowie, quien, al principio, me imaginaba como una mitad de un dúo. Creía que *Hunky Dory* era el nombre de su otra mitad, en lugar de ser el nombre de su cuarto álbum.

10 DE MAYO DE 1978

Un gran día para un aprendiz de estrella del rock de 1,75 metros que jura que mide 1,78. Que hoy cumpla dieciocho años es lo de menos. En nuestra familia casi nunca celebramos los cumpleaños. Bueno, claro, es fabuloso que mi padre me dé un billete de cinco libras, pero eso no es lo que hace que hoy sea especial.

Hoy es el día en el que aprenderé un gran truco de escapismo a lo Houdini. Mejor que cualquier truco de cuerda indio, lograré que mi vida en blanco y negro desaparezca y luego reaparezca en color. Hoy es el día en que escribiré mi primera canción de rock'n'roll en condiciones y el primer single de U2. Y tengo que darle las gracias al milagro de Joey Ramone. Y a sus milagrosos hermanos. Pero sin Edge, Adam y Larry (mis propios hermanos milagrosos) nadie la habría oído jamás.

Monday morning
Eighteen years of dawning
I said how long.
Said how long.
It was one dull morning
I woke the world with bawling
I was so sad
They were so glad.
I had the feeling it was out of control
I was of the opinion it was out of control.**

Titulé la canción «Out of Control»** porque llegué a la convicción –y puede que Fiódor Dostoievski tuviera algo que ver– de que los seres humanos influimos poco o nada en los dos momentos más importantes de nuestra vida. Nacer y morir. Me pareció que era la clase de actitud tipo «a la mierda el universo» que requiere una gran canción de punk rock.

3

Iris (Hold Me Close)

The star,
that gives us light
Has been gone a while
But it's not an illusion
The ache
In my heart
Is so much a part of who I am
Something in your eyes
Took a thousand years to get here
Something in your eyes
*Took a thousand years, a thousand years.**

Imaginemos a un hombre de cincuenta y cinco años cantándole a su madre delante de veinte mil personas noche tras noche.

—«A ver, ¿se puede saber qué pasa?».

Desde luego, es duro perder a tu madre a los catorce años, pero, a estas alturas, ese hombre ya debería haberlo superado, ¿no? En serio.

---

* «La estrella / que nos da luz / desapareció por un tiempo. / Pero no es una ilusión. / El dolor / de mi corazón / es una parte tan importante de lo que soy. / Hay algo en tus ojos / que tardó mil años en llegar aquí. / Hay algo en tus ojos / que tardó mil años, mil años».

Como vocalista de la banda U2, recibo un buen montón de críticas. Sea justo o injusto, forma parte de la descripción del puesto y a menudo me resulta casi divertido. Ninguna de esas pullas puede compararse con el tipo de reproches que yo mismo me hago, sobre todo encima del escenario, cuando me asaltan infinidad de rollos psicológicos y psicodélicos. Hay una increíble cantidad de interferencias cuando estoy en el escenario y ante la multitud.

«¿Se puede saber qué pasa?».

¿La pregunta anterior? Un ejemplo de las acusaciones más inútiles que oigo en mi mente justo antes de empezar a cantar «Iris». Parece como si tuviera a mi propio satán subido al hombro, sembrando la duda a cada paso. Ese diablillo pintarrajea grafitis emocionales por todas las paredes de mi autoestima. Pero el diablillo soy yo, así que ¿por qué me empeño en hacerme pasar por este mal trago?

Alguien ha comparado la oración con estar en un mar agitado en una barca sin remos. Lo único que tienes es una cuerda que, en algún lugar remoto, está amarrada al puerto. Puedes ir tirando de esa cuerda para acercarte más a Dios.

Las canciones son mis rezos.

RIZOS NEGROS Y CARCAJADAS COMO CAMPANAS

Tengo muy pocos recuerdos de mi madre, Iris. Mi hermano Norman tampoco tiene. La explicación más sencilla es que, cuando murió, en nuestra casa no volvimos a hablar de ella.

En realidad, temo que ocurriera algo peor. Apenas volvimos a pensar en Iris.

Éramos tres varones irlandeses y evitamos el dolor que sabíamos que afloraría al pensar y hablar de ella.

En 2014, en *Songs of Innocence*, me había dado permiso para mirar atrás, para levantar las piedras bajo las que sabía que correteaban unas inquietantes hormigas. Intenté entrelazar los retazos de recuerdos que me quedaban de mi madre y plasmarlos en la canción «Iris».

Me ofrecería a ella convertido en canción.

La encontraría.

Tres días antes del lanzamiento del disco, me entró el pánico. Había dejado de gustarme la idea de que «Iris» saliera al éter de los lanzamientos musicales, de que saliera al mundo esa canción escrita por un hombre de cincuenta y cuatro años que llama a gritos a su difunta madre. En el último momento, «Iris» me pareció desmedida en todos los sentidos: demasiado blanda, demasiado histriónica, demasiado expuesta, un capricho excesivo para que una banda tuviera que aguantárselo a su cantante. Como en un principio iba a ser un lanzamiento exclusivamente digital para quinientos millones de personas (esa es otra historia, luego la contaré), intenté sacar la canción del álbum. No era como si tuviésemos que tirar a la basura un millón de CD o de vinilos. Pero también el mundo digital tiene sus fechas límite y la mía ya había pasado. Apple había cargado el álbum en infinidad de sistemas virtuales y quitar esa pista implicaría hacer estallar el mundo.

O algo igual de malo.

Me quedé mirando la pared mientras me preguntaba por qué el dolor aún era tan crudo, por qué pensar en Iris me dolía tanto pasados todos esos años. ¿Cuántos exactamente habían transcurrido? Estábamos en 2014, cuarenta años después de su muerte. Y en septiembre: cuarenta años en el mes exacto.

¿En serio? ¿Y en qué fecha concreta? No me acordaba. Mandé un mensaje a mi hermano. Tampoco se acordaba. Llamé a mi tío, pero el tío Jack tampoco se acordaba, aunque sí recordaba que enterraron a «Gangs» Rankin, mi abuelo, el 9 de septiembre porque fue la última vez que vio a su hermana Iris.

El 9 de septiembre era el lanzamiento del disco. Aunque nadie lo supiera, *Songs of Innocence* llegó al mundo en la misma fecha en que hablé con mi madre por última vez. ¿A qué se deben esos hallazgos fortuitos? ¿Son mera coincidencia? Atesoro el misterio de cualquier señal cósmica, así que hallé cierto consuelo en pensar que era un indicio de que hacía lo correcto.

Free yourself to be yourself
*If only you could see yourself.**

Esa frase se convirtió en mi mantra («Libérate para ser tú mismo») y los recuerdos comenzaron a fluir.

La risa de Iris. Su sentido del humor, negro como sus rizos morenos. La risa inoportuna era su debilidad. Una vez, Bob, mi padre, criado en el centro de Dublín, había llevado a mi madre y a Ruth, su hermana, al ballet, pero luego se murió de vergüenza con los ataques de risa contenida de mi madre ante las protecciones genitales tan abultadas que llevaban los bailarines debajo de las mallas.

Recuerdo que cuando tenía siete u ocho años era muy travieso.

Iris me perseguía mientras blandía una vara larga que le había dado una amiga con la promesa de que eso me haría entrar en vereda. Yo estaba muerto de miedo mientras Iris me perseguía por el jardín. Pero, cuando me atreví a mirar atrás, vi que se partía de risa, ni un ápice de ella creía en aquel castigo medieval ni en la maldad del muchacho.

Recuerdo estar en la cocina, viendo cómo Iris planchaba el uniforme del colegio de mi hermano, con el leve zumbido del taladro eléctrico procedente del piso de arriba, donde el manitas de mi padre estaba colgando una estantería que él había hecho.

De pronto, un grito. Un sonido inhumano, un alarido animal.

—¡Iris! ¡Iris! ¡Llama a una ambulancia!

Corrimos hasta el pie de las escaleras y nos lo encontramos en el descansillo de arriba, con la herramienta eléctrica en la mano. Al parecer, se había taladrado la entrepierna. Se le había resbalado la

* «Libérate para ser tú mismo. / Ojalá pudieras verte».

broca y ahora estaba tieso de miedo porque no sabía si se le volvería a poner tiesa.

—¡Me he castrado! —gritó.

Yo también me quedé en estado de shock al ver a mi padre, el gigante del número 10 de Cedarwood Road, como un árbol caído. Y, además, no sabía qué significaba eso. Iris sí lo sabía, y también se quedó de piedra, pero la expresión de su cara no indicaba alarma. No, la expresión de su cara era la de una mujer hermosa que intentaba contener la risa, seguida de la expresión de una mujer hermosa que no pudo seguir conteniendo la risa. Carcajadas de una chica atrevida cuyos esfuerzos por no cometer un sacrilegio solo consiguen provocar un estallido aún más escandaloso cuando por fin explota.

Iris se acercó al teléfono, pero no conseguía serenarse para marcar el número de urgencias; se retorcía de risa. Papá superó la herida física. Su matrimonio superó el incidente. El recuerdo quedó fijado en nuestro hogar.

Iris era una mujer práctica. Sí, también ella era una manitas. Sabía cambiar el enchufe de la hervidora de agua y sabía coser: ¡vaya si sabía coser! Empezó a trabajar a media jornada como modista cuando mi padre no le permitió trabajar de mujer de la limpieza para Aer Lingus, junto con sus mejores amigas de Cedarwood Road. Tuvieron un buen enfrentamiento por este asunto, la única pelea en toda regla que recuerdo. Estaba en mi cuarto escuchando a escondidas cuando mi madre contraatacó con un «tú no me mandas» en su defensa. Y, seamos sinceros, él no mandaba. La súplica tuvo éxito donde la orden había fracasado, y mi madre dejó pasar la oportunidad de trabajar con sus amigas en el aeropuerto de Dublín. Años después, cada vez que volvía a casa después de una gira, sentía una punzada de dolor al encontrarme con sus buenas amigas Onagh y Winnie en la zona de llegadas. Iris ya no estaba entre nosotros, pero a veces me la imaginaba de pie junto a ellas.

DOMINGO POR LA MAÑANA
EN LAS DOS IGLESIAS DE ST. CANICE

Hold me close, hold me close and don't let me go.
Hold me close like I'm someone that you might know
Hold me close the darkness just lets us see
Who we are
*I've got your light inside of me.**

Bob era católico, Iris era protestante. Su matrimonio había escapado al sectarismo de la Irlanda en la época. Y, como Bob creía que la madre debía tener el voto decisivo en la instrucción religiosa de los hijos, los domingos por la mañana nos dejaba a mi hermano y a mí con nuestra madre en la iglesia protestante de St. Canice, en Finglas. Después, mi padre escuchaba misa en la misma calle, pero en la iglesia católica, que también se llamaba St. Canice. ¿Confuso? ¡Sí!

Había apenas un kilómetro y medio entre las dos iglesias, pero en la Irlanda de los sesenta un kilómetro y medio era una distancia enorme. En aquella época, los protestantes tenían las mejores melodías y los católicos, la mejor puesta en escena. Gavin Friday, mi colega desde un principio de Cedarwood Road, solía decir que «el catolicismo es el glam rock de la religión», con sus velas y colores psicodélicos (los azules, los escarlatas y los morados de los cardenales), sus bombas de humo hechas de incienso y el tintineo de la campanilla. A los protestantes se les daban mejor las campanas grandes, porque, tal como decía Gavin, «¡podían permitírselo!». Para una gran parte de la población de Irlanda, protestantismo y riqueza iban de la mano. Poseer cualquiera de las dos cosas implicaba haber colaborado con el enemigo: es decir, Gran Bretaña. Ese era el pensamiento bastante deformado de las décadas de 1960 y 1970. En realidad, la Iglesia de Irlanda había proporcionado a muchos de los insurgentes irlandeses más famosos y, al sur de la fron-

---

* «Abrázame, abrázame fuerte y no me sueltes. / Abrázame fuerte como si me conocieras. / Abrázame fuerte, la oscuridad apenas nos deja ver / quiénes somos. / Llevo tu luz dentro de mí».

tera, su congregación era en su mayoría modesta en todos los sentidos. Gente muy modesta, muy simpática. Es más, lejos de la intolerancia, de lo único que podías quejarte era del exceso de simpatía. Sus fiestas en el jardín y sus mercadillos de trueque eran una especie de muerte por empalagamiento. ¡La Iglesia de Irlanda podía matarte con tanta simpatía!

Mi padre era muy respetuoso con la comunidad eclesiástica de su esposa, de modo que, tras rendir culto a solas en una punta de la calle, regresaba desde su iglesia de St. Canice para esperar a la puerta de la otra St. Canice a que salieran su esposa y sus hijos. Luego nos llevaba a todos a casa.

Iris y Bob se habían criado en la ciudad de Dublín, alrededor del paso de Oxmantown Road, una zona conocida como Cowtown porque la feria se celebraba allí todos los miércoles. Estaba junto a Phoenix Park, que, según los lugareños, era el mayor parque urbano de Europa, y por el que a Bob y a Iris les encantaba pasear y observar los ciervos que corrían libres. Cosa rara para un dublinés, Bob jugaba al críquet en el parque y su madre, la abuela Hewson, escuchaba los resultados de la selección inglesa de críquet por la BBC. En Irlanda ese deporte no era un juego de la clase obrera. Si a eso le sumamos que mi padre ahorraba para comprar discos de sus óperas favoritas, que llevó a su mujer y a la hermana de esta al ballet (y que después no dejó que Iris se convirtiera en una «doña Fregona», como decía él, aunque sus amigas sí lo fueran), es fácil hacerse una idea de que quizá Bob fuese un pelín esnob. Sus intereses, desde luego, no eran los más habituales en el barrio. En realidad, es posible que toda la familia fuera un poco diferente. Mi padre y su hermano Leslie ni siquiera hablaban con un acento dublinés muy marcado. Era como si siempre usaran la misma voz formal que ponían cuando respondían al teléfono.

El apellido de mi familia paterna también es extraño, en el sentido de que puede ser tanto protestante como católico. Durante una gira por el Reino Unido, vi una vez en un pub muy pijo un estatuto para la decapitación de Carlos I, y había un tal John Hewson entre los siete signatarios. ¿Un republicano? Bien. ¿Uno de los partidarios de Cromwell? Mal.

De niño me daba cuenta de que los Hewson tendían a vivir en un universo mental, mientras que los Rankin estaban más a gusto con su cuerpo. A veces los Hewson pensaban demasiado. Mi padre, por ejemplo, no iba a visitar a sus propios hermanos sin avisar por si no querían verlo. Hacía falta que lo invitaran. Mi madre (una Rankin) le decía que se pasara por su casa sin más. Sus familiares siempre se hacían visitas improvisadas. ¿Dónde está el problema? Somos una familia. Los Rankin se pasan el día riendo y, si bien los Hewson no podemos hacer lo mismo, digamos que tenemos un temperamento propio con el que entretenernos. Un temperamento fuerte.

Puede que yo haya heredado un poco de cada.

Hay otra diferencia. La familia Rankin es susceptible al aneurisma cerebral. De las cinco hermanas Rankin, tres murieron de aneurisma. Entre ellas, Iris.

¡JESÚS, IRIS Y JOSÉ!

Mi madre solo llegó a oírme cantar en público una vez. Interpreté al Faraón en el musical de Andrew Lloyd Webber *Joseph and the Amazing Technicolor Dreamcoat*. En realidad, se trataba del papel de un imitador de Elvis, así que eso es lo que hice. Vestido igual que él, torcía el labio y hacía temblar las paredes. Iris se reía sin parar. Parecía sorprendida de que supiera cantar, de que tuviera una vena musical, lo cual me extrañó, pues lo había dejado entrever muchas veces con mi actitud.

Desde que era muy pequeño, cuando apenas llegaba a la altura del teclado, me quedaba embobado con el piano. En nuestra iglesia había uno y cualquier rato que consiguiera pasar a solas con ese instrumento lo consideraba sagrado. Me pasé siglos tratando de averiguar qué sonido hacían las teclas o qué ocurría si apretaba uno de los pedales con el pie. No sabía qué era la reverberación; no podía creer que una acción tan sencilla pudiera convertir nuestra modesta capilla en una catedral. Recuerdo que, cuando encontraba una nota con la mano, enseguida buscaba otra nota con la que entonara. Y otra. Había nacido con melodías en la cabeza y estaba buscando la manera de oírlas en el mundo.

Iris no buscaba ese tipo de señales, así que no las veía.

Iris no era romántica; era práctica. Una mujer frugal que se hacía la ropa. Cuando mi abuela decidió vender el piano, mis indirectas sobre lo bien que quedaría en nuestra casa no podrían haber sido más directas.

—No seas bobo. ¿Dónde lo vamos a meter?

Ni hablar de piano en nuestra casa. No había sitio.

Iris tuvo una segunda oportunidad de enmendarlo. Cuando cumplí los once años, mis padres me mandaron a la St. Patrick's Cathedral Grammar School, en el centro, un colegio famoso por su coro masculino. En la entrevista, el señor Horner, el director, me preguntó si me interesaría formar parte del coro. Me dio un vuelco el corazón, pero sentí el nerviosismo propio de un muchacho de once años que alega tener un talento que todavía no ha demostrado. Iris, que debió de percibir mi azoramiento, respondió por mí.

—En absoluto. A Paul no le gusta cantar.

Para una criatura tan comprometida con la música, el comportamiento de mi madre podría parecer un poco raro, como si apenas conociera a su segundo hijo. Pero dudo de que fuera así. Iris se dedicaba a resolver problemas, no a crearlos. Como tantas veces, estaba siendo práctica, nada más.

DE CATEDRAL A TEMPLO

Once we are born, we begin to forget
The very reason we came

But you I'm sure I've met
Long before the night the stars went out
*We're meeting up again.**

En septiembre de 1972, tenía doce años y estaba en mi primer curso en Mount Temple. La St. Patrick's Cathedral Grammar School había sido una desdicha para mí y para ellos. La gota que colmó el vaso fue una profesora de español a la que llamábamos Biddy («Vieja Urraca») y de la que estoy convencido de que tachaba mis deberes sin siquiera mirarlos. Me sentía humillado, pero lo que empezó como una mofa a mi costa acabó por convertirme en un gamberro. Cuando hacía buen tiempo, Biddy sacaba la comida de un táper de plástico transparente y se sentaba a tomarla en un banco del parque a la sombra de la imponente catedral de St. Patrick, la más grande del país. A los alumnos de la escuela no nos permitían salir al parque a la hora de comer, pero yo había averiguado la manera de saltar la verja y, un día, con un par de cómplices, logramos meter excrementos de perro en su táper. Fue nuestra venganza por cagarse en nuestros trabajos. Es posible que se le manchara el pelo de mierda y fue bochornoso. No es de extrañar que, al acabar el trimestre, Biddy quisiera quitarse parte de esa mierda del pelo y la dirección del centro me insinuara que yo sería más feliz en otro sitio.

Entra en escena la Mount Temple Comprehensive School.

Mount Temple fue la liberación.

Era un experimento coeducativo y aconfesional, admirable para la época en la conservadora Irlanda. En lugar de una clase A, una clase B y otra clase C, las seis clases de primer curso llevaban las letras D, U, B, L, I y N. Nos animaban a ser nosotros mismos, a ser creativos, a llevar la ropa que quisiéramos. Y había chicas. Que también llevaban la ropa que querían.

El reto eran los dos autobuses que había que coger para llegar

* «Al nacer empezamos a olvidar / la razón por la que vinimos. / Pero a ti estoy seguro de que te conocí. / Mucho antes de la noche en que se apaguen las estrellas / nos volveremos a encontrar».

hasta allí, el trayecto hasta el centro desde la parte noroeste de la ciudad y el que iba de ahí al noreste. Salvo que fueras en bicicleta, que es lo que empezamos a hacer mi amigo Reggie Manuel y yo. El colegio estaba en una pendiente interminable de una colina en la que aprendimos a agarrarnos de la furgoneta de la leche, y creo que jamás me he sentido tan libre como en aquellos días en los que íbamos al colegio pedaleando con Reggie. Es cierto que el tiempo no siempre permitía que fuésemos en bicicleta y nos condenaba al pesadísimo trayecto en autobús, pero, a cambio, los viernes teníamos la recompensa de estar en el centro de la ciudad después de clase y de tener la oportunidad de ir a la Dolphin Discs, en Talbot Street. La oportunidad de contemplar embelesados carátulas de discos como *Raw Power*, de los Stooges, o *Ziggy Stardust*, de David Bowie.

LOS HOMBRES Y LAS MUJERES QUE CAYERON SOBRE LA TIERRA

La única razón por la que no estaba en Dolphin Discs a las 17.30 h del 17 de mayo de 1974 es que hubo huelga de autobuses y tuvimos que ir en bicicleta a clase. Ya estábamos en casa cuando las calles que rodeaban Dolphin Discs saltaron por los aires a causa de un coche bomba en Talbot Street, otra bomba estalló en Parnell Street y otra más en South Leinster Street, todas en cuestión de minutos, un ataque coordinado que llevó a cabo un grupo extremista unionista de Úlster que quería que el sur supiera cómo era el terrorismo. Una cuarta explosión estalló en Monaghan, y el número total de muertos ascendió a treinta y tres personas, entre ellas una joven madre embarazada, la familia O'Brien al completo y una mujer francesa cuya familia había sobrevivido al Holocausto.

Aquel día no esquivé una bala, esquivé una masacre. El hermano de once años de Guggi, Andrew Rowen, al que apodábamos Guck Pants Delaney («Delaney Calzón Sucio»), no pudo esquivarla. Su padre, Robbie Rowen, y él habían aparcado en Parnell Street cuando estalló la detonación. Su padre encerró a Andrew en la furgoneta familiar, mientras él se dedicaba a intentar rescatar a distintas personas de los estragos. Andrew observó horrorizado los inertes cuerpos desmembrados que lo rodeaban. Años después lo llamé para preguntarle si le importaría que escribiera acerca de ese día en una canción titulada «Raised by Wolves». «Espera un segundo», me dijo, y, cuando volvió al teléfono, me comentó que tenía en la mano un resto de metralla auténtica del coche bomba. Había guardado ese pedazo de la bomba durante cuarenta años, prueba de un trauma que se había llevado una parte de él. Sus palabras. Cuando tenía quince años apareció en los periódicos por disparar a un ladrón que había entrado en la tienda de bicicletas en la que trabajaba. A los veinte años era adicto a la heroína y dormía al raso en las calles de Londres. Nuestra canción «Bad» está dedicada a Andrew.

El dalái lama dice que solo se puede empezar una auténtica meditación sobre la vida con una meditación sobre la muerte. Suena a historia gótica, pero da que pensar. La finitud y la infinitud son los dos polos de la experiencia humana. Todo lo que hacemos, pensamos, sentimos, imaginamos y debatimos está enmarcado en la noción de si nuestra muerte es el final o el principio de algo. Se precisa una gran fe para no tener fe. Una gran fortaleza de carácter para resistirse a los textos antiguos que insinúan la existencia de otra vida.

A los catorce años, nada de todo esto era abstracto.

SECUENCIA ONÍRICA ESTANDO DESPIERTO

El lunes 9 de septiembre de 1974 tengo catorce años. Mi padre lleva a mi madre en brazos a través de una multitud que se desperdiga como una bola blanca de billar que golpea un triángulo de color. Tiene prisa por ir al hospital. Iris se ha desplomado junto a la tumba mientras bajaban el féretro de su padre y lo metían en la tierra.

—Iris se ha desmayado. Iris se ha desmayado.

Mis tías, mis primos. Sus voces resuenan como la brisa entre las hojas.

—Se pondrá bien, se pondrá bien. Se ha desmayado, nada más.

Se... se... se... Susurra el viento. Ha... ha... ha... des... des... desmayado. Irisssss sssse ha desssssmayado. Antes de que yo, o cualquier otro, pudiera pensar o parpadear siquiera, mi padre ya había metido a Iris en el asiento trasero del Hillman Avenger, con mi hermano Norman al volante, a sus veintiún años, conduciendo el coche de la huida. Pero aquel día fue imposible huir de la tragedia. Me quedé con mis primas para dar el último adiós a mi abuelo y luego, casi por inercia, volvimos arrastrando los pies a la casa de mi abuela, en el número 8 de Cowper Street, donde la diminuta cocina se convirtió en una fábrica de sándwiches, galletas y té. Esta casita pequeña con dos habitaciones en cada una de las dos plantas y un baño exterior parece contener a miles de personas, todas ellas alimentadas casi por milagro.

Hace apenas tres noches, mi abuelo había bailado y cantado el *reel* de Michael Finegan en su cincuenta aniversario de bodas. Se lo pasó tan bien que sus hijos temían que se despertara por la noche y no lograra llegar al baño. Dejaron un orinal junto a la cama. Mi abuelo abandonó esta vida dándole una patada a ese orinal. Sí, sí, le dio una patada al orinal en un espasmo por un grave ataque al corazón la noche de sus bodas de oro.

Hoy todas las hermanas, los hermanos y los sobrinos de la familia Rankin estamos apretujados en esta reducida casita de ladrillo rojo, y, aunque es el funeral del abuelo, y, aunque Iris se ha desmayado, somos niños, así que corremos y nos reímos con los primos. Hasta que una puerta se abre de sopetón. Ruth, la hermana menor de mi madre y su mejor amiga, irrumpe en la sala con su marido, Teddy, que está llorando.

—Iris se muere, Iris se muere —repite—. Ha tenido una embolia.

El tío Ted se deshace en llanto, pero todo el mundo quiere enterarse de lo ocurrido y se arremolina alrededor de la pareja para conocer a fondo la noticia.

Iris es una de los ocho hijos del número 8. Tiene cuatro hermanas (Ruth, Stella, Pat y Olive) y tres hermanos: el mayor Claude, el segundo Alex, y Jack, que está casado con Barbara, una pareja que se ha convertido en mi otra familia más cercana, con los que compartimos una caravana para vacaciones. Jack y Barbara se apiñan junto a Ruth y Teddy. Levanto la vista hacia Barbara, que en tantos sentidos ocupará el lugar de mi madre a lo largo de los años, y veo el peso del duelo. Es como si la gravedad se doblara. Barbara se esfuerza por mantenerse en pie. Ruth, la más próxima en edad, y en muchos aspectos más, a mi madre, ocupa de inmediato el papel de la hermana mayor y empieza a organizarse.

Todo esto sucede en el momento previo a que alguien se percate de que yo también estoy aquí, el hijo menor de Iris. Quizá no sea necesario que sepa esta noticia, o no así, y justo ahora. Pero la oigo. Tengo catorce años y mantengo una extraña calma. Les digo a las hermanas y a los hermanos de mi madre que todo acabará bien. Pero nada va bien. Y nada acabará bien.

Todo será diferente.

Tres días más tarde, nos llevan a Norman y a mí al hospital para despedirnos de mi madre. Aún está viva, pero por poco. El pastor del barrio, Sydney Laing, con cuya hija salgo en esa época, está allí. Ruth está junto a la puerta de la habitación del hospital, hecha un mar de lágrimas. Y Barbara. Y mi padre, cuyos ojos parecen tener menos vida que los de mi madre. Norman y yo entramos en la sala de urgencias en guerra con el universo, pero Iris parece en paz. Cuesta hacerse a la idea de que la mayor parte de ella ya no esté con nosotros. Me recuerdan que con una fe del tamaño de un grano de mostaza se pueden mover montañas. Pero esta montaña es la mortalidad de mi madre y no se aparta de mi camino. La cogemos de la mano y le decimos adiós. Se produce un clic, pero mi hermano y yo no lo oímos. El sonido de un interruptor. La máquina que mantenía caliente a Iris se apaga. La electricidad. La luz y la vida se apagan. Se acabó.

The stars are bright but do they know
The universe is beautiful but cold.*

A veces, dice el clásico espiritual, me siento como un niño huérfano de madre. ¿Qué hay detrás de una pérdida así? ¿Acaso una parte del niño siente que la madre eligió marcharse? Probablemente el abandono sea la raíz de la paranoia. John Lennon, Paul McCartney, Bob Geldof, John Lydon, hay muchos cantantes de rock'n'roll que perdieron muy pronto a su madre. Algo debe de significar esto. Un amigo me habla de un abandono similar en el hip-hop. En ese caso, se trata del abandono del padre.

VERSOS DE UNA CANCIÓN: DE IRIS A ALI

Grandes redobles de tambor, grandes temas, grandes emociones. Siempre me ha gustado la música a lo grande. Las canciones son mis rezos. Las canciones también son donde vivo, y, si habitas en tus canciones, quieres asegurarte de que hay sitio de sobra. El tamaño de una canción es importante. Tu vida emocional debe caber dentro, y muchas de las emociones que no podía expresar de adolescente en el número 10 de Cedarwood Road han encontrado espacio desde entonces en las canciones de U2.

Esas canciones se convirtieron en mi hogar.

Mientras escribía el tema «Iris» me encontré sin querer deambulando entre una canción dedicada a mi madre y una canción dedicada a Ali, algo comprensible, pero imperdonable. Un hombre nunca debería convertir a su madre en su amante. Es un truco en el que puede caer una chica protectora y que puede explotar un chico egoísta, pero en ese momento me ocurrió a mí. Estaba cantando para Iris y, de repente, dejé de hacerlo.

You took me by the hand
I thought that I was leading you

---

* «Las estrellas brillan, pero ¿saben acaso / que el universo es bello, pero frío?».

But it was you made me your man
Machine
I dream
Where you are
Iris standing in the hall
She tells me I can do it all.*

El álbum *The Man-Machine* de Kraftwerk fue el primer regalo que hice a Ali, quien hasta entonces parecía escuchar sobre todo la colección de discos de cantantes melódicos de su padre. Entonces yo no lo sabía, pero Ali se convertiría en la persona que iba a creer en mí ahora que mi madre ya no podía hacerlo. Entonces yo no lo sabía, pero, años después, cuando mi padre falleció, Ali me contó que en cierto modo yo lo había culpado por la muerte de Iris y que la rabia que tenía dentro, la rabia que todavía me supera a veces, tenía su origen ahí.

Iris playing on the strand
She buries the boy beneath the sand,
Iris says that I will be the death of her
It was not me.**

La rabia que es el rock'n'roll.
Toda la rabia que te aleja de la página y te lleva al escenario. Noche tras noche cantas metiéndote en ella y cantas a través de esa rabia.
No la maté yo, la mataste tú, por no hacerle caso.
¡A mí me harás caso!
Iris.
Dejas de cantar la canción; la canción te canta a ti.

---

* «Me agarraste de la mano. / Pensé que yo te guiaba, / pero fuiste tú quien me hiciste tu hombre / máquina. / Sueño / dónde estás. / Iris de pie en el pasillo / me dice que puedo hacerlo todo».

** «Iris jugando en la playa / entierra al niño en la arena, / Iris dice que seré su muerte. / No fui yo».

El viaje que aleja de la autoconsciencia es el viaje más importante que cualquier artista puede hacer; es el viaje más duro. Pero, cuando aciertas, el escenario se convierte en el lugar en el que por fin te sientes plenamente en casa, donde, de un modo extraño, eres plenamente tú.

Yeats lo captó.

Oh, cuerpo mecido con la música. Oh, brillante estampa,
¿cómo distinguir al bailarín del son que baila?

5

GUGGI

10

Home of BONO

CEDARWOOD
ROAD

and BOB HEWSON

'a baritone who
thinks he is a tenor'
an actual tenor

140

MR FRIDAY 2U

4

Cedarwood Road

I was running down the road
The fear was all I knew
I was looking for a soul that's real
Then I ran into you
And that cherry blossom tree
Was a gateway to the sun
And friendship once it's won
*It's won... it's won.**

Mi padre era tenor, un tenor excelente, de verdad. Era capaz de conmover a la gente con su canto y, para conmover a los demás con la música, primero tienes que sentir tú esa emoción.

Veo a mi padre plantado en el salón de Cedarwood Road, delante del estéreo con dos de las agujas de tejer de mi madre. Es el director de orquesta. Dirige a Beethoven, a Mozart y a Elisabeth Schwarzkopf cuando canta *Las cuatro últimas canciones* de Richard Strauss.

---

* «Corría calle abajo / solo conocía el miedo. / Buscaba un alma que fuera real / y me topé contigo. / Y aquel cerezo en flor / fue una entrada al sol. / Y la amistad, una vez ganada, / ganada está… Ganada está».

Ahora mismo escucha *La Traviata*, con los ojos cerrados, perdido en el ensueño.

La música lo embarga, ya no está aquí. No es del todo consciente de la historia que *La Traviata* narra, pero la percibe. Un padre y un hijo enfrentados, unos amantes desterrados que regresan. Percibe la injusticia del corazón humano. La música lo destroza. No se da cuenta de que estoy en la sala, mirándolo. Tardaré muchos años en saber qué ópera era la que se desarrollaba en su mente, pero sin duda la música era su única válvula de escape. Apenas se percata de nada más.

Hay un número reducido de vías para convertir a un niño pequeño en un cantante capaz de llenar estadios. Puedes decirle a ese niño que es magnífico, que el mundo necesita oír su voz, que no debe «ocultar su talento». O simplemente puedes hacerle caso omiso. Quizá eso sea más eficaz. La falta de interés de mi padre, el tenor, en la voz de su hijo no es fácil de explicar, pero tal vez fuese crucial.

Tras el fallecimiento de mi madre, Cedarwood Road empieza a gestar su propia ópera. Me veo encerrado en una casa de tres varones acostumbrados a gritar al televisor que ahora se gritan unos a otros. Vivimos en la rabia y la melancolía; vivimos en el misterio y el melodrama.

El tema de esta ópera es la ausencia de una mujer llamada Iris y la música se va intensificando para indicar el silencio que envuelve la casa cada vez que se menciona su nombre. Algo que no ocurre nunca, porque así es como estos hombres tratan de lidiar con el duelo. Fingiendo que no existe.

Igual que Iris ya no existe entre ellos.

Tres varones que superan el dolor omitiendo toda mención a él. Uno de ellos es apenas un muchacho que, en consecuencia, incluso ahora tiene escasísimos recuerdos de su madre que poder recuperar del río de silencio que buscaba ahogarla. Un río de silencio en el que nuestro héroe está a punto de ahogarse también, hasta que su hermano mayor le arroja una cuerda que le salvará la vida.

Lo sube a una balsa de madera que lo llevará a la orilla. La balsa es una guitarra, tanto cuerda de salvamento como arma.

Mi hermano, Norman, siempre ha sido un reparador de la forma más práctica, un ingeniero, un mecánico del mundo alrededor de él que era capaz de desmontar los objetos y volverlos a montar. Lo que fuera. El motor de la motocicleta, un reloj, una radio, un estéreo. A Norman le encantaba la tecnología y le encantaba la música, y ambas se unieron en un enorme reproductor de casetes con grabadora de doble pletina Sony en color cromado que ocupaba el centro de la mesa, en un lugar de honor de la «habitación buena». Norman tenía tanto olfato para los negocios que se percató de que contar con una grabadora significaba no tener que seguir comprando música. Si un amigo le prestaba una cinta una hora, ya era suya para siempre. Su inmensa colección de canciones y álbumes ocupó la mayor parte de mi vida interior a principios de los setenta. Desde los Beatles hasta Bowie, pasando por los Rolling Stones, por los Who y hasta por cantantes de folk como Bob Dylan, Leonard Cohen o Neil Young.

Como Norman, que tenía siete años más que yo, ya trabajaba cuando yo iba a Mount Temple, el radiocasete de doble pletina era mi única compañía cuando llegaba a casa después de clase. Algunas tardes entraba con un hambre voraz, pero me olvidaba de quién era y de dónde estaba. Me plantaba delante del estéreo, al igual que mi padre, y dejaba que la casa ardiera mientras escuchaba ópera. *Tommy*, de los Who. Una ópera rock. El humo del carbón llenaba la cocina y se colaba en la sala de estar.

Norman me enseñó a tocar la guitarra. Me enseñó el acorde de do, el acorde de sol y, algo mucho más difícil, el acorde de fa, para el que tenías que pisar dos cuerdas con un mismo dedo.

Especialmente complicado cuando las cuerdas están muy separadas de los trastes, como ocurría con la guitarra de Norman, no muy cara. Pero gracias a sus indicaciones aprendí a tocar «If I Had a Hammer» y «Blowin' in the Wind». Mi hermano tenía un cancionero de los Beatles con el que progresé aún más. No eran solo acordes y partituras; el libro estaba lleno de cuadros surrealistas inspirados en sus temas. Mientras mi amigo Guggi intentaba copiar las imágenes, yo me concentraba en tocar «I Want to Hold Your Hand», «Dear Prudence» o «Here Comes the Sun» en la guitarra de mi hermano.

Norman y yo nos peleábamos mucho. Él tenía mal genio, pero era un chico inteligente que, al igual que su padre, debería haber ido a la universidad. Había conseguido una beca para una institución con buena fama denominada simplemente The High School, un centro de enseñanza secundaria protestante de renombre que potenciaba sobre todo las matemáticas y la física, pero que era famosa por haber sido la alma máter de William Butler Yeats. Sin embargo, Norman nunca se sintió demasiado integrado allí con su uniforme de segunda mano, sus libros de segunda mano y la religión de segunda mano de su padre católico. Se sentía inferior a los chicos protestantes del sur de la ciudad.

Norman tenía un carácter alegre, salvo cuando lo embargaba la melancolía. Entonces, se apoderaba de él por completo. Había estado muy unido a Iris y de vez en cuando lo oía hablar con ella sobre las chicas que le gustaban y lo mucho que le costaba acercarse a ellas. Y recuerdo que Iris le daba consejos para el acné. Como Norman, Iris también era mecánica, una mecánica del corazón.

UN CRACK DEL AJEDREZ

No recuerdo con exactitud cuándo aprendí a jugar al ajedrez, pero lo más probable es que fuera en verano, en el pueblo costero de Rush, a las afueras de Dublín en la costa norte. El abuelo Rankin (el padre de mi madre) tenía un vagón de tren antiguo que había reconvertido en casita de vacaciones. No había mucho que hacer en «la cabaña». Podíamos jugar a las cartas, pero ni siquiera de niño me atraían demasiado los juegos que dependían de la suerte. Me interesaba más mi padre, así que, cuando no estaba jugando al golf, o leyendo, o pasando el rato con sus cuñados, yo intentaba llamar su atención por todos los medios. Anhelaba su afecto. Recuerdo los paseos por el espigón y el calor de su mano en el cuello. Cuando tenía unos ocho o nueve años, me enseñó a jugar al ajedrez, y enseguida capté la lógica de las permutaciones y combinaciones; empecé a dar forma a mis propias aperturas antes de estudiar las ya demostradas.

Al principio creía que me dejaba ganar, pero al final me di cuenta de que no era así. Había encontrado el modo de desviar su atención de cualquier cosa en la que estuviera pensando para ponerla en mí. ¡El placer de ganarle, de derrotarlo! A Bob no le gustaba perder y quizá fuera así como descubrí que a mí tampoco. Mientras jugaba, llegué a aprender una de las lecciones más importantes de mi vida: que el ajedrez no era un juego de azar, sino de estrategia, y que a menudo la estrategia vence a la suerte. Incluso a la mala suerte.

Mucho antes de que mi vida de adolescente se viera demolida y elevada por las dos grandes fuerzas de las chicas y la música, tuve una vida secreta con los jugadores de ajedrez del barrio. Niall Byrne, que vivía dos puertas más arriba, y Joseph Marks, de Cedarwood Park, dos chicos geniales. Y muy divertidos. Conforme mejorábamos la técnica, nos costaba más encontrar buenos contrincantes, así que empezamos a jugar en torneos de ajedrez para adultos. No es necesario ser un genio de la psicología para darse cuenta de que machacar a un adulto en el tablero era una emoción superior a cualquier otra. Me encantaba competir contra personas adultas que empezaban la partida mientras leían despreocupadamente el periódico, pensando que jugar contra niños era rebajarse. El ajedrez relámpago era de mis favoritos. Sentarme ahí con diez años, enfrentarme a personas que tenían cinco veces mi edad, perseguirlas por el tablero de ajedrez. Era una diversión de otro nivel.

Empezaba a darme cuenta de que, aunque sabía hacer con facilidad cosas que mucha gente consideraba difíciles, al mismo tiempo me resultaba difícil hacer cosas que otros consideraban fáciles. No estoy seguro de que fuera dislexia, porque nunca me había costado leer, pero, aunque todavía me iba bien en el colegio, cada vez me ponía más ansioso al pensar que no destacaría. Mis resultados habían mejorado cuando entré en Mount Temple, me iba mejor en clase que en la época del St. Patrick, pero, cuando Iris murió, perdí por completo la concentración.

Los profesores lamentaban que tuviera una letra tan desastrosa, cuando las cartas que les escribía mi padre sobre mí mostraban una caligrafía tan hermosa. Se preguntaban por qué me había saltado sin darme cuenta párrafos enteros de una redacción o por qué era capaz de hacer cálculos matemáticos complejos, pero no sencillos. Yo tampoco sabía cómo explicarlo.

Me encantaban la poesía y la historia, pero no me consideraba tan listo como mis amigos. Empecé a sentirme tonto y, a raíz de eso, me entró rabia. En lo más hondo de mi ser, temía ser mediocre. No me daba cuenta de que toda mi vida sería una lucha continua contra la idea de que todo el mundo es mediocre. «Ningún hombre tiene por qué ser una mediocridad si se acepta tal como Dios lo hizo», en palabras del poeta Patrick Kavanagh.

Estaba perdiendo la confianza en mí mismo en todos los sentidos. Dejé de jugar al ajedrez, no porque no me encantara, sino porque empecé a pensar que era «poco *cool*» y no tenía una madre que me dijera que nada *cool* era «*cool*».

Alejados del tablero de ajedrez, Bob y yo competíamos con las palabras pues, aunque yo no era muy descarado, le contestaba lo suficiente para que mi padre de vez en cuando se encendiera. Antes de que Iris muriera ya discutíamos mucho, pero después lo hacíamos todavía más. Mucho más. Nuestros altercados eran en su mayoría verbales, y solo en alguna ocasión llegaba a decirme que tenía que contenerse para no darme una tunda. A decir verdad, desde que cumplí los catorce años, mi padre sabía que, de haberse peleado conmigo a puñetazos, él no habría salido bien parado. Era imprevisible cómo podían estallar las cosas. A veces lo provocaba Norman. Volvía del trabajo y yo estaba en casa viendo la tele en lugar de estar haciendo los deberes, y no había preparado la cena. Me echaba la bronca o me soltaba un guantazo. Yo se lo devolvía. Norman podía acabar en el suelo. Bob me dio algún golpe que otro, pero yo nunca pegué a mi padre, aunque un par de veces lo agarré para pararlo.

Sleepwalking down the road
I'm not waking from these dreams
Alive or dead they're in my head
It was a warzone in my teens
I'm still standing on that street
Still need an enemy
The worst ones I can't see
*You can… you can.**

Sin embargo, hay algo entre el padre y el hijo. Una pesadez en el ambiente, una especie de muro de aire que, si el hijo pincha dándole un golpe a su padre, provoca que las cosas nunca vuelvan a ser como antes.

Norman estaba furioso.

Bob estaba furioso.

Yo estaba furioso.

Parte de mi rabia surgía de saber que tenía algo, pero no ser capaz de desvelarlo. Saber que era listo, pero no ser capaz de demostrarlo en clase.

Sin embargo, también sentía rabia por mi madre. Había confiado en que saldría adelante y no lo hizo. Le dije a su hermana que iba a curarse. Consolé a mis tías, les dije que todos íbamos a salir adelante.

Pero las oraciones no siempre reciben la respuesta que uno quiere. Entonces no lo sabía.

De ahí surgía parte de mi rabia, e incluso una especie de reproche salvaje e irracional hacia mi padre, como si él, el cabeza de familia, fuera responsable de su destrucción.

«Si todos estamos en este aprieto, es por su culpa».

* «Camino sonámbulo por la calle, / sin despertarme de estos sueños. / Muertos o vivos siguen en mi cabeza. / Era un campo de minas en mi adolescencia. / Aún sigo parado en esa calle, / aún necesito un enemigo. / A los peores no puedo verlos. / Tú puedes… Tú puedes».

BOB CONVERTIDO EN ÓPERA

Aunque Bob Hewson estaba comprometido con la música, se hizo eco de su esposa y tampoco sugirió que compráramos un piano. Ni siquiera me preguntaba cómo me iba en la música. Le encantaba hablar de ópera, pero no con sus hijos. Leía a Shakespeare; pintaba y actuaba. Para ser un dublinés de clase obrera, no era inaudito, pero sí poco común. Tenía un gusto refinado.

Sin embargo, la música era su gran pasión. Durante años, después de la muerte de Iris, era capaz de hacer llorar a mares en una sala llena de amigos y familiares entonando «For the Good Times», de Kris Kristofferson. Todavía me pregunto si la cantaba desde el punto de vista de mi madre: «I'll get along; you'll find another»,* etcétera. Como buen manipulador, podía partir en dos un corazón como si fuese un huevo hervido con voz de *falsetto* alto. Hay que reconocer que era un buen tenor y una vez me dijo que yo era «un barítono que se cree tenor». Fue un jarro de agua fría, pero bastante acertado.

Soy un barítono que se cree tenor.

Cuando pienso en la ópera y en mi padre, no me limito a visualizarlo perdido en *La Traviata* o en *Tosca*, o, más adelante, subido al escenario con la Coolock Musical Society, con la cara cubierta de maquillaje anaranjado, cantando cualquier cosa, desde *El Mikado* hasta *H. M. S. Pinafore*. Cuando pienso en la ópera y en mi padre, pienso en el sentido atormentado de la ópera, porque, aunque puede que Bob Hewson cantase ópera ligera, él era mucho más pesado. Y «operística» también sería el mejor adjetivo para describir nuestra relación. Yo era un adolescente furioso y él era un adulto furioso, un hombre irlandés que no sabía qué hacer con un adolescente. Hijo de su tiempo, no le interesaba mucho su prole y no estaba

---

* «Seguiré adelante, tú encontrarás a otro».

conforme con el papel de único progenitor. A mí me interesaba su interés, pero yo también era un artista en ciernes y, por encima de todo, a los artistas les gusta que les hagan caso.

If the door is open it isn't theft
You cannot return to where you've never left
Blossoms falling from a tree, they cover you and cover me
Symbols clashing, bibles smashing
You paint the world you need to see
Sometimes fear is the only place we can call home
Cedarwood Road.*

Es fácil ver el hilo conductor de este melodrama. El hijo que culpa al padre por la pérdida de su madre y la ruptura de la vida familiar. El ciervo joven que arremete contra el ciervo viejo.

Parricidio. El tema de las grandes óperas. En el fondo, la música de U2 nunca fue rock'n'roll. Bajo su piel contemporánea es ópera: música con mayúsculas, grandes emociones desatadas en la música pop de la época.

Un tenor de cara a la galería que no acepta que es barítono. Un hombre pequeño interpretando canciones gigantescas.

Aullando, arrodillándose, tratando de explicar lo inexplicable. Tratando de liberarse, a sí mismo y a quien le escuche, de la prisión de una experiencia humana que no puede expresar el duelo.

Tal vez Bob no me tomara demasiado en serio de adolescente porque veía que yo ya me esforzaba por tomarme en serio. Pero todavía oigo su voz dentro de mí, sobre todo cuando canto. Pensaba que se interponía en mi camino, pero quizá solo quisiera un suelo firme para su hijo, y no había mucha solidez en Dublín en la década de 1970. Bob pensaba que soñar era sufrir una decepción y no quería eso para mí.

---

* «Si la puerta está abierta no es un robo. / No puedes volver al lugar del cual nunca te fuiste. / Flores que caen de un árbol, nos cubren a ti y a mí. / Símbolos que chocan, biblias que se destrozan. / Pintas el mundo que necesitas ver. / A veces el miedo es el único lugar al que podemos llamar hogar / Cedarwood Road».

Con el tiempo llegué a agradecerle su paciencia.

Nunca llegué a pedirle perdón por ser tan capullo… hasta que lo perdí.

Tras la muerte de Iris, el número 10 de Cedarwood Road dejó de ser un hogar. Pasó a ser solo una casa. Muchos días volvía de Mount Temple con carne enlatada, un bote de alubias y un paquete de Cadbury's Smash. Esto último era comida de astronautas, pero tomarla no hacía que me sintiera como el hombre de las estrellas de David Bowie ni como el hombre cohete de Elton John. Es más, comer ese potingue era como no comer. Pero al menos era fácil. Bastaba con añadir agua hirviendo a aquellas bolitas secas para que se transformaran en puré de patatas. Lo echaba en la misma cazuela en la que acababa de calentar las alubias de bote. Y la carne enlatada. Y cenaba de la misma cazuela, sentado delante de la tele en color, aunque eso fuera una costumbre propia del blanco y negro.

No me gusta cocinar ni pedir comida a domicilio, algo que tal vez tenga que ver con la obligación de tener que prepararme la comida de adolescente. En aquella época, la comida no era más que combustible. Solíamos comprar un refresco barato llamado Cadet Orange porque tenía la suficiente cantidad de azúcar para mantenerte en funcionamiento, pero sabía tan mal que no te apetecía meterte nada más en el gaznate durante horas. Lo bebíamos cuando me gastaba el presupuesto para comida en algo más importante: el single de 45 rpm «Hello Hooray», de Alice Cooper, por ejemplo.

Algunas veces, tal dispendio musical (*Abraxas*, de Santana, o *Paranoid*, de Black Sabbath) implicaba gastarme el dinero de la compra de toda la familia. En esas ocasiones, lo confieso, a veces tenía que tomar prestada toda la lista de la compra… para luego no tener que devolver nada. Era fácil… salvo por el enorme pan de molde que costaba esconder debajo del jersey. Si soy sincero sobre mi falta de sinceridad, reconozco que me sentía mal haciéndolo. A los quince años, di por concluida una vida de crimen y castigo, y regresé al comercio y a vender calendarios.

DESPEGUES Y COMIDA PARA LLEVAR

El destino y la fortuna llegaron en 1975, cuando Norman encontró trabajo en el aeropuerto de Dublín. En los años setenta, los aeropuertos eran todavía más glamurosos que la televisión en color, sobre todo si eras piloto.

Norman quería optar a un puesto de piloto, pero el asma impidió que pudiera participar en el programa de formación, así que en lugar de eso entró a trabajar en Cara, el departamento de informática de Aer Lingus, la compañía aérea nacional. Los ordenadores, se decía a sí mismo Norman, eran todavía más glamurosos que los aeropuertos, y se propuso que (en cuanto hubiera ahorrado lo suficiente) aprendería a pilotar pequeñas aeronaves.

Observar cómo despegan y aterrizan los aviones es un tipo de meditación extraña y maravillosa. Para personas como Norman puede convertirse en una pasión absorbente y había miles de irlandeses oteadores de aviones que se desplazaban hasta el aeropuerto de Dublín los fines de semana para ver esas máquinas voladoras que desafiaban a la gravedad y despegaban rumbo a otros lugares, a lugares diferentes. Cada vuelo era un recordatorio subconsciente de que había una manera de escapar de Irlanda si era preciso. En las décadas de 1950 y 1960, más de medio millón de personas irlandesas se compraron billetes solo de ida para salir del país.

La buena suerte que tuvimos papá, Norman y yo en el número 10 de Cedarwood Road, a apenas quince kilómetros del final de la pista de despegue 2, fue que Norman consiguiera convencer a sus jefes de Cara de que le permitieran llevarse a casa la comida preparada para los pasajeros de Aer Lingus que sobraba de los vuelos. A veces los platos todavía estaban calientes cuando los llevaba en unos recipientes metálicos a nuestra cocina, para calentarlos en el horno a 185 grados centígrados.

Se trataba de platos muy exóticos para nosotros: jamón con piña, un plato italiano llamado «lasaña», u otro en el que el arroz ya no se tomaba con leche de postre, sino que era una sabrosa experiencia con guisantes. Le dije a Norman que era el peor postre que había tomado.

—No es un postre. Y, por cierto, la mitad del mundo come arroz todos los días.

Norman sabía cosas que el resto de gente desconocía. Imagínate tomar arroz con leche como comida principal todos los días. Si al principio mi padre y yo estábamos orgullosos de que Norman nos hubiera liberado de la necesidad de comprar comida o incluso de tener que cocinar, seis meses después lo único que recordábamos era el regusto metálico. Por la noche, me ponía en secreto a comer cereales con leche fría en lugar de la comida del avión.

Pensé que la salvación había llegado con otro milagro culinario, esta vez en Mount Temple, cuando anunciaron el fin de la era de la fiambrera que llevábamos de casa y el inicio de la época de la comida escolar. Imagina una fanfarria de trompetas y vítores por doquier, así de emocionados estábamos todos. Pero no tardé en dejar de dar saltos de alegría. Tal y como nos aclaró el señor Medlycott, el director del centro, las comidas no se cocinarían en el comedor escolar. No era lo bastante grande. En lugar de eso, llegarían en una furgoneta en unos recipientes metálicos… ¡del puñetero aeropuerto de Dublín! Luego se calentarían, anunció con orgullo, a 185 grados centígrados durante veintitrés minutos en unos hornos nuevos que el consejo escolar había pagado.

Nunca había subido a un avión, pero mi idilio con los vuelos se había acabado. Comida de aeropuerto al mediodía y comida de aeropuerto por la noche era más de lo que cualquier aprendiz de estrella de rock podía soportar. Con el tiempo, el aprendiz y su banda despegaría y volaría por el cielo, y, durante aquellos primeros vuelos de Aer Lingus, me dedicaba a mirar por la ventanilla del avión e intentar distinguir Cedarwood Road. Cuando por fin abandonaba esta ciudad pequeña y esta isla pequeña y me elevaba por encima de la llana campiña, los aburridos barrios de las afueras, la mente se me llenaba de recuerdos de la cabina telefónica de la calle, de los adolescentes con botellas y corazones rotos, de los vecinos amables y malcarados, así como de las vistosas ramas del cerezo en flor que había entre nuestra casa en el número 10 y la de los Rowen, en el 5. Entonces era cuando la azafata de vuelo me plantaba una de esas bandejitas metálicas delante.

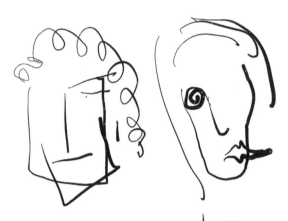

MR FUDAY 2 U + the Gman

GAVIN & Guggi

I was coming to understand that you have
the people you need right there beside you
if you can see them. Guggi and I had so much
in finding each other but we were missing
something. Someone —

5

Stories for Boys

There's a picture book
With coloured photographs
Where there is no shame
There is no laugh
Sometimes I find it thrilling
That I can't have what
I don't know
*Hello hello.**

¿Tenía once o doce años cuando leí *El señor de las moscas* por primera vez? La historia de William Golding trata de un grupo de escolares británicos, más o menos de esa edad o un poco menores, cuyo avión se estrella en una isla del Pacífico mientras los evacúan durante una guerra mundial. Es una historia sobre cómo el miedo a los demás (o el miedo «al otro» en sentido metafísico) puede modelar nuestra imaginación y enturbiar nuestra forma de pensar. Es una historia sobre el fin de la inocencia que aún modela mi forma de pensar y escribir en la actualidad. Y una historia que vertebra el primer álbum de U2, *Boy*, incluidas la portada y la última

---

* «Hay un álbum de fotos / con fotografías en color / en el que no existe la culpa, / no hay risa. / A veces me resulta conmovedor / no poder tener lo que / no conozco. / Hola, hola».

canción, «Shadows and Tall Trees», que toma el título del capítulo 7 del libro:

Who is it now? Who calls me inside?
Are the leaves on the trees a cover or disguise?
I walk the street rain tragicomedy
I'll walk home again to the street melody.*

Una noche, mientras caminaba por Cedarwood Road, observé cómo las farolas encogían y alargaban mi sombra y me fijé en que los postes de teléfono formaban siluetas compactas como coníferas secas. Las personas que hablaban detrás de la puerta de una cabina telefónica de color verde y crema parecían destacar que, lejos de esos edificios baratos de hipotecas modestas de los años cincuenta y sesenta, había otro mundo que explorar. En nuestra calle no había muchos árboles; el que más recuerdo es un cerezo, que milagrosamente crecía en el pavimento gris piedra del número 5, un *crescendo* de tonos carne, rosados y preciosos. Femeninos. A principios de verano una especie de lujo caía de sus ramas y aromatizaba las vidas más modestas de la familia Rowen, que vivía allí. El árbol parecía a la vez sexual y espiritual, y, aunque no tenía sentido, al mismo tiempo hacía que todos los sentidos bailaran un poco. Cualquier habitante del barrio que pasara por delante tenía el recordatorio de que allá fuera, en algún lugar, existía la posibilidad de una vida de colores intensos.

APOCALYPSE NOW CON LOS ROWEN

Derek Rowen, o Guggi, ha sido mi mejor amigo desde que yo tenía tres años y él cuatro, a pesar de que él asegura que solo se hizo amigo mío porque teníamos un columpio en el patio de atrás.

---

* «¿Quién es ahora? ¿Quién me pide que entre? / ¿Son las hojas de los árboles solo una coartada o un disfraz? / Recorro la tragicomedia de la lluvia en la calle. / Volveré a casa con la melodía de la calle».

Guggi no solo fue quien me puso el nombre de Bono; les puso nombres nuevos y surrealistas a todos los miembros de su familia. Por ejemplo, Clive Whistling Fellow («Clive, el Silbador») a su hermano mayor. Y Man of Strength and Arran («Hombre de Fuerza y Arran») a su hermano menor. Guck Pants Delaney era su hermano aún más pequeño. Y Glennich Carmichael fue como apodó a su primera hermana.

Little Biddy One-Way Street («Pequeña Urraca Calle de un Sentido») era su segunda hermana, luego estaba Hawkeye («Ojo de Halcón») y, por último, Radar, su hermano más pequeño, el cual apareció en la cubierta de los dos primeros álbumes de U2, *Boy* y *War*. Hubo otra hermana que nació justo antes de que Guggi se marchara de casa, así que la llamó por su nombre de pila, Miriam.

Bono no fue el único apodo que me puso Guggi a lo largo del tiempo.

Tuve muchos, a cuál más ridículo. Los motes que nos poníamos no eran solo para reírnos juntos, sino también para ilustrar algo de nuestro carácter, más allá de los nombres que nos habían puesto nuestras familias al nacer, antes de conocer qué personalidad tendríamos. En principio, esos sobrenombres tenían que describir la forma del espíritu, además de las características físicas. Bono era una abreviatura de Bono Vox of O'Connell Street, pero de chaval Guggi no era ningún erudito del latín. La asociación con «Buena Voz» fue una grata coincidencia. Bono Vox era una tienda de audífonos de Dublín. Simplemente le encantaba el sonido de esas palabras y cómo las paladeaba en la boca. Poco a poco, Bonavox of O'Connell Street se redujo a Bonmarie y, después, a Bono. Antes yo había sido Steinvich von Heischen, y me alegré mucho cuando pasó esa fase. Llamé a mi amigo del número 5 Guggi porque me parecía que su cabeza tenía esa forma si se intentaba representarla con un sonido. Un cuadro sonoro. Si se dice «Guggi» mientras se mira a mi amigo, se aprecia a qué me refiero. Tal vez.

Los Rowen (tres hermanas y siete hermanos) vivían a cinco casas de la nuestra, aunque costaba distinguir su edificio detrás de todos los coches de segunda mano aparcados alrededor. Robbie, el padre de Guggi, era un hombre de gran fervor religioso que estaba preparado por si de pronto llegaba el fin del mundo. El señor Rowen se pasaba la mayor parte de los viernes leyendo anuncios por palabras en el *Evening Herald* en busca de objetos que pudieran ser útiles para el inminente apocalipsis. Cosas como quinientos neumáticos. O un Oldsmobile de 1957. O un corral de pollos y pavos. Vivos, claro, no congelados, para comerlos o venderlos.

A veces íbamos en bici a Mount Temple con Trevor Rowen: The Man of Strength and Arran, luego rebautizado como Strongman («Forzudo»). Era un chico asmático cuyos soplidos y voz nasal hacían que todas las chicas bajaran la guardia ante él. Un alma genuinamente tierna que, para protegerse, era capaz de tener un humor salvaje y una diversión malévola. Ordenado y organizado, se preparaba para el trayecto hasta el colegio mirándose en el espejo de la entrada unos cuantos minutos para comprobar si tenía el aspecto deseado, si llevaba los vaqueros bien metidos en los calcetines y los rizos rubios ceniza peinados en un tupé. Más adelante tocaría el bajo en los Virgin Prunes, como un cavernícola recién salido de su cueva.

Andrew Rowen acabaría saliendo en tres canciones de U2, «Running to Stand Still», «Bad» y «Raised by Wolves». Andy, que debía su apodo, Guck Pants, a un accidente con el pañal ocurrido cuando tenía dos años, era famoso por su memoria casi fotográfica. Lo más probable era que tuviese el coeficiente intelectual más alto de nuestra calle, y a veces daba la impresión de haber memorizado la *Enciclopedia británica* entera. Recordaba haber cumplido dos años. Recordaba muchas cosas que habría preferido olvidar. En las fiestas se divertía planteando preguntas incomprensibles sobre cualquier tema.

Un día, mientras hacía los deberes en la minúscula habitación de Cedarwood Road, miré por la ventana y vi a Guck Pants montado en un monociclo. Tocando la trompeta.

Junto con su obsesión por el apocalipsis, Robbie Rowen tenía un magnífico espíritu aventurero y a menudo me llevaba, junto con todos sus hijos, a lugares a los que de otro modo no habría ido nunca. Nos llevó a explorar los senderos campestres que había por detrás del aeropuerto de Dublín para recoger moras en agosto. O a la playa del «agujero en la pared» a montar en balsas hinchables. Me enseñó a ir en moto: me sentó en la primera motocicleta a los ocho años y en una Honda 50 a los diez. Y me enseñó a vender cosas.

A menudo he dicho que provengo de una larga estirpe de viajantes de comercio, me refiero a la rama materna, y todavía considero que me dedico a vender. Vendo ideas, vendo canciones y, alguna que otra vez, vendo *merchandising*. Lo de los productos de *merchandise* empezó con Robbie Rowen cuando, en febrero de 1972, compró un lote inmenso de calendarios que no se habían vendido. Mil calendarios de 1972, muy baratos porque, bueno, ya habían transcurrido dos meses del año.

Guggi y yo fuimos de puerta en puerta por las calles del barrio e intentamos vender aquellos calendarios con sus «fotografías profesionales». Cuando nos preguntaban si no era un poco pronto para vender el calendario del año siguiente, aclarábamos que no, que vendíamos el calendario de ese año.

—Pero, señora Byrne, en realidad no necesita los dos primeros meses, ¿a que no?

EL EVANGELIO SEGÚN GUGGI

Guggi me enseñó dos cosas que cambiarían el rumbo de mi vida.

1. La idea de repartirlo todo a partes iguales fue suya. Si Guggi tenía cincuenta peniques, me daba veinticinco. Del mismo modo, cuando salíamos con un grupo más grande, lo compartíamos todo con todos. Era su forma de ver el mundo.
2. Guggi me convenció de que Dios podía estar interesado en los pormenores de cualquier vida, un concepto que me

acompañaría toda la infancia y adolescencia. Y también durante la edad adulta. (Ahora reconozco que la idea de que haya un Dios puede ser ridícula para muchas personas. Todavía es más ridículo que semejante omnipotencia, si existiera, pudiera estar interesada en los sufrimientos de un adolescente).

Cuando Guggi me habla de los cambios de humor de Robbie y de la ansiedad que suponía apartarse de su camino, resulta admirable que la vida espiritual de mi amigo sobreviviera. Pese a lo mucho que hablaba del cielo, a veces Guggi se sentía en el infierno. Su madre, Winnie, era el ángel de la guarda.

«¿TE HAS SALVADO YA?»

Algún que otro domingo, Guggi me llevaba a Merrion Hall, una iglesia pentecostal para los muy evangélicos. Los Rowen iban tres veces durante el *sabbat*, algo que nunca entendí, y, por la tarde, a un lugar llamado Grupo para Niños del YMCA.

—¿Te has salvado ya? —me preguntó mi madre riéndose una noche cuando llegué a casa tras acudir a mi primera reunión allí.

Estaba familiarizada con la clase de evangelización que llevaban a cabo en el Grupo para Niños. Pero, al oír a los oradores de esas reuniones, me sentí aún más atraído hacia el Dios de las Sagradas Escrituras de las que leían. No estaba seguro de haberme topado jamás con semejante presencia en nuestra encantadora y modesta iglesia protestante de St. Canice. Había conocido y había salido una temporada corta con la encantadora hija del pastor, así que tal vez estuviera distraído. Poseía cierto sentido de lo divino, pero era rudimentario e informe, así que, cuando empecé a hallar pistas sobre la naturaleza de esa presencia, me quedé fascinado. La Biblia me atrapó. Las palabras salían de la página y me seguían a casa. Encontraba algo más que poesía en esa caligrafía gótica del rey Jacobo.

Pronto empecé a disfrutar de una traducción moderna, la Good News Bible, que descubrí cuando acompañé a Guggi a un campamento cristiano del YMCA celebrado en Criccieth, en la península de Llyn en el norte de Gales. Nunca había estado lejos de mi familia. Nunca había salido de Irlanda. Nunca había visto tal devoción religiosa. Incluso los equipos de fútbol y de hockey tenían nombres bíblicos; podías jugar con los Efesios o con los Gálatas. Era un poco loco, pero también conmovedor y persuasivo. Me sentí atraído por la camaradería y conmovido por los sermones.

Siempre era el primero en responder cuando nos llamaban al altar, cuando llegaba el momento de «acercarse a Jesús». Todavía soy así. Si estuviera en una cafetería ahora mismo y alguien dijera: «Levantaos si estáis preparados para dar la vida por Cristo», sería el primero en ponerme de pie. Llevaba a Jesús conmigo allá donde fuera, y todavía lo hago. Nunca he apartado a Jesús de las acciones más banales o profanas de mi vida.

Si hubiera conocido esa cita atribuida a san Agustín cuando se dirigía a Dios («Señor, dame castidad y continencia, pero todavía no»), la habría comprendido. En esos viajes al extranjero, Guggi y yo compartíamos algo más que el interés por las Sagradas Escrituras. Nos volvían locos las chicas y nos prestábamos voluntarios para experimentar con los besos con lengua con las novias de los chicos mayores. No teníamos ningún inconveniente, pero nos hacía falta encontrar novias propias. En Criccieth mis ojos se posaron en la nada mendaz Mandy, sin duda la chica más guapa de toda Gales. Parecía como si la hubieran recogido de la playa, morena y fantástica, y con un biquini negro. Yo tenía trece años y ella, catorce. Por eso, quería tener dieciséis y que no me dejara nunca. Algo que no le costó nada hacer, ahora que lo pienso.

BANDAS DEL NORTE DE DUBLÍN

No sé si un psicólogo profesional estaría de acuerdo, pero hay algo en mí que comprende que, hasta que no afrontamos nuestros traumas más traumáticos, hay una parte de nosotros que permanece en la edad en la que nos topamos con ellos. Durante mucho tiempo he seguido teniendo catorce años, cuando llegué a la pubertad y murió Iris.

Una parte de mí continúa siendo la de aquel chico con cara de pan. He visto fotografías de mi cara pecosa antes de esa época y era más bien redonda, pero armónica. Una cara atrevida, pero limpia. A los catorce a esa patata empezó a crecerle la nariz; recuerdo que un día advertí el ángulo que comenzaba a surgir en la circunferencia de la patata. Por suerte, luego llegó otro ángulo para equilibrarla; era mi barbilla. Tuve un poco de acné, pero no demasiado. Me cambió la cara, pero parte de mi visión del mundo quedó congelada. Los granos empezaron a salirme por dentro.

Guggi y yo nos convertimos en los mejores amigos por un montón de razones, pero la relación con nuestros respectivos padres debe aparecer en uno de los primeros puestos de la lista. Hijos que se rebelan contra sus padres. No es ninguna novedad, ¿no? Expresábamos nuestra angustia por medio de la afición a las peleas, a las artes marciales, al boxeo, a la lucha libre. Nos dábamos somantas de palos el uno al otro con frecuencia. ¿No suele decirse que damos al mundo la forma de nuestro dolor? Guggi y yo no sabíamos que estábamos luchando contra nuestros padres, pero encontrábamos bastantes sustitutos por el camino; de hecho, había cola. Así que nos abrimos paso a puñetazos durante la adolescencia.

Podría decirse que nuestra amistad se selló porque en casa nos sentíamos desterrados. Con el tiempo, el arte se convirtió en nuestro pasaporte. La música.

Escribíamos canciones malas y nos pintábamos y dibujábamos el uno al otro. Las sombras y los detalles que Guggi era capaz de plasmar con un bolígrafo barato dejaban boquiabierto a cualquiera que lo observara; entre otros también a mi padre, por supuesto, a quien le encantaba pintar con acuarelas, sobre todo encima de fotografías en blanco y negro.

Nos enfrentamos a nuestros miedos. Estos nos lanzaron en la dirección del atrevimiento, de la hipérbole. Queríamos fundar nuestro propio país, o por lo menos, una ciudad o un pueblo. O una aldea, una comunidad alternativa que llamaríamos Lypton Village. Teníamos nuestro propio lenguaje, nuestro propio sentido del humor surrealista. Éramos dadaístas antes de conocer la existencia de esos movimientos artísticos.

Cansados de pelear con los puños, Guggi y yo empezamos a pelear con los dedos, yo pisando los trastes de la guitarra de Norman y él pintando y dibujando, ambos sacando el dedo para mandar al cuerno a la idiotez del mundo de nuestros enemigos. Nuestra única debilidad era una mueca de superioridad. Nos reíamos de forma muy escandalosa.

Sin embargo, empezaba a comprender que uno tiene a la gente que necesita allí mismo, al alcance de la mano, si es capaz de verla. Guggi y yo teníamos un gran tesoro el uno en el otro, pero nos faltaba algo. Alguien.

MR. FRIDAY TO YOU

In my imagination
There is just static and flow
No yes or no
Just stories for boys. *

Entra en escena Fionán Hanvey, del número 140 de Cedarwood Road, que pronto sería rebautizado como Gavin Friday. Mr Friday To You («Puedes llamarlo Mr. Friday»). Un hombre que nos enseñaría a Guggi y a mí cómo era la vida artística y el coste de vivirla sin tapujos.

La madre de Gavin, la señora Hanvey, dejaba que su cultivado hijo nos llevara a la «habitación buena» del número 140 los lunes por la noche, donde contemplábamos el arte de Picasso y escuchábamos el arte de David Bowie y T. Rex. En 1975, el año anterior al surgimiento del punk rock, antes del grito pelado de los Jam y los Sex Pistols, dibujábamos, abocetábamos o escuchábamos la música que nos fascinaba. Gavin era un chico guapo de pelo rizado a la

---

* «En mi imaginación / solo hay estática y ritmo. / Ni sí ni no, / solo historias para chicos».

altura de Marc Bolan, de T. Rex, tenía una cara bonita con una frente y una mandíbula muy armónicas, sus labios estaban bien perfilados y, según decía él, poseía «una nariz perfecta».

La primera vez que vi a Fionán fue en Cedarwood Road, con una melena cardada y unas letras escritas con pintura fosforita en los vaqueros en las que ponía «ENO». Parecía que siempre tuviera en mente a David Bowie y a Marc Bolan. Era mucho más *cool* que nosotros. Guggi había charlado con él algunas veces porque ambos esquivaban la mirada paterna, pero nunca llegamos a conocerlo bien hasta que vino a una fiesta adolescente en mi casa, donde sus colegas Frank Mangan y Damian Kelly y él acabaron montando tal jaleo que nos vimos obligados a echarlos.

Antes de eso, cuando flirteaban con Ali y su mejor amiga, Jackie Owen, esos chicos habían descubierto que las chicas de las escuelas públicas progresistas eran sensiblemente más progresistas y más adelantadas en muchos aspectos. Además, ellas eran «protestantes». Gavin, que nunca había tenido contacto directo con la comunidad protestante, se sentía un poco intimidado. Pero el imitador de Bolan había dejado huella y, a partir de entonces, siempre me informó de dónde me hallaba dentro del mundo de la música, hasta que al final acabó merodeando por el planeta U2, como un verdadero *Tyrannosaurus rex*.

Un aprendiz de estrella del rock con mucha voluntad y una única cosa que lo retenía, que era la misma que lo impulsaba hacia delante. No sabía tocar ningún instrumento y su voz sonaba casi como un lamento. No resulta sorprendente que la voz y el personaje de Johnny Rotten fueran tan vitales para tantos de nosotros. A toda máquina, los Sex Pistols hacían música para alentar a los ejércitos que iban a la carga y subían a las almenas de cualquier enemigo.

Aquella tensa relación con nuestros padres fue la otra razón por la que Guggi y yo, a los dieciséis años, acabamos por hacernos amigos de Gavin Friday para toda la vida.

Unos padres que, casualmente, respondían al nombre de Bob de un modo u otro.

Pascal Robert, el padre de Gavin, era uno de los mayores obstáculos en el camino de su hijo hacia la libertad de expresión. Con el pelo de rockabilly repeinado con gomina y guapo de cara, con finas arrugas en tonos rosados y rojo por las copas de más apuradas en la Ballymun House, era mejor que no se metiera en medio.

—Hola, señor Hanvey —decíamos mientras él cruzaba la calle a propósito para evitar a su hijo y a sus amigos con el llamativo uniforme de batalla.

—Llamadme Pascal —contraatacaba—. Solo se llama «señor» a los tontos.

—Sí, señor Hanvey.

Lo cierto es que Gavin tenía otros enemigos: su aspecto afeminado, aunque llevara grafitis por el bien del punk, era una afrenta para el espíritu de gallito machista que imperaba en la época.

«Te voy a rajar la cara» es una de las fuertes amenazas que recuerdo haber oído decir a alguien ofendido por la belleza de Gavin. «Handbag Hanvey» («Bolso Hanvey») todavía no había reconocido ser gay, pero la marea de puñetazos e insultos que recibía decían más sobre la gente que se metía con él y sobre sus propias pesadillas psicosexuales que sobre nuestro amigo Gavin. Quizá hubiera algo desafiante en Gav que fuera la excusa para la provocación; ese chico que había sobrevivido a varios intentos de asalto a su inocencia desprendía cierto orgullo. «La oscuridad rodea la luz», como en la canción «There Is a Light».

Gavin sería un puntal imprescindible de la futura vida creativa de U2, tanto en el lanzamiento de nuestros discos como en la realización de los espectáculos en directo.

El rock'n'roll es la voz de la venganza, ¿o no?

Al echar la vista atrás, lo veo siempre subiendo y bajando por nuestra calle.

En el número 1 vivía Anthony Murphy, rebautizado «Pod» («Vaina»), un chico duro, pero amable, que siempre dejaba clara su opinión y que no tardaría en sentarse detrás de los tambores de guerra que Gavin y Guggi necesitaron cuando llegó su banda, junto con Reggie Manuel (de la cercana Ballymun Avenue), el cual acabaría siendo su mánager.

De esa comunidad nacieron dos bandas musicales: los Virgin Prunes (con Guggi y su hermano Strongman, con Gavin y con el hermano mayor de Edge, Dik) y U2.

Dos bandas musicales que eran como la noche y el día. Si ellos bajaban a los infiernos, nosotros aspirábamos al cielo.

Esas fueron las familias de las que decidimos formar parte, no aquellas en las que nacimos. Suena a cliché, pero si Guggi y yo no hubiéramos encontrado esta otra vida, me pregunto adónde nos habría llevado la huida de nuestra familia. El baile habría sido muy distinto.

DIARY

NOV 1976   a big week for me at
the ROCKNROLL HIGHSCHOOL
that was Mount Temple Comprehensive

6

Song for Someone

You got a face not spoiled by beauty
I have some scars from where I've been
You've got eyes that can see right through me
*You're not afraid of anything they've seen.**

En las instalaciones del antiguo internado Mountjoy and Marine, con sus edificios de ladrillo rojo y la torre del reloj que se hizo famosa gracias a la autobiografía de Christopher Nolan, *Under the Eye of the Clock*, está nuestro colegio. Mount Temple Comprehensive, una de las primeras escuelas aconfesionales y coeducativas de Irlanda.

Tiene un bloque para ciencias, otro para matemáticas y una pequeña dependencia anexa para la economía del hogar, pero el edificio principal de Mount Temple es de una sola planta y está hecho con bloques de hormigón, con tres pasillos (uno verde, otro amarillo y otro morado) que dan a un pasillo más amplio conocido como el Bulevar. Es allí donde veo a Adam Clayton por primera vez, donde espío por primera vez a Larry Mullen con su preciosa

---

* «Tienes una cara que la belleza no ha estropeado. / Yo tengo cicatrices de donde he estado. / Tienes unos ojos que me ven por dentro. / No tienes miedo de lo que han descubierto».

novia, Ann Acheson, donde me encuentro cara a cara por primera vez con David Evans, a quien nadie ha bautizado todavía como The Edge («El Filo»).

Septiembre de 1973. Empiezo a tomar conciencia de que a veces la vida de un romántico puede ser confusa para el corazón. Tengo pruebas, estoy leyendo los sonetos de Shakespeare. Hay una cosa que sé a ciencia cierta: a pesar de todas las hormonas desatadas y de toda la angustia estudiantil, las chicas son más interesantes que los chicos, en lo mental, en lo físico y en lo espiritual. Cuando empiezo el segundo curso en Mount Temple estoy admirado y decidido a convertir esa admiración en abrazos. La primera semana después de las vacaciones de verano ya me fijo en dos guapas alumnas de primero que se dirigen a su clase y les salgo al paso.

—¿Sabéis cómo se va al laboratorio de ciencias?

—No, vamos a primero. Acabamos de empezar. ¿No estás en segundo?

—Ando perdido —respondo—. Me temo que siempre andaré perdido.

Las dos se ríen de esa forma con la que se ríen las chicas cuando los chicos dicen bobadas, y siguen caminando. No me permito fijarme en la falta de interés y, en lugar de eso, me pregunto si habrá química entre la rubia y yo. Tal vez no. ¿Y con su amiga? Desde luego que no. Su amiga con los rizos morenos, un jersey de color naranja que le habrá tejido su madre, una falda escocesa y botas de agua. ¿Quién se viste así?

No es tímida, pero parece pedir que nadie se fije en ella, ni siquiera yo. Es la primera vez que he tenido delante a Alison Stewart, pero no sé que ella ya se ha fijado en mí, que su amiga Sharon lleva alentándola un año, diciéndole que ella y yo somos el uno para el otro.

En ese primer encuentro no tengo ni idea de todo eso, pero algo me ha atrapado. Sus ojos marrones me han transportado a otro sitio, su tono de piel evoca lugares más remotos que la explicación habitual de los ancestros españoles para el «irlandés moreno». También parece inteligente. Sé que me gustan las chicas cultas. Las chicas con aspecto de hacer los deberes, que a veces adquieren un ligero brillo de sudor en la biblioteca sobrecalentada. Las chicas con aspecto de querer hacer también mis deberes.

Tardé unos cuantos trimestres, pero al final propuse a Alison (Ali, como ella prefiere) que fuera a nuestro grupo juvenil en la parroquia de St. Canice. Llamábamos a nuestras reuniones de los viernes por la noche la Red, pues es lo que eran, una trampa de igualdad de oportunidades, ya que las chicas estaban tan interesadas como los chicos en la presa que pasaba. Era la Red porque camuflábamos que se tratara de una sala de la iglesia colgando redes enormes e iluminándola con una única bombilla roja. Se me ocurrió el lema «Enrédate en la red». (Ya lo sé).

Poco después, otro viernes por la noche, bajo una marquesina de hormigón del patio del colegio, besé por primera vez a Alison Stewart. Placer en estado puro. Aunque un poco desesperado. Besar no entraba en las asignaturas del colegio, pero yo suponía que era algo en lo que podías mejorar si encontrabas a la pareja adecuada. Alison me dio a entender que sí, podía perfeccionar la técnica.

Habían transcurrido apenas unos meses desde la muerte de Iris y no tenía la menor idea de que su ausencia me dejaría en manos de otra guía espiritual, un alma perfecta que convertiría mis propias imperfecciones en mi mejor baza. Una vez dividido el átomo, se estaba liberando la fuerza, pero en aquel momento, junto al aparcamiento cubierto para bicis, el barrio de West Finglas no parecía ni una pizca cambiado ni desplazado. Tampoco Alison Stewart.

No empezamos a salir.

Me dije que aún me estaba recuperando de la ruptura con la hija del pastor. Y, además, se suponía que estaba saliendo con Cheryl.

Y me gustaban Wendy y Pamela. Y Susan.

¿La verdad escondida? La muerte de mi madre, un hecho que me negaba a aceptar. Mi corazón había quedado destrozado y, tras esos meses de duelo, empezaba a aletargarse. No quería que nadie lo despertase.

Durante el par de años siguientes, Ali y yo compartimos algunos momentos de intimidad, pero la revelación no llegó hasta que tuve dieciséis años. Mi amigo Reggie Manuel, que creía en Ali y en mí, me llevaba a casa de paquete en su Yamaha 100 cuando tuve una especie de visión de Alison Stewart cruzando la plaza del colegio. Quizá fuera el humo de la combustión del motor de dos tiempos, pero me dio la impresión de que Ali flotaba, convertida en agua en mi mente, en el agua más fresca, clara y pura del mundo. La neblina del calor la convirtió en un espejismo y, en ese instante, yo estaba en el desierto, era un soldado sediento, obstinado, como esos que había visto en alguna película de autor sobre la Legión Extranjera. Como si fuera a caballo, salí por las puertas de Mount Temple agarrado con fuerza al buen juicio de Reggie. Ese día sonaba en mi mente otra canción, probablemente «School's Out», de Alice Cooper, pero invito a sustituirla por «Teenage Kicks», de los Undertones, para obtener la banda sonora de aquel momento. Sabía que tenía que proponer una cita al futuro.

Una cita de adultos.

En esos pocos años que hacía desde que nos conocíamos, nunca me había olvidado de aquel primer beso desesperado, pero, conforme mi rendimiento escolar bajaba y mi personalidad se hundía, algo dentro de mí me decía que no era lo bastante bueno para Alison Stewart. Lo único que me alentaba a insistir, tal y como me cantaba Bob Dylan en «Tangled Up in Blue», eran las canciones que empezaba a oír en mi interior y los ánimos de amigos como Reggie Manuel, el Cocker Spaniel.

De nuevo, fue Reggie quien me convenció para que me presentara en casa de Larry Mullen una tarde después de que Larry colgara un anuncio por los pasillos.

Fue Reggie quien me llevó a casa de Larry, en Rosemount Avenue, de paquete en aquella Yamaha para una reunión que definiría el curso del resto de mi vida.

A LA BATERÍA

«Batería busca músicos para formar banda».

El destino llega por casualidad. Unos cuantos aspirantes habíamos respondido a la invitación de Larry en el corcho de la escuela, y entonces, una vez acabadas las clases del día, estábamos todos apretujados en el horno que era la cocina de Larry.

¿Cómo logramos embutir todos los tambores, los amplis y a los aprendices de estrellas de rock en una habitación tan minúscula la primera vez en que nos reunimos? Puede que la guitarra y el bajo chillaran para llamar la atención con sus amplificadores y sus pedales de distorsión, como si gritaran enfadados por estar allí, pero era la batería la que llenaba el espacio, tanto físico como musical.

El primer miércoles después de clase daba la impresión de que nadie estaba centrado, salvo Larry, el cual parecía sentirse como en casa entre todo ese caos metálico.

Bueno, es que estaba en su casa. Era su cocina. Todo lo que todavía me encanta de que Larry toque ya estaba presente: la fuerza primitiva de los tamtanes ancestrales, la patada en el estómago del bombo de pedal, el chas, pam de la caja de percusión que retumbaba en las ventanas y las paredes. Era una hermosa belleza modulada por la reluciente armadura dorada y plateada de los címbalos, extrañamente orquestal, que llenaba las frecuencias. «Este trueno dentro de casa», pensé, «va a derrumbar el edificio».

No tardé en percatarme de otro ruido, en este caso exterior, el sonido agudo de las risitas y gritos de las chicas que espiaban por la ventana. Larry ya tenía un club de fans y, a lo largo de la hora siguiente, nos ofreció una lección sobre la mística de la estrella del rock. Abrió la manguera y las remojó.

Adam Clayton tocaba el bajo. Yo no acababa de identificar qué canción interpretaba, pero daba el pego. David Evans, pese al bullicio que lo rodeaba, tenía la mejor aura de todos. No hacía falta que estuviera en sintonía con nadie más, porque estaba en sintonía consigo mismo. Durante una breve temporada, estuvo también en la cocina el hermano de Neil McCormick, Ivan, el amigo de Larry, Peter Martin, el cual tenía una réplica de una impoluta Telecaster blanca que parecía recién salida del escaparate (que me prestó encantado para que la tocara, pero que probablemente no acabó tan encantado cuando empezaron a sangrarme los dedos y la manché de arriba abajo), y el hermano mayor de David Evan, Dik, un famoso cerebrín. Dik y Dave eran tan inteligentes que habían fabricado una guitarra eléctrica desde cero. Tan inteligentes que solían quemarse las cejas uno al otro con experimentos químicos y que, según su vecina de al lado, Shane Fogerty, un día quemaron de verdad el cobertizo del jardín de los Evans. Tenían fama de raritos; raritos simpáticos, pero raritos al fin y al cabo.

A LA GUITARRA

Mi primer recuerdo de David Evans es geométrico. La cara angular de este chico que estaba apoyado contra la pared del Bulevar de Mount Temple, punteando una frase de guitarra complicada de un grupo de rock progresivo que se llamaba Yes. No parecía irlandés, tampoco parecía galés (aunque era de Gales de donde provenía), sino que parecía nativo americano. O por lo menos, la idea que yo tenía del aspecto de un nativo americano. Llevaba el pelo peinado hacia delante y, supongo que podría decirse así, empezaba a ser *cool*.

En 1976 David tenía quince años, un año menos que yo. Iba a clase con Ali y la gente decía que eran los mejores de su promoción. También decían que ella le gustaba, que a veces iban a dar paseos y cosas así. Mi numerito con Ali (con quien, técnicamente, en aquella época no salía) había sido enseñarle a tocar «Something», de George Harrison. Con la guitarra. Cuando, en realidad, yo no sabía tocar la guitarra. Ahora tenía que vérmelas con un auténtico guitarrista. David Evans podía tocar lo que quisiera. Que es otra manera de decir que podía obtener lo que quisiera.

Aquel solo de guitarra tan complicado que estaba punteando en ese preciso momento en el pasillo del colegio era del álbum de Yes titulado *Close to the Edge* (ya lo sé) y en él salían armónicos, esas notas que sonaban como campanillas por las que luego se haría famoso. Incluso en la actualidad debatimos durante horas por qué creo que el rock progresivo era malo. Edge siempre acaba aceptando mi punto de vista, pero luego pasa totalmente por alto lo que acabamos de acordar. El rock progresivo sigue siendo una de las pocas cosas que nos separan.

En un viaje familiar a Estados Unidos, en 1977, Edge se compró su primera guitarra en una tienda de la calle Cuarenta y Ocho Oeste de Manhattan. Era una Gibson Explorer, con la misma forma que su cabeza, es decir, con el mentón grande y el cerebro cónico. Más o menos por esa época recibió su nombre oficial de The Edge, aunque en teoría tenía más que ver con el sonido de su mente que con la forma de su cráneo. Cuando Edge tocaba la guitarra, entraba en una especie de trance. No sabía muy bien qué hacía, no conocía el nombre de los acordes que tocaba, y algunas veces todavía es así.

La teoría musical de Edge es intuitiva, pero en realidad tantea por la escala musical, busca notas, un orden concreto de notas que nadie haya usado antes. Busca el espacio que queda entre ellas, los huecos entre las notas. Busca reducirlo todo a la más mínima expresión.

Edge es minimalista por naturaleza. Yo no. Yo soy maximalista.

Edge pone cara de póquer. Yo no.

Puedes estar sentado enfrente de Edge y no saber jamás si tiene cuatro ases y un dos de tréboles. O no tiene nada. Es un gran embustero.

Se puede aprender mucho de las personas que no te cuentan nada.

Por ejemplo, cómo no reaccionar cuando hay una crisis. O cómo mantener la calma y tal vez hasta sacar a la luz cierta frivolidad para distanciarte de la gravedad de una situación.

Edge es el silencio dentro de cada ruido. Es la luz dentro del cuadro.

Adam Clayton era un ferviente adorador del rock'n'roll. Lo único que quería hacer en la vida era música. Tenía el estilo, la actitud, la ambición. Solo tenía un problema: no sabía tocar. Eso no lo descalificaba de forma automática… En aquella época, en realidad, yo tampoco sabía cantar. Pero Adam tenía una especie de dislexia musical que lo llevaba a poder tocar las partes más sofisticadas o las más sencillas, pero no lo que quedaba en medio. Esa combinación tan peculiar implicaba que la consabida discusión entre el bajo, la batería y la guitarra pudiera volverse un poco caótica y estresante cuando había que ensayar. Edge, el más dotado para la música de todos nosotros, limaba asperezas. Quería conseguir por todos los medios que su amigo de la infancia fuera su colega de la banda adolescente.

Edge había presenciado cómo Adam, a los ocho años, había sido desterrado de su familia y sus amigos para ir a lo que Brian y Jo, sus padres, describían como «los mejores internados». Los Clayton, vecinos de la familia Evans en el sofisticado pueblo costero de Malahide, imaginaban el mejor tipo de vida para Adam, la clase de vida con la que estaban familiarizados por «las colonias» y la clase alta británica que Brian conocía a raíz de haber sido piloto de las fuerzas aéreas.

Habían aprendido algunas de las cosas más sofisticadas de la vida durante la época en que habían vivido en las bases del ejército en Yemen y en Kenia, y querían asegurarse de que sus tres hijos, Adam, Sindy y Sebastian, no tendrían el mismo tipo de origen humilde que ellos. Por desgracia, eso creó una especie de trauma cultural para Adam, ya que no sentía que encajara plenamente en ningún sitio. Y, lo que es peor, sentía que el sistema lo expulsaba por negarse a conformarse. Al principio las secuelas pasaron inadvertidas. De hecho, la armadura que se puso aquel primer día en que entró arrastrando los pies en Mount Temple Comprehensive era tan convincente y tan guay que su viejo amigo de Malahide, David Evans, no lo reconoció.

Debía de estar cagándose en los pantalones cuando cruzó el patio con lo que algunos podrían haber confundido con un disfraz:

el pelo rubio rizado a lo afro, un abrigo de piel vuelta de borreguillo que parecía que todavía estuviera vivo y una camiseta de Pakistan 76 para hacerlo más realista. Se oía el tintineo de las pulseras de acero que sonaban al mover las muñecas. Menuda estampa y menuda presentación para impresionar a los tipos duros con circunstancias muy diferentes del norte de Dublín.

«¿Dónde está la sala para fumadores?», preguntó en un inglés con acento perfecto.

Para los chavales y chavalas que fumaban detrás del cobertizo de las bicicletas era una señal inequívoca: este chico no sabe nada y lo sabe todo. Se enamoraron de él. Adam se dirigía a los estudiantes difíciles y a los profesores con la misma estrategia. Unos modales perfectos. Se ponía a leer novelas en inglés en la clase de francés y bebía café durante la clase de mates de un termo que guardaba en la cartera.

«Indisciplinado», esa fue la reacción de un profesor. «Demasiado listo para el currículum de la escuela», dijo otro, un análisis probablemente más acertado. Adam iba a tomarse en serio el arte y la vida, pero, desde luego, no los estudios. El colegio era para divertirse. Pocas veces he visto a un hombre tan a gusto con su cuerpo, que celebrara y se mofara a partes iguales de las funciones corporales, y, en particular, un hombre tan encantado con su pene.

Lo quisieras o no, era fácil encontrárselo dándole un poco de aire. Mientras hablabas con él junto a tu novia, te dabas cuenta, en mitad de la conversación, de que Adam estaba meneándosela como si tal cosa en la hierba. Si su legendaria carrera desnudo por los pasillos de Mount Temple tuvo en parte el objetivo (conseguido) de que lo expulsaran, también respondía al más puro goce.

Puede que Adam fuera un cachondo en clase, pero también fue la primera persona que se tomó en serio nuestra banda. Al cabo de poco tiempo, había hablado con alguien para que le imprimiera unas tarjetas en las que ponía «Mánager de U2». Su acento pijo y su aire de desenfadada confianza le permitían irse de rositas tras cualquier tipo de comportamiento extraño en el Dublín de los setenta.

Cuando no tenía dinero para el billete, le ofrecía al revisor del autobús un «cheque»: es decir, su nombre y una dirección en un papel en blanco. A menudo lo echaban del vehículo de todos modos, pero algunos revisores quedaban tan impresionados por su aire sofisticado que lo dejaban viajar gratis.

Como empresario nato, Adam organizó nuestros primeros espectáculos y fichó a Steve Averill, el cantante de los Radiators from Space, la infame banda de punk irlandesa, para que fuese nuestro mentor y pensara un nombre mejor para la banda que los Hype. Steve era vecino de Adam y Edge en Malahide y, a pesar de su estética punk rock, era el hombre más amable de la parte norte de la ciudad. A lo largo de varias décadas, se convertiría en una pieza clave en la dirección de arte y el lenguaje visual que desarrollamos, pero empezó su labor haciendo un poco de hermano mayor de Adam y dándonos nombre.

U2.

Ahí está, una letra y un número, perfecto para imprimirlo en grande en un póster o estamparlo en una camiseta. Si pienso en el nombre de un avión de espionaje, como el U-2, me gusta. Pero si pienso en la broma fácil, como «you too», la verdad es que no. Me parece que no voté por ese nombre, pero, desde luego, tampoco me opuse. Soy uno de cuatro, y una auténtica banda de rock'n'roll no la dirige el cantante. La lidera tal vez, pero no la dirige. El nombre que sí rechacé frontalmente fue el de los Flying Tigers, la segunda sugerencia de Steve.

Era tal la confianza de Adam que tardamos varios meses en descubrir su fiasco musical, que no tocaba las notas correctas en el orden concreto, ni en ninguna clave concreta. No parecía importar mucho. En 1976, cuando el rock estaba a punto de quedar desbancado por el punk, Adam era el espíritu del rock'n'roll, una especie de Sid Vicious pijo. Si Larry le dio vida a la banda, Adam fue quien creyó que esa banda podía darnos vida a nosotros.

En los primeros ensayos, Dik formaba parte del grupo, y no era raro que yo propusiera tocar una canción, pongamos, «Satisfaction», de los Rolling Stones, para acabar descubriendo que Dik estaba tocando «Brown Sugar». No era porque no tuviera un oído musical muy bien sintonizado (claro que lo tenía), sino porque Dik vivía en una especie de burbuja impenetrable en la que lo que ocurría en su mente no siempre era lo mismo que ocurría en la sala. En ese momento, insistía Dik, en su universo, «Brown Sugar» era la opción correcta.

—¿En serio? ¿Dik forma parte de la banda?

Larry no sabía por dónde tomar a Dik.

—Me refiero a que Dik es un tío legal y tal, pero ¿de verdad forma parte de la banda?

Al final, se hizo evidente que Dik iba a empezar en la universidad y no iba a poder ensayar con nosotros, así que la pregunta obtuvo respuesta sin que Edge tuviera que aclararle a su hermano que Larry no estaba seguro de si Dik debía estar en U2. Poco después de que Dik se marchara, Larry cambió de objetivo y preguntó:

—¿En serio? ¿Edge forma parte de la banda?

Y sí, Edge formaba parte de la banda, y muy en serio, y, a lo largo de las siguientes semanas, quedó claro que Larry, Adam y yo también pertenecíamos a ella. Los cuatro. Aunque no acabáramos de creérnoslo, y gracias al experimento que era el sistema educativo progresista, empezamos a ensayar los sábados en la sala de música del colegio. Gracias también a algunos aliados del cuerpo docente; en concreto, profesores de música como el señor McKenzie y el señor Bradshaw, nuestro profesor de historia, Donald Moxham, y nuestro, algunas veces, jefe de estudios y, otras veces, profesor de lengua, Jack Heaslip.

En aquella sala de música fue donde descubrí que las canciones que no sabía tocar en la guitarra acústica de mi hermano sonaban mucho mejor cuando no sabía tocarlas con Dave, Adam y Larry.

No me refiero solo a las canciones de los Beatles, de los Beach Boys o de Bob Dylan. Sino a nuestras propias canciones. En aquella sala de música fue donde descubrí lo que era escribir canciones en grupo. Por osado que resultase el atreverse a pensar que podíamos ser capaces de componer, lo cierto es que yo había atesorado melodías en la cabeza desde que tenía uso de razón. Y, quizá porque durante años Adam también había pasado mucho tiempo pensando ideas para letras de canciones, nadie se rio cuando propuse que trabajásemos con algunas ideas nuestras. Y, cuando lo hicimos, vimos que sonaban más sencillas y más convincentes que las versiones que habíamos tocado hasta entonces. Versiones que no nos salían demasiado bien. No es una exageración decir que en U2 empezamos a escribir nuestras propias canciones porque no sabíamos tocar las de otros.

Pasos infantiles para una banda en pañales.

Era casi tan caótico como un parto, pero para mí fue como nacer. El punk rock me dio un cachete en el culo desnudo y empecé a chillar. Casi sin desafinar.

También fue en la sala de música del instituto donde hicimos la primera audición, un año y medio después de aquella primera reunión en la cocina de Larry. Era para un productor de televisión que se llamaba Bil Keating y ocurrió después de que Steve Averill nos explicara que, si le causábamos buena impresión a ese hombre, podríamos salir en televisión.

¿En televisión?

Un programa artístico nuevo para niños llamado *Young Line*. Sonaba muy poco punk rock, pero aun así...

¡En televisión!

Mientras esperábamos la llegada del productor del programa un día de primavera de 1978, teníamos la impresión de que aquel podía ser el punto de inflexión para nosotros. Podía proporcionarnos cobertura nacional, la conquista del mundo.

Por desgracia, cuando el cazatalentos se presentó en la puerta, estábamos en mitad de una acalorada pelea acerca de qué tocar.

Cómo empezar la canción y cómo acabarla.

—Chist, dejadlo entrar... ¿Qué vamos a hacer?

—Abrid la puerta... Abrid la puta puerta.

—Me han dicho que componéis las canciones —dijo el productor de televisión.

—Sí —respondí, y entré en pánico hasta que recibí la repentina inspiración de poner en práctica una idea muy tramposa, pero que podía funcionar.

Miré a los ojos sinceros de Dave Evans y, no sé cómo, supo que yo sabía qué teníamos que hacer.

—Sí, por supuesto —continué—. Esta es una de las nuestras. Se titula «Glad to See You Go».

Entonces Edge nos miró como mira incluso hoy cuando se comunica encima del escenario con Larry y Adam. Es una mirada casi imperceptible, más bien una indicación psíquica que los otros parecen comprender, y reaccionaron de inmediato para ponerse a tocar con estruendo «Glad to See You Go», la canción de los Ramones no superfamosa pero sí lo bastante.

La clavamos.

Clavamos el cartel de VIP en la pared de la clase, pues nuestros compañeros no podían creer que esos chavales fueran capaces de transmitir semejante brutalidad melódica. Nos ganamos aparecer en *Young Line* y, cuando llegó el momento de la actuación, cambiamos con total naturalidad «Glad to See You Go» por una de nuestras canciones, «Street Mission».

Nadie se dio cuenta.

Otro milagro atribuible a Joey Ramone.

EL RELÁMPAGO CAE DOS VECES

Todavía me cuesta creer que aquella semana de 1976, la semana en la que me había unido a la banda que se convertiría en U2, fuera también la semana en la que le pedí salir formalmente a Alison Stewart.

Nada volvería a ser igual. El cielo no se abrió, la lluvia no cesó y no estábamos contemplando la ciudad desde lo alto de una colina. En realidad, estábamos en la parada de autobús que había en Howth Road, esperando el 31. Eran las cuatro y media de la tarde de un jueves cuando nos dimos el segundo beso.

Aunque parecía que al mundo exterior no le interesaba demasiado el asunto, dentro de mi cabeza pecosa la música iba dándole forma al ruido, una melodía de primera que afloraba del estrépito. En medio de la confusión mental había hallado la claridad, a esa joven que era clara y transparente como un arroyo. En mi ensoñación, Alison caminó otra vez entre las aguas. Se convirtió en agua.

Me zambullí.

> *You let me into a conversation*
> *A conversation only we could make*
> *You break and enter my imagination*
> *Whatever's in there*
> *It's yours to take**

El miércoles solo teníamos clase por la mañana en Mount Temple, una tarde libre como un pedazo de fin de semana robado en mitad de la semana. En el terreno sexual siempre había sido una persona despierta, pero, cuando estaba con Ali, me notaba más que despierto, despejado, con los ojos muy atentos, los sentidos abiertos a cualquier estímulo. Su presencia era inquietante a la vez que reconfortante. Por un lado, tenía muchas ganas de estar a solas con ella, pero, por otro, estaba decidido a no imponerme en la vida de esa persona perfecta, porque me había formado cierta reputación como hombre en el club juvenil. Sin embargo, aquella tarde propuse a Ali que fuese conmigo al número 10 de Cedarwood Road, le ofrecí una gira por mi minimalista habitación, pequeña como una caja de zapatos, con su bombilla pelada y su minimalista cama individual. No era un ardid para llevarla a la cama (no de forma consciente), pero eso fue lo que ocurrió. Qué gozada. Nunca hablamos antes del sexo que no íbamos a tener; empezamos a tontear y a hacernos arrumacos, primero con ternura, luego con humor y luego en serio.

Y, en ese momento, oímos que se abría una puerta. La puerta de mi casa.

Entra mi padre, que había vuelto mucho antes de lo habitual.

---

* «Me enfrascas en una conversación, / una que solo nosotros podríamos tener. / Te abres paso y entras en mi imaginación. / Lo que allí encuentres / te lo puedes quedar».

Ali me mira en un auténtico estado de shock. No había visto nunca a mi padre.

—¿Qué vamos a hacer? —jadeamos.

«Socorro», pensé.

—Métete debajo de la cama —le solté.

—¡Qué!

Su mirada indicaba que yo tenía que estar de broma. Mi mirada indicaba que no. Si ella no conocía a Bob Hewson, yo sí lo conocía bastante bien.

—No quepo ahí debajo.

—Sí cabes. Tienes que hacerlo.

Lo hizo.

Justo cuando mi padre llegó al descansillo de las escaleras y entró en mi habitación.

—Por el amor de Dios, ¿se puede saber qué haces en la cama a estas horas?

—Estoy enfermo —mentí, aunque era cierto que en ese momento empezaba a sentir náuseas, como si estuviera en el escenario del delito, y el delito fuese yo.

—Eh… Eh… —Suspiré para darle dramatismo—. Me duele la garganta.

De todos los posibles días en los que mi padre, el Maestro de la Gran Pantomima y la Ópera Chica, podía mostrarme afecto, eligió justo ese. Eligió ese día para sentarse en mi cama y expresar su preocupación haciéndome todo tipo de preguntas sobre mi salud. Mientras tanto, Alison Stewart estaba casi asfixiada por el peso de dos Hewson, sentados a dos dedos de su cara.

Es una situación, me atrevería a decir, una escena, de la que no se olvidará con facilidad.

the gibson
explorer

IRIS   PAUL

the yellow
house

7

I Will Follow

A boy tries hard to be a man
His mother lets go of his hand
The gift of grief
*Will bring a voice to life.**

«El elefante en la habitación» es una expresión que me resulta divertida, pues según el caso he sido el elefante o la habitación. Podemos perdernos en situaciones o conversaciones y pasar por alto lo más evidente. Buscamos que alguien nos salve o una solución a un problema y los tenemos delante de las narices, ocultos a simple vista.

En nuestra casa hay colgada una obra de arte, que ocupa toda una pared, del director de cine Wim Wenders. *El camino a Emaús* es una fotografía reciente de ese sendero, justo a la entrada de Jerusalén, donde se dice que los amigos más cercanos de Jesucristo caminaron junto a él sin saberlo. Un par de días después de su crucifixión. Se rumorea que está vivo y nadie encuentra el cadáver.

Sus amigos están confundidos, abrumados por la pena, aterrorizados, ajenos a la identidad de ese desconocido, hasta que este se

---

* «Un niño se esfuerza por ser un hombre. / Su madre le suelta la mano. / El don del dolor / hará aflorar una voz».

despide de ellos. Entonces se plantean la posibilidad de que el propio corazón de su fe haya estado latiendo con fuerza a su lado. Ojalá hubieran tenido ojos para ver.

He tomado aviones en los que la persona sentada a mi lado, la persona con la que evitaba mantener una conversación, ha resultado tener en su poder una pieza muy valiosa del puzle de mi vida, sin la que estaría perdido. Cuando estás abierto a los demás, un autoestopista (un «vagabundo», como los llama mi hija Eve) puede convertirse en un ángel. Cuando menos te lo esperas. Y no solo ocurre con las personas. Los lugares también pueden establecer un vínculo especial que al principio no se advierte.

NUESTRA ETAPA AMARILLA, CASA Y QUESO

El tercer local de ensayo en condiciones de U2 —después de la sala de música de Mount Temple y del minúsculo cobertizo del jardín de Edge— fue una casita de campo que daba al cementerio, en la parte norte del condado de Dublín. El cementerio en el que estaba enterrada mi madre. En la Casa Amarilla, como la llamábamos, teníamos un hornillo eléctrico en el que Larry tostaba los sándwiches de queso que se preparaban Edge y él.

Adam y yo no llevábamos nada encima y, literalmente, nos zampábamos su comida. A ambos nos unía el amor por la comida robada. A él también le gustaban las sobras. En la comida del colegio, Adam, «el niño pijo», se plantaba delante del cubo de los restos y pescaba con el tenedor la comida que otros habían tirado: alguna patata suelta que parecía intacta o tres cuartos de salchicha flotando como un cadáver en un mar de alubias frías. Durante toda nuestra vida de giras, siempre he visto a Adam comiendo las sobras de las bandejas que dejaban a las puertas de las habitaciones de hotel, media hamburguesa con queso por aquí, una porción de pizza fría por allá. La dieta de Larry era más exigente y menos pública, pues en general es un comensal más discreto. Bueno, más discreto en todos los sentidos. Larry era un adolescente guapo al que no le gustaba que lo miraran ni las chicas ni los chicos.

Entonces, podría preguntarse alguien, ¿por qué iba a querer un tío como ese ser una estrella del pop?

¿Por qué iba a poner un chaval tímido una nota en el tablón de anuncios del colegio para invitar a otros músicos a reunirse en su cocina? No tengo una respuesta clara a esa cuestión, pero estoy encantado de que lo hiciera. Mucho antes de que su idea nos pagara las comidas, dejó constancia de su generosidad al compartir la suya.

Edge, por su parte, se olvidaba de comer. Aún le ocurre a veces. A menudo me preguntaba si tenía algo que ver con el hecho de que, a diario durante siete años, su madre, Gwenda, le hubiera preparado sándwiches de queso.

Todos los días sin excepción se comía esos sándwiches. No siempre con entusiasmo, pero él tomaba una mitad y yo la otra. No era porque su madre no tuviera medios para proporcionarle una comida para llevar más variada, sino porque se olvidaba de qué le había puesto el día anterior.

Al igual que la de su hijo, la mente de Gwenda solía estar en otra parte.

Triste comida

Sándwiches de patatas fritas

Lo que sea frito (lo mejor, la «hamburguesa de picadillo».
Te compras la hamburguesa y te hacen picadillo).

Cornflakes (desayuno, comida y cena).

Bacalao ahumado (para un adolescente irlandés a punto de comer pescado, es importante que el pescado no parezca ni sepa a pescado).

Ese día en concreto, en la Casa Amarilla, estoy comiendo un sándwich de queso fundido de Edge y uno de jamón de Larry. Es asombroso que todavía tengan ganas de dirigirme la palabra, por no hablar de abrirme su táper. Hoy, y no por primera vez, me he puesto a gritar como un energúmeno a mis colegas de la banda por razones que, ahora puedo admitirlo, no aguantan el paso del tiempo. Es la misma mierda de siempre. Tocan demasiado rápido o demasiado lento, o no están en la calle cuando me dispongo a saltar de un edificio alto.

Este melodrama no es muy importante, pero, al mismo tiempo, parece lo más importante del mundo. Olvidémonos de Irlanda estallando en llamas paramilitares o de la promesa de un invierno nuclear con la que todos vivíamos a finales de los setenta. No, el tema más acuciante al que se enfrenta la humanidad ese día de invierno de 1978 es que esa banda tiene unos músicos que no son lo bastante buenos.

Podría comprenderse el razonamiento si: a) mis compañeros no fueran buenos músicos, o b) yo fuera mejor.

Una cosa que, desde luego, no era, pero aun así mi desquiciada cabeza empieza a soltar unas pullas imperdonables por las que ahora, después de tantísimos años, les pido disculpas. Y no fue un caso aislado. Era un modo de vida en nuestros ensayos. Con mirada retrospectiva, puedo psicoanalizar la situación y ver que era una forma de «evitar» la vida, hacer daño para evitar que me hicieran daño. Tal vez.

O quizá simplemente fuera un maleducado.

Algo está claro: como músico siempre abarco mucho más de lo que puedo alcanzar. Oigo la música en mi mente, pero no soy capaz de tocarla. Soy como alguien que no sabe pintar, que ni siquiera sabe hacer bocetos y que intenta utilizar las manos de otros artistas. Gran parte de mi rabia nace de mi incapacidad para expresarme, lo cual le ocurre a mucha gente. Solo he dado unas cuantas clases de guitarra y dependo horrores de estos tres camaradas. Tengo que comerme el ego porque, sin su capacidad para expresarse, no tengo nada.

Menos que nada.

Un vacío, un agujero negro.

Ese día lo único que les puedo ofrecer es un ego hinchado.

Trato de explicarles lo novedosa y emocionante que es la nueva canción «Public Image», de Public Image Ltd., que su nihilismo es el último clavo del ataúd de todas las bandas de rock con base de blues con las que nos criamos. Les digo, muy entusiasmado, que es como un taladro eléctrico en el cerebro, como una sierra eléctrica que corta la carcasa del pasado o un montacargas que aparta cualquier obstáculo de tu camino. (Ya se capta la idea). Es tan incisiva... Ni un gramo de grasa, ni una raspa en el sonido de la guitarra. Está más allá del punk; es pospunk. («Pospunk», sí, así es como lo llamaría la gente. Así es como nos llamarían a nosotros).

Una gran canción, les cuento a todos (como si hubiera escrito el manifiesto), puede escribirse con dos cuerdas y dos acordes. Hasta ese punto llega el pospunk de John Lydon. Hemos pasado de tres acordes a dos. ¡Es el máximo del minimalismo!

Intento que Edge toque el sonido de un taladro eléctrico que atraviesa la espina dorsal, pero no sabe a qué me refiero. (En retrospectiva, veo que era como un artista callejero que le dice a un gran pintor paisajista que utilice un bote de espray). Edge empieza a perder la paciencia y yo me frustro todavía más. Estoy tan frustrado que agarro la Gibson Explorer, esa guitarra triangular de ciencia ficción que se compró con todos sus ahorros en Nueva York, que lleva colgada del cuello. Me la cuelgo yo y empiezo a hacer un sonido salvaje y peligroso que parece un chirrido.

—Sigue —dice Edge—. No pares. Ya casi lo tienes.

—¿Te gusta? —le pregunto sorprendido.

—No estoy seguro de si me gusta, pero sí que suena como el torno del dentista. Déjame ver si puedo sacar algo de ahí.

En ese momento tan lleno de ego y tan ausente de ego a la vez, se está gestando una canción que se titulará «I Will Follow». Edge y Adam piensan una versión compleja de los bordones que resuenan que acaba creando una atractiva armonía, y, mientras Edge pasa al bordón más grave (una vibrante cuerda de mi y re, pisando las cuerdas segunda y tercera para hacer los acordes de mi sobre re, seguidos de re añadiendo una novena, por si a alguien le interesa), después de que Larry se vuelque a lo Joy Division total con otra transición teutónica con la batería, a mí se me ocurre el coro y la letra del estribillo:

If you walk away, walk away
I walk away, walk away
I will follow.*

La repetición y percusión de «walk away, walk away» es un mantra, como el pedal *wah-wah* de Jimi Hendrix, un gancho rítmico que te atrapa por debajo de la piel.

Sabíamos que teníamos algo bueno.

—¿De qué trata? —nos preguntamos unos a otros.

—La canción es una carta de despedida de un suicida —contesté—. Trata de un crío que quiere encontrar a su madre y, aunque esté en la tumba, piensa seguirla hasta allí.

Silencio elocuente.

Nadie en ese local de ensayo, ni siquiera yo, había pensado en que Iris Hewson descansaba bajo la tierra a menos de cien metros de donde estábamos tocando. En todo el tiempo que habíamos ensayado allí, nunca lo había pensado ni me había acercado a visitar su tumba. Mi madre estaba muerta. En sentido literal, pero también emocional, para mí.

O eso pensaba yo.

La abnegación es un truco psicológico asombroso, supongo que a veces necesario. Lo cierto es que el atractivo perdurable de esa canción, en realidad, no es tan nihilista como una carta de despedida de un suicida. En el sonido y en el ánimo de ese tema está el amor maternal. Una canción sobre el amor incondicional. Un amor admirable. Un amor eterno. Que con más frecuencia se identifica con el amor de una madre que con el de un padre.

Muchas personas conocen la parábola del hijo pródigo, un joven que despilfarra la herencia de su padre en diversiones y caprichos y que, al cabo de un tiempo, pasa penurias y tiene que regresar a casa, humillado y con las manos vacías. Lo que pocas personas captan es la descripción del buen padre, que no está en casa esperando el regreso del hijo pródigo, sino que, en lugar de eso, está lo

---

* «Si tú te vas, te vas, / yo me voy, me voy. / Yo seguiré».

100

más lejos posible, buscándolo con anhelo. Parece más probable que se tratara de la madre.

If you walk away, I will follow.

AMOR TONTO Y CABEZÓN

Hay algo a la vez listo y tonto en el amor. A veces el amor no solo lima las asperezas, sino que ni siquiera las advierte. Con paso lento, pero seguro, Ali y yo nos habíamos ido enamorando y, mientras investigábamos el amor en todas sus manifestaciones, nos íbamos acercando a un grupo cristiano radical llamado Shalom. Estábamos experimentando una consecuencia que todavía nos parece acertada: cuanto más cerca nos sentíamos del Creador, más cerca estábamos el uno del otro.

El grupo Shalom practicaba una especie de inocente vida cristiana similar a la del siglo I, que anticipaba escasas posesiones pero infinidad de milagros. Quizá sus miembros no supieran qué se iban a llevar a la boca para cenar, pero desde luego sabían qué ponía en la Biblia. Era una vida rigurosa y exigente que atraía a algunos personajes excéntricos.

Siempre había tenido la impresión de que, cuanto más excéntrico, mejor. Como ya formábamos parte del grupo de Lypton Village, que también aunaba a excéntricos, frikis y alborotadores, nos pareció normal empezar a pasar el rato con el predicador callejero Dennis Sheedy. Lo conocimos junto al McDonald's, donde, por increíble que parezca, se reunía a veces la escena punk de Dublín. El McDonald's de Grafton Street, que todavía tenía cierto aire americano de los cincuenta en aquella época. Dennis comentó que las patatas fritas no estaban hechas de patatas enteras, sino de patata en polvo.

—Entonces ¿por qué de vez en cuando hay un trozo de piel de patata? —le pregunté.

—Las pintan con espray para conseguir el efecto —fue la respuesta del adivino—. No quiero saber nada de los pepinillos.

Dennis era una especie de Jeremías, el profeta del Antiguo Testamento, pero actual, aunque, en lugar de ir a predicar entre el pueblo de Israel, Dennis intentaba inculcar la fe a la gente de Dublín, predicando el evangelio en las zonas comerciales del centro de la ciudad, como Henry Street. Por supuesto, a veces era un poco incendiario, pero le teníamos mucho afecto. Y seguimos teniéndole cariño veinte años después, cuando Dennis apareció en el Mr. Pussy's Café con medias de rejilla, tacones de aguja y los labios pintados de rosa brillante. Todavía predicaba, pero con menos aspavientos. El amor es la ley suprema.

NUESTRO PRIMER DESPACHO... LA LLUVIA

La fe ciega no te hará conseguir lo que buscas, pero te ayudará a emprender el camino.

En nuestro caso, nos condujo de los ensayos en la Casa Amarilla a los conciertos de verdad con gente de verdad que pagaba para vernos. Unos bolos que eran erráticos, a veces surrealistas, pero en alguna ocasión trascendentales. McGonagles era el local punk de Dublín más famoso de la época y contaba con todos los accesorios de un salón de baile de la década de 1940 arrastrados a trancas y barrancas hasta la de 1970: el bar con la moqueta pringosa, los falsos árboles de plástico a ambos lados del escenario. Más adelante me enteré de que mis padres, Bob e Iris, solían ir allí a bailar cuando se llamaba Crystal Ballroom. Nos dieron espacio los lunes, la noche en la que se movía la industria musical por la ciudad, y, si bien nunca se llenaba del todo, siempre había clientela fija, un público al que podíamos arrancar de la barra. Si lo hacíamos bien. O incluso genial.

Siempre nos emocionaba mucho ver a los fans de la primera fila, los cuales saltaban junto al escenario; nos asegurábamos de tener a esa clase de seguidores pidiendo a nuestros amigos que fueran a vernos, convenciéndolos de que fingieran ser una muchedumbre exaltada. O quizá no lo fingían. Mientras salía al escenario, podía oír a Ali, Ann y Aislinn, nuestras novias, gritando como si fuésemos los Beatles, mientras Gavin, Guggi y los de Lypton Village se hacían los chulos. Hasta que al final explotaban y sacudían el cuerpo al más puro estilo punk rock. Niall Stokes, el editor de *Hot Press*, el periódico musical local, solía ir también con Mairin, su esposa, al igual que Bill Graham, el colaborador estrella del periódico.

Fue Bill quien nos presentó a Paul McGuinness, un excompañero de clase del Trinity College. Parecía que Bill creía en U2 tanto como nosotros, y acceder a su mente era como ir a las tutorías que yo no recibiría nunca porque había decidido no ir a la universidad, una decisión que todavía no le había comunicado a mi padre. Después de Steve Averill, Bill no tardó en convertirse en nuestro segundo guía espiritual y, al ponernos en contacto con Paul, nos presentó al que sería el tercero, y luego se convertiría en el cuarto, el quinto y el sexto. No había parcela de nuestra vida que Paul no nos ayudara a modelar, pues pasó a ser el más crítico de nuestros aliados, aunque no siempre nos diera esa impresión.

Una noche, después de un espectáculo, estoy al lado de este hombre que conducirá a la banda en pañales que es U2 hasta la adolescencia y la próxima edad adulta. Estamos plantados en nuestro primer despacho, la Lluvia. La oficina era cualquier sitio en el que nos viéramos con nuestro mánager, y esa noche toca la calle, a la puerta del McGonagles. Bajo la lluvia. Nuestra relación aún es incipiente y aún vamos con tiento. Todavía no nos ha proporcionado un contrato de grabación con un sello discográfico del Reino Unido que nos financie mientras despegamos hacia el estrellato.

Trabajamos partiendo de la base de que nos proporcionará ese maná caído del cielo, pero, mientras la luz del neón roto del club parpadea y chisporrotea a nuestro alrededor, ese «todavía no» es lo que me transmite su lenguaje corporal. Estamos negociando las negociaciones. Unas negociaciones que están tomando el cariz de una discusión candente. Me cuesta asimilar la información de que no solo no es inminente el contrato discográfico, sino tampoco la llegada de la tan debatida furgoneta, que por lo menos podría transportarnos al lugar en el que podríamos permitirnos comer fuera de casa, incluso llegar a dormir sin el auspicio de nuestras familias. No me cabe duda de que una furgoneta es una pieza clave en el equipo de cualquier banda de punk que se precie. Tan importante como la guitarra, el bajo y la batería, le digo. Como si él no lo supiera.

YO: En Irlanda es como se desplazan las bandas de un concierto a otro, y así se sacan beneficios, porque sin furgoneta, los bolos apenas nos dan para alquilar una.

PAUL: Dime algo que no sepa, anda.

YO (que de verdad he perdido el hilo): Paul, ¿es que no ves cuánto cambiarían las cosas con ese vehículo? Si fueras un mánager de verdad, nos conseguirías una furgo.

PAUL: No tenemos dinero para una furgoneta, Bono. Aún es pronto.

YO (desquiciado): Tienes acento pijo, pero no parece que tengas la pasta que va con él.

PAUL: ¡Menuda chorrada acabas de decir! Bono, hace falta paciencia y perspectiva.

YO: Díselo a mi padre.

PAUL: Encantado. Ya he hablado con la familia de Adam y de Edge.

YO: Digámoslo así. Si no nos consigues la furgoneta, nosotros (los cuatro que formamos la banda) tendremos que sacarla de donde sea. Y eso significa que necesitamos un contrato de grabación, lo que significa que tienes que ir a Londres para solucionar el tema.

PAUL: Bono, la primera oportunidad en Londres solo se da una vez, y la banda todavía no está preparada para ir allí. Aún no está donde tiene que estar.

YO: Ya. Y, si no nos consigues el contrato tú, ¿quién lo hará?

PAUL: Buena pregunta.

YO: Me da la impresión de que no te comprometes con nosotros, o no lo suficiente; de lo contrario, nos conseguirías una furgo.

PAUL: ¿Cómo puedes decirme que no me comprometo lo suficiente cuando llevo casi tres cuartos de hora bajo la lluvia contigo?

YO: Ahí me has pillado.

Paul era la persona con la que necesitaba estar bajo la lluvia en aquel instante. En el momento justo, un desconocido o un amigo, incluso un paisaje físico que nos hace falta, llega a nosotros. Pero no siempre descubrimos qué función tiene.

EL DELINCUENTE MÁS LIMPIO DEL PLANETA

Avancemos unos cuantos años, hasta un momento en el que ya me he marchado del hogar en el que crecí, en el número 10 de Cedarwood Road. Los ladrones no paraban de entrar en casa de mi padre. Intenté convencer al hombre de que se marchara, pero no se bajaba del burro, así que un día le dije una mentira piadosa: que había comprado un apartamento modesto en el bonito pueblo costero de Howth, desde el que se veía una playita. Me haría un favor si cuidaba del piso y ponía en alquiler el de Cedarwood Road, para añadir unas cuantas libras a su pensión. Se quedó allí hasta su muerte. Amaba con locura aquel sitio, y parecía que este le correspondía con el mismo amor.

Unos meses después de que se mudara a Howth, mi tía Ruth fue a visitarlo para ver por dónde vivía y le contó que su hermana Iris (mi madre, la esposa de Bob) y ella siempre iban a nadar a aquella playa en verano cuando eran adolescentes.

Iris no se daba ni cuenta del largo trayecto que había en tren hasta Howth, decía Ruth. Le compensaba con creces el poder bañarse allí y tomar el sol las escasas veces que se tumbaba con su hermana.

Avancemos otro par de décadas más: Paul me lleva en coche hasta el pub Ferryman del puerto de Dublín. El Ferryman no ha cambiado mucho, pero las ruedas con llantas cromadas del Jaguar XJ8 negro de Paul se ven un pelín demasiado ostentosas allí. He quedado con Jon Pareles, crítico de música del *New York Times*, que me plantea preguntas que no puedo responder dando rodeos, ni pasando de puntillas. Historias sobre mis orígenes. Sobre mí.

—¿Qué tal te llevabas con tus padres de pequeño?

Y, en ese momento, dos tipos duros entran en el pub. Sé que son tipos duros porque noto que se me eriza el vello de la nuca, y no tengo vello en la nuca. De treinta y tantos, pero con aspecto de tener cuarenta y tantos, uno de ellos con una sonrisa falsa, otro con los dientes amarillos por el tabaco. Se ponen a jugar al billar, pero veo que me miran y, al cabo de un rato, se acercan:

—Hey, tío, ¿qué tal? ¿Qué pasa con tus huesos? Joder, quién lo iba a decir, ¿no?

Si alguien queda atrapado por casualidad en la parte dura de nuestra ciudad, conviene que adopte la misma forma de hablar que los de allí. Dublín es un crisol de acentos y expresiones.

—Eres de Cedarwood, ¿no, colega? Me acuerdo de tu careto. Vivías por el cruce con Cedarwood Grove. El número 10, ¿no? —me dice.

—Sí —contesto, en el fondo, encantado de que el hecho de haber elegido ese local para el *New York Times* haya desembocado en el encuentro con algunos de los personajes con los que tenía que lidiar de adolescente.

—Me suenas de algo —contraataco—. Pero no acabo de ubicarte. Este es Jon. ¿Cómo te llamas?

Me corta.

—No, no nos conocíamos, y mejor pa' ti, colega.

No parpadeo.

Pareles sí parpadea, varias veces seguidas.

—Bah, na'. Te tomo el pelo, na' más. Te va bien la vida. Te lo has montao bien. Todos estamos orgullosos de ti.

—Gracias, tío —contesté, aunque no sonó del todo convincente.

—¿Te acuerdas que os entraban la tira de veces en casa? ¿En los ochenta?

—Sí —respondí, y miré a Jon, que de repente se había puesto un poco pálido—. ¿Qué pasa?

—Bah, solo fue pasta, una tele, un loro, y ahora me acuerdo, y una vez una tetera. Ay, sí, y una guitarra, colega. ¿Era tuya?

—No, era de mi hermano.

—La chupa de cuero. ¿Era de tu hermano?

—No, esa era mía.

Empezaba a hervirme la sangre. Iba haciendo cábalas sobre los posibles desenlaces de la conversación, si la situación se desmadraba, si yo me desmadraba.

Entonces, sin venir a cuento, ocurrió algo poético, algo que nunca he llegado a comprender, pero que tampoco he olvidado.

—¿Sabes qué? Nunca destrozábamos na' —comentó y me miró con dignidad mezclada con desafío—. Ya sabes, nunca rompimos los cristales de casa de tu viejo ni na'. Es más, una vez nos hicimos un té y ¡luego fregamos, joder! Fregamos y secamos las putas tazas.

En ese momento empiezo a ponerme nervioso, porque el tipo de los dientes amarillos no miente, fue un episodio del que hablamos largo y tendido en nuestra familia, así que, ahí estamos, con el delincuente más limpio del planeta.

—Pero robamos la puta tetera… ¡Ja, ja, ja! —Suelta una risotada.

Yo: ¿A qué venía eso?

Él: Joder, tío, estábamos enganchaos a la heroína. Te quedas pelao, ¿sabes? Y sabíamos que tu padre no estaba pelao. Te tenía a ti. ¿O no? ¿Lo pillas? Nunca rompimos na'; no queríamos ser chorizos. Éramos yonquis y necesitábamos caballo. No hay más.

Yo: ¿Y ahora a qué te dedicas?

Él: Acabo de salir.

Yo: ¿De dónde?

Él: Pues de la trena.

—Ha salido de la cárcel —dije, para traducírselo al *New York Times*—. ¿Y por qué?

—Bah, un robo a mano armada, lo típico, ya sabes.

«Pues no», fue lo que pensé, pero no lo dije. En realidad, asentí con la cabeza, como a un cómplice.

Miré a Jon, que miraba la grabadora Aiwa. Había dejado de ser un crítico de música para convertirse en reportero de sucesos, aunque fuese de uno cometido veinte años antes.

Si estás donde tienes que estar, conocerás a quien tienes que conocer.

introducing the captain
@ ISLAND records.

NATIONAL STADIUM

PARTRIDGE

12
9
3
6
AAGH

see you at 11 o'clock TikTok own

PADDINGTON

$

8

11 O'Clock Tick Tock

It's cold outside
It gets so hot in here.
The boys and girls collide
To the music in my ear.
I hear the children crying
And I see it's time to go.
I hear the children crying
Take me home.*

El tren entona una pista rítmica. Tiene su propio tempo, frena y se acelera hasta que los pueblos y los valles con acento de Gales dan paso a los vítores y gritos de la campiña inglesa, que al final nos inunda, y descendemos al inframundo de Londres. Allí, en los túneles alicatados, los golpes de tambor van *in crescendo* hasta que nos escupen en el andén de la estación de Paddington, Londres W2.

Aquí estamos.

El vientre de la bestia.

---

* «En la calle hace frío. / Aquí hace tanto calor. / Los chicos y las chicas compiten / con la música de mi interior. / Oigo llorar a los niños / y veo que es hora de irme. / Oigo llorar a los niños. / Llévame a casa».

Orfeo en el inframundo con un radiocasete en lugar de una lira.

Orfeo y su amada, Eurídice, pero no es la seductora Eurídice la que necesita que la salven; es el propio Orfeo. Ella está aquí para salvarle la vida porque sabe que, si no se convierte aquí en quien es, nunca vivirá plenamente. Esta es la historia de cómo Eurídice salvó a Orfeo de su propio infierno.

La historia de cómo Alison Stewart me salvó a mí. De mí mismo.

Ali tenía fe. Creía en mí y estaba segura de que el Dios al que rezaba cubriría la distancia entre lo que teníamos y lo que no, en cuanto a talento y peajes. Nuestra fe era nuestro medio de transporte, no cabe duda, y la fe es algo magnífico, no solo porque puede camuflar gran parte de la estupidez. Por ejemplo, que aquellos dos adolescentes irlandeses no hubieran buscado alojamiento para su primer viaje a Londres. Esa noche dormimos en la estación de Paddington. (Con Guggi ya había aprendido a dormir en cabinas telefónicas, en las que, si nos poníamos de pie, éramos como una cama para el otro). La situación no se parecía tanto a Dante y Beatriz como a Jonás y la ballena, pero nuestros corazones eran como dos trenes cuando, a la mañana siguiente, subimos las escaleras de la estación y salimos a la superficie diurna, para mirar a la cara a un mundo que solo habíamos visto en las noticias o que solo habíamos vislumbrado en las novelas.

EL SACRAMENTO DE LA AMISTAD

En todos los viajes que he emprendido, he buscado un guía. Incluso con la brújula de la fe, busco la compañía adecuada para el trayecto. Busco algún guía espiritual materializado en una persona. El sacramento de la amistad.

Hacía tiempo que había aprendido con Guggi qué era la amistad y había visto cómo llenaba mi vida de nuevas posibilidades y aventuras. Había descubierto enseguida que era colaborador por naturaleza. Empecé a comprender que el mundo no da tanto miedo si, a la vuelta de todas las esquinas importantes, te espera alguien para acompañarte en la siguiente etapa del viaje.

Con paso lento, pero seguro, después de la muerte de Iris, Ali se había convertido en mi compañera. No siempre estábamos seguros de quién guiaba a quién, pero sentíamos que el Espíritu estaba con nosotros y nos guiaría si estábamos receptivos a esa posibilidad.

Si Reggie Manuel era el que me había llevado a aquel primer ensayo con la banda, ahora era Ali la que me traía a Londres, donde sin duda conseguiría un contrato discográfico, con el que podríamos llevar allí nuestra música, y, quizá aún más importante, un contrato discográfico que pagaría la escurridiza furgoneta, que, a su vez, nos financiaría mientras emprendíamos el camino al estrellato. O, por lo menos, lograría que mi padre no me mandara a la universidad o, peor todavía, insistiera en que me buscara «un trabajo de verdad».

Habíamos visto pruebas fotográficas de lo que ocurría con la escena punk en King's Road, pero nada podría habernos preparado para aquella mezcla fosforescente de belleza y maldad, los arrebatos de ira, la estilosa violencia de Vivienne Westwood y la tienda de ropa Sex, de Malcom McLaren. El *bondage* estaba a la orden del día, pero, incluso tomado como parodia, era imposible no plantearse si había algún otro subtexto en toda esta sumisión y dominación. Algunas facetas del punk rock británico eran muy… british. Los «chicos nuevos» tenían que hacer frente a algún que otro bofetón en la prensa musical, que a veces pasaba con creces de las meras críticas. Era casi un vapuleo. Para ser una revuelta de clase obrera, a ojos de un adolescente irlandés se parecía demasiado a las humillaciones de las que habíamos oído hablar en los internados británicos. Aunque resultaba estimulante. Surgieron algunos escritores que atraían como un imán y aquellos insultos semanales eran muy entretenidos de leer. Si bien en ocasiones la crueldad era excesiva, casi siempre surgía de un arrebato de pasión. Había normas sobre lo que podías escuchar y cómo podías vestirte, una especie de fundamentalismo que no me resultaba tan distinto del que tenía que capear en casa como podía.

Los diez mandamientos del punk

Lo sabrás todo con diecisiete años, con inmensa y rotunda seguridad.

Proclamarás el año cero y no honrarás al pasado porque lo único que cuenta es lo nuevo.

Llevarás un atuendo de cazadora y pantalones de cuero, con accesorios que recuerden al S&M y los pies calzados con unas Doc Martens.

Tu camiseta, al igual que tus letras, llevará eslóganes ofensivos.

Deberás mostrarte aburrido, enfadado, ausente, o por lo menos un poco mosqueado.

No tendrás héroes ni aceptarás la autoridad de nadie.

Tu apellido será un adjetivo repulsivo, como Rotten o Vicious.

Te ganarás al público de tal modo que invadirán el escenario o recibirán tus escupitajos en la cara. Que se desmelenen.

Dirás la verdad con un falso acento cockney, aunque seas irlandés o hayas ido a un colegio privado inglés de segunda categoría.

No envejecerás, a menos que llegues a darte cuenta de que la mayor autoridad que tienes que derrotar eres tú mismo.

Algunas veces el punk británico era un experimento de escuela de Bellas Artes que se había escapado del laboratorio para correr por las calles de las afueras con el proletariado. El punk de Londres esparcía mensajes como NO HAY FUTURO en los muros y los estampaba en las camisetas, porque eso era lo que pensaba una generación de personas que presentía que su país estaba al borde de la crisis.

¿No hay futuro? En Dublín parecía que no hubiese presente siquiera, por no hablar del pasado o del futuro. En nuestra banda nos sentíamos alejados de las tradiciones a las que podíamos habernos aferrado. Cuando alguien se criaba en Irlanda, tenía la impresión de que el futuro siempre estaba en otra parte.

Al otro lado de la frontera y en la otra orilla del mar, ciudades, pueblos e industrias que, en otro tiempo, habían hecho grande a Gran Bretaña eran ninguneadas y obligadas a creer que los nuevos problemas industriales se debían a la militancia sindical y no al surgimiento de la globalización, un proyecto que beneficiaría a gran parte del mundo, pero que también exigiría un peaje de reciprocidad a sus creadores. El mundo estaba cambiando, en los empleos clásicos de la siderurgia, del carbón y de la industria del vapor se cobraba mucho menos dinero y a menudo se realizaban en los mismos países que Gran Bretaña había colonizado antaño. Al cabo de poco tiempo, una India y un Bangladesh independientes exigirían su parte del libre mercado, a la vez que proporcionaban una gran cantidad de mano de obra barata.

Muchísimos de los que habíamos nacido en los sesenta buscábamos la independencia personal, poner a cero un reloj que ya no nos reconocía. Buscábamos una especie de liberación en la música. O de revolución. Sentíamos claustrofobia. Me sentía identificado con la camisa de fuerza que vestía el cantante de los Sex Pistols. Se llamaba Johnny Rotten y sus colegas de la banda se negaban a participar del *showbiz* de un modo muy, eh, digamos ostentoso; la gran ruptura del punk, más que ultraje, era pura rabia. Era el sonido que muchos de nosotros oíamos por dentro. Para nuestra generación, «Pretty Vacant» era una atractiva forma de «mandar a la mierda» a todo lo anterior. Terror adolescente.

Sustituyó al glam rock que había triunfado antes, así como la feminidad más evidente de aquella era, por una especie de machismo maniaco que reproducía el binarismo tradicional. Bowie convertido en un gamberro que pintaba camisetas y muros con espray. El single de los Pistols «God Save the Queen» se lanzó el año del Jubileo de Plata como reina de Isabel II, y prohibieron que lo pusieran en la BBC.

Johnny Rotten escribió las frases «We mean it, man!», y las cantaba con una mirada lasciva: «No future for me».*

Las ideas para las canciones tomaron más importancia que la capacidad de poner en práctica tales ideas. Tener algo que decir pesaba más que cómo se dijera. No había por qué pintar una imagen bonita para un chico o una chica. Pensemos en el «ídolo americano» y luego imaginemos su contrario. Eso era el punk rock. U2 tampoco habría dado la talla en el *showbiz* con tales condiciones. Cuando vimos a los Clash tocando en el Trinity College de Dublín en 1977, fue como una invitación a salir del público y subirnos al escenario.

Los Clash cantaban sobre su deseo de unirse a los disturbios raciales que habían presenciado en Notting Hill en 1976: «White riot, a riot of my own…».** Nosotros también queríamos una revuelta, pero nuestra rebelión iba dirigida a algo mucho más difuso que, pongamos, «el *establishment*». Nos rebelábamos contra nosotros mismos y, bueno, sí, tal vez contra las generaciones de bandas que nos habían precedido.

Quizá fuese la última vez en la que una guerra generacional se canalizara con la música. Adiós a los pantalones de campana y el pelo largo de los héroes musicales de mi hermano. Incluso los Beatles se habían dejado barba. (Tenían que desaparecer). Los Rolling Stones se libraban por poco, pero los Who debían afeitarse. Aunque cumpliera el requisito del mal comportamiento, Led Zeppelin también estaba prohibido, sobre todo porque a nuestros hermanos mayores les encantaba.

* «¡Va en serio, tío! / No hay futuro para mí».
** «El disturbio blanco, mi propio disturbio…».

Mientras caminábamos por King's Road, en el barrio de Chelsea, con Ali, nos topamos con un cartel inmenso: «World's End». No era el fin del mundo, sino el auténtico y mítico pub World's End. El mejor lugar para echar un trago en aquella época de finales y principios. Toda la música anterior estaba prohibida. Ahora los Stars eran el enemigo. «No more heroes anymore»,* como cantaban los Stranglers.

Era muy emocionante estar en esa ciudad que se sentía la capital del mundo mientras el mundo cambiaba de forma irreversible.

Yo no tenía miedo.

¿Qué podía temer, salvo el fracaso, si este ya me acompañaba? Bueno, sí tenía miedo.

Miedo a no poder pertenecer a esa realidad.

Ali era más punk que yo. Ali siempre era ella misma, nada más, lo que resultaba muy molesto porque, en realidad, no buscaba que la liberasen de nada. Salvo de su novio formal. Era yo, y no ella, quien estaba intimidado por los dictadores de la moda. La mañana que dedicamos a explorar Piccadilly, no se sintió abrumada en absoluto por todo el circo del punk rock. Ella estaba en una categoría propia. Pero eso no quitaba para que aquella noche necesitásemos una cama de verdad, y, aunque solo llevábamos treinta y siete libras encima entre los dos, también teníamos bastante fe como para llenar un londinense autobús rojo de dos pisos. Alguna solución encontraríamos.

¿O no?

Habíamos puesto el viaje en manos de la fe y confiábamos en que la agencia de viajes divina solucionara aquel entuerto. Todo lo que nos hace falta está bajo nuestros pies, nos decíamos. Basta con oír alguna señal en esta metrópoli que no para de tocar el claxon. Nos habían contado que había varios *bed-and-breakfasts* en Edgware Road, y nuestro periplo a pie nos hizo pasar por gritos y propuestas,

* «Se acabaron los héroes».

tanto en *cockney* como en un inglés engolado, oímos acentos jamaicanos e indios, hasta que llegamos a un anodino edificio victoriano llamado Stewart House. Sin duda, era una señal.

—Tu padre estaría contento.

Por dentro nos sentíamos como un par de cristianos del siglo i, un poco radicales (aunque tal vez solo pesados), mientras el domingo por la mañana mirábamos con los ojos como platos a las tribus con cresta de Camdem Lock, con una inmensa A pintada en blanco en la espalda de las cazadoras de cuero negro.

ALI: ¿Qué significa la A? ¿Es por Adam and the Ants?

Ali nunca había oído su música, pero le encantaba el nombre.

YO: No, es de «anarquista».
ALI: Pero es una moda, ¿no? No son anarquistas de verdad…

—Pues no lo sé, diría que algunos van en serio —contesté, y me puse a caminar con aire de gallito, le solté la mano y le expliqué que «anarquismo» significa «no seguir ninguna norma».

ALI: ¿Ninguna norma o ninguna de las que marquen los demás?
YO: Oye, estos son de los nuestros. Estoy casi seguro de que Johnny Rotten es anarquista.
ALI: ¿No decía también que era un Anticristo?
YO: Iba en broma. Es cosa de los irlandeses. Mi madre también me llamaba muchas veces «pequeño Anticristo».
ALI: Tu madre no lo decía en broma…

Mientras nos terminábamos los huevos con beicon, ambos coincidimos en que Jesucristo era una especie de anarquista y el Espíritu Santo «como un viento», tal como decía la Biblia. «No sabes de dónde viene ni adónde va».

Me planteo si era a eso a lo que se refería Bob Dylan cuando escribió: «The answer, my friend, is blowin' in the wind».* Seguro que era de lo que hablaba Van Morrison cuando cantaba lo de navegar hacia lo místico, ¿no?

Ali toleraba estos pensamientos solapados y me escuchaba cuando le contaba que Van Morrison y Bob Dylan habían sido los primeros cantantes que me habían animado a creer en lo que es invisible. Ambos compartíamos la idea de que lo invisible importa y de que para algunas personas importa más que lo tangible. (O algo parecido).

Nos hallábamos en Londres solo porque Paul había insistido en que no estábamos preparados para que él llevara allí nuestra música y decidimos hacerlo por nuestra cuenta. Así pues, ahora que el Espíritu Santo nos había encontrado alojamiento a Ali y a mí, lo único que me faltaba hacer era generar la admiración de la crítica. Y conseguir un contrato. Y encontrar un productor guay. Y tenía siete días.

Me dirigí al West End y, una vez allí, a las oficinas de la primera planta del *Record Mirror*, cerca de Shaftesbury Avenue. Me eché el farol de que tenía una reunión.

YO: He venido a ver a Chris Westwood.
RECEPCIONISTA: Ah, claro. Espere un momento.

No podía creérmelo cuando Chris Westwood, uno de los periodistas cuyas historias leíamos todas las semanas, se acercó a la recepción. Fue mucho más fácil de lo que había previsto.

YO: Chris, me encantó el artículo «In Search of the Cure». Esta es nuestra maqueta; nos llamamos U2.
CHRIS: Ah, genial. Muchas gracias.
YO: Entonces, vuelvo en una hora.
CHRIS (confundido): ¿Una hora?

* «La respuesta, amigo mío, está en el viento».

Yo: Sí, venimos de Dublín y solo estaremos aquí unos días, así que necesito saber qué piensas. ¿Te parece bien?

Chris (dudando): Eh… vale.

Seguí la misma estrategia con Dave McCullough, un periodista famoso de *Sounds*, un semanario más punk indie. Quien nos había presentado a Dave era Philip Chevron (el contrapunto de Steve Averill en los Radiators from Space), que había grabado *Ghostown*, uno de los mejores álbumes irlandeses de la historia.

Se me acabó la suerte al llegar a la revista *NME*, lo cual fue una pena, porque tenían algunas firmas que también me encantaba leer. El reportaje que Paul Morley hizo sobre Joy Division, con las crudas fotografías en blanco y negro de Anton Corbijn, no solo me había abierto los ojos a la obra de Anton, sino a todo un mundo nuevo que giraba alrededor de la Factory Records de Mánchester y de la genialidad del cantante Ian Curtis. Pero dos de cuatro semanarios musicales no estaba mal, y a ambos periodistas les gustó lo que escucharon y quisieron que nos reuniéramos.

La maqueta era lo mejor de dos grabaciones de estudio que habíamos hecho. Una tenía versiones de «Shadows and Tall Trees», «The Fool» y «Stories for Boys», desde los Keystone Studios con Barry Devlin, y la otra contenía «Alone in the Light», «Another Time, Another Place» y «Life on a Distant Planet», grabadas en Eamonn Andrews Studios. Había metido catorce cintas en la maleta, con la esperanza de entregarlas a todos los departamentos de artistas y repertorio de las discográficas de Londres que pudiera: en especial, a Nick Mobbs, de Automatic Records. Él era el descubridor de los Sex Pistols. De los auténticos Sex Pistols. Puede que también hubiera firmado contrato con Queen. O sea, por poder, habría podido firmar contrato con la misma reina de Inglaterra.

Y le gustó nuestra maqueta. ¡Guau! Qué fácil.

Volví a convertirme en un vendedor de puerta en puerta, en un embaucador cuya mercancía eran las esperanzas y los sueños de una banda que, en parte, sabía que no tenía ninguna destreza, pero que, en parte, confiaba en tenerlo «todo» como promesa. Uno de mis mejores colegas, Simon Carmody, cantante de la banda dublinesa de punk los Golden Horde, tenía una frase para describir el talento más evolucionado que el nuestro: bandas que podían tocar mejor o tener una mejor estética, bandas más hípster que parecían tenerlo todo. «Lo tienen todo salvo "eso"», decía.

«Eso», insistía, era la clave, la química, la magia, la indeterminada determinación.

Por dentro, sentíamos que nosotros no teníamos nada salvo «eso».

Cuando escuchaba todos los programas nocturnos importantes en la BBC Radio 1, a menudo una banda parecía un concepto sobre comunicación. Pero una sesión en el legendario programa de John Peel podía crear o hacer despuntar a una banda. Le habíamos mandado una demo, pero había pasado de nosotros. El hombre cuyo gusto musical había lanzado a la fama a los Undertones y a Stiff Little Fingers no quería bajar al sur de la frontera irlandesa por U2.

Edge era el que tenía el mejor comentario para la gente a la que no le gustaba U2. Sin inmutarse: «No pone suficiente empeño».

Oí esa frase alto y claro dentro de mí cuando entré en una cabina telefónica roja para llamar a casa a John Peel, un recuerdo que no me agrada porque supongo que le sonsaqué el número a uno de los periodistas musicales. No deberían habérmelo dado y yo no debería haber llamado, pero quería ver si lograba que John pusiera más empeño en la música de U2. Yo era David y él ese Goliat de las ondas hercianas, que había defendido a todos los grandes, desde Pink Floyd hasta Roxy Music y David Bowie. Conseguí que contestara, pero al defensor del indie no le hizo mucha gracia la llamada.

—Pero ¿qué pasa? ¿Quién llama?

—Mire, soy de una banda llamada U2 y quería…

—¿Qué haces llamando a este número, eh?

—Lo siento. No puedo hablar mucho. Tengo pocas monedas.

No me hizo falta gastarlas todas. Oí una voz femenina. Alguien colgó. Salta a la vista que yo tampoco estaba en la *playlist* de su mujer.

Al cabo de un par de días, me presenté en la BBC con la intención de acorralar a John cuando se dirigiera al programa nocturno. Los de seguridad no me dejaron pasar, pero me prometieron que le entregarían nuestra maqueta a John. No hay pruebas históricas de si llegó a sus manos y escuchó nuestras canciones, lo que sí sé es que nunca llegó a apreciar el talento de U2. Estoy seguro de que no tuvo nada que ver con el acoso al que lo sometí, sino con que no puso suficiente empeño.

EL CONTRATO CON EL MÁNAGER

Había empezado la Conquista de Gran Bretaña y volvía a casa con más medallas que heridas, así que, cuando regresé a Dublín tras aquella primera semana en Londres, fue con un buen sabor de boca. Ali tenía la impresión de que habíamos vivido algo importante juntos y, además de en amigos, estábamos convirtiéndonos en camaradas.

Sabíamos que algo había cambiado, y no solo entre nosotros. Había expectación entre los periódicos y las revistas musicales. El punk rock les había dado una cosecha abundantísima, y todas aquellas publicaciones querían ser «la Biblia» de ese nuevo movimiento *underground* que ahora afloraba. Tanto *Melody Maker* como *Sounds* y *Record Mirrow* publicaron reseñas sobre nosotros, contando la historia de las maquetas que había entregado en Londres. *Record Mirror* mostró un especial entusiasmo por U2 desde el principio y, cuando por fin fuimos a Londres para tocar en serio, nos pusieron en la portada. *Record Mirror* no era tan *cool* como *Melody Maker* o *NME*, pero el hecho de que consiguiéramos despertar esa clase de atención como banda sin contrato cuando aún teníamos dieciocho o diecinueve años creó cierto revuelo en Dublín.

Dublín siempre tenía un ojo puesto en Londres.

—¿Lo ves? —le dije a Paul McGuinness—. ¿Todavía crees que no estamos preparados para un contrato de grabación?

—Bueno, ni siquiera tenéis contrato con el mánager —contestó—. Y, si queréis que siga trabajando en esto, os recomiendo que lo arregléis.

No estábamos seguros de cómo digerir esa reacción agresiva-defensiva, que además venía de un hombre que no se había tomado nuestras demos lo bastante en serio como para llevarlas a Londres él mismo. Así pues, un sábado de octubre de 1978 por la tarde, los cuatro fuimos a «mantener una conversación» con Paul McGuinness en su apartamento de Waterloo Road.

Una amplia avenida flanqueada por árboles en una zona famosa por su código postal: Dublín 4. Waterloo Road era la clase de barrio residencial para los intelectuales del momento, pues en casi todas las casas se anunciaba algún periodista o editor de revista, algún ejecutivo de la televisión o publicista, algún locutor o redactor de noticias. Dublín 4 era el hogar de la televisión y la radio nacional, la RTÉ, con antena radiofónica de ciento diez metros supervisando todo el vecindario. Paul vivía con su mujer, Kathy Gilfillan, en un piso enorme y con techos altos de una casa de estilo georgiano, con unas imponentes escaleras de granito que daban a una gran puerta de roble pintada de azul.

«Ese hombre sí sabe vivir bien», me dije. Me apuesto a que guarda algo en la nevera. Todos teníamos un poco de hambre y me habían encargado la tarea de pedir si podíamos hacernos un par de sándwiches.

—Claro, coged lo que queráis.

Miré la cocina de un extremo a otro como si fuese la primera vez que entraba en una. Había toda clase de formas y olores a los que no podía dar nombre. La tal Kathy debía de ser chef o algo así. Por eso, me quedé bastante decepcionado cuando, al abrir la nevera, no encontré nada más que un impenetrable bloque de queso duro como una piedra, que resultó imposible de cortar. ¿Es que aquella gente no se había enterado de que, en 1978, era muy fácil comprar queso en lonchas o incluso en triangulitos cremosos envueltos en papel de aluminio? Cuando se lo comenté al hombre que luego sería nuestro mánager, me miró con incredulidad, como si fuese un neandertal.

—Creo que has inventado algo completamente nuevo, Bono —me dijo burlón—. Un sándwich de parmesano. Es para grabarlo…

Mientras yo fingía que había pillado el chiste, sacó un contrato de mánager y aclaró que, si queríamos que se tomara en serio su función, convenía que hiciéramos lo mismo. Si queríamos que viajara a Londres, invirtiera en este interés mediático y consiguiera un acuerdo discográfico para la banda, primero teníamos que llegar a un acuerdo con él.

Nos quedamos alucinados. Eso no era nada punk rock. Es más, parecía bastante empresarial, y se lo dijimos.

—Bueno, una banda es una empresa —respondió con esa adulta y segura voz de barítono—. Aunque muy pequeña. Si queréis que crezca, os recomiendo que busquéis un abogado.

En realidad, le dije, nos veíamos como «una cooperativa». A Paul le pareció bien, aunque, como no tardaríamos en descubrir, no quería perder el tiempo con músicos que negaban que tenían que organizarse para sacar adelante su arte. Todo eso resultaba demasiado hippie para Paul McGuinness.

No le gustaban los hippies.

En la religión que era el punk rock, los hippies eran apóstatas. Los punks, buenos; los hippies, malos.

Paul hablaba en nuestro idioma adoptivo. Otra pista de que era el hombre adecuado para el puesto. Los padres de Adam y Edge habían conocido a Paul y se habían quedado impresionados por ese veinteañero con estudios universitarios de clase media que les había llevado de obsequio un panal de miel. ¿O fue una piña? Cualquiera de las dos cosas me hace reír mientras escribo.

Pero había muchas preguntas que responder antes de que pudiéramos firmar un contrato vinculante en el que se exigía el 25 por ciento de nuestros ingresos brutos.

¿Qué? Sí. No es un error. El 25 por ciento.

Empezábamos a comprender la palabra «negociación». No es que aceptásemos las primeras líneas de condiciones (tampoco nos convencían), pero al leer esa cláusula nos quedó claro con qué clase de hombre tratábamos y no nos gustó que nos tocara el bolsillo. Nos pareció que estábamos en un callejón sin salida y seguimos su consejo de buscar asesoramiento legal.

Unas semanas después, armados con los conocimientos de nuestro asesor legal, volvimos a casa de Paul para «negociar». Para manifiesta y creciente irritación suya, fuimos repasando una por una todas las condiciones del contrato con las que no estábamos de acuerdo.

En un golpe teatral, Paul salió de la habitación y entró Kathy; saltaba a la vista que no se alegraba de vernos. Kathy era el arma secreta de Paul. Protestante de Irlanda del Norte, le había conocido cuando estudiaban en el Trinity College. Estaban encantados de ser igual de inteligentes; era una de esas situaciones de «uno más uno son tres». Joviales cuando estaban cómodos con alguien, tampoco sentían la necesidad de resolver cualquier tensión que surgiera en la sala. Paul no era dado a hablar por hablar. Kathy tenía una característica forma de mirar a través de ti, como si no estuvieras allí. Más tarde descubrí que no veía nada sin las lentillas. Era sexy de un modo que yo desconocía, para quienes consideran que una mujer que puede ponerte en jaque es sexy desde un punto de vista intelectual. Como me pasa a mí. Desde el principio quedó claro que Kathy era la mánager de nuestro mánager. Pese a que Paul parecía ser de ideas fijas, la opinión de ella importaba más para él que la de cualquier otra persona.

—Resulta ofensivo que no firméis este acuerdo —nos dijo—. Paul trabaja en el mundo del cine y allí es donde debería quedarse. En fin, esta idea es descabellada y ¿ahora encima decís que no confiáis en él?

—¿La confianza no debería ser por las dos partes? —preguntó Larry.

—Vosotros no renunciáis a nada —contraatacó—. Paul renunciará a todo.

Era difícil sortear esa.

Notando el poder de esa poderosa pareja y con la confianza cada vez más menguada en todo el asunto de la negociación, llegó el momento de montar un numerito por nuestra parte. Hicimos una salida épica y anunciamos a nuestros anfitriones que necesitábamos tiempo para pensar. Luego nos retiramos a nuestra sala de operaciones en una hamburguesería llamada Captain America's, en Grafton Street. No podíamos permitirnos unos batidos, pero al menos no nos echarían.

Después de un acalorado debate, llegamos a una conclusión: despediríamos a Paul (romperíamos el contrato que no habíamos firmado) y contrataríamos a Billy McGrath, que era el mánager de una banda a la que admirábamos, llamada los Atrix.

—Lo siento, pero no he podido evitar oíros.

Quien lo dijo, un hombre de cara pálida de veintitantos años, estaba en la mesa de al lado mientras hablábamos.

—Conozco a la persona de la que habláis, Paul McGuinness —continuó—. Estáis a punto de cometer el mayor error de vuestra vida: no os deshagáis de él.

Nos contó que él también era mánager de bandas locales, que así conoció a Paul, pues este representaba a Spud, una banda de rock folk. Se llamaba Louis Walsh, el cual se convirtió más adelante en el mánager de Boyzone y Westlife, entre otras de las bandas de pop irlandesas de más éxito, y luego se hizo famoso por derecho propio como juez del programa de talentos *The X Factor*.

No despedimos a Paul McGuinness ni él a nosotros. Al final, ambas partes «negociamos» un término medio por el que Paul recibiría el 20 por ciento de las ganancias netas, después de descontar gastos. En otras palabras, lo mismo que cada uno de nosotros.

A veces uno no sabe cuándo ha tomado una decisión que modificará el curso de su vida. Esta vez, sí lo supimos.

Sabíamos que con Paul a bordo pasábamos a otra dimensión.

El hecho de que Kathy y él hubieran sido tan bruscos y se hubiesen mostrado ansiosos nos dio una pista de lo en serio que se tomaban la decisión. Durante los siguientes treinta y cinco años, los cuatro pasamos a ser una cooperativa con Paul.

Apasionante. Más que apasionante.

Ahora ya teníamos a un mánager totalmente entregado y listo para representarnos ante los «ejecutivos musicales» de Londres, que empezaban a «mostrar interés» y a hablar de «descubrirnos» y de «cerrar el trato».

EL EDITOR MUSICAL

Bryan Morrison era editor musical, otro ejecutivo de la industria con pretensiones de colegio privado y con la actitud correspondiente. Según nos dijeron, era un pez gordo, que representaba nada menos que a Pink Floyd y a los Pretty Things. Cuando se desplazó a Dublín para vernos ensayar en la Casa Amarilla, estábamos decididos a enseñarle lo mejor de Irlanda.

Lo llevamos al pub del barrio para comer, como se suele hacer. No es que nos encantara ese pub, pero, sin duda, le ofrecería algo de autenticidad junto con las hamburguesas medio congeladas. No nos decepcionó en ninguno de los dos sentidos. Un leve aire de desagrado cruzó el rostro de Bryan cuando levantó el panecillo para dejar al descubierto la carne pálida y rosada que había dentro, acompañada de un ligero toque de moho verde. Pero no tardó en distraerse, pues de la reducida sala privada que tenía el local salía un jaleo exagerado para ser una tarde de diario. En realidad, por lo que se oía a través de las paredes de la zona principal del pub, no solo era bullicio; parecía una trifulca.

—¡Fuera los británicos! ¡Fuera los británicos!

Ah. Ese cántico familiar, acompañado de las interpretaciones *a capella* de algunas canciones rebeldes favoritas. Todo bastante intenso, mientras nuestro nervioso invitado se preguntaba sin duda si él era el británico que tenía que salir del local. Al principio tratamos de pasar de puntillas por el tema, pero al final tuvimos que explicarle que lo más probable era que se tratara de un encuentro de una rama local de alguna organización republicana que, a juzgar por la elección de canciones, no eran «no violentos»… Digámoslo así.

Bryan, que sin lugar a dudas estaba aún más pálido, nos miró como si le hubiésemos tendido una trampa y nos prometió un anticipo de tres mil libras por la edición de nuestros álbumes, con otras tres mil libras más después de que firmásemos un contrato discográfico.

No era mucho, pero era mucho… no sé si me explico. Había escuchado nuestras maquetas y había supuesto que, si sabíamos escribir canciones a ese nivel con dieciocho o diecinueve años, éramos una buena inversión. Nos habían hablado de bandas que firmaban contratos de edición por valor de treinta mil o incluso cincuenta mil libras, pero con seis mil podríamos alquilar una furgoneta y el equipo que nos hacía falta para viajar a Londres y tocar algunos bolos. Y, una vez allí, seguro que conseguíamos un contrato discográfico.

Todo iba según lo previsto hasta que, sin venir a cuento, días antes de que emprendiéramos el viaje, Morrison bajó la oferta a la mitad. Calculaba que no nos quedaría más remedio que tragarnos las nuevas condiciones, porque Paul ya había alquilado los locales y había hecho todos los preparativos. Se equivocaba.

No sería la última vez en este negocio que un ángel se transformara en demonio, y tampoco sería la última vez que no dejaríamos que el dinero nos gobernara. Pero ¿cómo íbamos a pagar el desplazamiento? Después de mucho llanto y rechinar de dientes, fuimos con la gorra en la mano a ver a nuestras familias, que, entre todas, consiguieron recaudar mil quinientas libras. A la mierda Morrison, pensamos, pero, claro, para devolver la deuda a nuestras familias, sí que teníamos que volver a casa con un contrato firmado.

Mil quinientas libras nos permitirían llegar a Londres, a la ciudad en la que seguro que obteníamos el Santo Grial que era un contrato discográfico. Ahora contábamos con amigos en la prensa musical y habíamos despertado suficiente interés para que incluso nuestro mánager se interesase por nosotros. Solo necesitábamos hacerlo lo mejor posible, lo que al menos implicaba haber ensayado.

Por esa razón, cuando Edge, de camino a los ensayos, salió disparado a través del cristal delantero del coche que conducía Adam, aquel no fue directo al hospital.

El destino llegó en forma de una furgoneta blanca al otro lado de un pequeño puente peraltado. No era la furgoneta blanca para la gira que transportaría a nuestra banda hacia su destino, sino la que se chocó frontalmente contra nuestro destino. Una furgoneta que Adam vio tarde y que no pudo esquivar.

Al tratarse de Edge, había tenido la claridad mental de poner la mano para protegerse la cabeza cuando salió impulsado y atravesó el cristal. El cuerpo no llegó a salir por completo, sino que rebotó y cayó de nuevo en el asiento, pero se golpeó en la nuca con el marco de la ventana.

Una cabeza ensangrentada y una mano lacerada, que paró la mayor parte del impacto. ¿Se quedó en shock? Dice que no se acuerda, pero sea como fuere, coge la guitarra, camina más de un kilómetro y medio hacia la parada de bus más cercana, se reúne con Larry y conmigo para nuestro último ensayo antes del concierto de esa noche, luego se nos une Adam, y todos cogemos el ferry entre Irlanda y Gran Bretaña hacia el otro lado de la laguna Estigia que era el mar de Irlanda.

Más tarde, un médico pone puntos a Edge, pero en el ferry, mientras nos dirigimos a Liverpool, vive un suplicio, a ratos mete la mano en hielo y a ratos la sube por encima de la cabeza. Quienes se van de vacaciones no parecen estar vomitando por la borda, pero nosotros cuatro nos mareamos. Emprendemos la gira con un dinero prestado y con un tiempo también prestado, y ahora nuestra única y verdadera esperanza (la coordinación ojo-mano de Edge) corre un grave peligro. En Liverpool vamos directos al hospital para que lo traten, pero Edge prohíbe al médico que le vende los dedos o que se los entablille.

—Tenemos un montón de conciertos…

A la noche siguiente tocamos en el Moonlight de West Hampstead, en el 100 Club un par de días después y, luego, en el Hope and Anchor. Una noche nos anunciaron como V2, algo que en aquella época nos pareció mucho más punk rock que U2.

Nos alojamos en un pisito junto a Collingham Gardens, en el barrio londinense de Kensington. Era minúsculo, al igual que los locales donde actuábamos. Algunos tenían un aforo de apenas cien personas y, con suerte, lográbamos llenarlos hasta la mitad. O ni siquiera un cuarto. Al mismo tiempo, la música parecía ofendida por eso, como si exigiera un público más numeroso. Esos grupos tan escasos de personas nos hacían sentir cohibidos. A Edge se le curaron las heridas en un par de semanas, pero seguíamos actuando de manera errática: íbamos de bastante buenos a no tan buenos y medio malos, y, algunas noches, de no tan malos a bastante locos. O las dos cosas.

Me había inventado una actuación: me mezclaba entre la multitud (bueno, esa multitud tan reducida) para pedir un cigarro y un mechero de algún cliente que no se lo esperaba, algunas veces miraba hacia otro lado o me sentaba sobre la barra. Apuntaba con el mechero, igual que un cowboy apuntaría con la pistola, y lanzaba chispas a la oscuridad del local mientras nuestro técnico de luces, John Kennedy, encendía y apagaba los focos, para crear un mareante efecto estroboscópico. Eso siempre que las luces se apagaran y se encendieran en perfecta sincronía con mis movimientos de cowboy. Algo que no solía ocurrir. Semejante espontaneidad calculada era nuestra puesta en escena entonces. Hasta que dejó de serlo. En los años posteriores hemos sofisticado un poco tanto la iluminación como la forma de actuar.

No conseguimos el contrato discográfico. Todos los sellos, sin excepción, pasaron de nosotros.

Una noche, un cazatalentos veía nuestro potencial y, a la noche siguiente, cuando llevaba a su jefe, acababa abochornado por un espectáculo soso y anodino. En CBS Records, un joven Chas de Whalley perdió el empleo al intentar contratarnos. Su jefe, Muff Winwood, hermano del cantante Steve y conocido a partir de entonces como Duff Windbag («Cotorra idiota») entre los miembros de la banda, dijo que se plantearía contratarnos si prescindíamos de Larry. Lo siento, Cotorra, no hay trato.

Otro desplante fue el de Nigel Grainge, de Ensign Records, cuyo hermano Lucian se unió al grupo para un concierto. Después de que a su colega Chas lo pusieran de patitas en la calle, Lucian se sintió mal y siempre intentó cuidarnos. En aquella época era de nuestra edad y estaba igual de desesperado. En la actualidad, todavía igual de desesperado, sir Lucian dirige Universal Music, que controla una tercera parte de todas las grabaciones a escala mundial. Supongo que oficialmente es nuestro jefe, aunque nos gusta verlo al revés. Con cierta frecuencia, Paul le recuerda que entró gratis en el Moonlight Club de la parte norte de Londres en el verano de 1980. Con cierta frecuencia, Lucian le recuerda a Paul que lo ha pagado con creces desde entonces.

En esa docena de conciertos más o menos, tengo la impresión de que los periodistas musicales nos pillaron en las mejores noches, así que acabamos con bastantes buenas críticas, incluso en las publicaciones consagradas. Al volver a Dublín, los titulares eran confusos. Algunos parecían insinuar que U2 era «el próximo bombazo», que habíamos «arrasado en Londres».

Nuestra sensación no era esa en absoluto y, con mirada retrospectiva, me doy cuenta de que esa clase de improvisación que tuvo nuestra banda en aquella primera gira, sin duda accidentada, por Gran Bretaña siempre ha sido parte de nuestro atractivo. Hay algo en U2 que nunca puede ser ni demasiado engreído ni *cool*. Nuestra mejor obra nunca está lejos de la peor y, cuando nos ponemos demasiado profesionales o demasiado modernos, parece que nuestro público mengua. Da la impresión de que, contra todo pronóstico, necesitáramos hacerlo bien.

Cuando la década de 1970 se despidió y la de 1980 salió a escena, me quedé a dormir en casa de la familia de Ali en Nochevieja. No fue una gran celebración. Acabábamos de tocar en el Arcadia Ballroom, en la vibrante ciudad de Cork, hogar de Joe O'Herlihy y Sam O'Sullivan, quienes a partir de entonces nos acompañarían en todas las giras. La noche fue mágica, pero no tanto como para hacernos olvidar que no había ni rastro de contrato discográfico ni furgoneta de ningún tipo. Ningún indicio justificado que llevara a pensar que dedicaríamos la vida a una carrera musical. Vimos los acontecimientos del año en la tele: Juan Pablo II había ido a Irlanda y John Hume se había convertido en líder del SDLP, pero ninguno imaginábamos la gloria que alcanzaría. Para U2, el año parecía tener menos acontecimientos y más interrogantes. El principal era si como banda nos quedaba otro año por delante.

Yo estaba muy desanimado con el tema. Parecía que casi todo salía mal.

Cuando me despierto el día de Año Nuevo en el colchón hinchable de la habitación de la entrada de la casa de mis futuros suegros, tengo frío; y con razón, resulta ser el día más frío del siglo en Irlanda. Pero la habitación se caldea cuando entra Ali. Lleva una bata de piel sintética de color naranja fosforito que le ha hecho su madre y es tan preciosa que no puedo parar de pensar qué debe de esconder debajo de esa bata.

—¿Estás deprimi-do? —pregunta, pronunciando la palabra con un tono cómico y marcando mucho la última sílaba.

Deprimi-do.

Sí, supongo que estaba un poco deprimi-do. ¿Qué voy a hacer?

No paran de aumentar mis dudas acerca de nuestras posibilidades con respecto al próspero negocio musical.

A Terry, el padre de Ali, no le importa demasiado, pero mi padre está más preocupado. Aunque la verdadera preocupación está dentro de mí, el miedo a que esto acabe siendo otra cartilla de notas con un «suspenso».

Adam tiene pensado volver a Londres. Había trabajado en una lonja de pescado y tenía un pariente que le había ofrecido un trabajo de verdad. Edge se plantea ir al centro de formación profesional de Kevin Street. Quizá Larry regrese a su antiguo puesto de mensajero.

Los números no cuadraban. Daba la impresión de que no ganábamos bastante para vivir solo de la música.

La sensación era una mierda.

Era el sabor del fracaso.

Fracasa y vuelve a fracasar. «Fracasa mejor», dice Samuel Beckett. Bueno, yo tenía dos de tres.

El fracaso es sentir que te pasa por delante una furgoneta en la que sabes que deberías estar montado, pero se va sin ti. O peor, te pasa por encima.

El fracaso es sentir que la gente se aparta para hacer un pasillo a los de la compañía discográfica cuando se marchan de la sala en mitad de tu actuación en el Baggot Inn. Es un público reducido y todo el mundo sabe quiénes son los otros, y todo el mundo sabe que tienes los sueños puestos en esa sala.

Hasta que dejan de estar ahí.

Aquí tumbado en el colchón hinchable de casa de los padres de Ali, me siento como si estuviera atrapado en el Baggot Inn, es más, volviendo a casa después de aquel fiasco. La cantidad de patadas que le fui dando a la bolsa Arsenal mientras la hacía rodar por Grafton Street de camino al último autobús hacia Cedarwood Road… En esa bolsa no había nada más que ropa mojada y sucia y unos apestosos pantalones de cuero sintético negro, en los que el sudor empezaba a dejar marca. Veo la cabeza de Pod, de No.1, el último batería de los Prunes, que se carcajea. Pod sería capaz de ver el lado divertido de este bajón. Casi siempre sabía ver el lado bueno de las cosas.

El fracaso es una pesadilla recurrente en la que vuelvo a trabajar en una gasolinera en medio de la crisis del petróleo, y Norman me sugiere que me plantee estudiar para «técnico de inyección de combustible». Mi tía Ruth me había conseguido el trabajo el verano anterior en la gasolinera Esso de la carretera del aeropuerto y me pareció el plan perfecto. Podía escribir canciones en los largos lapsos en los que esperaba que llegase algún coche. Pero entonces estalló la crisis del petróleo y se formaron colas de coches que querían repostar, así que adiós a las letras de canciones.

Pero ¿y aún peor que todo eso?

El fracaso es cuando les das la razón a tus enemigos al confirmarles que hacían bien en tenerte en la lista negra.

De todas formas, aunque el fracaso nos rondaba, todavía no nos había atrapado del todo. Sin saber cómo, manteníamos la fe. O quizá la fe nos mantenía. La fe nos daba impulso en toda esa hazaña. Cuando nos mirábamos a los ojos, cuando hacíamos una pausa en los ensayos o cuando nos reuníamos de manera más consciente, Edge, Larry y yo creíamos que nuestras plegarias le darían la vuelta a la tortilla. Eran plegarias punk. Adam no compartía nuestro libro de himnos, pero aun así creía que la música podía salvarnos.

Esa férrea determinación de seguir en la senda musical a toda costa tenía algo de cómico, como aquella escena de *Los caballeros de la mesa cuadrada*, en la que el Caballero Negro de Monty Python va perdiendo las extremidades, amputadas por la espada del rey Arturo.

Un brazo, otro brazo, una pierna… Pero el Caballero Negro no se rinde.

> Arturo: Pero, imbécil, si ya no tenéis brazos.
> El Caballero Negro: ¡Sí que tengo! ¡Mirad, una herida superficial!

Ahora cuesta explicarlo porque, por supuesto, nada es inevitable. Resulta fácil caer en un relato que insinúe que uno está en manos del destino, aunque en nuestro caso no fue así. Pero, si eres capaz de resistir, como nosotros, siempre hay una oportunidad de que llegue algún pensamiento nuevo y, unas cuantas semanas después de que empezase la década, llegó esa idea.

Era un pensamiento sagaz. Y también cínico, atrevido y pícaro.

EL AGENTE

A quien se le ocurrió esa idea fue a Dave Kavanagh, el encargado de espectáculos del University College de Dublín. Dave era quien contrataba a la mayor parte de bandas punk inglesas cuando tocaban en Irlanda, y entones contrató a U2. Era una de las personas más inteligentes y divertidas del mundillo, y todavía me acuerdo de algunas de sus frases favoritas, todas estaban pronunciadas con un acento dublinés ligeramente afectado. Solía dirigirlas a Paul o a mí.

134

«En cuanto un hombre ha reconocido su propia grandeza —nos decía—, resulta fundamental que los demás la reconozcan en todo momento... De lo contrario, es tremendamente doloroso».

¿Si te topabas con alguien a quien no querías ver? Era una «situación de dos balas». Si disparabas a la persona y fallabas, «ten siempre una segunda bala a mano para pegarte un tiro tú».

¿Y cuando entrábamos en un sitio en el que se percibía nuestra buena fortuna? «Veo que el sufrimiento continúa».

Famoso por su afición por las apuestas, Dave me decía que «el dinero intranquilo nunca gana» y, cuando perdía, afirmaba que «las verdaderas ganadoras de hoy han sido las carreras».

Este gran jugador era la persona perfecta para proponer uno de los mayores faroles de la historia de nuestra banda. ¿Y si aprovechábamos el tirón generado por los periódicos musicales y por el premio de los lectores del *Hot Press* que habíamos obtenido, y anunciábamos un concierto de bienvenida a casa como una vuelta de la victoria para una carrera que no habíamos ganado? ¿Y si surfeábamos la ola de la buena voluntad de nuestros paisanos y acabábamos recalando en la orilla de una sala de conciertos que no suele estar al alcance de las bandas locales? ¡El National Stadium, por ejemplo!

¿Y si tocábamos en el National Stadium?

Sí, el auténtico National Stadium.

En realidad, se trataba de un ring de boxeo ubicado en la South Circular Road, con una capacidad para mil doscientas personas.

Tendríamos suerte si iban doscientas. Quizá doscientas cincuenta.

La noche del 26 de febrero de 1980, el precio de la entrada a esa gran sala era que respirases, aunque fuera poco. Pronto fue evidente que era un reparto masivo de entradas gratuitas y el concierto se llenó de toda clase de gente. Personas con un leve interés en nosotros, personas sin un techo fijo que buscaban dónde resguardarse y personas cuyo único interés era vernos fracasar. Eso significó que el local estuviera medio lleno cuando salimos al escenario en nuestro regreso triunfal. Y, si bien fue una actuación bastante buena para nuestros erráticos estándares, al menos hubo un hombre que consideró que el concierto había sido excepcional. Era el tipo del A&R, el departamento de artistas y repertorio.

EL TIPO DEL A&R

Corría el rumor de que, cuando Nicholas James William Stewart era oficial de relaciones comunitarias del ejército británico en Derry, había visto tocar a los Undertones. Cómo podría haberse mezclado este alto y rico graduado de la elitista Harrow School de Londres entre los irlandeses, aunque fuese con ropa de paisano, es un misterio para todos los antropólogos del mundo. El caso es que le cautivó tanto la música que dejó el ejército y sus uniformes de gala de los desfiles para trabajar de cazatalentos para Island Records. Sí, Island Records, el hogar de Bob Marley, el hogar del gran Lee «Scratch» Perry, el hogar de Roxy Music, los héroes del glam rock.

El Capitán, como acabamos llamándolo, había volado a Dublín después de oír a su colega Rob Partridge hablar entusiasmado de esta banda con nombre de avión de espionaje, que con sigilo se había ganado una reputación lo bastante extendida en la zona como para tocar en el National Stadium.

Los estadios son escenarios bastante habituales para los conciertos de las superestrellas, pero ¿qué hacía una banda adolescente desconocida en semejante plaza?

Cuando llegó, sus ilusiones de encontrar un estadio de fútbol o de rugby se desvanecieron al verse ante un ring de boxeo bastante más modesto. Habíamos hecho lo que siempre se nos ha dado bien hacer. Echarnos un farol. Si lo montas, la gente irá. Y lo hizo. Más o menos. Trescientas setenta y seis personas con entrada más ciento cincuenta y siete que no pagaron ni un penique. Salimos al ring (perdón, el escenario) en uno de los rounds más importantes de nuestra vida.

Desde el escenario miré a los asistentes, la masa de gente más grande ante la que habíamos tocado jamás, y vi muchísimas caras que reconocía y otras tantas que no. Sean las que fueren las razones por las que habían ido, como fans o como amigos, por curiosidad o para presenciar un desastre, lo cierto es que al cabo de unas canciones todos deseaban vernos triunfar esa noche.

Edge tenía la muñeca curada, todos habíamos recuperado la confianza y las canciones que tocamos funcionaron mejor que en tantos otros conciertos previos que no habían sido tan buenos. Esa noche tuve la firme sensación de que, aunque nuestra música todavía no diera la talla para el tamaño de la sala, sí daba la talla para la ocasión.

En el ring de aquel particular estadio, no oímos la campana; ni siquiera nos fijamos en el árbitro ni en los jueces. Pero el único juez que importaba sí se fijó en nosotros.

—Island Records va a contrataros —dijo el capitán Nick Stewart—. No me cabe ninguna duda. No me hace falta consultárselo a mi jefe. Vamos a pactar las condiciones ahora mismo. Island Records se mete de cabeza.

Me mareé al oírlo. Todos estábamos desorientados.

—¿Está seguro? —le preguntó Paul—. El último tipo del A&R que intentó firmar un contrato discográfico acabó despedido.

—Tengo dos bazas: instinto e instrucciones —dijo el Capitán.

Miré a Edge, que miró a Adam, que miró a Larry, que me miró a mí. Teníamos aspecto de haber combatido dieciséis rounds contra Joe Frazier. Pero lo curioso del caso fue que ese profundo cansancio que sigue al fracaso empezó entonces a disiparse. Pasamos de muecas a sonrisas, pasamos de «¿y qué pasa?» a «bueno, ¿qué os ha parecido?».

No eran las once, eran las cinco de la madrugada. Nadie levantó un brazo como un boxeador victorioso ni se puso un cinturón dorado por encima de los cortes y moretones... Y, sin embargo, nos sentíamos como si hubiésemos ganado el oro.

Paul asintió con la cabeza, un gesto de «esto va en serio», pero diría que no nos lo creímos del todo hasta un mes más tarde, cuando nos encontramos sin saber cómo en los lavabos de mujeres del

Lyceum Theatre de Londres. Firmamos un contrato de grabación a escala mundial con Island Records y nos convertimos en músicos profesionales… En los lavabos de mujeres de uno de los teatros más antiguos del West End de Londres.

«El de hombres está lleno y el de mujeres tiene más luz», se justificó nuestro mánager, al que ahora pagábamos por hacer esa clase de ocurrentes propuestas.

A principios del siglo XIX, el Lyceum Theatre había sido la primera ópera de Londres, en la que muchos Orfeos habían descendido por la noche al infierno de la falta de aplausos. Ahora era el escenario de un melodrama de otra clase. No solo la música pospunk de las bandas con gabardina que salieron a las tablas aquella noche de marzo, sino un tipo de presuntuosa ópera irlandesa que empezaba a encontrar su voz. Por lo que a mí respecta, la deslustrada gloria dorada de aquel lugar era La Scala, el verdadero hogar de la ópera, como las que mi padre solía dirigir desde el salón con las agujas de tejer de mi madre. La Scala, «la escalera», por ahí subíamos y bajábamos.

No pude evitar pensar en Ali, en parte porque era su cumpleaños. Este Orfeo en el inframundo estaba a punto de cambiar el radiocasete por una mesa de mezclas en un estudio de grabación. En el mito, Eurídice perece cuando Orfeo se vuelve a mirarla, y ahí es donde Ali y yo nos distanciamos de las reglas de este inframundo. No me cabe duda de que seré yo quien acabará por desaparecer, si en algún momento dejo de buscarla.

> [...]
> fue manifiesto entonces que ni la astucia
> ni el miedo las amansaban de ese modo,
>
> sino el oído. Rugidos, bramidos, gritos
> empequeñecieron en sus corazones. Y donde no había
> sino una cabaña apenas en donde acoger el sonido,

un refugio de deseo oscurísimo
con un umbral de temblorosas jambas;
tú les creaste un templo en el oído.

RAINER MARIA RILKE,
Sonetos a Orfeo

Firmamos en la línea de puntos, pero, por lo visto, el cheque debía llegar por correo. Así pues, como la mayoría de las noches, tuvimos que pedir dinero para volver a casa. Engatusé al antiguo alumno de Harrow School.

we can debate whether information
or matter is at the heart of the
physical universe, but there is no argument
that the essential building block of
the rock n roll solar system is
the Van

9

Invisible

I've finally found my real name
*I won't be me when you see me again.**

Los mánager y las bandas de rock no tienen una relación muy armoniosa. El negocio de la música está plagado de mánager sin escrúpulos y de artistas intratables. El mánager puede ser la persona que te abre el paso hacia la tierra prometida del rock'n'roll o el que te impide la entrada. Para nosotros cuatro, el contrato discográfico fue el pasaporte a esa tierra extraña y nueva, pero nos sentíamos como alienígenas ilegales. Sin Paul McGuinness quizá no habríamos llegado lejos.

Hubo algo que cambió de inmediato y que, sin lugar a dudas, impresionó a mi padre, aunque no a Ali. Ahora me pagaban por esos sueños sonámbulos. Un pago único que rondaba las treinta libras para cada uno por semana, aunque Paul se apresuró a aclarar que eran treinta libras irlandesas, no esterlinas.

—¿Y a ti cuánto te pagan, Paul?

—A un médico no le pagas lo que crees que puedes permitirte darle —respondió—. En la industria del cine, podría cobrar cien libras

* «Por fin he encontrado mi auténtico nombre. / No seré el mismo cuando vuelvas a verme».

141

al día. ¿Voy a dejar mi empleo a cambio de treinta libras a la semana? Lo dudo. Tomaré prestada la diferencia.

—Pero pensaba que estábamos en el mismo barco, ¿no? —me defendí, sabiendo que Paul no podía vivir con treinta pavos a la semana. Jamás.

—Ahora yo soy el profesional y vosotros mis clientes. Vuestras treinta libras son modestas, pero significativas. No solo me necesitáis a mí; hay otros profesionales que también serán esenciales para vuestra carrera. Un contable, otro abogado y, si queréis pasar de las maquetas a las grabaciones de verdad, un productor. A todas esas personas les tendréis que pagar en condiciones. Y todas querrán que les paguéis más de lo que tenéis. Por eso me necesitáis a mí.

EL PRODUCTOR

Los productores discográficos se parecen más a los directores de cine que a los productores cinematográficos. No escriben el guion, pero tienen que obtener la mejor actuación del reparto y deben encuadrarla bien. La banda del momento era Joy Division, de Mánchester, y el genio de la producción con el que habían hecho su debut, *Unknown Pleasures*, era Martin Hannett. Era imposible que aceptase a una banda desconocida de Dublín. Sin embargo, eso fue lo que aceptó, y, ¡oh, maravilla!, el sagrado talento de Martin Hannett fue el administrador de nuestro primer lanzamiento en Island Records.

«11 O'Clock Tick Tock» fue nuestra incursión en el cabaret de Weimar. Gavin Friday me había puesto a escuchar la música de Kurt Weill y a estudiar los versos de Bertolt Brecht, y empezaba a dar sus frutos.

Si alguien se me imagina cantando «la, la, la, la» con acento alemán, se hará una idea. La letra era un retrato de un concierto en el que habíamos tocado con los Cramps en el Electric Ballroom de Londres, una noche en la que me quedé anonadado ante la estudiada despreocupación, el pelo gótico, las sepulcrales caras blancas del público. Los Cramps eran astutos, espeluznantes y *cool*, aunque para mi gusto quizá un punto demasiado fríos y apocalípticos.

A painted face
And I know we haven't long
We thought that we had the answers,
*It was the questions we had wrong.**

«11 O'Clock Tick Tock»

Milenarismo. Una canción para el fin del mundo. Martin creó una mezcla de sonidos admirable y acabó con un solo de guitarra larguísimo que iba totalmente en contra de las normas del punk rock. Pero, pese a las buenas críticas, el sello discográfico estuvo en contra de producir el álbum. Si Martin era de lo más experimental dentro del estudio, también experimentaba con todo tipo de subidones fuera del estudio, y sus experimentos lo estaban llevando por rincones oscuros. No es que eso nos importara, el que nos importaba era él, tan divertido y genial, pero la discográfica no cambió de opinión.

Entra en escena el segundo productor, que había volado a Irlanda para vernos tocar en Galway.

Cuando Steve Lillywhite entró en el camerino del Seapoint Ballroom, daba la impresión de ser una de las personas del público. Apenas nos sacaba unos años y, desde luego, tenía la misma cara infantil que nosotros, con esa especie de actitud de líder inglés de los scouts que a veces aparece en los programas infantiles de televisión.

—Se parece al tío aquel de *Blue Peter* —dijo Adam.

—Y se comporta igual —añadió Edge—. Salvo que ningún presentador de programas para críos ha producido *The Scream*.

The Scream, el álbum debut de Siouxsie and the Banshees. Con su sencillez sobrenatural al estilo de los Ramones, resonaba con nosotros porque nos daba la impresión de que estaba hecho por mú-

* «Una cara pintada / y sé que no nos queda mucho. / Creíamos tener las respuestas, / y lo que fallaban eran las preguntas».

sicos no profesionales. Aunque llevaba el pelo de un rubio oxigenado y una cazadora de cuero, no había ni rastro de punk en Steve Lillywhite. Era completamente transparente. En el mejor sentido del término. Se veía a través de él. En general, el punk rock tenía un aire cosmopolita, una especie de pasotismo de tipo «cuánto me aburre Estados Unidos» que nunca se le contagiaría a Steve. Desprendía alegría, una sensación de inocencia. Al verlo de lejos, uno podía pensar que quería ser *cool*, pero de cerca se descubría que no… Y para nosotros fue un alivio.

EL ESTUDIO DE GRABACIÓN

Antes, Steve siempre había sido el chaval del estudio de grabación, pero con U2 fue como uno más de la banda. Él no tenía ni idea de que era su ingenuidad lo que lo hacía tan genial. Que era su falta de mundología lo que le daba poder en este mundo. Nos veíamos identificados en Steve.

Entró en contacto con nosotros después de producir a los Psychedelic Furs y llegó directo de las sesiones con Peter Gabriel en su tercer disco en solitario. Steve estaba empecinado en que no sonásemos como ninguna otra banda. El álbum se titularía *Boy* y tanto él como nosotros nos comportamos como niños. Estábamos bastante estresados después de toda la gira, y las sesiones con Steve se convirtieron en una especie de parque infantil, los cinco con el subidón de glucosa de la excitación por la música.

Trabajábamos en Windmill Lane en la zona portuaria de Dublín, algo parecido a un país de las maravillas de ciencia ficción. Con sus salas de edición de vídeo y las instalaciones de producción de cine justo al final de las escaleras, no se parecía a ningún otro edificio de la parte rural de Irlanda. Esta era la vieja y sucia Dublín en estado puro, una ciudad que cambiaba de forma ante nuestros ojos, el nacimiento de una nueva Irlanda, a principios de la década de 1980, que salía reptando de su pasado para sacudirse el complejo de inferioridad.

¿Por qué no podíamos hacer música con raíces dublinesas que se adelantara al resto del mundo?

Cuando grabamos «I Will Follow» empleamos ruedas de bicicleta para la percusión: pusimos la bici con el manillar hacia abajo en el salón de Windmill Lane y dimos golpes en los radios con tenedores y cuchillos para crear efectos rítmicos. En una transición de la canción, tiramos botellas de leche al aire y dejamos que rebotaran por el pasillo de baldosas, y sus contribuciones musicales desafinadas fueron una gran innovación. Adam y Steve se hicieron muy amigos, se quedaban hasta tarde cuando el resto nos marchábamos del estudio y se pasaban la noche experimentando con el bajo. «Vamos a probarlo» se convirtió en nuestro mantra y *Boy* sigue sonando singular y característico incluso después de tanto tiempo.

ENCONTRAR MI VOZ... PERO SOBRE TODO LA DE OTRAS PERSONAS

Los cantantes suelen ser buenos actores. Si estoy junto a alguien el tiempo suficiente, soy capaz de arrebatarle la voz o, por lo menos, el acento.

De tanto escuchar a Siouxsie Sioux en bucle, capté su tensa forma de cantar de *banshee*, esa hada que anuncia las muertes, y, si bien nunca logré imitar la actitud gélida de kabuki, desde luego ella es una de las razones por las que el chico de Cedarwood Road no suena como se esperaría de un chico de Cedarwood Road. Es más bien una chica de Bromley, en la parte Sur de Londres. O un chico de Bromley, ya que el otro famoso residente de ese barrio era David Bowie, una influencia de la que nunca he querido deshacerme. Pero, pese a mi forma afectada de cantar, Steve me sacó unas cuantas buenas actuaciones.

—Canta las letras —me decía con frecuencia—. No cantes como la persona que quieres ser. Canta como la persona que eres.

A decir verdad, las letras no estaban a punto para grabarse. Eran pensamientos o bocetos inacabados. Confiaba en que lo que estaba abocetando fuese más interesante que lo que escriben los letristas la primera vez, pero también confiaba en que el tema de nuestras canciones mereciera unas rimas más originales, unos pensamientos más elaborados. Dicho esto, había un propósito claro en ese retrato de un joven artista ingenuo dispuesto a seguir así. Un himno a una inocencia que costaba mucho dejar atrás, un rechazo al cosmopolitismo y al desencanto del mundo en un momento en el que la pérdida de la inocencia era una historia clave dentro del rock'n'roll. Ese mismo desafío es el que me permite continuar escuchando aquellas canciones, aunque ahora veo las sombras más oscuras que se adivinaban bajo las capas de la inocencia.

«In the shadow, boy meets man».*

Más adelante, me vi explicando en repetidas ocasiones ante los críticos y los fans que la imagen de adolescencia que se insinúa en la canción «Twilight» no significaba que de niño yo me hubiera encontrado con un hombre mayor en las sombras, aunque sí recuerdo que se me acercó un desconocido cuando trabajaba en la gasolinera de la carretera que llevaba al aeropuerto.

Al mismo tiempo, tampoco «Stories for Boys» trataba sobre la masturbación. (Aunque, una vez más, ahora que lo pienso…).

Ahora comprendo que tanto «A Day Without Me» como «I Will Follow» sí hacen referencia al suicidio de forma inconsciente. El suicidio ofrece una rápida sensación de autoridad sobre una vida que parece haber perdido el rumbo.

La clase de chavales que escriben canciones o poesía, o que pintan cuadros, son la clase de chavales que a veces sienten las cosas con gran intensidad. La clase de chavales cuyas emociones pueden superarlos. Mientras escribo esto, me viene a la cabeza el arbusto de escaramujo y los árboles plagados de hojas del final del terreno del colegio, en Mount Temple. Me viene a la cabeza un adolescente inquieto de pie junto a las vías del tren, imaginándose el consuelo que podrían ofrecerle si se tumbara encima y renunciara a la esperanza y el amor.

Pero yo tenía fe.

En algún rincón de la mente, tenía fe en el siguiente paso. Un paso, y luego otro. Los siguientes pasos del camino al hogar.

---

* «En la sombra, el chico y el hombre se encuentran». Verso de la canción «Twilight».

Aquel primer álbum, *Boy*, chocaba con la historia del rock'n'roll, donde la inocencia que se escapa, cuando no se anula, es el rito iniciático que se logra con la música. En *Boy* estábamos escribiendo una oda a una inocencia a la que nos aferrábamos con uñas y dientes. Una parte de nosotros quería que fuésemos hombres del mundo, pero una parte aún mayor sabía que éramos mucho más poderosos como chicos que no sabían demasiado sobre «el mundo». Yo era una persona tan curiosa que quería escribir sobre lo que ocurría bajo la superficie de la piel, porque sentía la mía porosa, sensible en extremo a todo lo que me rodeaba. No necesitaba ningún estímulo más. Parecía como si no pudiera pasar rozando a alguien sin notarlo de una forma muy intensa. Quería escribir sobre el alma humana porque intentaba comprender la mía. Quería cantar sobre eso para entrar en la canción y transportarme hasta el lugar en el que deseaba estar.

La imagen de la carátula de *Boy*, la fotografía de la cara de un niño sacada de la cubeta antes de que la imagen se hubiera revelado del todo, ofrecía un niño que no parecía estar en el mundo. Un chico de Cedarwood Road mirando con asombro qué ocurría a su alrededor. La primera vez que observé maravillado cómo se revelaban las fotos, poniendo el papel fotográfico en productos químicos una vez plasmada la imagen en él, fue en el laboratorio de fotografía de Mount Temple. Me encantaban las imágenes antes de que se definieran del todo, cuando no pertenecían ni a un mundo ni a otro, en el momento en que apenas empezaban a asomar en el papel. Eso era lo que quería para la portada de nuestro álbum, la cara de un niño que empieza a enfocarse.

El álbum tuvo mucha repercusión, y en un país tras otro el chico fue recibido con los brazos abiertos por un mundo que no esperaba toparse con ese niño ingenuo y guapo.

El chico fue creciendo y, al final, logró comprarse una furgoneta.

Se puede debatir acerca de si la información o la materia está en el centro del universo físico, pero lo que no puede cuestionarse es que la piedra angular del sistema solar del rock'n'roll es la furgoneta. Sin una furgo no vas a ninguna parte; es algo más que un medio de transporte que separa lo auténtico de lo falso. La furgoneta es una máquina del tiempo, del tamaño ideal para la comunidad de novatos del rock'n'roll: algunos músicos, el director de gira, un par de encargados del equipo, a veces un mánager. Más adelante puede que le crezcan alas y que se convierta en un avión privado, pero siempre dará la sensación de tener el mismo tamaño que la furgoneta.

Playlist de la furgo, primera gira
por el Reino Unido (en casete)

The Associates, *The Affectionate Punch*
The Clash, *London Calling*
Peter Gabriel, *Peter Gabriel*
The Pretenders, *Pretenders*
The Teardrop Explodes, *Kilimanjaro*
Joy Division, *Unknown Pleasures*
Skids, *Days in Europa*
Pauline Murray and the Invisible Girls, *Untitled*
David Bowie, *Scary Monsters (and Super Creeps)*
Echo and the Bunnymen, *Crocodiles*
Giorgio Moroder, Soundtrack, *Midnight Express*
Blondie, *Parallel Lines*

Ahora estoy dispuesto a aceptar que la razón por la que Paul McGuinness había tardado tanto en comprarnos la furgoneta era que él no quería conducirla. Llevar una furgoneta no era la idea que Paul tenía de lo que implicaba ser mánager de una banda de rock.

Para Paul, incluso el hecho de ir montado en una furgoneta era cruzar el límite, un límite que en gran medida lo alejaba de una larga limusina.

Todo el asunto de conseguir un contrato discográfico era que, a partir de entonces, no solo pudiéramos permitirnos a alguien que mezclara el sonido, sino también a alguien que hiciera de chófer. En septiembre de 1980, U2 consiguió una furgoneta blanca y un director de gira, Tim Nicholson, que se pusiera al volante. Una Volkswagen con cuentas de plástico y piel de borreguillo sintética, que nos sacaría de Dublín y nos llevaría por toda Irlanda, arriba y abajo por la M1 en Gran Bretaña y por toda Europa. Éramos como Aníbal con un elefante Volkswagen con el que cruzar los Alpes.

EL FERRY

Me encanta la alegre tristeza de bajarnos de la furgoneta después de entrar con ella en el ferry que unía Irlanda y Gran Bretaña, dejando atrás los sonidos, los olores y los graznidos de las gaviotas de nuestro país. Las gaviotas siguen el barco durante millas y millas, hasta que de repente dejan de acosarnos y se aburren de sus propios chillidos amplificados.

El país te ha soltado; en ese instante, no tienes ataduras. Eres libre. Me quedaba mirando la estela espumosa de ese gigantesco navío «engullefurgonetas» y dejaba que fuera solo eso: una estela de mi antiguo yo. Me sentía renovado. Es cierto, puede que a bordo haya arcadas y vómitos, bebidas derramadas, horas de sueño interrumpido y sentado, pero te diriges «a otra parte», y al final ves la promesa de otro país. Y sus gaviotas. Vuelves a subir al universo sellado de la furgoneta y continúas dormitando sentado, y ahora también comes, hablas y escuchas música sentado. Pero al menos ya no… vomitas.

Mientras escuchamos esa música, el elefante blanco nos pasea por toda Europa, empezando por Londres y los cuatro conciertos en el Soho en septiembre de 1980. Entra en escena otro miembro inanimado del elenco de personajes.

EL PISO

A Paul no le gustaba dormir en la furgoneta, pero lo compensaba con su buen ojo para los alojamientos de lujo cada vez que podíamos permitírnoslo. En 1980 consiguió negociar un buen precio por unas habitaciones en Orme Square, cerca de Bayswater Road, enfrente de la entrada del Hyde Park, un campamento base desde el que pudimos perfilar nuestra primera gira en condiciones por el Reino Unido, el Boy Tour.

Con el fin de poder pagar esos elegantes aposentos, no nos alojábamos en los habituales hoteles en los que las bandas se quedan cuando tocan en ciudades como Liverpool, Brighton o incluso Mánchester. Después de los conciertos, todavía con el atuendo de la actuación empapado en sudor, ahorrábamos y volvíamos en furgoneta a Londres. De vuelta a las destellantes luces y al cinismo de la capital. Claro, Londres era Babilonia. Londres era Egipto. Y Londres era genial. Londres era la fuerza centrífuga de toda la música que nos importaba. Y una de las razones nada desdeñables era otro miembro del repertorio de esta gran obra en la que nos encontramos inmersos...

LA SALA DE CONCIERTOS

«There's an "A" Bomb in Wardour Street» fue un bombazo de otra de nuestras bandas favoritas, que escuchamos en la radio en 1978. Los Jam, que sin saberlo nos llevaron a tocar como músicos fijos los lunes por la noche dos años después en el Marquee Club de Wardour Street. En Londres actuamos en toda clase de salas, pero nuestra gran oportunidad fue el Marquee Club. El primer lunes que tocamos allí, el local solo se llenó a medias. El segundo estaba abarrotado. El tercero, la cola para entrar daba la vuelta a la manzana.

¿La cuarta? Una locura.

«U2 podría pasarle a cualquiera», habíamos escrito en los pósteres caseros y en unas chapas y pegatinas, y ahora parecía que ese alarde infantiloide estuviera tomando forma.

Una mañana, llegamos a la sala de conciertos y nos encontramos a Lemmy, el cantante y bajista de la banda de heavy metal, el Ace of Spades del torbellino que era el grupo Motörhead, ayudando a nuestro equipo a descargar y montar todo el utillaje. Había pedido que lo dejaran tranquilo la noche anterior para encerrarse a jugar a *Space Invaders*, pero nos dijo que el trabajo de montar y desmontar el equipo era una buena manera de hacer bajar la adrenalina provocada por matar a todos esos marcianos en la pantalla. Prototipo de punk primigenio y salvador del rock'n'roll, Lemmy iba a vernos con frecuencia en aquella época, aunque no teníamos mucho que ofrecerle.

Una sala de conciertos logra su propio estatus legendario, y dar esos primeros conciertos fue como medir fuerzas con todas las grandes bandas que habían tocado allí, a las que sabíamos que jamás alcanzaríamos.

Todo el mundo estaba al tanto de que los Who habían hecho suyo el Marquee Club con su rhythm and blues colosal, y ninguna otra banda tenía el júbilo, la desesperación y la rebeldía que ellos desprendían. Algunas bandas de punk tenían la rabia, tenían los gritos guturales, tenían el estertor de la muerte, pero carecían de grandeza. Nosotros queríamos trasladar parte de esa grandeza al punk rock, y en momentos puntuales nos acercamos, con canciones como «Twilight» y, más adelante, con «Gloria». Para la grandeza, hace falta otro miembro del elenco de personajes…

LOS FANS

Con frecuencia, los fans de U2 tenían nuestra edad y, ante ellos y ante nosotros mismos, demostramos que éramos auténticos punks. Éramos una especie de zelotes dispuestos a no renunciar nunca a nuestros valores ante las grandes ciudades; en lugar de eso, les ofreceríamos los verdaderos valores del punk, como el respeto por la gente que pagaba por vernos. Nos tomaríamos muy en serio la tarea de pararnos a hablar, de firmar autógrafos. Queríamos fundirnos con el público como ninguna otra banda punk lo hubiera hecho. Y, como cantante, era yo quien tenía que crear esa fusión, hacer de la multitud un experimento químico, empezando por convencerlos de que, en efecto, eran una masa compacta. Aquello no era un simple núcleo de átomos inestables que chocaban unos con otros; era una reunión de seres conscientes de que, durante unas horas cada noche, representaban el papel más importante de la tragedia, al transportar a la banda y, por tanto, también a sí mismos a un lugar que nadie había pisado antes. Juntos generábamos un instante que ninguno de nosotros había vivido antes, ni volvería a vivir.

Da que pensar.

Parecía como si mirásemos a través de una puerta hacia otro lugar, hacia un mundo que no existía, una noche fuera de nuestro ser. Pero salir de la conciencia de la propia identidad no es fácil cuando el propio cantante es tan consciente de sí mismo que piensa que tiene que trepar y adentrarse en la música, en lugar de contentarse con interpretarla. Hacía falta algún truco para que la banda y el público se fusionaran, algún tipo de ritual seudorreligioso que acabara convertido en auténticamente religioso. La comunión entre banda y fans con el objetivo de lograr alguna clase de elevación, una noche fuera de nuestro ser.

Todo eso se logra en…

EL ESCENARIO

En la oscuridad, el primer vistazo es importantísimo. Las sombras de los miembros del equipo cruzan el escenario y comprueban los cables. «Las lucecitas rojas de los amplificadores —como señaló Jim Kerr, de Simple Minds— son una especie de luces de despegue en la pista de un aeropuerto; la nave espacial que pilotas esta noche regresará, pero no de inmediato».

La trayectoria lo es todo en este viaje a la Luna. Tenemos dos canciones, «11 O'Clock Tick Tock» y «I Will Follow», que proporcionan el impulso necesario para despegar.

Pero la cuenta atrás de diez, nueve, ocho, siete no puede competir con un cantante de punk rock gritando UN, DOS, TRES, CUATRO.

¿Se limitará ese grupo de gente reunida a quedarse de pie, a escuchar y a observar, o también ellos saldrán propulsados por los aires? Esa es la emoción para la que vive una banda de punk, la elevación vertical del público cuando desafía a la gravedad y salta fuera de la propia piel. Tiene que ocurrir en la primera nota; si no, ya no ocurre.

Hidrógeno y oxígeno a la temperatura adecuada. ¡Bum! La liberación de la energía de enlace.

Gente que grita tu nombre, mientras tú te olvidas de cómo te llamas. Te olvidas de dónde vienes.

Solo perteneces al aquí y al ahora. Esto no es un océano de caras sin rostro; intentas establecer contacto visual con todas ellas. Pero no puedes... hasta que sí lo haces. Si lo consigues, no solo habrás mirado a los ojos a todas las personas de la primera fila, sino que habrás mirado a los ojos a toda la sala de conciertos. Y no habrá nadie que no piense que podrías seguirlo a casa, que podrías robarle la cartera o predicarle tu evangelio o liarte con él. O con su hermana. Se ha establecido el contacto, real e imaginario. Y vamos descubriendo a otro actor de este drama épico...

LA NOCHE

Algunas veces la noche inspira una inesperada comunicación entre la banda y su público. En ese momento, o acabas encima de los asistentes o ellos acaban encima de ti. El escenario te limita tanto que te bajas de un salto y buceas entre los brazos de todos los que te atrapan. Te sujetan en alto, te arañan, te muerden y te besan (parece que les da igual), hasta que, con la última canción, casi sin darte cuenta dejas atrás el escenario, te abres paso a codazos entre la multitud y te diriges a la puerta de atrás. Casi sin darte cuenta caminas hasta casa por las laberínticas calles del Soho con nombres como Carnaby, Greek y Dean, hasta llegar por fin a esa dirección que, curiosamente, no está indicada, junto a la Orme Square.

Es fácil comparar Londres con Babilonia, y nosotros, jóvenes inocentes en el extranjero, estamos empezando a descubrir el sexo, todavía indagamos sobre el poder y la corrupción que con tanta facilidad lo explota. Sentía curiosidad por saber qué se cocía detrás de aquellos escaparates de deseo, por comprender qué se compraba o se vendía en aquellos callejones, pero, si bien ese camino estaba lleno de gente interesante, también estaba plagado de clichés propios de las letras de las canciones, de caminos demasiado trillados. Desde el delicioso descubrimiento del sexo en el asiento de atrás de un Cadillac o en el asiento delantero de un Corvette (dependiendo de si escuchas a Chuck Berry o a Prince), era un asunto artístico efectista, pero no muy novedoso. El gran Philip Lynott lo había plasmado con un ligado descendente en «Solo in Soho». Unos cuantos años después, también lo hicieron Shane MacGowan and the Pogues con «A Rainy Night in Soho». ¿Hay alguna canción mejor sobre Londres? Aunque hubiésemos querido, no habríamos sabido cómo pintar esos cuadros; la clave está en que tienes que cantar tu vida. «Sex & Drugs & Rock & Roll» era una canción de Ian Dury que nos encantaba, pero, a decir verdad, no sabíamos de qué hablaba.

No me había acercado a las drogas desde que había esnifado betún Lady Esquire cuando tenía quince años. No me hacía falta. Notaba el subidón del asombro. Experimentaba todo con mucha intensidad, la gente a la que conocíamos, la sensación de estar dentro de un cuerpo, de comer o de beber. Sabía que había oscuridad en el mundo, pero estaba seguro de que no nos dominaría; en lugar de eso, dejaríamos que nos dominara la belleza de nuestros descubrimientos al recorrer este mundo. Las estaciones de tren y los vagones del metro, las plazas, un roble magnífico en un parque, los edificios victorianos de ladrillo rojo de Inglaterra y Gales, el esplendor georgiano de Edimburgo, de Glasgow, con su ojo morado de vez en cuando.

Y las hermosas miradas anhelantes de nuestro público. Noche tras noche, el concierto. El concierto con altibajos y, a veces, glorioso, tras el cual volvíamos a…

Después de la Conquista, la reflexión táctica. Solía ser yo el que hacía las preguntas difíciles, para distraer a la banda de mis propios defectos, porque, en realidad, aquello se estaba convirtiendo en una tormenta de fuego de talento, un potente trío cerrado e innovador. Sin duda, yo era un pararrayos. Tenía el temple para ser el que diera la cara, pero, si mirabas por detrás de esa cara, no era tan arrojado como se esperaba. Tampoco tenía demasiado arte. Como actor era espasmódico, una anguila eléctrica con pantalones de látex negro, que gritaba a Dios en vez de cantar a los cielos. Debería haber sido más amable con los componentes de la banda, que siempre eran buenos y, a menudo, geniales, pero de vez en cuando los tres me atacaban a la vez.

¿Por qué había sido tan capullo y había puesto en peligro tanto el concierto como mi integridad subiéndome al palco por fuera?

¿Por qué me había metido con los seguratas?

¿O por qué me había puesto en evidencia trepando por una pila de altavoces que no estaban sujetos?

¿Ponerme en evidencia? ¿No es la gracia de ser una banda de rock'n'roll, que todo el mundo te mire?

Éramos exigentes unos con otros. La lista de las cosas que salían mal en un concierto era más larga que la de las que salían bien, pero, aun así, después del *post mortem*, siempre salíamos a hablar con los fans, y luego nos metíamos en la furgoneta y rumbo a casa. Nos reíamos de los demás, escuchábamos alguna cinta o a algún grupo nuevo, o (tras un mal concierto) dejábamos que el silencio sonara en el estéreo y pensábamos en cómo podíamos esforzarnos por mejorar la banda.

Seguíamos confiando en nuestra fe, seguíamos intentando averiguar cómo «estar en el mundo, pero sin ser del mundo». Como estar en la furgoneta sin que nos arrollara.

Hay que compadecerse de Adam cuando volvíamos al piso o al hotel. Lo único que quiere es vivir el sueño de las cuatro cuerdas, pero ahí tiene a sus tres colegas de la banda, apretujados en alguna de las habitaciones, debatiendo con tono agónico si ese sueño es una visión compartida. Tres aprendices de zelotes, imbuidos en las plegarias y la meditación en lugar de escuchar a todo volumen una cinta de varios. Una noche, en un hotel, una mujer del servicio de habitaciones nos encontró a los tres rezando y se nos unió. Nos topamos con toda clase de desconocidos inesperados que nos animaron a encontrar la respuesta a una oración sencilla: en un mundo destrozado, ¿qué papel podría tener esta banda? Desconocidos o ángeles, parecía que siempre dábamos con la persona adecuada en el momento adecuado, actores nuevos que carraspean y preparan su intervención, como...

EL DIRECTOR DE GIRA

Corre el año 1983 y volvemos en coche de un concierto en el Bristol Beacon, antes llamado Colston Hall. La primera vez que tocamos en Bristol en 1980, había algunas decenas de personas en el Trinity Hall, pero esa noche era importante porque Bristol tiene una escena musical muy potente, desde Pigbag hasta el Pop Group, y, por supuesto, es el hogar de una de las bandas más importantes de la historia de la música, Massive Attack.

Edge va sentado de copiloto y finge dormir. Adam, colocado de maría, mira por la ventanilla. Larry está durmiendo y yo estoy a punto. Nuestro nuevo director de gira vive en Bristol, pero nos lleva de vuelta a Londres y habla como una cotorra de su tema favorito.

Las abejas.

La vida secreta de las abejas.

Las abejas son muy importantes para Dennis Sheehan; es apicultor, y por eso ahora Edge ya no finge dormir, sino que finge estar despierto del todo. Pero, como Dennis se unió al equipo hace seis meses, ya nos ha contado a todos y cada uno de nosotros, juntos y por separado, que «el tamaño de las alas de una abeja en relación con la masa corporal no tiene sentido y la física no es capaz de explicar cómo pueden volar». Por eso, Edge se ha quedado ahora dormido de verdad. Antes de permitir que la melífica perorata de

Dennis me transporte a los brazos del sueño, me quedo maravillado, pero no ante el milagro de la aviación que son las abejas, sino ante el milagro de Edge, que es capaz de dormir con los ojos abiertos y tiene la extraordinaria habilidad de asentir y soltar gruñidos en los momentos adecuados.

En 1982, Dennis Sheehan, unos cuantos años mayor que nosotros, pasó a ser nuestro director de gira. Nacido en Wolverhampton (Inglaterra) y criado en Irlanda, ya había trabajado con Iggy Pop y Patti Smith, había sido asistente personal de Robert Plant y había madurado con Led Zeppelin. En ese momento no teníamos ni idea de que iba a estar con U2 durante el resto de su vida. Dennis tenía un núcleo moral basado en el catolicismo de su juventud, y se convertiría en uno de nuestros guías mientras nos adentrábamos en ese nuevo mundo. En su funeral, ocurrido en 2015, tras una serie de conmovedores panegíricos que destacaron su bondad y su firmeza de carácter, Robert Plant me susurró al oído: «Y no lo olvidemos: ¡en su época, era uno de los tíos mejor dotados!».

Tal vez Paul McGuinness nos hubiera abierto las puertas de la tierra prometida, pero no era el hombre ideal para tratar con tasas y aduanas. Ese hombre era Dennis. Tenía una estrategia que a Paul y, a veces, también a nosotros nos resultaba estresante. Llevaba un jersey; sí, un jersey de lana. En ocasiones incluso era un jersey de Daniel, el travieso, algo que no solo era superpospunk, o divertido, sino que también resultaba increíblemente eficaz cuando estabas ante un policía con cara de palo en el control de pasaportes.

EL GRAND TOUR

Los policías de aduana y las bandas de rock no tienen una relación muy armoniosa, con toda esa manía de hurgar en tus objetos personales, con los cacheos en busca de droga y los reconocimientos rectales. Las estrellas del rock reconocen a un depredador natural en cuanto se les pone delante. A menos que tenga un contrato discográfico y una pluma para firmar, el cordero se tumbará de inmediato junto al león.

Estamos en Berlín en 1981, y unos agentes de aduana nos meten en un cuartucho, porque creen que somos traficantes de drogas disfrazados de banda de rock. Nuestro trabajo consiste en cruzar fronteras. Las fronteras suponen una gran atracción para mí: dejar un país y entrar en otro, dejar un pensamiento y pasar a otro, dejar la adolescencia y entrar en los cuarenta, dejar Alemania del Este entrar en la del Oeste.

En lo liminal es donde hay que estar. En el filo.

Las zonas desmilitarizadas de la psique, las zonas grises del corazón. La tierra de nadie es la tierra de todos.

Los álbumes son diarios de viaje. Geográficos, filosóficos, sexuales.

Un artista busca un territorio todavía por descubrir y, mejor aún, lugares que dan acceso a otros lugares.

Al poeta le encantan las encrucijadas.

Berlín. Sarajevo. Estambul. Vivir en Europa es una bendición diaria, esta Babel de distintas lenguas que desean hablar un idioma común. Coherencia. Incluso la demente jerga oficial europea de Bruselas supone cierta cordura, si tenemos en cuenta el coste de todas las vidas perdidas en las fronteras. Europa se convirtió en una fascinación. Yo había crecido como europeo sin saber mucho sobre Europa, pero, a lo largo de los años siguientes, me embarqué en mi propio Grand Tour.

Europa. El milagro de ganar terreno al agua que suponen Ámsterdam o Venecia.

Europa. Despertarte en Madrid, al otro lado de la calle del *Guernica*, de Picasso, expuesto justo ahí, en el Museo Reina Sofía, a unos pocos minutos caminando de *Los borrachos* de Velázquez, en el Museo del Prado.

Europa. Tocar música en el estadio del Real Madrid o donde el Barça exhibe su fútbol de percusión.

Europa. Bajar las escaleras de la plaza de España de Roma y descubrir la habitación en la que vivió y murió Keats, sentir la escalofriante humillación de las cartas suplicantes de un poeta.

Para alguien como yo, un chico de las afueras de Dublín, ser capaz de volver al hotel pasando por delante del restaurante Fouquet's, en París, y saber que allí fue donde James Joyce cenaba casi todas las noches. Incluso que me negaran la entrada por no cumplir el código de etiqueta me pareció un tanto poético. Y merecía alguna especie de respuesta poética. Compré un pescado en un puesto y lo vestí con un traje recién comprado de Comme des Garçons que no podía permitirme, e insistí en que se lo entregaran de regalo al maître. («De parte de James Joyce»).

Los festivales en Europa nos enseñaron a comunicarnos a mayor escala. Solíamos compartir la cuenta con el grupo escocés Simple Minds. La proximidad a la música extática de esa banda nos cambió, mientras que las letras de Jim Kerr modificaron nuestro modo de ver las imponentes ciudades europeas cuando íbamos juntos de gira. Las letras de Michael Stipe, de REM, cambiaron nuestra forma de ver Estados Unidos. También tenía una de las mejores voces de cualquier punto del globo. En un festival en Milton Keynes, en el Reino Unido, nos dice que está muy orgulloso de que la gente compare su voz con la de Dolly Parton. A su lado, Peter Buck, la gigantesca sombra a la guitarra, cree tanto en el rock'n'roll que la música no puede sino corresponderle con el mismo amor. Mike Mills, al bajo y los coros, samplea los sesenta y los setenta y los introduce en los ochenta. Bill Berry, el batería, que los dejará más adelante tras un problema de salud. Pero esa banda consiguió que el mundo entero quisiera conocer Athens (Georgia), no solo yo.

Habría pagado por ver aquellos lugares, pero me pagaban por ir. El descubrimiento y la exploración deberían ser fines en sí mismos, pero, cuando nos echábamos a la carretera, el itinerario de nuestra banda tenía salas de concierto apalabradas y un público cada vez mayor que nos saludaba al llegar. Incluso cuando los locales estaban vacíos, era una gran aventura; incluso cuando no había nada heroico en este «viaje del héroe», nos parecía mítico. Un drama épico de escena y escenario, de reparto y cambio de vestuario y personaje…

Donde mejor llegamos a entender a Paul McGuinness fue en la furgoneta.

¿Mánager? Mentor sería una definición más adecuada. Y, a veces, Dementor. Aprendimos más sobre el negocio de la música con este hombre que con ninguna otra persona, y eso se debe a que él siempre estaba aprendiendo, tragando secciones enteras de la industria musical: la radio de Estados Unidos, la cobertura radiofónica de Francia, las consecuencias de la política federal en Alemania sobre la popularidad regional, la relación demasiado cómoda entre el agente y el promotor local. Más que ningún otro de la banda, él quería convertirnos en el grupo más famoso de la historia de la música, y, si se cuenta el éxito económico como vara de medir (algo que él hacía, aunque nosotros no), Paul habría dicho que lo había logrado. Comprendía que una banda necesitaba hacer negocio, además de hacer música, o, de lo contrario, la industria borraría esa música. La compañía que fundó, Principle Management, iba a hacer las cosas bien, y Paul McGuinness supo introducir los modales en una industria conocida por carecer de ellos. Sería nuestro guía en arenas movedizas que se habían tragado a artistas más duros y más listos que nosotros.

Un guía que no viajaba en clase turista.

Paul no era esnob, pero podía serlo más que nadie. Sentía mucho aprecio por la gente, pero, en el fondo de su alma, creía que los demás lo necesitaban más de lo que él los necesitaba a ellos. El dinero no podía comprarlo como mánager; el peaje era el respeto. Corría el rumor de que el dinero tampoco podía comprarlo como camarero. Cuando era estudiante y trabajaba sirviendo mesas en un restaurante, un cliente había dejado una ridícula propina y Paul había corrido por la calle detrás del comensal y le había devuelto el cambio con estas palabras: «Salta a la vista que usted lo necesita más que yo».

¿Privilegio? ¿Arrogancia? Creo que era fe en sí mismo y, más tarde, en nosotros. No era fe en la mano divina, sino fe en el proyecto.

Las dietas *per diem* suenan a novena en latín, y sin duda esa asignación diaria que pagaba un sello discográfico a una banda cuando estaba de gira para poder parar en restaurantes de carretera y comer caliente una vez al día era una especie de lujo. Para Paul, Dennis y nosotros cuatro, a menudo se trataba de *fish and chips* y unas latas, mientras ahorrábamos parte de esas dietas para comprar algunas botellas de vino rosado caro en nuestro alojamiento pijo al acabar la semana y acallar al dios furioso que era nuestro mánager.

Paul se encrespaba porque nuestra historia de pobreza y miseria no funcionara según el plan. Se enfadaba al ver que los críticos y los programas musicales británicos no entendían a U2, porque, según afirmaba, los británicos no comprenden la emoción: «Vuestra temperatura emocional es demasiado alta; quieren que seáis más fríos».

«Les llega la moda, pero no la ópera», decía el hombre cuyo padre era piloto de bombarderos en la RAF, un hombre que de adolescente había sido mod en Bournemouth. Paul celebraba cada uno de nuestros logros proponiendo una comida en «un sitio interesante», algún establecimiento en el que la estrella de la sala fuese el chef. Incluso a principios de la década de 1980, empezamos a advertir que las paradas de nuestras giras europeas parecían haberse apalabrado en las inmediaciones de algún restaurante con estrella Michelin. Si le preguntábamos por qué tocábamos solo una noche en Marsella, pero, pongamos, tres noches en Lyon, Paul ni siquiera se dignaba responder.

—Por cierto, ¿conocéis a mi amigo Paul Bocuse, el mejor chef de Francia, por no decir del mundo?

Paul nos mira como si fuésemos el cerdo para el que está comprando perlas. «Ay, ojalá no hubiera dejado el negocio del cine», parece decir con la expresión de la cara.

Aunque aceptábamos encantados las comidas de negocios (con la compañía discográfica, el agente, el promotor local), Paul nunca hablaba de negocios en esas mesas. Su buena educación se lo impedía. Hablaba de historia, de política, de la biografía más reciente, de la industria del cine, de cotilleos de la industria musical, y de ahí volvía a hablar de los platos que habíamos pedido.

El negocio de U2 casi nunca estaba encima de la mesa, a pesar de que los cuatro miembros de la banda estuviéramos sentados a ella.

Paul nunca se desprendió del espíritu militar. Era el hombre adecuado en el momento adecuado, nuestro Winston Churchill particular, con una estrategia para llevar la banda a Gran Bretaña, Europa, Estados Unidos y el mundo. Se refería al lanzamiento de un disco como una «campaña» en la que hacían falta una sala de operaciones y un consejo. Pero solo iba al campo de batalla después de una botella de taittinger, un barolo de 1947 y, en ocasiones, un sauternes. Únicamente después de esos sofisticados caprichos Paul McGuinness trasladaba el subidón de glucosa al teatro de operaciones que era el negocio de la música y ponía en formación a todas las tropas que estaban a su mando. Un armagnac de más y no tardaba en plantearse otras invasiones (la mesa de al lado, quizá, o una emisora de radio que no ponía nuestra canción). Mientras nosotros nos cobijábamos debajo de la mesa, amodorrados por el banquete, Paul se levantaba de la silla y su rostro de abad se deshacía en carcajadas al pensar en otro plan perfecto, pasaba la tarde moviendo las piezas por todo el tablero de ajedrez de una forma que no había logrado nadie desde Brian Epstein o Kit Lambert o el resto de miembros de esa escasa estirpe de mánager de rock'n'roll con acento de colegio privado.

Me encantaba Paul durante la sobremesa, cuando ilustraba a la perfección la valía de nuestra banda sin hablar siquiera con nosotros. Me encantaba su voz de barítono, su sonoridad, su dominio del idioma.

Estar sentado a su lado era recibir una clase magistral sobre el arte de la conversación. Por no hablar del buen gusto a la hora de pedir. Un apetito refinado y una mente muy dotada. Un hombre impresionante, que casi daba miedo, con aspecto de haber venido a este mundo para subirse a un enorme caballo. Un hombre que no había nacido en cuna de oro pero que estaba completamente seguro de que toda la banda acabaría durmiendo en una.

También era un hombre de genio. Un genio legendario. El momento en el que mejor quedó retratado fue en un episodio ocurrido en el boulevard Périphérique de París en 1981, cuando Paul trató de quemar su propio coche. Su Lancia azul se había estropeado tras quedarse sin aceite en el motor y Paul ya se había hartado de tener clavada la rodilla de Larry en la parte de atrás del asiento del conductor, así que tuvimos que retenerlo a la fuerza cuando sacó el tapón del depósito de gasolina e intentó tirar por el agujero el mechero encendido. Puede que Larry se riera de forma muy escandalosa.

Paul también podía ser muy sentimental y, en algunos conciertos, le caían lagrimones por la cara, pero, en general, durante aquella primera época, era un hombre nacido para combatir. Nuestro Churchill no fumaba muchos puros, pero, si alguien se metía en el camino de su banda o de él, hay que reconocer que era capaz de hacerte picadillo, liarse un cigarro con tus restos, fumárselo y luego tirarte al cenicero.

Fue Roosevelt quien afirmó: «A lo único que hay que temer es al propio miedo», pero fue Churchill quien vivió según la frase. La genialidad de su forma de gobernar no era solo su osadía, sino la fe en sus paisanos, la fe en sí mismo y, cuando estalló la Segunda Guerra Mundial, la fe en Estados Unidos. A nuestro Churchill le ocurría lo mismo. Por mucho que le gustara el Reino Unido y que disfrutara de nuestras expediciones por Europa, Paul había adivinado que Estados Unidos tenía muchas probabilidades de ser nuestra tierra prometida. Nuestro éxodo sería hacia Occidente.

Antes de que se hubiera planificado un lanzamiento en condiciones, Paul mandó copias importadas de nuestro álbum debut, *Boy*, a emisoras de radio universitarias alternativas de Estados Unidos, lo cual llevó a Island Records a apresurarse y colocarnos como prioridad. También supuso que, cuando decidimos hacer una breve gira de exploración por la costa este de Estados Unidos, hubiera ya un reducido grupo de exploradores esperando para darnos la bienvenida. La invasión irlandesa se pareció más a una escaramuza que a una de las famosas invasiones británicas de los Beatles o de los Stones, pero todos los implicados percibimos que podía tratarse de alguna clase de cita con el destino. Para un investigador del rock'n'roll, o como se quiera llamar (pospunk o pos-

pospunk), esa música tenía y tiene un formato estadounidense. Tal vez hubiésemos renegado de algunas secuencias de acordes popularizadas por artistas del rock'n'roll estadounidenses como Chuck Berry o por *bluesmen* como Robert Johnson, pero, a fin de cuentas, de ellos era de quienes habían sacado la inspiración grupos como los Who y los Rolling Stones. Los Beatles eran un poco distintos, pero incluso ellos reverenciaban a Elvis como su manantial. Ese sería nuestro mayor salto de fe hasta el momento, un salto a través del océano.

(RE)NACIDO EN ESTADOS UNIDOS

Un día frío y húmedo de diciembre de 1980, mi primera impresión del aeropuerto John Fitzgerald Kennedy es el nivel de decibelios: las voces humanas ahogan el ruido de los aviones al aterrizar, como si todo el mundo hablara con megáfonos. La zona de recogida de equipajes es una feria de acentos y tonos de piel y hay un continuo murmullo a todo volumen. Pero se tiene la impresión de que las personas se gritan unas a otras de buen humor. Solo en la aduana parecen dirigirse las voces con autoridad y distancia.

—¡Apártese, señor!

—¡No cruce la raya!

—Pasajeros de Irlanda, por favor, tengan los formularios amarillos a mano…

Larry se ríe ante la idea de que nos comenten que Irlanda tiene una «relación especial» con Estados Unidos.

—Hay que contárselo a todo el mundo —dice Adam—. A los británicos, por supuesto. Y tienen un día de Colón para los españoles.

—¿Les digo que san Patricio era galés? —se pregunta Edge.

Todavía nos hace más gracia cuando nos enteramos de que Paul ha alquilado una larguísima limusina negra para que nos recoja. Solo en Estados Unidos podrían fabricar un vehículo tan largo. Mentalmente, hemos pasado de ver películas a estar dentro de una. Paul pregunta al chófer si puede buscar WNEW en la radio, pensando que cabe la remota posibilidad de que suene nuestro single

«I Will Follow» dentro de la selección. En lugar de eso, como el aliento helado en el cristal delantero mientras nuestra ruta nos ofrece la majestuosidad del perfil de Manhattan, oímos el mantra «All or Nothing At All», la oda de Billie Holiday a fugarse de casa.

Nos alojábamos en el Gramercy Park Hotel de Lexington Avenue, un establecimiento bastante destartalado cerca de Hell's Kitchen y en la misma calle que el parque que le da nombre. Al salir de la limusina en la esquina de la calle, enfrente del parque cubierto de nieve, nunca me había sentido más a gusto con mi abrigo de piel sintética, hasta que un hombre de aspecto raro detiene la bici y me pregunta cómo me llamo. No puedo hablar. Tengo tanto miedo que solo soy capaz de pronunciar un modesto sonido casi inaudible.

—Bono —susurro—. Bono, de U2.

La noche siguiente, antes de nuestro primer gran concierto en Nueva York, en un lugar llamado el Ritz, Paul nos cuenta que han ido a vernos unas personas importantes. Desde el escenario no me da esa sensación; no parece que haya ido nadie a vernos a nosotros ese sábado por la noche. Parece que todos han ido a verse unos a otros. Estoy nervioso, intento compensar con creces la sensación de ser el ruido de fondo del entretenimiento de alguien. En la galería, que da toda la vuelta a la sala de fiestas, veo a personas absortas en sus acompañantes, que cometen el delito de estar sentadas junto a una mesa en un concierto de rock. Para un colgado como yo, es una ofensa que merece la horca, así que decido poner en ridículo a esa gente antes de que nos pongan en ridículo a nosotros y se vayan. Mi angustioso improperio no resulta ser la protesta punk que confiaba hacer. Ni siquiera es tan imaginativa.

—¡Levantaos! —les grito—. Levantaos… Sí, vosotros, los viejos del traje… Levantaos. Si podéis.

Para mi bochorno, resultó que eran las personas importantes que habían ido a vernos tocar esa noche. Responsables de las compañías discográficas y de las emisoras de radio que habían oído hablar bien de nosotros y que se habían molestado en mover el culo para ir a dar la bienvenida a U2 en su ciudad. Eran los que estaban sentados junto a las mesas de la galería. Vaya.

—¡Bien hecho, Bono! Así se hace…

Desde las bambalinas, a Paul le sale humo por las orejas, esas orejas que todo lo oyen.

—Acabas de insultar a las únicas personas que han venido a veros tocar esta noche. Bien hecho… ¡Te felicito!

Tres noches después, bajamos del escenario y salimos a la calle en Buffalo para enterarnos de que habían pegado un tiro a John Lennon en la cercana ciudad de Nueva York. Me sentía como si hubiésemos perdido un sistema de navegación, como si acabásemos de perdernos en Estados Unidos. Pese a su fragilidad y su arrogante descaro, John Lennon era lo más próximo a una conciencia musical que teníamos. Al oírlo cantar: «Oh my love, for the first time in my life / My eyes are wide open»,* supe que había escuchado un himno al universo.

Cuando la Estrella Polar de tu propia fe se oscurece, cuando sientes que estás inmerso en mares tormentosos con poca visibilidad, ¿quiénes son los faros? John era un haz de luz para nosotros.

El año anterior, 1979, había empezado a escribirle una carta para preguntarle si le gustaría ser el productor de *Boy*. Habíamos compuesto una canción titulada «The Dream Is Over» inspirada en la explicación apresurada que Lennon había dado sobre el fin de los Fab Four. Ahora, justo cuando empezaba a materializarse nuestro sueño, terminaba el sueño de los Beatles. A lo largo de los años siguientes, traté de honrar sus osadas imaginaciones pacifistas con algunas mías. Sin haber oído su voz junto a mí, dudo que hubiera tomado por costumbre cortar en tres pedazos la bandera tricolor irlandesa, sujetando solo el centro blanco, para protestar por la violencia sectaria de nuestra isla de Irlanda. No me habría subido a lo alto de la estructura del escenario de un festival con una bandera blanca si no hubiera tenido en mente los «alocados» actos por la paz de John.

* «Ay, amor mío, por primera vez en mi vida / tengo los ojos bien abiertos».

Todavía interrumpo la obra de juventud que es nuestra canción adolescente «The Electric Co.» con un coro de «Instant Karma!»: «Well we all shine on / Like the moon and the stars and the sun».*

Nuestro primer mordisco a la manzana es agridulce, pero Paul sabe que para comprender del todo Estados Unidos y lograr que Estados Unidos nos comprenda tenemos que ir más allá de las costas. Su estrategia consistía en no tocar en el circuito universitario, aunque contuviera la mayor concentración de público. Las universidades no eran reales, decía; el público solo va a ver la sala. Deseaba que conquistáramos las auténticas salas de conciertos urbanas, por pequeñas que fueran, porque ese público era el corazón de una ciudad y nos acompañaría en el futuro. Eso explica por qué la primavera siguiente, apenas unos meses más tarde, volvimos a Estados Unidos para dar una gira con sesenta bolos. Y así es como entra en escena otro personaje...

EL AUTOBÚS DE GIRA

Cuando emprendimos la primera gira en condiciones por Estados Unidos, en marzo de 1981, nuestra furgoneta blanca se había metamorfoseado en un gigantesco autobús azul que nos llevaría por lo que Paul llamaba «la tierra de las oportunidades». Cuando me sentaba delante junto a Billy, el conductor, la estampa me parecía más cinematográfica y menos novelística que ir de ruta por Europa. Ahora el cristal delantero era una pantalla gigante, y nos íbamos turnando para sentarnos de copilotos, maravillados ante el curioso tamaño de Estados Unidos visto a través del cristal.

Las autovías y el tiempo que pasábamos en ellas eran más largos; las ciudades eran más altas y, salvo en la costa este, más difíciles de alcanzar. Pero en el autobús podían dormir ocho personas en unos cubículos rectangulares similares a ataúdes, con cortinas para mantener algo de intimidad, y apilados uno encima de otro en la parte central del autobús. La sala tranquila estaba al fondo del vehículo con

---

* «Bueno, todos brillamos aún / como la luna, las estrellas y el sol».

un espacio compartido más grande, en el que también había mesas, mientras que en la parte delantera había una cocina improvisada.

Era imposible no ponerse a leer *En el camino*, de Jack Kerouac, o *Crónicas de motel*, de Sam Shepard, al igual que era imposible no darse cuenta al levantar la mirada del libro, cuando llegábamos a otra ciudad, de que los topónimos estadounidenses también eran títulos. Incluso la habitación de hotel más barata se convierte en un palacio cuando desde allí contemplas la riqueza del delta del Mississippi.

Nueva Orleans, una fruta demasiado madura que empieza a estropearse, la podredumbre noble, los grandes robles, la goteante humedad.

Arizona, qué tierra de retazos en la que construir, qué sol imposible bajo el que construir.

Marvelous, en sentido literal: una maravilla. El empeño estadounidense levantaba torres de acero y cristal a partir de arena fundida.

Texas, un continente plano de autovías y campos, ciudades que asoman la cabeza por encima de la pegajosa tierra negra. Oro negro y privilegios blancos que se imponen, la lucha que aún continúa por liberarse del racismo y de la política de la guerra de Secesión. El Cinturón de la Biblia, y su resaca nada cristiana que deja ronchas en los traseros desnudos de los no creyentes.

El relámpago bifurcado de Dallas y Houston, las tormentas de arena y la energía estática intelectual de Fort Worth, la bohemia de Austin.

Nashville, la hebilla del Cinturón de la Biblia en la que los cantos de alabanza conviven puerta con puerta con las canciones de la arrogante basura blanca, tan irlandesas que me resultan demasiado familiares.

Y las costas liberales, las ondulaciones de San Francisco, el Tenderloin, la librería City Lights, y luego de vuelta al este, con los Boston Celtics y la Ivy League, pasar por Washington, por Filadelfia, y llegar a Nueva York, el punto de partida.

Hasta un año después del lanzamiento de nuestro primer álbum, en octubre de 1980, no me di cuenta de lo acertada que había sido la estrategia de Paul. Edge y yo nos paramos en un semáforo de Los

Ángeles y nos fijamos en que en la radio del vehículo que teníamos a la derecha sonaba «I Will Follow». Y también salía en otra emisora, la del coche de nuestra izquierda. En una maravillosa ausencia de sincronía.

El niño hacía un esprint. Teníamos que correr para seguirle el ritmo. Había conciertos y conciertos y más conciertos. Irlanda, el Reino Unido, Europa, Estados Unidos. De vuelta en Dublín, la prensa nos vitoreó al ver que íbamos a «conquistar América».

You don't see me but you will
*I am not invisible.**

Pero, cuando llegué a casa, no hubo fanfarria de bienvenida, solo «el viejo», como lo llamábamos a veces Norman y yo. Y estaba decidido a ocultar el orgullo que sentía por nuestro éxito, un orgullo que estoy bastante seguro de que estaba casi a flor de piel. Aun así, había algo que me daba seguridad, algo que parecía acertado en aquella actitud arisca.

—Por cierto, esto no es un hotel. Se mantienen las normas de siempre. Que no se te suba a la cabeza.

—Pero tengo que compensar con la cabeza lo que no hago con el pene —contraataqué.

—Ay, qué gracioso eres —fue su respuesta no tan graciosa, seguida de un suspiro de agotamiento.

Había subido de categoría, por lo que tenía el dormitorio de Norman, así que me tumbé en la cama y observé el póster que acababa de colgar con la carátula de Peter Saville para el primer LP de Orchestral Manoeuvres in the Dark.

«¿Qué voy a hacer con Alison Stewart?». Ali.

Tres letras ocuparon mi mente.

Mientras estábamos de gira la había echado de menos, y me encantó descubrir que ella también me había echado de menos. Que la distancia no había hecho mella en nuestra relación durante

* «Tú no me ves pero lo harás. / No soy invisible».

169

el tiempo en que la banda perseguía el éxito. Estaba emocionada de verme, aunque un poco alerta ante la posible mochila que el éxito podía traer consigo. Vergüenza. El éxito es un espía. Puedes taparte con las cortinas o dejar que los más cercanos a ti las corran.

El éxito puede animar a los amigos y familiares a volverse un poco demasiado cínicos o a tener un excesivo respeto a su chismosa mirada.

¿Siguen siendo los mismos chavales que se marcharon de Dublín en busca de un contrato discográfico? Según el punto de vista de Ali, ¿por qué iba alguien a querer quedarse como antes?

Estaba contenta, porque sabía que la música era mi liberación. La liberación de tener que encontrar un trabajo de verdad o la liberación de tener que demostrar ante mí mismo lo que valía. La libertad de explorar el ancho mundo y mi lugar en él.

¿O era «nuestro» lugar en él? Casi sin querer, empecé a pensar en plural, pasé del yo al nosotros.

There is no them
*There's only us.**

Sentados junto al número 10 de Cedarwood Road en el Fiat 127 blanco, le conté que la discográfica había alquilado una limusina para llevarnos a firmar autógrafos a una tienda de discos *cool* de Los Ángeles. Nos daba tanta vergüenza que habíamos aparcado la limusina en la calle de al lado y habíamos recorrido a pie los últimos cien metros.

—¿Os arrolló la gente? —me preguntó para burlarse.

No, le expliqué, sin la limusina nadie nos reconocía, así que tuvimos que acercarnos a toda esa gente con aire *cool* y convencerla de que esta gente tan poco *cool* era la que tenía las firmas que buscaban. El travieso motor pareció sacudirse con nuestras risas.

—¿Así que todavía os cabía el ego en la limusina?

Ali me miró a los ojos con ese aire de doctora con bata blanca y carpeta en la mano con el que me he familiarizado a lo largo de

* «No hay un ellos. / Solo hay un nosotros».

los años. Una forma de mirarme similar a una máquina de rayos X que buscara fracturas exteriores o interiores.

Miró dentro de mí, fuera de mí y a mi alrededor, y sonrió. Sabe lo que pienso. Me conoce. Siempre me ha conocido.

Si Ali estaba orgullosa de lo que habíamos logrado con *Boy*, también lo estaba toda nuestra comunidad de amigos y familiares.

Excepto los de un pequeño rincón.

Los cristianos y los que tocan la música del diablo nunca han tenido una relación muy armoniosa. A Shalom, la comunidad religiosa que tanto significaba para Larry, para Edge y para mí, le inquietaba que pudiéramos apartarnos de la fe.

Le aclaré a nuestro pastor, Chris Rowe, y a su esposa, Lillian, que ahora las cosas irían mejor, que nuestro grupo de la iglesia no tendría que preocuparse por los fondos en el futuro. Nosotros proveeríamos.

«Quien provee es el Señor», me recordó. Era una advertencia. Y no sería la única.

10

October

October and the trees are stripped bare
Of all they wear.
What do I care?

October and kingdoms rise
And kingdoms fall
But you go on
And on.*

Como habrá adivinado el lector, tengo algunos problemas para manejar la ira. En algunas circunstancias no me aguanto ni yo. La única persona que me ha parado en seco alguna vez cuando iba a toda velocidad en un vuelo kamikaze ha sido ese presbiteriano zen al que llamamos Edge. En un concierto del Boy Tour en New Haven (Connecticut), perdí el norte de tal manera que literalmente agarré la batería de Larry y se la tiré al público, en serio. Adam y Larry buscaron cobijo, pero Edge mantuvo el tipo, y, mientras me echaba a correr hacia ellos, me paró con un golpe en el lateral de la cabeza.

* «Octubre y los árboles se han desnudado / de todo lo que llevan. / ¿Qué más me da? // Octubre y hay reinos que emergen / y reinos que caen. / Pero tú sigues adelante / sin parar».

Frené en seco. ¡No hay que pelearse jamás con alguien que se gana la vida con la coordinación ojo-mano a ese nivel! Y entonces empecé a sentirme avergonzado, al ver que la buena gente de New Haven miraba apabullada cómo esa panda de irlandeses sacaban la peor cara de los irlandeses.

En cuanto Edge me dio el guantazo, se disculpó. Por supuesto. Es su marca personal. Siempre ha sido así. Nunca guarda rencor.

Es más, ni siquiera recordaba el rencor que se suponía que debía guardar. En toda mi vida solo he visto tres veces, puede que cuatro, a Edge perdiendo los estribos. La primera fue en 1979, durante otro ensayo de pena, en el que cada uno tocaba en una clave y con un tempo distintos, cuando me puse a gritar a la banda mientras ellos tres se sentían culpables. Edge, sin duda consciente de que *él* era el único que tocaba con cabeza, cogió la guitarra, dispuesto a tirármela encima, dio un paso al frente, la mantuvo en el aire para darse impulso y luego se detuvo. Volvió a dejarla con cuidado en el pie, salió echando humo de la sala, cerró de golpe y, antes de que el eco del portazo hubiera llegado a nuestros oídos, abrió otra vez la puerta y entró pidiendo perdón. Así eran sus ataques de rabia. La contuvo porque era su guitarra y no quería romperla. Aún toca la misma guitarra.

Grabábamos nuestras primeras ideas musicales con un radiocasete y, cuando rebobinábamos despacio la cinta, siempre había un ruido agudo e ininteligible. Para mí siempre sería el sonido de la mente de Edge. Pese a toda su tranquilidad, hay algo que chilla ahí dentro. Pero tiene una fuerza de voluntad tan fuerte que ha comprimido el grito en el silencio.

Cuando empezamos a escuchar *Marquee Moon*, de la banda Television, en la forma de tocar de Tom Verlaine y Richard Lloyd reconocí un deje de la cualidad estoica de Edge y de su deseo de contar historias con la guitarra. En el punk rock, los solos de guitarra estaban prohibidos, pues se consideraban autocomplacientes. Podía permitirse un solo siempre que este fuese corto, apropiado y muy melódico, pero, si iba a ser más largo, tenía que contar una historia con la música. Algunos de los mejores solos salían en *Marquee Moon*, y yo tenía el presentimiento de que, además de apartarnos del blues, debíamos meternos en la ciencia ficción. La gente estaba demasiado familiarizada con las notas del blues, eran notas con las que resultaba difícil sorprender al público. Cuando Lemmy estaba en Hawkwind, había un punto de ciencia ficción en una canción futurista de la banda titulada «Silver Machine». Y lo mismo en una máquina de eco de *Animals*, el disco de Pink Floyd.

Edge alquiló un eco de cinta Roland para probarlo en los ensayos, con el que sacamos el gancho para «A Day Without Me». Poco después, en la tienda de discos de Dublín McCullogh Pigott, encontró un pedal de eco de Electro-Harmonix llamado Memory Man, que echó raíces junto a su pie, del tamaño de una tableta de chocolate, de acero inoxidable y con diales. No era digital. Era analógico. No tecleabas números; tenías que averiguar con qué tempo querías tocar. Rasgabas una cuerda y oías el chit, chit, chit, seguido del eco, eco, eco. Edge tuvo el pie pegado a ese Memory Man y a los que lo sustituyeron nada menos que hasta el año 2000. El eco y la reverberación del Memory Man convertían incluso el bar punk más pequeño en una catedral. Una extática música de iglesia.

HIMNOS Y ARIAS

Pese a ser alguien que pasaba tanto tiempo en el futuro, Edge siempre llevaba algún hondo pasado dentro del alma, con gran probabilidad un pueblo oscuro de la Gales metodista. Su padre, Garvin, era ingeniero mecánico y cristiano practicante. La madre de Edge era maestra de escuela, también practicante. La ciencia y la fe no estaban enfrentados en su hogar. Sus padres cantaban himnos y, en Gales, cantar himnos puede compararse con el rock en un estadio.

> *Guíame, oh, gran Redentor,*
> *peregrino por esta tierra árida;*
> *yo soy débil, pero tú eres poderoso;*
> *sostenme con tu mano poderosa:*
> *pan del cielo, pan del cielo,*
> *aliméntame hasta que no me falte más.*
> *Aliméntame hasta que no quiera más.*

Parece un poco exagerado cuando alguien dice que oye a Bach o a Beethoven en nuestra música, pero lo que sí resulta probable que oigan debajo son los himnos que están en el ADN de este congregacionalista contemplativo. Hay una combinación de notas que se aprecian en la gran música coral (las quintas); sobre todo se oyen en Bach. Cuando escuchas uno de esos imponentes himnos, puedes sobrevivir a cualquier pérdida. Puedes aguantar toda clase de golpes. Puedes tomar las decisiones más difíciles. Puedes avanzar en la vida contra cualquier adversidad. Fue en Edge en quien encontré la música de marcha solemne, encontré esas magníficas melodías que removían el alma creadas por Charles Wesley, Isaac Watts y John Newton, y, cuando era joven, esos cánticos eran justo lo que buscaba. Mi alma necesitaba con urgencia que la removieran.

La canción «New Year's Day», del álbum *War*, provenía de un lugar propio de la música clásica y, más adelante, en «Where the Streets Have No Name» o en «I Still Haven't Found What I'm Looking For», hay cierta suspensión en la música, esa sensación elevada en la que las canciones adoptan una cualidad característica del himno, que mantiene la tensión entre el góspel y el blues.

Los himnos han sido una de las vías por las que el góspel y el blues han regresado de África y de Estados Unidos y se han dirigido a Europa, a Gales, a Inglaterra, a Alemania, y ahí se esconde parte de la esencia de nuestra banda.

Uno de los primeros ejemplos es Edge tocando una preciosa sucesión de notas en un piano, que no se parecía a nada que yo hubiera oído antes. «October» contiene la sutil fuerza de Edge, el dolor de su soledad, ese anhelo por encajar. La canción se convirtió en el espacio para meditar sobre lo efímero.

O la fe.

Todos compartíamos la fe. La fe en los demás del grupo. La fe en que nuestra unión como músicos demostraría que éramos más que la suma de las partes. Y fue la fe la que estuvo a punto de disolver la banda, porque…

UNA CRONOLOGÍA DE NUESTRO
HOLY ROLLIN' ROCK

… la fe puede ser un problema. La fe separa a las personas. La fe separa a las personas que tienen fe, y separa a esas personas que tienen fe de las que no la tienen. Incluso dentro de la banda podía existir esa división. Que Adam y Paul fuesen ateos o agnósticos no era relevante, pero Edge, Larry y yo éramos muy conscientes de que no les interesaba todo lo que tenía que ver con ofender a Dios. Paul nos dijo más de una vez que respetaba las preguntas que nos hacíamos, aunque no siempre nuestras respuestas, y ahora me doy cuenta de que se precisa cierta generosidad y tolerancia para vivir y trabajar en compañía de esas almas en llamas. Paul y Adam tenían una infinita paciencia con nuestro fervor.

Incluso en la época en la que estaba totalmente absorto en eso, no me cabía duda de que prefería la compañía de los llamados «no creyentes». No es tanto porque algunas de las personas más nobles que conozco no sigan ninguna tradición de fe concreta como porque, es más, la gente que profesa la fe en público puede ser (¿cómo diría?) un coñazo. En un mundo en el que es imposible evitar la publicidad, no quiero que la persona que tengo al lado me maree intentando venderme su visión de los Grandes Interrogantes. Vive el amor sería la respuesta correcta.

Suscribo esa frase atribuida a Francisco de Asís, el cual dijo a sus feligreses: «Predica el evangelio en todo momento y, cuando sea necesario, utiliza las palabras». Lo que nos hace falta no es tanto que nos digan cómo debemos vivir, sino el ver a personas que predican con el ejemplo, que llevan vidas que nos inspiran. También soy más que consciente de que no puedo estar a la altura de la chapa que me he puesto en la solapa. Soy un seguidor de Cristo que no da la talla. Para empezar, no puedo seguir el ritmo de las ideas que me han invitado a unirme a esta peregrinación.

Para nosotros, todo empezó a finales de los setenta. Algo curioso ocurría en Dublín. Según cuáles fueran tus creencias, podías decir que era un «renacer», un movimiento del Espíritu Santo. Por toda Irlanda hubo encuentros en los que la gente parecía rendirse al Ser Supremo de maneras muy teatrales, las cuales no se habían visto antes. Los feligreses se ponían a cantar en éxtasis antes de que, al parecer, el Espíritu descendiera sobre ellos y cambiaran sus melodías. Más adelante nos enteramos de que a eso se le llamaba Renovación Carismática, pues «carisma» es la palabra griega para «don», un movimiento que enfatizaba los «dones del Espíritu» del Nuevo Testamento, que a veces incluía un comportamiento al que se referían en las Sagradas Escrituras como «tener el don de lenguas». Era muy sorprendente ver que en Irlanda esto ocurría tanto en las iglesias protestantes como en las católicas. Estas visiones apocalípticas de finales de nuestra adolescencia nos llamaban mucho la atención tanto a Guggi y a mí como a los demás de nuestro grupo artístico de Lypton Village.

Las personas más extrovertidas tendían a experimentar los encuentros más efectistas con el Espíritu Santo, mientras que las personas más tranquilas y tímidas, bueno, pues no tanto. Pero, si éramos capaces de ver a través de parte del melodrama, también advertíamos que sucedía algo auténtico, e intentábamos encontrar algún tipo de hogar espiritual fuera de las iglesias tradicionales.

Durante los años en que fuimos a Mount Temple, nuestra profesora de cultura religiosa, la señora Sophie Shirley, había montado una catequesis muy curiosa. Como era un centro no confesional, nadie sabía si ella era protestante o católica, pero todos sabíamos que Sophie Shirley era un alma especial, y la sala parecía vibrar de otra manera cuando ella nos guiaba con las Sagradas Escrituras. Con quince años, sus clases me habían proporcionado un inesperado consuelo, pues el mensaje y la mensajera se fundían en uno solo. Nos decía que hasta los cabellos de nuestra cabeza adolescente estaban todos contados. Y tenía su mérito, a juzgar por los cortes de pelo que entonces lucíamos.

Se le ocurrió hacer las reuniones en la sala de música los miércoles después de las clases, en el mismo espacio en que nuestra banda empezaría a ensayar apenas unos meses más tarde. Algunos profesores se asomaban. Donald Moxham, que nos alentaba no solo a leer historia, sino a intentar hacer historia. Un valiente contestatario de ortodoxias y el hombre que un día tendría el coraje de darme clases de conducir. Jack Heaslip, otro candidato nada evidente a esa religión «carismática» que al principio se mostraba bastante escéptico, pero que pronto se perdió en el ambiente del renacer cristiano.

Jack, un beatnik nato de la década de 1960, con la barba larga y entradas pronunciadas, era abierto y comprensivo con los estudiantes, con independencia del ánimo con que llegaran a clase. ¿Enfadados, tristes, confundidos, culpables?

Jack siempre tenía un sabio consejo. ¿Si los estudiantes de catorce o quince años mantenían relaciones sexuales de riesgo? Les daba condones. Y ningún tema era tabú, lo que significaba que podíamos confiar en él. Yo confiaba en él. Sobre todo después de unos cuantos episodios convulsos en los que me vi dominado por la ira. Con paciencia, Jack me contó la relación entre el miedo y la rabia y me indicó cómo la ansiedad podía manifestarse.

Por su parte, el señor Heaslip, que durante un tiempo fue jefe de estudios, era el encargado de los castigos, pero tenía un enfoque poco común. Si mandaban a su despacho a un estudiante que había dado un puñetazo o había roto un cristal, le preguntaba cuál pensaba que debía ser el castigo. Según nos dijo más adelante, la mayor parte de los estudiantes elegían castigos peores de los que salían en los libros, lo que le daba una pista sobre la condición humana, el papel de la culpa como elemento que aparta a las personas de su religión. El papel de la culpa como elemento que aparta a las personas de sí mismas. El desprecio hacia uno mismo.

Las reuniones de catequesis se hicieron famosas. Sophie Shirley, esos otros profesores y alrededor de sesenta estudiantes de ese colegio no confesional acabamos encontrando interés en el Jesucristo de la Biblia, sobre el que casi nunca habíamos leído, pero que daba la impresión de que aparecía cuando nosotros aparecíamos. Siempre que nos reuníamos, cantábamos canciones sencillas y pedíamos por la paz en nuestro país, notábamos que algo se removía. En nuestra alma, en nuestra escuela, en nuestro país. Y en aquella misma sala empezó a gestarse otra clase de música extática, la música de U2.

Nuestros encuentros cristianos de barrio pobre del grupo de Shalom, dirigidos por Chris y Lillian, proponían una vida que iba del todo a contracorriente. Tenían pocas posesiones y no deseaban aumentarlas. Y, al no poseer nada, al igual que las primeras comunidades cristianas, lo ponían «todo en común». Era algo anacrónico por completo y, a la vez, tenía un toque hermoso.

Para Larry, para Edge y para mí, en este modo de vida resonaba la verdad. A nuestros juveniles ojos, era lo auténtico, aunque no es que supiéramos qué era lo falso. Mientras Chris nos iba ilustrando sobre su Biblia y nos hablaba de cuando Dios se había hecho hombre en forma de judío palestino del siglo I, las palabras parecían cobrar vida. Nosotros éramos pupilos y él, el maestro, pero habría estado bien que, de vez en cuando, Chris nos hubiera hecho un par de preguntas sobre el mundo que había más allá de su comunidad, del que también formábamos parte.

Allá sentados junto a la mesa de la cocina del pastor en 1981, tras el éxito de *Boy*, Lillian observaba cómo recibíamos con una evidente cara interrogante las respuestas de Chris, y tengo la impresión de que nos comprendía y empatizaba con el contraste. Apreciaba sus grandes cualidades como guía espiritual, así como su humanidad. El pastor había nacido en otro tiempo; en su lectura de las Sagradas Escrituras, lo literal siempre tenía más peso que lo poético. En ese sentido, era un fundamentalista, con todas esas certezas e inequívocas interpretaciones. A Chris le preocupaba que nuestra generación no oyera hablar del evangelio radical de Jesucristo, que confundiéramos el cristianismo con ir al templo.

¿Cómo podíamos evitarle esa preocupación? Tratamos de explicarle, seguro que de modo patoso e ingenuo, que quizá nuestra generación necesitaba verbos en lugar de sustantivos, necesitaba amor y no sermones. Que el cristianismo de pegatina en el cristal estaba alejando a la gente de la Iglesia.

Saltaba a la vista que Chris consideraba que nuestro potencial como misioneros iba a quedar eclipsado por la misión de la música. Me pareció ver sonreír a Lillian para sí misma cuando intenté convencer al predicador de que nuestro grupo podía servir mejor a Dios si aprovechábamos los dones que habíamos recibido, que, sin duda, el Cielo estaría contento si nuestra banda tenía éxito y podíamos proporcionar medios para ayudar un poco más a los demás en la Tierra. Pero el predicador no lo veía. Él era un buen pastor y nosotros, sus ovejas descarriadas. Sin embargo, en realidad, su rebaño empezaba a pensar que algunas veces incluso los pastores perdían el rumbo.

Cuando Edge le preguntó a Lillian por el rumor de que quizá aquella pareja carismática fuera un poco demasiado ferviente en su tarea evangelizadora, ella respondió que había elegido no preocuparse de su reputación. «El corazón humano es caprichoso por naturaleza —dijo, mientras secaba la encimera de la cocina—. Así pues, recuerda que, cada vez que señalas a alguien con el dedo, hay tres dedos que te señalan a ti».

Luego sonrió de oreja a oreja. A veces una sonrisa o una risa generan más confianza que una gran seriedad.

Al principio, Shalom había aceptado el aspecto y el atuendo que teníamos. Gavin se había cortado el pelo como en una película de David Lynch, *Eraserhead*, e intimidaba bastante. Algunos días se ponía falda con botas militares. Y joyas. Unos anillos grandes y exagerados. Al principio, habían sido tolerantes con la música que escuchábamos, pero cada vez estaba más claro que había sido para atraernos hacia el grupo religioso. Con el paso de los meses, empezamos a hartarnos de las preguntas de Shalom. ¿Era nuestra música efímera, pasajera? ¿Acaso la verdadera llamada no era predicar el evangelio? ¿Nuestra fe era auténtica? ¿Estábamos dispuestos a ser peregrinos? Chris parecía saber las respuestas de antemano.

No hay mayor insulto para un joven que poner en duda su fervor. ¿Tiene aguante? ¿Es una persona seria y comprometida? Aunque sea un holgazán, es un holgazán comprometido. Un joven quiere que lo reten a hacer cosas difíciles, cuando no imposibles.

Como renunciar a su música.

Al final, fue demasiado para Edge. No podía vivir con la aparente contradicción de estar en una banda en busca de un público internacional y la llamada más humilde de servir a la comunidad local. Se planteaba preguntas sobre la utilidad del arte. La parte presbiteriana empezaba a vencer frente a la parte zen.

Una noche, me acerqué en coche a casa de sus padres en Malahide y me senté encima de la cama. Me daba la impresión de que no le apetecía hablar de cómo iba el segundo álbum, *October*, pero no sabía qué tenía metido en la cabeza. Yo ignoraba que, cuando llegué, estaba en una banda y que, cuando me marché, ya no lo estaba.

—Tengo un problema con U2 que no sé cómo solucionar —me explicó—. No estoy seguro de querer hacer música de esta manera.

Edge no es dado a quejarse ni le gusta el melodrama, pero se notaba que algo lo atormentaba.

—Chris, Dennis y todos los demás hacen preguntas a las que no sé cómo responder.

—¿Qué clase de preguntas? —ahondé, como si no lo supiera.

—Si podemos ser una banda y, a la vez, creyentes.

—Ah, esas cosas. Mira, a mí también me preocupa, pero cuando tocamos hay una sensación especial. Es cuando dejamos de tocar cuando me siento como una mierda. Pero no te diré que no me sienta retado por esa gente. Tampoco tengo respuestas para sus preguntas.

Sin embargo, Edge sí tenía una respuesta, y radical.

—Allá fuera, en el mundo, hay muchos problemas graves y complicados, y quizá huir con el circo no sea a lo que estamos llamados. O al menos, a lo que yo siento que estoy llamado. He hablado con Aislinn. Me entiende. Espero que tú también. Me voy de la banda, Bono. Va en serio. Lo siento.

Me quedé de piedra cuando lo soltó tan a bocajarro, pero, como es lógico, supe qué pasaría a continuación.

—Bueno, pues si tú te vas, yo también. No me apetece seguir en esto si tú no estás… ¿Quién va a afinar las guitarras? Tenemos que hablar con Larry y Adam. Y tenemos que hablar con Paul; será muy raro.

En el camino de vuelta a Cedarwood Road, en el diminuto Fiat 127 que acababa de aprender a conducir, tuve una sensación de «paz», aunque quizá no sea esta la palabra adecuada. Hay una especie de calma que puede embargarte cuando tomas una decisión importante, una decisión que es más noble que la que de verdad quieres tomar. Quizá tenga que ver un poco con el martirio. No me sentía como si fuese a dejar U2, sino más bien como si fuese a unirme al ejército y me dirigiera a algún incierto destino del que cupiera la posibilidad de que no regresara jamás. Te repites que todo saldrá bien porque estás haciendo algo digno y ese sacrificio es la muestra de lo serio que es tu compromiso. Tal vez hoy usaríamos la palabra «adoctrinado». Tal vez se tratara de eso, aunque no lo supiéramos.

¿De qué otro modo puede explicarse el porqué de la reacción, después de tanto tiempo y dedicación y tras las primeras muestras de éxito? Era una pregunta que no me sentía capaz de plantear, lo que quizá explique esa otra sensación que me acompañaba mientras conducía.

Una inmensa tristeza. Y soledad.

Llegué a Cedarwood Road y me senté, o me desplomé, en las escaleras para llamar a Ali. Me entendió, como se entiende a los amigos que han decidido hacer algo valiente y difícil.

Hablé con Larry, que también lo entendió; él tenía sus propias preguntas. El único que no lo entendió fue Adam. ¿Cómo iba a hacerlo? Adam no formaba parte de ninguna ferviente reunión para orar como Shalom, pero dice mucho de él el hecho de que mostrara su solidaridad cuando quedamos con Paul para decirle que no habría más giras.

¿Acaso fue una batalla entre dos representantes, dos mánager, dos empresarios que tenían misiones contrarias para nosotros y que nos ofrecían consejos sobre cómo seguir nuestro camino? Chris Rowe era un hombre de Dios convencido de que el mundo podía ser mejor si escuchábamos el mensaje radical de Jesucristo.

Paul McGuinness era un hombre de mundo que pensaba que el rock'n'roll permitía que la gente fuese más ella misma. Para uno seríamos misioneros; para el otro, músicos.

Fuimos a ver a Paul, el cual nos escuchó. Hubo una pausa, la habitación quedó en silencio, y entonces habló.

—¿Tengo que deducir que habéis hablado con Dios? —nos preguntó.

—Creemos que es la voluntad de Dios —respondimos en serio.

—Entonces ¿podéis comunicaros con Dios cuando queráis?

—Sí —respondimos a coro.

—Vale, pues la próxima vez que habléis con él, preguntadle si está bien que vuestro representante en la Tierra rompa un contrato legal.

—Disculpa, ¿qué dices?

—¿Creéis que Dios querría que incumplierais un contrato legal? ¿Un contrato que yo he firmado, en vuestro nombre, un contrato por el que os habéis comprometido a ir de gira? ¿Cómo iba a querer ese Dios vuestro que infringierais la ley y no cumplierais con vuestras obligaciones de hacer la gira? ¿Qué clase de Dios sería ese?

Bien visto. Seguramente Dios no querría que infringiéramos la ley.

Edge le da la razón y asegura que siempre había esperado alguna señal para continuar.

Lo volverá a pensar.

Paul (para sus adentros): jaque mate.

Cuando terminó la reunión, empezábamos a asimilar la idea de que al menos la gira seguiría adelante.

A decir verdad, había algo que nunca acabó de resonar con nosotros en todo ese cristianismo de «dentro o fuera» y la rigidez de juicio que implicaba. Esa sensación se vio exacerbada por la actitud de la gente de la Iglesia hacia Adam, que no se identificaba como creyente, que no profesaba ninguna fe.

—Entonces ¿no sois una banda cristiana? —le preguntaba esa gente a Adam.

—Yo estoy en una banda con Bono —contestaba entre risas—. Solo por eso merezco un pase de entrada libre para todas las puertas del Cielo.

La respuesta de Larry era:

—No quiero estar en una puta banda cristiana. Yo quiero estar en una puta banda que toque de la hostia.

Edge intentaba convencerlos de que nuestra música quería liberarse de ese encasillamiento. Quería que la música de U2 se viera y sonara como los miembros de U2.

Yo también deseaba hacer música capaz de aguantar nuestro peso, incluso el peso de nuestras contradicciones. «Estar en el mundo, pero sin ser del mundo» era el reto de las Sagradas Escrituras que tardaría una vida entera en descifrar. Como artistas, empezamos a enfrentarnos a la paradoja y a la idea de que no estábamos llamados a resolver todos los impulsos contradictorios.

EL LATÍN ES LA LENGUA DEL AMOR

Cuando llegó el momento de componer nuestro segundo disco, *October*, no me quedó más remedio que improvisar, porque, literalmente, no tenía palabras. Al final del Boy Tour había perdido todas las notas que había garabateado, porque me habían robado la elegante bolsa de cuero en el camerino de Seattle. No solo estaban ahí las letras de las canciones, sino las indicaciones sobre adónde debíamos ir, incluso sobre el atuendo que nos pondríamos.

De vuelta en Dublín, sin palabras para las canciones, me quité de encima la preocupación de no saber qué cantar cantando sobre el tema.

I try to sing this song
I, I try to stand up
But I can't find my feet.
I, I try to speak up
But only in you I'm complete.*

La pista «Gloria» está inspirada en un salmo y en un disco de cantos gregorianos, que, ironías de la vida, me regaló Paul. Me puse

---

* «Intento cantar esta canción. / Intento levantarme, pero no encuentro los pies. / Intento alzar la voz, pero solo / estoy completo en ti».

185

a escribir a toda prisa, bajo presión, y desde luego practiqué el don de lenguas, solo que esta vez lo que hablé fue latín.

Gloria
In te domine
Gloria
Exultate
Gloria
Gloria.
Oh, Lord, loosen my lips.

Estas canciones no eran las más sofisticadas ni las más acabadas, pero tenían algo que puede ser más importante: desesperación. También tenían un par de versos que captaban en pocas palabras aquella primera fase de la vida de la banda, los ojos limpios de los inocentes y el fanatismo de los zelotes para permanecer fuera de este mundo:

I can't change the world
but I can change the world in me.*

«Rejoice»

Más adelante, cuando el mundo demostró ser más maleable, pero también se había introducido más en nosotros, le dimos la vuelta a la aseveración y pasamos a admitir lo siguiente:

I can change the world
but I can't change the world in me.**

«Lucifer's Hands»

Ahí está contenida toda mi vida. En esos dos puntos de vista contrarios. Pero, cuando éramos unos veinteañeros, semejante tensión no era agradable; es más, nos dividía.

---

* «No puedo cambiar el mundo, / pero puedo cambiar el mundo que hay en mí».
** «Puedo cambiar el mundo, / pero no puedo cambiar el mundo que hay en mí».

El grupo parecía ser un castillo de arena, en lugar de una iglesia hecha de piedra, un castillo a punto de quedar engullido y barrido por la tensión entre la fe y el arte. La palabra «reinos» no parecía demasiado grandiosa. Sentíamos que el mundo entero estaba bajo el agua.

Desde luego, Edge estaba bajo el agua. Ahora lo veo, con diecinueve años, sentado en su cuarto de Malahide, batallando sobre si quiere estar en la banda o no, batallando con la pregunta de cómo nosotros o él podríamos ser mejores instrumentos para la paz en un mundo en guerra consigo mismo. Y eligiendo echar por la borda lo único que lo mantiene a flote, lo que mantiene a flote a toda la banda: sus dotes musicales.

Por curioso que parezca, cuando Edge dejó la banda, seguido de Larry y de mí, recuperamos la banda. No llegamos a responder a la pregunta de cómo podíamos ser algo que no fuera una obra de arte egocéntrica y arrogante, pero, a raíz de ser incapaces de responder, dimos con otra pregunta más interesante, la que cuestionaba el egocentrismo que nos había llevado a plantear semejante interrogante; eso para empezar.

Solo una persona con muchos humos cree que puede vivir una vida sin preocupaciones mundanas. Quizá en ocasiones haya que rechazar la llamada de la religión, plantarle cara y decir no. Es poco probable que una religión capaz de castigar y degradar a las personas de tal manera sea sincera con Dios. La religión puede ser el mayor obstáculo en el camino.

Woody Guthrie llevaba una pegatina en la guitarra en la que ponía: «Esta máquina mata fascistas» y, a la luz de todas esas preguntas, Edge estaba encontrando una versión metafórica para su propia guitarra. «Esta máquina busca la paz». Estábamos a punto de dar con una respuesta a una pregunta que no nos habíamos hecho. La pregunta no era si nuestras canciones podían salvar al mundo, sino más bien si esas canciones podían salvarnos a nosotros.

La música tiene una función: puede llevar a la gente de la A a la Z. Pero no lo conseguirá, a menos que antes te lleve a ti a ese punto: tú, el cantante, o tú, el músico. Antes de que la música pueda empezar a hacer buenas obras, su primera labor es salvar a quienes hacen música; en este caso, a la banda en general y al guitarrista en particular.

Incluso después del éxito del October Tour, que volvió a llevarnos por Europa y Estados Unidos, seguíamos planteándonos si U2 tenía algo útil que ofrecer al mundo. La banda se tomó un descanso. Mientras Ali y yo nos comprometíamos a celebrar nuestra boda, Edge se comprometía a buscar la forma y función de la canción de U2 perfecta. Tenía una idea para una canción que podría ser útil, una canción acerca de una pequeña isla de cuatro millones de personas que se enfrentaba a una guerra civil. No lo sabíamos, pero aquella canción salvaría nuestra banda.

the morning of our wedding day, August 31, 1982 I finally left home & I can roll cameras even now. the toaster we couldn't train to stop smoking, the D— shaving in our kitchen beside a boiling kettle, squinting in his vest over the sink where he kept a small mirror to clip carefully around his mustache he borrowed from his Dad. The blue disposable razor scraping across his white foamed neck before the steamy splashing was going to leave his face reddened, but they that is not embarrassed, too he does not dispose of sharp as the little TWIN BLADE

A + B = FAMILY

despite her discomfort Ali carried the same serenity she always did, the kind I would spend my life trying to inherit the kind of beauty that invites more of it from those around her.

11

Two Hearts Beat as One

They say I'm a fool,
They say I'm nothing
But if I'm a fool for you
Oh, that's something.*

No a todo el mundo en el panorama musical irlandés le alegró tanto el éxito de U2 en Estados Unidos. Ni siquiera a todo el mundo en el «village». «Toast of America», como habían descubierto los Clash, quebrantaba uno de los primeros mandamientos punk. El eslogan de unas camisetas del mercado de Camden era «No estoy tan harto de Estados Unidos», burlándose del himno de los Clash «Estoy harto de Estados Unidos». Los Virgin Prunes se alegraban cada vez más de que se les viera como el reflejo y el rechazo en un espejo oscuro del espejo sucio de U2.

---

* «Dicen que estoy loco / dicen que no soy nada / pero si estoy loco por ti / eso ya es algo».

Los Prunes querían ser un asalto a los sentidos, alejarse en todo lo posible de cualquier cosa que pudiera parecer rock o pop y abrazar el performance Art con A mayúscula. El punk rock se había convertido un poco en *Rebelión en la granja*, pero la venganza de Gavin contra sus amos no fue sustituirlos, sino mostrarles lo que le habían hecho.

Los Prunes lanzaban cabezas de cerdo contra el público. Cabezas de cerdo del matadero donde trabajaba Gavin de nueve a cinco. El rock'n'roll siempre fue el sonido de la venganza, pero esto era ir más allá.

Había también mucho rencor irlandés. En su cabeza, esta sátira política o religiosa estaba dirigida contra un país en el que no había separación entre Iglesia y Estado, ni al norte ni al sur de la frontera. En el Trinity College invitaron a los Prunes a mostrar sus «provocadoras» obras a un público más académico, entre ellas una instalación titulada «Ovejas». En ella salía Niall O'Shea, un amigo de Gavin, a cuatro patas en un cercado agrícola. A Niall le encantaba llevar jerséis de lana de las islas de Aran en el oeste de Irlanda. Lo único que pedía era un descanso cada hora para comer un bocadillo.

El dadaísmo fue la excusa la noche en que descubrí que quienes estaban forzando la puerta de mi Fiat 127 no eran unos ladrones, sino mis amigos, que querían convertirlo en una instalación artística. A las tres de la madrugada me despertaron unos ruidos en la calle y, cuando abrí la ventana del dormitorio, me bombardearon con huevos.

Aunque en el número 10 ya solo vivíamos mi padre y yo, él dormía con una barra de hierro debajo de la cama. Precisamente para prevenir una contingencia semejante. Además de lo poco gracioso que es que envuelvan tu coche en papel pintado y en una especie de papel maché hecho con huevos y papel higiénico, me preocupaba no tener tiempo de explicarle a mi padre que no eran ladrones de coches. No tener tiempo de explicárselo antes de que saliera y atrapara a uno de los surrealistas con su porra casera. O de que sufriera un ataque al corazón al perseguirlos.

Esos no fueron los mejores momentos de mi relación con Gavin y Guggi, dos de mis más antiguos amigos. A todos nos había tocado el fuego del grupo de la iglesia Shalom, pero mientras que Larry, Edge y yo estábamos chamuscados, otros estaban quemados y cubiertos de ampollas.

No ayudó nada que Gavin anunciara en una entrevista que, si U2 era Dios, entonces los Virgin Prunes eran el demonio. Gracioso. Pero no tanto. También tuve que aguantar algunas risitas cuando dije que me iba a casar, todo lo cual explica por qué me fui apartando de estas familias alternativas con las que había crecido en Cedarwood Road. Ahora empecé a refugiarme más y más en mi otra familia alternativa, con la que había pasado los últimos dieciocho meses de gira. «On the road» ya no significaba en Cedarwood Road.

Y así sucedió que Adam Clayton se convirtió en el padrino de nuestra boda. No podía haber un padrino mejor. No es que en la época las relaciones monógamas fuesen su especialidad, pero Adam fue el padrino por dos razones:

1. Ninguno como él. Sería el mejor maestro de ceremonias y daría el mejor discurso al criticar una boda irlandesa.
2. Como las bodas son sobre todo simbólicas, yo esperaba que nos acercara, pues, en los últimos tiempos, no nos habíamos llevado demasiado bien. En los primeros días de la banda, habíamos chocado un poco, quizá desde que Adam se mandó imprimir unas tarjetas de visita que decían «Mánager de U2» y empezó a usar palabras como «bolo», «circuito» y «maqueta».

Adam había sido el primero en creer que esta banda podía tener un futuro y, tal vez, a mi jactancia adolescente no siempre le gustase que él fuese más jactancioso que yo. Adam sabía que él no tenía otro sitio adonde ir. Desde los quince años se había dedicado a escribir letras de canciones en su cuaderno de notas para distraerse del aburrimiento de estar en un internado. Aunque sus vivencias en el exclusivo instituto de secundaria Castle Park and St. Columba no le habían servido de nada académicamente, a los dieciséis años tenía más camino recorrido en todas las cuestiones no relacionadas con el currículo que interesan a los adolescentes. Era un hombre de mundo: del mundo en el que estaba a punto de entrar nuestra banda.

Además, Adam era sofisticado.

Yo no.

Adam tenía aquel acento. Fumaba cigarrillos. Cuanto más se enamoraba de él Maeve O'Reagan, una de mis mejores amigas del colegio, más chillona se volvía mi voz. Tenía un año más que yo, algo que no significa nada después, pero, a los dieciséis, se añadía a todas las ventajas competitivas y significaba que siempre tenía que esforzarme por estar a su altura socialmente. Y, cuando la banda empezó a encontrarse a sí misma, se formó también el eje Adam-Paul, los leones (británicos) que no querían ser arrojados a los cristianos (irlandeses).

No recuerdo la razón de aquellos primeros roces con Adam, pero lo que sí recuerdo es la paz que reinó en nuestra boda. Las relaciones son importantes, ya sean profesionales o fraternales. Requieren nuestra atención, sobre todo si son amorosas.

«... Y SERÁN UNA SOLA CARNE»

Ali y yo éramos compañeros. Nuestro idilio era muy delicado. La amistad estaba en el centro de todos los enamorados que admirábamos de nuestro entorno. Larry y Ann parecían encajar a la perfección el uno con el otro. Ella era una compañera sincera, tan sutil como un verso de Heaney. Nunca llamaba la atención, pero, si podías mirarla, era una rosa blanca perfecta, con el cuello esbelto y la piel pálida y perfecta. Seria y juguetona. Larry y Ann parecían estar siempre riéndose.

Edge y Aislinn nos llevaban mucha ventaja a todos. Tan estilosos, tan distantes y hasta más unidos. Hablaban de muebles, suelos, mesas, sillas, utensilios de cocina. Un par de diseñadores en el centro de un mundo que estaban diseñando. Edge, el intelectual, convirtiéndose en un esteta en compañía de una esteta. Había tantas cosas de las que hablar.

El sexo, por ejemplo.

Para todos nosotros, había tantas conversaciones sobre la naturaleza del sexo y la atracción. ¿Por qué la gente está tan colgada de esto?

¿No es el símbolo de la unión entre el Creador y la Creación? ¿Existe algo como el «sexo casual»?

—Por supuesto —se oye una respuesta.

—Sí, si tienes suerte —dice otro.

—Pero, si no va a ninguna parte —añade un tercero—, las chicas recuerdan esas ofensas…

Ali y yo encontramos nuestro camino.

Nos cautivaba la hermosa idea de la Torá: «Por tanto dejará el hombre a su padre y a su madre y se unirá a su mujer y serán una sola carne». Estoy seguro de que esa identidad es la dirección que deben seguir todos los grandes amores, pero también admito que no ocurre en una ceremonia, por ejemplo, como una boda.

Puede suceder en todo tipo de circunstancias en mitad de la noche o en mitad del día, cuando dos enamorados deciden que quieren ser parte de sus vidas antes que conservar su propia independencia y se comprometen el uno con el otro.

Ali y yo queríamos desvelar de verdad los misterios que pudiera haber en el seno de nuestro matrimonio. Aunque a mí no me gustaba mucho la Iglesia, nos encantaban sus símbolos. Nos encantaba la idea del bautismo. Nos encantaba el concepto de la comunión, el simbolismo del pan y el vino, el milagro que insinuaba. El actor que había en mí disfrutaba con el ritual y la ceremonia, los cuales, en la superficie, parecen ofrecer un marcado contraste con la imagen tradicional de una boda irlandesa, el agitado y desordenado carnaval de una gran fiesta donde la pasión puede expresarse pronto en besos robados en las esquinas, una banda sonora de antiguos agravios familiares gritados por encima de la música. Quizá haya más sexo en los aledaños de una boda irlandesa que en el lecho nupcial de la feliz pareja.

ADIÓS CEDARWOOD ROAD

La mañana de nuestra boda, el 31 de agosto de 1982, me fui por fin de casa. Aun hoy puedo recrear la escena en mi cabeza. La tostadora que no conseguíamos hacer que dejara de humear en la cocina. Mi padre afeitándose al lado del hervidor de agua, entornando los ojos con el chaleco puesto encima del fregadero donde tenía un espejito para recortarse cuidadosamente el bigote que había heredado de su padre. Su maquinilla desechable azul rascándole el cuello cubierto de espuma de afeitar antes de que el agua humeante le dejara la cara enrojecida. Pero, eh, Bob no está avergonzado. Bob Hewson está tan afilado como la maquinilla de doble hoja Gillette que no desecha nunca.

Su hijo está sentado a la mesa de la cocina, rascando mantequilla fundida sobre la ofrenda quemada que es una tostada en el número 10. El hijo escucha a su hermano en el baño de arriba. El eco apagado de Norman cantando para sus adentros «Come on Eileen», de los Dexys Midnight Runners, número uno en las listas. «Tararí tarará, tararí tarará…». En los vastos espacios abiertos entre nuestros raros gruñidos, reinaba un silencio lo bastante solemne entre mi padre y yo para recordarme que nunca volvería a pasar una noche en Cedarwood Road. No sabía cómo agradecerle los años que me había dado cobijo, pero lo intenté y él intentó aceptarlo.

—Es una chica estupenda… no sé qué habrá visto en ti.

—No te falta razón, papá, pero sí, los gustos no pueden explicarse… —Una pausa. ¿Cómo pregunto esto?—. Iris y Ali… ¿Qué opinas tú?

—Bueno, a tu madre le habría gustado verte casado… —Otra pausa—… aunque solo fuese por dejar de tenerte entre sus faldas.

Está medio riéndose, intentando no cortarse debajo de la espuma de afeitar, estirando la piel de la cara sobre las palabras.

—Ali es una chica estupenda. Es lo que tu madre habría querido.

Le pregunto qué quiere decir con eso.

—Seguridad —dice, mirándome fijamente.

¿Noté que mi corazón daba un pequeño vuelco al oír eso?

La puerta de la cocina estaba abierta y se oía a la señora Brady que hablaba con alguien por encima de la tapia. Teníamos buenos vecinos, la angelical dulzura de los Blair, la disposición a ayudar de los Byrne y los William. Andrew William, que vivía al otro lado de la calle, había ayudado a mi padre a hacer los armarios de la cocina. Yo intentaba no demostrar mucho interés, pero el escritor que llevo dentro tomaba notas, empapándose de todos esos ruidos y sensaciones. El ruido seco de la tostadora, la vaporosa salpicadura de la toalla en la cara y el cuello rojos de mi padre. La casa tenía buen aspecto esa mañana y mi padre también iba a tenerlo. Se vestiría para impresionar, un hombre elegante, «pulcro», decía la gente. Bob Hewson tenía estilo. La hora siguiente iba a despedirme de Cedarwood Road, de esta casa, de esta calle que había querido y me había gustado. Adiós a mi infancia y mis años de adolescencia. Adiós a otra cosa más.

Adiós a la soledad de un muchacho que vivía su vida exterior colectivamente, pero guardaba muy muy oculto su mundo interior. A partir de ese momento, ese «uno» sería la mitad de dos.

Podía entregarme a la ceremonia, a Ali, a la fuerza que nos había unido, pero ¿podría darle lo mejor de mí cuando, en aquella etapa, no tenía ni idea de quién era yo?

Tal vez más una cuarta parte que la mitad. Un miembro de una banda, en lugar de un dúo.

Ante la multitud yo era arrogante, demasiado cómodo en general. En pantalla grande. Sabía que podía querer a gran escala, pero ¿podría sobrevivir la intimidad de la cercanía? Mientras estaba allí de pie con mi traje de boda la mañana del último día del verano, ¿qué habría dicho si me hubiesen preguntado?

Habría dicho: «No sé cómo hacer esto, pero he encontrado a alguien que puede enseñarme…».

En 1982 la banda empezaba a ser famosa, así que cuando llegamos había mucha gente en la iglesia; Adam y Norman nos habían llevado a mi padre y a mí en el Hillman Avenger rojo de mi padre. La iglesia parroquial de All Saints' había sido parte de las tierras de St. Anne, en los terrenos familiares de los Guinness.

Mi chaqué de raya diplomática parecía haberme alquilado a mí y yo parecía llevar un tejón en la cabeza. ¿O era una escobilla de baño? Menudo peinado esa versión proteica del pelo corto por delante y largo por detrás que causaría una herida mortal a la moda de los años ochenta. Incluso más impresionante era la parte de arriba, que estaba teñida de rubio. Había más peinados feos dentro de la iglesia y mucha gente del grupo de oración nocturna de los lunes, cantando y alabando al Señor. Jack Heaslip, el profesor que me había salvado la vida en Mount Temple, que era ahora pastor anglicano, oficiaba. Como siempre, estaba digno y tranquilo, pero ¿noté un leve pánico en él mientras vigilaba el alegre son de los tambores y los cánticos revivalistas desafinados? Jack conocía el cristianismo carismático de la época, y le conmovía, pero percibí cierto temor de que su pacífica capilla de la Iglesia de Irlanda estuviese a punto de ser sacrificada por las santas apisonadoras de Shalom.

Ali y su padre aparcaron a la vuelta de la esquina y, cuando entró en la iglesia, tenía esa belleza que es imposible exagerar. Pero también parecía, al acercarse, un poquito incómoda. Yo había llegado al altar un pelín tarde. El día en que se suponía que tenía que firmar en el registro matrimonial tuve que explicarle a la gente por qué no debería firmar autógrafos en una iglesia. Lo cual me ocupó más tiempo que firmar los dichosos autógrafos. No, no era mi retraso lo que ella me susurró después. Era la atención, cómo todos nuestros amigos se habían convertido en fotógrafos.

—Además —añadió—, es como si tuviese una maceta en la cabeza.

Ali no había sabido decir «no» a su estilista hípster que se había dejado llevar un poco por la horticultura. A pesar de su incomodidad, exhibió la misma serenidad de siempre, la misma que yo me pasaría la vida intentando conseguir. Esa belleza que requiere aún más de los que la rodean.

Lo que se ve en las fotos de nuestra boda es un retrato de dos seres que no podían estar más alejados de la cultura del rock'n'roll que les estaba haciendo famosos. Estaban cohibidos, eran ingenuos, poco realistas y no parecían estar nada preparados para los retos de su nueva vida compartida en el mundo. Y, sin embargo, a la inversa, en su tosco y nada sofisticado idealismo, eran dos personas dispuestas a enfrentarse a otras amenazas menos evidentes, pero más peligrosas. La mundanidad, el hastío del mundo, la guerra de desgaste que el mundo libra contra una pareja que se dispone a mantener su unión. El mundo se relame los labios anticipando un noble fracaso, ¿no? *Hybris.* «Lo tenían todo, pero lo perdieron».

El universo puede maravillarse de un amor tan absolutamente imperfecto y las estrellas iluminar tu camino, pero en la tierra, si tenemos en cuenta las estadísticas, parece como si el mundo se interpusiera en el camino del amor. Estoy seguro de que la esencia del amor es la rebeldía, y ¿qué hay más rebelde que dos corazones jóvenes de veintidós y veintiún años, decididos a correr el riesgo y a enfrentarse a los hechos puros y duros en torno a una antigua ceremonia en un mundo moderno.

Mientras miraba esos ojos velados, me habría gustado saber si Ali estaba dispuesta a seguir la vida que yo había elegido, incluso si estaba dispuesta a aceptarme «en lo bueno y en lo malo».

El banquete se celebró en el hotel Sutton Castle, famoso por la carátula del álbum de Van Morrison *Veedon Fleece*. Muy pronto todo se convirtió en un maravilloso desmadre. A pesar de todos los intentos de convertir esa celebración de boda en un salta por Cristo, había alcohol suficiente para que ese momento extático continuase con los pies en el suelo. Siguiendo la gran tradición, los asistentes se inmolaron de su manera favorita... el Espíritu Santo o con muchas otras cosas espirituosas. Adam también fue el mejor en eso.

Hacia las diez de la noche, Ali y yo nos escabullimos y dimos un rodeo por Howth Road en un rápido peregrinaje por los sitios que nos habían dado cobijo de adolescentes. Nos detuvimos cerca del patio de la escuela y pasamos por el quiosco donde comprábamos a mediodía un pastel de jengibre y una botella de leche. Simbólicamente, pedimos lo mismo para volver a nuestra «suite de luna de miel», y pasamos nuestra primera noche juntos en una enorme habitación victoriana, riéndonos porque las luces no funcionaban y no podíamos vernos. U2 había acabado interpretando un par de canciones en la recepción —una con Barry Devlin, de los Horslips, y otra con Paul Brady—, una actuación que hizo que me pusiera de pie sobre la mesa del comedor. Orgullosos del estatus de la banda en nuestra boda punk, nos habíamos superado a nosotros mismos al fundir los plomos del hotel. Alison y Paul, Ali y Bono, empezamos nuestra vida de casados en la oscuridad.

ÉRAMOS UNOS NIÑOS

Teníamos veintidós y veintiún años, pero podríamos haber tenido diecisiete y dieciséis. Éramos unos críos. Pasamos la luna de miel en Jamaica, en GoldenEye, la casa donde Ian Fleming escribió los libros de James Bond. Fuimos los invitados de Chris Blackwell, el hombre que trajo al mundo Island Records. Salvo nosotros, todo era muy elegante. Al llegar a Kingston, me sentí tan desubicado como la primera vez que llegué a Londres. Como nadie fue a recibirnos, busqué una cabina telefónica y dejé que Ali lidiara con todo el ajetreo de la ciudad. La gente se ofrecía generosamente a ayudarnos con las maletas. Ali la desanimaba con buenas razones.

—Misterrr Blackwell, Misterrr Blackwell.

Nuestro chófer apareció en una minúscula furgoneta Nissan, con los ojos rojos como tomates y fumándose un porro gigantesco.

—Vengo de parte del señor Blackwell.

Tiene que ser él. Hicimos un viaje lleno de baches por la costa norte de Jamaica hasta llegar a Oracabessa Bay en la población de Ocho Ríos. Todos los pueblos parecían pintados con esos colores chillones que los europeos desprecian, hasta que los ven contrastando artísticamente en las fachadas de las tiendas o en las plazas tropicales. Los jamaicanos son elegantes por instinto. Nuestro chófer habla de Bob Marley sin siquiera pronunciar su apellido.

—A Bob le gustaban los partidos de críquet... Antes GoldenEye era de Bob... Bob jugaba bien al fútbol...

Imagino a Marley con sus rastas pateando un balón de fútbol con su chándal Adidas de color verde lima y entiendo que todo el mundo se pasara a la ropa deportiva arrastrado por su estela. Otra vez nuestra carabina:

—¿Sabéis que Bob solo conduce coches BMW porque son las iniciales de su banda? ¡Bob Marley and the Wailers!

Después de una hora y media de conversación y lengua de signos entre el conductor y su cargamento, llegamos al primer destino de nuestra aventura marital. Ya entonces el sol ha acordado una tregua con el día y una luz dorada pinta la escena, de modo que Golden-Eye incluso parece más romántico a los ojos cansados de los recién casados. Al ver al cantante con un ave del paraíso en la cabeza, una mujer sale de la casa a recibirnos.

—¡Sting! —grita—, ¡qué alegría volver a verle!

Violet, como dice llamarse, es una acogedora fanfarria de color como corresponde a esta villa, ubicada en el más agreste de los jardines bien planificados. Los *akis* y los almendros plantados por el propio Fleming están iluminados por las pinceladas de lima y rojo de los framboyanes, tan llamativos que se les conoce coloquialmente como «llamas de la selva». Violet nos acompaña hasta el mar, bajo un atardecer de color naranja sangre, con las olas rompiendo contra la arena coralina unos metros más abajo.

—Un mar muy revuelto para esta época del año —dice.

Un par de ponches con ron acaban de noquearnos y, poco después, estamos tumbados en un estado de leve incredulidad en nuestra habitación, con la brisa agradable creada por una hélice de caoba que da vueltas en el techo sobre nuestras cabezas. Nuestro mundo parece estar dando vueltas. Nos está arrastrando una corriente que podría llevarnos a cualquier parte. Viajeros inocentes. Exploradores, preparados para explorarse mutuamente.

Allí donde vayamos, iremos juntos.

ENTRE LA INOCENCIA Y LA EXPERIENCIA

Apenas hace unos días que yo dejé para siempre Cedarwood Road y Ali, St. Assams Avenue, pero ya empezamos a notar la distancia entre las certezas verdigrises de nuestra educación irlandesa y las posibilidades más exuberantes que se abren ante nosotros. Entre los cielos de color gris pálido de estar en casa y el sol impávido y amarillo de estar en otra parte. Entre la inocencia y la experiencia.

A partir de este momento, Ali y yo buscaremos un hogar el uno en el otro. Pero, dicho esto, aunque ahora compartimos un techo, me doy cuenta de que seguimos separados por una pequeña distancia. Una distancia estimulante. Una distancia cargada eléctricamente y que Ali me está enseñando a respetar. Una distancia que las chispas, centelleando brillantes, pueden saltar. La estática. La cinética. Otra vez la estática. La misteriosa distancia entre un hombre y una mujer. Ella es magnética.

Nunca habíamos vivido juntos y éramos conscientes de nuestra propia inhibición. ¿Es nuestra risa un poco nerviosa algunas veces? Teníamos mucho equipaje que no llevábamos en las maletas. Pasábamos gran parte del día desempaquetándonos el uno al otro. Nos hemos pasado la vida dedicados a esa misma tarea. Todos los humanos llevamos encima muchas cosas.

—¿Para qué has traído esto? —pregunta Ali, por estirar la metáfora al máximo—. No lo necesitamos.

—No sabía que lo tuviera —respondo—. A lo mejor ha llegado el momento de deshacerme de ello.

Ya había algunos deseos y aprendizajes para mí. Yo quería ser mejor para Ali. Y, entre las clases prematrimoniales, entre nadar y pasear, hice lo que sí sabía hacer. Trabajar para U2.

Escribiendo canciones.

Edge estaba en casa, escribiendo por su cuenta. Trabajando en la canción que podría responder a alguna de las difíciles preguntas que se hacía sobre la banda y a si estábamos preparados para enfrentarnos a ese mundo tan distinto al otro lado de su ventana. Empezó «Sunday Bloody Sunday» sin mí. Tenía una grabadora de cuatro pistas TEAC y una Stratocaster negra. Con esos ritmos entrecortados estoy seguro de que invocaba a los Clash, que a su vez estaban invocando a Bob Marley. Pero sus punteos de esos mismos acordes son lo que produce el hechizo que me cautivó a mi regreso. Bromeamos diciendo que algunas guitarras ya tienen dentro canciones. Bueno, a veces eso también es cierto para las secuencias de acordes. Me pareció que la melodía ya estaba allí. Por supuesto, no lo estaba. En momentos así, Edge y yo desaparecemos el uno en el otro. Sin Larry y Adam, no sé cuánto interés tendría el mundo en encontrarnos.

Teníamos que grabar un álbum. Íbamos a titularlo *War*. Canciones de enfrentamiento, también canciones de redención, basadas en el espíritu de Jamaica. El espíritu de Bob Marley. Incluso ahora, cuando canto una versión lenta de «Sunday Bloody Sunday», lo único que oigo es la voz de Bob Marley y noto la ilusión de su mezcla de amor y rabia. Los tres acordes de su evangelio: el amor, el deseo de un mundo en paz y la protesta, la rabia contra las injusticias actuales.

Luego descubrí que Sting había escrito «Every Breath You Take» en esa misma habitación y, lo cual fue más significativo para mí, la exquisitamente atroz «King of Pain».

There's a little black spot on the sun today
*That's my soul up there.**

Como trío de guitarra, bajo eléctrico y batería solo Nirvana y Cream disputan el trono a The Police. Las melodías de Sting son

* «Hoy hay una manchita negra en el sol / es mi alma ahí arriba».

insuperables, pero, como Paul Simon, deja que la certidumbre de las melodías retroceda ante las letras. Cuando explora cosas como la vulnerabilidad, es invencible, y, por supuesto, la ironía es tan dolorosa como regia.

Escribir canciones nunca es definitivo. Yo tenía una idea para una canción que luego se titularía «Surrender» y otra titulada «Red Light». Y una titulada «Two Hearts Beat As One». Algunos de los mejores títulos son así de claros.

Ali y yo nos habíamos ido a vivir juntos y ahora empezábamos a movernos al unísono. Sobre el papel nuestro matrimonio empezó esa semana de luna de miel, pero, en realidad, no pareció ser así. Nos habíamos aceptado el uno al otro, habíamos hecho votos sagrados, pero los principales momentos de la vida pueden no ser esos en los que reparas en el momento. No hubo fuegos artificiales, ni arrebatos, ni nos enamoramos más ahora que pasábamos el tiempo juntos.

Éramos los autores y la obra de teatro, los actores y los críticos. Excitados y nerviosos por empezar juntos nuestra aventura. No teníamos ni idea de dónde estaríamos pasados diez años. Veinte. Treinta. Diré más: cuarenta.

Ya averiguaremos qué pasa en ese momento; más que enamorarnos, estamos ascendiendo en busca del amor.

Aún lo estamos.

I can't believe the news today ...~ ..

WAR

all musical instruments are useful for later Exhortation
only and is essential for WAR. THE DRUMS
The DRUMS are thin skin stretched tightly over hollow volumes
mostly of wood which give them their harshness, their starkness
slapping without the tickling the hand on the stick
bounces across the skin of the drums! thrown to the listener
into a plunge into for WAR
musical response

For WAR and in particular Marching to WAR. wood
was replaced (by not far the Snare) as it's known in far
good reason supplies body Armour to heavy muscular choices
I don't ever want to be at WAR with LARRY MULLEN AVAILABLE
But I don't ever want to go to WAR without him

12

Sunday Bloody Sunday

I can't believe the news today
I can't close my eyes and make it go away
*How long, how long must we sing this song?**

Todos los instrumentos musicales son útiles para amar y exhortar.

Solo uno es esencial para la guerra. El tambor. El tambor es una piel fina tensa sobre un volumen hueco, casi siempre de madera, que lo convierte en terrenal y atractivo. Como una bofetada sin dolor.

La mano de la baqueta rebota sobre la piel del tambor e impulsa al oyente al baile, a una respuesta física.

Para la guerra, y en particular para desfilar hacia la guerra, la madera se reemplazó por el metal. La caja añade una armadura corporal a las ya atléticas y musculosas opciones disponibles. Este tipo de tambor tiene una violencia peculiar, y el toque del redoble marcial era justo lo que buscábamos para el arranque de «Sunday Bloody Sunday». No quiero estar en guerra jamás con Larry Mullen, pero tampoco quiero ir a la guerra sin él.

---

* «No puedo creer las noticias de hoy. / No puedo cerrar los ojos y que desaparezcan. / ¿Cuánto, cuánto tiempo tendremos que cantar esta canción?».

Desde muy joven, Larry Mullen ha explicado así su arte y su oficio: «Me gano la vida golpeando cosas». Y así es. También puede golpear a personas, no físicamente, pero sí psíquicamente. La mayoría de la gente que entra en una sala en la que esté Larry Mullen lo encuentra imponente, en el sentido de que es un miembro elegante y bien parecido de la especie, pero también en el sentido de que puede mostrarse suspicaz solo porque estés en su presencia. De tus intenciones, de que estés en la sala y, tal vez en un mal día, de que estés en cualquier sitio.

Los baterías nacen, no se hacen.

¿PODÉIS TOCAR ESO OTRA VEZ?

Desde detrás de la futurista pantalla gigante de los estudios de grabación Windmill Lane en los muelles de Dublín, Steve Lillywhite está grabando nuestro tercer álbum, *War*, con la paciencia que hace falta tener para ser un productor discográfico a escala mundial a los veintisiete años. Dos años después de nuestro primer álbum, no somos sofisticados desde el punto de vista musical. Tenemos talento, pero tocar afinados y *a tempo* en el ambiente aséptico de un estudio moderno de grabación no es para ninguno de nosotros un paseo por el campo. La atención inhibe y algunas partes a las que habíamos llegado de forma intuitiva pueden cambiar de una forma sutil hasta hacerlas menos rítmicas o menos cohesionadas con los demás músicos. Esto, a su vez, conduce a momentos extraños en la sala de control, donde expresiones como «a tempo» y «descuadrado» sustituyen a «esto suena aburrido» y «en realidad, esta nunca me había gustado».

Es especialmente difícil para el bajo y la batería —la base de cualquier grabación— y hoy están bajo un microscopio con un sistema de micrófonos sensibles que envuelven con sus patas de araña los amplificadores y el equipo en todas las direcciones. No es un ambiente que propicie el arte. La sala recuerda más a un quirófano que a un escenario, y los cirujanos discuten cómo operar mejor la cojera en cuestión.

¿Cirugía correctiva o amputación? El paciente yace bajo la mirada atenta del equipo de producción, Steve Lillywhite y su ingeniero, Paul Thomas. Hay muchas interrupciones y vueltas a empezar. El tono profesional de Steve es ahora una voz enlatada que llega por nuestros «cascos».

«¿Podéis tocar eso otra vez?» suele significar: «No ha estado lo bastante bien».

¿Se está viniendo abajo Larry Mullen? La verdad es que no. Puede aceptar las críticas implícitas de Steve Lillywhite, porque Steve es famoso por sus sonidos de batería predominantes. Y porque Larry sabe que esta canción es muy buena.

Todos parecemos saberlo. Steve nos ha dicho que una buena canción puede tocarse con una guitarra acústica con el tablero de la mesa como batería. Y había cierta completitud en la versión primera y sin pulir de esta canción que habíamos tocado alrededor de la mesa de la cocina en la sala de ensayos en la playa en Sutton, donde vivíamos Ali y yo. En la calle donde Larry se construiría su casa unos años después.

Steve nos enseñó a poner a prueba nuestras canciones tocándolas alrededor de la hoguera, para ver si teníamos un estribillo o gancho lo suficientemente bueno. Las canciones, decía Steve, se basan en el gancho.

En una canción de Bob Dylan el gancho puede ser una frase, una que pensabas que siempre había existido, por ejemplo: «Los tiempos están cambiando». No tiene nada de especial —todo el mundo sabía que los tiempos estaban cambiando—, pero la fuerza de la expresión «los tiempos están cambiando» y el tono de voz crean una osada contracorriente.

El gancho puede ser solo la parte de guitarra. Cualquiera que haya entrado en una tienda de guitarras conoce el *riff* de «Smoke on the Water», de Deep Purple.

—Nadie escucha la letra —a Edge, que es un buen letrista, le gusta hacerme rabiar.

En «Sunday Bloody Sunday» el gancho era la batería.

Lawrence Joseph Mullen hijo era miembro de la Artane Boys Band, del norte de Dublín. Una banda militar que tocaba en grandes ocasiones como el Día de San Patricio o en los partidos de fútbol gaélico en Croke Park. Iban allí para aumentar la emoción, el orgullo de ser irlandés. Larry Mullen padre le buscó a su hijo un puesto en la Artane Boys Band, para que Larry Mullen hijo dejara de machacarle la cabeza a Larry Mullen padre.

En busca de una razón para seguir en la banda, Edge había empezado la amarga reflexión que se convertiría en «Sunday Bloody Sunday», trasladándose a un lugar donde la música podría sugerir otro tipo de mundo que, según Shalom, nuestro grupo de la iglesia, estaba roto y necesitaba que lo reparasen. Edge quería que la banda cantara sobre «los Troubles» en Irlanda del Norte, los disturbios que estaban causando tanto dolor en nuestro país y en el Reino Unido, donde estaba en marcha una campaña de atentados del IRA.

Me gustó el título que se le ocurrió, vía John Lennon, «Sunday Bloody Sunday», pero pensé que necesitábamos encontrar un camino original. ¿Podríamos señalar el abismo que separa a quienes matan por una causa política y quienes mueren por una? ¿Era posible, en una canción, contrastar el Levantamiento de Pascua de 1916 con el cuerpo inerte de un Mesías, colgando en la cruz en la primera Pascua, del año 33? ¿Y podría sonar como los Clash?

(Por favor).

Mientras que «No puedo creer las noticias de hoy» se quitaba inconscientemente el sombrero ante «A Day in the Life» de los Beatles, la canción, en realidad, se refiere a lo que ocurrió en la pintoresca ciudad amurallada de Derry, en Irlanda del Norte, el 30 de enero de 1972, un día grabado en el recuerdo de todos los irlandeses de cierta edad. Un día con imágenes que nunca podremos olvidar. El caos de una enorme multitud acorralada y golpeada por los antidisturbios, la intervención con armas de fuego del ejército británico. Veintiocho personas heridas, catorce de ellas de muerte, durante una protesta pacífica de la Asociación de Derechos Civiles de Irlanda del Norte. Incluso ahora recuerdo el rostro angustiado del padre Edward Daly sosteniendo un pañuelo blanco manchado de sangre en una plegaria itinerante de «No disparen». Yo tenía once años y aún siento náuseas.

La banda habló horas y horas del estado de nuestro país y de lo que pensaría Cristo de la religión que había tomado su nombre. No gran cosa, pensábamos. El cristianismo parecía haberse convertido en el enemigo del radical Jesús de Nazaret. ¿Había alguna prueba de que Jesús quisiese siquiera una Iglesia? Nuestro propio grupo cristiano, Shalom, se había roto bajo el peso de ciertos prejuicios. Pese a aflorar a la superficie un tanto afectados tras la experiencia inmersiva de Shalom, estábamos seguros de que nuestra fe podía sobrevivir a nuestra fe. ¿Y nuestra música? Esa era otra cuestión. Si perdíamos nuestro propósito, nuestra banda estaría donde empezó: buscando una razón para existir.

VOZ Y BATERÍA

De gira en 2015, estoy en el centro del escenario, en el extremo de una pasarela que se extiende sobre el suelo del estadio dividiendo al público en dos. «Song for Someone» pende en el aire mientras digo: «Sé que hay muchas razones para dudar, pero, si hay una luz, no dejes que se apague». En ese momento tan delicado estalla la violencia contenida de ese gancho de la batería.

Larry, que entonces tiene cincuenta y tres años, va a lo largo del escenario en dirección hacia mí, repitiendo su mantra a la caja, su tambor convertido en arma.

*How long? How long must we sing this song?**

Mucho tiempo, en realidad, ya más de un tercio de siglo. Larry está extrañamente concentrado; está muy decidido. Está ahí, delante el público, dando a entender que él no les pertenece. Él es fiel a sí mismo. Una capa protectora, enraizada en su sensibilidad artística, le recubre. A menudo está en guardia, por si alguien se aprovecha de lo que podría ser su vulnerabilidad. No conozco a ningún artista que no esté atrapado en esta dualidad, pero Larry ha convertido

* «¿Cuánto, cuánto tiempo tendremos que cantar esta canción?».

su capa protectora en unos harapos muy elegantes. No le voy muy a la zaga, pero no me protejo tan bien como él.

Es lo más y lo menos parecido a una estrella del rock que alguien puede ser. Le gusta —y no le gusta— la vida que eso acarrea. Hay algo profundo y primigenio en la relación entre un batería y un cantante, la comunicación más antigua y primitiva, el ritmo y la melodía. La pulsación y el canto de los pájaros. El lento y dubitativo descubrimiento de que en una gran banda somos la sombra y el refugio el uno del otro. La palabra que acude a la imaginación es «necesidad».

Cuando Larry quiere a alguien lo quiere sin concesiones, y yo soy uno de los beneficiarios de ese amor, que se remonta a cuando él tenía diecisiete años y yo dieciocho y su madre murió de pronto en un terrible accidente de tráfico. Su familia y él habían sufrido ya una gran pérdida con la muerte de su hermana pequeña Mary, cinco años antes. Qué golpes tan crueles se asestan a los corazones más bondadosos.

Supongo que nuestro dolor compartido estableció un vínculo añadido entre los dos.

Maureen era un ángel. De verdad. Un auténtico ángel. Ponerse a su lado, como yo hacía a menudo antes o después de los ensayos, era sentirse bendecido. Estaba totalmente sin malear e idolatraba al ídolo irlandés que era su hijo. Lo llevaba en coche a los ensayos. Le esperaba. Permitió que Larry se dejara el pelo largo cuando todas las madres se negaban, y esto del pelo era importante, porque tener el aspecto adecuado resultaba esencial para un aprendiz de ídolo, por muy inconsciente que fuese este aprendizaje. El primer amor de Larry había sido el glam rock, la razón por la cual había colgado ese cartel en el colegio. Sus bandas favoritas eran Slade, los Sweet, T. Rex y David Bowie. Larry no soportaba el jazz, y el jazz fue la razón por la que su padre le dejó comprarse una batería. Eso que llaman música seria nunca fue del gusto de Larry, lo cual explica cómo este se convirtió en una estrella del pop. Fingiendo que iba a tocar jazz.

Los baterías nacen, las estrellas del pop llegan empaquetadas, pero las estrellas del rock son los miembros hechos a sí mismos de la especie que es el mundo del espectáculo del *Homo erectus*. Me gustaría saber si Larry disfruta más siendo una estrella del rock de lo que está dispuesto a admitir, pero no me cabe ninguna duda de que es el mejor dotado para interpretar a una estrella del rock en U2. Adam quería serlo y lo consiguió —hasta que se cayó de su pedestal y tuvo que calmarse—. Yo fingía quererlo, y aún lo hago, pero no soy del todo convincente, a pesar de mi posición de privilegio. Edge siempre ha sabido que es una locura, no un trabajo para un adulto. Larry se convirtió en una estrella del rock negando que ese fuese alguna vez su deseo.

No había nada que Maureen no estuviese dispuesta a hacer por nosotros en esos primeros tiempos en que nos esforzábamos por convertirnos en una banda. Nos llevaba a todas partes en su Morris 1300, con un anorak de hombre con la capucha muy grande, por si empezaba a llover mientras Larry y Maureen estaban desmontando la batería. Ella y Gwenda, la madre de Edge, fueron nuestros primeros chóferes. La madre de Adam, Jo, nos ayudaba algunas veces, pero era como recibir una visita de la princesa Margarita. Vestida como si fuese de la realeza, con un cigarrillo en la mano izquierda, dando apretones de manos con la derecha, quejándose de que Brian y ella no habían metido a Adam en un internado para que acabase tocando el bajo en una banda punk. A Maureen no le importaba: «Con tal de que Larry sea feliz, me da igual qué haga».

El padre de Larry era más duro con él. En un concurso de talentos ganamos unas sesiones de grabación. En noviembre de 1978, en los estudios Keystone, el productor —un verdadero productor musical—, que se convertiría en nuestro amigo de toda la vida, era Barry Devlin, cantante, letrista y líder de la banda de los Horslips, uno de los grupos de folk eléctrico con más éxito del planeta. Estábamos nerviosos y tocamos mal, nos encontrábamos un poco cohibidos por la ingeniera de sonido que era mucho más sofisticada que nosotros. Se llamaba Mariella Frostrup. Tampoco ayudó mucho que, cuando llevábamos allí unas horas, oyésemos llamar a la puerta. Era el padre de Larry. Era hora de que Larry volviera a casa.

Y, dicho sea de paso, ese no era el grupo de jazz al que había dejado que su hijo se apuntara.

Cuando murió la madre de Larry, descubrimos que la sensación de comunidad no reside solo en la ubicación y en la cultura, sino en la experiencia compartida. A menudo lo que une a las personas es más el dolor que la alegría, y Larry y yo nos volvimos íntimos. Nuestro vínculo iba más allá de la música. Nuestro vínculo era la razón por la que se hace la música. Un bálsamo para el dolor que llevamos dentro, una venda para las heridas que ocultamos.

Tal vez la vulnerabilidad que hace que Larry sea un músico sensible explique por qué puede parecer desconfiado con las personas a quienes no conoce. Es el guardaespaldas de la banda, el que intuye los problemas que hay a la vuelta de la esquina, y, a menudo, acierta. Hay días en que se pone de pie, sin los guantes, cuando, hasta donde yo sé, no hay ningún peligro de ningún tipo en la habitación. Pero es el antídoto perfecto para una persona como yo que va buscando líos.

Como músico ha dominado el arte de seguir siendo un estudiante.

—A mí no se me da muy bien esto.

—Yo solo hago mi trabajo.

—No sé de qué va ese rollo tan pretencioso. Yo simplemente toco la batería.

En realidad, Larry tiene una visión de la vida mucho más compleja de lo que deja ver, pero, como ocurre con los grandes actores, cuando dice esas cosas suenan sinceras. En el centro de su expresión hay un deseo de franqueza, y esta carga en parte, en un sentido eléctrico, los conciertos de U2. En esta banda el cantante y el batería tienen personalidades muy diferentes. Yo soy el curioso y él, el cauto. Hay veces en que lo introduzco en mundos en los que podría no haber entrado y ocasiones en que él me protege de mundos en los que yo no debería entrar.

Una vez Edge nos llevó al otro lado de la frontera con el esbozo de una canción sobre los Troubles, la banda no dejó de animarme a internarme más y más en un terreno peligroso. Creo que tengo una especie de manía perversa cuando me dicen que no haga o diga algo. Es mucho más atractivo para mí. «Sunday Bloody Sunday» no era solo un asunto peliagudo en el sentido de sus evidentes peligros si eras un chico del sur. Era realmente peligroso en el sentido de que, al oírlo, algunas personas deseaban hacernos daño. Personas de ambos lados de la brecha sectaria. Para los irreflexivos unionistas era una traición. Para los irreflexivos nacionalistas y republicanos era una campaña de publicidad, capaz de despertar una sensación de indignación a propósito de esos veintiocho civiles desarmados a los que habían disparado cuando se manifestaban pacíficamente.

La canción llegó después de la muerte por huelga de hambre de Bobby Sands el 5 de mayo de 1981. Sands era un alma poética que argumentaba con su vida que el IRA provisional estaba luchando en una guerra y que los combatientes encarcelados merecían el mismo estatus que cualquier prisionero de guerra, como el derecho a no tener que ir vestidos de presidiarios. No era una petición descabellada, pero quienes la apoyaban parecían olvidar que el IRA no respetaba la Convención de Ginebra. Ni ninguna otra.

Cuando sus protestas en la cárcel pasaron inadvertidas para la primera ministra británica, Margaret Thatcher, Sands llevó su huelga de hambre más allá. Se vistió solo con una manta y se negó a utilizar los aseos. Esta «protesta sucia», en la que los prisioneros pintaron con heces las paredes de las celdas, estuvo entre los momentos más angustiosos de la campaña del IRA para expulsar a los británicos de la isla de Irlanda.

Estos paramilitares no tenían un apoyo mayoritario ni al norte ni al sur de la frontera. Ni siquiera entre la asediada minoría católica del Úlster, y, sin embargo, decidían quién vivía y quién moría en su lucha por reconfigurar el mapa de Irlanda. Aun así, el hecho de que Sands decidiera quitarse la vida a los veintisiete años, después de negarse a comer durante sesenta y seis días, provocó todo tipo de emociones encontradas, incluso a los nacionalistas comunes y corrientes como yo.

Fue más que una simple tragedia. Fue también una muerte que se convirtió en la herramienta más poderosa para recaudar fondos en la historia del IRA, sobre todo en Estados Unidos, donde la banda se sentía obligada a combatir cualquier idea novelesca sobre la lucha armada en nuestro país. En nuestros conciertos y entrevistas, ofrecíamos un relato alternativo sobre la no violencia, en un intento de reducir los ingresos del IRA, sabiendo que este pondría armas y bombas en manos de combatientes que mutilarían y matarían con el fin de instaurar su propia idea de Irlanda. Unos combatientes a los que nadie había elegido y que decidían si un bar de Belfast o de Mánchester era un «objetivo legítimo». O si podían hacer saltar en pedazos y sin previo aviso un desfile de jubilados y veteranos de la Segunda Guerra Mundial.

Sin duda, después de cada nueva atrocidad, en las comunidades más republicanas, la gente se retorcía las manos por la «lamentable pérdida de vidas». Durante una semana o dos... hasta que se aplacaba el furor y volvían a hacer oídos sordos y a aclamar entre gruñidos a «nuestros muchachos». Esta duplicidad enfurecía a la gente al norte y al sur de la frontera. A mí me enfurecía, y eso ayuda a explicar mi desabrida introducción a «Sunday Bloody Sunday» en un concierto en Red Rocks, Colorado, una noche en la que tuvimos mucho más público de lo normal porque se estaba grabando para la televisión del Reino Unido.

Mientras Edge tocaba sus quejumbrosos arpegios bajo la lluvia y Larry hacía su redoble, yo solté: «¡Esta no es una canción rebelde!» con todo el convencimiento que pude reunir.

La brevedad compensó la falta de elocuencia. Parecía el momento oportuno para proclamar que no estábamos dispuestos a que nuestra canción se utilizase para prolongar el sufrimiento de gente inocente como la que había perdido la vida o a sus allegados ese oscuro día de enero.

Esa versión nos llevó a lo alto de las listas de discos más vendidos con el LP en directo *Under a Blood Red Sky* y también a lo alto de la lista negra de los simpatizantes republicanos. Las cosas en casa ya no volverían a ser iguales para nosotros.

La banda nunca subrayó su condición de irlandesa. A mí cada vez me frustraba más cómo lo irlandés parecía haber sido secuestrado por el movimiento republicano, un movimiento que creía en la restauración a la fuerza de un país único en la isla de Irlanda. Un movimiento que empezaba a apropiarse de generaciones de anteriores agitadores y luchadores por la independencia, así como del legado de poesía, canciones populares y folklore cuyos autores no habrían querido tener nada que ver con esos pistoleros.

Para mí, ser irlandés no tenía nada que ver con ser protestante o católico. Algunos de los mayores revolucionarios contra el dominio británico eran protestantes irlandeses, desde Wolfe Tone hasta Maud Gonne o Roger Casement. Mi padre era católico, pero él tampoco se tragaba la retórica de esos supuestos luchadores por la libertad.

—Yo soy católico —me decía—. Y te aseguro que la división de nuestra pequeña isla tuvo mucho más que ver con mantener Harland & Wolff en la unión que con proteger a los protestantes. Querían conservar los astilleros y el lino. El sur solo aceptó la frontera bajo la amenaza de la guerra que hizo Lloyd George, pero, a pesar de todas las injusticias, estos pistoleros no representan una mayoría en ningún sitio en esta isla, ni al sur ni al norte de la frontera.

»No hagas caso de sus tópicos —añadía, antes de recitar uno de sus versos heroicos de Seán O'Casey (solo que no era de Seán O'Casey, se lo había inventado)—: «¿Qué es Irlanda más que la tierra que impide que se me mojen los pies?»".

Además, él mismo se había casado con una mujer de «otra comunidad». Decía medio en serio que todos los países eran mentira —«son historias que nos contamos unos a otros»— y se mostraba suspicaz con respecto a quién controlaba el relato.

Dicho esto, le impresionó verme en el escenario en las Montañas Rocosas haciendo una performance en la que rasgaba la bandera irlandesa. A menudo me lanzaban banderas irlandesas en los conciertos, y a veces les arrancaba el naranja y el verde y la convertía en una bandera blanca en un intento de apoyar la no violencia. Más tarde empecé a recalcar que la bandera blanca era una imagen de rendición espiritual, pero, por ahora, nos permitíamos una especie de pacifismo militante.

Todas estas explicaciones no siempre eran populares en Irlanda, y cada vez más gente ponía en cuestión nuestro patriotismo. Algunos tardaron en darse cuenta. Dos años después, en un concierto en Croke Park, en el Unforgettable Fire Tour, en 1985, volví a hacer lo de cortar la bandera y a una parte del público no le gustó. Después de la actuación, el coche en el que íbamos Ali y yo se quedó atascado en una callejuela de Dublín y estalló una violenta pelea a nuestro alrededor; enseguida empezaron los golpes en la parte de arriba del coche y los gritos en apoyo de los violentos. Un joven desencajado, con el puño envuelto en una bandera tricolor, intentó romper el parabrisas al lado del rostro de Ali. Lo que se rompió fue otra cosa. Éramos peces en una pecera y las pirañas al otro lado del cristal habían sido fans de U2 solo unas horas antes. A finales de los años ochenta las cosas estaban cambiando para U2 en Irlanda. Por un tiempo había sido como si fuésemos el equipo nacional que volvía a casa con la copa. Todavía éramos los héroes locales, pero los ánimos habían cambiado un poco. En el mundo fuera de U2, los años ochenta se percibía como una lucha por el alma y el tamaño del país. La frontera se fue interiorizando cada vez más, la isla se volvió más tribal. Ni la mezcla de orígenes sociales ni nuestras teologías individuales encajaban con facilidad en ninguna de las tribus.

En una entrevista en *Hot Press*, Gerry Adams, el líder del Sinn Féin, tuvo el valor y la ingenuidad moral de cuestionar la lucha armada que él y su partido habían apoyado, cuando no dirigido. En el mismo artículo eligió el aromático verbo «apestar» para describirme. Como juicio sobre mi higiene personal, ya se sabe que quien bien te quiere te hará sufrir, pero, como insulto, envió una tácita señal a los republicanos más empedernidos de que yo era, y no hay otra palabra para decirlo, un mierda. Para los que ya estaban cabreados porque la oposición de U2 a los paramilitares (de todo tipo) había costado al IRA financiación muy valiosa en Estados Unidos, esto era una señal polémica para sus simpatizantes en aumento, algunos en los medios, para expulsar a U2 de su elevada posición nacional. Sobre todo al cantante.

En la práctica, nos habían aconsejado que aumentásemos nuestra seguridad después de que secuestraran a un dentista adinerado, al que habían cortado la punta de dos dedos y las habían enviado para pedir el rescate. Cuando la Special Branch vino a vernos, sin embargo, predijo que Ali era un objetivo más probable. Eso aún me molesta por todo tipo de razones.

La profunda esperanza de la banda es que algún día Irlanda vuelva a ser, por medios pacíficos y democráticos, una Irlanda unida. Irónicamente, pensamos que el mayor obstáculo es el modo en que los paramilitares usan las ofensas como armas.

ALGUNOS DIVERTIDOS INCIDENTES NADA DIVERTIDOS

Me encanta ir a Irlanda del Norte. Para la banda, uno de los puntos culminantes de cualquier gira es el concierto que damos en Belfast. Nos encanta Irlanda del Norte, por su humor patibulario. No será por falta de cadalsos, eso seguro.

Después de hacer de teloneros para Squeeze en 1979, nos invitaron a una fiesta después del concierto, todo muy alegre, hasta que unos soldados británicos nos rodearon e hicieron parar el coche. Un oficial, con un acento norteño inglés muy marcado, nos ordenó poner las manos sobre la cabeza y nos pidió que nos quedáramos delante de una tapia.

—¿Qué llevan en el maletero del coche? —preguntó.

La respuesta fue equipaje caro, en la forma de nuestro bajista, Adam Clayton, que había estado brindando con los peatones cada vez que se abría el maletero del coche... Sin darse cuenta de que en Belfast un maletero abierto puede ser el escondite utilizado por un francotirador, no un karaoke.

Como no aprendimos la lección, esa noche nos alojamos en Belfast, en el hotel Europa, que tenía fama de ser el hotel que más atentados había sufrido de Europa: treinta y tres veces. Todavía éramos adolescentes, por lo que estábamos emocionadísimos de estar en un hotel de verdad, uno cualquiera. Paul McGuinness estaba en el bar cuando cogimos sus llaves en recepción, subimos a su habitación y la desmantelamos. Envolvimos el televisor con las sábanas, pusimos los muebles patas arriba y escribimos un mensaje con espuma de afeitar en el espejo del baño: «Sabemos dónde aparcas el coche». Supongo que creímos que a Paul le haría gracia, y, si no, seguro que apreciaría que sus clientes imitasen sofisticadamente las bromas de las estrellas de rock en habitaciones de hotel. Nunca lo sabríamos. Media hora después, cuando habíamos devuelto la llave a recepción e intentábamos disimular la risa, fuimos con él al bar y vimos que un completo desconocido llegaba y pedía esa llave. Habitación incorrecta. Nuestras más sinceras disculpas a quien fuese.

Si vas a bromear sobre asuntos serios, lo menos que puedes hacer es tener el *punchline* adecuado.

LA PALABRA MÁS INFRAVALORADA DEL DICCIONARIO

«Transigir» es seguramente una de las palabras más infravaloradas del diccionario. Si la esencia del Acuerdo de Viernes Santo en 1998 fue la igualdad del sufrimiento, solo fue posible porque, mucho antes, se convenció a los extremistas de ambos bandos de que considerasen la posibilidad de transigir. En el Acuerdo de Viernes Santo todos ganaron porque nadie perdió.

Hay grandes palabras de la lengua inglesa que son muy aburridas, y algunas de las más románticas pueden ser de las más inútiles. La palabra «paz», por ejemplo, carece de sentido sin un contexto.

En 1997, Tony Blair y Bertie Ahern fueron elegidos para ocupar los más altos cargos del Reino Unido y de la República de Irlanda e intuyeron que tenían el mandato de sus respectivos electores de intentar conseguir una paz duradera en Irlanda. El senador George Mitchell, que era el enviado especial del presidente Clinton, se convirtió en el encargado de presidir las negociaciones de paz que vinieron después. Participaron ocho partidos políticos diferentes de Irlanda del Norte, tres de ellos ligados a grupos paramilitares (dos unionistas, uno republicano); los dos partidos principales eran el Partido Unionista del Úlster (UUP), liderado por David Trimble, y el Partido Socialdemócrata y Laborista (SDLP), con John Hume a la cabeza. David Trimble arriesgó su reputación entre la comunidad protestante más tradicional que había jurado no negociar jamás con terroristas. Hume vivió por la «no violencia» y, en unas cuantas ocasiones, estuvo a punto de morir por esos principios tan elevados.

Muchas caras desconocidas merecen reconocimiento por su compromiso, pero desde el punto de vista de U2, John Hume fue el Martin Luther King de los Troubles. Hume también ideó la cooperativa de crédito en Derry, que ayudó a los católicos con la vivienda en Irlanda del Norte, todo un desafío, ya que hasta 1969 solo los propietarios podían votar en las elecciones locales. En agosto de 2020, cuando falleció, escribí un micropanegírico para el oficio religioso en la catedral de St. Eugene en Derry:

> Buscábamos un gigante y encontramos a un hombre que hizo que nuestra vida fuese más grande.
>
> Buscábamos superpoderes y encontramos claridad de ideas, bondad e insistencia.
>
> Buscábamos una revolución y la encontramos en las salas de la parroquia con té, galletas y reuniones a última hora de la noche bajo los tubos fluorescentes.
>
> Buscábamos un negociador que entendiera que nadie gana, a no ser que todos ganen y pierdan algo y que la paz es la única victoria.

Uno podría pensar que habría un apoyo masivo a un acuerdo de paz por parte de gente de a pie que solo quería vivir su vida libre del apartheid religioso que se estableció en Irlanda. Pero la amargura puede ser difícil de escupir, así que cuando tuvo lugar el referéndum de 1998, el voto estaba muy reñido. Se hizo famoso un cartel en el ayuntamiento de Belfast, en manos unionistas: «Belfast dice no». (En Navidad tuvieron el detalle de añadir una E y una L: «Belfast dice Noel»). No era gracioso, pero sí lo era. Como el voto joven no se veía claro, tres días antes nos pidieron a U2 que actuásemos en el Concierto por el Sí, junto con la banda de Downpatrick Ash. Estábamos encantados, pero solo accedimos con la condición de que los líderes de los partidos opositores subieran al escenario y se diesen la mano. Y otra cosa (que sonaba aún más improbable): que ni el líder del UUP, David Trimble, ni el del SDLP, John Hume, hiciesen ninguna declaración.

Pedirle a un político que reúna a una multitud y no diga nada era como pedirle a un cómico que suba al escenario y no cuente un chiste. Los dos se quedaron perplejos. Nos pareció que el simbolismo iría más allá que las palabras y además les avisamos de que cualquier político que hable en un concierto de rock se arriesga a que lo abucheen. Eso sería incómodo, así que los dos hombres aceptaron subir, uno por la izquierda y otro por la derecha, y en un momento que explica por qué John Hume y David Trumble ganaron después el Nobel de la Paz, se estrecharon la mano unos tres segundos. Cuando me adelanté para alzar sus manos en el aire, ignoraban que estaban copiando el lenguaje visual de una fotografía de Bob Marley de 1978, tomada cuando dos políticos rivales —Manley y Seaga— subieron juntos al escenario en Kingston, Jamaica, por el miedo a la violencia que envolvía a aquella isla. De nuevo, la fotografía cristalizó algo, una imagen mucho más poderosa que mil palabras.

Faltaba un largo camino por recorrer hasta la paz duradera, pero el 22 de mayo de 1998 el Úlster dijo sí.

El día siguiente a la votación, Irlanda comenzó el lento desmantelamiento de los prejuicios contra las siglas —UDA, UVF, IRA— alejándose de la violencia, mientras los paramilitares prometían cambiar el fusil ArmaLite por las urnas. Esto todavía continúa.

En el bando unionista, David Ervine desempeñó un papel significativo. Gerry Adams, por más que rechazara su participación en la «lucha armada», también merece parte del mérito. Hace falta mucho valor para cambiar de rumbo cuando el coste del camino anterior ha sido tan alto.

Martin McGuinness abandonó los focos paramilitares y pasó a la luz del día de la *realpolitik*. Reconoció haber pertenecido a la dirección del IRA y, cuando él también cambió de rumbo, cambió el curso de la historia… hasta que se convirtió en uno de los dos Chuckle Brothers («Hermanos Risitas») cuando se conoció su amistad con su anterior archienemigo: el pastor protestante Ian Paisley.

Al salir de un acto en Nueva York en 2008, noté una presencia a mi espalda y, al volverme, me encontré con Gerry Adams. Hacía una temporada que él no estaba muy bien de salud, así que le pregunté qué tal se encontraba y le dije que le agradecía que, durante la campaña para anular la deuda de los países pobres hubiese hecho una discreta visita a las oficinas del Jubileo 2000 / Anulad la Deuda en Londres. Cuando me tendió la mano, se la estreché. No creo que fuese más duro para él que para mí. Aprecié el gesto.

Mirando hacia atrás, de no haber sido por el insomnio y las discusiones a medianoche del presidente Clinton con las distintas partes en conflicto, o por la meticulosidad de su caballero andante George Mitchell, no estoy seguro de que se hubiese alcanzado la paz en Irlanda. Creo lo mismo de Bertie Ahern y del primer ministro del Reino Unido, Tony Blair, que pasaron incontables horas hablando y hablando, en lugar de luchando y luchando. Clinton y Blair también empezaron la transformación —aún incompleta— de las relaciones entre las antiguas potencias coloniales y el continente africano. A ambos los presionamos mucho para conseguir la anulación de la deuda. Ningún jefe de Estado trabajó con más ahínco en ello que él y su entonces ministro de Hacienda, Gordon Brown. Entre los dos duplicaron el presupuesto de ayuda al extranjero del Reino Unido. Eso puede parecer abstracto, pero morir por la picadura de un mosquito o por beber agua contaminada no lo es.

En el tercer mandato del Gobierno de Tony Blair, disfruté de una cena tardía en el 10 de Downing Street. Siempre bromeábamos con la vida que podría haber tenido si hubiese seguido siendo el cantante de la banda de rock Ugly Rumours. Tenía buena planta, presencia escénica y una voz melódica. Gordon Brown y él eran tan prolíficos que, medio en broma, yo los llamaba los Lennon y McCartney del desarrollo internacional. Tony Blair no bebía, pero lo convencí para abrir una botella y se bebió una copa y media. Yo debí de beber dos copas y media. Tal vez él perdiera la noción del tiempo —desde luego, yo olvidé que era el primer ministro de Gran Bretaña—, pero, justo después de medianoche, recordó que llegaba tarde a un compromiso importante. Había cierto pánico y buen humor en su cara cuando pronunció una frase de uso tan común que casi pasé por alto su significado:

—¿Te importa si no te acompaño a la salida?

Heme ahí, un irlandés, libre para deambular a mi antojo en la residencia privada del primer ministro británico. Los cambios llegan de forma tan azarosa, pensé... antes de caer en la cuenta de que, en realidad, no sabía dónde se hallaba la salida.

Al ir hacia las escaleras, me pierdo enseguida, soy un niño en unos grandes almacenes, entrando y saliendo de las habitaciones, encendiendo y apagando las luces. Caras conocidas me miran desde las paredes: Winston Churchill, Margaret Thatcher, Harold Wilson.

Y ahí está, David Lloyd George, el primer ministro que había dividido nuestra isla en norte y sur bajo la amenaza de la guerra.

—¡Oiga!, ¿puedo ayudarle?

Un adulto uniformado me encuentra y me acompaña educadamente fuera del establecimiento.

Para conseguir la paz en Irlanda, Blair había estado dispuesto a arriesgar su reputación autorizando reuniones secretas con los líderes de organizaciones paramilitares. Si al principio su fama como primer ministro fue sinónimo de paz, sin duda la puso en peligro al apoyar a George Bush en una guerra impopular en Irak.

El hombre que juntó a las personas estaba también dispuesto a dividirlas.

«TONY BLAIR – CRIMINAL DE GUERRA»

El titular en un periódico irlandés en marzo de 2007, la mañana siguiente a la ceremonia en la residencia dublinesa del embajador británico, donde yo había recibido el título honorífico de caballero de la mesa redonda de Blair, Brown y el Gobierno de Su Majestad la Reina. Por mis servicios por intentar combatir la pobreza en sus antiguas colonias. Aunque tal vez no fuese así como lo formulasen.

¿El titular de periódico? Era una cita de Larry, mi compañero en la banda, que no asistió a la ceremonia. Dudo que él y yo lleguemos a ponernos de acuerdo nunca sobre Tony Blair. Mi propia cita, entonces y ahora, es un mantra más personal: «Transigir es una palabra que sale muy cara. No transigir sale aún más caro».

EL TAÑIDO DE UNA CAMPANA

2015, de vuelta en la alargada pasarela del escenario de Innocence + Experience Tour. «Sunday Bloody Sunday» llega a su fin, y la banda va en fila india hacia el escenario principal. Larry se detiene y se queda solo en la pasarela, una figura a solas tocando un ritmo solitario entre una enorme multitud.

Sujeta las baquetas sobre su cabeza. Su redoble de tambor está a punto de introducir el apocalipsis de «Raised by Wolves» y un coche bomba en Dublín estallando en nuestras pantallas.

Golpea la caja.

Es un disparo.

GOOD, better, best....

ENO + LANOIS

GUCK PANTS Delaney
and how the best of us can
be made better on worse by
the company we keep ......

13

Bad

If you twist and turn away
If you tear yourself in two again
If I could, you know I would
If I could, I would let it go
*Surrender.**

Mi padre, Bob, trabajaba en el servicio postal. Al igual que el de Brian Eno. Mi padre no repartía el correo, pero, siguiendo sus instrucciones, yo sí lo hice, unas vacaciones en el invierno de 1976. No es fácil, con el tiempo, las direcciones, los diferentes tipos de correo. Brian nos decía que podía remontar su estirpe hasta Rafael, en el siglo XVI. A mí parecía increíble que Rafael tuviese un cartero como descendiente, pero Brian no se refería a los carteros: se refería a la escuela artística. Para él, el linaje de las ideas es más importante que el de la sangre. Uno es poseído por sus ideas. Aunque U2 nunca fue a ninguna escuela de Bellas Artes, sí fuimos a Brian. Brian Eno era el teclista de Roxy Music, el gran grupo británico de la era del glam rock. Hay pocos álbumes mejores que los dos primeros de Roxy Music, una especie de anteproyecto del

* «Si te das la vuelta y te vas / si vuelves a partirte en dos / si pudiese sabes que lo haría / si pudiese lo dejaría / Rendirse».

punk rock con sus vivos colores, su sexualidad fluida y su experimentación. En las fotos de la época, Brian lleva plumas de avestruz, y, cuando un escenario abarrotado se venía abajo por Roxy Music, él enterraba la cabeza en el arenero de su sintetizador y hacía toda suerte de ruidos de neón que tal vez al principio no sonaran muy musicales.

Había producido a David Bowie.

Había producido a los Talking Heads.

Se rumoreaba que le habían ofrecido la oportunidad de producir a Television, que fue la confirmación que necesitábamos de que podía transportarnos a otro nivel. En 1983, nos veíamos como una banda de rock a imagen de los Clash, pero quizá nos pareciéramos más a los Who. Nuestras canciones tenían un ansia espiritual y un dramatismo que los Clash eran demasiado astutos para mostrar. Pero, cuando hablamos con Island Records de la posibilidad de trabajar con Brian, no parecieron tomárselo muy en serio.

La conversación fue más o menos así:

—Sois la primera banda británica que podría tener el éxito de los Clash o los Who. A Brian Eno no le gusta el rock. ¿Es que os habéis vuelto locos?

—No.

—¿Habéis oído su último álbum?

—No.

—Acaba de salir.

—¿Y?

—Es un álbum con cantos de pájaros.

El álbum se titulaba *Ambient 4: On Land*.

Éramos una banda de rock, en eso tenían razón, pero eso es lo que «éramos». No lo que íbamos a ser. Aún no sabíamos qué era eso, pero teníamos una intuición, una epifanía lenta de que Brian Eno nos ayudaría a descubrirlo.

Cuando telefoneé a Brian, no demostró demasiada curiosidad por nuestro trabajo. No creo que mintiera cuando dijo no haber oído ninguna de nuestras canciones. En una posición claramente pensada para rechazarnos, empezó a disculparse desde el principio, pero admitió una cosa: un amigo suyo, el trompetista Jon Hassell, le había dicho que nuestra banda tenía algo diferente de los colores habituales del espectro del rock'n'roll. Algo diferente, «otra cosa».

Al parecer eso intrigaba a Brian, porque, como nos explicó, en 2050 la gente miraría a la era del rock con una idea: lo iguales que sonaban todos. Los mismos ritmos, las mismas emociones sacadas del blues y la misma postura antisistema. A mí me costaba admitirlo, sabiendo lo diferentes que éramos de, digamos, Echo and the Bunnymen, y no digamos de los Beatles. Ahora sé que es cierto.

Me dijo que pasar de la menor a re debería estar prohibido en composición, antes de preguntar si estaríamos interesados en hacer un álbum sin acordes menores. Como mínimo, dijo, deberíamos asegurarnos de que el sexo del acorde no estuviese claro. Quería decir mayor o menor. Aproveché la oportunidad.

—Pero si eso es lo que hace Edge con su estilo de guitarra —le expliqué—. Es lo que hace nuestra banda. Compartimos un acorde de guitarra, a menudo un acorde suspendido, e intentamos evitar esas notas típicas del blues que lo ponen en una tonalidad menor o esos tópicos acordes mayores que hacen que todo sea alegre y sonriente.

Brian Eno empezó a mostrar interés.

Seguimos con la conversación. Al final de la llamada aludió a un joven colaborador canadiense, Daniel Lanois, que estaba haciendo un trabajo excepcional grabando a artistas fuera de los ambientes normales de los estudios. Eso coincidía con nuestra idea de dónde íbamos a grabar nuestro cuarto álbum de estudio: en el salón de baile de Slane Castle, una famosa mansión de campo propiedad de Henry Mountcharles, un amigo de Adam. El salón de baile era conocido por su excepcional calidad acústica.

—Quisiera saber si podríais trabajar con Daniel Lanois —preguntó Brian.

—Por supuesto —respondí—, si tú también estás allí.

Alcanzamos un acuerdo y los dos hombres, por razones muy diferentes, llegaron a nuestra vida. Daniel, para desarrollar un nivel de musicalidad que nunca habríamos encontrado sin él. Brian, el ateo iconoclasta, con una secreta afición por los iconos rusos y a la música góspel, para dinamitar el pasado. Y sin acordes menores.

EL MAGO DEL WANDERLUST

A lord Henry Mountcharles le gustaba la música y también estaba intentando encontrar la forma de mantener su castillo, y ahí entrábamos nosotros. Cualquiera que haya visto el salón de baile de Slane Castle se habrá quedado sobrecogido por su esplendor. Lo que nos atraía a nosotros era el esplendor del sonido; íbamos en busca de la gran música; en busca de lo operístico. En ese salón de baile, mientras cantaba «Pride (In the Name of Love)», fue donde me sentí por primera vez como el tenor que mi padre nunca creyó que pudiera ser.

La primera vez que nos vimos me sorprendió: Brian se parecía más a un arquitecto que a lo que yo había imaginado que tendría que ser un antiguo componente de Roxy Music. Llevaba un traje de cuero con una corbata de cuero y una camisa, pero no al viejo estilo punk. Era elegante. Verdaderamente elegante. Casi meticuloso. Y, sin embargo, seis meses después, cuando terminó de producir *The Unforgettable Fire*, ya no lo parecía tanto. Era un hombre destrozado, que rogaba que lo llevásemos al aeropuerto, que dormía en el suelo debajo de la mesa de mezclas. A pesar de ser él la atracción principal, me sorprendió la humildad de Brian en el estudio. Se decía que había tenido dificultades con los Talking Heads, al parecer porque quería trabajar con David Byrne en solitario. Desde luego, no le pasó lo mismo conmigo, se centró en cada uno de los miembros de la banda e hizo que todos nos sintiésemos muy especiales.

Larry no sabía qué pensar de él, pero «Danny Boy» Lanois se ocupó de todo. Danny llegó con todo tipo de tambores y enseguida empezó a hablar de cómo podríamos conseguir un enfoque rítmico único de la música de rock sin usar cajas de ritmos, que también estábamos utilizando.

A Larry no le gustaban las cajas de ritmos. La razón por la que a Larry Mullen no le gustaban las cajas de ritmos es que Larry Mullen es una caja de ritmos. Tiene un increíble sentido del tiempo. Podría haber estado en Kraftwerk.

Danny y él tuvieron una extraordinaria relación profesional.

—¿Habéis probado a apagar la caja? ¿Habéis probado a trabajar con timbales?

Aunque Danny había llegado como socio de Brian, al principio lo hizo casi adorándolo. Nosotros descubrimos que este hombre era, también él, un músico con unas cualidades excepcionales. Nunca he visto a nadie tocar un instrumento como él, ya sea una batería, una guitarra, una guitarra con *slide*, unas maracas. Muchos pueden decir que aman la música, pero, según mi experiencia, muy pocos pueden decir que la música los ame a ellos, no como la música amaba a Daniel Lanois. Como el rey David en la Biblia, afligido por un demonio que solo la música podía acallar, cuando la música iba bien, Danny también estaba bien. Cuando la música no iba bien, el profundo pozo que había en su interior parecía enturbiarse y empezaba a gruñir y a ponerse quisquilloso. La música era como el oxígeno para Danny; sin ella, se asfixiaba.

Lo que nos llevó a Brian fue el *wanderlust*. Teníamos la costumbre de hablar de los tres colores primarios del rock'n'roll —bajo, batería y guitarra—, pero hay veces en que la paleta parece limitada y quieres extenderla lo más posible en una banda como U2. Como grupo a veces envidias a los intérpretes solistas, artistas que pueden usar nuevos grupos de música cada vez. David Bowie pasó en un año de trabajar con Mick Ronson y los Spiders a hacerlo con Carlos Alomar. Pasó del rock teatral ultra inglés a un rhythm and blues estadounidense con mucho sentimiento. Cambió la banda cuando cambió de sonido.

Esto no es tan fácil si estás en un grupo. Los Beatles utilizaron la orquestación y la habilidad de George Martin como arreglista para llevarlos a nuevos lugares acústicos y armónicos. En algunos aspectos habíamos crecido en torno a la electrónica de mediados de los años setenta, no solo en torno a Kraftwerk, sino en torno a Can. Edge había tocado con Holger Czukay. Pero, en 1984, sentíamos un *wanderlust* musical. No queríamos las voces frías y distantes de la música electrónica, pero ¿cómo sería oír a Van Morrison cantar con D.A.F.? ¿Qué había hecho Donna Summer grabando con Giorgio Moroder? De hecho, Brian había llevado la canción «I Feel Love» al estudio con David Bowie cuando estaban trabajando en *Low* en Berlín, un momento en el que entendieron que todo tenía que cambiar.

Con esa idea nos centramos en nuestra canción «Bad». La mayoría de la gente no atiende a las similitudes entre Lou Reed y Van Morrison, no se da cuenta de que recurren a los mismos arpegios, a las mismas repeticiones de acordes; que invocan el mismo hechizo, el uno con sus inexpresivas historias neoyorquinas, el otro con su voz y su sentimiento extraordinarios, entre los mejores cantantes masculinos, sin duda alguna, ahí arriba, con Sam Cooke y hasta con Elvis. Con «Bad» buscábamos la intensidad de Van Morrison y la poesía callejera de Lou Reed. Por desgracia, la poesía no era tan elocuente.

Por desgracia, la canción nunca se acabó.

Por desgracia para el letrista, a Brian Eno le encantaba el sonido de las canciones inacabadas.

Por suerte, para quienes creen que «Bad» es uno de nuestros mejores momentos, Brian se salió con la suya. Y, aunque me paso todas las noches rellenando los huecos de la letra no escrita, veo que es música vocal, invocación, canto glosolálico. Veo cómo transporta a la gente.

Comprendo que es imposible captar la sensación de desconcierto en torno al consumo de drogas intravenosas, el de heroína en concreto. El hermano pequeño de Guggi, Andrew «Guck Pants Delaney» Rowen, estuvo en mi imaginación mientras salpicaba y manchaba el lienzo de pintura. Impresionismo, expresionismo, intentar abarcar demasiado… es una impertinencia imaginar que yo pudiera ponerme en la piel de «Guck Pants», pero eso es lo que estaba haciendo. Un intento, consciente e inconsciente, de compenetrarme, una conversación con alguien que no estaba allí. Pasarían años antes de que eso pudiera ocurrir. Era imposible no querer a Andy, aunque fuese un fantasma buscando su cuerpo. Su familia y amigos tenían muchísimo miedo de perderlo en la ola del desmesurado consumo de opiáceos que fue la plaga de tantas ciudades y suburbios a principios de la década de 1980. Pero hay pocos vínculos tan fuertes como la adicción. Lo intenté. Fracasé. «Inarticulate Speech of the Heart» es como llamaba Van Morrison a esa poesía.

«¿ME FIRMAS UN AUTÓGRAFO?»

En julio de 1984, mientras grabábamos *The Unforgettable Fire* con Brian y Danny, los terrenos de Slane se utilizaron para lo que resultó ser un masivo concierto de Bob Dylan.

Bob Dylan ocupaba para mí el mismo lugar en la poesía que Yeats, o Kavanagh, o Keats, pero tenía dos cualidades más que lo alzaban aún más alto en mi firmamento: sus preguntas celestiales y su sentido del humor terrenal. En sus primeros conciertos en Greenwich Village, Bob Dylan hacía imitaciones de Charlie Chaplin entre canción y canción, y tiene algo de diablillo. Algo que es imposible que no te guste cuando lo ves. A finales de la década de 1970 recordó al mundo que el cristianismo empezó siendo una secta judía, y contó que había tenido una visión de Cristo que había salvado su vida. Las visiones son de rigor para los poetas, pero el humor no. Bob Dylan me ha hecho reír más con sus grabaciones que ningún otro artista consagrado, y, aun cuando no lo hubiese conocido en 1984, dormir en el mismo sitio que este trovador y viajero en el tiempo iba a honrar con sus canciones ya habría sido un regalo. Yo estaba tan emocionado que apenas podía hablar el día del concierto, y en ese momento un desconocido me dio unos golpecitos en el hombro.

—¿Me firmas un autógrafo? —me preguntó Bob Dylan.

Ahora veo que fue algo muy típico de Bob Dylan, girar las tornas por completo. ¿Que cómo es toparse con Bob Dylan? Pues como toparse con Willie Shakespeare. Supe que estaba pisando terreno sagrado, aunque no fuese terreno sólido. Yo no era digno de atarle los cordones de los zapatos, pero recuperé la compostura y le desafié a jugar una partida de ajedrez.

Sí, eso es: una partida de ajedrez.

Bob Dylan me había invitado al *backstage*, a una especie de carpa donde yo iba a entrevistarlo a él y a Van Morrison, para la revista *Hot Press*, y a preguntarles a ambos por el amor que sentían por la música tradicional irlandesa. Bob recitó «The Auld Triangle», que habían hecho famoso Brendan Behan y su hermano Dominic. No cuatro estrofas, ni cinco… las seis. Se sabía de memoria unas estrofas que ni siquiera la mayoría de los irlandeses conocen. Me contó que había crecido oyendo a baladistas irlandeses: en la época en que vivió en el West Village pasó muchas noches escuchando a los Clancy Brothers y a Tommy Makem. Se extendió sobre las virtudes de la familia McPeake. ¿Los McPeake? Yo no había oído hablar nunca de ellos. Van dijo que eran del norte de Irlanda, lo cual podía ser una explicación de que yo, que era del sur, no los conociera. Algo empezaba a encajar.

—¿Cómo es posible que no los conozcas? —me preguntó Bob—. Es fundamental para el mundo, y no digamos para Irlanda.

Busqué una respuesta.

—No sé, es como si nuestra banda viniera del espacio exterior, de las afueras de una capital cuyas tradiciones no son las nuestras, un lugar de sufrimiento que no nos interesa; estamos intentando empezar de nuevo. Esos vejestorios son el enemigo —continué, añadiendo con generosidad—: Salvo unas pocas excepciones…

En ese momento el artista más serio e importante en mi vida se marchó para maquillarse de payaso.

Tuvo que ser la estrella del documental *Don't Look Back* quien me enseñara que, antes de ir a ninguna parte, era esencial saber de dónde venías. El *wanderlust* tenía que ir en las dos direcciones.

A partir de ese día, al tiempo que nos precipitábamos hacia el futuro con Brian Eno, nos deslizaríamos como agua por el sumidero hacia el pasado con Daniel Lanois, descenderíamos por los desagües hasta los ríos y las zanjas donde todo se mezcla y se utiliza como compost. De ahí es de donde viene la música: del agua. (Y, ahora que lo pienso, es algo que muy bien podría haber escrito Bob Dylan).

Esa noche nos invitó a Carlos Santana y a mí a cantar con él «Blowin' in the Wind», pero no estoy seguro de supiese muy bien lo que hacía al pedirme que compartiésemos escenario. Fue raro. El chico sin pasado se atrevió a improvisar-reescribir una de las canciones más famosas de la historia de las canciones famosas.

Desde nuestros inicios como banda yo me había dedicado a escribir letras, pero los riesgos de algo semejante tendrían que haber estado claros delante de un campo lleno de fans de Dylan pendientes de cada una de sus palabras. Y dispuestos a ahorcarme si cambiaba una sola palabra. La estampa más bonita —una tarde de verano, el río Boyne a nuestras espaldas, un castillo en la colina sobre una media luna de devotos reunidos— estaba a punto de estropearse. Al principio, noté cierto orgullo local en el público —es uno de los nuestros, está en el escenario con el gran hombre—, pero enseguida se convirtió en miradas de desconcierto. Luego de estupefacción. Luego de vergüenza.

—No se sabe la letra.

—Se la está inventando.

—No es que sea muy buena.

Salté a lo desconocido y descubrí que no sabía volar. Estaba soplando en el viento. Me estaba peyendo en el viento, un pedo colosal.

Joven, seguro de mí mismo… y totalmente equivocado.

—Yo cambio continuamente la letra —me dijo después Bob, muy generoso—. Nada está fijo en el tiempo.

EL TENSADO DEL LIENZO CON BRIAN ENO

Brian Eno se levanta temprano, va al estudio de grabación antes de desayunar y prepara un escenario donde pueda haber riesgo y creatividad. Brian es único. Como decían los Neville Brothers, los amigos de Danny de Nueva Orleans, al verlo mezclar cantos de pájaros con partes hechas con sintetizador.

—No está mal, ¿eh? Es algo diferente. —Una mirada de reojo a Danny—: ¿De dónde has sacado este gato?

Brian odiaba la «jerga de los músicos». Por ejemplo, nunca usábamos la palabra «riff». Él lo llamaba una «figura». Una «figura de guitarra». Nunca decía «sonido» sino «sónico». Todos los días anotaba sus ideas en sus diarios de tapa negra, a veces palabras, a veces un dibujo o un diagrama. Un día podía ser un concepto académico y esotérico y otro, un dibujo obsceno. Pero se tomaba sus ideas en serio. A Brian le encantaba hablar de sexo, no como se hace en los vestuarios —que no nos parecía guay—, sino de manera científica. Por ejemplo, hay una entrada maravillosa en *A Year with Swollen Appendices,* donde describe la sensación de tener una erección mientras nada en la pequeña piscina que hay al lado del restaurante La Colombe d'Or en Saint Paul de Vence. Brian se ríe de su propia intelectualidad.

La naturaleza cerebral de nuestras investigaciones, en concreto las mías, a veces puede parecer pretenciosa. Excepto con Brian. Pasar tiempo con Brian era un salvoconducto para ser presuntuoso. No estaba interesado en ninguna conversación que no llevase a alguna parte. Por ejemplo, hablábamos mucho de la influencia de la cultura africana y de cómo la música atonal de pregunta y respuesta estaba dando a luz a una nueva forma en la cultura popular llamada hip-hop. Era sorprendente cómo esta música originalmente africana estaba llegando por medio de esos artilugios electrónicos —los samplers y las cajas de ritmos— soñados por ingenieros británicos como Clive Sinclair o diseñadores estadounidenses como Roger Linn.

Yo estaba fascinado con la obra del director de cine originario de Galway Bob Quinn, que remontaba la música irlandesa al norte de África y a Oriente Próximo. Mediante la obra de los musicólogos, las viejas melodías irlandesas podían rastrearse como si fuesen pisadas a lo largo del Sahel y de Oriente Próximo. Ali y yo acabábamos de volver de El Cairo tras el rastro de estas melodías.

He usado la palabra «investigación» para describir esta época porque ahí es donde estábamos, en un punto de investigación en la música, la religión y la política. Al ser una banda formada por dos protestantes y medio y un católico y medio, como es natural no nos apoyábamos en lo irlandés tradicional, porque ninguno tenía una idea muy clara de qué era eso. Tal vez fuese bueno, porque, si estábamos dando forma a nuestro *wanderlust* musical mirando por el espejo retrovisor, Irlanda quizá necesitaba mirar un poco menos.

Muchos de nuestros siguientes viajes como banda empezaron con estas conversaciones en Slane Castle mientras grabábamos *The Unforgettable Fire*.

Una línea que conduciría a *The Joshua Tree* tres años después, mediante paradas en Estados Unidos con Amnistía Internacional, mi estancia con Ali en Etiopía, el Chicago Peace Museum y el hecho de cantar con Keith Richards, para apoyar el movimiento antiapartheid, una canción titulada «Silver and Gold».

Todos los viajes pueden remontarse a una mesa de cocina en un castillo con Brian y Danny. Tal vez esa fuese la primera vez en que nos sentimos artistas. En el tutorial en que se convirtió el tiempo que pasamos con Brian Eno, empezamos a tomarnos las minucias de nuestras propias vidas con más seriedad.

—Es lo único que tenéis —decía el hijo del cartero—. Eso es. Vuestros pensamientos deciden quiénes sois.

I was discovering that adventures
in the wider world are often
attempts to discover who we are
when we are alone in our room
with the lights off

outside its America........
inside its America too
Bullet the Blue Sky
Bullet the Blue Sky

14

Bullet the Blue Sky

In the locust wind
Comes a rattle and hum.
Jacob wrestled the angel
And the angel was overcome.

You plant a demon seed
You raise a flower of fire.
See them burnin' crosses
*See the flames, higher and higher.**

La violencia es uno de los recuerdos más marcados de mi adolescencia. La violencia en el norte del país, la violencia a la vuelta de la esquina, la violencia detrás de puertas cerradas, en las casas de los vecinos. La violencia mental, la paliza para intimidar a un amigo gay. Aunque no fuese cierto, siempre parecíamos estar cerca de algún tipo de enfrentamiento. *Bullying.* De adolescentes, Guggi y yo planeamos una estrategia doble:

* «Con el viento de langostas / llega un traqueteo y un murmullo / Jacob peleó con el ángel / y el ángel salió derrotado. / Plantas una semilla del diablo /cultivas una flor de fuego. / Los vemos quemando cruces / vemos las llamas, cada vez más altas».

239

1. Hacernos amigos del enemigo, si era posible.
2. Si no, decirnos a nosotros mismos que les daríamos una paliza.

No era muy sofisticada y, por supuesto, no siempre cumplimos con estas fanfarronadas, pero, al final de la adolescencia, uno ya debería haber dejado de pensar así. «Seamos hombres de mundo –dice mi amigo Carmodog–. Pero no de este».

Incluso en mi vida espiritual la «guerra» aparecía constantemente. Había subrayado con un rotulador amarillo fosforescente uno de mis pasajes favoritos de la Biblia, la carta de san Pablo a los nuevos creyentes de Éfeso: «Vestíos de toda la armadura de Dios, para que podáis estar firmes contra las asechanzas del diablo. Porque no luchamos contra sangre y carne; sino contra principados, contra potestades, contra señores del mundo, gobernadores de estas tinieblas, contra malicias espirituales en los aires».

Es una letra muy buena para una canción. Supuse que Nick Cave debía de haberla leído también. Tal vez Shane MacGowan. Sin duda, la vieja guardia (Bob Dylan y Leonard Cohen) conocía la Biblia del rey Jacobo en letra gótica.

Aunque hoy pueda sonar un poco como «Adelante, soldados cristianos», en ciertos aspectos me sigue pareciendo que el mundo está en guerra consigo mismo. Lo diferente es que en estos días es más probable que intente cambiar algo de mi propio comportamiento que el de otra persona. Poco a poco he llegado a comprobar que, si queremos entender las fuerzas a las que nos enfrentamos, familiarizarse con la idea opuesta a la que defiendes es una ayuda. Antes de combatirla.

Lo malo conocido. Al subir al ring, el púgil más preparado es el que ha intentado conocer a su adversario. Sobre todo si eres tú mismo.

EL VERGONZOSO SONIDO DE LOS DISPAROS

Estaba descubriendo que las aventuras en el mundo exterior a menudo son intentos de descubrir quiénes somos cuando estamos a solas en nuestra habitación con las luces apagadas. Esto no explica del todo por qué, a finales de la primavera de 1986, en un momento en que la zona estaba sufriendo agitación, revoluciones y violencia, convencí a Ali de visitar América central.

Entiendo que «liberación» es una palabra a la que aferrarse como si tu vida dependiera de ello, pero también conviene tener presente que «liberación» es también una palabra a la que se han aferrado más muertos que a ninguna otra. La liberación como idea ha costado muchas vidas. Me había interesado por la teología de la liberación, una fusión de principios políticos de izquierdas con ideas bíblicas surgida en Sudamérica. Los evangélicos de Estados Unidos habrían apreciado el conocimiento de las Sagradas Escrituras de estos creyentes del sur y sus sacerdotes radicales, pero no tanto la visión que les ofrecía: una visión según la cual las fuerzas políticas estadounidenses habían sometido a los pueblos de América central.

En Nicaragua había habido una revolución que muchos, en Estados Unidos, temían que pudiera extenderse al norte, temían que la frontera con México quedase desprotegida y fuese tomada por Marx y Lenin. Cerca, El Salvador parecía confirmar esta paranoia y, con una típica mentalidad fruto de la Guerra Fría, Estados Unidos apoyaba su junta militar. Solo porque no era comunista. Por miedo a que los buenos se conviertan en comunistas, apoyamos a los malos para que los tengan a raya.

En todo El Salvador la gente desaparecía. Camino de un pueblo, no mucho después de volar a la capital de San Salvador, pasamos al lado de un cadáver al borde de la carretera que acababan de arrojar desde un todoterreno que huyó a toda velocidad. Al detener nuestro coche, vimos que el muerto tenía una nota clavada en el pecho: «Esto es lo que le ocurre a quien intenta traer la revolución».

Después nos contaron por qué nadie se había acercado al cadáver. Incluso los lugareños apartaban la mirada. Si los identificaban como conocidos de ese hombre, el suyo podría ser el siguiente cadáver que apareciera en la cuneta. Estábamos internándonos en la pesadilla que era El Salvador a mediados de la década de los ochenta.

En mitad del horror, había algo casi tragicómico en el modo en que la policía secreta, la responsable de raptar a la gente y de hacerla desaparecer, viajaba siempre en los mismos todoterrenos japoneses con las ventanillas tintadas. No daba la impresión de ser muy secreta. Pero no era tan estúpida como pudiera parecer. Se trataba de una estrategia de intimidación. Aparcar uno de esos vehículos a la puerta de una escuela o de una iglesia era una advertencia: «Estamos aquí; te estamos viendo. Podemos garantizar que nadie más… jamás».

De madrugada habían raptado en redadas a mucha gente a la que no se había vuelto a ver. Escribí la letra de «Mothers of the Disappeared» después de conocer a unas madres salvadoreñas que no solo habían sufrido el dolor de perder a sus allegados, sino el agravio de no poder recuperar sus cadáveres. Ali aún no era madre, pero la vi debatirse con una pérdida que podía —y no podía— imaginar. Sin embargo, el Gobierno que financiaba a esa policía secreta era el mismo que apoyaba el yanqui, el mundo occidental.

Unos días después fuimos en coche a la zona rebelde, en compañía de unos voluntarios de Central American Mission Partners (CAMP), una ONG estadounidense en favor de los derechos humanos que ofrece protección y ayuda a quienes han sufrido amenazas de muerte. Estaba Saúl, nuestro guía y asesor local, estaba Dave Batstone, el jefe del grupo, además del amable Harold Hoyle, que había viajado desde el norte de California con una tabla de surf en la baca de su viejo BMW, y de Wendy Brown, otra estadounidense idealista decidida a acompañarnos en lo que habría podido describirse como un experimento colectivo de periodismo gonzo sensiblero. Ali y yo no deberíamos haber estado allí.

Cuando nos bajamos de los coches y entramos en la selva a pie, oímos una especie de trueno y notamos cómo temblaba el suelo. Estábamos lejos, pero pudimos ver un avión militar dando vueltas en torno a un pueblecito en la pendiente soltando lo que nos dijeron que eran bombas incendiarias sobre un enclave rebelde. La estrategia del Gobierno era dar al pueblo una fecha límite de evacuación y, después, intentar apresar o matar a los guerrilleros en su huida. Y, si no huían, pues… ¿qué más da? Lo llamaban la «estrategia del acuario vacío»: vacía de agua el acuario y los peces se morirán. Ese es el aspecto que tiene la política lejos de las órdenes que autorizaban esos asesinatos.

El día era más húmedo y pegajoso de lo normal; el calor se convertía en sudor frío, que brillaba en nuestro rostro congestionado. Yo tenía sensaciones que no había experimentado desde que era adolescente, sensaciones en la boca del estómago, una amenazadora opresión. Mi chulería me impedía expresar mi inquietud y, en cualquier caso, nuestros guías salvadoreños no parecían muy preocupados, pues, al parecer, a diario corrían ese riesgo. Anduvimos una hora o más a lo largo de una cordillera entre la vegetación tropical, cuando nos cruzamos con un grupo de rebeldes armados. Algunos tenían como mucho quince o dieciséis años, y el gesto desafiante de una de las camaradas se quedó grabado en mi memoria. El tiempo en sus ojos parecía decir mucho más de lo que yo podía entender, aparte de: «Te desafío a no ver el fuego en mi interior». Yo sabía a qué se refería.

Otro día, al cruzar a pie una zona de pastizales, tuvimos que detenernos cuando unos soldados rebeldes salieron de los arbustos y empezaron a disparar ráfagas por encima de nuestras cabezas. Nos quedamos quietos, con el corazón encogido, temiendo lo peor, hasta que oímos sus risas burlonas. Cuando sus caras aparecieron entre los árboles, sus amplias sonrisas dejaron paso a unas pícaras risas. Solo habían intentado asustar a los yanquis.

Era la primera vez que oía disparos fuera de un campo de tiro y fueron unos estampidos que nunca olvidaré. Una especie de «¡ra-ta-tá!» más que de «¡pam-pam-pam!». Un ruido vergonzoso.

En una pendiente, vimos un eslogan pintado con espray en la pared de una granja: «¡Que te den por culo, Jesús!». A Ali y a mí nos impresionó aquel grafiti, al pensar en que nos habían dicho que los sacerdotes radicales pintaban a Cristo como un amigo de los pobres.

—No, no, no es Jesucristo —nos explicó el guía, poniendo los ojos en blanco y convirtiendo la jota en una hache aspirada—. Es «Hesú», que vive a la vuelta de la esquina. «¡Que le den a ese Hesú!». Incluso ahí se podía uno reír; de hecho, resultaba esencial. Al parecer no era tan distinto de la guerra, había más de un Jesús en El Salvador y en Nicaragua.

Parece justo decir que mis ensoñaciones adolescentes de ser corresponsal de guerra no explican de forma apropiada aquellas coordenadas geopolíticas, más allá de apoyar a esa pequeña agencia de ayuda y desarrollo. Lo que yo tenía era el deseo de ir más allá, una necesidad de comprender el mundo que me rodeaba, una comprensión que sabía que tendría que ver más con mostrar que con decir, con sentir y no solo con ver. Un relato diferente.

Cuando aterricé de regreso en Irlanda, le conté a Edge lo que había visto y llevé conmigo unas cintas con noticiarios para enseñárselos a la banda en el estudio que habíamos instalado en Danesmoate. Lo que queríamos saber era: ¿podría Edge imitar el ruido de esos cazas volando bajo? ¿Y Larry el ruido del suelo al temblar? ¿Podría Adam aterrorizarnos con el estruendo de su bajo? ¿Podríamos contar la historia de esta gente en la canción «Bullet the Blue Sky», que surgía de la melodía del bajo de Adam?

Aunque no lo consiguiéramos, decidimos intentarlo, y «Bullet the Blue Sky» se convirtió en el lienzo en el que pintaríamos nuestro mural centroamericano. En el que pintaría con espray mi primera diatriba.

And I can see those fighter planes
And I can see those fighter planes
Across the mud huts as children sleep
Through the alleys of a quiet city street.
You take the staircase to the first floor
You turn the key and you slowly unlock the door
As a man breathes into his saxophone
And through the walls you hear the city groan.

Outside, it's America
Outside, it's America
America.*

Ninguno de nosotros habría podido adivinar cuánta improvisación inspiraría esa versión original de «Bullet the Blue Sky». La publicación de *The Joshua Tree* en marzo de 1987 y los años que siguieron vieron a la banda machacando continuamente la política exterior estadounidense. No había dudas de dónde estábamos. Detrás de las barricadas. A principios de los años noventa, en el ZOO TV Tour, yo satiricé sin cesar a la Administración estadounidense. Detrás de las barricadas.

FUERA ESTÁ ESTADOS UNIDOS

Doy un salto hacia delante hasta un sueño que tuve hace poco sobre el Pentágono. En mi sueño es el 23 de enero de 2008 y estoy sentado a una mesa de roble de seis por seis, en la sala 3E880, en el interior de la fortaleza de cinco paredes, con Robert Gates, el secretario de Defensa de Estados Unidos. Una falange de generales —no estoy seguro de si eran de tres, de cuatro o de ninguna estrella—, sentados con su estado mayor en torno a la sala, están obligados a escucharme. Me siento avergonzado; pero no lo suficiente. ¿No pueden sentarse esos héroes de guerra a la misma mesa que el jefe de los militares de Estados Unidos? ¿Ni siquiera cuando este solo está hablando con el tipo que escribió «Bullet the Blue Sky»?

Lo que más asusta en el sueño no es el poder de fuego cruzado de los hombres del complejo industrial militar. Lo que asusta es lo

---

* «Puedo ver esos cazas / Puedo ver esos cazas / entre las cabañas de barro mientras duermen los niños / entre las callejuelas de un tranquilo barrio de la ciudad. / Subes por las escaleras hasta el primer piso / giras la llave y abres despacio la puerta / mientras un hombre toca el saxofón / y a través de las paredes se oye el gemido de la ciudad. / Fuera está Estados Unidos. / Fuera está Estados Unidos / Fuera está Estados Unidos. / Estados Unidos».

cómodo que estoy, lo terriblemente inteligentes que me parecen este hombre y su equipo.

Lo que más asusta es que no es un sueño.

Es un recuerdo.

Es la prueba irrefutable de que, veinte años después de escribir esta canción, ya no se trata de que «fuera esté Estados Unidos». Ahora estoy dentro. Justo dentro. He subido al otro lado de la barricada.

Aun cuando lo haya hecho para defender —como estamos haciendo ante los militares estadounidenses— que invertir en la Agencia de Estados Unidos para el Desarrollo (USAID) es invertir en la paz y la seguridad en lugares lejanos donde la pobreza es una invitación a los estados fallidos y los malos políticos, una invitación al caos sociopolítico.

Y aun cuando el secretario de Defensa coincida en que, en los países en vías de desarrollo, es más barato prevenir los fuegos que apagarlos.

Se trata de un gran paso desde Centroamérica en 1986.

Ahora, incluso un antiguo comandante en jefe de la OTAN, el general Jim Jones, canta la misma canción. E incluso —agárrate— el futuro secretario de Defensa de Donald Trump, el general James «Mad Dog» Mattis, se opuso a su presidente. Parafraseo: «Si van a recortar USAID, cómprenme más balas».

Incluso, a pesar de todo eso, mi subconsciente sigue preocupado por el hecho de que este pacifista se encuentre tan cómodo en el Pentágono. Y no digamos por la conciencia de los muy pacifistas miembros de U2.

Me han divertido estos impulsos, en apariencia contradictorios, de estar a ambos lados de la barricada. He utilizado muchos de ellos delante de la banda y de nuestro público, y he empleado a menudo «Bullet the Blue Sky» como un alto edificio desde el que saltar.

La canto, la interpreto.

Me supero a mí mismo, al cambiar las tornas sobre mí mismo.

La clave es la parte del bajo de Adam Clayton. No estoy seguro de que esté en ninguna tonalidad —ninguna que yo sepa reconocer—, pero la banda ha llegado a tocar la canción siete u ocho minutos y esa línea del bajo nunca pierde fuerza.

Junio de 2015, estoy en el United Center de Chicago y me estoy empleando a fondo, gritando por un altavoz adornado con las barras y estrellas, soltando verdaderos improperios, auténticos insultos reservados normalmente para ideologías extremistas o para las personalidades que las encabezan. Esta versión de la canción nace de una conversación con el dramaturgo irlandés Conor McPherson. Además de autor dramático, es músico de jazz.

This boy comes up to me
His face red like a rose on a thorn bush
A young man, a young man's blush
And this boy looks a whole lot like me
And the boy asks me
Have you forgotten who you are?
Have you forgotten where you come from?
You're Irish
A long way from home
But here you are, all smilin' and makin'
*out with the powerful.**

La boca todopoderosa está en medio de una enconada batalla entre mi yo más joven y mi yo más viejo. Cuando el joven le reprocha al viejo ser «parte del problema y no parte de la solución» parece un ejercicio de autoflagelación, pero al final de la canción el pragmático del tiempo presente resiste bastante bien su pasado tan dado a los sermones.

---

* «Un chico me aborda / con la cara roja como una rosa en un espino / es un joven, el rubor de un joven / el chico se parece mucho a mí / y me pregunta: / ¿has olvidado quién eres? / ¿Has olvidado de dónde vienes? / Eres irlandés / estás muy lejos de casa / pero hete aquí: sonriendo y codeándote / con los poderosos».

He utilizado este truco retórico para captar la dialéctica que hay en el fondo de *Songs of Innocence* y *Songs of Experience*, un par de álbumes inspirados por un poemario de William Blake. Dicen que hablar con uno mismo es una señal de falta de salud mental, pero este tipo de reflexión propia hablada no solo era divertido: me ayudaba a ver más claramente la mundanidad que podría haberme embargado en los últimos veinte años, una mundanidad que mi yo de veinte años no habría tenido paciencia para resistir. De joven veía un mundo monocromo, en blanco y negro, con algunos matices de gris. (Tal vez). La mayor parte del tiempo era nosotros y ellos. Mis amigos y yo, Ali y yo, la banda y yo, contra el mundo.

La rabia está bien. Como escribió y cantó John Lydon, «la rabia es una energía». Desde luego, es una energía con la que me he sentido cómodo, con la esperanza y la creencia de que la rabia fuera justa. Sin embargo, por desgracia, a veces me domina una rabia hipócrita, que no está bien, que es desagradable, que no es buena.

Pero ¿la rabia justa?

Deja que me enfurezca.

Los matones han gobernado el mundo desde el principio. Casi todos los países están dirigidos por pandillas. «Élites» es otra palabra para «pandillas». Apenas hay algún país importante que no se haya visto implicado en algún tipo de matonismo geopolítico.

Y el matón puede tener muchas caras. Desde los malvados evidentes, como Putin o Stalin, que purgaba a los rusos que llevaban gafas, porque la gente que leía libros constituía una amenaza para él, o el presidente Mao, que puso fuera de la ley los pájaros y las flores de colores porque eran decadentes. Hasta nuestros vencedores occidentales de la guerra que lanzaron la bomba atómica sobre Nagasaki o arrasaron Dresde cuando la guerra había concluido, y en mi época bombardearon en secreto Camboya para no ganar la guerra de Vietnam. Y, más cerca de casa, las atrocidades de los paramilitares planeadas para protestar contra las atrocidades militares.

Pero hay otro tipo de matón.

Las circunstancias.

Cuando seres sensibles como tú y como yo no pueden buscarse la vida porque no pueden encontrar comida.

our language remembers the word "keening" to explain the inexplainable

15

Where the Streets Have No Name

I want to run, I want to hide
I want to tear down the walls
That hold me inside.*

Una niebla se levanta del suelo. La tierra roja de Etiopía exhala. El país respira. Está vivo, por los pelos, pero está vivo. Un latido murmura debajo de la epidermis de tierra roja, un ritmo debajo del suelo de lona de una tienda en la que Ali y yo llevamos durmiendo desde hace un mes.

La tienda está montada en una ciudad llamada Ājbar, en la provincia de South Wollo, al norte de Etiopía, en un orfanato y centro de distribución de alimentos. Es otoño de 1985, la hambruna etíope. El mundo no ha visto nunca una hambruna así desde las de Bangladesh y Camboya, diez años antes. Es una hambruna terrible que, además de poner patas arriba la vida de una gran nación, está a punto de darle la vuelta a dos vidas insignificantes: la de Ali y la mía. Jamás volveremos a ser los mismos. Esta mañana nos ha despertado un latido volcánico que ahora se está acelerando como si fuese a tener una parada cardiaca. Unos golpes tan fuertes que el suelo sobre el que dormimos tiembla como si unos críos persiguiesen a

---

* «Quiero correr / quiero esconderme / quiero derribar los muros / que me retienen».

un animal salvaje con un machete. De hecho, es un animal salvaje al que persiguen unos chicos con un machete.

No es muy salvaje, pero es un animal al que están sacrificando en la hierba húmeda al lado de la tienda. Cuando me asomo a través de las solapas de lona de la puerta, veo llegar a su fin la extraña corrida de toros: el animal cae al suelo, con el cuello rajado, mientras el vapor se alza de un río de sangre que serpentea entre la hierba. Un grupo de muchachos se ríen, con los ojos del tamaño de su apetito. Unos chicos jóvenes con sonrisas tan amplias como podrían haber sido sus horizontes, si hubiesen nacido en otro sitio. Aún más amplias son las diferencias que han desgarrado este país y que han dejado a Etiopía en caída libre con un Gobierno autocrático neocomunista que hace más daño que la casa real del emperador Haile Selassie, derrocado hace casi una década.

En el último mes hemos encontrado las risas y el desafiante buen humor de muchos, pero los gritos de alegría de estos chicos nos recuerdan a cómo son los críos en casi todas partes. Nos recuerdan que en muy poco tiempo nos hemos acostumbrado a la muda agonía que acompaña los estómagos hinchados por la malnutrición y la pobreza extremas. Con regularidad el sordo murmullo del pesar alcanza un *crescendo*. Puede que se haya vuelto demasiado corriente, pero aquí la muerte sigue siendo importante. Y el dolor es dramático, no como los sollozos a los que estamos acostumbrados en casa. Aquí es un llanto que te hiela la sangre, un grito perturbador que atraviesa del abismo que separa a los vivos de los muertos. Tal vez hace mucho tiempo, en Irlanda, en nuestra propia hambruna a mediados del siglo XIX, también expresásemos así nuestro dolor. Nuestro idioma recuerda la palabra «lamento» para explicar lo inexplicable, y aún se oye en algunos lugares de Irlanda.

Pero el sacrificio que observamos a través de las solapas de lona de la tienda es diferente.

La lenta carnicería que describe la obscenidad de una hambruna en un mundo de abundancia está mal gestionada y peor planeada. Hoy, por primera vez en mucho tiempo, algunas personas de este campamento obtendrán las proteínas que necesitan de esta carne. Es el amanecer de nuestro último día en esta pequeña ciudad rural, cuyo rasgo más notable se puede vislumbrar a varios kilómetros de distancia: una meseta histórica que se rumorea, oímos decir, que era uno de los refugios del emperador Menelik y que está relacionada en las leyendas etíopes con la reina de Saba, con Salomón, con la estirpe de David y con las Escrituras hebreas.

Algunas mañanas, en Ājbar, el suelo está húmedo y cubierto de una neblina que revela extrañas imágenes cuando se despeja. Unos viajeros cansados que han andado toda la noche para llegar aquí afloran de esa nube baja como espectros, fantasmas entre la luz grisácea. A menudo son familias, a veces desconocidos que andan en grupos de dos o tres. Otros van por su cuenta; cargan con niños muertos y se esfuerzan en aceptar que su hijo ha fallecido. Personas como plegarias buscando comida o ayuda de cualquier tipo. El suyo es un sufrimiento de proporciones bíblicas. Después de sobrevivir a una guerra, ahora se esfuerzan por sobrevivir a una paz brutal, desfilando a la fuerza al son de un dictador diferente, que hay quien cree que utiliza el hambre para acabar con la resistencia. Aquí, en este rincón de la historia, siguen siendo un pueblo que nunca ha sido conquistado.

Ese último mes hemos estado trabajando de voluntarios en el orfanato, en un programa educativo con teatro y música. Colaborando con el electricista local, hemos montado cuatro obras como pantomimas de un solo acto con canciones —traducidas después al amárico— para ayudar a explicar ideas básicas sobre salud y nutrición.

Me conocen por dos nombres, Dr. Good Morning («Doctor Buenos Días») y Girl with the Beard («Chica con Barba»). Estamos aquí para mostrar solidaridad con el pueblo de este país y para entender mejor la pregunta más importante, por muy manida que sea, a la que nunca el mundo se ha enfrentado. Una cuestión que llevo toda la vida intentando responder desde entonces: ¿por qué hay hambre en un mundo de abundancia? ¿Cómo puede faltarle comida a la gente en un mundo de montañas de azúcar y lagos de leche? ¿Y qué se puede hacer?

Hay días en que el vallado de alambre de espino del campamento evoca imágenes de los campos de concentración de la Segunda Guerra Mundial, hasta que recordamos que estas alambradas no son para retenernos, sino para impedir que entren otros. Es un centro de distribución de comida y, en ocasiones, grandes multitudes hambrientas se agolpan a las puertas. Es una imagen rara y perturbadora ver que gente buena grita que retrocedan o que se vayan a personas débiles y cansadas. El hierro corrugado no parece encajar con los alrededores. La conclusión es que estamos intentando ser útiles, pero no estamos seguros de lo que esto significa. Así que ¿para qué hemos venido?

«NO VOY A CANTAR ESO...»

El nivel de pobreza es con frecuencia la forma con la que definimos si una civilización funciona o no, si las ganancias que ha producido son para muchos o para unos pocos. Con sus raíces en el pensamiento judeocristiano, el mundo occidental ha incrustado en sus documentos fundacionales un requisito de, al menos, luchar contra la distancia entre la pobreza y el privilegio. Lo de «trata a otros como te gustaría que te trataran a ti» es un bache en el camino hacia la dominación económica o incluso cultural.

Supongo que, para Ali y para mí, esto es parte de una peregrinación para entender mejor un paisaje que hasta el momento ha sido invisible —excepto por reportajes sobre la hambruna como los de Michael Buerk para la BBC—. Supongo que el single de Band Aid «Do They Know It's Christmas?» —y Live Aid y el concierto que siguió— nos enviaron aquí. En el single, escrito por Bob Geldof y Midge Ure, yo tenía que cantar el verso más turbador de toda la canción: «Esta noche, da gracias a Dios por el hecho de que sean ellos y no tú...».

Cuando Bob me pasó la letra, respondí:

—Cantaré cualquier verso menos este...

Tal vez sea esa idea la que me ha traído hasta aquí.

Me divirtió echar pestes de Bob, un célebre ateo, por escribir «un villancico». No se le escapaba que una de las iglesias cristianas más antiguas del mundo la fundaron, en el siglo IV, coptos de Etiopía que conocían muy bien la fecha del nacimiento de Jesús, que, dicho sea de paso, siendo ortodoxos, es el 7 de enero, no el 25 de diciembre.

Supongo que nosotros hicimos asimismo algunas averiguaciones religiosas, aunque no fuésemos muy conscientes de ello. Recuerdo haber oído al evangélico estadounidense Tony Campolo comentar que hay 2.003 versos de las Sagradas Escrituras dedicados a los pobres, que la pobreza solo va por detrás de la redención en las prioridades del Dios del Antiguo y del Nuevo Testamento. Es un tema que se puede encontrar desde en Moisés hasta en Tomás, el escéptico; desde la Torá hasta las Bienaventuranzas. Sorprendentemente, Jesús solo habla una vez del juicio final y, cuando lo hace, se refiere a cómo tratamos a los pobres:

> Y ellos responderán también: «Señor, ¿y cuando te vimos hambriento, o sediento, o huésped, o desnudo, o enfermo, o en la cárcel, y no te servimos?». Entonces les responderá: «En verdad os digo que lo que no hicisteis por uno de mis hermanos más pequeños no lo hicisteis por mí».

Y, sin embargo, por alguna razón, los creyentes creen incluso hoy que lo que les ocurre a ellos o a otros es más importante para Dios que, digamos, lo que les pasa a los pobres. La vida de los más pobres está en el centro del cristianismo, pero a veces la religión parece terminar cuando concluye el espectáculo. Se convierte en un club meapilas para los fanáticos religiosos y para los ombliguistas.

EL AMOR QUE ELIMINA TODO MIEDO

Estadio de Wembley, julio de 1985. Live Aid. Un momento colosal en la vida de U2. En la vida de muchos músicos. Una transformación en cómo pensar que la música pop puede ser una ayuda práctica para el mundo. Que conste que no creo que la música pop tenga ninguna obligación de ofrecer más ayuda que tres minutos de puro placer, un beso inesperado de la melodía, una cápsula cantada y tragada de sinceridad. Con una cobertura dulce o amarga.

La música para mí siempre ha sido una línea de vida en tiempos de agitación. Aún lo sigue siendo. Con eso basta para justificar su existencia; el servicio sagrado de llevar un alma de allí hasta aquí no debe subestimarse. Darle a alguien una razón para salir de la cama por la mañana ya es suficiente. La música como el amor que espanta cualquier temor. La música es su propia razón para existir.

Dicho lo cual, la música también ha servido para el bien común, es un magnífico testimonio de los ideales y de la determinación de músicos como George Harrison para organizar un concierto en Bangladesh. Pero nunca antes había habido un público como el de Live Aid, que recaudó dinero para apoyar a los etíopes a salir de otra hambruna. Un público global, un escenario en dos continentes y una alineación de superestrellas que garantizaría dieciséis horas con elevados índices de audiencia.

LICENCIA PARA INVENTAR CUALQUIER COSA

¿Qué probabilidad hay de que dos activistas contra la pobreza nazcan a pocos kilómetros el uno del otro y pertenezcan a bandas de rock'n'roll? La verdad es que Bob Geldof abrió la puerta y yo entré. Me mostró, como irlandés, que las ideas tienen más autoridad cuanto mejor se explican.

Al principio no lo conocíamos como activista, sino como el cantante de los Boomtown Rats, unos chicos pijos del sur que fingían ser duros, mientras nosotros, los recién llegados, éramos chicos duros del norte que fingíamos ser pijos. Bueno, al menos dos de nosotros.

Bob Geldof era tan hábil con las palabras como cualquier virtuoso de los que ofrecieron ese día su talento en el escenario del estadio de Wembley en Londres o en el estadio JFK de Filadelfia. Él era Miles Davis, Eric Clapton y Ginger Baker, y eso solo en la conversación. Él era un genio del léxico y la comunicación. Las palabras hacían por él cualquier cosa. Como si supiesen lo mucho que las respetaba y hubiesen decidido concederle un permiso especial para improvisar. Podía vomitarlas y seguir siendo elocuente. Tenía licencia para inventar cualquier cosa sobre la marcha. Y, aunque fuese un maestro de la belicosidad, siempre tenía algo que decir. Sus pullas tenían la finalidad de encontrar el punto débil en las defensas de un cuerpo político que se había acostumbrado a una hemorragia de vidas humanas. En las pantallas y por escrito, Bob soltaba las palabras como una granada de mano: cuanto más explosivas, mejor. Las ásperas consonantes rasgaban el golpe sordo de las vocales al caer sobre algún experto atónito.

—Que le den a las galanterías. Marque el número de teléfono. Ingrese el dinero, ahora mismo hay gente que se está muriendo, así que ingrese el dinero.

Eran estallidos de electricidad estática que chisporroteaban y silbaban al otro lado de la mesa, siempre enérgicos, siempre liberando energía. No creo que pueda volver a presenciar esa excelencia en la palabra hablada, y, cuando alguna vez intentaba seguir los pasos de sus palabras gruesas, a menudo acababa sonando como un niño rebelde incapaz de expresarse. Un alumno enano a los pies de un gigante. Pero los verdaderos improperios, como le decía Bob a cualquiera que sintonizara con Live Aid, eran las estadísticas de cuánta gente estaba muriendo inútilmente.

En cuanto al propio concierto, por muy influyente que fuese en la trayectoria de nuestra banda, confieso que me resulta difícil verlo. Es un tanto humillante que tu pelo, en uno de los momentos más importantes de tu vida, tenga un mal día. Hay quien dice que toda mi vida ha sido así, pero, cuando me obligo a ver las imágenes de la actuación de U2 en Live Aid, solo veo una cosa: el peinado. Todas mis ideas sobre el altruismo y la rabia justa, así como todas las buenas razones por las que fuimos allí, desaparecen de mi memoria y solo veo el día con el peor peinado de la historia. De punta por delante y suelto por detrás, como se ha descrito muy bien. Al igual que no hay que imaginar a ningún hombre planchando su chaqueta de cuero, tampoco habría que pensar en él planchándose el pelo. Y, si alguien cree que es vanidad de cantante, pues, bueno, que me corten la cabeza.

Live Aid, Band Aid y los conciertos que siguieron recaudaron doscientos cincuenta millones de dólares para gente cuya vida no debería depender de la caridad. Años después descubrimos que el continente africano estaba gastando esa misma cantidad cada semana para pagar antiguos préstamos a los países ricos que les habían obligado a aceptar su dinero durante la Guerra Fría. Cada puta semana, como podría haber dicho Bob. Esas cifras trasladarían el difusor de la caridad hacia una discusión mucho más enconada a propósito de cómo la injusticia se estaba disfrazando de fatalidad.

Si lo que nos llevó a Etiopía fue la caridad, quince años después sería la justicia lo que me haría volver. La campaña Anulad la Deuda me devolvería a lugares donde tuve que desaprender mucho de lo que pensaba sobre la «pobreza». Ciudades y paisajes urbanos que transformarían mi idea del potencial humano y su despilfarro. Un continente magnífico que me elevaría por encima de mí mismo y me enseñaría muchas cosas.

UN PAÍS DE LA IMAGINACIÓN

Mientras estamos en este viaje a Etiopía acuden a mi cabeza otras instantáneas. Instantáneas literarias. En mi cuaderno he escrito una frase que sé que es el título de una canción. Aun cuando ignore de qué va a tratar la canción: la frase es «Where the Streets Have No Name», y, al pensarlo, creo que quiero hablar de ese «otro país», el país de la imaginación. Quiero liberarme de mi inhibición. Quiero dejar de esconderme, derribar los muros que me retienen dentro de mí mismo. Quiero tocar el fuego.

En cierto modo, es una letra adolescente, pero, en otro, la canción trata sobre algo más adulto. En mi cuaderno he escrito afirmaciones un tanto descabelladas, como, por ejemplo, que nuestros conciertos «revelarán más que ocultarán». Algunas son difíciles de leer hoy, pero aun así son sinceras. Aunque de vuelta en Irlanda no tengo muy claro a qué se refieren algunas de esas notas, Edge trabaja en la música que se convertirá en «Streets». No tiene ninguna referencia a la letra. Edge está en un mundo diferente, disfrutando del empuje de un nuevo tipo de música dance que está empezando en los clubes de toda Europa, la música trance, cuyo tempo óptimo son ciento veinte *beats* por minuto. Mientras escribo notas que no entiendo, Edge está construyendo una sala de máquinas que transformará un estadio de hormigón a las afueras de una ciudad en una nave espacial que pueda transportar al público a otro universo. La música de «Streets» es mucho más sofisticada que mi esbozo de una letra, pero juntas serán más que la suma de las partes, y, para cualquiera que asista a un concierto en las décadas venideras, esta canción se convertirá en una invitación a emprender un viaje metafísico a las posibilidades del rock'n'roll.

Si alguna canción ha llegado a ser alguna vez la atracción principal, esa es «Where the Streets Have no Name». Debemos de haberla tocado mil veces, y da igual lo malo que sea el concierto, lo poco en forma que esté la banda o, con más certeza, el cantante, hasta hoy, cada vez que tocamos «Streets», parece como si Dios se paseara por la habitación.

> *The city's a flood, our love turns to rust.*
> *We're beaten and blown by the wind*
> *We labour and lust*
> *Your word is a whisper*
> *In the hurricane*
> *Where the streets have no name.**

Si la letra nació en un centro de distribución de alimentos en una Etiopía arrasada por la hambruna, tanto más raro es que, quin-

---

* «La ciudad está inundada, nuestro amor se convierte en óxido. / Derrotados y empujados por el viento / nos esforzamos y anhelamos / tu palabra es un susurro / en el huracán / donde las calles no tienen nombre».

Best to arrive at her foot defenseless
to have half a chance at challenging her
own almost unbroachable defense system
It's the only way over that drawbridge

inscrutable but not unknowable All will let her soul
be searched only if you reciprocate and she is
ready for the long dive

there is in my way a kind of the fun
romance to a deserted seaside town in the
winter, tour boat's opera scored by the sand
of the tide crashing over a stony beach, shushing
every tiny sin the wave out to make up there might whether
they are leaving or staying. white waves kissin black stones

white waves kissing black stones
shushing all around them . ssh ...ssh

16

With or Without You

Through the storm,
We reach the shore
You give it all
But I want more.*

Las paredes de la torre Martello se hicieron de granito de dos metros de grosor. Era un fortín con tres salas circulares, dos baños y una cocina encajada entre las paredes. El salón era como un iglú de piedra con un espléndido hueco para la chimenea, otra abertura daba a una escalera de caracol de piedra, que llevaba a lo que solo puede describirse como el puesto de observación, donde dormíamos. Un faro. Una sala acristalada desde donde podíamos ver el paseo marítimo de la localidad costera de Bray.

No estoy seguro de que pudiera llamarse una casa, pero fue la primera vivienda que tuvimos —y en la que residimos— Ali y yo, y era muy romántico, después de haber estado refugiados en la sala de ensayos de la banda en la playa en Sutton. En su tiempo, las torres Martello como esta constituían una auténtica tecnología militar, un escudo protector decimonónico contra Napoleón, de quien siempre se pensó que intentaría invadir Inglaterra a través de Irlanda. La

---

* «A través de la tormenta / llegamos a la orilla / lo das todo / pero quiero más».

idea era que todas las torres de vigilancia fuesen visibles desde la siguiente torre a lo largo de la costa y, si se divisaba un enemigo, dar la alarma encendiendo un fuego en la parte de la torre que habíamos convertido en nuestro dormitorio. En el sitio donde estaba ahora la cama había antes un enorme cañón, una broma para los recién casados.

Blue-eyed boy meets a brown-eyed girl
The sweetest thing.*

«Sweetest thing»

Como es amable y elegante, mi chica de ojos castaños sorprende a la gente con su franqueza y su buen humor; educada pero carente de falsos modales, hay quien podría no estar preparado para el modo implacable que interpreta el mundo y a las personas que la rodean. Inescrutable, pero no incognoscible, Ali deja que te sumerjas en su alma solo si estás dispuesto a corresponder y ella está preparada para una inmersión muy larga. Es mejor llegar indefenso a su fortín para tener alguna posibilidad de cruzar su propio sistema defensivo, casi inexpugnable. Es la única manera de salvar ese puente levadizo.

Ali habría sido más feliz con una vida más sencilla que la que habíamos acabado teniendo, y no llevábamos casados mucho tiempo cuando empecé a notar que se iba distanciando de nuestra forma de vida. Aunque no sea exigente en un sentido egoísta, Ali nunca había sido «solo» mi novia, y ahora no iba a ser «solo» mi esposa. De todos modos, ninguno de los dos sabía qué significaba la palabra «esposa», ni tenía la menor idea de lo valiosa que esta relación iba a ser para ambos. Éramos socios igualitarios en una aventura que no habíamos imaginado. Nuestro camino.

Ingenuos, aunque no tanto. Cuando prometimos «hasta que la muerte nos separe» comprendimos su literalidad y su poética, que

* «Chico de ojos azules conoce a chica de ojos castaños. / La cosa más dulce».

lo del matrimonio era una enorme locura: saltar de un acantilado creyendo que sabes volar. Y descubrir que, en realidad, solo en el aire eres capaz de hacerlo. Alardeamos de las posibilidades, dependíamos de lo milagroso y no hacía falta mirar muy lejos para ver que, aunque el matrimonio es un buen analgésico, puede también provocar dolor. Estábamos preparados, pero hubo baches desde el principio, como, por ejemplo, mi inmadurez. Casado a los veintidós y portándome como si tuviese dieciocho.

Empezábamos a comprender que a uno de los dos le iba a costar más averiguar qué era eso de estar casados y que no era Ali. Ella también comenzaba a comprender que había otros tres hombres en su matrimonio. Unos hombres a quienes ella quería mucho, pero que se llevaban a su marido, no solo en sus elucubraciones, sino físicamente, por todo el mundo.

EN CASA Y LEJOS

«Si quieres un amigo, cómprate un perro» es la famosa frase que nunca dijo Harry Truman cuando llegó a Washington, D. C., para convertirse en el trigésimo tercer presidente de Estados Unidos. Cuando volví a casa después de otra gira, esa vieja broma no me hizo tanta gracia cuando descubrí que Ali se había comprado un perro sin preguntarme. Miraba anhelante los ojos de su border collie, llamado Joe, y me quedaba preguntándome por qué no podía ser yo el mejor amigo de una mujer e ir a dar largos paseos ladrando tras sus talones.

Episodio 1. Ali era vegetariana, así que me conmovió llegar a casa una noche y que la cocina oliese a estofado irlandés. Me explicó que no era para mí: eran los huesos que había escogido en el carnicero. Para Joe. El perro. Contuve la risa y me comí la cena del perro.

Apenas llevábamos casados dos años y yo veía que Ali volvía largo tiempo a ese profundo silencio que tiene en su interior. Nuestras caminatas semanales por el paseo marítimo podían estar teñidas de melancolía.

No obstante, una localidad costera vacía en invierno tiene una especie de romanticismo desvaído, la ópera de tu corazón dirigida por el ruido de la marea que choca contra los guijarros de la playa, acallándolo todo mientras las olas intentan decidir si se quedan o si se van.

¡Chist!… ¡chist!…

Respetábamos la invitación al silencio y a la ensoñación, y nos permitíamos extraviarnos en la adoración de este paseo marítimo parecido a una anciana dama victoriana; lo contemplábamos antes de desviar la mirada hacia el mar. Como resto que era de la época romántica, la Inglaterra victoriana puede haber albergado muchas hipocresías, pero la boda de Victoria con Alberto no fue una de ellas. Ella pasó cuarenta años guardando luto después de su muerte y los dos fueron siempre inseparables. Si hubiese visitado Bray, habría encontrado el correlato perfecto de las localidades costeras inglesas como Bournemouth o Blackpool.

Capitales turísticas del cortejo. Aunque los días de gloria de los paseos marítimos hace mucho tiempo que quedaron atrás, porque los irlandeses, como los ingleses, descubrieron el clima cálido y la cerveza fría y barata de las playas de arena de España. Los bailes y los salones de té donde coqueteaban los victorianos han sido reemplazados por los placeres más salados y dulces del *fish and chips*, el helado Mr. Whippy y los viajes con los niños a los coches de choque y las máquinas tragaperras. A mediados de la década de 1980, las únicas parejas que se paseaban por Bray con su mejor traje eran fantasmas de otra época. Si no queríamos ser como ellos, tendríamos que reinventar nuestro propio amor, para que no acabara como esos grandes hoteles con las ventanas cegadas con tablones.

Ali también tenía que vivir con Keats, Shelley y Byron, los poetas románticos que yo estaba leyendo, que tal vez no fuesen la mejor compañía. Yo había leído *La torre*, de W. B. Yeats, y ahora estábamos viviendo en una. Dios nos libre del ceño fruncido de esos hombres serios que leen y escriben poesía.

Fue en un paseo a Greystones, pasando por Bray Head, donde, al pensar en su soledad, empecé a entender un poco la mía. Ali se estaba retirando detrás de las almenas para protegerse de mí. Veía que la vida del escritor no solo era una vida de *wanderlust* mental, sino también física. Prefería no estar allí nunca a que yo no estuviese, pese a estar en casa. Con el despegue de la banda, peleó por su independencia y se matriculó en el University College de Dublín para estudiar ciencias políticas y sociología y, como siempre había querido aprender a volar, acudía con regularidad al aeropuerto de Weston en Lucan. Estábamos empezando a entender lo complejo que es buscar un hogar, sobre todo si te duele esconderte en él. Y que las cosas sin importancia a menudo son las más importantes.

Episodio 2. En marzo de 1986, mientras trabajaba en *The Joshua Tree*, en Danesmoate, reparé en que Ali había dejado de hablarme. Esta observación fue seguida por unas señas por las que deduje que había olvidado su cumpleaños. Ay, Dios. Eso no es bueno para ninguna pareja joven, pero, para un hombre que busca trabajo como romántico y vive en una torre de planta circular, era mucho peor. Mi disculpa —y regalo de cumpleaños con retraso— llegó en forma de una canción, «Sweetest Thing», y un fin de semana me escapé al estudio para grabarla cuando la única persona que había allí era Pat McCarthy, nuestro técnico y ayudante de grabación, que acabaría mezclando para Madonna y produciendo a R.E.M.

> *Baby's got blue skies up ahead*
> *But in this, I'm a rain-cloud,*
> *Ours is a stormy kind of love.*
> *(Oh, the sweetest thing).*
>
> *I'm losing, you, I'm losing, you*
> *Ain't love the sweetest thing?**

---

* «Mi chica tiene el cielo azul en lo alto / pero en esto soy una nube de tormenta / el nuestro es un amor tormentoso. ¡Ay!, la cosa más dulce. / Te estoy perdiendo, te estoy perdiendo. / ¿Acaso no es el amor la cosa más dulce?».

Aceptó la amarga ironía y se tragó «Sweetest Thing» como una cucharada de azúcar, pero a Ali no le convenció tanto otro regalo: un cuadro titulado *Easter*. En él yo había intentado retratar a Jesús como un icono religioso rascando la pintura y el lienzo para que pareciera una antigua reliquia.

—Has desgastado hasta a Jesús —dijo.

Poco impresionada, me perdonó mis pecados, de los cuales olvidar su cumpleaños era solo un símbolo, y dejé de estar en cuarentena. Ninguno de los dos queríamos perder lo que teníamos, aunque no estuviésemos muy seguros de qué era.

—Si la canción es un regalo, deduzco que es mía y que puedo hacer lo que quiera con los beneficios, ¿no?

—Claro —respondí—. Pero tengo que aclararlo antes con la banda.

—¿Por qué? —me regañó ella—. ¿No es tuya? Pensaba que era un regalo tuyo.

Me estaba tomando el pelo, pero no bromeaba con los beneficios, que hasta hoy siguen destinados a Chernobyl Children International.

FUERA DE LA ESCUELA DE BELLAS ARTES

Al mismo tiempo me sorprendió que hiciese el comentario de que yo soy más yo mismo cuando pinto o dibujo. Me sorprendió tal vez porque, cuando pinto o dibujo, no reparo en ninguna otra cosa. Se trata de una meditación. Y resulta divertido. Descubro que soy capaz de estar en dos mundos a la vez, totalmente absorbido por el lienzo y totalmente absorbido por la música que esté escuchando. Además, no dejo de reír, algo que mi pareja echaba de menos en esa época tan seria, mientras empujábamos pendiente arriba la roca de U2. Lo cual explica que Ali me animara a que volviera a pintar en 1986, una época en la que estaba intentando arreglar una relación rota con algunos de mis amigos de infancia.

Creo que he dicho, o quizá no, que no habíamos invitado ni a Gavin, ni a Guggi, ni a nadie de los Virgin Prunes a nuestra boda. El intercambio de insultos en público entre las dos bandas había tenido su precio, pero Ali pensó que eso era lo que me faltaba, que me insultaran mis propios amigos, el humor surrealista que tanto nos había divertido de adolescentes. Si no podíamos ponernos de acuerdo en la música, tal vez pudiésemos hacerlo en el lienzo, que fue como nuestras noches de los miércoles de «pinta la ciudad del color que te dé la gana» se convirtieron en un elemento fijo durante la grabación de *The Joshua Tree*. Mientras pintábamos, nos rendíamos a las listas de reproducción del muy valorado pintor y dibujante norirlandés Charlie Whisker y oíamos sus grabaciones de blues, góspel y folk, que estaban en perfecta sintonía con la oda a Estados Unidos que la banda estaba haciendo.

Cuando dejábamos los pinceles, íbamos a la ciudad, donde, después de las once de la noche en el Dublín de 1986 no había muchos sitios a los que ir. Acabábamos en locales a puerta cerrada, bares populares o tétricos clubes nocturnos donde la broma típica de Guggi cuando la gente me reconocía era: «Hola, soy Jim Bowie, el hermano de David». La primera vez no tuvo gracia.

El rollo adolescente de la bebida se había pasado ya −quitando a Adam, nadie de la banda había bebido tanto−, pero ahora nos relajamos un poco y nos dedicábamos a eso que Ali llamaba «complicaciones divertidas». Cuando yo tenía nueve años, Guggi y yo habíamos hecho un pacto para no crecer nunca, ni formar parte del mundo de los adultos, porque, en fin, nuestros padres eran adultos y era como si nos halláramos en guerra con ellos. Estar en una banda de rock'n'roll resultó ser la excusa perfecta para ese crecimiento interrumpido.

Tuve que aceptar la advertencia de Ali de que, aunque no necesitásemos guardaespaldas, sí que teníamos que encontrar a alguien que nos llevase a casa. Y ahí aparece Greg Carroll, un joven apuesto y elegante de Auckland, al que habíamos conocido en el Unforgettable Fire Tour, en 1984, y que se quedó con nosotros cuando volvimos a Irlanda. Greg se convirtió en una especie de mánager personal, además de ocuparse del transporte, después de que una noche cometiésemos la equivocación de meter el coche en el jardín de Adam.

Tonterías adolescentes en la veintena. Una adolescencia retrasada e impulsada por mi mujer para curar al poeta de su fase romántica más solemne. Lo consiguió. Más o menos.

UN RÍO HASTA EL MAR

La grabación de *The Joshua Tree* fue una gran época para los cuatro, una época en la que apenas podía dormir por la emoción del trabajo que me encontraría al despertar. No era trabajo. Ni siquiera era un estudio de grabación.

Danesmoate era —y es— una imponente mansión georgiana, situada justo enfrente de las tapias de Columba's, uno de los colegios privados más caros de Irlanda. Había sido propiedad del dramaturgo Tom Murphy y, cuando la encontramos, era bastante espartana, el campo era extenso y bajo y había un río que fluía entre terrenos boscosos. El nombre Danesmoate significa «fortaleza», y se convirtió en nuestra propia ciudadela musical en las montañas, dominando todo Dublín.

La ciudad que estábamos considerando en nuestra cabeza era imaginaria. Puede que estadounidense. No iba a ser un álbum conceptual, pero teníamos una vaga idea de fondo que guiaba tanto la música como las letras y que yo llamaba «Las dos Américas», que no solo iba a ser una visión que enfrentara al norte con el sur, a los ricos con los pobres, a los nativos con los nativistas, sino que tal vez diera más importancia a la América real frente a la América imaginada.

Los irlandeses veían a Estados Unidos igual que el Reino Unido veía a Irlanda: a nuestra disposición. Una colonia como una migración de aves o, en nuestro caso, peregrinos. Una tierra prometida en la que entrar. Se decía que había más irlandeses en Estados Unidos que en Irlanda. Era algo con lo que juguetear, un paisaje en el que perdernos, y su literatura empezaba a colonizar mi imaginación como antes lo habían hecho las películas. En la librería City Lights de San Francisco encontré un ejército y una armada de poetas y novelistas, narradores como Flannery O'Connor y dramaturgos como Sam Shepard y poemas como *America*, de Allen Ginsberg. Shepard había escrito el guion de la meticulosa mirada en pantalla grande *París Texas*, que se podría haber puesto de fondo mientras grabábamos las canciones para *The Joshua Tree*.

Brian y Danny estaban de vuelta en nuestro campus, profesores de departamentos muy distintos, aunque no me atrevería a decir que Brian es «el intelectual» y Daniel «el instintivo». Brian tenía mucha intuición y Danny unas maravillosas ideas musicales. Brian manejaba el estudio como si fuese un único instrumento y siguiésemos siendo estudiantes en su academia de Bellas Artes.

Cualquier trozo de contrachapado que Danny tuviese en la mano se convertía en un objeto sagrado cuando lo tocaba.

Nuestro ingeniero, luego productor, era Mark «Flood» Ellis. Flood controlaba la sala de máquinas y a menudo citaba a Scotty de *Star Trek*. Incluso cuando nos avisaba de que «se están acumulando los cristales de dilitio». Flood siempre acababa llevando la nave Enterprise de vuelta a casa. Si, como Flood, estás familiarizado con las cabeceras de ese programa de ciencia ficción de los sesenta, podrás distinguirla sutilmente en el inquietante arranque de guitarra de «With or without you». La guitarra infinita.

Como siempre, Adam aportó alguna descabellada innovación, como varios compases que nadie había oído; después nos machacaba con su única nota, su minimalismo con un solo de dedo en algo como «With or Without You». Larry aportó el placer de descubrir, cuando Danny llevó nuevos tambores y juguetes de percusión a medida que se renovaba la sociedad que habían formado en *The Unforgettable Fire*. El timbal es un tambor bajo que había utilizado en «A Sort of Homecoming», pero que iba a destacar por encima de toda la percusión en «Where the Streets Have No Name».

Mientras grabábamos la música, el espíritu bohemio de Mary Gough dirigía la casa, preparaba las comidas y se divertía con nuestra adolescencia tardía. El Blue Light era el pub al que íbamos a tomar una copa al acabar una larga sesión de grabación. Dos, si esta se había prolongado. O tres. Empezaba a gustarnos beber, antes de entender que hay cosas que es mejor que no te gusten demasiado. También empezaban a gustarnos las motos, una tónica habitual entre las bandas de rock adolescentes, un amor arraigado en Estados

Unidos, la carretera y los pantalones de cuero. A Guggi le gustaban las motos japonesas, además de las Harley-Davidson que nos gustaban a Larry, a Adam y a mí. A Edge, que acababa de ser padre, no le dejaban tener una moto.

Fueron las motos las que hicieron que nuestro nuevo compañero Greg Carroll y Guggi se hicieran muy amigos, todos juntos en la carretera. Mientras Ali y yo íbamos de camino a Texas a Farm Aid, los dos fueron a Waterford a un encuentro con los miembros de un grupo ilegal de motociclistas llamados los Freewheelers. De vuelta a Dublín, cerca de Donnybrook, un conductor no vio a Greg e hizo un cambio de sentido en la carretera principal y Greg chocó de lleno contra él. No se recuperó del impacto y murió en el hospital a primera hora de la mañana siguiente. Fue como si alguien de la familia muriese. Aún me parece oír, débil y extraña, la voz de Guggi —en general, tan masculina y tan segura de sí misma—, cuando nos dio la noticia por una entrecortada línea telefónica a Ali y a mí en Austin.

Nuestra pequeña comunidad se quedó traumatizada por la noticia, pero luego tuvimos que telefonear a la familia de Greg en Nueva Zelanda y explicarles lo inexplicable. Es imposible decirle a alguien que la persona a la que quería ya no existe, al menos en esta vida. Decidimos no dejar que el cadáver de Greg viajara solo la enorme distancia hasta su hogar en Nueva Zelanda, así que unos cuantos viajamos con él a Kai Iwi, a las afueras de Whanganui. Los maoríes tienen una idea muy evolucionada de cómo enterrar a sus muertos. Su versión del funeral irlandés se llama *tangi*. En un *tangi* maorí tradicional hablas directamente con la persona a la que has perdido, te ríes con ella y le pides perdón si la decepcionaste. Se trata de una vivencia muy poderosa y envolvente en la que dejas que oleadas de rabia, dolor, ira y risa rompan contra ti. Nunca había visto a Ali pasarlo tan mal. Y no volví a verla así hasta la muerte de Michael Hutchence en 1997.

Unas semanas después, en el estudio de Danesmoate, Brian Eno estaba tocando su teclado Yamaha DX7, con el que sabía crear ritmos muy poco habituales. «Two Tribes» era una melodía suya que nos pareció que tenía resonancias tahitianas o de los mares del Sur, y se convirtió en la base de una canción que titulamos «One Tree Hill», por el sitio cerca de Auckland donde habíamos pasado un rato tan especial con Greg. La canción pudo transmitir el pesar que nosotros no sabíamos expresar.

I'll see you again when the stars fall from the sky
And the moon has turned red over One Tree Hill.*

EL ACUERDO DE VIERNES GAVIN: FIONÁN HANVEY

Las grandes canciones de amor se inspiran en la añoranza, o la pérdida, del amor. Yo estaba enamorado, y me aterrorizaba no volver a escribir ninguna canción de amor verdaderamente buena, porque mi corazón estaba pleno y no roto. Con fisuras, pero sin fracturas.

Sí, había tormentas eléctricas de vez en cuando que llegaban no se sabía de dónde, pero nada era más amenazador que la tensión que se producía cuando Ali y yo intentábamos ser lo mejor posible el uno para el otro y temíamos no conseguirlo. La tensión de mi imaginación era una elección entre el artista y la familia. ¿Podría hacer bien las dos cosas? ¿Tenía que rendirme al tópico de sentar cabeza y hacerme hogareño o al tópico del «chico indomable de las colonias», la vida egoísta y despreocupada del artista?

«No hay un enemigo más sombrío para el verdadero arte que el cochecito en el vestíbulo», así lo resumió el crítico inglés Cyril Connolly. A no ser, claro, que quieras escribir sobre las contradicciones de tu nueva vida. A no ser que te atrevas a escribir sobre el cochecito, el empuje y la fuerza que tiene. Para mí el punto de inflexión fue que comprendí que tenía que escribir sobre el momento en que me encontraba. El desgarro. La tensión. Este miedo a perder la creatividad o maltratar a mi creación. Un hombre no puede hacer —ni imaginar, ni escribir, ni dibujar o cantar— nada tan bello como ese niño en ese cochecito. Y, sin embargo, el artista vive

---

* «Volveré a verte cuando las estrellas caigan del cielo / y la luna se vuelva roja sobre One Tree Hill».

atemorizado por él. ¿Por qué? Porque es una verdadera creación. La creación definitiva. Las mujeres tienen esa ventaja sobre los hombres.

Empecé a comprender que con Ali no solo podríamos ser nosotros mismos. Juntos, podríamos ser todos los «nosotros mismos» que quisiéramos. Nunca fue la situación binarista de «él fuera»/«ella dentro». Ella era toda la mujer que yo necesitaba, pero afortunadamente, o por desgracia, no todo a la vez. Tendríamos que esperarnos mutuamente. Tuve que aceptar que nunca podría conocerla. Había algo insondable en ella. Era un misterio que merecía algo más que un simple ripio, y yo nunca cometería el delito de caer en el sentimentalismo para honrarla. Antes prefería escribirle una canción sexy, un himno erótico. Bueno, sí, pero…

«With or Without You» es una canción que no podía abarcarla por completo, pero al menos captaba parte de su oscura belleza y de nuestra agridulce dualidad. También era el fruto de escuchar demasiado a Roy Orbison. Estábamos intentando escribir una canción como «Cheree», de Suicide, un típico momento electrónico *underground* de intimidad, oscuridad y amor. Algo con la melodía y el sentido operístico de una canción de Scott Walker. Cuando tenía catorce años, y el corazón roto, «Without You», de Harry Nilsson, parecía explicarme a mí mismo: «No puedo vivir, si tengo que vivir sin ti».

Sin embargo, tener todas esas ideas en la cabeza te deja el cerebro como una coctelera y, cuando viertes todo lo que has echado dentro, esto se convierte en algo totalmente único. Queríamos un sonido que nadie hubiese oído antes, y lo conseguimos. Excepto por una cosa. Nos pasamos de frenada y aterrizamos en un lugar llamado «edulcorante». Se convirtió en eso tan espantoso que un verdadero grupo de artistas nunca debería poder reconocer. Una horrible canción pop.

«Pop» era una especie de palabrota de la época y, si alguien topaba con una emoción facilona o con un estribillo demasiado evidente, era como si hubiesen traído un mal olor al estudio. Y, con

Brian Eno y Danny Lanois por allí, nadie se atrevía a reconocer que uno era el que se había tirado el pedo.

—¡Ay Dios!, ¿oléis eso? ¡Una canción pop!

Descartamos «With or Without You».

Quien la sacó del cubo de la basura fue Gavin Friday, más indie que todos nosotros e igual de sedicioso que ese artístico insurgente que es Brian Eno.

—¿Qué tiene de malo la música pop? —preguntó—. Escuchad la melodía; es un clásico. Es como una canción de Scott Walker.

No funciona por una sola razón, insistió. Porque llega al momento crítico demasiado pronto; no te crees que el cantante vaya a alcanzar la emoción de ese estribillo tan deprisa. Se trata de un problema de arreglos, añadió, no de la propia canción.

La canción, que se convirtió en una de nuestras canciones más conocidas, empieza con un susurro, y va en aumento hasta lograr el efecto operístico de un gran estribillo que solo se produce una vez al final. Con el tiempo, Mr. Friday ha encontrado un papel como una especie de comadrona de nuestros álbumes: llega con retraso, cuando todo el mundo ya conoce la opinión de los demás sobre todo y nadie soporta verse. Gavin entra en el estudio con los oídos frescos y un par de fórceps.

17

Desire

Lover, I'm off the streets
Gonna go where the bright lights
And the big city meet
With a red guitar, on fire
*Desire.**

Los Ángeles. No hay otra ciudad en la que tanta gente viva de su imaginación. He adorado Los Ángeles desde el momento en que la banda y yo llegamos aquí en 1981, cuando me sentí más lejos de casa que en ningún otro sitio. Me regodeé en esa distancia. Los escaparates parecían decorados, no había un centro de la ciudad, pero, al mirar hacia las montañas, vislumbraba una arquitectura que no ha dejado nunca de fascinarme. Los edificios modernos, que sesenta años después parecen nuevos, dan fe de una ciudad donde los arquitectos de mediados del siglo XX dejaron su impronta más que en ninguna otra ciudad, aparte de Brasilia. Neutra, Lautner, Meier, Niemeyer. Si es cierto que desde el cambio de milenio el mundo está girando desde una orientación occidental hasta otra más oriental, entonces estas ciudades de la costa del Pacífico se

---

* «Amor, he dejado las calles / voy a ir donde las luces deslumbrantes / y la gran ciudad se encuentran / con una guitarra roja, en llamas / deseo».

encuentran más cerca del centro de las cosas que nosotros, los europeos. Sídney, Hong Kong y Pekín comparten la circunferencia que rodea este nuevo centro con Vancouver, San Francisco y Los Ángeles. Las antiguas lejanas ciudades fronterizas se hallan ahora en pleno meollo.

Se dice que la gente en Los Ángeles es falsa, pero a mí siempre me ha parecido transparente y sincera. Parecía como si los gilipollas, los timadores o los chanchulleros llevasen un cartel que anunciara: «Vamos a robarte». Era, y es, una ciudad de carteles, de anuncios, hasta Tower Records, en Sunset Strip, se hizo famosa por sus gigantescas carátulas de álbumes, que anunciaban la música del momento. Toda la ciudad parecía joven y actual.

Esa primera vez, en marzo de 1981, nos alojamos en un auténtico hotel de rock'n'roll llamado Sunset Marquis. Al salir por la puerta, podíamos ir pendiente arriba y doblar la esquina hasta Sunset Strip, donde, pese a toda su mundanidad, los neones −como nosotros a los veinte años− parecían ingenuamente ojerosos. Sé que la parte más vulnerable estaba debajo, pero no sabíamos verla.

GLASNOST EN LA SEDE DEL CLUB

Nada como los halagos de una megalópolis para cegarte y arrastrarte con su oscura corriente. Nuestro primer concierto fue en el Reseda Country Club con un público de seiscientas personas, una de ellas, el crítico del *L.A. Times* Robert Hilburn. Un genio de la síntesis conocido por sus análisis sucintos y sin melodramas. La banda, el mánager, el sello discográfico y el agente no podrían haber tenido una bienvenida mejor al club, y su crítica entusiasta que apareció en la primera página de la sección de eventos. Unos meses después, volvimos y tocamos en el Hollywood Palladium, al año siguiente en el Sports Arena y, en 1987, en el Coliseum. En siete años pasamos de tocar para seiscientas personas a tocar para ochenta mil, y, como empezábamos a sentirnos como en casa en Los Ángeles, después del Joshua Tree Tour, decidimos instalarnos allí.

Trasladarnos a la ciudad fue una buena manera de estar cerca durante la posproducción de *Rattle and Hum,* la película de Phil Joanou sobre los conciertos de la gira, y de trabajar con Jimmy Iovine en las canciones nuevas para la banda sonora. Edge y su familia buscaron una casa en Beverly Hills Flats, mientras que Adam, Larry y yo nos instalamos en una casa en Bel Air, que pronto demolerían. Una casa que podíamos llamar la sede del club. Una casa donde empezamos nuestra propia «glasnost», la palabra que Mijaíl Gorbachov usaba para referirse a la nueva apertura que estaba propiciando en la Unión Soviética. Siempre habíamos conservado cierto recelo con el fin de protegernos, quizá por miedo a perder nuestros orígenes, pero es posible que no dejásemos entrar en nuestro círculo de confianza a determinadas personas. ¿Temíamos tanto que el éxito nos cambiara que ahora corríamos el peligro de continuar siendo exactamente los mismos? ¿Podríamos superar nuestro calvinismo de importación y hacer las paces con el éxito? Podíamos intentarlo. Había llegado la hora de descongelar esa imagen pública un poco fría. Al fin y al cabo, como nos recordó Paul McGuinness: «Sería una lástima dar la impresión de ser una banda tan idiota que ni siquiera disfrutaba de haber llegado a ser el número uno».

She's the candle burnin' in my room
Yeah, I'm like the needle
The needle and spoon
Over the counter, with a shotgun
Pretty soon, everybody's got one
I'm in a fever, when I'm beside her
Desire
*Desire.**

Y así ocurrió que, en 1988, empezamos a animar las cosas en Los Ángeles, nos abrimos a algunas nuevas experiencias, redujimos

* «Ella es la vela que arde en mi habitación / sí, yo soy como la aguja / la aguja y la cuchara / por encima del mostrador, con una escopeta / muy pronto todo el mundo tendrá una / tengo fiebre, cuando estoy a su lado / deseo / deseo».

nuestro nivel de exigencia sobre lo que es un comportamiento aceptable. Los tópicos estaban más que encantados de vernos. Íbamos en moto y bebíamos tequila, a veces al mismo tiempo. Íbamos sin casco —algo que pronto sería ilegal— a bares nocturnos por la 101 y volvíamos a la sede del club cuando el sol naranja se alzaba sobre las montañas al este. Lo que yo buscaba era una diversión un poco idiota. Cuando Ali llegó, se quedó espantada al principio con esta adolescencia tardía, pero, después de pensarlo, decidió que quizá fuese una «fase necesaria». Es posible que participara, aunque solo tras lograr que le prometiera ir siempre en coche con un chófer con el que explorar los restaurantes de la ciudad y descubrir el submundo del centro de Los Ángeles, el Flaming Colossus o WWIII. Fue una época fabulosa, recorríamos Mulholland Drive contemplando esa ciudad de luces diminutas e íbamos a ver a Michael Hutchence de INXS y a su guapísima amiga Lian Lunson, la directora de cine australiana. Ali y yo empezábamos a aceptar que nuestro matrimonio podría manejar los desafíos con los que nos íbamos a encontrar a medida que la banda se fuese volviendo cada vez más popular.

She's the dollars
She's my protection
Yeah, she's the promise
In the year of election.
Oh, sister, I can't let you go
I'm like a preacher stealin' hearts at a travellin' show
For love or money, money, money...
And the fever, gettin' higher
Desire.*

* «Ella es el dólar / ella es mi protección / sí, es la promesa / en año electoral. / Hermana, no te puedo dejar ir / Soy como un predicador robando corazones en un espectáculo ambulante / por amor o por dinero, dinero, dinero... / Y la fiebre, que no para de subir / deseo».

ACTITUD Y ALTITUD POR PARTE
DE QUINCY JONES

Los críos eran otra cuestión. Incluso después de seis años de matrimonio, a los veintiocho, no estaba seguro de poder ser tan ambidiestro como para ser padre y el líder de una banda. Me asustaban esas responsabilidades y temía pifiarla.

Una noche en que pasamos por Bel Air en un largo coche negro, Charlie, el chófer, se detuvo a comprar unos cigarrillos. A su vuelta, nos confesó que había oído nuestra conversación sobre el productor Quincy Jones y, como era amigo del señor Jones, le había telefoneado para preguntarle si podíamos pasarnos por allí. ¿Qué? Tuvimos sentimientos encontrados. Desde distintos niveles de vergüenza, porque nuestro chófer insistiera en acompañarnos a ver a nuestro héroe, hasta, en fin, cierto placer. ¡Nos habían invitado a tomar una copa por la noche en casa de ¡QUINCY JONES, NADA MENOS! Antes de que pudiésemos objetar algo (aunque no lo habríamos hecho), nos detuvimos delante de una preciosa mansión de Bel Air y, en la acera, esperando para recibirnos, estaba Quincy Jones, *nada menos*. La última vez que lo habíamos visto estuvimos sentados detrás de él en los Premios Grammy, donde *The Joshua Tree* nos había sorprendido a nosotros y a todo el mundo al derrotar a *Bad*, de Michael Jackson, que Jones había producido, en la categoría de Álbum del Año. Fue una noche histórica para un grupo de irlandeses que se fueron con un Grammy cada uno y pasaron una noche tan divertida que solo me quedan de ella unas cuantas Polaroid mentales. Una de las más vívidas era la dignidad de Quincy, que parecía una mezcla del elegante director bebop que era y el *jazzman* afro elegantón y profesor de pop en el que se estaba convirtiendo. Ese mismo talento intocable nos invitó a Ali y a mí a entrar en su salón acristalado, desde el que teníamos una panorámica completa de Los Ángeles y desde el que nos indicó los sitios más importantes de la ciudad. Pasamos al lado de una escultura en madera noble de lo que parecía ser un hombre africano al que le sobresalía el mentón en mitad de una tormenta imaginaria.

—A eso se le llama tener «actitud» —explicó Quincy—. Es imprescindible.

Charlamos hasta que salió el sol y descubrimos que Quincy Jones nunca se acuesta hasta que sale el sol. Sigue manteniendo un horario jazzístico.

—Es genial estar vivo —dijimos.

—¿Genial? —replicó—, ¡es crucial, tío!

A eso de las cuatro de la madrugada, nosotros también nos sentíamos un poco *jazzy*, pero ahí empezó una amistad, que ha durado hasta ahora, en la que este genio de la música estadounidense ha puesto a nuestra disposición todo su saber y otra cosa que nunca habríamos sospechado. Pídele a alguien que describa los dones de Quincy y casi nadie pondrá la paternidad en lo alto de la lista. Descubrimos que tenía seis hijos de cuatro relaciones diferentes y que parecía tener mucha relación con cada uno de ellos. Al parecer todas sus exmujeres vivían en la misma calle. Muy jazz y muy distinto de Irlanda. Sus hijas adolescentes trepaban por encima de él, mordían a su padre, le hacían cosquillas en las orejas. Le pregunté a la más joven, Rashida, que luego se convertiría en una actriz y directora de éxito por derecho propio, si no le importaba que su padre no fuese como los demás padres del colegio.

—No, no, no. Me encanta que sea diferente. Hubo una época, cuando tenía unos once años, en que quería que mi padre fuese más normal, pero ya se me pasó.

—¿Qué edad tienes ahora?

—Doce.

DANDO A LUZ A TI MISMO

Mientras Ali y yo volvíamos de casa de Quincy una noche, se encendió un interruptor invisible. Estábamos hablando de niños y de que la vida convencional no es el único camino hacia la paternidad, de que la gente que vive en su imaginación también puede vivir en el mundo real de las reuniones con los profesores, llevar a los niños al colegio y estar ahí el día del cumpleaños. Aun cuando eso no siempre signifique estar físicamente ahí. Algo se intuía en el aire y, cuando pasamos por la puerta que llevaba a la sede del club, un ciervo cruzó la carretera.

Fue como si el cielo saliera a recibirnos a mitad de camino, como si pudiésemos tocar las estrellas.

Nos tumbamos fuera en la humedad del verano y dejamos que nos rozaran.

Al cabo de un mes Ali estaba embarazada. Yo me columpiaba en las estrellas. En realidad, más bien colgaba de ellas. Estaba aterrorizado. Ali se había llevado la prueba del embarazo al cuarto de baño y yo intuí el resultado cuando salió. Noté su emoción. Noté la mía. Pánico. Fingí estar dormido. Fueron solo cinco minutos, pero en un acto de fría cobardía volví a dejarla sola. Estaba intentando prepararme para una vida totalmente nueva. Si quería criar hijos, aún tenía que madurar un poco.

¿De qué tenía tanto miedo? Una pista podría ser la reacción de mi padre, cuando volvimos a Dublín a contárselo.

—¡Venganza! —repitió—. Venganza. Venganza.

Se rio en nuestra cara. No estaba intentando ser desagradable, pero sus risas hirieron mis sentimientos. En algún sitio, en lo más hondo de mi ser, temí que mi padre tuviese razón y que acabara trayendo al mundo a alguien como yo. Ay, justo a tiempo, el desprecio que el intérprete siente hacia sí mismo al hacerse notar.

Ali me dijo que le gustaba todo de mí, que incluso las partes más conflictivas de mi alma le gustaban. Que me había querido cuando tenía cuatro años, y ocho, y doce, que me quería antes de conocerme a los trece años, cuando oyó hablar de un chico que hacía reír a todo el mundo, pero también soltar pullas. No quería que fuese ningún otro. Me quería a mí.

Le escribí una canción titulada «All I Want Is You», pero la puse a ella de protagonista. Ella es el cantante de la canción. Se convirtió en una de nuestras canciones más duraderas y lo contrario de lo que casi todo el mundo entendió.

You say you want diamonds on a ring of gold
You say you want your story to remain untold.
All the promises we make
From the cradle to the grave
When all I want is you.

You say you'll give me a highway with no-one on it
Treasure, just to look upon it
All the riches in the night.
You say you'll give me eyes in the moon of blindness
A river in a time of dryness
A harbour in the tempest.
But all the promises we make,
From the cradle to the grave
*When all I want is you.**

Rattle and Hum vendió catorce millones de copias, pero, como era un álbum doble, decíamos que habíamos vendido veintiocho. Lo cual da una pista tanto de nuestra naturaleza competitiva… como de nuestra jactancia irlandesa.

Las reseñas fueron menos entusiastas. A la gente no le pareció que fuese tan original como *The Joshua Tree*, y tenían razón. ¿Cómo iba a serlo? Este era un álbum en directo y, aunque habíamos escrito canciones nuevas, algunos críticos aseguraron que no entendíamos las raíces de la música ante la que nos estábamos arrodillando. El nuestro era un paseo superficial por el gran cancionero estadounidense. Me consoló la respuesta de la crítica a un homenaje anterior

---

* «Dices que quieres diamantes en un anillo de oro / dices que quieres que tu historia siga sin contarse. / Todas las promesas las hacemos / de la cuna a la tumba / cuando lo único que quiero es a ti. // Dices que me darás una autopista vacía / tesoro, solo para mirar en ella / todas las riquezas de la noche. / Dices que me darás ojos en la luna de la ceguera / un río en época de sequía / un puerto en la tempestad. / Pero todas las promesas las hacemos, / de la cuna a la tumba / cuando lo único que quiero es a ti.

a la música norteamericana, cuando *Exile on Main St.*, de los Rolling Stones, recibió las peores críticas que habían tenido jamás. Tal vez los estadounidenses tengan derecho a ser los exigentes custodios de su propia mitología.

SOÑANDO TODO OTRA VEZ

La película, dirigida por Phil Joanou, sí funcionó. El blanco y negro se rodó como si los miembros de la banda fuésemos cuatro Robert de Niro en *Toro salvaje*, mientras que los paisajes en color con pantalla ancha no se parecían a nada que se hubiese visto en la MTV. Ahora éramos *mainstream*, justo en el momento en que el punk estaba resurgiendo, dispuesto a convertirse en el grunge, y cuando la música electrónica estaba renaciendo en Europa, los hijos de Kraftwerk a punto de recordarle al rock cómo se baila. Yo sabía que el *mainstream* no era donde queríamos estar, pero no estaba interesado en volver al punk, ya lo habíamos hecho y ya lo conocíamos. Estaba interesado en lo que ocurría en Europa. En particular, en Berlín.

—Creo que ya hemos tenido suficiente Estados Unidos —dije a la banda.

—Creo que Estados Unidos ya ha tenido suficiente de nosotros —replicó Larry.

Las cosas empezaron a cristalizar la Nochevieja de 1989, mientras tocábamos en nuestra ciudad natal en el Point Depot e intentábamos recordar el punto que habíamos tenido cuando empezamos a hacer música en esa ciudad. B. B. King se encontraba en el escenario con nosotros y nos acompañaba su maravillosa sección de vientos, y, para ser una banda nacida del punk, que se jactaba de proceder del año 0, nos hallamos más metidos en las raíces que nunca. Pero, algunas noches, parecía como si las raíces fuesen demasiado hondas, ligadas a la tierra, con el elemento aéreo y extático de nuestra música oprimido y abrumado. Masculló una suerte de disculpa.

—Este es el final de algo para U2; tenemos que irnos y volver a soñarlo todo.

Unos meses después, en una ruidosa fiesta en casa, me descubrí quejándome a Adam, cuya enorme sonrisa estaba un poco oscurecida por la mancha de vino tinto de los dientes.

—Tienes que relajarte. Ya lo hemos conseguido… aquí. No tenemos que irnos. ¿Quién más ha estado aquí?

—¿Qué quieres decir con que «lo hemos conseguido»? –le pregunté malhumorado–. ¿Qué hemos conseguido?

—Hacer lo que siempre hemos querido hacer y vender carretadas de álbumes. Todos esos Grammy. Vivir la vida.

Adam se reía. ¿Por qué yo no?

¿Sería porque tenía la sospecha del aguafiestas de que, en nuestro momento de más éxito, éramos más vulnerables? No podía quitarme de encima la molesta pregunta de qué hacer a continuación. La molesta idea de que no habíamos llegado donde queríamos.

¿Para eso habíamos formado la banda? ¿Para eso habíamos salido de debajo de la mesa de la cocina de Larry y habíamos escapado de todos los plastas religiosos? ¿Solo para ser ricos y famosos?

—Ojalá hubiésemos sido tan listos —murmura Adam, para sus adentros. ¿Está sonriendo? Yo no.

Tal vez Adam tuviese razón.

Recordé la advertencia de Paul McGuinness: «Sería una lástima dar la impresión de ser una banda tan idiota que ni siquiera disfrutaba del hecho de haber alcanzado el número uno». Si era un idiota —y lo he sido–, también tenía miedo de que, cuando crees estar en lo alto, es cuando descubres que estás en el fondo. Empezaba a tener la sensación de que iba siendo hora de cortar el árbol de Josué, antes de que apareciese alguien con la motosierra.

SEGUNDA PARTE

Puedo cambiar el mundo, pero no puedo
cambiar el mundo que hay en mí.

–Sydney Cricket Ground,
enero de 1994

18

Who's Gonna Ride Your Wild Horses

You're dangerous, 'cos you're honest.
You're dangerous 'cos you don't know what you want.
Well you left my heart empty as a vacant lot
*For any spirit to haunt.**

Los estudios STS estaban encima de Claddagh Records, en Crow Street, en una zona de Dublín conocida como Temple Bar. Hoy es una maravilla de sitio ruidoso y desordenado en el que la música sale de los pubs hasta la calle, hay músicos callejeros y se oyen canciones de taberna, una especie de versión local del barrio francés de Nueva Orleans. Pero, en 1989, era una zona de viejos almacenes y negocios destartalados de venta al por mayor a la espera de una orden de desalojo y expropiación del Gobierno, que quería convertir toda la zona en la cochera de autobuses de la ciudad.

Claddagh Records era un legendario emporio folk que vendía de todo, desde las protestas populares de grupos de folk modernos como Moving Heart hasta raras y viejas grabaciones como la de Séamus Ennis en su famoso álbum de gaita irlandesa *The Pure Drop*. Olía

---

* «Eres peligrosa, porque eres sincera / eres peligrosa, porque no sabes lo que quieres. / En fin, dejaste mi corazón vacío como un solar abandonado / para que lo ocupe cualquier espíritu».

a tienda benéfica de segunda mano cuando los cuatro subimos las escaleras, con la moqueta mohosa, hasta el ático oculto de un estudio de grabación, el lugar donde habíamos grabado las maquetas de alguna de nuestras canciones más populares. Con un minúsculo cuarto de baño y una cocina, no era más que un pequeño y pintoresco estudio, justo lo contrario de la estética moderna e impecable de ciencia ficción de Windmill Lane. Tal vez por eso nos sintiésemos como en casa. Era el espacio muerto de un músico muy vivo y viajero en el tiempo llamado Paul Barrett, que había construido los estudios STS como una especie de casa en un árbol en la ciudad. El propio Paul tenía algunas características del pájaro, entre ellas sentarse en un extraño asiento diseñado por él mismo, que llamaba su «posadero».

−Me ayuda a tener recta la columna −explicaba−. Tengo que patentarlo.

Paul tenía algo de inventor, razón por la que lo llamábamos «el doctor». No el Dr. Who («Doctor Quién») o el Dr. Why («Doctor Por Qué»), sino el Dr. How («Doctor Cómo»): «¿Escuchamos cómo sonaría esta canción con una sección de metal? ¿O una banda? Dr. How, ¿cómo sonaría aquí un solo de saxofón?». Paul era el Brian Eno de la Tierra Media, y este grupo de jóvenes músicos tenía la impresión de que él podía conjurar cualquier sonido de su interfaz de teclado MIDI de tecnología punta, un pequeño Fairlight CMI que quizá valiese más que todo el edificio.

También era un viajero en el tiempo, pues el buen doctor era capaz de trasladar nuestra música de y a la década de 1950, que es como, en 1988, encontramos la sencillez a lo Buddy Holly de *Desire*. Y también podía llevarnos de visita a la música country de alrededor de 1960 y descubrir una canción como «All I Want is You». La TARDIS de STS podía llevarnos a cualquier parte desde la ampulosidad setentera de «Bullet the Blue Sky», a los años ochenta y «Pride (In the Name of Love)» y hacia el futuro de «The Unforgettable Fire».

Daba igual que el doctor no fuese de este mundo; nosotros también buscábamos una música que todavía no habíamos oído. De vez en cuando, podíamos volver la cabeza para robar algo del pasado, pero nuestros pies avanzaban sobre todo hacia un futuro que aún no habíamos oído. Nunca grabamos mejor que en STS; el bajo y la batería en particular parecían fusionarse químicamente. ¿Sería por lo pequeño que era el estudio? Casi grabábamos unos encima de otros, al igual que habíamos hecho en la cocina de Larry o en el cobertizo del jardín de Edge. Era como volver al útero materno.

Y ya que hablamos de eso…

PREVISIÓN Y FÓRCEPS

La llamada de un doctor más terrenal, el 9 de mayo de 1989, hizo que propusiera suspender la sesión de ese día en STS. Ali no salía de cuentas hasta cuatro días después, y su médico insinuó que sería mejor ir al Mount Carmel Hospital y pensar si convenía inducir el parto. Disimulé mi preocupación diciéndole a Ali que tal vez el hecho de que te induzcan el parto es como un afable aviso de desalojo para un niño que empieza a estar demasiado a sus anchas en un alojamiento provisional. Ni siquiera hoy tiene gracia. Suspendería la sesión de grabación e iría a recogerla en coche. Ali no quiso ni oír hablar de eso. Prefería conducir ella hasta el hospital y recogerme por el camino. Yo fingí que me había ofendido, pero comprendí que Ali nunca se había sentido muy cómoda con mi forma de conducir. Había estampado mi primer coche contra una farola en Willow Park Avenue. Cuando yo conducía, Ali iba haciéndome comentarios y añadiendo útiles sugerencias: «Las señales de tráfico no son consejos, son órdenes».

Preparó una mochila en la que metió *Hojas de hierba*, de Walt Whitman, y los poemas de Langston Hughes, ejemplares de *Q* y *Rolling Stone*, y una petaca de whisky.

Supongo que para mojarle la cabeza al bebé. Previsión. Fórceps. Franqueza. Hace mucho que Ali padece mi incapacidad de verla sufrir, aunque sea necesario. Como si no tuviese bastante, estaba preguntándose cómo encajaría todo con mi actitud de Neandertal: «Si haces llorar a mi mujer, yo te haré llorar a ti».

¿Hay alguna en vez en que un hombre se sienta más inútil que cuando está viendo dar a luz a su pareja? En el mejor de los casos, eres un gaitero, mientras ella marcha hacia la batalla; en el peor, eres la razón por la que está en guerra.

¿Alguna vez siente más respeto por la feminidad que cuando ella se enfrenta al trauma del parto y arriesga su propia vida para traer otra al mundo? Yo llevaba conmigo una pequeña grabadora Sony de pilas que usaba para guardar ideas y melodías, y me entretuve haciendo una grabación del latido del bebé, un ritmo leve, pero significativo, que se captaba con ultrasonidos. Quizá algún día escribiría una canción con el latido. Una idea creativa pensada para espantar un pánico cada vez mayor. La última vez que había estado en un hospital con una madre había sido con la mía, y había tenido que despedirme de ella. Inconscientemente, me temía lo peor.

Después sucedió lo peor. El latido del bebé empezó a ralentizarse. Al principio muy poco, solo una leve arritmia, pero, mientras grababa, noté que el ritmo había bajado. Se lo dije a una de las enfermeras, pero no pareció darle importancia. Volvió a ralentizarse, y esta vez le dije que conocía el tempo mejor que la mayoría. Larry Mullen hijo era mi maestro. Sabía si el ritmo aumentaba o disminuía, y justo ahora el batería del corazón de nuestro bebé se estaba ralentizando mucho. Esta vez me tomaron en serio y el tono de la conversación cambió. Llegó otra enfermera y luego vino un médico a toda prisa, y, antes de que pudiera darme cuenta, se llevaron a Ali.

Gracias a Dios por la ciencia. Por la medicina. Por los médicos y las enfermeras. Esos hombres y mujeres, con bata blanca y guantes de goma, sacaron a nuestra hija de la tormenta, aplacaron las olas con su milagrosa calma.

Hágase la paz.

Jordan Joy Iris Still Water Hewson nació a las 21.36 para poner fin a un bonito y luminoso 10 de mayo. En mi cumpleaños. Y, con solo dos kilos y medio, qué regalo tan delicado. La llamamos así por el río Jordán, el río de la canción góspel donde se balancea el dulce carruaje, y un grupo de ángeles llega para llevarme a casa. Cuando la sacaron de la incubadora, una enfermera insinuó que podía estar un poquito traumatizada por su tensa entrada en este mundo y que le vendría muy bien dormir sobre el pecho de su padre.

—Aún no sabe que la hemos separado de su madre, así que el latido será un sonido que la calmará.

Con esta idea tan poética empecé a sentirme útil. «Cuando ella tenga veintiún años, yo tendré cincuenta», pensé. Ahora tiene treinta y dos.

La razón por la que no dormí las siguientes semanas tuvo poco que ver con acompasarme a las horas de alimentación de la niña y mucho que ver con mi miedo a darme la vuelta sobre un bebé de dos kilos y medio que dormía encima de mí. Jordan y yo. Allí tumbado, notaba nuestra conexión. Gemelos cósmicos, con el corazón de uno al lado del otro. Aún sigue ella ahí.

Si Jordan nació en una tormenta, Eve, su hermana, era la tormenta.

En julio de 1991, tomó la Bastilla de nuestra casa en Temple Hill con una mata de pelo negro y un sentido cómico de la oportunidad del que no puede desprenderse ni cuando está triste. Nació a las 7.59 del séptimo día del séptimo mes, así que la llamamos Eve, porque «Eve» está en el centro de «seven» («siete»).

El nacimiento de Eve llegó con una intromisión que nunca habríamos esperado: una columna de cotilleo informó de su sexo un mes antes de que nosotros lo supiésemos. Habían filtrado una de las ecografías de Ali a una periodista sensacionalista famosa por airear los trapos sucios de quien fuera. Se sabía que la gente temía aparecer en su columna, pero el alcance de su falta de escrúpulos nos quedó claro una noche, cuando una de sus ayudantes me susurró al oído que, si Edge no cooperaba con su columna y accedía a proporcionar información sobre su divorcio, las cosas no le irían bien. Si aceptaba cooperar, lo «cuidarían».

Más o menos.

En Irlanda la fama no tiene buena fama. Pasa lo mismo con el éxito: los irlandeses desconfían de él. Una de ellas es Catriona Garde, que trabaja conmigo desde hace veinte años. Garde de nombre, guardián por naturaleza, la fama se le apareció como un globo de aire caliente que necesitaba reventar. Ella tenía una aguja puntiaguda. Todos sabemos en el fondo que los verdaderos héroes de cualquier historia son los médicos, las enfermeras, los profesores y los bomberos. Tal vez eso explique por qué nunca decidimos mudarnos a Londres, Nueva York o Los Ángeles, lo cual habría tenido más sentido para una banda, que necesitaba estar en contacto con el arte y el comercio musical. Pero no quisimos educar a nuestros hijos en ningún sitio que no fuese Dublín. No hay mejor ejemplo del cariño innato y de la consideración del mérito personal en Irlanda que *The Late Late Show*, nuestro programa de entrevistas con mayor audiencia, que es una insólita mezcla de personas famosas de la televisión y personas famosas en su barrio. Cultura de todo tipo, no solo con famosos. Una mujer de Cork que ha tenido una visión de la Virgen con, digamos, Madonna.

En la década de 1990, su presentador, Gay Byrne, era el hombre más famoso de Irlanda. Siempre que nuestras hijas recibían un poco más de atención de la cuenta o se volvían demasiado reconocibles, les recordábamos que nadie sería nunca tan famoso como Gay Byrne. Como todo el mundo en el país, nunca se perdían su programa especial de Navidad para niños. Pero, si no es cantante, ni actor, ni cómico, ¿cómo puede ser tan famoso? Era famoso, les explicaba yo, porque tenía auténticos valores. Ha estado ahí en los momentos más difíciles del país. Deja que la gente sienta, oiga y vea, y, sobre todo, creo, disuadió a comunidades enteras de acabar en una guerra civil.

Desde luego, si vas a ser famoso, sé divertido e irreverente. Escucha a los que gritan y a los que susurran. Pero, por encima de todo, sé útil. Esa era su forma de actuar, me pareció siempre, una forma de actuar que se convirtió en una oración en nuestra familia. Sencilla. Directa. Haznos útiles, Señor. Estamos a tu disposición. ¿Cómo podemos ser útiles en este mundo en el que estamos?

DIVERSIÓN: INFANTIL Y PUERIL

Los hijos te hacen volver a cuando eras niño. Mientras crecían, me descubrí cantándoles melodías y letras de canciones que no sabía que recordaba y que no puedo explicar cómo sabía. Debieron de cantármelas a mí. Devolverme a la infancia fue bueno porque aprendí que no solo hay que «entrar en el Reino de los cielos como un niño», sino que así es como se accede a tu creatividad. El enemigo es la adultez. Mi impresión es que el crecimiento interrumpido de muchas figuras creativas se explica porque las domina su adultez, porque se olvidan de jugar, de trastear en el arenero con imágenes, música o palabras.

Después de mi miedo inicial a tener hijos, cuando las niñas fueron creciendo con nosotros en los noventa, supe que podía dejarme llevar por la adultez.

Es cierto que nos dicen que los niños nos enseñan a madurar, pero nuestras hijas también nos enseñaron a no madurar demasiado. Inspirar cierta diversión infantil y pueril. Eve era la diversión personificada. Artista desde los dos años, no me sorprendió cuando, en la época de nuestra gira Elevation, en 2001, cuando apenas tenía diez años, salió bajo los focos con la banda, recorrió el escenario y bailó con su padre en «Mysterious Ways».

La diversión fue el origen de la letra de «Elevation», la diversión de la que los niños pueden disfrutar. Los buenos padres pueden llevar a sus hijos en coche al colegio… con el batín puesto, recién levantados de la cama y cantando con la radio puesta. «Vergonzoso» era la palabra que más me gustaba oírles. Quería que gritaran y silbaran, porque ser un capullo a veces es parte del trabajo de ser padre. Me daba igual el aspecto de los demás conductores que llevaban a los otros niños en otros coches. El único enemigo era la inhibición, porque, si yo podía ser libre, también podrían serlo nuestras hijas. Dejaba que me provocaran a hacer alguna estupidez, como salir del coche en mitad de un atasco y bailar «Everybody» de los Backstreet Boys. Me sabía los pasos, porque las niñas me habían dado clase. Era una época en la que este tipo de momentos se grababan solo en la memoria. Una época anterior a la de los teléfonos inteligentes, que nos hacen parecer idiotas.

Jordan me recordaba mi propia primera vida imaginativa y le envidiaba su surrealismo. Ella inspiró «Staring at the Sun» de nuestro álbum *Pop*. Un día de verano en Francia, la vi registrar hasta el último rincón de la piscina como si fuese su propia conciencia. Sus ojos, muy abiertos bajo el agua, eran del color de una jacaranda, totalmente a sus anchas en su Atlántida. Se encontraba soñándose a sí misma, e incluso entonces escribía su propia historia, una escritora estaba siendo escrita. Vaya uno a saber si escribir no será como vivir bajo el agua: hay que salir a la superficie, pero, si todo va bien, en realidad no quieres hacerlo.

Las chicas fueron al DSP –el Dalkey School Project National School–, donde los edificios, las ventanas y las puertas estaban pintadas con colores primarios, todo diseñado con una estructura contemporánea que parecía hecha de tabletas de chocolate. El DSP era un colegio no confesional, con los valores correctos y un lugar estupendo para aprender. El colegio nos protegió como familia y se aseguró de que a las niñas las tratasen igual que a todo el mundo, lo cual resultaba esencial, porque, como diría Seamus Heaney, los «insidiosos privilegios» pueden empezar muy pronto.

En el colegio, Jordan conoció a un profesor que le explicó (a ella y a nosotros) que incluso en primaria la clave era conseguir aprender por sí misma. Aficionarse a los libros, a la lectura, le explicó, hará mucho más de lo que yo puedo hacer por su educación. Si le gustan los libros, no hay sitio adonde no pueda ir, podrá chapotear o sumergirse. La atención de este hombre fue un gran regalo y la encaminó para que estudiara poesía y ciencias políticas en una buena universidad. El nombre de su profesor era Iarla Ó Lionáird, un hombre cuya manera de cantar he estudiado y de la que he aprendido, por su papel en Afro Celt Sound System y en The Gloaming.

De Eve aprendí un nivel distinto de determinación. Era disciplinada hasta para la disciplina. Hace falta talento para poder encender y apagar esa faceta de ti mismo. Siempre dispuesta a la travesura, desde muy pequeña dio importancia a la diversión y se las arreglaba para sacarla a relucir, aunque no fuese muy accesible o cuando la seriedad se había impuesto al buen humor. Eve tenía un don innato para el mimo y las payasadas. A los cuatro años, cuando los adultos se ponían aburridos, daba vueltas a la mesa del comedor en su triciclo de niña pequeña con un casco protector de tamaño normal. Cuanto más te reías, más seria se ponía ella. Nada de explicaciones. Pura performance.

El método de actuación empezó a los cinco años, cuando, después de ver la película *E. T.*, comenzó a llevar la capucha puesta dentro de casa y solo respondía al nombre de Elliot. Se chupaba el dedo de camino a su planeta verde.

Hay dos talentos más que estuvieron presentes desde el principio. Eve sabía bailar muy bien. Eve sabía hacerte reír aunque no quisieras.

Una escena para recordar: «You Are What You Are (Beautiful)», de Christina Aguilera, suena una tarde en los altavoces cuando veo que Eve tuerce el gesto.

> *Every day is so wonderful*
> *Then suddenly it's hard to breathe*
> *Now and then, I get insecure*
> *From all the pain,*
> *I'm so ashamed.**

Es una letra muy bonita de Linda Perry, el vídeo defiende a los adolescentes que se sienten marginados. Le pregunto si está bien, si hay algo de lo que quiera hablar. «Es difícil de explicar», me dice.

---

* «Todos los días son maravillosos / Luego, de pronto, me cuesta respirar / de vez en cuando me siento insegura / por todo el dolor, estoy tan avergonzada».

Me gustaría saber si lo que es difícil de explicar es la vida que le he dado.

Espero haber sido un buen padre, pero otros sabrán verlo mejor que yo. No me enorgullezco de los momentos en los que no fui un buen padre, cuando perdí los nervios, cuando no pude controlar mi rabia. Las chicas lo han visto. Los chicos no tanto. ¿Se remontaba eso a mi padre y a mi relación con él? Yo sabía que no quería tener la relación con mis hijos que había tenido con mi padre y tal vez me salvó la estupidez. Esos fueron años felices en nuestra familia y dejar a las niñas en DSP antes de ir a dar un paseo por Killiney Hill o por la playa con Ali era la mejor forma posible de empezar el día que se me ocurre.

LOS INSIDIOSOS PRIVILEGIOS

Los «insidiosos privilegios» pueden afectar aún más a los adultos. En la década de 1990 aprendimos a divertirnos. Al recordarlo, tal vez disfrutase demasiado de la buena vida y me tomase demasiadas libertades con la libertad, pero no dejamos que el éxito echara a perder nuestra vida familiar. Las niñas eran nuestra prioridad y, aunque U2 me hiciese pasar fuera de casa más noches que a la mayoría de los padres, cuando volvía a Temple Hill o a Francia intentaba compensarlo. Entonces podía estar más disponible que la mayor parte de los padres que trabajaban, o incluso que los que iban al trabajo de nueve a cinco, que a menudo era de siete a siete, y solo podían ver a sus hijos por la tarde o los fines de semana. Además, con los años tuvimos todo tipo de ayudas. Ali era el equipo A. Yo era más a menudo la única B del equipo A.

Los que disfrutamos con lo que hacemos, y lo haríamos gratis, no deberíamos olvidar nunca que somos el uno por ciento del uno por ciento de todas las personas que han vivido. En la historia apenas existimos. Estar libres de preocupaciones económicas fue el regalo que nuestro público le hizo a la banda. Ser libres. Hacer lo que nos gusta, disfrutar con lo que hacemos. Casi nadie ha vivido así. La historia ha sido muy difícil para nuestros antepasados y levantarse con las piernas enfundadas en pantalones negros de plástico no puede compararse con eso, pero no quiero olvidar que la historia de U2 es un fenómeno de la naturaleza. Un cisne negro. El mundo se ha desplomado alrededor de personas con más talento que yo, pero, desde que nos llegó el éxito, por primera vez a finales de los años ochenta, la libertad ha sido nuestra historia y la de nuestras familias. Debemos mucho de eso a quienquiera que esté leyendo este libro.

Los noventa también tuvieron sus malos momentos, y de algunos no tuvimos la culpa. Descubrimos que un famoso mafioso de Dublín había planeado secuestrar a las niñas, que sus hombres habían pasado meses vigilando nuestra casa y que tenían un complicado plan. Años después su hija escribió un libro en el que contaba que había oído a su padre hablar del plan. Ese tipo de noticias nos quitaban el sueño.

Cuando uno por uno los chicos llegaron a los doce años, tuve una conversación con los cuatro a propósito de que iban a convertirse en adolescentes problemáticos y que a mí era algo que me parecía bien.

—Me torturarás. Intentaré controlarte. Discutiremos. Dejaremos de hablarnos, y pasaremos unos años difíciles. Pasarán esos años, y luego, cuando tengas unos veinte años, volveremos a llevarnos bien.

Es lo que suele pasar, les expliqué. Por otro lado, añadía:

—Podríamos, no sé, ahorrarnos todo eso.

Y todos respondieron:

—Sí, ahorrémonoslo.

Y lo hicieron.

Aunque, claro, cualquiera que hable con su madre, que no se iba de gira como su padre, podría contar una historia distinta de cómo las chicas echaron de menos tenerme ahí para torturarme y de cómo yo también lo eché de menos.

until the end of the world
where Edge and I take a train, into
a subway / bomb shelter
in the capital of Ukraine **AND**
Mikhail Gorbachev once leader of
the 'UNFREE WORLD' knocks on our
DOOR in DUBLIN to offer a
teddy bear for a picnic

END OF WORLD

19

Until the End of the World

Haven't seen you in quite a while
I was down the hold, just killing time.
Last time we met it was a low-lit room
We were as close together as a bride and groom.
We broke the bread, we drank the wine
Everybody having a good time
Except you.
You were talking about the end of the world.*

El tren recorre rítmicamente el raíl. Es primavera, de 2022, y el clic-clac me recuerda al viaje que Ali y yo hicimos a Londres hace cuarenta y cinco años con las cintas de las maquetas de las canciones de U2; mi misión era conseguir un contrato de grabación y una vida aún no vivida.

Ali no va conmigo en este viaje de Polonia a Ucrania. Edge y yo miramos a través del cristal agujereado los lanzacohetes alineados hasta donde llega la vista y apuntando hacia Rusia. Estos tirachinas

---

* «Hace tiempo que no te veía / yo estaba abajo en la bodega, matando el tiempo. / La última vez que nos vimos fue en una habitación en penumbra / estuvimos tan cerca como un novio y una novia. Compartimos la comida, bebimos el vino / todos lo estaban pasando bien / menos tú. / Tú hablabas del fin del mundo».

de ciencia ficción me recuerdan a las grúas en el puerto de Dublín, gigantescos insectos palo que albergan un enjambre de misiles de crucero.

Nuestro viaje de doce horas en tren a Kiev tiene que desviarse porque más adelante hay «problemas en la vía», un eufemismo de los continuos bombardeos que sufre esta ruta.

—Los rusos deberían usar Google Maps, porque con su propia tecnología no aciertan nunca —bromea Oleksandr, que dirige hoy nuestro tren.

Oleksandr, que no le tiene miedo a nada, debe de ser mayor de los catorce años que aparenta.

—No hay por qué preocuparse, ahora tenemos filtros antibomba en las ventanillas. Las han volado varias veces.

Guay.

Edge y yo asentimos con la cabeza como si, al igual que todos los días, estuviésemos yendo al trabajo. Siempre me sorprende el modo en que nos aferramos a la normalidad en situaciones ridículamente absurdas, como a un antiguo amigo al que acabamos de encontrar en una fiesta en la que no conocemos a nadie. Miro al otro lado del vagón para ver si nuestra sombra va con nosotros. Nuestra sombra es Brian Murphy, que desde hace veinticinco años se encarga, de día y de noche, de la seguridad de U2.

Mañana, 9 de mayo, es el Día de la Victoria en Ucrania y en Rusia, la victoria de los aliados contra los fascistas en 1945. En Moscú, Vladímir Putin exhibirá la gigantesca aeronave Ilyushin Il-80 Maxdome, que, en caso de ataque nuclear, se convertirá en el «Kremlin de los cielos». También exhibirá algunos misiles de crucero rusos y un par de ADM —armas de destrucción masiva— apuntando hacia el resto del mundo.

Edge, el ADM (arma de devoción masiva) de U2, sostiene su habitual protección, su guitarra, y está rasgueándola, intentando recordar acordes que no hemos tocado desde hace tiempo. Douglas Alexander, antiguo ministro del Gobierno británico, que ha estado en varias zonas de guerra, nos ofrece experimentados consejos bélicos mientras nos ponemos el obligado chaleco antibalas.

—Cuando llegamos a Bagdad en helicóptero, nos dijeron que

nos sentáramos en el chaleco... era más probable que nos disparasen desde abajo.

Nos reímos más alto de lo normal. Douglas, que hace cinco años que me aconseja en casi todo, se ofreció voluntario para esta misión, al igual que Martin Mackin, que trabaja para el Gobierno de Irlanda. Brian se lleva los teléfonos, porque, si viajas a una zona de guerra con varios teléfonos extranjeros, resulta fácil detectarte y se supone que este es un viaje secreto.

Estos dos vagones de tren han transportado antes a trescientos veinte refugiados a un lugar seguro y con sus cortinas de cretona y sus elegantes sillas de comedor te retrotraen a 1940, donde personajes como Roosevelt y Churchill o Stalin habrían quedado para discutir sobre la guerra o la paz. Al igual que hicieron en Yalta, hoy parte de Ucrania, en la conferencia celebrada en 1945, donde los historiadores afirman que se sentaron las bases de la Guerra Fría. Nuestro viaje es una invitación del presidente Zelenski, al que conocí en Kiev en los días en que era actor y comediante. En los días en los que él no imaginaba que acabaría dirigiendo la defensa de su país con inflexible valor e inteligencia contra una invasión rusa. Simboliza la valentía de treinta y cinco millones de ucranianos que se han quedado a combatir y resume su propósito con declaraciones diarias que refuerzan su integridad personal, así como la integridad territorial de su país. Es una defensa impresionante, su creatividad está obligada a combatir. El arte de la guerra. ¿Quién querría meterse con esta gente?

El segundo de Zelenski, Andriy Yermak, es un antiguo productor de cine, y tengo la sensación de que esta es la gente que queremos, narradores que pretenden que el relato del Día de la Victoria demuestre y proclame que su moral no se ha venido abajo por este brutal bombardeo. Me entran dudas sobre si la música y las exhortaciones no parecerán un poco inútiles en estos momentos, pero el presidente nos dice que nuestra solidaridad no tiene precio. Para un país sitiado, afirma, la solidaridad resulta esencial. Nosotros hacemos música, eso es lo que decimos Edge y yo. Así es como prestamos testimonio.

#1. En el metro, a mucha profundidad bajo tierra, un búnker nuclear construido por los rusos en los años sesenta, con nosotros está la banda local Antytila y el cantante Taras Topolia. Ahora todos son soldados. Presento una nueva versión de «Walk On», explicando que «todos estamos acostumbrados a ver líderes mundiales que resultan ser comediantes, pero es una revelación ver que también ocurre lo contrario».

And if the comic takes the stage and no one laughs
And dances on his own grave for a photograph
This is not a curtain call this is the greatest act of all
A stand up for freedom…*

Cantamos «Sunday Bloody Sunday», «Angel of Harlem», «Pride» y «One». Esta multitud de cien personas representa a una muchedumbre de mil cuando convertimos «Stand by Me», de Ben E. King, en «Stand by Ukraine».

#2. De pie, ante la impresionante estatua de Tarás Shevchenko, el pintor y poeta más famoso del país, un periodista le pregunta a Edge si los músicos y los escritores tienen algún papel en este tipo de situaciones.

—Bueno —responde, mirando la gigantesca estatua—. El Imperio ruso parecía creer que sí. ¿No es un agujero de bala eso que hay en la cabeza del poeta?

#3. Las luces están apagadas mientras nos conducen con la luz de una linterna por incontables pasadizos para ver al presidente Zelenski en la sala de operaciones. Su mano derecha y él, al igual que todo el país,

---

* Y si el cómico sube al escenario y nadie se ríe / y baila sobre su tumba por una foto / no es un telón que cae, es el acto más importante / una defensa de la libertad…

van vestidos de camuflaje, a diferencia de los hombres grises de Putin y su vecino Lukashenko. Los líderes ucranianos son como una fuerza vital artísticamente dirigida que defiende con calma la libertad, mientras Putin susurra nervioso a los cuatro jinetes del apocalipsis.

En una mesita redonda, el presidente nos habla de cómo contar historias, de cómo burlar a la maquinaria de desinformación rusa que, en la India y en algunas partes de África, está moldeando el relato. Se pregunta por qué la mitad de los países que se abstuvieron en la votación de la ONU contra la invasión rusa eran africanos. Nos cuenta que Ucrania dispondrá pronto de ciento veinte millones de cereal, pero que, por culpa del bloqueo ruso, no podrán embarcarlo para alimentar al mundo. Ucrania suministra un tercio del trigo, la cebada y el maíz del planeta y la mitad del aceite de girasol. Todo se pudrirá al tiempo que en los países más pobres la gente pasará hambre. El presidente habla de cómo transportarlo a lugares que sin él corren riesgo de hambruna. Que su país esté sitiado y él esté pensando en eso te da una pista de quién es. De quién es su gente. Su moral es ética, pero también es estratégica.

#4. En Bucha presenciamos de primera mano cómo los militares rusos han perpetrado una masacre. En los siguientes días intentaré no recordar estas escenas. No puedo describirlas sin poner en peligro mi propia salud mental. Pregunto al sacerdote ortodoxo local por el patriarca ortodoxo en Moscú. ¿Por qué se ha hecho cómplice de las mentiras contadas a diario, mentiras que mutilan la verdad, que mutilan a un pueblo?

—¿A qué Dios le reza? –pregunto.

—A Vladímir Putin —me responde.

LA HISTORIA DE ELLAS O LA DE ELLOS

Es imposible concebir el peso de la historia que pueden soportar algunos. Leemos acerca de ellos. Nos escriben. La tierra da vueltas en torno al sol, pero también puede girar en torno a los actos de unos pocos. La mayoría son hombres terribles, como Putin, Stalin, Mao o Hitler. A veces, como Alejandro Magno o Napoleón el Pequeño, son individuos peligrosamente tarados que, a base de estrategias astutas y fuerza de voluntad, vencen a todos sus rivales y dejan una huella en la historia en la que repararíamos si desapareciera.

Los demás parecen haber sido conformados por la historia que estaban conformando. Parece como si la grandeza de su labor los hiciese grandes y sobrepasara sus defectos. Son hombres como Winston Churchill, Nelson Mandela, Martin Luther King y… Volodímir Zelenski. Como Aristóteles o Marx. Como Muhammad Ali, Oscar Wilde o Beethoven. Es la historia escrita por hombres sobre hombres, hay menos nombres como Juana de Arco, Juliana de Norwich, Rosa Parks, Mary Robinson, Marie Curie, Malala Yousafzai o Greta Thunberg. La historia rara vez es la historia de las mujeres.

Nadie me ha causado nunca mayor impacto que Mijaíl Gorbachov. Aunque Vladímir Putin intente echar las persianas digitales, en mi universo, la caída del telón de acero está justo a la par que el paseo por la luna de Neil Armstrong: es el acontecimiento más impresionante que he visto por televisión. Pero, a diferencia de la luna, el mundo en el que Mijaíl Gorbachov aterrizó era el mismo en el que yo estaba. Dos hitos: uno que indica la ambición humana de desafiar los límites del lugar donde podríamos vivir y otro que cambió los límites del lugar donde vivimos.

MIJAÍL GORBACHOV Y RÍOS DE WHISKY

Los domingos, nuestra casa en Temple Hill es una estación de tren donde los trenes no salen a tiempo y nunca estás muy seguro de quién se apeará en el andén. Predicador o adivino, músico ambulante, autor de gira, cualquier configuración de amigos y familia. Casa abierta, mente abierta.

El timbre suena este día concreto, en enero de 2002, pero, antes de que me dé tiempo a subir las escaleras, Ali ya va de camino. Abre nuestra enorme puerta principal azul marino y se encuentra cara a cara con un oso de peluche de tamaño real. Visto desde cerca, el oso está en brazos de una modesta figura que la historia considerará muy grande.

Me había olvidado de decirle a Ali que Mijaíl Gorbachov podía pasarse por casa. En Dublín, en compañía de otros dirigentes, cuando le entregaron las llaves de la ciudad, mostró algún interés —supuse que por educación— en pasar un rato con nuestra familia.

—No hace falta organizar nada —dije—. Los domingos puede pasarse quien quiera.

Con él iba Nina Kostina, su traductora; un buen traductor no solo hace que la conversación en dos lenguas diferentes sea posible, sino también más agradable. Al cabo de un rato, tu cerebro te ha convencido de que hablas la lengua del otro. ¿O fue el whisky? Con todo el mundo alrededor de la mesa, ninguna pregunta quedó sin formular.

Pregunta: En los días más oscuros de la Guerra Fría, ¿hasta qué punto fue real la disuasión nuclear de la destrucción mutua asegurada? Dicho de otro modo: ¿la destrucción mutua asegurada fue grave o una locura?

Respuesta: Nunca pude considerar esa opción. Incluso cuando era más joven, con toda mi jactancia, supe que, si el destino me ponía en esa situación, no ejercería esa opción.

Pregunta: ¿Cómo orientaba su brújula moral? ¿Favorece el Estado ese tipo de ecuanimidad?

Respuesta: Mi madre y mi abuela eran creyentes. En una mesa de la casa de mis abuelos estaban las imágenes ortodoxas de mi abuela. Cerca, en otra mesa, mi abuelo comunista había colocado su retrato de Lenin. Es importante no olvidar que la revolución en Rusia empezó con los más nobles ideales; mi abuelo creía en esos ideales.

Pregunta: ¿Cree usted en Dios?

Respuesta: No. (Una larga pausa). Pero creo en el universo.

Y en ese momento el universo se interrumpió.

Ruidosamente, con sus piernas ortopédicas, una niña pequeña entra en el salón. Es Anna, la ahijada de Ali, que ha venido a pasar el fin de semana con nosotros.

Ali había conocido a Anna en una visita que hizo a Bielorrusia.

Exacto, Bielorrusia.

Antes conocida como República Socialista Soviética de Bielorrusia. De la Unión Soviética.

Cuyo último líder fue Mijaíl Serguéyevich Gorbachov.

Anna había nacido con una grave minusvalía porque sus padres sufrieron un envenenamiento radiactivo, causado por el accidente nuclear de Chernóbil. Solo ella y el anterior líder de la Unión Soviética no repararon en la ironía de ese momento.

En torno a la mesa, uno por uno, todos sentimos lo emocionante de ese inesperado encuentro. Tal vez el gran hombre reparase en cómo había cambiado el ambiente y lo compensara dedicando toda su atención a Anna.

–Hola, ¿cómo se llama, señorita?

Anna se acercó y él la sentó en sus rodillas.

–Anna –dijo, con un marcado acento de Cork.

–Es la forma familiar de Anastasia –explica Ali, tal vez un poco pálida–. Hay algo que debería saber, señor presidente. –Duda–. Parece una encerrona. –Pero, en realidad, no lo es–. Debería saber que los irlandeses siempre hemos tenido una difícil relación con la energía nuclear. –El presidente consulta con su traductora y su vaso, y mira bizqueando a Ali–. En algunas áreas de la costa, justo al sur de la costa de Dublín, el elevado índice de nacimientos con síndrome de Down y los casos de cáncer han despertado sospechas sobre una fuga radiactiva en 1957, después de un incendio, en la planta nuclear de Windscale en el Reino Unido.

Gorby intuye el siguiente movimiento, pero no tiene ni idea del que va a venir después. Otro invitado pone cara de no saber hacia dónde está yendo la conversación. Servimos el whisky.

Deprisa.

–Señor presidente, días después de la catástrofe de Chernóbil, se detectó contaminación radiactiva en Irlanda en el agua y en los filtros del agua, e incluso en muestras aportadas por gente de la zona. Por supuesto, no fue nada en comparación con lo que su pueblo tuvo que sufrir, pero la gente de nuestro país estaba tan sensibilizada con los peligros de la energía nuclear debido al accidente de Windscale que prestó una especial atención a Chernóbil. Y en Irlanda la gente respondió con generosidad al sufrimiento de los ucranianos y de los bielorrusos desplazados, cuya vida dio un vuelco que duró años. Incluso ahora seguimos en contacto.

Fue un poco surrealista ver a Ali explicar su relación con la URSS y con Rusia al hombre que había tenido un poder absoluto sobre esa central nuclear. Mi mujer es la tormenta más silenciosa que jamás descargara sobre la ciudad, y, para hablar así, necesita cierta concentración psicológica. Pero, si estaba nerviosa, los nervios no le fallaron. Durante veinticinco años, Ali ha trabajado con una ONG irlandesa, Chernobyl Children International, desde que su fundadora, un torbellino de mujer llamada Adi Roche, la convenció para narrar un documental de televisión titulado *Black Wind, White Land*.

Ali ha viajado con frecuencia a la región, en convoyes de camiones irlandeses y ambulancias cargadas de suministros, conduciendo el viaje de dos mil kilómetros de Dublín a Minsk. Es al mismo tiempo humillante y estimulante reparar en hasta qué punto tu pareja es más dura que tú. Con otros voluntarios irlandeses, Ali ha dormido en manicomios y ha aseado a enfermos mentales que estaban encadenados a las paredes. Después de enamorarse de los eslavos mientras luchaba contra las condiciones de vida de esas personas, en un viaje a Bielorrusia conoció a Anna, la cual se convertiría más adelante en uno de los miles de niños trasladados a Irlanda para ser operados.

Después, la familia Gabriel de Cork adoptó a Anna, y el universo había querido que ese fin de semana Ali invitara a su ahijada Anna a quedarse con nosotros. Ahora, con esa niña pequeña en las rodillas, la voz de Mijaíl Gorbachov se convirtió en un susurro mientras explicaba que el desastre nuclear de Chernóbil de 1986 fue lo que le convenció de que la Unión Soviética ya no podía continuar como hasta entonces.

—Me dije que, si el Estado no podía controlar una planta nuclear de esa importancia, era porque el propio Estado había dejado de funcionar como tal. El Estado había fracasado.

»La moral estaba baja. Costaba pagar el sueldo a nuestras fuerzas armadas, y no digamos ya a nuestros científicos, y no estábamos manteniendo los reactores de forma adecuada.

»Cuando vemos la devastación que puede causar dividir el átomo, resulta insoportable; nunca se puede admitir. La Unión Soviética había dejado de ser viable, tenía que encontrar un nuevo camino... un nuevo camino que por fuerza incluyera una aproximación a Occidente.

Así que ese había sido el momento en que Mijaíl Gorbachov cambió su propia historia y la nuestra. Descubrimos que la historia no tiene por qué conformarnos. El mundo es más maleable de lo que imaginamos y las cosas no tienen por qué ser tal como son. La historia es barro y puede ser aporreada o machacada, acorralada y acariciada, hasta que adquiera una forma nueva.

CUATRO CAPTURAS DE PANTALLA DE LA MAESTRA DE CEREMONIAS ANGELA MERKEL

Angela Merkel es una mujer cuyas políticas son mucho más clásicas que el rock'n'roll, y hasta que la polka. La canciller resultó ser uno de los acorraladores más hábiles y disciplinados. Creció al este del telón de acero y cuando cayó lo cruzó para liderar a una Alemania Unida. Recuerdo cuatro imágenes destacadas.

#1: Cumbre del G8 en Heiligendamm, 2007.

La campaña ONE. Estoy presionando a Angela Merkel y preguntándole por qué no promete enviar más ayuda alemana al extranjero. Me mira directamente a los ojos y cita a su padre, un pastor luterano de Berlín Este: «Mi padre me enseñó a no aparentar más de lo que soy y ser siempre más de lo que aparento». Ahora que le ha llegado el momento de dejar el cargo, Alemania envía más del doble de dinero para ayudar a los más pobres.

#2: Medianoche en Berlín, agosto de 2012.

Nuestra furgoneta se detiene en el semáforo.

—¿A que no adivinan quién acaba de parar a nuestro lado? —dice nuestro chófer—. Es la canciller Merkel.

Me asomo por la ventanilla imaginando ver una comitiva de coches, pero solo hay dos, y en el asiento de atrás del primero, con la luz iluminada por el brillo de su ordenador portátil, está la canciller alemana.

—¿Es que no tiene vida? —bromeo.

—No —replica el chófer—. Por eso la votamos.

#3: Estación de ferrocarril de Múnich, 2015.

Entre las imágenes del siglo xxi que perdurarán están las de los refugiados sirios llegando en tren y siendo recibidos por alemanes con paquetes de ropa y zapatos de niños. Imágenes para contrarrestar las de setenta años antes. Alemania hoy, una razón para que muchos creamos que la Unión Europea era una idea que se ha convertido en un sentimiento y Angela Merkel es la cabeza y el corazón de Europa.

#4: Edificio del Bundeskanzleramt, 2018.

Estoy a punto de presentarle a la canciller a cincuenta embajadores de ONE de toda Alemania.

Angela Merkel se vuelve hacia mí:

—¿Ha oído «This is Nigeria», de Falz?

—Canciller, ¿me está descubriendo música nueva?

—Me sorprende que no lo haya oído, al parecer es muy popular.

Dicho lo cual, coge su iPad y encuentra el vídeo, una versión africana occidental de «This is America», de Childish Gambino.

—En realidad, es una especie de baile.

Y eso mismo es la política, un baile.

Buscas los pasos que te llevan a un terreno común. Es una coreografía, y me muevo por ella.

Ah, y una quinta captura, que nunca adornará la puerta de nuestra nevera: después del desastre de Fukushima, 2011.

La canciller Merkel aceptó desmantelar la red de centrales nucleares de Alemania. Cualquiera pensaría que estoy celebrándolo. Pero no.

Han pasado dos décadas desde la visita de Gorbachov, estamos en enero de 2020, y, aunque yo sigo durmiendo con una activista antinuclear, mi mujer ya no.

Me he pasado al lado oscuro.

Estoy en un edificio de oficinas en Seattle, donde Ken Caldeira, un científico de la Carnegie Institution for Science, especializado en la atmósfera, me está explicando que, en esencia, una ciudad está hecha por o de carbono.

—Mire por la ventana, pero antes mire la ventana. Fabricar cristal requiere energía: una ventana emite dos tercios de su peso en carbono. Fíjese cuántos edificios están hechos de cristal… y hormigón. El hormigón es básicamente una parte hormigón y otra parte carbono, porque fabricar cien toneladas de hormigón equivale a cien toneladas de carbono.

Ken señala hacia la calle, a los vehículos, a los restaurantes y a los supermercados, sus cadenas de suministro. Señala la sala en la que estamos.

—La mesa, las sillas… hasta esta alfombra tiene una huella de carbono.

Ken trabaja con Bill Gates, a quien se le dan muy bien los números, que afirma que la emergencia climática se reduce a dos cifras: cincuenta y un mil millones (de toneladas de gases de efecto invernadero que arrojamos cada año a la atmósfera) y cero (las toneladas que debemos añadir para evitar el desastre climático). Cada vez es mayor el consenso con respecto a que no es posible llegar a cero solo con energías renovables, con la energía solar, la eólica o la mareomotriz. El almacenamiento de baterías con este tipo de energía está muy por debajo de lo necesario en casi todo el mundo, pero sobre todo entre las poblaciones en desarrollo en la India o en países a lo largo y ancho de África, donde las fuentes de energía nuevas y fiables resultan esenciales. Incluso los combustibles alternativos como el hidrógeno requieren avances científicos para los que aún se necesitan décadas de investigación.

Treinta años después de que U2 participara con Public Enemy, Big Audio Dynamite y Kraftwerk en un concierto antinuclear de Greenpeace para protestar contra la planta de Sellafield en el Reino Unido, la verdad incómoda puede ser que la propia división del átomo que hizo del uranio un material fisible para convertirlo en un arma y que amenazó con extinguir a la humanidad después de la Segunda Guerra Mundial puede ser hoy un peldaño necesario para evitar nuestra definitiva extinción.

Ali, por su parte, no está convencida.

Ali piensa en Anna, su ahijada.

Hay días en los que estoy al otro lado de las barricadas. Incluso en mi propia cocina.

ONe

in which, in Berlin, haunted by the ghosts of Hansa, the U2 group fall out and nearly become history ourselves until I am eventually reminded that I am one quarter of an artist without Edge Adam and Larry.

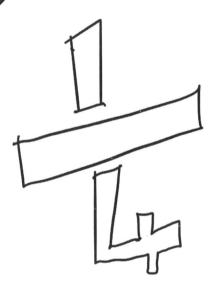

20

One

You say love is a temple, love a higher law
Love is a temple, love the higher law
You ask me to enter, but then you make me crawl
And I can't be holding on to what you got,
*When all you got is hurt.**

3 de octubre de 1990. Llegada a Berlín para grabar *Achtung Baby*, el comandante de British Airways habla por los altavoces para decirnos que somos el último vuelo que va a aterrizar, pues por fin están demoliendo el Muro.

Nos apeamos del avión hacia la historia y, como buenos rebeldes irlandeses, fuimos directos en busca de la fiesta. Debía de haber sido una de las mayores celebraciones callejeras de la historia, pero el caso es que no lo fue. El ambiente era deprimente, las caras de la gente parecían más de asombro que de júbilo.

—Dios —observó Adam—, estos alemanes no saben divertirse.

—¡Menuda mierda de fiesta! —gritó Larry.

Poco a poco comprendimos que no estábamos en una fiesta.

* «Dices que el amor es un templo, que es una ley superior / que el amor es un templo, una ley superior / me pides que entre, pero luego me obligas a arrastrarme / y no puedo aferrarme a lo que tienes / si solo tienes dolor».

Nos encontrábamos en una manifestación. El apoyo a las antiguas costumbres soviéticas no había desaparecido del todo, y estábamos manifestándonos con comunistas recalcitrantes que querían conservar el Muro. «U2 se manifiesta contra la caída del Muro» habría sido un buen titular.

Esa noche dormí en la cama de Brézhnev. No, no fue un sueño. Dormí de verdad en la cama de Leonid Brézhnev, el hombre que más tiempo había dirigido la Unión Soviética, a excepción de Stalin. Dennis Sheehan, el director de la gira, nos había contado que el alquiler de la casa era una ganga. «Está en Berlín Este, en un barrio muy selecto, si es que aquí se puede decir así. Es donde se alojaba siempre el politburó».

A la mañana siguiente me despierta un golpe. El ruido de mi cabeza privada de agua y oxígeno. Me levanto y doy vueltas por el sótano en busca de un vaso de agua. La cocina, descubro después, está al otro lado de la calle. En este sótano solo hay una estrella del rock en camiseta y sin calzoncillos apretándose la cabeza con las manos. Otro golpe, esta vez no es en mi cabeza. La puerta principal. Subo a toda prisa las escaleras y me asomo para encontrar a una familia de tamaño medio en el vestíbulo. La madre, el padre, los niños y el abuelo. No les avergüenza mi desnudez. Pero están enfadados.

—¿Quién vive en esta casa? —pregunta el abuelo.

—Yo —respondo con los ojos entornados por la brillante luz de la mañana—. ¿Qué quieren?

—¡ESTA ES MI CASA! —recibo como toda respuesta, con el volumen al máximo—. ESTA ES MI CASA Y LA CASA DE MI PADRE. ¡NO TIENE DERECHO A ESTAR AQUÍ Y TIENE QUE MARCHARSE!

Empecé a entender, y no parecía tener mucho sentido explicarles que Dennis había firmado un contrato de alquiler. La conexión emocional entre el hombre y la casa resultaba innegable, y hasta hoy no me cabe duda de que sigue pensando que se encontró con un okupa. Esa gente llevaba cincuenta años sin ver su casa. Un muro se lo había impedido.

El número 38 de Köthener Strasse. Desde los amplios ventanales de los pisos superiores de los estudios Hansa se veía el Muro de Berlín y la tierra de nadie de la zona desmilitarizada a ambos lados de la cicatriz que recorría la antigua y muy pronto nueva capital de Alemania. La parte occidental estaba ocupada por una peculiar mezcla de estilos de vida alternativos con sus caravanas y sus granjas a pequeña escala. Los pollos corrían por el epicentro de Berlín. Parecía como si la londinense Trafalgar Square se hubiese convertido un parque de autocaravanas para una grupo de quincalleros.

La sala en la que estábamos grabando había sido un salón de baile de las SS en los años treinta, sus paneles de caoba eran un recordatorio de que estábamos muy lejos del futuro y a un tiro de piedra de un pasado muy oscuro. Nuestra mirada de fanzine recorrió los suelos de madera en espiga en busca de cualquier pista que nuestros héroes pudiesen haber dejado. ¿La letra de una nueva canción de Nick Cave en la papelera? ¿Una vieja caja de ritmos 808 con algún programa de Conny Plank? ¿Una chaqueta de cuero olvidada detrás de un sofá por el mismísimo White Duke?

Grabar en Hansa en Berlín con Brian Eno era una invitación a la *hybris*. En Hansa, Eno había producido ya algunos de los mejores discos que habíamos oído. Era pura arrogancia imaginar que pudiéramos crear algo a la altura de *Low* o *Heroes*, de David Bowie, u otras creaciones de Hansa como *Lust for Life*, de Iggy Pop, o *The Firstborn Is Dead*, de Nick Cave & The Bad Seeds.

Pero un poco de arrogancia resulta esencial para el proceso creativo.

La propia idea de que merezca la pena compartir tus ideas o tus sentimientos personales con cualquiera fuera de tu familia o amigos ya es una especie de arrogancia. La arrogancia es la puerta de salida y de entrada a la humillación que requiere el arte. No es muy distinta de la dudosa idea de que, cuando estás en aguas revueltas y no sabes qué hacer, acabarás aprendiendo a nadar. Otra idea absurda, pero cierta, de la que parece depender la creatividad.

Además de a Brian, teníamos a Daniel Lanois y a «Flood», como artistas de Eno por derecho propio. ¿Qué podía ir mal?

¿Todo?

Faltaba algo importante. Las canciones.

Las prometedoras pistas de las maquetas eran solo eso. Ni «Sunday Bloody Sunday», ni «Pride», ni «Desire» ni «Angel of Harlem». Las maquetas no estaban mal. Pero no estaban muy bien. Lo cual planteaba la pregunta: «¿Qué estamos haciendo exactamente aquí?». Era una sensación de mierda.

Teníamos uno o dos esbozos de canciones y partes de lo que podrían ser una o dos más. Parte de «Mysterious Ways» por aquí, parte de «Even Better Than the Real Thing» por allá. ¿Y eso? Eso se convertirá en «Until the End of the World». Muchas partes, pero nada serio.

Habíamos pensado que un sitio con tanta historia, embrujado por los fantasmas de algunos de nuestros artistas vivos favoritos, sería el lugar donde esas presencias volverían a materializarse en forma de grandes canciones. Creímos que la ocasión compensaría lo que nos faltaba.

Estábamos equivocados.

Lo que se materializó fue la entropía. El antiguo salón de baile que iba a llenarse de canciones se llenó de inhibición y de una especie de vergüenza. Esa voz acusadora en mi cabeza seguía repitiendo la pregunta: «¿Qué estamos haciendo aquí?». No era solo en mi cabeza; la veía en los ojos y, a veces, la leía en los labios de Larry y de Adam. Si Larry desconfiaba de la caja de ritmos, Adam no estaba muy convencido de algunos de los nuevos temas. ¿Por qué destrozar un sonido que es nuestro?

—Nos hemos convertido en la mayor banda del mundo con ese sonido que ahora dices que no podemos usar. ¿Por qué? ¿Qué pasa? ¿Tiene demasiado éxito?

—Es demasiado familiar —replicaba yo—. Más de lo mismo. Lo que al principio llamaba la atención acaba convirtiéndose en un tópico.

Y también Danny. Después de guiar y conducir al espontáneo Bob Dylan en el aclamado álbum *Oh Mercy*, prefería que volviésemos a nuestras raíces, en vez de desviarnos hacia la electrónica. Yo quería las dos cosas, como siempre. Menos es más, pero más es incluso más. Edge se lo tomó desde el punto de vista intelectual. Para él era un experimento artístico, igual que, un año antes, habíamos escrito la música para la versión teatral de la RSC de *La naranja mecánica*. A él también le interesaba la música dance, pero Edge era más respetuoso que yo con las limitaciones de nuestra banda. Las veía como algo positivo, no como algo negativo. Muy sensato, pensaba yo, pero prefiero guardar la sensatez para más adelante.

El deleite de la exploración y el placer de perderse en territorio desconocido se sustituyó por la monotonía y la desgana. El Muro que separaba la Alemania oriental de la occidental podía haber caído, pero en nuestra pequeña nación musical se estaban alzando otros muros. Si la Guerra Fría se estaba acabando al otro lado de las ventanas de Hansa, en nuestro lado estaba empezando.

El invierno de 1990 hizo frío en Berlín, mucho frío, pero algunos días el frío se notaba más en el estudio que en la calle. Hasta la comida caliente del restaurante de debajo de Hansa estaba fría, aunque una de las camareras nos la calentaba. En especial se la calentaba a Edge, que volvía a estar soltero.

—¿Cómo va, Edge?

—No va a ninguna parte. Para conocer a las chicas de cualquier sitio hay que pasar en ese sitio el tiempo suficiente.

Después de mucho contener el aliento, Edge invitó a la camarera a salir con él; todos fruncimos el ceño.

Edge musita:

—En este trabajo, acabas teniendo la sensación de estar en una plataforma petrolífera en el mar del Norte.

SOLTAR LASTRE PARA COGER ALTURA

El Equipo. Flood, el del nombre único y el enfoque singular, siempre era buena compañía. Flood tenía experiencia en trabajar en

319

plataformas remotas como esta y siempre se las arreglaba para encontrar petróleo donde nadie pensaba que pudiera haberlo. Tenía la costumbre de alinear paquetes de cigarrillos al principio de la sesión –Marlboro Reds– y, al final, retroceder y medir el tiempo que había pasado en la mesa de mezclas con el número de paquetes que había amontonado. Podían ser cien. Podían ser doscientos. En los estudios Hansa podría haberse dedicado también a inhalar el tubo de escape de los Trabi de la Alemania oriental que había por toda la ciudad.

Flood, como Brian, era una especie de talismán para el sonido que buscábamos. Su trabajo al producir a Depeche Mode era radical y accesible a la vez, una combinación que íbamos a necesitar si no queríamos que nuestro trabajo acabase siendo rehén de la autocomplacencia. Flood era el hombre que estaba detrás del sonido de la batería en la versión que Nick Cave había hecho de «Wanted Man», de Bob Dylan, un sonido tan primario que exigía que nosotros mismos fuésemos a oírlo a la sala. Entendía el equilibrio entre lo que podíamos crear tocando en directo en una sala a la manera tradicional y crear música generada y procesada electrónicamente. Queríamos tener un pie en el mundo analógico y otro en el digital. Un pie en el pasado y otro en el futuro.

Y, en los días en que reinaba el desaliento, Flood era quien inyectaba un poco de frivolidad, sobre todo durante una sesión en la que tocamos sin nada encima. Excepto un poco de cinta aislante en nuestras partes. Todo sea por el arte. La ingeniera de sonido Shannon Strong reveló que debajo del uniforme de la plataforma petrolífera de pantalones de camuflaje y camisa negra militar llevaba una provocadora lencería roja.

−Ya sé que me tomáis por un marimacho, pero soy muchas más cosas de las que se os ocurren −dijo riéndose, mientras el hirsuto Danny Lanois chillaba de dolor mientras intentaba quitarse la cinta aislante. Shannon era una chica de Colorado a la que le encantaba la vanguardia, y su excelente oído y su instinto aventurero la habían llevado hasta Berlín. No nos contó que también cantaba, y más adelante pasó a llamarse oficialmente Bambi Lee Savage.

Ya fuese por la dificultad de salir de nuestra zona de confort, por la mala comida o por los fríos, inhóspitos e invernales días berlineses, los cuatro empezamos a ponernos tensos. El éxito no estaba asegurado: resulta difícil saltar un barranco con un pie en el pasado y otro en el futuro. Y la voz de alguien diciendo, justo cuando estábamos a punto de saltar: «La verdad es que no sé si vamos a poder llegar allí».

Fue Brian quien comprendió que tendríamos que soltar lastre para elevarnos y que, para eso, hacía falta valor.

A pesar de la mitología de la ciudad, no había mucha vida nocturna, a no ser que tu idea de la diversión sea pasar el rato con constructores o abogados, que estaban decidiendo de quién era cada cosa después de la caída del Muro de Berlín. Parecía como la «fiebre del oro» del Klondike, hoteles abarrotados de gente que iba allí a cerrar tratos. No tanto el salvaje Oeste como el salvaje Este. Danny simpatizó con una empleada del Palasthotel, que le contó que había trabajado para la policía secreta. Al igual que el portero.

—Todas las habitaciones de este hotel estaban llenas de micrófonos —dijo—. Todas las habitaciones especiales.

Habían formado parte de la Stasi, pero, con la Stasi desaparecida, todo el mundo se quedó sin trabajo. Así que muchas personas en la República Democrática Alemana se habían convertido en informantes de la policía secreta, una historia llevada más adelante a la pantalla en *La vida de los otros*, que recibió un Óscar. Todos espiaban a todos. Ahora la paranoia formaba parte de nuestra paleta de color.

LA NECESARIA SUSPENSIÓN DE LA INCREDULIDAD

¿Hace falta pagar entrada en un estudio como Hansa?

Sin duda, hay que pagar algunos peajes, cosas sencillas como la planificación. En nuestra defensa diré que Edge y yo no quisimos preparar demasiado las maquetas, porque Larry y Adam dan forma a las canciones mediante la improvisación. Pero es difícil tocar canciones sin letra. O sin melodía. Sobre todo para Larry, porque él escucha la letra y acompaña al cantante. Hace falta mucha fe para improvisar y construir la casa por el tejado.

321

Cuando sale bien es muy emocionante crear cosas allí mismo, pero resulta frustrante cuando saltas a lo desconocido y no hay nada debajo. El otro peaje es la voluntad. Querer estar allí y querer seguir. Tienes que querer seguir.

La suspensión de la incredulidad no solo es crucial para apreciar una obra de arte; es necesaria para inventarla. No hay que poner los ojos en blanco cuando algo sale mal y decir: «Ya os dije que no teníamos que haber venido». Pero, al mismo tiempo, resulta difícil fingir emoción cuando trabajas con amigos, cuando la amistad se está volviendo complicada. Una mañana, llevábamos una hora en una sesión, habíamos afinado y estábamos listos para empezar, cuando vimos que el taburete de Larry estaba vacío y caímos en la cuenta de que no había aparecido. Lo más doloroso fue que nadie recordaba si lo había visto esa mañana, lo cual daba a entender que no estábamos pendientes unos de otros. Fue un mal momento.

La nuestra era una banda, como dijo Larry, que nunca había estado tan cerca de romperse. Desde nuestra última crisis de fe, en 1982, casi diez años antes. Lo cual nos devuelve a la razón por la que nos hallábamos en Berlín. En esa década habíamos pedido a nuestra música que hiciese muchas cosas, que al final de la década de 1980 parecían agotadas. Parecía como si corriese el peligro de verse asfixiada por su propia seriedad: un comentario que habían hecho algunos de los críticos más duros del *rockumentary* para la gran pantalla, dirigido por Phil Joanou, *Rattle and Hum*. Quizá necesitásemos librar a la música de parte de su propósito, por muy sutil que fuese. De su utilidad y su activismo… de su prepotencia. Habíamos ido a tocar con los fantasmas de ese estudio embrujado —Nick Cave, David Bowie e Iggy Pop— y con los que les habían poseído a ellos: Conny Plank, Kraftwerk, Neu! y Can. Pero ¿estaba el tono de nuestra propia comunicación traicionando la oscura presencia de otros inquilinos aún más antiguos? Cuando ese sitio había sido un salón de baile nazi.

Durante muchos años tuve el sueño recurrente de colarme en la casa de Cedarwood Road, donde había crecido. No quería robar, sino más bien colarme sin que mi padre se diese cuenta. Esa había sido una rutina bastante frecuente en mi adolescencia, cuando me olvidaba las llaves de casa y no quería despertarlo. Escalaba por el canalón y me deslizaba por la ventana del cuarto de baño del primer piso; no era exactamente escalar, pero siempre había un momento de vulnerabilidad. Era cuando tenía que soltarme del canalón, llegar hasta la ventana del cuarto de baño con el pie izquierdo y agarrarme de la ventana, que casi siempre estaba abierta. Luego podía abrir la ventana y colarme en la casa. La dificultad era mucho mayor de noche, después de una copa o dos y agotado después de caminar desde el centro de la ciudad.

Una noche, a mitad de la operación, cuando tenía medio cuerpo dentro y medio fuera, mi padre se despertó y pensó que habían entrado a robar.

—¡Paul! ¿Paul? —grita—. ¿Eres tú?

—Sí —respondo con un grito que parecía un susurro, intentando imitar la voz apagada de alguien que no está colgando de la ventana del cuarto de baño—. Estoy en el baño.

—¿Qué hora es? —pregunta.

—No lo sé —respondo, disimulando todavía la voz—. Casi la una.

—Vete a la cama.

—Sí, papá.

En Berlín tengo este sueño por primera vez en muchos años. Pero, en esta ocasión, no es mi padre el que se presenta mientras alargo la pierna desde el canalón para poner el pie en la cornisa de la ventana del cuarto de baño. Esta vez es mi amigo Guggi, que aparece en el baño y me empuja, de modo que no paro de caer hasta que choco con el tendedero del jardín.

Despierto con la cabeza debajo de la almohada y, cubierto de un sudor frío, me pregunto qué me está intentando decir mi subconsciente. No es un sueño sobre Guggi. Es un sueño sobre la amistad. Es un sueño sobre el miedo a que tus mejores amigos puedan dejarte de lado cuando más los necesitas. En el momento en que eres más frágil, cuando estás dando un salto inseguro en la oscuridad.

En el estudio, en Hansa, entiendo que se reduce a esto.

—¿Están cubriéndome las espaldas o no?

(¿Cuán presuntuoso me he vuelto?).

¿Y, si no es eso, mi ser menos complejo quiere saber quién tiene una idea mejor de lo que la banda debería hacer ahora? ¿Quién puede sacarla a relucir y quién puede escribirla?

Apuro la paciencia y la imaginación de Edge hasta el límite con respecto a nuestra capacidad, pero él siempre ha pensado que, si pone nuestra amistad por delante y mi instinto de supervivencia en segundo lugar, todo quizá irá bien. Lo cual en las relaciones largas parece cada vez más probable. Mi frustración se reduce al convencimiento de que ahora es justo cuando más necesito a mis amigos, justo cuando estamos a punto de dar este gran salto de fe. Mi temor más profundo es que no estén ahí conmigo. ¿Tengo miedo, en el fondo, de que este cambio de forma en nuestro sonido y en nuestra actitud pueda también resultar difícil para nuestro público? ¿O de que las dudas de la banda puedan ser fruto de que las canciones no estén a la altura?

¿Era consciente de que podía ser yo el que estuviese empujando a la banda al borde de la ruptura? No es que no recordara lo cerca que había estado de ponerle fin la vez anterior, cuando Edge decidió que no podía continuar. ¿Por qué iba a arriesgarlo todo de nuevo?

¿Qué mosca me había picado? ¿Qué me pasa?

¿Por qué estoy dispuesto a apostar la casa o, al menos, la banda, basándome en estas intuiciones, en este instinto de que, si entramos en la oscuridad como artistas, dependeremos más de la luz? De que, de un modo u otro, encontraremos una ventana abierta. Porque no hay un destino claro. Nada nos asegura que vaya a funcionar.

AMOR E INMORTALIDAD

En Berlín éramos peregrinos en un viaje sagrado a la fuente de cierta música sagrada y, entre nuestros anfitriones, se encontraba el gran director de cine Wim Wenders. Este bohemio cineasta contó que, en el rodaje de *París Texas*, el equipo oía nuestro álbum *Boy*, y ahora nos devolvió el favor convirtiéndose en nuestro guía espiritual durante nuestra estancia alemana. *El cielo sobre Berlín*, la película de Wim en la que un ángel se enamora de una simple mortal, se había convertido en mi cinta preferida. Tan dividido estaba por la idea de tener que decidir entre el amor y la inmortalidad que aquella empezó a afectar a mi trabajo. La vi una docena de veces y llegué a comprender tanto la penetrante mirada cinematográfica como el influjo en él de los ángeles de los poemas de Rainer Maria Rilke. Una confrontación con muchas de las preocupaciones de Wim: el instante y lo eterno, la imagen congelada y la vida entrópica. Asuntos que me quitaban el sueño por la noche: ¿se podría renunciar a la vida eterna por un momento de amor verdadero? Pero un momento de amor verdadero, ¿no es siempre eterno?

Wim consiguió que pudiéramos visionar una primera versión de su nueva película, *Hasta el fin del mundo*, y, seducido por el título, me llevé la cinta a casa y escribí una historia muy diferente, una conversación entre Judas y Jesús. Leyendo *The Book of Judas*, del poeta Brendan Kennelly, reparé en la fuerza que tenía asistir a una conversación mítica como esta:

> *I took the money*
> *I spiked your drink*
> *You miss too much these days if you stop to think*
> *You lead me on with those innocent eyes*
> *You know I love the element of surprise.**

«Until the End of the World»

Como no encontraba una melodía digna de recordar para los versos, la canción acabó en el tono conversacional que permitía este tipo

---

* «Me llevé el dinero, / eché algo en tu bebida / en estos tiempos te pierdes demasiadas cosas si te paras a pensar. / Me engañaste con esos ojos inocentes / ya sabes que me encanta el factor sorpresa».

de letra. El tono de tu voz determina el tipo de léxico que puedes utilizar en una canción. Los tenores deberían aprender italiano, porque el tenor se inventó en ese paisaje tan romántico: el paisaje de la vocal. Sono. Io. Alto. La ópera no es lo mismo para los cantantes en alemán; resulta más difícil encontrar vocales ahí, más difícil alcanzar las notas altas. Mientras trabajábamos en *Achtung Baby*, tomé buena nota de ello y me lo apliqué: canta más grave, utiliza la tecnología si hace falta. En «The Fly», por ejemplo, utilicé una distorsión electrónica para conseguir una personalidad diferente, pero en «Until the End of the World» usé una conversación. Con Jesús.

> *In the garden I was playing the tart*
> *I kissed your lips and broke your heart.*
> *You, you were acting like it was the end of the world.**

Había días en los que grabar este álbum era como el fin del mundo para nosotros. ¿No exagera un poco?, me parece oír preguntar al lector. Tampoco es que haya tenido que bajar a una mina de carbón cada mañana. O.K. Lo reconozco. Lo sé. Son egos masculinos que rozan entre sí. Pero somos una banda, un cuarteto. A diferencia de lo que ocurre con un solo artista, estamos intentando materializar una visión compartida. Eso puede acabar en una euforia sin parangón… o en una especie de terrible letargo.

Por suerte, hay momentos en los que el tormento se transforma en éxtasis.

En nuestra última semana en Hansa, estamos grabando una canción que se titulará «Love is Blindness». Estoy de pie al lado de Edge, animándole a contar la historia de su vida, justo ahora, mediante el instrumento con el que mejor se expresa. Es una historia que debe contar, pero que nunca podrá contar con palabras. Una historia demasiado dolorosa, incluso para contársela a sí mismo. La de su matrimonio, que ha terminado, y de su separación de la madre de sus hijas, esas tres niñas a las que quiere más que a su vida.

---

* «En el jardín me porté como una furcia / te besé los labios y te partí el corazón. / Tú, tú actuabas como si fuese el fin del mundo».

También quiere a su madre, pero su relación ya no funciona. En el estudio, Edge no tiene dónde esconderse de sus amigos y, con su guitarra, no tiene dónde esconderse de sí mismo. Allí empieza a exorcizar esos demonios… pero luego los usa. No sirve decir que está perdiendo los nervios, es como si estuviese desahogando en su guitarra toda la rabia contenida, el dolor y la tristeza. Luchando con sus sentimientos a base de castigar la guitarra que tiene entre las manos, rompiéndola, intentando arrancar las cuerdas. A los demás nos parece que el mundo se derrumba sobre ese hombre y su guitarra, que desaparecen el uno en el otro, el hombre se convierte en un objeto inanimado o viceversa.

Y, en mitad de esta tormenta eléctrica, veo cierta belleza violenta, una leve melodía que aparece entre la disonancia, una melodía que aflora y que nadie que escuche esta canción olvidará nunca. Resulta muy emocionante presenciar el acto de creación y creo haber sido afortunado de haber estado presente en un momento así en los estudios Hansa.

Para Edge lo principal es el tono, este es tan importante como la progresión de acordes, como el gancho, como la letra. El propio sonido es lo que Edge absorbe y lo que absorbe Edge es el sonido.

UNA ESPECIE DE INVOCACIÓN

En Hansa tuvimos una merma de confianza que empezó a desgastarnos. Éramos uno, pero, bueno, ya se sabe. *Achtung Baby* tuvo un nacimiento difícil. Casi lo perdimos. Pero, cuando llegó el bebé, enseguida olvidamos los dolores del parto. La espera, el deseo, el anhelo de la música impregna a las canciones de otra cosa. Es una especie de invocación.

Un componente clave de la grandeza es que la obra tiene que responder a un profundo deseo de llevarla a cabo. La canción que estás escribiendo y grabando ha de ser, por encima de cualquier otra cosa, la canción que tú quieres oír. Eso sucedió con «One». La escribimos porque necesitábamos oírla. La hicimos con dos secuencias de acordes descartadas que se le habían ocurrido a Edge para una sección de ocho compases a mitad de «Mysterious Ways». Cuando las juntó, se convirtió en una invitación a cantar una canción totalmente nueva.

Poco tiempo antes, el dalái lama nos había escrito para pedirnos que participáramos en el Festival of Oneness. Yo no tenía muy claro qué hacía el dalái lama, pero me parecía una figura poética en una situación trágica. Le respondí, de forma educada, para explicarle por qué no podíamos acudir al festival y, después de «respetuosamente, Bono», añadí una posdata: «Uno, pero no el mismo».

Yo desconfiaba, y aún desconfío, de la idea de unidad. No creo en la homogeneidad de la experiencia humana. No creo que todos seamos uno. Podemos ser uno, pero no creo que tengamos que ver las cosas del mismo modo para serlo. Una idea anárquica: somos uno, pero no los mismos. Nos llevamos unos a otros, no porque tengamos que hacerlo, sino porque lo hacemos.

Improvisé una canción sobre un hijo que le decía a su religioso padre que era gay. Sobre una mujer enamorada a quien han sorprendido buscando sexo fuera de un matrimonio sin sexo y que justifica cómo ha llegado a eso. Parte de su dramatismo es que comienza en medio de una discusión: «Is it getting better, or do you feel the same? Will it make it easier on you, now you've got someone to blame?».*

Oyes conversaciones y sacas tus propias conclusiones, al igual que esa mujer del Palasthotel que escuchaba en las habitaciones que ella y sus amigos de la Stasi tenían pinchadas. Todas las confidencias de las distintas habitaciones se entrelazan en una historia sobre cómo la gente es más igual entre sí de lo que parece. Pero, aun así, continúa siendo diferente. No hace falta fingir que todos somos iguales y que no tenemos que cargar los unos con los otros. Aunque, en realidad, nos guste o no, cargamos todos unos con otros.

En el corazón de una auténtica banda hay una gran camaradería. Y, cuando esta desaparece, la musa suele irse con ella. Soy alguien con un desmedido deseo de compañía y, en particular, de

---

* «¿Mejora o te sientes igual? ¿Será más fácil para ti, ahora que tienes alguien a quien culpar?».

colaboración. Aunque valoro mi tiempo a solas, mi inclinación ha sido siempre coger lo que he aprendido por mi cuenta y doblarlo o cuadruplicarlo en compañía. Sin la banda no puedo hacer la música que tengo en la cabeza. Sin mi pareja, no puedo ser el hombre que aspiro a ser. Triunfo solo cuando colaboro.

LA CANCIÓN QUE NECESITÁBAMOS OÍR

Casi treinta años después, en noviembre de 2018, en el escenario en un Berlín muy unido, me encontré hablándole al público de nuestra etapa en esa ciudad. Explicándoselo a la banda y explicándomelo a mí. Es el último espectáculo de la gira y Brian Eno está ahí, con Flood, y ya he dicho que los dos, así como Danny, fueron esenciales para nosotros en esa época. Mientras Larry esperaba inmóvil en la batería y Adam y Edge preparaban la canción siguiente, lo recordé todo: no solo cómo nos distanciamos mientras grabábamos *Achtung Baby*, cómo dejó de gustarnos estar en la banda, sino también que «One» fue la canción que nos salvó.

Escribimos la canción que necesitábamos oír.

Y cómo entendí que, después de todo, soy un cuarto de artista sin Edge, Adam y Larry. Cómo soy media persona sin Ali. Los letreros luminosos de salida parpadeaban en la platea, miré a mis codependientes en el escenario y reparé en mi propia gratitud. Somos uno y, por un breve segundo, somos lo mismo.

The Fly

in which I begin to get out of my own way
by discovering the importance of not
being earnest... and start channeling
Elvis before Elvis turns up, in my
chicago hotel room hoping to
become the leader of the free world

21

The Fly

It's no secret that the stars are falling from the sky
It's no secret that our world is in darkness tonight.
They say the sun is sometimes eclipsed by a moon
Y'know I didn't see you when she walked in the room.*

Aferrarte a tu primer amor verdadero no es una victoria menor contra el mundo, así como lo insólito de tal apuesta, pero no basta para que dos personas continúen juntas. Cuando Edge y Aislinn pusieron fin a su matrimonio hubo una pérdida generalizada de inocencia. Toda nuestra comunidad se puso un tanto nerviosa. Habían sido los primeros en tener hijos y, en cierto modo, en ser adultos. Si ellos no lo conseguían, ¿quién podría entonces?

Ali y yo nos mirábamos con más seriedad el uno al otro. Parecía como si estuviésemos fuera de nosotros mismos, cerniéndonos sobre nuestra propia relación, mirándola desde arriba. ¿Nos habríamos comprometido demasiado pronto o habríamos hecho promesas cuyo precio no entendíamos? Quizá la respuesta a ambas preguntas era «sí», además de un ruidoso «no» a la idea de que

---

* «No es ningún secreto que las estrellas se están cayendo del cielo / no es ningún secreto que esta noche nuestro mundo está a oscuras. / Dicen que a veces el sol queda eclipsado por la luna, / ¿sabes?, no te vi cuando ella entró en la habitación».

habíamos cometido una enorme equivocación. Es cierto que ahora que estábamos criando a dos niñas pequeñas, vivíamos nuestro propio momento *Achtung Baby* y comprendí que nuestra música tenía que ser capaz de contar más historias íntimas como estas.

Sea real o imaginaria, sexual o espiritual, la infidelidad es una cuestión que no puede pasarse por alto si te consideras un diarista del corazón. «The Fly», el primer sencillo que publicamos de *Achtung Baby*, no era solo una imagen de la insignificancia de un hombre en comparación con su libido no confesada, sino un reconocimiento de lo molesta que esa libido puede llegar a ser.

> *A man will rise, a man will fall,*
> *from the sheer face of love,*
> *like a fly from a wall.*
> *It's no secret at all.**

Aquí el sexo es el espray matamoscas, ¿y por qué no hablar de un asunto que, si bien Sigmund Freud tenía solo razón en parte, está cerca del centro de la personalidad? «The Fly» me permitió ser disoluto en la obra de U2, más que en mi propia vida. Pero si alguien cree que ver al padre de tus hijos en el escenario con la expresión complacida de un crío de trece años podría ser alarmante para la pareja de ese personaje *über* estrella de rock… se equivocaría. Ali no había olvidado que ese crío de trece años le había hecho reír. Disfrutaba con esa adolescencia tardía que ambos estábamos disfrutando, también como enamorados. Y sabía con seguridad que el mío era un universo de un solo sol. Si, alguna vez, sentía estar siendo eclipsada por cualquier luna que apareciera en el horizonte, minutos después aparecía para restablecer la gravedad. Y yo la suya, aunque eso era mucho menos frecuente.

---

* «Un hombre se levantará y caerá / de la propia cara del amor, / como una mosca de la pared. / No es ningún secreto».

Al mudarnos a Los Ángeles para grabar *Rattle and Hum*, a finales de los ochenta, habíamos empezado a descongelar a esos hombres tan serios de la portada de *The Joshua Tree*. Ahora *Achtung Baby* subió la temperatura y nos dio más libertad para no dejarnos arrastrar por el peso de nuestro propio bagaje moral. Había llegado el momento de soltar un poco de lastre. El globo que tan fácilmente podría haber estallado silbó, chilló y crepitó en su impredecible trayectoria hacia la diversión.

Describimos «The Fly» como el ruido de cuatro hombres talando *The Joshua Tree*.

En el momento en que buscaba una oportunidad de darme a conocer como artista muy serio, Ali estaba a mi lado para decirme que echaba de menos la cara de descaro que tenía cuando era adolescente. Pero, al relajarme, también temía que me tildasen de hipócrita. La respuesta me miraba a esa cara de descaro. La respuesta fue convertirme en un hipócrita.

En mis canciones, en el escenario y ante las cámaras, tenía que encontrar un personaje que pudiera asumir mis peores excesos. Una estrella del rock fantástica. Una *über* estrella del rock. Así que ¿y si nunca me hubiese sentido como una verdadera estrella del rock y solo hubiese interpretado ese papel a tiempo parcial? La Mosca sabía lo serias que pueden ser las tonterías, entendía el humor como un arma, sabía que los cómicos tienen más oportunidades que los cantantes de decir las cosas que nadie quiere escuchar.

Estrellas de rock bajitas y cuentos chinos

1. Los cantantes son bajitos. Bryan Ferry es una excepción.
   Nick Cave es una excepción. Es cierto, hay más, pero, por lo general, los cantantes no son altos. El escenario es nuestro zapato de plataforma.
2. La inseguridad es nuestra mayor seguridad.

3. Los líderes de las bandas a menudo se escaquean cuando llega el momento de pagar la cuenta.

4. Lo único que nos interesa a las estrellas del rock más que nosotros mismos son otras estrellas del rock.

En parte dadá, en parte *art attack*, en parte bufón shakesperiano, me encantaba la libertad que encontraba al asumir mi papel de inconformista bufón de la corte. Se acabó el antiguo y siempre serio Bono, al que su propia sombra le estaba metiendo el dedo en la llaga, la importancia de no tomarse en serio.

¡Y, además, el atuendo era genial! Robé un poco de todos mis héroes y mucho del programa de televisión *'68 Comeback Special*, de Elvis. La chaqueta de cuero de Elvis, los pantalones de cuero de Jim Morrison. Fuera del escenario las Ray-Ban de Lou Reed; en el escenario encontré unas gafas de mosca espectaculares y funkadélicas. En realidad, las encontró el tipo del vestuario, «Fighting» Fintan Fitzgerald, en uno de los mercadillos de segunda mano de Londres. Durante la grabación me las ponía en el estudio y me divertía con ellas cuando la música no era divertida. Me las ponía y les decía a los del equipo de producción que podía ver el futuro con ellas.

—¿Y qué tal suena la mezcla definitiva? —preguntaba Flood—. ¿Va a ascender a primera el Fulham?

Antes tenía que preguntarle a Edge, que, como todo el mundo sabía, era del futuro. Se quedaba pensando un momento antes dar su respuesta, que siempre era la misma:

—Mejor.

ANDANDO EN SUEÑOS CON LA MUSA QUE ES DAVID BOWIE

La primera vez que vi a David Bowie cantar «Starman» en *Top of the Pops* yo tenía doce años. Era intenso. Luminoso. Fluorescente. Por su impacto, David Bowie fue el Elvis Presley de Inglaterra.

Hay tantas similitudes: la dualidad masculino-femenino; su dominio físico del escenario; cómo ambos crearon siluetas originales, formas de perfiles claros que hoy parecen evidentes y que no existían antes. Bowie tomó prestado el famoso símbolo del rayo que Elvis llevaba colgado del cuello, la famosa placa de identificación llamada TCB —Taking Care of Business— para su maquillaje en *Aladdin Sane*.

Eran gemelos cósmicos, nacidos el mismo día con doce años de diferencia, y ambos tenían algo sobrenatural. Con Bowie uno tenía la sospecha de que, si pululabas a su lado, encontrarías una puerta a otros mundos. Para mi mente adolescente «Life on Mars?», en realidad, trataba sobre la vida en la tierra. ¿Estamos vivos de verdad? ¿De verdad es esto todo lo que hay?

Un día de primavera en la vieja y sucia Dublín, mientras grabábamos *Achtung Baby*, David llegó por el río Liffey, vestido de capitán de barco. De hecho, venía de su yate, aunque hubiésemos preferido que hubiese sido de una nave espacial. Era nuestra época de «quien roba a un ladrón…», así que no nos dio vergüenza interpretar un álbum con influencias suyas tan claras. Me dijo que, según él, teníamos que trabajar un poco más «The Fly», pero fue alentadoramente alentador con muchas de las otras canciones… muy generoso por su parte, teniendo en cuenta que le estábamos plagiando. Reconoció que algunos de los rasgos comunes eran fruto de la influencia de Eno en ambos, más que de la suya, y nos recordó que él también había hecho un poco de urraca. Se había ocupado del asunto en la canción «Fame», escrita con Carlos Alomar… y John Lennon.

Fame (fame) what you like is in the limo
Fame (fame) what you get is no tomorrow
*Fame (fame) what you need you have to borrow.**

---

* «Fama (fama) lo que te gusta está en la limusina / fama (fama) lo que consigues es que no haya porvenir / fama (fama) lo que necesitas tienes que pedirlo prestado».

Como iba a quedarse un tiempo en Dublín, quiso conocer los bares y clubes locales, y, quizá porque iba vestido de capitán, pensamos que le gustaría nuestro local, el Dockers, a orillas del Liffey, detrás de los estudios Windmill Lane. ¿Pensaría tal vez que era una especie de bar inspirado en el Marlon Brando de *La ley del silencio*? Porque la siguiente ocasión en que el hombre de Marte quedó en vernos pidió que nos encontráramos en el Dockers, pero se quedó desconcertado por el hecho de que el local estuviese lleno de verdaderos estibadores. Y de las familias de verdaderos estibadores. Y, para aumentar la sorpresa, la suya y la de ellos, David vestía un traje azul eléctrico que relucía más que la luz del sol y que pensé que parecía llevar un foco incorporado, y, durante un largo momento, llevó a cabo algo imposible: consiguió que se hiciera el silencio en un ruidoso bar irlandés. Un silencio de estupefacción seguido del inevitable *crescendo* de comentarios y risas, cumplidos y groserías, que el hombre de las estrellas tuvo la elegancia de fingir que no escuchaba.

Otro domingo y Ali sintió un flechazo, mientras él hacía carantoñas a nuestro pequeño fauno Jordan. Cuando el mejor mánager de David, Coco, lo dejó para que pasara la noche con nosotros, le dio algunas instrucciones a Ali.

—A veces David es un poco raro de noche. Si entra sonámbulo en vuestro cuarto y se queda al pie de la cama, decidle que se vuelva a acostar. Casi siempre lo hace.

—¿Y si no? —preguntó mi mujer.

—Llámame.

David durmió bien, pero Ali, despierta de noche con Jordan, de dos años, no.

Al pasar delante de la habitación de David, la puerta estaba abierta, así que la cerró. Una hora después, igual. A la mañana siguiente le pregunté por los hábitos de sueño del hombre que cayó a la tierra.

—¡Qué criatura tan hermosa, es como uno de los ángeles de Blake! —dijo—. Apenas está anclada en el suelo.

Cadenas de platino. Rara vez nos damos cuenta de la suerte que tenemos de estar en la órbita de ciertas personas hasta que su presencia deja de estar presente. Qué bendición fue en ese momento tener cerca una luz tan brillante.

Los años siguientes vimos mucho a David, aunque también había épocas en las que desaparecía. Hacia el final de su prolífica vida, intenté seguir en contacto, pero él no respondió. Cuando lanzaron su canción «Blackstar» a finales de 2015, Jordan y yo dimos un paseo invernal por Killiney Hill, compartiendo unos auriculares para oír su nuevo mensaje. Estremecedora y dolorosa, su canción «Blackstar» (titulada así por una grabación inédita de una canción de Elvis) era más jazz que pop, más Miles Davis que Michael Jackson, pero sus cuatro minutos y veinticinco segundos giran en torno a su época púrpura de los setenta. De pronto parecía sacada de *Hunky Dory* y volví a tener quince años mientras paseaba con mi hija de veintiséis, cuyo artista favorito siempre había sido David Bowie. Empecé a andar más despacio cerca de la cima de la montaña con lágrimas en los ojos. Abracé a Jordan con tanta fuerza que comprendió que era ella quien me abrazaba a mí, con lágrimas cálidas de adolescente que caían desde mis ojos por sus mejillas frías y sonrosadas.

El día de su cumpleaños, un par de meses después, escribí a David una nota más larga de lo habitual para decirle lo que sentíamos y le incluí el hermoso poema de Michael Leunig, «Love and Fear»:

> *Solo hay dos sentimientos.*
> *Amor y miedo.*
> *Solo hay dos idiomas.*
> *Amor y miedo.*
> *Solo hay dos actividades.*
> *Amor y miedo.*

Incluí un selfi de Jordan y yo brindando por él y, tres días después, nos despertamos con la noticia de que había muerto. Una parte de muchos de sus fans murió con él. El póster del número 10 de Cedarwood Road se cayó de la pared. U2 le debía tanto. Incluso su disparatada gira Glass Spider inspiró nuestra propia gira, ZOO TV, que Robert Hillburn, de *Los Angeles Times*, llamó «el Sgt. Pepper's de las giras de rock». Un buen reconocimiento de un buen crítico que, sin duda, sabía que en todo momento habíamos tenido presente a David Bowie.

NACIMIENTO DE ZOO TV

«Zoo radio», como se llamaba a los DJ gritones y desquiciados que emitían desde estudios de radio en los que podía pasar cualquier cosa, fue lo que nos dio la idea de llevar nuestro propio estudio de gira. Un estudio de televisión.

Podíamos emitir dese el exterior, hacer conexiones vía satélite, cambiar de canal. Podíamos hacer bromas telefónicas a la Casa Blanca. Podíamos hacer todo eso en los conciertos. Podíamos llamar a la gira ZOO TV.

Y lo hicimos.

Construir los conciertos en directo de U2 era algo que hacía tiempo que requería el montaje de un escenario totalmente distinto. El sonido es lo más importante y para eso tenemos a Joe O'Herlihy, al que conocimos en el Arcadia Ballroom, en Cork, su ciudad natal, en 1978. Y ya no volvió a separarse de nosotros. Entonces era un aprendiz de brujo, pero en algún momento se convirtió en un gran maestro, en una especie de adivino que escucha más con las tripas que con los oídos.

Los principales arquitectos que construyen y dan forma al concierto son pocos. Han contribuido muchos escenógrafos, pero solo unos pocos se han quedado con nosotros, entre ellos Mark Fisher y su equipo. Y ninguno ha tenido un papel tan relevante como Willie Williams, que llegó con nosotros como diseñador de iluminación en el War Tour, en 1983. Lo recuerdo citando a su amigo Steve Fairnie, de la banda pospunk art-house Writz, que gritaba desde el escenario: «Tengo una visión, una televisión». Willie también tenía televisiones, y para ZOO TV las colocó en el escenario. Por no hablar de cuando colgó esos Trabant de Alemania del Este sobre nosotros.

Willie tiene una voz que parece pasar por su propio sistema de megafonía. Una voz que puede subir o bajar a voluntad, pero que siempre suena clara y audible, con independencia del ruido que haya de fondo. Criado en Sheffield, Inglaterra, el punk, como a nosotros, le apartó de la universidad. Si nosotros éramos unos fans de un concierto de los Clash que decidimos subir al escenario y ser una banda, Willie era un fan de uno de nuestros conciertos. Y, en lugar de invadir nuestro escenario, decidió que podía diseñarlo. Un salto al escenario al revés. Ahora es el escenógrafo de los conciertos y está absorbido hasta por el más mínimo detalle de nuestras producciones, vive por y para la iluminación; y, si el sonido es la fuerza de Joe, la luz es la de Willie. Este último lleva mucho tiempo iluminando estadios y plazas, pero, y esto es algo que para una banda de gira no carece de importancia, pues la moral entonces lo es todo, es un gran artista, que siempre, si tiene ganas, está encantado de armar alguna de las suyas.

Florida, noche de estreno, febrero de 1992, Kurt Loder, de la MTV, me está preguntando qué ha sido del «tipo normal que llevaba ropa normal».

—No os gustaba cuando era yo, así que busqué a alguien nuevo.

La llamativa portada en tecnicolor de *Achtung Baby* ofrecía un marcado contraste con la estética monocromática de los álbumes anteriores, y era el momento de que nuestro espectáculo reflejase esos cambios en los escenarios. Aunque «ir a un concierto de rock y ver la televisión», como dijo Larry, no parecía muy divertido, en la era del grunge la idea demostró ser contracultural en un interesante sentido de disputa. Era la época de los Pixies, de Pearl Jam y de Nirvana, de la música despojada hacia atrás hasta alcanzar lo esencial. Las canciones de Kurt Cobain sonaban como peleas a puñetazos, mientras que Eddie Vedder hacía cirugía a corazón abierto cada noche, sin el espectáculo de tubos de neón. ¿Tan poco sincronizados estábamos con el espíritu cultural de la época, con la cruda vuelta a lo más básico del rock'n'roll que preconizaba el grunge? Sí, así era. Y nos encantaba. Éramos fans de esa nueva cosecha de bandas, pero nos gustaba el roce con algunas de las más falaces ideas de autenticidad que rodeaban la escena. Pedimos a los Pixies que fuesen de gira con nosotros y resultó ser un acierto de estilo.

Sin duda, eran un rock'n'roll de colores primarios brutales, pero ¿con respecto a las letras? Eran ciencia ficción.

Nuestros propios colores eran ahora fosforescentes −azul eléctrico y ultravioleta− y había una energía caótica en los programas nocturnos de la ZOO TV. Transiciones bruscas y rápidas y una edición muy tosca entre la comedia y la tragedia, entre lo que era real y lo que no. La dualidad de *Achtung Baby* era muy evidente en una serie de pantallas de TV que iluminaban el escenario. Un futurismo falso y festivo que captó uno de nuestros guías literarios, el profeta ciberpunk William Gibson, que escribió que: «El futuro está aquí, pero aún no se ha distribuido por todo el mundo».

Todas las noches la Mosca trepaba hasta la pared de nuestro escenario antes de caer delante de un público sorprendido. Todas las noches terminábamos el concierto con «Love is Blindness».

Love is blindness, I don't want to see
Won't you wrap the night around me?
Oh, my heart
Love is blindness.
In a parked car, in a crowded street
You see your love made complete.
Thread is ripping, the knot is slipping
Love is blindness.*

ENTRA ELVIS, A LA IZQUIERDA DEL ESCENARIO...

Casi todas las noches telefoneábamos en el escenario a la Casa Blanca de George Herbert Walker Bush. Siempre hacíamos algunas pre-

---

* «El amor es ceguera, no quiero ver / ¿por qué no envuelves la noche a mi alrededor? Ay, corazón, el amor es ceguera. / En un coche aparcado, en una calle abarrotada / ves completarse tu amor. / El hilo se desgarra, el nudo se cierra / el amor es ceguera».

guntas. Yo dejaba algún mensaje inane como «Vea más televisión», todo era un poco dadá: quizá también lo descubrimos en Alemania.

Hasta septiembre de 1992, cuando conocimos a William Jefferson Clinton, entonces gobernador de Arkansas, se trataba más de hacer diabluras que de una cuestión política. La norma de la banda es que, si tienes la suite principal, debes acoger las reuniones del grupo y la fiesta de después del concierto. Pero este encuentro en concreto fue después de la fiesta. Unas horas después de la fiesta. Llegamos al Ritz-Carlton de Chicago tras el concierto en Madison, Wisconsin, y, hacia las ocho de la mañana, la habitación que me había tocado en suerte estaba como si por ella hubiese pasado un *poltergeist*, en vez de unas cuantas estrellas del rock, unos amigos y parte del equipo. Más bien moscones de bar.

Edge y yo nos habíamos quedado hasta las tantas de la mañana trabajando en una canción para Frank Sinatra. Cuando escucho ahora «Two Shots of Happy, One Shot of Sad», me parece un homenaje al clásico de Frank «In the Wee Small Hours». Pero, ocupados con Frank Sinatra, no contábamos con que Elvis apareciese.

Elvis, así llamaban algunos miembros del equipo del gobernador a su intrépido jefe, y, con sus andares fanfarrones y su sonrisa más ancha que Tennessee, no resultaba difícil entender la razón. Deberíamos haber estado preparados, porque, cuando la noche anterior supimos que nos alojábamos en el mismo hotel, invitamos al candidato demócrata a la presidencia a venir a vernos. Puede que hubiese alcohol de por medio, pero, cuando nuestro sobrio director de la gira, Dennis Sheehan, se agachó para meter una invitación por debajo de la puerta, el servicio secreto lo disuadió.

—Se conocen —explicó Dennis—. La banda habló una vez con el gobernador por teléfono.

—Le pasaré su nota al gobernador por la mañana, señor. Ahora debe de estar durmiendo. Acabamos de aterrizar.

Impertérrito, Dennis vio su oportunidad.

—Nosotros también acabamos de aterrizar —respondió el hombre de Dungarvan, convencido de que la logística de la gira de un candidato a la presidencia no podía ser tan diferente de la que él tenía a su cargo.

—Nosotros nos movemos por el aire cuando todos los demás duermen —dijo Dennis con una sonrisa.

El servicio secreto siguió impávido.

—Es solo una pizza. Nada de cosas raras.

Bueno, tal vez hubiese alguna que otra cosa rara. Después de seis meses de gira en una exagerada parodia de las estrellas del rock, empezábamos a sentirnos demasiado a nuestras anchas. Últimamente las fiestas se alargaban mucho y, cuando el gobernador entró por la puerta después de la fiesta, incluso nosotros comprendimos que no iba a tener muchas ocasiones de hacerse una foto. En cuanto a los hombres y mujeres del futuro presidente, solo pensaban en cómo limitar los daños, en cuán deprisa podrían llevárselo de aquella improvisada incursión en la Babilonia del rock'n'roll.

Pero no Bill, de Little Rock, Arkansas. El futuro presidente vio a cuatro tipos irlandeses divirtiéndose, cuatro tipos con los que podía trabar amistad. Pronto descubriríamos que este superpoder era tan mortífero como cualquier programa balístico de misiles a la hora de garantizar que el presidente se hacía entender. Encanto al por mayor. Encanto nuclear.

Se rio en voz alta al ver el montón de botellas de vino y cajas de pizza vacías y se volvió hacia sus consejeros con las manos extendidas.

—Bueno, supongo que así es como se supone que debe ser una banda de rock…

Luego se sentó a hablar del proceso de paz en Irlanda, de Miles Davis y, desde luego, de Frank Sinatra. La capacidad de aquel hombre para abarcarlo todo era, en el fondo, tan natural que parecía claro que no había nadie con quien no pudiera hablar. Nadie.

—¿Habéis ido a algún partido de los Bears?

—Gobernador, nunca hemos ido a un partido de fútbol americano.

Después de que su comitiva nos llevara a cuestas a un partido de los Chicago Bears, nuestra amistad quedó sellada, así que, cuando, un mes después, Bill Clinton ganó las elecciones, sus nuevos mejores amigos se llevaron una pequeña decepción al no recibir una invitación a la ceremonia de proclamación de enero. Sin duda, debió de ser un error.

La MTV iba a dar una fiesta Rock the Vote y Larry y Adam formaron una banda híbrida de homenaje, llamada Automatic Baby, con Michael Stipe y Mike Mills, de R.E.M., para tocar «One». Fue un momento especial para esos músicos sureños tener a un presidente del sur en la Casa Blanca. Pero ¿a Edge y a mí? Ni siquiera nos invitaron a la fiesta que se celebró después. Sin embargo, uno de los consejeros presidenciales, Mike Feldman, sí que siguió en contacto y, unos años después, cuando necesité ver a mi nuevo mejor amigo convertido en líder del mundo libre, conseguí por fin mi invitación.

MENOS ES MÁS... MÁS ES INCLUSO MÁS

ZOO TV cruzó el Atlántico con confianza. Aunque formada en Estados Unidos, se había hecho para la crisis y la oportunidad que era la nueva Europa. Desde la caída del Muro, y desde que se hubiese descorrido el telón de acero, había crecido la esperanza en una Europa libre, mayor y más unida. Un lugar donde muchas voces diferentes pudieran hablar con la misma voz.

O con ninguna.

Bruselas era a veces la capital de la jerga europea. ¿Iba a sacar a los nacionalistas a la calle esa torre del globalismo? Sí… y no. Sí, las bandas neonazis estaban en ascenso, y el primer conflicto militar en Europa desde la Segunda Guerra Mundial acababa de estallar en los Balcanes. Pero también no. Muchos adorábamos, adorábamos y adorábamos esta idea tan novelesca de una nueva Europa. Como Estados Unidos, pero más un mosaico que un crisol. Los palimpsestos y los orígenes culturales se conservaban y las lenguas y las tradiciones se protegían.

De esta estática dramática se alimentaba el ZOO TV Tour, que nos animó a escribir nuevas canciones recopiladas bajo el título *Zooropa*, pues a eso nos dirigíamos. Los guardianes del zoo y los animales del circo debían subir a bordo. ¿Podríamos grabar un álbum entre las giras estadounidense y europea, entre los espectáculos en salas de concierto y las «emisiones al aire libre»?

Convertir una producción en una sala en otra al aire libre ya es difícil de por sí, pero ¿grabar también un álbum? Tal vez. Si nos dejábamos arrastrar por esa enorme locura. Y así lo hicimos.

Más locura que ambición.

Mientras escribo percibo que con frecuencia puede trazarse cierta tendencia al absurdo en mi burbujeante cabeza y que eso puede resultar difícil para todos aquellos que me rodean. Sobre todo para Edge, que es probable que no duerma durante los dos próximos meses. (A no ser que lo haga sobre una mesa de mezclas). Si no hubiéramos incluido en *Zooropa* parte del material que había preparado, y a pesar de nuestras improvisaciones en el estudio con Adam, Larry y Brian Eno, no habría habido álbum.

Desde el punto de vista cómico sería caro, pero intentaríamos magnificar la embestida multimedia de ZOO TV para que encajara en un estadio. Ahora incluso sería más exagerado, con las televisiones gigantes y con una instalación artística con una colección *vintage* de coches Trabant de Alemania del Este colgando del escenario. Reconvertidos en focos. Más es más, como llegamos a decir. Maximalismo.

Me gustan los estadios por una muy sencilla razón: los espectadores de la tribuna pueden ver el escenario. Me encanta el rugido fuerte y rotundo de la muchedumbre en esos crisoles de hormigón, a diferencia del campo abierto, donde los cánticos del público se alejan flotando en la noche. Me crie viendo partidos de rugby con mi padre y mi hermano, y sobre todo nos encantaban los partidos entre Irlanda y Gales. Los cánticos de los galeses en las gradas te transportan a otra dimensión y hacen que se les erice el vello hasta a sus oponentes. Aunque también es cierto que las muchedumbres reunidas para un propósito común son frágiles ante la confabulación y las ideas manipuladoras. Ventajas y desventajas.

De todos los dictámenes que la historia le ha endosado a Adolf Hitler, los delitos relacionados con el mundo del espectáculo casi nunca aparecen en la lista. Pero Hitler tenía instinto para los sistemas de sonido, y el rock en los estadios era parte de su fatídico manual. En compañía de Joseph Goebbels aprovechó el espectáculo para reforzar el siniestro espíritu de los nazis. Encargó a Albert Speer, su arquitecto favorito, la construcción del imponente fondo para los mítines de Nurenberg, y asesoró en la construcción de un nuevo estadio para los Juegos Olímpicos de Berlín de 1936. El Tercer Reich: en intenciones, en estilo, en diseño. Todo diseñado para mostrarle al mundo una superioridad estética. Todo con intenciones criminales. Las películas *El triunfo de la voluntad* y *Olympia* de la directora cinematográfica Leni Riefenstahl celebraron la visión hitleriana de la Herrenrasse, la raza de los señores.

Nuestro plan era satirizar todo esto con ZOO TV. «La burla del diablo», como dice C. S. Lewis en sus *Screwtape Letters*. Utilizar este monstruo multimedia para plantar cara al resurgimiento neonazi en Europa era demasiado tentador para dejarlo pasar y todo nuestro *art attack* estaba diseñado para ser un mitin antifascista tragicómico. La velada empezaba conmigo desfilando al paso de la oca por el escenario.

Achtung Baby!

Decidimos utilizar parte del metraje de *Olympia* para nuestra obertura de ZOO TV mucho antes de saber que, en junio de 1993, tocaríamos en el mismísimo Olympiastadion. Qué momento, casi sesenta años después, volver a proyectar el metraje en el mismo estadio donde se rodó. La vida imita al arte. El arte irrita a la vida. ¿Y el riesgo de resultar ofensivos? Seguro. La sátira política había sido una herramienta tan eficaz para los dadaístas y para los surrealistas que fueron de los primeros en ser perseguidos por los nazis del Tercer Reich. Los neonazis esperan encontrar violencia en las calles; es el lenguaje de su machismo suavizado, el *sex appeal*, sobre todo para los jóvenes. La burla puede ser un arma deliciosamente peligrosa. El dadá pone en evidencia al macho fascista, le baja los pantalones de combate y lo expone al ridículo. Un periodista nos preguntó si la banda temía que la mole del Olympiastadion nos resultara opresiva. No, respondí, pero si Berlín tenía miedo, deberían pintar el estadio de rosa. ¿Se me estaba yendo un poco la olla? Eso terminó bruscamente cuando la gira llegó a Italia, donde se hizo evidente que la guerra en Bosnia estaba revelando tendencias genocidas en el mar Mediterráneo que hacía mucho tiempo que se pensaba que habían sido proscritas.

EL ARTE IMITA LA VIDA... Y LA MUERTE

Bill Carter era un director de cine inconformista y un trabajador de auxilio social. Vivía en Sarajevo durante la guerra de Bosnia, en medio de lo que acabaría convirtiéndose en el cerco más prolongado a una ciudad en los tiempos modernos, casi cuatro años desde la primavera de 1992. La valentía de Bill, un joven apuesto de veinticinco años, le permitió arriesgar la vida y sortear el peligro frente a los francotiradores serbios para escapar del asedio y cruzar la frontera de Italia. Solo para ver nuestro concierto. Era un fan. Tan escaso de dinero como sobrado de iniciativa, el objetivo de Bill era profundizar en la relación entre su banda favorita y su hogar adoptivo, Sarajevo. Nos había oído hablar de la guerra en la antigua Yugoslavia y de cómo los bosnios se enfrentaban a un posible genocidio, y cómo una Europa desunida se avergonzaba de no haber sabido dar respuesta. Yo había comentado que los francotiradores disparaban a sus antiguos vecinos, desde las montañas que rodeaban la ciudad, como si pescaran peces en un barril.

Durante el asedio morirían unas catorce mil personas, y la población de la ciudad disminuyó en unos cien mil habitantes. Era el infierno y el diablo tenía un lugar en su despiadado corazón para Sarajevo, sobre todo porque había sido la capital de la tolerancia en la región. Durante mil años los musulmanes, los cristianos y los judíos habían vivido juntos en paz.

En Italia, entre bambalinas, Bill nos habló de la vida al otro lado del mar, justo al borde de Europa, donde los bosnios vivían en refugios para protegerse de los continuos bombardeos. Ponían la música a todo volumen para apagar el ruido de la destrucción, dijo, y veían la MTV, también cómo nuestra banda protestaba, mientras Europa les daba la espalda. Nos puso mensajes de voz grabados de fans atrapados por el asedio y nos preguntó si podíamos tocar en la ciudad sitiada.

—Por supuesto —respondí, sin mirar a mi alrededor, lo cual no es una buena política en una institución democrática como U2.

¿Y podríamos contar la historia de lo armoniosa que había sido esta ciudad de tantas tradiciones antes de que los derechistas serbios se propusieran destruirla? ¿Que Sarajevo está orgullosa de su mezcla única de musulmanes, judíos, católicos y cristianos ortodoxos? ¿Que antes todos se sentían seguros allí?

—Sí —respondí de nuevo.

El primer «sí» fue una irresponsabilidad. Habíamos oído noticias de gente que salía a comprar el pan y que eso causaba que se iniciaran ataques con mortero, por lo que, si una banda acudía a tocar, podría generar el caos. Pero ¿y el segundo? ¿Y si organizábamos una conexión en directo vía satélite? ¿A todos los conciertos europeos? Si Bill, en Sarajevo, podía juntar a un grupo de personas de distintas etnias y religiones, yo hablaría con ellos todas las noches desde el escenario.

Con un programa titulado *The Real World*, la MTV había desarrollado el formato de lo que después llegó a llamarse «telerrealidad», donde se invitaba a los espectadores al apartamento y a la vida cotidiana de un grupo de jóvenes enrollados. Todo muy divertido, aunque fuese una versión de la realidad muy controlada y editada.

La telerrealidad que entraría en el caos articulado de nuestra producción de ZOO TV no estaría ni controlada ni editada. Podía suceder cualquier cosa, y algunas noches así ocurría. En el Wembley Stadium de Londres, por ejemplo, el tono pasó de dulce a amargo, cuando, después de unas cuantas preguntas inofensivas del cantante, las tres chicas desde Sarajevo entendieron que se las estaba dejando de lado.

—¿Qué vais a hacer con respecto a nuestra situación aquí, en Sarajevo? ¡Nada es cierto!

—Vais a seguir saliendo de noche, con vuestra cómoda vida y os olvidaréis de nosotras. Vamos a morir, y quizá fuese mejor, tanto para nosotras como para vosotros, que muriésemos deprisa.

No había respuesta para eso. Sin transición. No había nada que decir.

Setenta mil personas y los cuatro miembros de la banda destripados por una brutal yuxtaposición real. Una trascendental noche de rock'n'roll que nos mandaba de vuelta a la realidad. Apenas se oyeron aplausos cuando empezó al teclado esa especie de fuga de «Bad», una canción, al menos, que siempre encontraba sitio para la aflicción.

Las reseñas del concierto fueron horribles, nos acusaron de explotación, pero, en nuestra defensa, cuando empezamos esas emisiones en directo, el cerco de Sarajevo no recibía aún los titulares que merecía. Cuando llegamos a Londres, la guerra de Bosnia estaba en todas las portadas y dio la impresión de que nos estábamos subiendo al carro, en vez de tratar de ayudar.

Sin embargo, al menos una persona tuvo el acierto de responder a lo que había presenciado en el Wembley Stadium esa noche: Brian Eno fue a trabajar con War Child, decidido a aumentar la ayuda a sus acosados vecinos europeos. Un año después colaboramos con él en esa ONG y formamos una banda para la ocasión llamada Passengers. En nuestro único álbum hasta la fecha, *Original Soundtracks 1*, publicamos la canción «Miss Sarajevo», con un libreto y un aria cantada por Luciano Pavarotti.

Otra canción que surgió de esos conciertos londinenses fue «The Ground Beneath Her Feet», una pista escrita con el novelista Salman Rushdie, que apareció después de varios años escondido para subir con nosotros al escenario en el Wembley Stadium. Salman había necesitado protección las veinticuatro horas del día desde la publicación de su novela *Los versos satánicos*, que algunos creían que retrataba al profeta Mahoma de forma irrespetuosa. El ayatolá Jomeini de Irán decretó una fetua que daba permiso y animaba a todos los «musulmanes valientes» a matar a Rushdie y a sus editores por blasfemar contra el islam.

Como aquello era ZOO TV, en el momento en que el gran escritor subió valientemente al escenario ante ochenta mil personas, yo iba disfrazado de Mr. MacPhisto, vestido de diablo, y cara a cara con el autor de *Los versos satánicos*. Sus cejas arqueadas se arquearon aún más y yo pronuncié mi frase a cámara lenta con mi mejor timbre de actor, extravagante e histriónico, un amaneramiento que había desarrollado desde que, hacía ya muchos años, había visto a Steven Berkoff interpretar a Herodes en *Salomé*, de Oscar Wilde.

—Resulta inevitable que uno acabe peleándose con su biógrafo, ¿verdad?

La fricción del arte con la vida real... y con las amenazas de muerte reales.

Even better than the real thing

in which, in Australia, Adam loses
the plot, and we nearly lose Adam
the band is degenerating until
Adam learns to breathe underwater
and Friedrich Nietzsche comes to (BELIEVE IT OR NOT!)
the rescue with the right turn of phrase
and we discover the FLAW is
sometimes even better than the
perfect thing

ADAM ♡ SYDNEY

22

Even Better Than the Real Thing

Give me one more chance, and you'll be satisfied.
Give me two more chances, you won't be denied.
Well, my heart is where it's always been
My head is somewhere in between
*Give me one more chance, let me be your lover tonight.**

El liante que corría como una bala por los pasillos del colegio en Mount Temple ahora corría como una bala por los pasillos de hoteles de lujo de París, Nueva York y Sídney. El subidón que Adam Clayton conseguía con oxígeno y cigarrillos en Mount Temple había quedado sustituido hacía mucho con cosas más fuertes. Siempre nos reíamos cuando Dennis nos contaba que le costaba una barbaridad despertarlo después de un par de días consecutivos de juerga, sin parar. Le echaba agua en la cabeza mientras dormía.

Le vaciaba un cubo con hielo encima para asegurarse de que no perdía un vuelo o un tren.

—Sí, ya voy...

---

* «Dame una oportunidad más y quedarás satisfecha. / Dame dos oportunidades más y no te rechazaré. / Bueno, mi corazón está donde siempre, / mi cabeza en un lugar intermedio. / Dame una oportunidad más, déjame ser tu amante esta noche».

Perfeccionó la peculiar habilidad de contestar al teléfono del hotel. Mientras dormía.

—Ahora iba a entrar en la ducha.

Sí, claro, Adam.

Los miembros del equipo de montaje se procuraban llaves maestras del hotel y, en una ocasión, llegaron a subir por un andamio que había junto a su ventana para colarse en su habitación y despegarlo de la cama. Siempre era muy profesional, así que al final, pese a la modorra, se metía un tazón de café en el gaznate y empezaba el día, pero jugaba con fuego y comenzaba a quemarse. El alcohol, en tiempos su compañero, era ahora su jefe. Las drogas habían prolongado la capacidad de Adam de quedarse despierto hasta tarde y seguir funcionando, aunque a medias... lo suficiente para beber aún más.

Era el alma de la fiesta, hasta que de repente dejó de serlo. Sídney fue el punto de inflexión. Tal vez fuera el fin de la juventud de Adam, pero era mejor que la alternativa. El fin de Adam. En realidad, estuvo a punto de ser el fin de U2.

ADAM EN EL FONDO DEL MAR

En noviembre de 1993, Adam Clayton se aceleró tanto por estar en Sídney que se olvidó de ir a la cama la víspera del primer concierto. Había una razón muy especial para esa efusividad de estar de nuevo en ese país que todos amábamos. Durante dos conciertos grabaríamos un documental que se emitiría para marcar el cierre de nuestro ZOO TV Tour, un punto final de órdago para el fin de una larga novela gráfica.

Nos encantan los finales apoteósicos. Íbamos a meter en la cama una gira que no solo había redefinido para nosotros el propio concepto de gira, sino que había cambiado los parámetros de lo que se creía posible en las plazas y los estadios. Pronto el tour se iría a dormir, pero el bajista no.

Tras regar la pista de alcohol y drogas, Adam acabó en compañía de unos fiesteros cuya función era mantenerlo a él de fiesta. Una juerga de proporciones tan épicas que tardó mucho en poder recordar lo ocurrido, y fue a raíz de leer los testimonios de quienes sí se acordaban, los recuerdos que habían vendido a la prensa.

Adam había salido por la noche con intención de seducir a una de las ciudades más seductoras. Sídney, cuya cabeza afloraba del agua como la de una estrella del cine. Sídney, una ciudad en la que todos van a algún sitio en un país que no podría estar más alejado del resto del mundo. Sídney, con los brazos extendidos y tan excesivos como el larguísimo puente, si querías que así fuera. Y sí, nuestro héroe quería que así fuera. Por eso, lo que arrolló su cabeza y su corazón no fue la inmensa belleza de Sídney, sino una versión adolescente de la libertad en un lugar remoto. Sídney fue el lugar en el que a Adam Clayton se le acabaron la juventud y las excusas para justificar por qué, a los treinta y tres años, una parte de él seguía teniendo trece.

Se divirtió como nunca; sufrió como nunca. Y apenas nos enteramos de sus aventuras hasta que vimos que no aparecía en la prueba de sonido del primer concierto del Sydney Cricket Ground. Los técnicos de la banda y el equipo de cámaras estaban en el escenario, ordenando las cosas para la grabación, cuando Paul McGuinness subió al escenario y fue directo al rincón en el que estábamos charlando; iba con tal decisión que se notaba que algo gordo pasaba. Su cara era un poema y dijo, entre un susurro y un grito: «Ni rastro de Adam».

YO: ¿Perdona?
PAUL, como si hablara con un niño: He dicho que no hay ni rastro de Adam. O sea, no va a presentarse.
YO: ¿A tiempo? ¿Para la prueba de sonido?

Supuse que Sídney se había llevado la mejor parte de mi mejor hombre y estaba durmiendo la mona.

LARRY: ¿A qué hora volvió a la habitación?
EDGE: Bueno, pues que haga la prueba de sonido otra persona. Puede salir Stuart. (Stuart Morgan era/es el técnico de guitarra de Adam y estaba capacitado para hacerlo).

LARRY, se acerca más, con aire filosófico: Eeeeh. ¿Se encuentra bien?

PAUL: No, no está bien. Sobrevivirá, pero no me habéis entendido. No es que Adam no vaya a llegar a la prueba de sonido a tiempo. Es que no va a aparecer en el concierto de esta noche.

Silencio.

PAUL: Tendréis que apañároslas sin él.

Esas palabras cayeron sobre nosotros como una secuencia a cámara lenta de una película de terror. Las voces se ralentizaron y se volvieron más graves, como si alguien te hablara bajo el agua, que es donde estaba Adam y donde nos sentíamos todos en aquel momento. Sumergidos en el agua parduzca, limosa y salada del fondo del puerto de Sídney. Lo habían encontrado encerrado e inconsciente en la habitación de un hotel tras un fiestón descomunal. Los aspectos prácticos de la grabación para la tele pasaron de pronto a ser irrelevantes, en comparación con el bienestar de nuestro compañero de banda, pero Paul nos aseguró que se pondría bien. Aunque no esa noche.

Unas palabras que ninguno de nosotros creía que oiría mientras estuviésemos en la banda.

«¿Qué vamos a hacer?», preguntaba todo el mundo. Y al mismo tiempo. ¿Suspender el concierto? ¿O tocar sin Adam? La gente ya estaría en camino para venir a vernos; el equipo de grabación estaba montado. Stuart Morgan no solo era un excelente técnico de bajo; era un bajista con talento. Solo Adam conocía las partes del bajo de nuestras canciones mejor que Stuart. Quizá este pudiera sustituirlo durante todo el concierto.

Quizá Adam se presentara en mitad del espectáculo. Demasiados «quizá».

LARRY: Si le ponemos un uniforme de ZOO TV nadie se dará cuenta.

EDGE: En la tele no va a funcionar, Larry.

LARRY: Era broma.

YO: ¿Podrá venir al concierto de mañana por la noche?

—Creo que sí —dijo nuestro director de gira, Dennis Sheehan—. He visto casos peores.

Bueno, confiábamos en que, como era para la televisión, quizá aún pudiéramos sacarlo adelante. Dos noches para hacer un reportaje de un concierto.

—Elegiremos los mejores planos de Adam mañana. Si aparece mañana.

Cuando salimos a tocar aquella noche, delante de cuarenta y cinco mil australianos, daba la impresión de que habíamos perdido los superpoderes. Nunca habíamos subido a un escenario sin estar los cuatro, no desde que Larry se había roto el pie en un accidente de moto en 1978 y lo sustituyó el guapo Eric Briggs con su cazadora de cuero. He salido solo al escenario muchas veces. He salido al escenario con Edge. Cuando no estamos los cuatro la sensación es muy distinta. Aquel día lo superamos. Nos recuperamos. Adam lleva en recuperación desde entonces.

GENERAR, DEGENERAR, REGENERAR

Cuando intentaba buscarle explicación, me preguntaba si parte del problema de Adam sería que estaba agotado. La banda había sacado dos álbumes en dos años y medio al tiempo que hacía una gira por todo el mundo, tanto en salas cerradas como en exteriores durante tres años seguidos. Incluso para nosotros, era forzar un poco la máquina. Adam había puesto en duda la continua necesidad de reinventarnos, de volver a soñarlo todo una y otra vez. Quería disfrutar de las vistas desde la cima del mundo. ¿Quién cuestionaría tales instintos? Bueno… lo haría yo. Su colega de la banda que indicaba a cualquiera que quisiera escucharle que había otra perspectiva más interesante, más arriba o más abajo o a la vuelta de la esquina. En cualquier parte, salvo en la comodidad del cómodo éxito. Estaba paranoico con que U2 pudiera caer en la tentación de vivir de las rentas, como habíamos oído que pasaba con tantas bandas de rock de los setenta que perdían el talento para componer canciones, pero que creían que su sola presencia en el escenario bastaba para que la gente los alabara. Nosotros íbamos a seguir investigando y rechazaríamos la invitación de ser dioses del rock. A menos que pudiéramos ser unos irónicos dioses del rock: la razón principal del ZOO TV Tour.

Porque vender un sinfín de discos únicamente constata tu popularidad. Si aspiras a la grandeza, te harán falta otras varas de medir, aparte de lograr que algunas de tus canciones figuren en las listas de pop. Lo único que yo oía eran las canciones que U2 no había grabado aún. Lo único que podía ver eran los conciertos que aún no habíamos dado. Si seguíamos en la brecha, podríamos hacer algo que nadie más hubiera hecho. Pero solo si seguíamos sin parar, si nos manteníamos unidos y conservábamos cierta humildad. Solo si seguíamos desmontando la banda.

Para luego volverla a montar.

En el ciclo de esta banda, al igual que en todos los ciclos creativos, hay nacimiento, muerte y renacimiento.

Montar una banda, romper una banda, volver a montarla.

Generar, degenerar, regenerar.

Y en ese momento, en ZOO TV, estábamos en la parte de la degeneración. Y el viaje de Adam fue algo emblemático. Pero yo también tenía que plantearme cosas. ¿Qué droga había elegido yo?

¿De dónde salía esa manía de ampliar los límites? ¿Era alguna clase de disfunción? ¿Acaso no sé cuándo hay que decir basta? ¿Acaso me cantaba a mí mismo en una canción como «Lemon», de nuestro disco de 1993, *Zooropa*?

A man builds a city, with banks and cathedrals
A man melts the sand so he can see the world outside.
A man makes a car, and builds a road to run (them) on.
A man dreams of leaving but he always stays behind.

And these are the days when our work has come asunder.
And these are the days when we look for something other.*

¿Es una obsesión? ¿Lo de sentir sin parar que intentamos atrapar algo fuera de nuestro alcance? Dimos con un filón con *Boy* a los veinte. Dimos con otro a los veintiséis con *The Joshua Tree*, pero descubrimos un filón nuevo del que extraer mineral a los treinta con *Achtung Baby*. No escribíamos canciones pop que todos recordarían al cabo de cien años, como los Beatles, sino que creábamos una sensación especial con nuestra música y la introducíamos en los temas abiertos que no formaban parte del rock'n'roll. Y, cuando tocábamos en vivo, se generaba una química muy particular entre la banda y el público.

Habíamos echado a rodar y no era momento de parar.

Con el tiempo, he pasado a ver a U2 como una carrera de relevos. Hay veces en las que un miembro de la banda parece alargar la zancada y ponerse por delante del resto. Adam fue ese corredor al principio, el más adelantado con diferencia. En nuestra maratón compartida, en Sídney se salió del camino, pero al mismo tiempo trazó otro. No es un camino llano; es una montaña, una interminable pendiente en la que todavía continúa. Una montaña que el filósofo Nietzsche también subía, el hombre que escribió que, para que merezca la pena vivir en la tierra, era esencial «obedecer durante mucho tiempo y en una única dirección».**

Así ha sido el empinado ascenso de Adam hacia la recuperación, su regeneración personal, a lo largo de tres décadas. Nunca he ido a Alcohólicos Anónimos, pero capto parte de la espiritualidad de

---

*   «Un hombre construye una ciudad / con bancos y catedrales. / Un hombre funde la arena para poder ver el mundo. / Un hombre fabrica un coche / y construye una carretera que lo transporte. / Un hombre sueña con marcharse, pero siempre se queda atrás. / Y ahora ha llegado el día en que nuestro trabajo se escinde. / Y ahora ha llegado el día en que buscamos otra cosa distinta».

**   Traducción extraída de *Más allá del bien y del mal*, trad. Andrés Sánchez Pascual, Alianza, Madrid, 1982, p. 117.

los 12 Pasos en la idea de «respirar bajo el agua», una expresión que oí decir al monje franciscano Richard Rohr. Responsabilizarte de ti mismo es uno de los pasos más importantes, junto con la rendición ante tu poder supremo.

Adam se rindió ante su poder supremo. Nunca había sido una persona religiosa, había preferido mantenerse al margen de Shalom cuando los demás seguíamos su estela, y le molestaba nuestro cristianismo. Pero acabó de rodillas con nosotros tres, con el deseo de salvarse de sí mismo.

Buscando la ayuda de algo más poderoso que él mismo.

El momento de la rendición es extraordinario. Postrarte de rodillas y pedir que el silencio te salve, que te sea revelado.

Arrodillarte, implorar, arrojarte al espacio, susurrar en privado o proclamar a gritos tu insignificancia. Caer postrado y pedir que te lleven.

Tragarte el orgullo ante tu familia, ante tus colegas de la banda, y descubrir si hay un rostro o un nombre en ese silencio.

Mysterious ways

in which I wonder what is really going
on with my ma and my pa and muse
on the mysterious distance between
a man and a woman while Edge's
muse takes me on a game where we
all fall in love with the supermodels
but my own super muse isnt falling
for it ..

23

Mysterious Ways

Johnny, take a walk with your sister the moon
Let her pale light in, to fill up your room.
You've been living underground, eating from a can
You've been running away from what you don't understand.
(Love)
She's slippy, you're sliding down.
*But she'll be there when you hit the ground.**

En julio de 1969 todo el mundo habla de la Luna. Neil Armstrong acaba de pisarla, y el presidente Kennedy lo ha hecho, según mi padre, «no porque sea fácil, sino porque es difícil». Esa imagen me acompañará durante años, una imagen de lo imposible hecho posible mediante la fe y la valentía, mediante la ciencia y la estrategia. A partir de entonces me apropié de la Luna de otra manera, un símbolo de búsqueda romántica, que hacía subir y bajar las mareas de nuestra naturaleza humana. En ocasiones podía ser un poco abusona, si te creías lo que decían los trabajadores del centro de salud mental del final de Cedarwood Road.

---

* «Johnny, sal a pasear con tu hermana la luna. / Deja que su pálida luz entre e inunde tu cuarto. / Has vivido escondido, comiendo de una lata. / Has huido de lo que no comprendes. / (Amor) / Es resbaladiza y te deslizas por ella. / Pero allí estará cuando llegues al suelo».

«Cuando hay luna llena, los locos se vuelven aún más locos», decían. «Bueno, claro, ¿no estamos hechos de agua?», tal como le dijo una enfermera a la madre de Gavin, Anne Hanvey.

Esta noche la Luna sonríe en el bar del puerto, y, en una sala ruidosa y llena de humo, mi padre y Barbara hablan del polvoriento alunizaje del Apolo 11 en el Mar de la Calma.

—Hace por lo menos mil millones de años que no es un mar.

—Claro, Bob, pero hace pocos años que descubrieron que la Luna no era un Sol en miniatura. ¿Sabes? Pensaban que era un minisol para la noche. En lugar de un reflejo del Sol.

—¿En qué planeta vives?

Mi padre desvía la mirada hacia mi tío Ted. Hablan de eclipses, y yo, un pupilo rodeado de esas grandes mentes, me pregunto cómo la bola de fuego amarilla que es nuestro Sol puede quedar oscurecida por la bola de helado minúscula que es la Luna. También me pregunto si será eso lo que le está ocurriendo a mi madre mientras mi padre parece concentradísimo en una conversación tan intelectual con mi tía. Todo depende de las matemáticas, dice mi padre, de los ángulos que intervienen en un eclipse.

RECONOCER A IRIS

Solo tengo nueve años, pero también tengo un ángulo, un punto de vista, y me percato de lo que ocurre. Más tarde, de vuelta en la caravana, observo a mi madre, Iris, mientras se quita la arena de los pies en el lavabo, con los rizos oscuros mojados por haber nadado. En ese momento es la mujer más hermosa del universo.

La charla con mis primas que juegan junto a la caravana siempre es más interesante que la de los chicos. Los chicos gruñen, las chicas cantan. A los chicos les gusta mi compañía, pero, salvo por Guggi y Niall Byrne, yo prefiero la compañía de las chicas. Para ser alguien que se pasará la vida en la carretera y en el estudio de grabación en compañía de hombres, digamos que ya empiezo a intentar compensar las cosas codeándome con las mujeres. Mujeres en las canciones, mujeres en el cine, mujeres en las revistas. Chicas en nuestra calle. Me encanta dibujar o pintar mujeres, sobre todo dar color a fotografías antiguas, como mi padre. Con acuarelas. Contemplo cómo se esmera en dar una pincelada de carmín a los labios en blanco y negro y cómo añade unos verdes suaves a los ojos de mi madre. Mi padre también pinta encima de las fotografías de mis tías, y cada vez valoro más la naturaleza femenina.

LA SUERTE DE NO SABER QUE NO SABES BAILAR

En la década de 1990 no nos contentamos con salir por los clubes; creamos uno. Fuimos los dueños. Se llamaba The Kitchen. Estaba en la planta baja del hotel Clarence de Dublín. Pero, en realidad, éramos expertos en las fiestas en casas de gente. La cocina. Otra vez. Escuchábamos a Prince, al Funkadelic de George Clinton, a James Brown, a los Undisputed Truth. Escuchábamos música dance indie británica, como los Happy Mondays y New Order, como Massive Attack y Soul II Soul. Nuestros gustos por la música de Estados Unidos dejaron atrás el blues, el country y el rock'n'roll para pasar a expresiones urbanas como el hip-hop y la música que escuchaban esos raperos, como Wu-Tang Clan, A Tribe Called Quest, N. W. A. Y luego llegó Lauryn Hill. Después de ella poco se puede añadir.

Durante el día escuchamos garage music y grunge estadounidense: Pixies, Nirvana, Smashing Pumpkins, Pearl Jam, Hole. Nos encantaban los rebotes británicos de Oasis, con su actitud de hip-hop y sus melodías tan pegadizas. Qué años tan buenos para la música, qué voz tan dotada poseía Liam Gallagher y qué letristas tenía a su servicio. Su hermano Noel iba subiendo el listón para todo el que se atreviera a intentarlo (con Liam montado encima).

Y sí, claro, Radiohead, casi entraban ganas de descalzarte para escuchar a unos talentos tan sagrados. Radiohead se apoderaba de ciertas horas de nuestras fiestas en casa, sobre todo al final de la noche, cuando la gente estaba más meditativa, lista para relajarse. Su música tendía a ser en tonos menores.

Pero lo que predominaba eran los artistas negros, grupos de antiguo funk clásico como Sly and the Family Stone, que nos obsesionaban a Edge y a mí, no solo porque a última hora de la noche acabáramos bailando sus ritmos en la cocina, sino porque, como apuntó Edge, era una música con mucho ritmo y poquísimos acordes menores. Si Edge no se pasaba la noche entera bailando, se la pasaba en vela en el estudio en casa diseccionando el baile, explorando la anatomía que hacía que esos ritmos y golpes marcados fuesen tan pegadizos.

Quizá por eso se llamaba «estudio en casa»: porque vivía allí. Lo que estaba construyendo era nuestra casa. Las maquetas nuevas tenían la alegría que Edge buscaba en nuestra música, pero con un subtono más funk. Nos dieron nuestra canción más sexy. Nos dieron «Mysterious Ways».

El origen de la letra de esa canción había sido una conversación con Jack Heaslip, en la que le daba vueltas a la idea de que en el original hebreo de la Biblia no queda claro el género de Dios. De hecho, uno de los nombres para Dios, El Shaddai, significa «que tiene pechos». Si la mayor fuerza creadora del mundo es una mujer dando a luz, entonces por supuesto que es probable que la mayor fuerza creadora del universo sea un espíritu femenino.

«En el principio, creó Dios el cielo y la tierra», empieza la Biblia. «Y la tierra estaba desordenada y vacía, y las tinieblas estaban sobre la faz del abismo».

Hasta que Dios interviene. «Y el espíritu de Dios se movía sobre la faz de las aguas».

«El mundo se mueve sobre unas caderas de mujer». David Byrne. El sexo puede ser muy extraño.

Me refiero a escribir sobre sexo, si uno quiere evitar los clichés. A nuestra banda nunca le fue mucho el rollo «sexo, drogas y rock'n'roll». Había habido sexo, había habido drogas y había habido rock'n'roll, pero ninguno de nosotros sentía debilidad por el cliché de las tres partes al completo. Ni siquiera Adam, quien, no nos engañemos, se había esforzado mucho para ponerlas en práctica. Sin embargo, como letrista, me encantaba el espíritu juguetón y el flirteo de algunas canciones con base de groove de la época. Pistas como «Sexy M. F.», de Prince, «You Don't Love Me (No, No, No)», de Dawn Penn, y «Back to Life (However Do You Want Me)», de Soul II Soul, tenían la ligereza que yo anhelaba. La ley de la gravedad empezaba a pesarme demasiado. Ansiaba ser etéreo.

En la década de 1990, nuestro mundo imaginario adolescente de Lypton Village había dado paso a una comunidad más amplia de alocadas ideas igual de surrealistas. Éramos casi adultos, pero no del todo. Arrasar la casa toma un cariz completamente distinto cuando es tu propia casa la que arrasan. Si se suponía que ahora éramos adultos, algunos parecíamos rechazar el papel. Guggi y yo nos habíamos prometido de niños el uno al otro que no nos convertiríamos en nuestros padres, que conservaríamos el buen humor y el espíritu lúdico… lo que acabó desembocando en una gozosa bacanal. En general, nuestra manera de divertirnos era inocente, pero, cuando salíamos, algunos de los nuestros quedaban hechos trizas por el alcohol y las drogas.

Al dejar atrás la veintena y entrar en la treintena, nos poníamos hasta arriba en compañía.

Expresábamos gran parte de aquel espíritu en el baile y, en ese estado elevado, teníamos la gran suerte de no saber que no sabíamos bailar.

Yo solía decir que los irlandeses somos como los brasileños, salvo por tres dichosas diferencias: casi nunca nos clasificamos para la copa del mundo; evitamos ir desnudos y no siempre se aprecia que lo que hacemos cuando bailamos es… bailar.

En aquella época, algunos salieron mejor parados que otros. Desde luego, Edge encontró su pasión. El presbiteriano zen resultó tener una gran sintonía con su parte funky, y la naturaleza de la música de la banda pasó a reflejarlo. Y también sirvió para que Edge conociera a su pareja de baile de por vida.

Corría el año 1992 cuando conocimos a Morleigh Steinberg. Estamos en pleno ZOO TV Tour. Adam se encuentra en plena locura maniaca de estrella del rock. Yo acabo de meter el pie. Larry se agarra a lo que puede para salvar la vida. Y Edge se ha convertido en un compañero inseparable, no solo para el cantante, sino también para el bajista. La parte de bajo de Adam es la que proporciona el momento más sexy del espectáculo.

> *It's all right, it's all right, it's all right*
> *She moves in mysterious ways.*
> *Johnny, take a walk with your sister the moon.*
> *Let her pale light in, to fill up your room.**

Edge baila encima del escenario con la mujer de la canción. ¿O no? Sin duda, la canción se escribió para esa mujer. Con una salvedad: esta bailarina del vientre subida al escenario lo tiene casi todo, salvo barriga. Morleigh Steinberg ocupa el puesto de musa en el centro de la canción porque comprende de manera innata que con frecuencia la musa controla al artista que la pinta. Esta musa lleva las riendas.

Morleigh Steinberg captó nuestra atención por primera vez por tener lo que la banda denominaba «la axila más atractiva de la tierra». Es digno de ver el suspiro colectivo cuando levanta los brazos en la película de Matt Mahurin insertada en el videoclip de «With or Without You». Nacida en una familia de artistas de California, Morleigh era cofundadora de ISO, una compañía de baile de vanguardia cuyos miembros se colgaban del techo, cargaban a cuestas con otros bailarines por el escenario montados en monopatines o se arrojaban unos a otros accesorios de atrezo con velcro. Es difícil competir con ISO en cuanto a experiencia teatral surrealista: unos bailarines con trajes de fiesta, que se deslizaban por el escenario

---

* «Está bien, está bien, está bien. / Ella se mueve misteriosamente. / Johnny, sal a pasear con tu hermana la luna. / Deja que su pálida luz entre e inunde tu cuarto».

como si fuese una pista de hielo. De rodillas. Los vestidos ocultaban los monopatines en los que iban montados. En la banda sonora salía la *Danse sacrée et danse profane* de Debussy.

Con el ZOO TV Tour nos habíamos vuelto más teatrales, y habíamos sacado a colación el tema de la coreografía, algo en lo que hasta entonces apenas nos habíamos fijado. Morleigh resultó ser la respuesta, una gran ayuda para Willie Williams, Catherine Owens, y Gavin, las luces que iluminaban nuestro camino en aquellas inmensas producciones itinerantes. Habíamos conocido a una bailarina del vientre en Busch Gardens, en Florida, y, una semana antes de empezar la versión en sala cerrada de la gira, hablamos con esa mujer, que también bailaba con serpientes, para que se uniera al grupo. Su actuación era un momento maravilloso del concierto, pero (ahora me doy cuenta de que fue un gesto admirable) dejó la gira porque se quejaba de que usábamos materiales plásticos en el *backstage* y opinaba que no éramos lo bastante idealistas. Entonces entró en escena Morleigh. Delgada como un tallo de narciso, no era la elección para una bailarina de los siete velos, pero la química que tenía con la banda era algo extraordinario. El baile de «Mysterious Ways» empezaba conmigo, pero terminaba con Edge, el auténtico miembro funky de la banda. La vida consistía en imitar el arte.

Un cuarto de siglo más tarde, tras tener dos hijos con Edge y participar en varias giras que no habrían existido sin las dotes para la coreografía de Morleigh, yo era el primero que no podía cruzar el escenario sin ella. Estar en el escenario me resulta natural, pero actuar en él ya no. Hay una diferencia. Necesito una buena dosis de concentración y preparación para centrarme en mi cuerpo. No soy buen bailarín, pero Morleigh me enseñó a moverme. Y, algo aún más difícil, me enseñó a estar quieto.

La coreografía o el baile nunca formaron parte de nuestra lengua franca.

¿Saltar, brincar, empujar, pavonearse, tirarse sobre el público y subirse a las pilas de altavoces? Sí. ¿Bailar con ritmo? No tanto.

Los conciertos del ZOO TV Tour empezaban conmigo de espaldas, recibiendo un disparo o una descarga eléctrica de las ráfagas de la guitarra de Edge al principio de «Zoo Station». Luego iba el paso de la oca, como si fuese un militar en un desfile.

Había que decirme cuándo calmarme y seguir el ritmo. Nada de eso me salía de forma natural.

Edge siempre ha dicho que miro mi cuerpo como si fuese una molestia. A veces pierdo el contacto con mi parte física y he tenido que aprender a comprender cómo se mueve el cuerpo a lo largo del tiempo y a través del espacio si estás en el escenario. Morleigh empezó por enseñarme a respirar, a sentir el cuerpo. Rudimentos de yoga, supongo. A estirarme. Rudimentos de pilates. Nunca acabaría participando en un baile improvisado mientras repetía «Soy un árbol», ni me imagino a mí mismo patinando sobre el escenario, pero comencé a apreciar la sensación de sentirme conectado con el cuerpo. Y, por suerte, cuando solté parte de la tensión que me había mantenido tan rígido en el escenario, mi voz mejoró. Se estiró y se aflojó, y fue capaz de llegar a notas más agudas cuando las forzaba desde la laringe. Morleigh tiene un don para entender el carácter físico de estar en un escenario, ganado a pulso tras una vida dedicada a eso.

ARROLLADO POR LA SUPERMUSA

Cuando invitas a la musa a que aparezca, a veces se trae a sus hermanas. En la improvisación sobre ruedas que era ZOO TV Tour se presentaron Christy Turlington, Helena Christensen y Naomi Campbell. Tres mujeres que todavía hoy admiramos como tesoros. La figura de la supermodelo era lo más parecido que tenía nuestra generación a las estrellas de las pelis mudas. El glamour que seduce. Mudas delante de la cámara, pero, fuera de ella, con una elocuencia que superaba las palabras. Y nunca con sumisión, siempre con autoridad. Autoridad femenina. Caímos rendidos ante estas supermujeres; uno de nosotros se postró literalmente ante sus tacones.

Fue en un vuelo sobre el Atlántico cuando me vi sentado junto a la «Puñetera Naomi Campbell, como las latas de sopa», tal como le conté a Adam Clayton cuando engatusé a la modelo para que accediera a conocerlo esa noche en Nueva York. Durante varios años, Adam había estado tan pillado por Naomi que unos meses más tarde llegó a pedirle que se convirtiera su esposa. Ella aceptó. Nunca pasó de esa respuesta tan emocionante, pero… eso ya era bastante emocionante.

Naomi no se limitó a romper el espejo de cristal del techo de la moda de la forma más espectacular, lo hizo añicos y desperdigó las esquirlas del cristal de la moda. Su mera presencia y su personalidad en una pasarela de tal nivel cambiaron el mundo para las mujeres de color, algo inaudito desde Iman, la cual empleó su serenidad para protestar contra el racismo en la moda.

Con tanto talento como tenían Naomi, Christy y Helena para el mundo de la moda, continuaron haciendo evolucionar los papeles que se suponía que aceptaban de forma despreocupada y dándoles la vuelta.

Tenían algo más que agentes; tenían voluntad, poder auténtico, no solo superpoderes. Esas mujeres no iban a amedrentarse ante las miradas de los hombres ni iban a quedar deslumbradas por el resplandor de estar en la mirada de las mujeres.

Después de experimentar complicaciones al dar a luz, Christy fundó la organización Every Mother Counts, para dirigir la atención hacia las madres del mundo en vías de desarrollo, mujeres que fallecían durante el parto. El 99 por ciento de las muertes de parturientas tienen lugar en el mundo en vías de desarrollo.

Helena se apropió de esa mirada y le dio la vuelta al convertirse en una fotógrafa muy admirada por derecho propio. Colaboró con UNHCR, con ONE y con EDUN para subvertir las imágenes estereotipadas de las personas más vulnerables del mundo.

LA MUSA TOMA EL MANDO

Cuando Ellen Darst, que se había encargado de nuestras operaciones en Estados Unidos desde los primeros años de U2, pasó a otra cosa en 1992, me di cuenta de que nos había inculcado una ética particular que, en cierto modo, explica la fuerte tradición de contar siempre con mujeres poderosas en las giras realizadas desde entonces. Es la ética de la mentora, y Ellen se había convertido en mentora de muchas mujeres con talento que nos inspirarían y, a la vez, nos pondrían a prueba. Con aire académico y unas gafas que acentuaban su seriedad, era la fuente de un gran río de sabiduría. Transmitir el conocimiento como mentor es la mejor forma de sentar los cimientos, los pilares y el techo de cualquier organización fructífera.

Siempre había habido algún toque de musa en nuestro equipo directivo, que desde el principio había contado con el liderazgo de una sucesión de mujeres dinámicas. Sin esas mujeres en los puestos de poder, el negocio de la música se convierte en un ámbito masculino, en un club de chicos, en una horda de hombres ladrándose órdenes unos a otros. Reflexionemos. Empezamos la andadura siendo cuatro músicos y un mánager, todos hombres. El equipo que nos ayudaba en las giras estaba compuesto por hombres, y luego íbamos al estudio de grabación con más hombres.

Eso no era bueno para nadie.

Me encantaría poder decir que contar con ellas era un esfuerzo voluntario para mejorar el equilibrio entre hombres y mujeres dentro de la industria, pero creo que simplemente se debía a que Paul contrataba a mujeres que eran más inteligentes que muchos de los hombres que pululaban por ahí.

Si toda la banda era intensa, yo era el más intenso de todos, pues, aun con treinta años ya cumplidos, seguía sintiendo que tenía mucho que demostrar. Pero esas mujeres eran como el viento en nuestras velas, y en su compañía sacaba lo mejor de mí. Cuando cumplí treinta y cinco años, las mujeres de nuestra tribu organizaron una ruta en un autobús de dos pisos por algunos de los barrios que mejor conocía, y también pasamos por uno de mis pubs favoritos: The Grave Diggers, junto al cementerio de Glasnevin. Larry, Adam y Edge no estaban en la ciudad, pero, cuando llegamos al restaurante a cenar, estaban representados por gente que se había puesto unas enormes cabezas de papel maché diseñadas por la compañía de teatro de marionetas gigantes Macnas.

Pienso en el alma gemela de Larry, Ann Acheson, sobre todo cuando celebramos un cumpleaños. Ali y Ann siempre habían tenido un vínculo muy estrecho. Al igual que Ali, Ann forma parte de la historia de nuestros orígenes, alguien que ha participado del viaje de U2 desde el principio. Y siempre genial en los cumpleaños. ¿He comentado ya que el baile no es uno de mis dones? Fue Ann quien lo convirtió en un regalo, en forma de unos zapatos de baile, en una caja azul, acompañados de diez sesiones de salsa con una profesora de baile cubana. Y eso no es todo: para asegurarse de que encontraría tiempo para esas sesiones, Ann prometió que iría a las clases conmigo. Semana tras semana quedábamos en el centro, en el viejo estudio de ensayos de Factory, y yo bailaba el chachachá del sasasá de su salsa.

Tenemos la suerte de formar parte de una sociedad rica y duradera, quizá porque siempre nos hemos esforzado por hacernos reír unos a otros.

LA MISTERIOSA DISTANCIA
ENTRE UN HOMBRE Y UNA MUJER

Aunque bailar sobre la mesa cuando se trata de tu cocina no suene a la Babilonia del rock'n'roll, en la década de 1990 volvimos a encontrar la diablura y los flirteos que habíamos tenido en la de 1970 y habíamos perdido en la de 1980. Ali y yo nos reíamos mucho entre nosotros y el uno del otro. Bailar es un flirteo. La última gota de romanticismo que le quedaba por ofrecer al siglo antes de que el sexo robara un momento tonto y lo devolviera convertido en algo serio. El flirteo es parte de la electricidad estática de algunas amistades. Resulta esencial con mi primer amor.

—Nunca confiaría en un hombre que no te encontrase atractiva —le digo.

—Nunca confiaría en una mujer que te encontrase interesante —me responde.

Supermujeres, S. A.

Hablé con Anne-Louise Kelly a diario durante los años ochenta y hasta bien entrados los noventa. Cuidó de la banda por toda Europa, además de en Australia, Nueva Zelanda y Japón, y tenía un cociente intelectual y emocional y tal cantidad de energía que era capaz de iluminar toda la ciudad de Dublín.

Su protegida, Barbara Galavan, acabaría por montar un negocio de edición musical de cierto peso (su publicación más famosa fue Bill Whelan y su espectáculo *Riverdance*), mientras que Suzanne Doyle movió los hilos de mi mundo durante un tiempo, antes de establecer una empresa de dirección con una retahíla de leyendas irlandesas, como Finbar Furey, y cantautores contemporáneos, como Declan O'Rourke.

En Estados Unidos, trabajaba con Ellen Keryn Kaplan, nuestra madre judía mucho antes de que tuviera sus propios hijos, una estratega excepcional que cuidaría de nosotros durante treinta años.

Al otro lado del charco, en Londres, la teclista de nuestros antiguos rivales, los New Versions, pasó a ser nuestra relaciones públicas y no lo dejó jamás. Con una aguzadísima perspicacia psicológica y mirada de novelista, Regine Moylett no tardó en decidir que éramos una historia que le interesaba hacer realidad.

Sheila Roche llegó como un anuncio de los ochenta, y su cinta para la cabeza al estilo de Olivia Newton-John dio paso con elegancia a un traje chaqueta de ejecutiva y a las hombreras. Pocos compañeros han reflejado nuestros tiempos tanto como Sheila: de salir con Adam a casarse con Aileen Balckwell, del negocio de la música al activismo político con (RED) y a montar WRTHY, una agencia de impacto social dirigida por mujeres.

A Sharon Blankson la conocemos desde la adolescencia. Primero trabajó con Stiff Records y luego junto a Regine, y más tarde pasó a ser nuestra estilista (cosa que sigue siendo), al cargo del departamento de vestuario, para mantenernos a la moda, aunque no a la última. La apodamos Shaker («Coctelera») sin saber que la etimología de la palabra remite a «Princesa». Shaker era la elegancia en medio de una ruda compañía.

Cecilia Mullen, la hermana de Larry, que montó nuestro primer club de fans, fue la persona de referencia para muchos seguidores de U2, y tenía la suficiente confianza con nosotros para no solo leer nuestra correspondencia, sino remitirnos lo que hiciera falta con la nota: «Es algo más que el mensaje de un fan».

Stuck in a moment you can't get out of

in which a sort of sabbatical summons us
to Matisse's chapel and paradise in
the south of France but the laughter
of our carnival is thrown into darkness
and I realise that I love my heroes
even more for growing old ... and
then Matisse offers illumination

24

Stuck in a Moment

And if the night runs over
And if the day won't last
And if your way should falter
along the stony pass
It's just a moment
This time will pass.*

En parte fue un sueño y en parte una fiesta, en parte un rosario y en parte un rosado. El día en que me quedé dormido en la Chapelle du Rosaire de Vence, la maravillosa capillita diseñada y realizada por Henri Matisse justo después de la Segunda Guerra Mundial. ¿Era un exceso de humildad o falta de humildad?

Sea como fuere, recibí un codazo en las costillas de un cura a quien le pareció irrespetuoso que echara una cabezadita en los bancos. A mí me parecía respetuoso encontrarme tan cómodo que pudiera dormirme en los brazos de aquel lugar. Otras veces, cuando me he visto en esa capilla a solas, me he puesto a cantar. Me parecía apropiado. Pero el verdadero espectáculo de Vence es lo que Matisse llamaba «la música de la reverberación de la luz», que juguetea en

---

* «Y si la noche se cierne / y el día no dura / y si tus pasos flaquean / por el paso pedregoso, / es solo un momento. / Este momento pasará».

los suelos de mármol blanco de Carrara. Incluso cuando miras hacia abajo, notas la elevación.

Durante veinticinco años me ha atraído la paz de ese lugar. La combinación del frío monocromo del retrato que Matisse hizo de Cristo en la cruz, los dibujos lineales sobre los azulejos blancos y el estallido de color de su vitral insolentemente no figurativo hacen que vuelva allí una y otra vez.

Intenté explicarle al cura que la vidriera es el nacimiento del cine y que esos haces de luz filtrada son los primeros ejemplos del uso de un proyector.

—El sol es el que inventa cada trama; el cristal es la película. Los católicos son unos narradores fabulosos, incluso cuando se trata solo de color puro, como estos verdes y azules y amarillos.

Me recuerda al vitral de la iglesia de St. Canice, continúo, donde solía ir de niño con mi madre.

No me hizo ningún caso.

Mientras recorría el Val d'Enfer de la Provenza y bordeaba la costa sur de Francia por primera vez en 1986, tuve la sensación de que ya había estado allí antes. Pero no era así. Cézanne me había transportado a ese lugar con sus cuadros, que de adolescente yo había estudiado e incluso copiado. A Ali y a mí nos encantaba y volvíamos sin cesar.

En mayo de 1986, pasé la noche en soledad en el agua azul de Niza. Estaba escribiendo la letra de «With or Without You». No me sentía solo; tenía la compañía de la angustia. Por lo menos, de una canción sobre la angustia. También estaba acabando otras dos canciones: «One Tree Hill» y «Walk to the Water». Estaba en el Cap Estel, un hotel encantador, «une grande dame», según la publicidad. Yo era un chiquillo en brazos de una anciana tía. No podía creer en el cielo turquesa o la luz del claroscuro, que rebotaba en el agua también turquesa, hasta los abruptos acantilados de los Alpes Marítimos, carreteras como la Grande Corniche, playas con nombres como Petite Afrique.

Jamás me acostumbraría a esto. La luz me había atrapado.

Entendía por qué los pintores buscaban aquella claridad, sobre todo en invierno, cuando no hay humedad y el sol bajo crea formas duras en las facciones de una cara o un escenario. Tampoco podía creer cómo vivían los franceses. *La belle vie.* Una especie de equilibrio. ¿Cómo era posible que nadie padeciera sobrepeso cuando había una pastelería cada dos pasos? A los franceses les gusta tomar solo un poco de lo que les encanta. Salvo el tabaco.

Y si tu cara empieza a ser conocida, como nos ocurría a nosotros a principios de los noventa, los franceses eran los mejores para respetar la privacidad. A decir verdad, no les interesan demasiado los demás; a diferencia de los irlandeses, que halagan a todos los demás. Observo las afables interacciones entre los lugareños mientras parecen cantar entre sí a ambos lados del mostrador en la farmacia o en el quiosco y cómo, cuando llega un forastero, se comportan como si no existiese. Pienso en cómo en los bares y en las cafeterías te miran como diciendo: «¿Qué quiere?». «Pagarle», respondo. No me quejo. Supone un peculiar alivio el hecho de que te reconozcan, pero finjan no hacerte caso.

Todos caímos rendidos ante la costa sur de Francia, y Niza se convirtió en una aventura amorosa de por vida. Los cuatro empezamos a veranear allí en la década de 1990. Juntos. Al mismo tiempo. Convencí a todos para ir a ver una ruina de color rosado, grande y abandonada, en la costa.

—Hay mucho trabajo por hacer —dijo Edge.

—Es una locura —dijo Adam.

Edge y yo recorrimos la propiedad, con la sensación de que nos llevaría toda la vida el lograr que recuperara su antigua grandeza. Y así ha sido. Han transcurrido treinta años, y allí hemos creado música, hemos criado a nuestros hijos, hemos pasado las vacaciones con los amigos. Prolongadas y perezosas comidas estivales, excursiones a Cannes para pasar la velada y discotecas con nombres como Opéra y Bâoli. De vez en cuando, dormíamos al raso en la playa. Ali y yo aumentamos familia en los noventa y, aunque éramos padres novatos, todavía encontrábamos tiempo para la diversión que trae la libertad. Teníamos la suerte de contar con nuestra niñera, Saoirse (que significa «libertad» en irlandés) y la suerte todavía mayor de que se tomara la diversión tan en serio como se tomaba la tarea de cuidar de nuestros hijos. Llevábamos quince años trabajando mucho, y cuando acabó el ZOO TV Tour en 1994, entramos en una especie de año sabático prolongado. «Preparados para el gas de la risa… preparados para lo que nos echen». Preparados para la experimentación. Para las noches trasnochadoras y las mañanas tempraneras. Buscar luz y ligereza, para encontrarla en todas partes, incluso bailando hasta el amanecer con una bola de discoteca casera. Al día siguiente, despertarnos con nuestros hijos. Aferrarnos a ellos como si fueran nuestra juventud. Preparados para el romance.

«La vida es demasiado seria para tomársela en serio». Esa frase es de Ali.

IMPRESIONISTAS: MICHAEL Y HELENA

Siempre he sentido que como estrella del rock tenía algo de impostor, como si solo lo fuera a media jornada. He conocido a algunas auténticas estrellas del rock, y Michael Hurchence era un ejemplo. Una estrella del rock propiamente dicha, él tenía las cualidades necesarias para lograrlo. Era extremadamente masculino y, a la vez, extremadamente femenino. Punto positivo. Podía vivir a lo grande, pero viajar con muy poco. Punto positivo. Su banda se llamaba INXS, que era un chiste malo, como los Beatles. Punto positivo. Tenía una novia danesa que era supermodelo. Punto requetepositivo. Vivía en lo alto de la colina, cerca de Cannes, con Helena Christensen, que era potentísima tanto delante de la cámara como detrás de ella. Vivían en un terreno con un olivar y cuando salió el sol después de nuestra primera noche, Michael se paseó desnudo tras darse un baño en la discreta piscina gris pizarra del jardín. Una auténtica estrella del rock.

Ocho o diez personas (entre ellas Ali, Edge, el músico Andy Gill, de Gang of Four, su pareja, la autora y activista Catherine Mayer) habíamos preferido no hacer el trayecto de vuelta después de la fiesta de la noche anterior.

—Ya sabéis que a veces los olivos no mueren.

Quien lo dice es Michael; nos estamos despertando.

—En Israel, hay olivos de la época de Cristo. Cuanto más viejos y más retorcidos están, más bonitos son. Igual que nosotros.

—¡Ponte los pantalones! —dice Helena, pero Michael hace oídos sordos y, en lugar de eso, agarra una toalla y nos sirve un desayuno irlandés.

Sabe, como el resto de los presentes, que se le caerá la toalla al suelo mientras nos sirva el desayuno.

—Soy vegetariana —dice Ali.

A menudo almorzábamos en La Colombe d'Or, un antiguo restaurante a la entrada del pueblo medieval de Saint Paul de Vence, bastante cerca de la capilla Matisse. Los comensales del restaurante reciben las miradas lascivas de las obras de arte que hay colgadas de la pared. Corre el rumor de que era arte cedido por antiguos clientes para pagar cuentas abultadas: clientes como Matisse, Picasso, Miró, Chagall, Léger, Braque. Cuando comes a la sombra de unas higueras, no tardas en empezar a pensar que formas parte de un bodegón.

Parecía cosa del destino que Ali y yo nos hiciéramos muy amigos de la supermodelo y su estrella del rock. La Gran Danesa era una compañía desternillante con una cara triste a lo Modigliani cuando no se reía. Algo que no solía ocurrir. Se reía de ti además de contigo. Nos vengamos poniéndole su nombre a nuestro juguetón cachorro, de modo que, cuando se acercaba a vernos, le tocaba oír: «¡Baja de la silla, Helena!», «Vamos, sal, Helena».

La apodamos «H-Bomb». Había una especie de fusión entre Michael y Helena.

Los grandes seductores no solo quieren seducir a todas las mujeres de la sala; también a todos los hombres. Y a cualquier bicho viviente. Michael era aficionado a las mujeres, aficionado a los hombres y a todo lo que hubiera entre medio, y, sin embargo, cuando te miraba, tenías la impresión de ser la única persona del mundo en aquel momento. Era genial salir con él por el pueblo.

No lo era tanto cuando llegaba la hora de regresar. Durante un largo fin de semana, era capaz de prenderse fuego y de hacer arder a todos los que lo acompañaran, pero, cuando se despertaba en tu sofá el lunes por la mañana, sonreía a fuerza de autolesionarse.

—Me has destrozado la vida para siempre —decía sin piedad.

Elegante en cualquier situación, con una piel picada que no se veía en ninguna foto y un leve ceceo, que desarmaba todavía más a las mujeres y las hacía caer rendidas a sus pies. Qué fastidio.

—¿Exageras el ceceo? —le pregunté una mañana.

—No *ceaz* tonto —se burló de mí el hombre más sexy del mundo.

NUESTRO NIRVANA PARTICULAR

Una noche de 1994, Michael y yo estamos tumbados en una playa de guijarros, contemplando la luna que baila en el agua. La conversación va de lo dulce a lo amargo, hablamos de Kurt Cobain, que se ha suicidado. Murmuramos. Fumo. Fumo como lo hace la gente cuando ha bebido en exceso, con torpeza, con la ceniza cayéndoseme sobre el pecho.

—¿No crees que si hubiera aguantado un poco más habría conseguido superarlo? —pregunta Michael—. Si hubiera vislumbrado la vida que podía tener.

Lo escucho. Él habla.

—Odio a la gente que dice que Cobain no podía lidiar con ser famoso. Vaya forma de escurrir el bulto.

—Menuda gilipollez —respondo—. ¿Quién soporta a una estrella del rock que da la brasa? Cobain era demasiado bueno para pertenecer a ese club. Su historia real da pistas auténticas sobre los problemas auténticos. Esas canciones tienen mucho de desesperación real, junto con el simple deleite de la banda tocando. Cuesta arreglar un problema que paga las facturas de todos.

—Sí —responde Michael, y contempla la oscuridad del Mediterráneo, liso como un lago—. Menuda tranquilidad hay aquí. Si hubiera esperado, habría encontrado la manera de salir del hoyo en que estuviera, tío. No tenía por qué ser la tumba.

Miro cómo tira una piedra rasante en la bahía mientras la mañana se asoma por la colina de Saint Laurent. Helena nos interrumpe.

—¿Una noche como esta salvaría la vida de alguien? ¿Qué os habéis metido? Los tíos sois muy graciosos, ¿no?

Como los grandes actores, H-Bomb tiene el don de la oportunidad, sabe cuándo soltar la frase que tendrá el máximo efecto.

Carole Lombard para su Clark Gable. Esta mujer tiene ritmo; pero no hay que dejarla cantar. Demasiado tarde. Se ha puesto a cantar. Helena tiene la costumbre de cantarte al oído mientras escuchas música. Sin entonar en absoluto.

—¿Te gusta cómo canto? ¿He mejorado?

—No.

Canta todavía más alto.

Michael decía que quienes más daban la brasa a las estrellas eran otras estrellas. Las estrellas se sienten fascinadas entre sí. Debe de ser una especie de narcisismo. Tratar de averiguar cómo otra persona lidia con la fama. Cuánto dependen de la seguridad. ¿Firmarán un autógrafo si alguien interrumpe una comida familiar? Bruce Springsteen siempre está dispuesto a firmar un autógrafo… si al otro no le importa esperar a que salga del restaurante. «Es sorprendente y un poco ofensivo cuánta gente no espera», dice sonriendo.

Fue durante el verano de 1992, en Copenhague con Helena, cuando Michael discutió con un taxista mientras él iba en bici. El taxista le dio un puñetazo en la cabeza y lo tiró de la bici y, al caer al suelo, se abrió una brecha en la cabeza y nunca se recuperó del todo. Perdió el sentido del olfato y el gusto (incluso la experiencia de besar quedó modificada) y dio la impresión de que se disipaba su capacidad para controlar los estados de ánimo, algo que puede explicar que se enganchara a las sustancias que alteran el ánimo. La inseguridad del gran amante subió unos cuantos grados.

La relación entre Helena y Michael ya tocaba a su fin cuando Paula Yates, la esposa de nuestro buen amigo Bob Geldof, se enamoró perdidamente de Michael, y él todavía más de ella. Afilada como un bisturí y con un ingenio mortal, Paula era una mujer que yo conocía desde los dieciocho años, y con ella aprendí sobre la importancia de no ser serio. Pero ahí estábamos, seriamente derrotados, mientras esa magnética pareja, Bob y Helena, se desintegraba ante nuestros ojos. Y esta otra magnética pareja, Michael y Paula, aparecía en su lugar. Paula idolatró a Michael en una época en la que él necesitaba toda la adoración del mundo, pues las cosas no iban bien para INXS ni dentro ni fuera del escenario. Ali y yo teníamos la impresión de que la cosa se torcería y de que esa intensidad no podía durar toda la vida. Nadie imaginaba que ambos fallecerían tan pronto. Michael se suicidó en noviembre de 1997 y Paula murió apenas tres años después a causa de una sobredosis. Incluso ahora sigue pareciéndome increíble haber escrito esto.

Cuando su comportamiento cambió, nuestra amistad se resintió y cada vez nos sentíamos más incómodos con ellos. Debería haber sido un gran honor cuando, ese día de 1996, Michael y Paula nos llamaron a Ali y a mí para pedirnos que fuéramos padrinos de Tiger Lily. Pero nos pusimos muy nerviosos. Ambos estaban en caída libre, en una espiral que los llevaba al consumo de drogas recreativas, hasta un punto que hacía muy difícil la vida a los demás, sobre todo a su familia, y, en particular, a los miembros más jóvenes.

Paula había sido una madre fantástica y Michael, tan atento, habría sido un padre fabuloso en otras circunstancias. Los amigos no podíamos cerrar los ojos y obviar lo que ocurría. Ali estaba desquiciada al pensar en cómo la recién nacida se vería afectada por la situación, así que, muy nerviosos, intentamos explicar que, mientras siguieran como estaban, preferíamos no ejercer el papel de mejores amigos. Preferíamos «ser» sus mejores amigos, lo que implicaba ser sinceros. La amistad no comercia con los sentimientos.

Fue un momento duro y ambos nos sentimos incómodos. ¿Acaso nuestro rechazo les haría replantearse en qué estado se hallaban? No. Únicamente les hizo reflexionar sobre nosotros. Lamentamos aquella decisión. No solo porque no surtió efecto. Que podamos medio vivir con nuestra conciencia no sustituye el hecho de que ya no podamos vivir en absoluto con nuestros amigos. Ya no están.

Two worlds collided
*And they could never, ever tear us apart.**

INXS, «Never Tear Us Apart»

EL PARAÍSO PERDIDO

Confieso un aspecto imperdonable de mi personalidad que puede pillarme desprevenido. Mi intolerancia hacia lo que percibía como problemas autoinducidos. En el pasado, más de una vez he hecho juicios de valor errados. Me enfadaba cuando veía a personas en rincones del mundo que pedían para comer, que salían adelante a pesar del hambre y la enfermedad, mientras otras personas privilegiadas tiraban su vida por la borda. Sé que se trata de un pensamiento no muy sólido. Sé que hay gente que puede hallarse en un lugar tan oscuro que estaría dispuesta a lo que fuera para escapar de ahí, incluso para escapar de esta vida. Sé que no es una respuesta afectuosa, pero esa parte furiosa de mí fue la que escribió la letra de «Stuck in a Moment You Can't Get Out Of».

I will not forsake, the colours that you bring
The nights you filled with fireworks
They left you with nothing
I am still enchanted by the light you brought to me
I listen through your ears,
*And through your eyes I can see.***

---

   * «Dos mundos chocaron / y jamás pudieron separarnos».

  ** «No renunciaré a los colores que me aportas. / Las noches que llenaste de fuegos artificiales / te dejaron vacío. / Todavía me encandila la luz que me ofreciste. / Escucho con tus oídos / y, a través de tus ojos, veo».

En la canción, presento la letra como una conversación en la que solo habla uno de los interlocutores y dejo que quien canta sea intolerante y no tan compasivo como debería. Todavía aborrezco el culto a la muerte que tantas veces aflora en el rock'n'roll. A mediados de la década de 1990 fue cuando escribí «Hold Me, Thrill Me, Kiss Me, Kill Me», acerca de cómo, si no mueres crucificado a los treinta y tres, la gente empieza a pedir que le devuelvan el dinero. Encierra algo de verdad. Chrissie Hynde, una de mis cantantes favoritas, una intérprete que hizo que la intimidad de sus grabaciones fuese más punk que el punk rock, una letrista que podía dar un buen puñetazo como el mejor boxeador, me dijo una vez: «Bono, no queremos morir por una chorrada, atragantados en nuestro propio vómito o dormidos en una piscina».

Chrissie hablaba desde la nauseabunda experiencia personal; había perdido a dos de sus colegas de los Pretenders, Pete Farndon y James Honeyman-Scott, y todavía le dolía en el alma.

—Me gusta que mis héroes estén vivos —me dijo—. Me gusta que envejezcan.

Yo también admiro a mis ídolos todavía más por las arrugas en la cara, por los bultos y las heridas, por los cortes y las cicatrices. Cada año que transcurre en el que Bob Dylan continúa presente en mi vida, lo admiro más. Y aunque es mucho más joven, me pasa lo mismo con Chrissie Hynde. Ahora hemos perdido a Johnny Cash, Frank Sinatra, Aretha Franklin y B. B. King, pero no antes de que pudiéramos ver cómo descubrían su edad madura.

Vivir bien, dijo no sé quién, es la mejor venganza. Bien pensado, basta con vivir.

El día en que encontraron muerto a Michael en la habitación del hotel de Sídney, recordé lo que me había dicho tiempo atrás sobre Kurt Cobain. «Si hubiera aguantado». Fue como si todo nuestro mundo se desmoronara. El paraíso perdido. Todos esos veranos eternos que no volveríamos a compartir.

Lloramos su pérdida. Mientras yo estaba en Estados Unidos con el PopMart Tour, Ali se encontraba en casa en Dublín, destrozada.

Había viajado con Lian Lunson a Sídney para asistir al funeral: Lian, que había introducido a Michael en nuestras vidas diez años antes. Nick Cave cantó una canción nueva:

> *I don't believe in an interventionist God*
> *But I know, darling, that you do*
> *But if I did, I would kneel down and ask Him*
> *Not to intervene when it came to you.**

Nick Cave & The Bad Seeds, «Into My Arms»

La década de los noventa había sido una especie de carnaval, pero la muerte de Michael me sirvió de recordatorio de que hay que saber cuándo marcharse de una fiesta. ¿Es que empezábamos a acostumbrarnos demasiado a la buena vida? Uno debe mirarse el ombligo de vez en cuando, pero, si se pasa, la depresión asoma la cabeza. En mi caso, tomar distancia y perspectiva es lo único que lo soluciona. Si ese fue un periodo que dediqué a explorar mi «ello», descubriendo mi Dioniso interior, creo que en el fondo sabía que había llegado el momento de volver a mirar hacia el mundo exterior, el mundo real fuera de nuestro pequeño paraíso, antes de que perdiéramos aún más ese paraíso.

Acabé por regresar a la capilla Matisse, en esta ocasión despierto, en busca de iluminación. La iluminación es la experiencia que todos anhelamos en las capillas e iglesias, en las mezquitas y sinagogas. Buscamos una luz sin la que solo vislumbramos a medias nuestro ser. La mente me lleva al apóstol Pablo y a su carta a los primeros cristianos de Corinto, a por qué considera que el amor es más importante que la fe e incluso que la esperanza.

«Ahora vemos por espejo, oscuramente; mas entonces veremos cara a cara. Ahora conozco en parte; pero entonces conoceré como fui conocido».

---

* «No creo en un Dios intervencionista. / Pero, cariño, sé que tú sí. / Pero si creyera, me arrodillaría para pedirle / que no interviniera cuando te tocara a ti».

Wake up DeadMan

in which, Andy Warhol leads us
on a quest for making the instant
eternal but we get lost en route
and lose our album and the tour
opening flops and failure introduces
herself and our friendship is under
threat (AGAIN!) Note to self
maybe I'm the one who needs to
wake up

25

Wake Up Dead Man

Jesus, I'm waiting here, boss
I know you're looking out for us
*But maybe your hands aren't free.**

Andy Warhol era más religioso de lo que el mundo artístico parecía entender. De niño, uno de sus primeros dibujos fue una figura del Niño de Praga, el Niño Jesús. En 1986, entre sus últimas obras estaban las *Sesenta Últimas Cenas*, unas recreaciones en blanco y negro a partir de la Última Cena de Jesucristo con sus apóstoles realizada por Leonardo da Vinci.

Tengo diecisiete años cuando Gavin, de dieciocho, me regala un libro de Warhol titulado *Mi filosofía de A a B y de B a A*. Consta de una serie de conversaciones, algunas bastante fugaces, casi absurdas, entre un amigo y una amiga. «Para mí es imposible pensar en nada», dijo B. «Ni siquiera puedo pensar en eso cuando estoy dormida».

A: ¿Hablamos? Hace un día precioso.
B: No.
A: Vale.

---

* «Jesús, aquí espero, jefe. / Sé que cuidas de nosotros. / Pero quizá no tienes las manos libres».

Me encanta el arte de la conversación porque, cuando es de calidad, no sabes por dónde te mueves, pero sabes que llegarás a algún punto interesante. Me pregunté qué quería decir Warhol, hasta qué punto todo lo que ocurre es valioso según cómo lo mires. Por ejemplo, estás cotilleando con un amigo sobre alguien que conocéis, pero, si te paras a pensar, en realidad se produce una especie de baile, algo que atrae por la forma de hablar de cada uno. El libro me deja tocado. Estamos en 1977. Gavin y yo salimos del cine y debatimos sobre Andy Warhol. Hemos ido a ver la película *Bad* y tenemos serias discrepancias sobre su calidad. Yo no la veo. Pero sí coincidimos en una cosa: Andy Warhol, Lou Reed, Patti Smith y la Velvet Underground forman parte cada vez más de nuestra conversación.

Esa conversación durará toda la vida, y, veinte años más tarde, en 1997, diez años después de la muerte de Warhol, U2 titulará un álbum en su honor: *Pop*. Andy es sinónimo del pop art; estiramos tanto el hilo de la referencia que acabamos por llamar a nuestra gira PopMart.

Es una forma de reconocer que el consumismo tiene su papel en el arte de Warhol. Y ahora en el nuestro. Y el arte en el consumismo.

«Todos los grandes almacenes se convertirán en museos, y todos los museos, en grandes almacenes», así lo expone.

No faltaría gente que heredase su manto de pop art, pero sí eran pocos los que lo deseaban de verdad. Jeff Koons no quería llevar esa corona. Aunque tomaba objetos de la cultura pop y los incluía en su obra, era mucho más clásico en su adaptación de esos elementos. Me encantaba su atrevimiento y esa clase de humor mordaz, y accedió a quedar con nosotros para hablar de la propuesta de la portada del álbum *Pop*. No podría haber sido más distinto de Warhol en sus ademanes, carente por completo de rasgos de la contracultura. Quizá su enfoque analítico y su conversación entrecortada reflejasen su temporada en Wall Street. Cuando hablaba con nosotros, parecía alguien que estuviera defendiendo la tesis doctoral.

«Me gustaría poner cuatro gatitos en unos calcetines colgados de una cuerda de tender», nos dice, con una dicción precisa, académica. «Porque sois cuatro individuos. Cada uno de vosotros estaría representado por un gato que se asoma de un calcetín, todos colgados de la cuerda de tender».

Esperamos que se eche a reír. La señal de que podemos hacerlo nosotros. No se ríe. Madre mía, habla en serio.

Cree que estos cuatro tíos de las afueras quieren aligerar su imagen, dejar atrás parte del pesado lastre y los temas serios con los que llevan cargando veinte años. De la lavadora de su imaginación salen cuatro mininos, recién lavados. No bromea. Él lo pilla y nosotros no. Somos nosotros los que no captamos la sublevación de su sugerencia, una imagen tan radical como la música que queríamos hacer.

Una idea genial que no utilizamos. Estuvimos a punto de hacerlo, pero no.

Esa resulta ser la historia de *Pop*. Casi. Pero no del todo.

¿LOS BEATLES O LOS STONES?

Para las bandas de rock formadas a finales de los setenta, la visión del mundo puede derivar de los Beatles o de los Rolling Stones. Aunque no existe un líder de banda mejor que Mick Jagger, nosotros nos decantábamos por los Beatles más que por los Stones, en el sentido de que los primeros cambiaban de sonido en casi todos los álbumes.

Algunas veces, su productor, George Martin, incorporaba músicos de orquesta o cuartetos. Otras veces, la banda solicitaba la colaboración de músicos invitados como Billy Preston y Eric Clapton. Y otras, los cuatro se intercambiaban los instrumentos: Paul McCartney tocaba la batería o Ringo cantaba «With a Little Help from My Friends». ¡Cualquier cosa! ¡Guau! Una estrategia para mantener la novedad tanto para la banda como para su público, una estrategia que desembocó en algunas de las mejores canciones de todo el panorama musical.

En contraste, están los Rolling Stones. Si alguien conoce bien su obra, que cierre los ojos y los oiga tocar mentalmente. En todas y cada una de sus canciones, se oye un único sonido. Es su sonido. Lo poseen. Su sello es un grito concreto, una textura de guitarra, un deje rítmico que es tan negro como pueden serlo una pandilla de tíos blancos. Un sonido sexy y desinhibido que animó a los chicos de las afueras como yo a buscar más influencias urbanas, como los Meters, los Isley Brothers, el blues en general y, sí, la emoción que siento al escuchar determinada clase de música disco.

Los Rolling Stones han tenido muchas caras y facetas a lo largo de sesenta años, pero los críticos suelen pasar por alto la innovación sonora de «2000 Light Years from Home» o el exótico gancho que dio Brian Jones a una canción como «Paint It Black». Soberbias hasta un punto inimaginable, las canciones de los Rolling Stones tienen una dimensión infinita, pero en su mayoría son obras de arte hechas con la misma paleta de sonidos.

Al fin y al cabo, son las mismas personas tocando los mismos instrumentos.

Si un artista en solitario como David Bowie es capaz de servirse de diferentes músicos para crear distintos sonidos, ¿cómo puede una banda como la nuestra, una banda con las mismas cuatro personas, crear variedad suficiente para que el público mantenga el interés? ¿Para que nosotros mantengamos el interés? ¿Cómo lo hacemos durante más de veinte años?

¿Y durante más de cuarenta? ¿Seguimos en nuestro carril o zigzagueamos por la carretera en busca de un camino nuevo que nadie haya descubierto aún? *The Unforgettable Fire* y *The Joshua Tree* respondieron a esta pregunta por nosotros en la década de 1980, y *Achtung Baby* y *Zooropa* lo hicieron en la de 1990. Pero, conforme se acercaba el siglo XXI, la pregunta volvió con una nueva insistencia al tiempo que se reducían más y más las posibilidades del rock de trasladarse a una era en la que dominaría una música más orientada al ritmo. Los ceros presentarían un mundo digital de unos y ceros donde el rap se revolucionaría y la música dance electrónica (EDM) sería el único otro formato que pudiera retar las normas del hip-hop. Este mundo digital permitía muchos más actos blancos para acceder a un sonido más negro, más polirritmo a través de un algoritmo.

Escuchemos a Joy Division, la genial banda de Mánchester de finales de los setenta, y luego escuchemos a New Order, que sacaron de la nada toda la escena *rave* de principios y mediados de los ochenta. Joy Division, por muy experimental que sea, continúa sonando a banda de rock. New Order es un arte electrónico y su canción «Blue Monday» empezó a cambiar la idea de lo que una banda de rock debería ser. A grandes rasgos, son la misma banda que Joy Division, pero restando al excelente cantante Ian Curtis, que se quitó la vida en 1980. Sumando a otro miembro, Gillian Gilbert, la banda New Order, gracias a la inspiración de innovadores electrónicos como Kraftwerk y The Human League, comenzó a sentar las bases de lo que definiría la música pop durante treinta años: sin duda, la EDM que surgió en los primeros años del siglo XXI. De repente, cualquier adolescente con maña metido en su habitación podía comprar o alquilar un sintetizador y un tambor electrónico o, tiempo después, buscarlo por internet desde el portátil. Podrían descubrir sonidos y ritmos originales sin ir a una academia de música. Era tan liberador como el punk rock, salvo porque la naturaleza digital de esta música implicaba que la sección rítmica tenía una precisión que ni siquiera diez mil horas de práctica podrían lograr. Nadie se adelantaba ni se retrasaba. Los ritmos, al principio bastante simples, no tardaron en volverse más sofisticados, y a nadie le sorprendió cuando los artistas negros entraron en esa veta digital y elevaron a otro nivel esa innovación.

Todo eso ayuda a explicar por qué, en 1996, los cuatro miembros de esta banda de rock tan blanca e irlandesa todavía intentábamos averiguar qué lugar nos correspondía dentro de tal fenómeno. ¿Qué harían los Beatles? Conforme el mundo cambiaba fuera del estudio de Abbey Road, también cambiaban los Beatles; no siempre eran quienes creaban aquellos vectores de cambio, pero sin duda se los apropiaban y los amplificaban. Vamos a ver, incluso los Stones tuvieron éxito con «Miss You», su versión punk del disco.

Nosotros ya habíamos tenido suerte con remixes de *Achtung Baby* y *Zooropa* que alcanzaron las listas de música dance a ambos lados del Atlántico, y «Lemon» llegó a ser número uno en Estados Unidos. En realidad, si retrocedemos un poco, el remix de «Desire», «Hollywood», había visto cómo le decíamos adiós a los ochenta desde las pistas de baile de las discotecas. Pero una parte del proceso siempre haría temblar el *statu quo*, tanto de los fans como de la banda. En un remix, algunas veces la guitarra y casi siempre la sección rítmica podía sustituirse por máquinas. El bajo y la batería analógicos sustituidos por ritmos creados o retocados de manera digital. (Eso les tocaba la fibra a Adam o a Larry). En fin, tal vez en un remix no importara tanto, pues allí otro artista modifica tu melodía y tus palabras, pero ¿en un álbum propio de U2?

Difícil. Un álbum tiene que ser fruto de nuestra propia expresión, así que, si no todos estábamos de acuerdo en experimentar, si no todos estábamos de acuerdo en emplear y dominar las máquinas que transformarían la interacción humana con la música, bueno, la década siguiente podía ser peliaguda. Incluso los siguientes mil años.

LO FUGAZ Y LO ETERNO

Se suponía que *Pop* iba a ser el álbum en el que explorásemos nuestra vena New Order, para devolver a U2 a la corriente con un nuevo disco de doce pulgadas. Había otro problema. Por definición, se suponía que *Pop* tenía que ser popular. Lo bastante básico para ser divertido, lo bastante complejo para atrapar a quienes lo escucharan.

Pop tenía que ser música popular. Contemporánea. Como la versión de Andy Warhol sobre los acontecimientos y los famosos. Las grandes preguntas junto a las pequeñas. Nuestro intento de convertir lo fugaz en eterno. Una serie de Polaroid de ese momento. Que se guardaría para siempre. Pero, conforme los largos días de 1995 dieron paso a los largos días y noches de 1996, quedó claro que no se nos daba demasiado bien lo fugaz y que lo eterno brillaba por su ausencia.

En ese momento, me da la impresión de que la banda no acaba de creérselo, lo que explica por qué la música no termina de despegar.

Las grandes obras no surgen, salvo que te vuelques en cuerpo y alma. Mientras hacemos el álbum *Pop*, empezamos a comprender el límite elástico de U2. Por mucho que pueda estirarse esta banda elástica, hay dos puntos en los que se rompe. El punto en el que la banda se olvida de las canciones y el punto en el que las canciones se olvidan de quién está en la banda.

Bueno, Edge, según B. B. King, el padre del blues, es «el mejor guitarrista rítmico del mundo». Y Edge, como se puede apreciar cualquier fin de semana, es el que más interesado está de los cuatro en la música dance. Pero él no está convencido de que la música dance responda a lo que somos nosotros. Para competir con la música dance, me dice, tienes que emplear máquinas para crear la música, así que ¿para qué necesitas la banda para crear música?

Me refiero a New Order. Me refiero a otra banda de Mánchester, los Happy Mondays, que se han transformado en el fermento de Black Grape, que, sin limitarse solo a los tambores electrónicos, sí se limita a los *loops* y *samples* digitalizados. Edge no está convencido.

—Flood piensa que Larry ve los tambores electrónicos como alguien sentenciado a muerte que ve una soga. A sus ojos, le estás pidiendo que se busque un sustituto.

—No se trata de sustituir —respondo—. Se trata de multiplicar.

—Adam empieza a pensar que nos ves vestidos como Kraftwerk y fingiendo ser futuristas alemanes. Ya sabes que nuestro batería es Larry Mullen, no Larry Müller.

—Muy gracioso —le digo—. Me troncho contigo, pero...

No puedo dejarlo ahí. Me cuesta imaginar por qué una sección rítmica podría ponerse en cuestión por la llegada de la música electrónica, pero supongo que puede ser falta de imaginación por mi parte. Reanudo la discusión.

—Creo que te equivocas. A Adam le vuelven loco los ritmos y ha nacido para experimentar. Siempre dice que está harto de esos compases de cuatro-cuatro con el bajo que tan famoso le han hecho.

—Mira, a Adam y a Larry les encanta la música dance. Larry adora a Prince. ¿Lo has visto cuando escucha «Word Up!» de Cameo? Se sabe la letra de memoria. Y a Adam le encanta Massive Attack, Soul II Soul, las mezclas. El tambor electrónico es solo una herramienta más de su caja, como la máquina de eco o la caja de distorsión o el pedal. Son ellos los que dominan la máquina.

Además, añado, no vamos a hacer un disco electrónico. Solo serían unas cuantas pistas.

—¿Acaso los Beatles pensaban que iban a verse sustituidos por los arreglos de cuerda de George Martin?

Edge me mira.

—Cuando Paul McCartney empezó a tocar la batería, Ringo sí lo pensó. Mira —continúa—, lo que hace único a U2 es la experiencia analógica artesanal. Si nos alejamos demasiado de eso, no aprovecharemos nuestros puntos fuertes.

Y otra cosa... —dice, y hace una pausa—. La música dance de la que hablas es global por naturaleza, necesita letras globales.

Me mira antes de desvelar el as que guarda en la manga.

—¿Tienes alguna?

Me hace callar. Por un momento.

—Vale, ¿qué intentas decirme? Venga, suéltalo todo.

—Esa canción nueva, «Discothèque», las letras... Son de tipo abstracto. ¿A qué te referías exactamente?

—Al amor —respondo—. Claro, al amor.

Es obvio. Al menos para mí.

You can reach, but you can't grab it.
You can't hold it, control it
You can't bag it.

You can push, but you can't direct it
Circulate, regulate, oh no
You cannot connect it-love.

You know you're chewing bubble gum
You know what that is but you still want some.
*You just can't get enough of that lovey-dovey stuff.**

−¿Y lo del chicle? −me pregunta.

Bueno, esa es la escena *rave*, la identificación de las drogas como comida basura y golosinas…

−Vale, genial, pues ya está aclarado. Las listas no van a cansarse nunca de eso.

Esta es solo una de las muchas conversaciones sobre el tema. Demasiadas. Me pregunto por qué no nos ponemos manos a la obra y damos lo mejor que llevamos dentro. ¿Es por la idea o por la ejecución? ¿Es por los críos? ¿Por los diseñadores de interiores? ¿Es por la diversión y los placeres de los perezosos veranos en Francia? ¿Es por las distracciones que te ofrece el éxito y que te alejan del trabajo y el esfuerzo? ¿Y si todo esto ha apagado nuestra determinación inicial de «mandar a la mierda a la cultura de masas formando parte de ella»?

−¿O acaso…? −pregunto en voz alta, reanudando la conversación−… ¿será, queridísimo Edge, que nuestras relaciones se han endurecido, hasta el punto de que ya no nos retamos unos a otros a hacer algo más que música «interesante»?

−Seguramente es un poco de todo −responde Edge, ahora tan serio como yo.

Sabe que he convertido el adjetivo «interesante» en algo peyorativo. Esa palabra fue la crítica más dolorosa para el álbum de Passengers que habíamos lanzado un par de años antes, cuando Brian y Danny se nos unieron para formar una banda alternativa. La idea era confundir al público de rock y esquivar el éxito comercial. Fue un triunfo en ambos sentidos.

* «Puedes rozarlo, pero no puedes atraparlo. / No puedes retenerlo, controlarlo. / No puedes almacenarlo. // Puedes empujarlo, pero no dirigirlo, / proyectarlo, regularlo, oh, no, / no puedes conectarlo… El amor. // Sabes que estás mascando chicle. / Sabes lo que es, pero aun así quieres un poco. / No te cansas nunca de esos arrumacos».

Habíamos grabado «Hold Me, Thrill Me, Kiss Me, Kill Me» para la película *Batman Forever*. El productor de la pista fue Nellee Hooper, que era tan resolutivo, inteligente y divertido que lo incorporamos al equipo cuando empezamos a trabajar en *Pop*. Pero, pese a toda su disciplina, ni siquiera él pudo evitar nuestro prolongado salto del ángel en el mundo de lo «interesante». Incluso en un disco titulado *Pop*, con el que deseábamos captar el chasquido y el crujido del momento.

Una noche, al salir del estudio de grabación, se dirige a mí:

—No es precisamente *Thriller*, ¿no?

Y, dicho esto, el productor de álbumes clásicos de Björk y Sinéad O'Connor abandona el barco.

—Creo que ya no puedo ayudaros.

PUEDES ROZARLO, PERO NO PUEDES ATRAPARLO

Thriller, de Michael Jackson, fue un álbum de pop con siete éxitos que alcanzaron el top ten, pero nosotros todavía teníamos que dar con uno. *Pop* no hacía honor a su nombre. «Generoso» era la palabra que había empleado Jeff Koons para describir nuestro instinto a la hora de crear música popular, pero nos faltaba mucho para llegar a algún punto accesible o memorable. Me sentía perdido y, al mismo tiempo, iba perdiendo el deseo de competir. No solo con las listas de éxitos pop, sino con la banda. Me atrevo a decir que el sentimiento era mutuo.

Estoy hablando con Morleigh en Nueva York. Nos hallamos en el estudio de sonido para el videoclip de «Staring at the Sun», dirigido por Jake Scott, hijo de Ridley. El lugar es un hervidero de profesionales creativos con una fecha de entrega, que es cuando cabe la posibilidad de entablar una conversación. Cuando esa charla puede convertirse en algo más profundo y que trascienda el tema del que creías que estabas hablando. Resulta que estamos hablando de Edge, el hombre de Morleigh, que es también mi hombre.

Yo: ¿Edge entiende el peligro que corremos?

Mo: No, porque en realidad no corréis ningún peligro.

Yo: ¿El peligro de acabar siendo irrelevantes?

Mo: ¿Qué es ser relevante? ¿Te refieres a la popularidad?

Yo: Más o menos, pero sobre todo a estar en el momento en el que estás, a estar en el momento cultural.

Mo: ¿Bono?

Yo: ¿Sí?

Mo: No eres feliz.

Yo: No. La banda no se creyó la imagen e incluso Edge pareció esconderse en la madriguera. Mezclamos «Discothèque» un centenar de veces. Edge sabe que las permutaciones son infinitas y daba la impresión de que esta vez quería comprobar cómo era el infinito.

Mo no dice nada. Mira al frente.

Yo: No tenemos canciones estupendas. Solo interesantes.

Mo, mirándome y tratando de no poner cara de desesperación: «Staring at the Sun» es una canción estupenda con una melodía preciosa. ¿No fue Edge quien escribió la melodía? ¿Qué melodías has escrito tú en este disco?

Yo: No digo nada. Miro al frente.

Mo: No eres feliz contigo mismo. Te iría bien relajarte un poco y no ser tan exigente contigo… ¿Ni con todos los demás?

No digo nada, pues siento que en realidad debería haber sido todavía más exigente. Conmigo mismo. Con todos los demás.

Me siento melancólico y frustrado. ¿Acierto con mi análisis? Qué más da; desde luego, mi forma de expresarlo está equivocada. Esta es mi peor cara, la cara que se duplica y se triplica en una discusión. La parte de mí que emplea la sinceridad desapasionada y fría como instrumento contundente, como una maza. ¿Qué me da tanto miedo? Temo romper la promesa que nos hicimos unos a otros de niños, que no venderíamos nuestra imagen de la música a cambio de una vida fácil. Temo que nos convirtamos en el enemigo de quienes solíamos ser. Ni siquiera es miedo a vivir en el pasado. Es miedo a haber sido y haber quedado atrás; no merecer el lugar en el que te encuentras.

Reanudo la conversación una vez más. Típico de mí. Me dejo llevar. Y este es el yo con el que nadie querría estar en una banda. Gracias a Dios que quien me tiene que oír es Morleigh. Es una artista por derecho propio. Comprende la entropía y el elemento oscuro y retorcido que rodea el arte.

—Míranos: criamos a nuestros hijos en cómodas casas, vamos como sonámbulos hacia los cuarenta. Nos preparamos para la vida vista por el espejo retrovisor. Cansados y retirados, pero todavía lejos de la jubilación. ¿Qué ocurre cuando descubrimos que hemos echado por tierra nuestra oportunidad de ser geniales frente a fingir que lo somos, que es lo que hago yo ahora mismo?

»¿Sabes a quién culparemos? Os culparemos a Ali y a ti, porque los hombres castrados que sienten que pierden el poder buscan chivos expiatorios.

Empiezo a patinar. Esto ha dejado de ser una conversación con mi amiga, colaboradora y colega artística, para convertirse en una pelea conmigo mismo. Pienso en voz alta.

Da igual si en un momento así tienes razón, porque te equivocas.

Los artistas son los peores a la hora de culpar al mundo exterior de sus fracasos interiores. Son los programadores de radio, la compañía discográfica, la prensa. Es mi galería, mi agente, mi socio. Es el dilema del artista: el problema no está ahí fuera, sino aquí dentro. Confundimos el amor propio con la propia expresión. Confundimos la vida con el trabajo cuando el trabajo no funciona. El pintor casi nunca culpa al lienzo. Es la musa la que se lleva las culpas del afeamiento.

¿A quién intento hacer daño? ¿Qué se ha apoderado de mí a los treinta y tantos? La disminución del ego o la sensación de que U2 está a punto de convertirse en un cliché, como dice la canción que acabo de escribir:

Referee won't blow the whistle.
God is good but will he listen?
I'm nearly great but there's something missing.
I left it in the duty free,
But you never really belonged to me.

You're not the only one staring at the sun
Afraid of what you'd find if you stepped back inside.
I'm not sucking on my thumb, I'm staring at the sun
I'm not the only one who's happy to go blind.*

«Staring at the Sun»

Tanto Morleigh como yo estamos desesperados, pero no exactamente por las mismas razones. Tengo la suerte de que seamos grandes amigos que con el tiempo serán grandes amigos para toda la vida. Tengo la suerte de saber que me perdonará.

EL CONJUNTO DE MAQUETAS MÁS CARO DE LA HISTORIA DE LA MÚSICA

En marzo de 1997, el álbum *Pop* entra en el número uno de las listas en veintisiete países.

No me importa.

Estamos en esta banda que ha llegado a la cúspide, y seguimos aquí. Es como un equipo de fútbol que todavía gana la Champion's League después de todo este tiempo.

Con el mismo puto mánager. Con los mismos putos cuatro músicos. Ni siquiera ha habido relevos. Pero todo tiene un final, ¿o no? ¿Hemos tocado techo? ¿Acaso tú, Edge, quieres estar en una banda que solía ser famosa? A los novelistas, los directores de cine o

---

* «Árbitro, no toques el silbato. / Dios es bueno, pero ¿nos escucha? / Soy casi genial, pero me falta algo. / Me lo dejé en el *duty free*, / Ay, pero nunca fuiste del todo mía. // No eres la única que mira al sol / que teme lo que va a encontrar si se adentra. / No me chupo el dedo, miro al sol. / No soy el único que se alegra de quedarse ciego».

los pintores no les ocurre eso: la idea de que tu mejor obra tiene que crearse mientras eres joven. ¿Por qué debería ocurrirle a una banda de rock? (Esa es mi defensa desde el banquillo de acusados, Su Señoría).

U2 nunca iba a ser Michael Jackson. En cuanto al contenido, estamos más cerca del góspel que cantaba la gran Mahalia Jackson.

Lookin' for to save my, save my soul
Lookin' in the places where no flowers grow.
Lookin' for to fill that God-shaped hole
Mother, mother-suckin' rock an' roll.
Holy dunc, space junk comin' in for the splash
White dopes on punk staring into the flash.
Lookin' for the baby Jesus under the trash
Mother, mother-suckin' rock an' roll.*

«Mofo»

Nirvana es una banda de pop, solía decir Kurt Cobain; «Smells Like Teen Spirit» es una canción pop. Tenía razón. Las mejores bandas de rock son en realidad bandas de pop. Con el tiempo, acabaron por encantarnos algunas canciones del disco *Pop*, casi tanto como nos habría encantado haber tenido tiempo para terminar el álbum. Pero no hay tiempo para acabarlo. La gira ya está apalabrada y las entradas para el PopMart Tour han salido a la venta. En algún punto del proceso, nuestras prioridades se han modificado. Jimmy Iovine nos acorrala; dice que el momento en que un artista cambia es aquel en que deja de poner la grabación en primer plano. Él pensaba que *Pop* iba a ser el conjunto de maquetas más caro de la historia de la música. La maqueta no llegó a salir.

No del todo. Pero casi. Siempre nos quedamos en el casi. A nadie le importa el casi. Cuando por fin estuvo terminado (y, en rea-

---

* «Buscando salvar, salvar mi alma, / hurgando en sitios donde no crecen flores. / Buscando llenar ese agujero con forma de Dios. / Madre, rock'n'roll de puta madre. / Bendito idiota, basura sideral que viene a salpicar. / Bobos blancos del punk que miran al flash. / Buscando al niño Jesús bajo la basura. / Madre, rock'n'roll de puta madre».

lidad, nunca llegó a estar terminado), *Pop* no era la fiesta que buscábamos. Era la resaca después de la fiesta.

POP. EL ESTALLIDO DE UN GLOBO

«Seguir a una banda de rock es como seguir a un equipo de fútbol». Paul McGuinness acostumbra a tener teorías y, en 1997, su teoría es esta. «Quieres que tu equipo gane títulos, pero en la música, a diferencia del fútbol, ni los artistas ni los fans lo reconocerán».

Los fans de Pink Floyd dicen: «Dadnos música nueva; no queremos volver a oír *The Dark Side of the Moon*». ¿En serio? Pero si a los fans de Pink Floyd les encanta *The Dark Side of the Moon*.

Ese es el disco de esta banda que continúa en las listas. Es imposible obligar a alguien a que le gusten tus experimentos.

Desde el punto de vista de la crítica y las ventas, llevamos en la cima desde *The Joshua Tree*, pero puede que estemos empezando a perder fuelle. Quizá estas canciones nuevas cobren vida si las tocamos en directo. Quizá el PopMart Tour le dé la vuelta a la tortilla. O quizá no. A Barbara Skydel, nuestra agente en Estados Unidos, que con tanto mimo nos ha cuidado desde que firmamos con el gran promotor/empresario Frank Barsalona, le preocupa que el mundo haya avanzado. La gente no capta nuestro simbolismo pop art.

—Es la época del grunge, del sonido de Seattle, todo el mundo lleva camisas de cuadros y vaqueros rotos y hace rock en serio, mientras que U2 se pone camisetas con músculos estampados y toca bajo un arco del McDonald's. La gente no lo pilla y en la radio no ponen el disco. Puede que la banda esté en caída libre. Basta con pensar en el genio que era Peter Frampton. La magnitud de su éxito solo se vio igualada por el batacazo de la caída.

Pero, aun así, hay que hacer la gira.

PopMart podía cambiar el relato. ¿O no? Si echamos el resto en la gira, podemos darle la vuelta a las cosas. Y la idea de la gira es atrevida: rendir homenaje al pop art, actuar junto a esculturas de frutas como las de Claes Oldenburg y animaciones colosales de cuadros de Roy Lichtenstein y Keith Haring. Y, lo que es más importante, como no cabe duda de que la capital del pop es Las Vegas, inauguraremos allí la gira.

¿A que es genial?

Eeeeeh. No tan genial como imaginábamos.

El único lugar del mundo en el que el espectáculo de PopMart va a parecer normal será la capital mundial del entretenimiento, Las Vegas.

Pese a todas nuestras obras de arte de tamaño descomunal, esa es una ciudad que puede desbancar a cualquier rival en la ironía de ser más grande que la propia vida. Es la capital del pastiche. Nuestro PopMart quedará aparcado junto a las Pirámides.

En esa ciudad, nuestra producción parecerá monótona. Y así ocurre.

Además, no habíamos tenido tiempo de ensayar en condiciones. ¿Lo había dicho ya?

Y a nuestra hija Jordan, que viajaba con nosotros, le mordió un perro el día del primer concierto.

Y, si eres alérgico a las hierbas del desierto (la variedad de plantas rodadoras), como me pasa a mí, se trata de uno de los pocos lugares del mundo en el que podrías quedarte sin voz.

Cosa que me ocurre.

Y todo el mundo se presenta para la gran inauguración de la gira, y casi no nos salen las canciones.

Es bastante humillante. Y no es más que el principio.

Estábamos perdiendo dinero, además del impulso. Estábamos perdiendo el norte. Y en algunos territorios tocábamos para estadios medio llenos, lo cual indicaba que no éramos muy pop-ulares. *Pop* resultó ser la resaca antes de la carísima fiesta que fue PopMart. Aun así, al terminar la gira en 1998, habíamos conseguido arrancar cierta victoria de las fauces del fracaso, en parte gracias a reinventar algunas canciones («Please», «Last Night on Earth»), para que se aproximasen más a cómo habrían sido si hubiéramos terminado bien el álbum.

Cuando llegó el final de la gira, en realidad era cuando habíamos calentado motores y nos sentíamos preparados para empezarla. Los conciertos de Ciudad de México fueron increíbles. La grabación, dirigida por David Mallet, sigue siendo uno de mis momentos de U2 favoritos.

Pero, aun así, el sonido de ese disco era el estallido de un globo al pincharse. Pop.

Nuestro globo. El carnaval de los noventa tocaba a su fin y, aunque siempre quedaría un hueco para los antifaces y las máscaras, existía el peligro de que nos pareciésemos a esas personas que vuelven andando a casa después de una fiesta de disfraces. Y se han olvidado de que van disfrazadas de pollo. O de huevo.

Gente que mantiene una conversación seria, pero con un atuendo ridículo.

Basta de mirarse el ombligo. Necesitábamos volver a la razón por la que habíamos formado la banda. Había barrigas que llenar, pero no eran las nuestras. Era el momento de despertar a lo que éramos de verdad, por debajo de la experimentación y la pintura para la cara. Una banda de rock medio pasable con algunas viejas canciones geniales. Cuando lo dábamos todo.

LA LLAMADA AL DESPERTAR

Andy Warhol iba a misa todos los domingos y trabajó como voluntario en comedores de beneficencia de Nueva York durante toda su vida. Nunca hablaba de Dios, pero la primera obra y la última que hizo eran religiosas. En los diccionarios de arte pone que el pop trataba de la muerte de Dios, porque, si no existe lo eterno, entonces hay que vivir en el momento presente. Pero la función del arte es hacer que ese instante sea eterno.

No hay contradicción.

Pop. Hacer eterno lo fugaz. Casi. Pero no del todo.

Ese último álbum que hicimos en el viejo milenio no trataba tanto de la muerte de Dios como de la muerte de una idea: la idea de que los cuatro juntos en esta banda éramos imparables, indestructibles, que podíamos hacer cualquier cosa. Supuso el nacimiento de una especie de humildad que no siempre pegaba con nuestro arte, pero que tal vez fuera necesaria para nosotros como personas. Estábamos descubriendo que el límite de elasticidad de esta banda era el límite de elasticidad de cuatro personas, cuatro amigos cuya amistad se ve amenazada cuando alguno de ellos no se siente valorado en el proceso creativo.

La canción «Wake Up Dead Man» no podría estar más lejos de la estética de Polaroid del disco original que nos disponíamos a hacer. Yo pensaba que era una canción que habíamos dirigido a Cristo en la tumba, pero quizá fuera una carta de Adam, Larry y Edge dirigida a mí.

Quizá fuera yo el que necesitara despertar.

Listen to the words they'll tell you what to do
Listen over the rhythm that's confusing you
Listen to the reed in the saxophone
Listen over the hum of the radio
Listen over the sounds of blades in rotation
Listen through the traffic and circulation
Listen as hope and peace try to rhyme
Listen over marching bands playing out their time.

Wake up, wake up dead man
Wake up, wake up dead man.*

* «Escucha las palabras que te dicen qué hacer. / Escucha el ritmo que te confunde. / Escucha la lengüeta del saxofón. / Escucha el zumbido de la radio. / Escucha las cuchillas en rotación. / Escucha a través del tráfico y la circulación. / Escucha mientras la esperanza y la paz intentan rimar. / Escucha las orquestas que marchan para pasar el rato. // Despierta, despierta entre los muertos. / Despierta, despierta entre los muertos».

26

The Showman

The showman gives you front row to his heart
The showman prays his heartache will chart
Making a spectacle of falling apart
*Is just the start of the show.**

Un espectáculo. Un *show*. Ponerse en evidencia ante el público. Qué forma tan curiosa de ganarse el pan. El negocio del espectáculo. El chamanismo. Todo tipo de razones por las que vamos al patio de butacas o al escenario.

Saber algo sobre los artistas. En busca de la verdad, somos capaces de mentir mucho más que la mayoría. En muchos sentidos, no somos de fiar. Podemos enredar las emociones. Parecer atraídos por la persona que tenemos al lado, cuando en realidad nos da dentera. Podemos hacerte llorar, mientras por dentro nos reímos. Marlon Brando describió el oficio de actor como mentir para ganarse la vida. «Engaño» no es una palabra que suela asociarse a un gran artista o a un gran cualquiera, pero confieso que mi parte en esta farsa es continua. Casi tanto como la sinceridad, el engaño

---

* «El *showman* te pone en primera fila para ver su corazón. / El *showman* reza para que su aflicción sea un éxito. / Convertir su desplome en un espectáculo / no es más que el principio del *show*».

es un componente clave de ser artista, y el mayor engaño de todos es la autenticidad. Igual que la estrella del rock'n'roll que se presenta a la sesión fotográfica con su jersey más viejo, desgarrado para la ocasión.

Tal como decía el profesor de interpretación Konstantin Stanislavski, lo más difícil de hacer sobre un escenario es cruzarlo caminando sin más. Nos transforma la mirada de nuestro público. El método Stanislavski, que Brando estudió, consistía en mantener tu verdadero ser al tiempo que entrabas en el papel del personaje que encarnabas. En el rock'n'roll los distintos tipos de artista van desde los que están encantados de ser el centro de atención (donde está previsto que estemos) hasta los que tienen por truco el fingir que preferirían estar en otra parte. En el cine, esta reticencia puede ser una ventaja, porque la cámara se ve atraída hacia las personas a las que no les gusta la cámara y sospecha de los artistas a quienes encanta estar bajo los focos. Los que exhiben una gestualidad demasiado exagerada o ampulosa.

Ese sería yo.

Es una lección que aprendí tras una de nuestras primeras apariciones en el programa televisivo del Reino Unido *Top of the Pops*, que entonces era el foco de atención pop. No estábamos preparados para aparecer en las horas de máxima audiencia o, mejor dicho, yo no estaba preparado para ello. Cuando ves la grabación, la palabra que te viene a la cabeza es «histriónico». Me movía como una marioneta mal hecha, como el payaso que sale de una caja sorpresa con una perenne mirada de asombro congelada en la cara. Eso podría explicar por qué U2 forma parte de un grupo pequeño, aunque totalmente definido, de grupos cuyas canciones descendieron de posición en las listas después de aparecer en *Top of the Pops*.

Puede que la cámara busque la verdad, pero con más frecuencia la distorsiona.

—Mi consejo —reflexionaba Paul McGuinness—, con una obra de arquitectura como la que tienes en el centro de la cara, es no estar nunca en la parte de fuera de una lente de gran angular.

Todavía no había averiguado cómo aparecer ante las cámaras de la televisión. Me pregunto si servirían las sabias palabras de Brendan

Behan: «Tengo la cabeza demasiado grande para la tele». Algunas personas son naturales, pero incluso los naturales tienen que ensayar, porque lo más difícil cuando estás en el escenario es ser tú mismo. Yo solo lo he logrado en algunos momentos. Me cuesta desconectarme. Tengo que entrar de lleno en una canción para salir de mi cabeza. La propia conciencia es la enemiga. La inseguridad, no. En un nivel inconsciente, al público le hace falta saber que lo necesitas.

It is what it is but it's not what it seems
This screwed up stuff is the stuff of dreams
I got just enough low self esteem
To get me where I want to go.*

ESTUDIO DE CASO NÚMERO 1:
LO HIZO A SU MANERA

Entra en escena uno de los mayores *showmen* de la historia: Frank Sinatra. Ya no sale apenas en las listas ni en las ondas últimamente, pero la Nochevieja de 2008 está ahí mismo conmigo, en el bullicio de un pub de Dublín. Vasos que brindan, chocan, se rompen siguiendo la tradición gaélica. Puertas batientes, amores que entran y salen de los buenos deseos para el año nuevo, enemistades familiares reconciliadas o reavivadas. Júbilo de malta y desesperación de jengibre en la misma cola para servirlos en este hito del cuarto de milenio transcurrido desde que Arthur Guinness añadió la negrura aterciopelada a un vaso de pinta.

Hay una voz en los altavoces que despierta a todos de golpe: es Frank Sinatra cantando «My Way». Su oda al desafío cumple cuatro décadas este año y todo el mundo canta a coro por una vida entera de razones.

Es curioso el ánimo que ocupa Sinatra en el hervidero de Dublín. Una crisis económica. Los nuevos fondos irlandeses por los que

---

* «Es lo que es, pero no lo que parece. / Esta materia podrida es la materia de los sueños. / Tengo la autoestima lo bastante baja / para llegar adonde quiero ir».

han apostado y han perdido; el tigre celta que mete el rabo entre las patas mientras los constructores y los banqueros se ríen del año pasado a carcajadas, aunque inquietos, y tragan saliva, inquietos, mirando al año nuevo al que sobrevivirán, a pesar de que el país estuvo a punto de no hacerlo, ni la gente que pidió préstamos para comprar o alquilar una casa paga el precio más alto. Por curioso que parezca, Sinatra está aquí para todos, para los acusadores y para los acusados.

Me maravilla la única cualidad de la que carece su voz: sensiblería.

En medio de la incertidumbre de tu vida laboral, de tu vida amorosa, de tu vida vital, ¿por qué la voz de Sinatra es semejante vozarrón..., semejante confianza en tiempos revueltos que permite que flirtees pero que te quita las gafas de cristal rosa de la nariz si te dejas llevar demasiado?

Una llamada a la confianza en la palabra.

Una voz que dice: «Ahora no me mientas».

Fabuloso, no fabulador. La franqueza de tu confianza.

Conforme el año avanza, la emoción de la sala pasa de la esperanza al miedo, de la expectación a lo trepidante. Acabes donde acabes, esa voz te lleva de la mano.

Al volver a casa desde el pub, descorcho una botella de vino, listo para el vinagre en el que puede convertirse cuando las familias y los amigos se exceden. Como estoy a punto de hacer yo. Desde el umbral de la puerta de la cocina, tengo una visión en amarillo: un cuadro que me mandó Frank Sinatra hace quince años, después de que cantara «I've Got You Under My Skin» con él para su álbum *Duets*. Un cuadro hecho por él. Un disparatado lienzo amarillo de violentos círculos concéntricos que giran alrededor de una planicie desértica.

Francis Albert Sinatra, pintor, «modernista». Estamos en Año Nuevo y me permito una pizca de melancolía, rebobinar la cinta mientras el encargado del proyector dentro de mi mente vuelve a pasar recuerdos de un hombre que finjo conocer a partir de algunos momentos especiales compartidos. Un hombre que, en realidad, conozco a partir de sus canciones.

Edge y yo habíamos pasado una temporada en su casa de Palm Springs, contemplando el desierto y las colinas, sin rastro de tela de cuadros en kilómetros. Cantidad de kilómetros, miles, diría yo, mejor dicho, Miles Davis. Y montones de charlas sobre jazz.

Fue entonces cuando me enseñó el cuadro. Yo pensaba que los círculos eran una especie de cuerno, la campana de una trompeta, y se lo dije.

Le dije que tenía entendido que él era una de las grandes influencias de Miles Davis.

—El cuadro se titula *Jazz*, y puedes quedártelo.

(Y por eso ahora estoy mirándolo, colgado al pie de las escaleras de nuestra casa de Temple Hill).

—¿Sabes qué, chaval? Eres es único hombre con pendiente que me cae bien.

La señora Sinatra baja las escaleras con un soberbio vestido color carmesí, la elegancia personificada, Frank la recibe con una gran sonrisa.

—¡Barbara, pareces un coágulo de sangre!

—Hijo, Miles Davis nunca malgastó una nota... ni una palabra con un tonto como este.

Y luego esto:

—El jazz trata del momento en el que estás. Ser moderno no tiene que ver con el futuro; tiene que ver con el presente.

La clave es estar presente, ¿no? Yo estaba con Frank Sinatra en el momento en el que se olvidó del presente, un momento en el que dejó de estar presente. Fue ese mismo día y habíamos quedado en el desierto de California para grabar un videoclip para «I've Got You Under My Skin». Con el director Kevin Godley y su equipo a la zaga, compartimos un viaje en limusina hasta un bar de Palm Springs, que regentaba un amigo de Frank. La idea era que ambos disfrutáramos de la brisa mientras Kevin grababa el vídeo. En la primera escena sale Sinatra junto a la barra, a solas, esperando a que llegue un cantante melódico irlandés, algo que hice en la primera toma. Pero, cuando le pidieron a Frank que repitiera esa primera escena, una cámara falló y Sinatra se quedó solo en la barra durante diez minutos más. El grito de «¡Toma dos!» del director no solo lo sacó del momento, sino que lo sacó del bar y del vídeo que estábamos grabando. Desapareció. Inquieto al ver que lo habíamos dejado a solas tanto rato, el artista se escabulló y nos dejó tanto a mí como al equipo de grabación sentados en el local, con la mitad de un dueto para grabar el vídeo.

Luego, una llamada telefónica de Barbara. Algún tipo de malentendido. ¿Qué tal si voy a su casa esta noche, con unos cuantos amigos, un poco de whisky? Edge se controla. Yo no.

A ver, si bebo whisky en esta versión de Estados Unidos, suelo tomar Jack Daniel's a palo seco, sin hielo, un whisky de Tennessee que tomar a sorbos, así que ¿por qué se me ocurrió cagarla pidiendo un ginger ale?

—¿Jack y ginger? —pregunta Frank—. Bebida de chicas.

Me mira a la cara, me doy cuenta de que se ha fijado en mis dos pendientes y está emitiendo un juicio. Seguro que la palabra que busca, la palabra que no dice, es «afeminado».

Bebo rápido para compensar y, peor aún, mezclo las copas. A lo largo de la cena (mexicana, no italiana) tomamos tequila en unas enormes copas anchas. «Nunca bebas algo más grande que tu cabeza», pensé para mis adentros cuando Frank acercó la nariz a la copa.

Y mientras pliega con cuidado una servilleta turquesa, Edge oye que dice en voz baja:

—Recuerdo cuando mis ojos eran de este azul…

Y lo dice en serio.

Más tarde, hicieron algunos pases de películas en la sala de proyección de Frank y Barbara, donde, dormido en uno de sus sofás blancos como la nieve, me di un susto. Me desperté con una sensación húmeda entre las piernas. Los sueños de Dean Martin dieron paso al pánico.

Primer pensamiento: me he meado encima; he orinado junto a Sinatra. Segundo: no se lo digas a nadie. Tercero: en este país del blanco, no te muevas; verán la mancha, el amarillo sobre el blanco. Cuarto: piensa en un plan.

Así pues, me quedé sentado veinte minutos muerto de vergüenza. Mudo. Esperando que acabase la película, preguntándome cómo podría explicar esa derrota de Irlanda frente a Italia. Ese indicio que en otro tiempo fue solo incontinencia verbal ha madurado y ha crecido hasta llegar a ser la prueba concluyente de que no pertenezco a este lugar. Soy un capullo. Soy un turista. Vuelvo a estar en mi cama infantil a los cuatro años, antes de aprender a fracasar. «Mamá, tengo que cambiarme… Me he mojado los pantalones».

Bueno, pues no era eso. Se me había caído la copa. Supongo que estaba borracho, ebrio de Frank, una sombra menguante que perdía el culo por seguir los pasos de ese gigante.

«¿Y AHORA QUÉ, MI AMOR? ¿AHORA QUE SE HA TERMINADO?»

Regresamos al hotel. Giramos a la izquierda en el camino de Frank Sinatra. Yo sabía que jamás volvería a beber en compañía de un hombre tan impresionante. No volverían a invitarme. Me equivocaba. Dos veces. Al año siguiente, estoy en el bar de la suite del director, en la planta superior del Shrine Auditorium de Los Ángeles. Son los Grammy y Frank me ha pedido que presente su premio Legend.

Es un poco angustioso. Estoy un poco angustiado.

Al camarero: «Haz que valga la pena».

Pedimos a los empleados del bar en lugar de pedirnos los unos a los otros que nos comportemos mejor.

No bebo para emborracharme, ¿verdad? Bebo porque me gusta el sabor, ¿verdad?

Entonces ¿por qué tengo toda la pinta de estar borracho otra vez? Frank acaba de ponerme otra copa muy cargada, por eso mismo. Esta vez es Jack Daniel's, solo y en un vaso de cerveza, me recomienda. Estoy hablando con Susan Reynolds, la publicista y santa patrona de Frank, y Ali, mi esposa y santa patrona. Paul McGuinness le pregunta a Frank por el pin de la solapa.

—Es la medalla de la libertad, la mayor condecoración civil, otorgado por el presidente.

—¿Cuál de ellos? –quiere saber Paul.

–Ah, no lo sé, un tipo viejo. Creo que era Lincoln.

Genial, pienso, y me pregunto si hará falta ser estadounidense para que te den una medalla así. Me pregunto si empiezan a flaquearme las piernas. Me pregunto si debería haber preparado algo que decir en caso de que nuestro *Zooropa* obtenga el premio al mejor álbum alternativo.

Luego recuerdo que no. Hasta que lo logramos. Las piernas me llevan de forma automática hasta el micro y les digo a unos doscientos millones de personas que «U2 continuará revolucionando la cultura de masas». No es muy gracioso ni muy inteligente, pero, desde la barra, Frank se vuelve hacia la sala y comenta:

–Pensaba que me gustaba este chaval. Pero no: me encanta este chaval.

Tengo treinta y tres años.

Mientras tomamos un café nos preparamos para el evento principal. Cuando llego al escenario, me he convertido en un Juan el Bautista increíblemente molesto que prepara el camino para su mesías italiano. Pavoneándome, con un cigarrillo encendido en los labios, pongo esa sonrisa de suficiencia que me sale cuando estoy nerviosísimo. Fumo; por tanto, me agito. Toso. Suelto una perorata.

Mientras bajo del escenario, se amplía el plano y este muestra al alcalde de cualquier ciudad que le guste, a Frank con su clásico traje de chaqueta, que sale acompañado de una increíble ovación en el lugar al que ha dado más fama que nadie. Por lo menos, eso es lo que piensan todos allí. Mira a la multitud, con la cara seria, y se dirige a la parte de atrás del bar, donde se reúnen los camareros, cuenta unos chistes. En ese momento se ve transportado de verdad, en un flash, arrebatado. No es que se haya perdido en el momento, se ha perdido dentro del momento. Perdido, sin más. Los Grammy hacen un corte para la publicidad. El presente había abandonado a Frank durante un minuto del *showbiz* y los productores y sus agentes entraron en pánico y dieron al interruptor.

Ser moderno no tiene que ver con el futuro, me había dicho; tiene que ver con el pasado. Estar presente era lo único que Frank Sinatra exigía tanto a su música como a sí mismo, y, cuando le faltó el agarre, debió de ser aterrador. Los años siempre te roban la gloria cuando te ofrecen longevidad.

OJOS AZULES O ROJOS

De vuelta en Temple Hill a la mañana siguiente de la celebración de Nochevieja, puse una grabación de Sinatra cantando «My Way» que había hecho para un dueto con otro gran maestro en todos los sentidos, Pavarotti. El dueto no les sienta bien. Son las mejores voces de la historia, pero hay una parte de mí que solo permite que uno de estos dos italianos cante en inglés. Pese a todo, bajo la bravata, descubro un aspecto de la actuación de Frank que me conmueve tanto que tengo que hacerme con una copia de la interpretación de Sinatra sin Luciano. Esa grabación hizo aflorar la voz más admirable, desveló un punto de vista nuevo de la letra. Lo que era una bravuconada cuando Frank tenía cincuenta y cuatro, a los setenta y nueve se había convertido en una disculpa.

La primera se grabó en 1969, cuando Frank Sinatra le dijo a Paul Anka, que escribió la canción para él: «Dejo el mundo de la música. Estoy harto. Me largo de aquí». «My Way» es más una despedida despechada que afligida, encarna todo el orgullo de gallito que puede exhibir un hombre cuando enumera los errores que ha cometido por el camino de aquí a cualquier parte. En la última grabación, los arreglos de Don Costa son los mismos, las palabras y la melodía son las mismas, el tempo, la escala… Pero ahora todo tiene una finalidad distinta. Ahora se ha convertido en una descorazonadora canción de derrota. La soberbia del cantante ha salido por la puerta.

¿Cómo lo hizo? La canción se ha transformado en una disculpa. Sincera. La genialidad del canto interpretativo. La dualidad. Hay dos canciones que coexisten en la misma.

Este «chaval» de Cedarwood Road tuvo la gran suerte de hacer un dueto con un hombre de Hoboken que comprendía la dualidad, que poseía el talento de oír dos ideas opuestas en una única canción, y la sabiduría de saber qué extremo revelar en cada momento. Ojos azules o rojos.

Al igual que la de Bob Dylan, Nina Simone o Mavis Staple, la voz de Sinatra fue mejorando con la edad, con años de fermentación en barriles de roble agrietados llenos de whisky. Como comunicador, acertar con las notas solo es parte de la historia. Los cantantes, más que cualquier otro tipo de músicos, dependen de lo que saben del mundo, en oposición a lo que no quieren saber. Aunque eso entraña un peligro (la pérdida de ingenuidad, por ejemplo, que contiene de por sí cierto poder), las habilidades interpretativas suelen aumentar en el transcurso de una vida bien castigada.

«Si», como Frank, cantas un tema como si no fueras a volver a cantarlo jamás. «Si», como Frank, cantas como si no lo hubieras cantado nunca. «Si»…

ESTUDIO DE CASO NÚMERO 2:
UNA VOZ QUE NO CABE EN EL MUNDO

Entre quienes sí se habían fijado en el lanzamiento de nuestro ZOO TV Tour mientras daba tumbos por Europa a principios de los noventa había alguien mundialmente conocido por su histrionismo. Al ser italiano, Luciano Pavarotti era más que consciente de que la zona en llamas estaba en su barrio. Desde la casa que tenía en la costa del Adriático, casi se veía la guerra de Bosnia y Herzegovina. Pavarotti estaba muy preocupado por la guerra que se libraba «encima de la tapia de su jardín» y se sintió llamado a ayudar. Podía ofrecer su singular talento vocal de dos formas: como actor que expresa y libera la complicada vida emocional del conflicto en una canción, o como recaudador de fondos, convenciendo a la gente para que haga cosas que no tiene por qué querer hacer y establezca algún tipo de paquete de ayudas para la zona en conflicto. Al final, ese hombre cuya voz era tan grande que no cabía en el mundo decidió hacer ambas cosas.

Campeón mundial de pulso emocional, Luciano debió de llamar unas veinte veces a Temple Hill a mediados de los noventa para comprobar si le habíamos escrito la canción que, sin ningún tipo de duda, no habíamos dicho que escribiríamos para él. La respuesta siempre era no, porque, como trataba de explicar, estábamos sudando tinta para terminar una de nuestras canciones, así que no podíamos ni plantearnos ponernos con una para él. Ya nos habíamos embarcado en la iniciativa de Passengers, un nuevo experimento musical con Brian Eno. No todo el mundo estaba convencido de que ese experimento condujera a algún descubrimiento artístico. Pavarotti hablaba bien nuestro idioma, pero había una palabra que parecía no entender.

La palabra era «no».

Continuó llamando, hablaba con nuestra empleada del hogar, Teresa, o con Ali, o con quien fuera que contestara. Al final, tuve la mala/buena suerte de responder yo. Para mi sorpresa, no me preguntó por la canción, sino por mí, por la familia. Teníamos muchas ganas de ir a pasar las vacaciones de Pascua a Francia, le dije.

—Magnífico. Así tendrás tiempo de estar con tu encantadora esposa y tus hijos… sin presión.

—Sí —respondí—. Estoy agotado.

—Perfecto, entonces tendrás tiempo de escribir la canción —me dijo.

Tosí y dije que haría lo que pudiera.

—Dios encontrará una canción para este festival, el más religioso que existe —añadió—. Crecerá dentro de ti. La encontrarás. Estoy convencido.

Tenía razón. Encontré la canción.

Había una improvisación durante las sesiones de Passengers que necesitaba palabras y una melodía y quizá un cantante invitado. La idea de la letra surgió de una historia que había oído sobre cómo las personas de Sarajevo se defendían contra el cerco con todo lo que tenían, incluido un sentido del humor surrealista. Bajo un manto de oscuridad, un violonchelista de conciertos tocaba sonatas entre las ruinas de los edificios bombardeados. Un grupo de mujeres rebeldes habían ideado un concurso de belleza, Miss Sarajevo. En las bandas habían escrito frases del tipo: «¿De verdad queréis matarnos?».

El documental del desfile fue un testimonio muy poderoso para las mujeres que se negaron a renunciar a su feminidad a causa del odio.

Grabamos la banda sonora de *Miss Sarajevo* y fuimos a visitar al vocalista en su villa de Pesaro. Esta leyenda vivía de un modo más bohemio de lo que yo pensaba. Nos contó que tenía un estudio en casa, pero quién iba a decir que nos encontraríamos el micrófono a los pies de su cama. Cantaba en su dormitorio. Pero solo cantaba después de comer, así que esperamos mientras se preparaba la comida: un plato de pasta del tamaño de Italia. Luego tenía que dormir. Solo cantaba después de la siesta.

Después volvió a comer. Así que esperamos. Continuamos comiendo y bebiendo hasta que consideró que era el momento de levantarse de la hamaca y ponerse al micrófono.

Todos estábamos un poco de vacaciones.

ALGUNOS DATOS SOBRE LA ÓPERA QUE LOS CRÍTICOS NO CUENTAN

Los cantantes de ópera no son meros atletas cuyo gran salto es llegar a un do de pecho, ni artistas de circo cuya peculiar ventaja genética aplaudamos. Los cantantes de ópera son, por encima de todo, comunicadores de emoción.

Empatía.

Su don es lograr que historias increíbles pasen a ser comprensibles para quien las escucha, porque algo parecido a una vida normal no existe para nadie. Por eso, las voces de los cantantes de ópera mejoran con la vida que han vivido; cuantas más experiencias vitales, mejor es la voz.

Empatía.

Da igual lo confusa que sea la vida, la voz humana revela los contornos emocionales y el paisaje espiritual, no solo de la música, sino también del cantante que te guía por ella. En eso consiste la ópera. En eso consistía el misterio de Luciano Pavarotti. Al cabo de unos pocos minutos de ensayo quedó claro que conocía la vida lo suficiente como para cantar para la gente que estaba perdiendo el norte de la suya. Hizo que el dolor surrealista de Sarajevo resultara comprensible.

Empatía.

Me equivoqué al pensar que esa canción pondría punto final a su acoso a mi casa o a mí. Al cabo de una semana, volvió a llamarme. Teníamos que interpretar la canción con él en Módena en el concierto benéfico que daba todos los años. Yo insistía en que no; él insistía en que sí. Hablé con la banda. Pusieron los ojos en blanco.

—Dame una buena razón por la que no queréis tocar en Módena conmigo —me preguntó.

—Estamos en el estudio —respondí—. Aunque yo quisiera, la banda no quiere.

—Si me dejas hablar con la banda, sé que me dirán que sí.

Le contesté que los conocía muy bien y que aquello era algo que no podíamos negociar.

—¿Puedes preguntárselo una vez más?

—De acuerdo —le dije justo antes de colgar—. Mañana los veré en el estudio.

—¿En Dublín? —dijo—. En vuestra ciudad lo entenderán. Es vuestra oportunidad de hacer lo correcto, no solo por mí, sino por la humanidad. Diles que te he dicho eso.

Vale.

Al día siguiente, Pavarotti llamó al estudio.

—¿Estás ahí?

—Sí, estoy en el estudio —dije.

—Espera, llego en media hora.

—¿Qué?

—Estoy saliendo del aeropuerto y vamos de camino a veros.

—¿No estarás en Dublín?

—Sí, estoy en Dublín. Quiero hablar con tu banda. Me dijiste que estaban allí. Pues allí voy. Así hablaremos.

A mis colegas de la banda no les gusta que los atosiguen, con que yo no tenía ni idea de cómo podría acabar esto. Les solté que Pavarotti estaba de paso y que quizá se acercase a saludarnos.

—¿Con quién está? —preguntó Larry.

—Creo que solo con Nicoletta, pero no estoy seguro.

Era una pasada que semejante superestrella internacional fuera a vernos, pero me podía más la preocupación que el halago. Puse en la cuerda floja mi reputación dentro del grupo y les dije que debíamos ser educados si el mejor cantante que había sobre la faz de la tierra llamaba a la puerta. Al final, alcanzamos un acuerdo, que se mantuvo hasta el momento en que llegó…

Con un equipo de cámaras de la televisión.

Estaba jugando con nosotros, pero no todos los de la banda le vieron el lado gracioso. Luciano Pavarotti llegó y nos rendimos. Bueno, al menos la mitad de nosotros. Cuando la ópera que era el propio Pavarotti se llevó a su equipo de grabación y se marchó, Edge y yo habíamos aceptado, delante de las cámaras, tocar en Módena, y, en septiembre de 1995, junto con Brian Eno, debutamos con «Miss Sarajevo» en el concierto anual Pavarotti and Friends en apoyo a la ONG War Child.

LOS TRES TENORES: GARVIN, BOB Y LUCIANO

La vida está marcada por transformaciones sorprendentes, y en Módena fue donde presencié la transformación de mi padre. ¿Cómo no iba a llevar a mi padre, el tenor, a conocer a Luciano Pavarotti, uno de los «tres tenores»? Edge también llevó a su padre tenor galés, Garvin, y, en un momento dado, Bob, Garvin y Luciano le cantaron «Cumpleaños feliz» a la esposa de Brian Eno, Anthea. Garvin Evans llegó a la nota más aguda, intentando con todas sus fuerzas superar al número uno.

—Somos los tres tenores, ¿no? —soltó de broma—. ¡No vamos a escatimarle al público un do de pecho!

Ningún drama hasta la llegada de otro astro deslumbrante capaz de eclipsar incluso a Pavarotti. Diana, la princesa de Gales, era una estrella gigante, a quien su recato hacía todavía más especial. Edge lo mencionó porque sus padres iban a ir a saludarla y quizá a mi padre le apeteciera acompañarlos. Sabía la respuesta, pero de todos modos decidí darle una oportunidad.

—Papá, ¿te apetecería ir a conocer a la princesa de Gales, a Lady Di? Gwenda y Garvin, como son galeses, van a ir a saludarla con Edge.

—¿Qué? ¿Qué? ¿Qué hace aquí? Pero ¡si está en todas partes, joder! ¿Si quiero conocer a la familia real? Es como preguntarme si quiero conocer al ganador de la lotería. ¿Por qué es interesante el ganador de la lotería? ¿Por qué iba a atraerme algo así?

—Sí, ya lo sé —dije con cierto cansancio—. Ya lo sé. Vale. Solo era una pregunta.

—No digas eso, anda. No seas ridículo.

Una hora más tarde, Luciano Pavarotti llevó a la princesa de Gales a nuestro camerino para saludar, y la primera persona con la que se topó al entrar en el tráiler fue mi padre. De casi metro ochenta con los tacones, y con el vestido blanco coral más precioso, Diana no tenía parangón. Mi padre cayó rendido a sus pies. El *shock* de encontrarse de cerca con la familia real británica dio paso a un enamoramiento adolescente.

—Hola, ¿cómo está? —dijo la princesa de Gales.

—Encantado de conocerla —respondió mi padre, temblando—. Estoy muy bien, gracias por preguntar.

Ochocientos años de opresión desaparecieron en ocho segundos.

Si alguien se pregunta alguna vez por la utilidad de la monarquía, le remito a este incidente. Ochocientos años en ocho segundos.

> *Here she comes, heads turn around*
> *Here she comes, surreal in her crown.* *

«Miss Sarajevo»

Pavarotti se superó a sí mismo en aquella primera interpretación en directo de «Miss Sarajevo». Da igual cómo llegó allí; deseaba con todas sus fuerzas que el material tuviera existencia y ese material deseaba que él lo diese todo. La canción, que Passengers lanzó más adelante ese mismo año en *Original Soundtracks 1*, continúa siendo una de mis escasas canciones grabadas favoritas, quizá porque no cargo con la emoción del tema. El hombretón con voz de volcán fue quien le-

---

* «Ya viene, todo el mundo la mira. / Ya viene, irreal con su corona».

vantó el peso, y ahí estaba ahora, levantando también a la multitud con la promesa de construir una escuela de música en Mostar para los supervivientes bosnios de la guerra, a quienes quedaba poco más que las ruinas de su propio dolor. El gran luchador se había salido con la suya y nosotros, su público, solo podíamos rendirnos. ¿Quién podía no sentirse conmovido por el fin del juego del gran maestro? La parte central también era sublime, pero la apertura es la que todavía me hace reír, bastante común, pero clásica: el alma siciliana. Con sus caballeros, sus obispos por todas partes y, por supuesto, su reina: la princesa Diana. La suspensión de la incredulidad se había convertido en real decreto. En la corte del gran drama éramos los títeres.

Resulta fácil satirizar a un personaje de la talla de Luciano Pavarotti a partir de la imponente escala de ese hombre, de su personalidad, de su talento, de sus dotes sin parangón. Pero bajo el volcán había lava al rojo vivo, una rabia extraordinaria.

It's no secret that a conscience can sometimes be a pest
It's no secret that ambition bites the nails of success
Every artist is a cannibal, every poet is a thief
All kill their inspiration and sing about the grief.*

«The Fly»

La ópera nunca está lejos.

EL ARTISTA

No todos los grandes cantantes son buenos artistas. ¿Es la sinceridad? ¿La conexión? ¿Es cuando el artista necesita la canción más que a su público?

La palabra «sinceridad» es a la vez acertada y desacertada. La falta de sinceridad es una mentira mal contada. Prefiero la mentira

---

* «No es un secreto que la conciencia a veces es un tormento. / No es un secreto que la ambición le muerde las uñas al éxito. / Todo artista es un caníbal, todo poeta es un ladrón. / Todos matan su inspiración y cantan el dolor».

a la falta de sinceridad. Los artistas que me cautivan son los que desconfían del escenario o lo encuentran limitante. Rompen sin cesar la cuarta pared, ese momento en el que el actor habla directamente con el público o, en una película, se dirige a la cámara. Esos son los artistas que dan la impresión de estar a punto de saltar del escenario y plantarte cara entre el público, darte un codazo para abrirse paso, tumbarte luchar contigo a brazo partido en el suelo con su canción. Seguirte a casa. Hacerte un té. (¿Azúcar?). O asaltarte. Salvajes actores trágicos como Iggy Pop o Patti Smith. El artista cinético desprecia la distancia que existe entre el público y él. No es solo la proximidad emocional. A veces es también la física.

Son artistas que convierten sus emociones en un espectáculo ligero y su rabia en pirotecnia. Los que te deslumbran con los efectos especiales de su pensamiento. La gente no piensa en Bob Dylan o Miles Davis como los artistas más teatrales del mundo, porque no montan lo que consideramos «un gran espectáculo». Se limitan a hacerte partícipes de su estado de ánimo. Algo que, para quienes los amamos, es lo más generoso que pueden hacer. Luego están los auténticos grandes artistas de los que no puedes despegar los ojos. Como ya he dicho, Mick Jagger sería el más fascinante de todos.

¿La conexión? En U2 siempre hemos intentado por todos los medios llevar nuestra música adonde está el público. La tecnología fue nuestra aliada en esta búsqueda de conexión, desde los pinganillos, que nos permitieron montar escenarios satélite al fondo de la sala de conciertos sin despistarnos con el retardo temporal, hasta las pantallas como instalaciones artísticas y no solo como un refuerzo de vídeo.

Incluso si alguien está al fondo de un estadio o entre la multitud en un festival, queremos captar toda su atención. Por eso, pruebo cualquier truco para evitar que los fans se despisten. Desde tirarme al foso desde el escenario hasta subirme a los altavoces. Si veo gente que se va a buscar una copa durante una determinada canción, me lo tomo como algo personal. Me siento como un perro abandonado bajo la lluvia. ¿Se van al lavabo durante esta canción? ¿En serio?

En el estadio de Los Ángeles, en 1983, trepé a un palco con una bandera blanca para defender el pacifismo, y, cuando alguien intentó quitarme la bandera de las manos, empecé a darle puñetazos. En el nombre de la no violencia. Y luego bajé de un salto de la galería en lo que un crítico llamó el número de circo más estúpido que había visto.

Podría considerarse una fanfarronada. Lo es, pero también lo veo como la búsqueda de un simbolismo físico. Así es como le busco una explicación racional. Toda la experimentación tiene el mismo objetivo: romper la barrera entre el artista y el espectador. Como invitar a los fans al escenario para que toquen la guitarra o bailen con nosotros. O para que se paseen sin más. En un espectáculo en Montreal, en 2015, invité a cien personas a un escenario que estaba montado para aguantar el peso de cuatro músicos. A veces me dejo llevar.

Edge, o Larry, o Adam… o alguien de dirección… interviene cada cierto tiempo y me arranca la promesa de que no volveré a dejarme llevar así. Pero ahí está la gracia. La música nos arrastra. ¿Por qué, si no, iba un hombre de casi sesenta años a saltar a los brazos de un tío o una tía fuerte y grande y dejar que lo lleve a cuestas por el escenario? Es un símbolo de lo que en realidad sucede: ese público sigue llevando a cuestas a esta banda tras cuarenta años de carrera.

ENTRE LO HISTRIÓNICO Y LO MESIÁNICO

Con el tiempo, he comprendido que incluso el mundo del espectáculo se sustenta en el chamanismo, que hasta la más superficial de las artes contiene el recuerdo de preguntas mucho más antiguas y profundas: la inmortalidad, el *show* de la muerte y la resurrección. La parte seudorreligiosa de ser una estrella del rock, cómo vinculamos lo histriónico con lo mesiánico.

Al leer *The Death and Resurrection Show: From Shaman to Superstar*, de Rogan P. Taylor, comprendí que el negocio del espectáculo no es una rama del chamanismo. Es puro chamanismo. Desde sacar un conejo de la chistera hasta el truco de la cuerda india, pasando por la pirotecnia de un concierto de rock, en lo más profundo de nuestro ser sentimos la necesidad de creer en la magia, en el ritual y en la ceremonia. Tenemos un deseo inconsciente de artistas que parezcan de otro mundo, que hayan viajado a ese «otro mundo». Queremos ver a través de ellos. Queremos que sean nuestros videntes.

Desde Elvis hasta Jim Morrison, desde Beyoncé hasta Umm Kulthum, esas superestrellas regeneran nuestra necesidad de creer en lo sobrenatural, que se remonta a las mitologías antiguas. En la mitología de Irlanda teníamos una criatura fantástica llamada Cúchulainn, que era capaz de golpear una pelota con un bate y correr lo bastante rápido para atraparla. Superpoderes: cómics de Marvel y rock'n'roll, la dieta adolescente de la que nunca nos cansamos.

En fin, en todo este mundillo de insinuar sin decir, hay algo que todavía me hace volver una y otra vez al camerino, regresar al mobiliario alquilado y conocido, a la bandeja del deli con queso que exuda humedad y embutidos resecos. Algo que me hace regresar a la preocupación de cuánto suben las notas o cuánto baja la energía del concierto.

No se trata de un milagro o un truco.

Se trata de ambas cosas. Y, cuando sucede, todo el mundo sabe que ha tenido lugar la transubstanciación. ¿Qué hace el chamán durante la función? ¿Además de pelearse con los problemas técnicos y de comprobar si soy capaz de llegar a esas notas tan agudas? ¿Además de preguntarse si se han agotado las entradas y el repertorio está bien? Cuando todo ese ruido se acalla, el instante en el que sé que un concierto va rodado es cuando siento que la canción me canta a mí, en lugar de ser yo quien la canta.

Esa es una noche genial.

En una noche genial tú eres la multitud y la multitud eres tú. De verdad, eso puede ocurrir.

Pregunta: ¿cómo se llama a una persona que antes del truco de magia ve que se mete un conejo en la chistera y que, aun así, se sorprende cuando se muestra ese conejo?

Respuesta: un mago.

Esa es la magia.

En nuestra banda, el espectáculo es donde terminamos las canciones, porque sin el público las sentimos incompletas.

El chamán que antes pensaba que dirigía al público recibe un baño de humildad al darse cuenta de que a quien dirigen es a él. No es un mero transmisor, sino también un receptor. Ahí fuera hay mucha estática. Todos esos vínculos. Cada persona vive su propia vida, única y exclusiva, en cualquier canción. Magia otra vez. Pero, si lo piensas demasiado, nunca llegarás ahí.

Quizá lo que me salvó es aceptar la responsabilidad de ser un artista. Cuando me pongo el maquillaje y adopto el papel de Mr. Mac-Phisto en nuestra función, soy capaz de pronunciar las palabras que de otro modo jamás saldrían de mi boca. Dale una máscara a alguien, como decía Wilde, y os contará la verdad.

Quitarse la máscara también es revelador, como descubrí en una gira en 2018, al limpiarme la cara del maquillaje de payaso en directo encima del escenario y mirar a la cámara mientras hablaba con Ali, que estaba en nuestra casa de Irlanda. Delante de veinte mil personas, con frecuencia descubriría un instante de inseguridad que rayaba en la fragilidad. Vaciando en lugar de llenando el instante, la extrañeza como gesto dramático. Si existe algo equivalente a la sinceridad para el artista (y no olvidemos que he dicho que no), eso es lo más cerca que se puede estar.

Un momento en el camino hacia la rendición.

Lo que más importa es lo que marca la canción, la letra y la melodía. Si obedeces a la canción, llegarás al lugar para el que vivimos todos los cantantes.

La experiencia de que la música te cante. La experiencia de no transportar la canción, sino verte transportado por ella.

No ocurre solo porque uno quiera, pero, cuando sí se da, el esfuerzo técnico, físico y espiritual se desvanece sin más. No cuesta esfuerzo. Soy etéreo. Tan desinhibido como un niño en un patio de recreo. Es una ficción que es más cierta que la verdad y que todo el mundo acepta. Es una libertad contagiosa.

En algún punto, hay ciencia en esa magia. La construcción de alta tecnología de un estadio deportivo levantado para el clamor del rival es ahora una teoría de campo unificado del «somos uno y lo mismo».

El público y Edge, Adam, Larry y yo hemos desaparecido unos dentro de otros. No hay un Ellos, Solo Nosotros. Esta futurista nave de hormigón, que alguien plantó a las afueras de una ciudad metropolitana, se ilumina ahora y despega hacia una dirección desconocida. Personas que no se conocían o que no se caían bien se ponen a cantar la misma canción. Un público que llegó por separado se marcha junto, la comunidad reunida para un fin ha encontrado otro.

Cuando eso ocurre, sé que hemos sobrepasado el entretenimiento para llegar a algo más, y para el cantante está tan claro como la nariz que tiene en el rostro.

Incluso en gran angular.

PRIDE (in the name of love)

in which the millennium turns and I accidentally start a new band—**NOW PLAYING** — the white house and World Bank as I finally understand what our visit to Ethiopia fifteen years ago was all about. and we try to make 'DROP the DEBT' a hit SONG and my days of disorientation are about to be reorientated...

27

Pride (In the Name of Love)

One man caught on a barbed wire fence
One man, he resist
One man washed up on an empty beach
One man betrayed with a kiss.*

Es imposible no pensar, mientras se escribe, que entrar en el despacho oval es entrar en la historia. Nadie quiere entrar con aspecto de haberse colado por la fuerza. El 16 de marzo de 1999, crucé el umbral de las puertas de roble color crema más como un ladrón que como el formal activista que pretendía ser. Se me había ocurrido que un abrigo de cachemir negro iría bien para la ocasión, pero, durante el trayecto desde Nueva York hasta Washington, D. C., salió el sol, aumentó la temperatura y tuve que renunciar a mi respetable Crombie para entrar en la historia con una camiseta negra y unos pantalones militares también negros. Parecía un encargado del transporte y montaje del equipo de una banda girando en la órbita de alguna auténtica estrella del rock, pero quizá no fuera tan inapropiado. Confiaba en ser capaz de «echar un cable» a William Jefferson Clinton, el cuadragésimo segundo presidente de Estados Unidos.

* «Un hombre atrapado en la alambrada de espinos. / Un hombre, él se opuso. / Un hombre barrido hacia una playa desierta. / Un hombre traicionado con un beso».

Estaba acostumbrado a formar parte de un colectivo de cuatro, pero ahora iba a formar parte de un colectivo que cubría todo el globo, un tenor que lanzaba el grito de guerra de quienes se manifestaban contra la pobreza, un canto que aumentaba cada vez más de volumen conforme nos acercábamos al año 2000.

En el tenue resplandor de esa venerada sala, el presidente parecía ligeramente divertido por el atuendo informal de su cita de las dos y media de la tarde. Un aspecto muy diferente del de la resaca en terciopelo arrugado que yo lucía la última vez que nos habíamos visto en aquella habitación de hotel de Chicago. Su expresión levemente aturdida no tenía tanto que ver con mi vestimenta como con la broma que había escrito en un poemario de Yeats que le había dado: «¡Este tipo también escribe buenas letras!».

Una sonrisa se extiende como una ola en aquella cabeza de playa que era su cara mientras el presidente se pregunta en voz alta si mis garabatos son por falsa arrogancia o si voy en serio. Saltaba a la vista que Clinton estaba familiarizado con la poesía de W. B. Yeats, así que hojeó las páginas y luego colocó el libro con cuidado en el escritorio Resolute. «La reina Victoria mandó fabricar este escritorio», me aclaró. «Pero al presidente Kennedy le gustaba recordarle a la gente que era de roble irlandés».

Creía recordar haber visto este famoso mueble hace mucho tiempo, en la portada de una revista, con un John F. Kennedy hijo de tres años saliendo a gatas de debajo. Hoy en el escritorio hay una foto del presidente y Hillary con Chelsea, que tenía un aire sabio a los quince años. Una biografía de Robert Kennedy. Una Biblia. Un busto de Jefferson. Mi cerebro intentaba atomizar, pero mi primera reacción fue tratar de ralentizar las moléculas en el aire.

Bill Clinton había hecho la primera visita presidencial de peso al África subsahariana en veinte años y no necesitaba que lo convencieran de la importancia estratégica del continente, que al cabo de cincuenta años tendría el doble de la población de China y que albergaría a un tercio de los jóvenes del planeta.

Reduzcamos el tempo lo bastante como para no dar un tono sencillo a una idea compleja que transformaría la vida de millones de personas, las más pobres del planeta. Una idea que iba ganando fuerza entre un conjunto amplio y variado de partidarios de combatir la pobreza, a quienes me habían presentado y que se agrupaban bajo el nombre de Jubileo 2000. Yo había ensayado el tono con ellos, así que me lancé a cantar, es decir, a describir de forma sistemática cómo los países más ricos guardaban las llaves que podían abrir las puertas de la cárcel de la pobreza para los países más desfavorecidos. Luego pasé a decirle que era el momento de anular de una vez por todas la deuda histórica e imposible de saldar de los países más pobres y que el 1 de enero de 2000 podría ser la fecha simbólica para permitirles empezar de nuevo poniendo el contador a cero.

El presidente se mostró considerado, pero no pude evitar fijarme en sus ojos. Iban y venían de aquí para allá. Me daba la sensación de que tenía otras cosas en la cabeza. Cómo no iba a ser así. Guerras y rumores de guerras. Rumores de rumores. Un intento de proceso de destitución que había tenido lugar un mes antes y al que los demócratas consideraron un golpe de Estado. Desde sus inicios con la primera dama, había entrado en una de las luchas más enconadas que pudieran recordarse, la furiosa batalla por la reforma de atención sanitaria. A los europeos nos cuesta imaginar que el acceso a un sistema de atención sanitaria pudiera ser tan controvertido, pero la política en la capital se estaba volviendo cada vez más personal. El hombre más poderoso del mundo estaba descubriendo de cuánto poder carecía. Por si no bastara con eso en su plato, había una estrella del rock con ropa bastante informal que intentaba llenárselo aún más. Bueno, si tan solo consiguiese que me hiciera caso.

—El cambio de milenio, señor presidente. El momento ideal para ser el líder de un mundo libre.

—Es cierto.

—Tendrá preparada alguna declaración solemne, ¿verdad?

Mi impertinencia no parece molestarle.

—Hillary dirige el White House Millennium Council; estamos planeando un montón de actos por todo el país.

—¿Algo que afecte al resto del mundo? En una ocasión tan histórica, única en la vida, me refiero… Aún más, de esa clase de situaciones que solo ocurren una vez cada mil años.

Por supuesto, mientras le digo eso me río, pero, aparte de la vergüenza de hacerle notar lo evidente a uno de los hombres más listos que ha visto el mundo, me pareció oír el sonido de la moneda al entrar en la máquina tragaperras. O quizá era el chirrido de la maquinaria de su cerebro, que se ponía en marcha. La idea empieza a calar en él al igual que caló en mí. ¿Era posible que esos ojos azules se volvieran aún más azules? ¿Se había sentado el presidente con la espalda un poco más erguida? Lo observé mientras volvía a su cuerpo, a la habitación, a la conversación y luego se inclinaba hacia mí.

—Cuénteme más sobre esa idea del milenio. Ya estamos haciendo alivio de deuda. Con el Banco Mundial.

—Con todos los respetos, señor presidente, el proceso del Banco Mundial parece una vía muerta, y no lo digo yo, lo dice su propio presidente, Jim Wolfensohn. De lo que estamos hablando es de algo de mayor envergadura: pedir a los países más ricos que conmemoren el nuevo milenio anunciando un nuevo amanecer para los países más pobres. Abolir lo que esos países ven como una «esclavitud económica» causada por las deudas de la Guerra Fría.

Capté su atención.

—¿Quién estaría incluido en ese «estamos hablando»? —me pregunta.

—Hay toda clase de campañas llevadas a cabo en el mundo por gente implicada en el tema, sobre todo iglesias y ONG.

—Continúe.

—La «esclavitud económica» es un concepto espiritual, señor presidente, acabar con una injusticia que el mundo occidental ha perpetuado durante cientos de años. He descubierto que la palabra «redención» es un término económico.

Bill Clinton empezó a desenvolver la idea con el entusiasmo de un niño que abre un regalo en Navidad. Un niño del sur que había crecido en la era de la segregación. Bill, de Little Rock, Arkansas, comprendía lo que era la injusticia racial. También era un maestro del simbolismo político. Unas cuantas preguntas más y me mandó por el pasillo del ala oeste con indicaciones para que hablara con algunos de sus consejeros más cercanos, la gente que lograba que las cosas se hicieran.

Empecé a sentirme desmoralizado, notaba como si me hubiera metido en arenas movedizas y estuviera a punto de ser tragado por ellas. Estaba total y absolutamente fuera de mi elemento y la única forma de sobrevivir era adaptarme. Por extraño que parezca, es un sentimiento que anhelo más que nadie.

LA FAMA COMO MONEDA DE CAMBIO Y CÓMO GASTARLA

Jubileo 2000 no era una mera ONG más. Fue un movimiento social y uno de esos raros momentos en los que la religión adquirió un sentido práctico para gente a la que esta no importaba demasiado. No se trataba de obras benéficas; se trataba de justicia. Esas personas utilizaban expresiones como «economía del Sabbath». Siempre he venerado el concepto de «Sabbath», aunque solo sea una hora sabática. Y en un martes. Durante la semana, siempre trato de encontrar algún momento que sea sagrado. Un rato para dejar de hacer y empezar a ser.

Tal como aprendí, el jubileo era una idea bíblica: «un año de Jubileo», descrito por el profeta hebreo Isaías como un año del favor de Dios. En la tradición judía, cada séptimo ciclo de siete años hay que borrar las deudas de las personas parar liberarlas de sus ataduras. Así es como Jesucristo empezó a predicar, «para liberar a los oprimidos». Canciones de redención. ¿No hay una de Bob Marley titulada así?

La condonación de la deuda había sido propuesta en primer lugar por Desmond Tutu y la Conferencia Panafricana de Iglesias, pero fueron dos británicos, Martin Dent y Bill Peters, quienes pensaron en asociarla al cambio de milenio. Me llegó una carta de uno de los líderes de las campañas del Jubileo, Jamie Drummond, que tenía una gran indignación moral y la clase de cerebro incansable que discutía sin cesar consigo mismo y con quienes lo rodeaban y que me resultaba familiar. Tras una llamada, me reuní con dos de las personas para las que Drummond trabajaba: Ann Pettifor, cuya conversación entrecortada y aguda inteligencia lograban imponerse entre toda la palabrería, y su callado pero irónico compinche, Adrian Lovett.

Cuanto más tiempo pasaba en compañía de esos activistas del Jubileo, más percibía que podía tratarse de algo más que un proyecto secundario; podía ser una banda a la que unirme. Sabía que ahí no haría un disco en solitario ni emprendería una carrera como solista, pero sentía un gran impulso por aprovechar esta fama y emplearla para algo más útil que conseguir mesa en un restaurante lleno, aunque no hay que desdeñar esos logros. «La fama es una moneda de cambio —le decía a todo el que quisiera escucharme—. Y quiero gastar la mía en cosas que valgan la pena».

Mientras la campaña de base aumentaba de peso hasta convertirse en una petición que batió todos los récords con veinticuatro millones de firmas de ciento cincuenta y cinco países (incluidas algunas huellas dactilares), Jubileo 2000 andaba buscando portavoces. Para lograr que Estados Unidos se sumara, la campaña necesitaba a gente con madera comercial. A Estados Unidos se le debía muchísimo y, además, su opinión tenía un gran peso en el Fondo Monetario Internacional (FMI) y en el Banco Mundial (BM). Las iglesias estadounidenses se habían organizado, pero la campaña todavía tenía que abrirse paso en Washington, D. C. Me pusieron en contacto con el abogado Bobby Shriver por medio de su madre, Eunice, hermana de John F. Kennedy. Ella me propuso que analizara los argumentos a favor y en contra de la anulación de la deuda. «Debe comprender todos los puntos de vista».

Tenía que retomar los estudios. Bobby apalabró una reunión en Harvard con el economista liberal Jeffrey Sachs. Siguiendo el consejo de Eunice, le propuse al profesor Sachs una comida con Robert J. Barro, economista conservador. Iba a convertirse en nuestro modelo durante veinte años: intentar que la izquierda y la derecha se sentaran a dialogar antes de que tomaran posiciones muy enconadas. Barro se mostraba escéptico, pero cedió un poco ante la idea de que la anulación de la deuda pudiera vincularse con la reforma de y la lucha contra la corrupción. Planteó su punto de vista en *Business Week*: dos restricciones para la anulación de la deuda.

En contraste, el profesor Sachs se volcó sin reservas desde el principio, escribió artículos de opinión, dio conferencias y puso al Center for International Development de Harvard al servicio de la causa. En algunos momentos tenía la sensación de que iba a mudarme con él y su esposa Sonia. Ellos también hicieron algo más que soportar mis estúpidas preguntas: las alentaban, antes de responderlas con paciencia y precisión. Ellos también se sentían indignados por cómo los pobres solían pagar el precio por las malas estrategias de los ricos.

Mientras hacía un curso intensivo de política económica (Ali enarcaba las cejas al ver los informes del Banco Mundial y del Fondo Monetario Internacional que se apilaban en mi mesilla de noche), Bobby me instruía sobre política estadounidense.

—Aunque el presidente extienda el cheque para cubrir la condonación de la deuda, ¿el Congreso cambiará ese cheque? Eso es harina de otro costal. Los demócratas solos no pueden conseguirlo. Necesitamos a los republicanos. Yo soy una Kennedy y tú una estrella del rock. Tendremos suerte si nos devuelven la llamada.

Bobby tenía razón. El Capitolio tendría que convertirse en nuestro segundo hogar.

MI NUEVO BARRIO: LA CAPITAL

Uno de los principales personajes de mi vida a lo largo de los últimos veinticinco años ha sido la capital de Estados Unidos. Washington, D. C. He pasado semanas y meses allí: días que parecían años, aborreciendo parte de su jerarquía y protocolos, pero amando otros días que se extendían para dar la mano a un nuevo horizonte de lo posible… si los políticos eran capaces de ir más allá de la política.

El proyecto original de la ciudad lo elaboró un ingeniero francés con el sobrenombre de El Niño. A Pierre Charles L'Enfant se le asignó esa importante tarea a petición de George Washington. La ciudad tenía que establecerse alrededor de dos instituciones: la casa del presidente y el Congreso. Los grandes ejes se cruzaban en ángulo recto, para que desde uno se viera el otro. Los edificios neoclásicos proporcionarían una oda a la Ilustración, siguiendo los dictados de la Roma y la Grecia de la Antigüedad. Las columnas griegas sostienen la idea más majestuosa que se haya tenido jamás para un país. Parece como si la capital gritara una palabra al mundo: «Grecia». La democracia creció para convertirse en eso.

Pero ¿hasta dónde creció?

Parte de mí también tendría que crecer allí, elevarse para aceptar el reto de supeditar mis ideas al colectivo.

Siempre me he visto como una especie de vendedor: vendo canciones, vendo ideas, vendo a la banda y, en mi mejor día, vendo, bueno, esperanza. Si conseguíamos llevar esa canción sobre la condonación de la deuda a las listas de superventas, la esperanza sería de otra índole, quizá para millones de personas.

No obstante, para hacerlo, tendría que unirme a otra banda, a la vez que lograba que no me echaran de aquella en la que ya estaba. Que no me echaran por estar pluriempleado. Me decía que formaba parte de la historia de nuestra banda, que desde 1982 los cuatro habíamos prometido ver más allá de nosotros mismos, fijarnos en un mundo con necesidades distintas y más perentorias que un disco superventas. Algo que, a decir verdad, también nos habíamos prometido a nosotros mismos.

Aun así, mi seguridad habitual no parecía tan segura. Estaba a punto de entablar amistad con personas que había dado por hecho que eran el enemigo. Y de perder el aprecio de otras que pensaba que serían amigas. Estaba a punto de descubrir que la izquierda no siempre tiene el monopolio de la compasión hacia las personas que viven en la pobreza, que existen conservadores compasivos a quienes interpela también esa clase de desigualdad.

Nuestra tienda de campaña de «Abajo la deuda» tenía que ser lo bastante grande para que en ella cupieran no solo monjas y punks, no solo organizaciones benéficas y sindicatos, sino también quienes pertenecían a la derecha, así como los de la izquierda. Y con esa estrategia podríamos duplicar el tamaño de nuestra campaña y duplicar la presión sobre los políticos.

Estuviera en la sala que estuviera, siempre me recordaba a mí mismo que el éxito de U2 me había compensado con creces y también me había expuesto con creces, y que no debía olvidar a cuántas cosas habían renunciado esas personas al trabajar muchas horas al día y vivir alejados de sus familias. Al intentar dedicar la vida a hacer lo mejor para sus ciudadanos.

DA UNA RAZÓN, NO DIEZ

Dicho todo esto, tenía la fuerte intuición de que unirme a esa nueva banda de activistas tocapelotas no recibiría una bienvenida del todo calurosa por parte del mánager de mi banda habitual de tocapelotas, los que habían pagado mi viaje hasta allí. La fama como moneda de cambio es una cosa; la credibilidad de U2 como moneda de cambio es otra.

Paul McGuinness era un estudiante aplicado de la política de Estados Unidos y de inmediato percibió el peligro. Llevaba un tiempo diciéndome que esas nobles intenciones de tender puentes entre la división política estadounidense eran (ingenuamente) absurdas.

—¿A qué viene eso de «El señor Bono va a Washington»? ¿Crees que puedes ser el aglutinante en una clase política que ha fracasado por completo, cuando no se ha trastornado?

Lo interpreté como un amor imposible, pero no di mi brazo a torcer.

—Hay una frase en uno de los sermones de Martin Luther King recogido en *La fuerza de amar* —le dije—. El coraje se enfrenta al miedo y, de ese modo, lo domina. —Paul me miró, con las cejas levantadas a lo Churchill—. Incluso con un ojo abierto… —añadí.

—Quizá ayude el hecho de que haya llegado a esta ciudad como alguien de fuera —continué—. En cualquier caso, soy buen estudiante. Y tengo unos maestros excepcionales.

En la capital me encontré en la casa de Potomac de Eunice, la hermana de J. F. K., y su marido, Sargent; la familia Shriver pasaría a tener una influencia formadora en mi vida. Mientras Bobby empe-

437

zaba a propagar nuestros argumentos por las agitadas aguas del Congreso de Estados Unidos, sus inigualables padres nos ayudaron a pulir el tono. Para un artista de pub-rock dado a los discursos como yo, era un poco surrealista sentarme a la mesa de la cocina mientras Eunice y Sargent repasaban mis torpes esfuerzos.

«¡Da una razón, no diez!». «Eso no tiene sentido». «Me he perdido».

Sus críticas tenían autoridad porque ellos habían trabajado en los discursos del propio J. F. K. En otra época, es posible que Eunice Kennedy Shriver hubiera optado a la presidencia. Tal y como estaban las cosas, esa alma hermosa hizo algo no menos influyente: fundar lo que se conoció como Juegos Paralímpicos, en donde se ofrecía a millones de jóvenes con dificultades intelectuales o de aprendizaje la oportunidad de destacar en un deporte. Cuando falleció, su familia captó su esencia a la perfección. «Era una plegaria viva».

ALCANTARILLAS Y ABREVADEROS

Fue un breve encuentro, pero por lo menos fue una reunión. Lawrence Summers, que acababa de ocupar el cargo de secretario de Hacienda, no estaba preparado para «malgastar su precioso tiempo quedando con una estrella del rock con un nombre raro que cantaba en una banda con nombre de avión espía». Llegó en compañía de dos mujeres jóvenes muy inteligentes, que interrumpían durante mi discurso y que volvían a reconducir las cosas cuando su jefe, de vez en cuando, tamborileaba con los dedos, impaciente. Sheryl Sandberg, que más adelante sería segunda de a bordo en Facebook, era entonces la jefa más joven del personal del departamento de Hacienda, mientras que la consejera Stephanie Flanders se convertiría con el tiempo en editora de la sección de economía de la BBC.

Yo era consciente de que no estaba haciendo justicia a los argumentos. «Hay que hablar con frases y párrafos», decía mi nota mental. «Fíjate en los puntos y en las comas, también en la con-

438

versación». Larry y las dos valkirias se marcharon y dejaron a este micro-Thor lamiéndose las heridas hasta que Sheryl regresó.

—No podría haber ido mejor. El secretario da luz verde.

Vale. Bueno, a lo mejor podemos olvidarnos de la puntuación.

Si teníamos a la Administración demócrata de nuestra parte, ¿cómo íbamos a ganarnos al Congreso, controlado por los republicanos?

—No codeándote con una Kennedy —dice la Kennedy.

Bobby piensa que su cuñado, Arnold Schwarzenegger, más adelante elegido gobernador de California, puede orientarnos un poco.

—Ve a ver a John Kasich de Ohio —me dice Arnold—. Tiene corazón y cerebro.

El congresista Kasich se sale por la tangente en nuestra primera conversación. El tema es la música de Radiohead, los colegas músicos de U2.

—Bono, ¿cuál prefieres: *OK Computer* o *The Bends*? Yo era un hombre de *Bends*, pero estoy cambiando.

Más tarde le cuento a Thom Yorke, el cantante y letrista de Radiohead a lo sufí (quien, además de tener un talento consagrado, se implica lo suficiente en la vida para unirse a las protestas junto a nosotros), que John Kasich me ha preguntado por él. Lo hago en parte para provocarlo.

—Yo no podría estar en la misma habitación que esa gente. ¿No es el que recorta el presupuesto? ¿No lo llaman «tijeras» o algo así?

Le respondo que sí.

—Es un conservador desde el punto de vista fiscal con una visión económica del mundo que mis colegas y yo no solemos compartir.

Thom me mira a la cara como diciendo: «En este asunto no vamos a ponernos nunca de acuerdo».

Eso me recuerda que ya estoy muy lejos de mi base de operaciones y que me he privado de un arma esencial para los activistas políticos más combativos: la inquina hacia el enemigo. No es tan fácil entrar en batalla sin rabia.

Era un hecho que el Congreso de Estados Unidos estaba controlado por los conservadores, que no veían con buenos ojos la idea de perdonar los 435 millones de dólares de deuda a países que, a sus ojos, estaban liderados por gobiernos corruptos. (Esa cantidad era un anticipo y solo correspondía a parte de la deuda con Estados Unidos, pero, si no teníamos éxito en la capital estadounidense, no lo tendríamos en ninguna otra). Y un acuerdo bipartito no tendría fuerza suficiente hasta que personas como Kasich se quitaran los guantes en el cuadrilátero de la Cámara de Representantes. Algo que él hizo.

—Nos pulimos más dinero en Washington solo por dejar las luces encendidas por la noche; así que invertir menos de mil millones en ayudar a la gente a mejorar su economía y en favorecer a personas que están muriendo delante de nuestras narices es lo que tenemos que hacer.

Igual de combativo, pero al principio sin ir a nuestro favor, se mostró Sonny Callahan.

El congresista republicano de Alabama se balancea en una butaca de cuero de su despacho del Capitolio. Como director de la Subcomisión de Gastos del Congreso para las Operaciones Internacionales, es quien sujeta fuerte las cuerdas de los pobres del mundo. Habla con mucha retórica hacia los visitantes reunidos y evita mirarme a los ojos, porque, en el fondo, quiere hablar sobre la condonación de la deuda a mis espaldas. Pese a que estoy plantado justo enfrente de él. Tiene aire de sheriff del condado, como si inspeccionara el escenario de un delito. Tiene acidez. Su estómago arde igual que él.

—Ese dinero del alivio de deuda se va por la alcantarilla —comenta a todos—. Voy a decirlo sin tapujos. Aquí Bonio (se refiere a mí) puede que tenga curas que trabajen para él desde el púlpito, incluso puede que tenga al papa de Roma, puede que esté subido a una ola de popularidad con algunos de nuestros amigos, pero yo hablo en nombre de los contribuyentes de Estados Unidos, y no van a sacar nada bueno de todo esto.

Respira hondo… pero no ha terminado.

—Puede que él (yo otra vez) intente embarcarme en algún curro nocturno raro, pero estoy aquí para contaros por qué quiero pararlo (y otra vez). Sé que estos dólares no van a ir a parar a la gente a la que van dirigidos. Por eso me opongo.

Bonio (todavía yo) no solo se ha entrometido en el camino de Sonny; está en el despacho de Sonny. Repite el mantra una y otra vez, como si fuese Van Morrison en medio de una canción.

—Ese dinero se irá por la alcantarilla. Ese dinero se irá por la alcantarilla.

»Esa gente… Esos delincuentes que se hacen llamar presidentes y primeros ministros están comprando los malditos reactores Gulfstream como quien se compra unas zapatillas Nike.

—Congresista —respondo—, por muy enfadados que estemos todos a causa de la corrupción, la gente a la que le hemos prometido esos recursos está todavía más furiosa y mejor organizada que nunca para seguir el rastro del dinero y asegurarse de que llega a buen puerto.

Al final, Callahan no paró a Kasich. Se limitó a quitarse de en medio. John, que tiempo después sería candidato a la presidencia, recibió el apoyo de sus compañeros conservadores Jim Leach y Spencer Bachus, los cuales trabajaron con púgiles demócratas como Chris Dodd, Teddy Kennedy y Joe Biden.

Confirmo que Joe Biden citaba poesía irlandesa incluso en aquella época y no solo ante personas irlandesas, y sí, a veces se ponía corbatas verdes para que sus compañeros hibernófilos se sintieran más a gusto. De una calidez que desarmaba, también era capaz de desarmar con la dureza con la que hablaba de las dificultades sufridas por las personas para las que trabajaba desde su distrito y durante sus viajes en el extranjero. «Católico» es tanto un adjetivo como un nombre.

Aunque la canción en favor de la condonación de la deuda fuera subiendo en las listas de superventas de Estados Unidos, lo que de verdad nos hacía falta era un éxito a escala mundial. En el verano de 1999 en Colonia (Alemania), Youssou N'Dour, Thom Yorke y yo nos unimos a cincuenta mil partidarios del Jubileo 2000 para rodear una Cumbre Internacional de Líderes con una cadena humana. Unos días después, la jefa del Jubileo, Ann Pettifor, cada vez más impaciente, me llamó para comentarme una idea.

—Vamos progresando, pero no lo bastante rápido. Creo que tenemos que hallar la manera de encontrarnos con el papa.

Su Santidad Juan Pablo II y la Iglesia católica habían respaldado la idea del Jubileo 2000 desde el principio, pero necesitábamos algún tipo de declaración pública. Y, en septiembre de 1999, la tuvimos.

Cien días antes del nuevo milenio, el papa Juan Pablo II entra en la sala del palacio de Castel Gandolfo, la residencia papal de verano, con un andador. Lucha contra su propia fragilidad para estar con nosotros. Pero está con nosotros. Presente. Nos da su bendición pública para la campaña del Jubileo 2000. Más que su bendición. Dota a la propuesta de una carga intelectual más radical y urgente de lo que cualquiera de nosotros esperaba.

Entre quienes nos reunimos ese día de septiembre de 1999 están Quincy Jones, Bob Geldof, Ann Pettifor, Jeff Sachs, el catedrático de economía nigeriano Adebayo Adedeji, Francesco Rutelli, alcalde de Roma, y Laura Vargas, líder de la coalición del Jubileo 2000 en Perú. Castel Gandolfo es tan laberíntico como el Vaticano, y nos desplazamos de una sala a otra en una especie de videojuego en el que, cada vez que llegamos a una nueva sala, pensamos que puede ser nuestra meta. Así tenemos tiempo de admirar los frescos, de maravillarnos ante los cuadros renacentistas.

—Parece hip-hop total —dice Quincy.

A Bob Geldof le entra la risa floja porque Quincy no puede parar de hacer comentarios maliciosos en voz baja sobre lo surrealista que es la situación. Treinta personas como nosotros con el papa, cuyos zapatos de Gucci de color rojo oscuro nos otean por debajo de la sotana blanca.

—Menudos zapatos de proxeneta —dice Quincy, no tan bajo como debería—. No, mejor, es un calzado funky.

No quieres reírte en la iglesia, pero no puedes contenerte. Hasta que te percatas de lo en serio que el papa se toma nuestra misión. Lo decidido que está a seguir vivo y con nosotros, a leer esta declaración en favor de las comunidades más pobres del planeta.

—No puede aplicarse solo la ley de beneficios a lo que es esencial para la lucha contra el hambre, la enfermedad y la pobreza —dice el papa—. Son los pobres los que pagan el coste de la indecisión y los retrasos.

Su presencia acalla nuestra risa nerviosa. Incluso Bob se pone un poco emotivo.

¿Me está mirando?

Estoy seguro de que me mira a mí. Su Santidad me está mirando a mí.

Me cuestiono mi propio narcisismo, lo pongo en entredicho. Sí, sí, definitivamente, sí. Me está mirando. Me muevo. Desplaza la mirada hacia mí. Entonces lo pillo.

Mis gafas.

Las gafas de sol Dolce & Gabbana de cristales azules.

¿Acaso piensa que llevar gafas de sol es una falta de respeto? Algunas veces me encuentro con esa reacción, pero suele ser muy complicado explicar lo de las migrañas que al final quedarán diagnosticadas como glaucoma. Me las quito y las sostengo contra el costado.

Entonces clava la mirada en mis manos.

—Estoy casi seguro de que está mirándome las gafas de sol —susurro a Quincy.

—Pues yo estoy bastante seguro de que se está mirando los mocasines —contesta—. Es un pontífice con estilo.

Tal vez sea eso lo que hace que se me ilumine la bombilla cuando Diarmuid Martin, un obispo de Dublín, me presenta al papa.

—Santo Padre, este es el señor Bono. Es cantante y ha hecho mucho por la causa del Jubileo.

Mientras me aproximo al obispo de Roma, no solo le regalo, como tenía planeado, un ejemplar de los *Collected Poems*, de Seamus Heaney, sino también un regalo extra.

Mis gafas. Las gafas de cristales tintados de azul pálido.

Me devuelve el gesto con un obsequio propio, un crucifijo con cuentas de rosario.

—Qué intercambio tan fabuloso —digo, aunque no sé si ese antiguo actor, guardameta y guerrero frío de Polonia verá la parte divertida.

No hay problema. Sí la capta. Más que eso, salta a la vista que comprende el poder de un símbolo, porque coge entonces las gafas de sol Fly de cristales azules y se las pone. Nos mira a través de ellas y esboza lo que solo podría describirse, y ruego que se me disculpe la expresión, como una sonrisa diabólica. Y mientras salta el flash de la cámara del fotógrafo de prensa del Vaticano, sé que acabamos de conseguir que el movimiento «Abajo la deuda» salga en las portadas de todos los periódicos del mundo.

¡Bingo!

Sonrío, beso el anillo del papa y, al levantar la mirada, veo a Jeff Sachs sonriéndome. Los que nos han permitido cruzar el umbral de esa puerta son los defensores de la campaña de la Iglesia y la sigilosa actividad del cuartel general del Jubileo 2000, pero Jeff, más que cualquier otro de esta sala, ha ayudado a dar forma a lo que el papa dirá hoy.

Cuando termina la ceremonia y Su Santidad se marcha, no puedo dejar de pensar en la fuerza de la foto combinada con la fuerza de esas palabras. Se convertirá en viral y ni siquiera se nos había pasado por la cabeza llegar a ser virales.

—¿Puedo ver una de las fotos? —le pregunto a alguien que se ha quedado atrás—. ¿Podríamos autorizar que la prensa utilizara una?

La respuesta sale de un timbre irlandés que ya me resulta familiar.

—Bono —dice el obispo Martin con firmeza—, nunca verá una de esas fotografías. Jamás.

Al comprender cómo podría viajar esa imaginería (los pósteres, las camisetas), el inteligente y futuro arzobispo ha cortado esa vía de cuajo.

Por supuesto, al día siguiente nos dieron mucha cobertura, pero, hasta seis años más tarde, cuando falleció Juan Pablo II, no conseguimos que uno de los fotógrafos del Vaticano, ya jubilado, permitiera la difusión de esa imagen en concreto. Nunca olvidaría el maravilloso gesto travieso de aquel papa, y muchas veces me he aferrado a su crucifijo.

EL DIABLO LLEVA CUENTAS DE ORACIÓN

La bendición del papa dio a la campaña del Jubileo 2000 el impulso moral de mil millones de católicos, justo cuando más lo necesitábamos. Al día siguiente, el equipo y yo estábamos en un avión de vuelta a Washington, D. C., preparándonos para el congreso anual del Banco Mundial y el Fondo Monetario Internacional. Tras mucho insistir, conseguí una invitación de Gene Sperling. Me preguntó si estaría libre el domingo para pasarme por el ala oeste y reunirnos cuando no hubiera nadie por allí y él pudiera concentrarse. Gene, un excepcional economista de sangre caliente, me contó que unos días antes lo habían invitado a entrar en la cabina de mandos de un Air Force One, donde se encontró con el presidente de Estados Unidos, que le gritó como un loco y le mostró una carta.

–Gene, ¿puede darme una razón por la que no podamos resolver el tema ese de la deuda… quiero decir… de verdad? Explíqueme: ¿por qué no podemos hacer lo que hay que hacer?, ¿eh?

Me había esforzado mucho en esa carta. Algunas veces, una única carta es más eficaz que horas de discusión cara a cara.

La carta había desembocado en esta inesperada invitación y era la razón por la cual ese hombre, que (junto con el secretario de Hacienda Larry Summers) se encarga de hacer los cálculos matemáticos, había renunciado a su día libre para dedicarse a la política, además de a la economía.

GENE: Si lo hacemos, ¿quién (aparte del Reino Unido) va a seguir el ejemplo en Europa? Jim Wolfensohn, del Banco [Mundial], está apretando las tuercas, pero ¿qué me dice de [Michel] Camdessus, del FMI? ¿Se ha reunido con él? No estoy seguro de que comparta cómo quieren hacer esto ustedes.

YO: En realidad, ayer quedé con él, y el director del FMI no es el diablo que yo pensaba que sería. Me lo había imaginado en un gran despacho, dando órdenes a un puñado de posgraduados sobre cómo forzar a los estados soberanos con programas de ajustes estructurales.

GENE: Ha ocurrido. Para ser justos...

YO: Es católico, así que saqué mi rosario: el que Su Santidad me dio a cambio de mis gafas de sol Fly.

GENE, que no sabe si creerme o no: Continúe.

YO: Se remangó la americana y alrededor de la muñeca llevaba sus propias cuentas de oración. Una pulsera con cuentas budistas que le había regalado el propio dalái lama. Es un hombre humilde, no se parece en nada al Lucifer que esperaba encontrarme.

GENE: ¿Humilde? ¿O solo más humilde que usted?

¿He comentado ya que me caía bien Gene?

GENE: Mire, gracias por todo lo que hace por la causa. El presidente quiere ayudar más, de verdad, es solo que no sé si podremos incluirlo en el presupuesto de este año, pero trataremos de hallar una solución.

YO, percibiendo el portazo en las narices: Gene, estamos en septiembre de 1999, y, para la opinión pública (y para el papa), la fuerza del argumento depende del milenio. Si perdemos este ciclo presupuestario, perderemos el empuje. Si lo que le preocupa es el Congreso, le prometo que le ayudaremos a lidiar con él.

Acabamos la charla con una incómoda discusión sobre la diferencia entre condonar el 90 por ciento de la deuda debida a Estados Unidos, algo con lo que el departamento de Hacienda se siente cómodo, y anulara en su totalidad, que es lo que piden los defensores de la campaña del Jubileo 2000. Reitero, como ya hemos dicho tantas veces a lo largo del año anterior, que, pese a que el 90 por ciento podría parecer mucho, ese será casi todo el porcentaje de deuda que no podrá ser devuelta en ningún caso. Dejarles con el resto no liberará los nuevos recursos para esos países; pagarán lo mismo solo para cubrir el 10 por ciento restante.

Uso mi último cartucho mientras me marcho.

—Parece que el presidente quiere una melodía pegadiza. «Condonar el 90 por ciento de la deuda de los países más pobres» no es una melodía pegadiza.

Unos días más tarde regresé a Niza, donde Ali y los chicos estaban de vacaciones con mi hermano, Norman, sus hijos y mi padre, Bob. Al volver del aeropuerto, me senté junto a mi padre.

—Bueno, te felicito, hijo, buena jugada. He oído que Clinton ha hecho lo que había que hacer. Creía que era una locura, pero parece que has encontrado a alguien lo bastante loco como para llevarla a cabo.

Me quedo perplejo.

—¿A qué te refieres?

—Sí —interviene Norman—. Esta mañana no paraban de hablar de eso en la radio. Bill Clinton ha anunciado la remisión de deuda para treinta y seis de los países más pobres.

Supongo que mi cara muestra una sorpresa mayúscula.

—Ya lo sabías, ¿no?

—Qué va. Lo último que me dijeron, hace unos días, fue que sería poco probable.

Le dije que me disculpara, pero que tenía que hablar con el equipo del Jubileo 2000. Localicé a Bobby.

—Hemos intentado contactar contigo… Bill Clinton ha cedido de verdad. Escucha esto: «Hoy me dirijo a mi Administración para hacer posible la condonación de la totalidad de la deuda que esos

447

países han contraído con Estados Unidos […], cuando resulte necesario para que dichos países financien necesidades humanas básicas y cuando el dinero se emplee para eso».

Entonces me enteré de que, la mañana del 29 de septiembre, William Jefferson Clinton, el cuadragésimo segundo presidente de Estados Unidos (con ayuda de Gene Sperling, Larry Summers y Sheryl Sandberg) se había decidido a condonar la deuda. Reescribió el discurso durante la comitiva, de camino a las reuniones del Banco Mundial. Que es un trayecto larguísimo. Esto es, andando se iría más rápido.

MIENTRAS SE CONCEDE EL CRÉDITO...

Por si alguien se había olvidado del congresista Sonny Callahan.

Dos años después, regresaríamos a su despacho, en esa ocasión con un montón de fotografías, prueba de lo que había sucedido como resultado de la liberación del dinero que siguió a la anulación de la deuda en Uganda. Los defensores locales de la campaña, liderados por Zie Gariyo, resultaron ser la clave. Un Sonny algo abrumado empieza a sonreír mientras le enseñamos una lista de proyectos educativos, y le cuento que el dinero fue controlado por medios independientes para asegurarse de que llegara a buen puerto. Le muestro las imágenes de unos abrevaderos.

—Congresista Callahan, hemos vuelto para agradecerle la asignación de esos 435 millones de dólares a la cuenta 150. Pese a sus dudas. Señor, me enorgullece decir que esos dólares de impuestos de los estadounidenses fueron a parar a abrevaderos, no a alcantarillas. Usted también debería estar orgulloso. El desenlace ha sido diferente del que vaticinaban algunos de sus empleados.

El congresista Callahan levanta la vista, me mira a la cara y noto la sonrisa de sus ojos irlandeses del Úlster.

—Lo diferente en este caso no es que haya hecho una buena obra. La gente de este edificio se dedica a eso todo el día. Lo que es poco frecuente es que alguien regrese para dar las gracias. A la gente chic le encanta pedir dinero, pero nunca informa luego de cómo se lo ha gastado. Pocas veces vuelven de esta manera las almas caritativas como ustedes.

Bobby Shriver se echa a reír.

—Congresista, ¿puedo darle las gracias también y decirle cuánto he disfrutado al ver cómo hería los sentimientos de Bono?

—¿A qué se refiere? —pregunta perplejo.

—A que lo ha llamado «gente chic».

Todos se echan a reír. Salvo yo.

LA BANDA SONORA DE UN CAMBIO

Era posible calibrar la efectividad de la coalición de organizaciones que aglutinó el movimiento Jubileo 2000. Aunque hubo que esperar hasta 2005 para que se hicieran y cumplieran promesas concretas, la mayor parte de los economistas están de acuerdo en que, sin el Jubileo 2000 y sus millones de partidarios, la cancelación de más de cien mil millones de dólares de deuda contraída por los países más pobres no se habría llevado a cabo. El Banco Mundial calculó que cincuenta millones de niños y niñas más fueron a la escuela con lo que los gobiernos ahorraron una vez que no tuvieron que seguir saldando deudas de la antigua Guerra Fría.

Ese cálculo era como música para mis oídos. Y ese giro en mi vida hizo que algo se removiera dentro de mí. Al volcarme en ese movimiento en defensa de la justicia, había recibido mucho más. Al pasar tiempo con personas que de otro modo no habría conocido, estaba aprendiendo a conocerme mejor. Estaba agradecido. Pero se amplificó mi pregunta recurrente: ¿nuestra banda quería crear la banda sonora de un cambio o ayudar a crear el propio cambio?

Hui de esa pregunta.

Siempre me he dirigido a las canciones para que me digan qué debo hacer. En 1983 fue «Sunday Bloody Sunday» la que nos hizo cantar sobre el sectarismo de Irlanda, y «Where the Streets Have No Name», cuatro años más tarde, la que nos llevó a África. En

1984, fue «Pride (In the Name of Love)» la que nos hizo fijarnos en las relaciones interraciales en Estados Unidos. Jim Henke, de la revista *Rolling Stone*, me dio un ejemplar de *Let the Trumpet Sound*, la historia de la vida y la muerte de Martin Luther King, hijo, escrita por Stephen B. Oates. Jim había estado viajando con nosotros durante el War Tour en 1983, cuando empezábamos a ser famosos por nuestro activismo por la no violencia y cuando yo tomé plena conciencia de que mis actos debían acompañar a mis palabras. (¿Hasta qué punto es eficaz un cantante con problemas de rabia en una causa en defensa de la no violencia?).

Let the Trumpet Sound me llevó a querer indagar más. Volví a las Sagradas Escrituras. Leí a Tolstói, a Gandhi, los discursos de Martin Luther King, a las personas que habían logrado mi conversión a la no violencia. Aun así, quince años más tarde, había algo que todavía no acababa de encajar con respecto a mi nuevo papel. ¿Qué implicaría todo eso para U2?

¿Acaso mi nueva banda se estaba tragando entera a la antigua?

A Paul le preocupaba que yo me distrajera. Edge, Larry y Adam apoyaban mi nuevo enfoque, pero también se inquietaban por el tiempo que le dedicaba. Y por lo poco *cool* que podía parecer esa línea de actuación.

Bob Geldof me dijo que, después de haber participado en Live Aid, la gente solía tirarle monedas mientras caminaba por la calle. Peniques sueltos, no contribuciones. Las estrellas del rock que se embarcan en esta clase de empresas son una invitación a las sátiras.

¿Podría soportarlo? Sí, desde luego.

No estaba seguro de que la banda también pudiera. O de si debía planteárselo o no. Siempre me habían apoyado, pero quizá este asunto de la condonación de la deuda era pedirles demasiado.

Me puse a pensar de nuevo en el Joshua Tree Tour de la década de 1980, cuando formamos parte de la campaña del día de Martin Luther King, una fiesta nacional como homenaje a su vida y la de los afroamericanos que habían construido Estados Unidos. Algunos estados se negaron, entre ellos Arizona, dirigido por un gobernador reaccionario recalcitrante, Evan Mecham. Tras haber accedido a tocar en Phoenix antes de darnos cuenta de qué se cocía, sin querer habíamos roto el embargo cultural y habíamos contradicho nuestro posicionamiento. ¿Qué podíamos hacer? Antes del concierto decidimos llevar a cabo una campaña contra el gobernador Mecham y el racismo de su estado, y en las ruedas de prensa saqué el tema. El espectáculo sería el *crescendo* de ese acto de rebeldía, pero, al llegar adonde se celebraba, descubrimos que habíamos recibido algunas amenazas de muerte (y quizá no todas fueran en broma): decían que, si tocábamos «Pride» en el concierto, yo no llegaría vivo al final de la canción.

Fingí que no me había afectado tanto la información y confié en que el equipo de seguridad sería aún más diligente y pondría más medidas. Se rastreó la sala en busca de armas de fuego y explosivos y tomamos la decisión de seguir adelante con el plan. Aunque empezamos «Pride» con un ánimo desafiante, al llegar a la tercera estrofa empecé a perder parte del temple o, por lo menos, de la concentración. No fue solo melodrama cuando cerré los ojos y casi me arrodillé para camuflar el hecho de que me daba miedo cantar el resto de las palabras.

> *Shot rings out in the Memphis sky.*
> *Free at last, they took your life*
> *They could not take your pride.**

Puede que se me olvidara el complejo de mesías que actuaba a través de mi propia ansiedad, pero hasta que abrí los ojos no me di cuenta de que no podía ver a la multitud. Adam Clayton me tapaba la vista, pues se había plantado justo delante de mí. Se quedó delante durante toda la estrofa.

---

* «El disparo resuena en el cielo de Memphis. / Libre por fin, te quitaron la vida. / No pudieron quitarte el orgullo».

TERCERA PARTE

Salimos de aquí como cuatro chicos bastante inocentes del norte de la ciudad. Esta noche regresamos como hombres que se atreven a creer que, en el confín de la experiencia, con un poco de sabiduría y buena compañía, quizá sea posible recuperar esa inocencia.

–The Point, Dublín,
noviembre de 2018

Finnegan's Sonata

anything strange
or startling?

BLACK BUSH

DA

28

Beautiful Day

The heart is a bloom
That shoots up through the stony ground
But there's no room
*No space to rent in this town.**

—¿Algo raro o sorprendente?

Así es como empieza mi padre todas nuestras conversaciones. Hemos quedado en nuestro pub «local» de Dalkey.

Finnegan's es un país propio con sus propias leyes y costumbres. Se dice que el tiempo cambia de forma al cruzar el umbral. Lo he experimentado. Es una monarquía constitucional con Dan Finnegan como jefe de Estado, mientras sus hijos dirigen el Gobierno de forma efectiva, con el mayor, Donal, como primer ministro. Donal mide más de metro noventa y cinco, pero, dependiendo de la hora y del estado del Estado, puede parecer que mide dos metros. Yo no me metería nunca con Donal Finnegan. Los Finnegan son buena gente, pero existe un código. Unas normas estrictas. Como es comprensible, no les gusta que los niños se queden mucho rato en el pub. Ha habido ocasiones en las que Dan ha tenido que recurrir a

---

* «El corazón es una flor / Que surge en el suelo de piedras. / Pero no hay hueco / No hay sitio que alquilar en esta ciudad».

tácticas poco comunes para proteger su principado del republicanismo repentino de un crío de ocho años que se separaba de las piernas de su padre para molestar al personal y pedirles unas patatas fritas con sal y vinagre. Para su padre. Después de tirarle agua fría encima al chico, Dan lo devuelve a la mesa poniendo los ojos en blanco. «Podría haber estado hirviendo». Tal cual.

Dan se encuentra a caballo entre una democracia y una meritocracia, y cuanto más famosa se volvía nuestra banda, más me trataba como a cualquier otro cliente. Así debería ser. Y solo me molestaba cuando él trataba a personas que no conocía tan bien con más cordialidad que a mí. Por ejemplo, a mi padre. Dan Finnegan adoraba a mi padre. Compartían la pasión por la ópera y el teatro musical, y Dan sabía cuándo había presente otro príncipe, uno que cantaba de verdad. La vez en que mi padre dejó el local en silencio al cantar «The Way We Were», seguida de «The Black Hills of Dakota», Dan miró hacia mí con algo parecido a la pena, y me lo imaginé diciendo para sí: «Piensa en lo lejos que habrías llegado si tuvieras la voz de tu padre».

Los domingos al mediodía solían ser tranquilos en Finnegan's. La luz se filtraba por las ventanas esmeriladas y revelaba algo más parecido a un club de golf que a la cantina de *La guerra de las galaxias* de la noche anterior. El roble oscuro y la llama azul encima de la chimenea de carbón con combustión de gas parpadeando en el rincón. No era un «reservado» en el sentido literal del término, una zona cerrada de un pub irlandés, pero muy bien podría haberlo sido. Hizo que Bob y yo estrecháramos lazos. Estábamos lejos de un abrazo, pero, eh, los dos nos esforzábamos por ser hombres. A Bob le gustaba el ambiente del campo de golf y durante casi todas nuestras salidas dominicales se comportaba como si en cualquier momento su hijo pudiera meter la bola en el búnker.

—¿Algo raro o sorprendente?

El católico pide Bushmills Black Bush, un whisky protestante del condado de Antrim, en el norte de Irlanda. Nos quedamos mirándonos. Hablamos dando rodeos.

De vez en cuando, nos sinceramos el uno con el otro. Bob está pasando una mala racha personal de la que no ha venido a hablar.

Además, no se encuentra bien de salud. Yo no sabía hasta qué punto no se encontraba bien.

Por mi parte, también acababa de llevarme un susto. Me habían encontrado algo en la garganta y querían hacerme una biopsia. Resultó que no era nada importante, pero fue una experiencia reveladora. Iba a cruzar el umbral del cuarenta cumpleaños, la marca de la mitad de una buena vida y, por primera vez, me daba cuenta de mi mortalidad. Y la de las personas a las que amaba. Como Michael Hutchence. Como mi padre.

Eso estaba en mi subconsciente cuando escribí una canción titulada «Kite».

> *Something is about to give*
> *I can feel it coming*
> *I think I know what it is*
> *I'm not afraid to die*
> *I'm not afraid to live*
> *And when I'm flat on my back*
> *I hope to feel like I did.**

Mi padre se sentía orgulloso de los éxitos de la banda. Todavía se hacía el duro, pero el orgullo estaba ahí. Igual que la sonrisa en la cara cuando me saludó levantando el puño desde la mesa de mezclas en Houston en el Unforgettable Fire Tour en 1985. Yo había dirigido el foco hacia él desde el escenario. «Señoras y señores... por primera vez en Estados Unidos, y más importante aún, por primera vez en el Lone Star State de Texas... por favor, den la bienvenida a mi padre, Bob». El sonido de la multitud como un 747 despegando sobre su cabeza. Un sonido del tamaño de Texas. Fue un gran momento.

Nos dejaron a solas en el camerino después del *show*. Acercó su mano a mí, y tenía los ojos rojos. ¿Este momento podría ser aún

---

* «Algo está a punto de ceder. / Noto cómo se acerca. / Creo que sé lo que es. / No temo morir. / No temo vivir. / Y cuando esté tumbado boca arriba / espero sentir que era así».

más importante?, pensé para mí. ¿Mi padre me va a hacer un cumplido?

—Eres muy profesional —me dice, de forma muy profesional.

Con el tiempo, se había acostumbrado a que su hijo fuese amado y odiado, que es el precio de la fama en Irlanda. Prácticamente se había unido a otra familia, los Lloyd, para no depender tanto de sus hijos. Tenía sus amistades.

Tenía la sociedad musical. Tenía el golf. Le parecía gracioso que yo hubiera llegado tan lejos, porque Norman, mi ambicioso hermano, era el emprendedor, a quien siempre iban a irle bien las cosas. Y le resultaba divertidísimo que me fundiera la pasta con la misma rapidez con la que la ganaba. Y que continuara haciéndolo.

—¿Cuándo vas a buscarte un trabajo en condiciones? —me pregunta guiñándome el ojo.

Todavía me da un billete de cinco libras en Navidad.

¿Nos estamos haciendo amigos? Por lo menos, nos vemos. Hablamos. Cambié las tornas un domingo de 1999.

—¿Algo raro o sorprendente?

Es la primera vez que le hago su propia pregunta.

—Tengo cáncer —contesta impávido.

Los grandes aludes te caen sobre la cabeza así, sin más, desde alguna montaña que no ves cuando no miras hacia arriba. Cuando no miras a ninguna parte. El cambio en la vida de otra persona transformará por completo la tuya, aunque tu vida no sea el centro del asunto. ¿O sí? En este momento, Bob Hewson describe su propia situación como «la zona de despegues». No estoy preparado para renunciar al hombre que apenas empiezo a conocer. ¿Alguien lo está? Acabaré con el asunto tan rápido como lo hice aquel día en el Finnegan's. Sorprendente para un cantante, pero, cuando las cosas se ponen muy emotivas, me resulta estimulante. No sé si serví de mucha ayuda a Bob Hewson aquel domingo, aunque, teniendo en cuenta lo independiente que era, no creo que buscara ayuda en mí.

¿Qué relación hay entre el sexo y la muerte? El instinto de propagar el ADN está en su punto culminante cuando tememos estar al final de la línea. Muere una pareja, un padre o una madre, un hijo, y, sin que sepas cómo, tu propio cuerpo grita por la vida. Durante la enfermedad de Bob, Ali y yo abrimos dos nuevos capítulos del libro de Bob: su primer nieto, Elijah Bob Patricius Guggi Q, nacido en 1999, y su segundo, John Abraham, nacido en 2001.

CUANDO GRABAR ES UN DÍA LIBRE

Me había lanzado a la política y a hacer campaña, a la economía y las finanzas, un mundo de trajes, sándwiches y lámparas fluorescentes. Para ser un abogado convincente había tenido que conocer los hechos, absorber los detalles tediosos: el precio que hay que pagar para conseguir el cambio político. Nada de eslóganes. Nada de palabrería. Solo deberes serios. Al mismo tiempo que grabábamos nuestro primer álbum en cuatro años.

Por asombroso que parezca, hubo un efecto secundario sublime. Convirtió la música, una vez más, en lo que hacía en mis días libres. El estudio pasó a ser el patio de recreo que había sido en nuestros inicios, cuando teníamos un tiempo limitado para ensayar juntos. Cuando el tiempo de grabación era tan caro que teníamos que hacer esprints en las sesiones para conseguir montarlo todo en pocas semanas. En el estudio tenías que estar muy despierto, completamente presente. Nada de holgazanear por el camerino viendo la tele por la tarde, nada de tiempo para el letargo de explorar hasta la última combinación de otra mezcla. ¡Cuánto ansiaba regresar al estudio!

Era como volver a ser un adolescente que trabajaba en una gasolinera durante la crisis del petróleo de los setenta, con muchas ganas de estar en cualquier otro lugar, mientras echaba un vistazo a la larga fila de coches que esperaban. Aburrido y suplicando poder ensayar de nuevo con la banda, donde el sonido de los amplificadores era más alto que las bocinas de los coches, el bajo más grave que el zumbido de los camiones al pasar por la carretera del aeropuerto.

No me cansaba ser activista, pero había largos y penosos días en los que buscaba melodías perfectas en carpetas con estadísticas. Vuelos a Washington, D. C., en los que intentaba hacer huecos para la música, con reuniones sucesivas al llegar, desde el desayuno hasta la hora de acostarme, mientras que la vuelta a casa se convertía en un torrente de llamadas y notas en mi lista de asuntos pendientes diarios preparada por Suzanne Doyle, mi ayudante, que estaba en la línea de fuego del Jubileo 2000.

—Se supone que defendéis los derechos humanos —oí que le decía a Jamie por teléfono al final de otra jornada interminable—. ¡Podríais empezar mostrando un poco de compasión por los míos!

Parpadea y luego guiña el ojo. Muy gracioso.

Nuestra música volvió a convertirse en un lugar al que poder escapar.

Quizá eso explique cómo escribimos una canción tan alegre como «Beautiful Day» y por qué *All That You Can't Leave Behind* suele considerarse uno de nuestros tres mejores álbumes, junto con *The Joshua Tree* y *Achtung Baby*. Debía de ser por la alegría. La alegría de estar otra vez en el estudio. La alegría de la amistad y la familia. La alegría de estar vivo. La vida es corta. Ali compartía ese momento de euforia. Había reanudado los estudios y acabó estudiando sociología y con un afán parecido al mío de ayudar. Pero su llamada más urgente eran nuestros hijos. Yo me repetía que estaba tanto con ellos como cualquier padre que monta un negocio. Cualquier padre que pone el pan en la mesa. Y Ali se lo dijo a los niños. Vuestro padre está fuera, poniendo el pan en la mesa de otras personas. Personas menos afortunadas.

Al echar la vista atrás, veo el egoísmo de ese acto. Yo me dedicaba a luchar contra la injusticia en el extranjero, mientras dejaba a Ali junto a la mesa de la cocina. El mundo del apoyo activo me estaba apartando de mi mujer. Ali tenía derecho a esperar más de mí en la crianza de nuestros hijos, pero decidió a conciencia no ejercer ese derecho y dejarme marchar. Esos años le pertenecían y renunció a ellos por mí, porque creía en la causa por la que todos luchábamos, en la gente a la que dábamos voz.

Pero aun así. Me siento incómodo.

EL CORAZÓN ES UNA FLOR

En las relaciones, he observado que una pareja puede empezar como una amiga, luego convertirse en una pasión, después en co-progenitora, madre o padre de tus hijos, y, si tienes mucha suerte, la pareja continúa siendo (o vuelve a ser) una amiga. Es una cocción a fuego lento de una vida romántica, pero es duradera. Yo he tenido esa suerte.

Las grandes amistades pueden sobrevivir a casi toda la mierda que les echen. Prosperan en el estiércol de la decepción y el drama compartidos. Cuesta imaginarse una fuerza tan potente como el amor romántico, pero la amistad se le acerca. Una vez alguien dijo: «La amistad es superior al amor», y comprendí a qué se refería. Quizá no sea tan melodramática, grandiosa o apasionada como el amor, pero la amistad suele ser más profunda y más amplia. Las grandes amistades explican por qué nos aferramos con tanta fuerza a la vida: porque desaparece muy rápido. A la vez que Ali y yo nos íbamos convirtiendo en mejores amigos, tomé conciencia de una red más amplia de amistades sólidas que ambos habíamos ido creando, el sacramento de la amistad de la banda hacia la comunidad que nos rodeaba. Relaciones que habíamos elegido nosotros, no que nos hubieran sido impuestas por la sangre. Dejando a un lado la pandemia, todavía abrazo a las personas cuando las veo, algo que se remonta a la época de Shalom, cuando era nuestra forma de saludarnos. No sé si alguna vez le he estrechado la mano a alguien sin tener que pensarlo.

Mi instinto a la hora de saludar a un amigo es abrazarlo.

La grabación de *All That You Can't Leave Behind* fue una época muy alegre, a la que no afectaron nuestras periódicas «diferencias musicales». Quizá fuera porque habíamos decidido hacer un álbum de U2 en estado puro, tanto temática como musicalmente. La banda está enraizada en la amistad, pero, como atestiguan estas páginas, no siempre hemos estado en sintonía. Se trata de relaciones profundas y duraderas, pero, más que la mayoría, se enfrentan a mucha presión. En el arte y en el negocio hay que tomar decisiones importantes, para las que defiendes una postura y permites que tus tres amigos más cercanos la pisoteen. Puedes acabar magullado. Y reconozco que también yo he contribuido a eso. A veces puedo ser cargante cuando defiendo aquello en lo que creo, debe de ser agotador escucharme.

Tengo por costumbre tocar desde las debilidades de U2, con el fin de intentar convertir esas debilidades en nuestras fuerzas. ¿A eso se habían reducido nuestros años noventa? Ahora era el momento de hacer un disco que tocara desde nuestros puntos fuertes, en el que hiciéramos lo que sabemos hacer y los demás no. Las cosas que hago que a otras personas les resultan un poco complicadas. Cierto candor emocional, cosas poco *cool*. Brian Eno fue quien siempre estuvo convencido de que U2 nunca sucumbiría ante lo *cool*. En lo referente a la temperatura emocional del grupo, nos dijo, nuestra música era caliente, más afín al sur de Europa que al norte. Lo vuestro es la música en latín, nos decía, la misa, la ópera, lo extático.

Eno había ido a Dublín.

—Vamos a hacer otro disco juntos, Brian.

—¿Y por qué? —me preguntó, no sin razón.

—Vamos a lograr que todas las canciones del single sean indispensables para vivir —respondí—. No nos aceleremos, hagamos una canción solo si tiene que ser cantada, hagamos un álbum que comunique solo lo esencial.

Pese a ser un gran orador, Brian Eno también es un buen oyente. ¿A que no sabes, le pregunté, que no hay ninguna canción de ningún tipo que se titule «I Love You»? ¿Qué te parece si hacemos una canción así, pero sin dobles sentidos ni ironía, sin giros ni subterfugios? Algo que casi dé vergüenza. No la típica visión del amor que da el rock'n'roll.

—Tiene que haber alguna canción titulada «I Love You» —piensa Brian en voz alta—. Sé que existe «Ich Liebe Dich» y «She Loves You».

Añado «I Will Always Love You» porque sé que a Brian le encanta Whitney Houston; a Eno el ateo le fascinan las cantantes de iglesia.

Se da la vuelta para mirar por la ventana de la sala de estar de Temple Hill. No lo he convencido.

—«I Love You?»… —musita.

Insisto.

—¿Crees que ya existe?

—Perdona, no, me preguntaba si podría hacerse algo novedoso que incluya la palabra «amor».

Le escucho.

—¿Podrías escribir una canción sobre tu padre? —me pregunta—. Un día me hablaste de los álbumes de recuerdos que componen las personas que tienen VIH para sus seres queridos, para cuando ya no estén. ¿Por qué no haces un disco que sea como un álbum de recuerdos?

Pienso.

Las conversaciones que no puedes olvidar, las imágenes que debes llevarte contigo cuando te marchas, nuestras relaciones interpersonales. Pienso en mi padre y en ese pólipo que me ha salido en la garganta, en la idea latente de que también yo podría tener cáncer. Mi padre se muere y ahora su joven hijo ya no es joven. Ya no es indestructible, vaya por Dios. Pienso en Ali y en nuestros hijos. En la edad y la mortalidad, en la amistad y la familia. Sabía que podía escribir canciones así, pero el truco estaba en no ceder ante la melancolía, escribir con desafío a la vez que con sinceridad.

La primera vez que pensé en que quizá hubiéramos dado en el clavo fue grabando la canción que acabaría siendo «Beautiful Day». No era «I Love You», pero era una frase igual de inocua y alegre. Buscábamos algún tipo cualidad extática. Para cantar un estribillo como «It's a beautiful day» («Hace un día precioso») necesitaríamos que se disiparan las nubes, que saliera el sol, que se elevara la carretera. Edge lo consiguió con ese eco repetido que se volvió tan famoso en la década de 1980, pero de pronto se paró en mitad de

463

su parte, como si sintiera una vergüenza repentina. Todos nos sentimos así.

—Ay, Dios, eso suena a U2.

—El problema es —me aventuré a decir, con cautela— que suena a Edge, de U2.

Ante lo cual, Edge ofreció la respuesta perfecta.

—Yo soy Edge, de U2. Puedo sonar así si quiero.

Creo que podríamos habernos levantado todos y haberle silbado. La modestia de Edge es parte de la construcción de su música, pero de vez en cuando me acuerdo de que es el guitarrista más influyente, y no solo de su generación. Se le puede preguntar a cualquier guitarrista.

La canción había despegado y nos había despegado desde donde fuera que estuviera nuestra vida en ese momento, nos había puesto en órbita y nos había devuelto a la Tierra en cuatro minutos y cinco segundos. Porque ¿de qué sirve el despegue si, cuando estás tan por encima de ti mismo, no empleas la ventaja de la perspectiva?

La parte central de la canción es un juego con la frase del astronauta Neil Armstrong, en la misión Apolo 11 a la Luna: «De repente me di cuenta de que ese pequeño guisante, bonito y azul, era la Tierra». Todo y todos los que le importaban podían quedar tapados por un dedo pulgar.

Todo lo que podía dejarse atrás. Todo lo que vamos a dejar atrás. Si no ponemos solución a la crisis del cambio climático.

See the world in green and blue
See China right in front of you
See the canyons broken by cloud
See the tuna fleets clearing the sea out
See the Bedouin fires at night
See the oil fields at first light. *

---

* «Mira el mundo en verde y azul. / Mira China delante de ti. / Mira los cañones que rompen las nubes. / Mira los bancos de atunes que abandonan el mar. / Mira las hogueras beduinas por la noche. / Mira los campos petrolíferos al amanecer».

Luego la salida de la cuarentena de Noé, tras cuarenta días combatiendo las agitadas aguas del mar.

See the bird with a leaf in her mouth
*After the flood all the colours came out.**

Y sí, después de la confusión de cada persona hablando en su idioma en la historia de la torre de Babel, sale «el arcoíris» que todavía es el símbolo de cómo podríamos abrazar nuestra diversidad y no solo en lo ecológico.

*It's a beautiful day.***

El mundo se despertará para contemplar su belleza. No solo se trata del mundo natural, ni siquiera del sobrenatural. Se trata de nosotros.

Pero Edge también nos devolvió a la Tierra. Nuestro hombre es capaz de construir paisajes sonoros inauditos, como los ruidos de un chicle en «Elevation», pero también puede deleitarse en lo no extraordinario.

Como su parte de guitarra en «In a Little While». Ese acompañamiento propio del blues nunca envejecerá, porque nunca ha parecido nuevo. Los acordes con góspel clásico de Brian Eno. Lo canté en unos cuantos cortes tras una gran noche de fiesta. El cabezón que luzco estaba listo para ir a la cama, pero aun así…

Man dreams one day to fly
A man takes a rocket ship into the sky
He lives on a star that's dying in the night
*And follows in the trail the scatter of light.****

---

* «Mira el pájaro con una hoja en el pico / tras el diluvio surgieron todos los colores».

** «Hace un día precioso».

*** «El hombre sueña con volar algún día. / Un hombre lanza un cohete al cielo. / Vive en una estrella que muere en la noche / y sigue en la estela la expansión de la luz».

«When I Look at the World» tiene una perspectiva similar.

I'm in the waiting room
I can't see for the smoke
I think of you and your holy book
*While the rest of us choke.**

Siempre he considerado esa última estrofa como un homenaje a mi padre.

Este álbum de música en su mayoría extática obtuvo algunas críticas igual de extáticas. Llegó al número uno en treinta y dos países y ganó siete premios Grammy. A Gavin Friday se le había ocurrido el símbolo de un corazón en el centro de una maleta para el diseño, que se convirtió en el emblema de la gira posterior. Montamos un escenario con forma de corazón e invitamos a nuestros fans más entregados a meterse en él. El Elevation Tour era como tocar en dos locales a la vez: un club, dentro de un estadio. Nuestra banda había vuelto a despegar y volaba con un jubiloso atrevimiento. Pero ahora me costaba más alejarme de casa, porque sabía que Bob estaba en una zona de despegues totalmente distinta.

Durante sus últimos días de vida, estábamos de gira por Europa, así que después de los conciertos yo volaba a casa y era quien velaba a mi padre en su cama de hospital por las noches y dormía en su habitación en un colchón que el personal de la clínica me había facilitado. El hospital Beaumont se encontraba tan cerca del aeropuerto que a menudo estaba ahí sentado en silencio una hora y media después del rugido de un bis. A la mañana siguiente mi padre y yo charlábamos con la mirada o con palabras, dependiendo de lo enfermo que estuviera. En aquellos turnos de noche de hospital de sus últimos días, me dedicaba a dibujarlo mientras él dormía. Eso me ayudaba a sentirme cerca de mi padre, garabateando y escri-

---

* «Estoy en la sala de espera. / No puedo ver por culpa del humo. / Pienso en ti y en tu libro sagrado / mientras los demás nos asfixiamos».

biendo a modo de plegaria. Para dibujar la cara de alguien tienes que conocerlo muy bien. Suena desagradable, pero no lo era.

Cuando Norman llegaba para hacer su turno, Bob y yo sabíamos que todo iría bien. Aunque no lo fuera.

Mi hermano le sirvió de más ayuda a mi padre durante aquellos días oscuros y difíciles. Incluso si yo hubiera sido capaz de estar más con él, no sé si habría estado preparado para el sobresalto de alguien muriendo delante de mí. No soy tan útil como mi hermano, y punto. Desde que tengo uso de razón, Norman siempre había sido quien arreglaba todo. Juguetes, trenes eléctricos, bicicletas, motocicletas, radios y grabadoras. Esta vez no.

Bob Hewson era una recopilación de muchas vidas vividas y ahora estábamos perdiendo la oportunidad de acceder a un archivo de información que podría contribuir a explicar mejor nuestra propia existencia. De escuchar las respuestas a infinidad de preguntas. Preguntas sobre nuestra madre. Sobre los viajes familiares ya lejanos en los que no parecía que ser una familia fuese la razón por la que estábamos allí. Sobre el dolor de espalda que había vuelto a Bob arisco y apático. Sobre el sentimiento de culpa que albergaba dentro de su cabeza de cantante. Sobre toda la rabia que eso parecía generar en su hijo menor.

No volveríamos a pulsar el play. El rollo de cinta de la derecha se estaba agotando y el casete estaba a punto de acabar, hasta que alguien pulsara por fin el stop. Norman no podría arreglar esto. Pero Norman era una constante; mejoró las cosas por el hecho de estar allí.

Y CUANDO ME MIRO EN EL ESPEJO ERES TÚ

Cuando mi padre empezó a perder fuerzas, nos habíamos convertido en amigos lo bastante cercanos para que no me sintiera abandonado, pero siempre hubo un punto de eso en su independencia. «Parricidio» es como se denomina al asesinato del padre por parte del hijo, pero, como apuntaba mi amigo Jim Sheridan (director de cine y genio psicológico), ¿y si «el hijo, en el fondo, cree que el padre era responsable de la muerte definitiva de su madre? Es ridículo, por supuesto, pero las emociones no tienen por qué seguir la lógica; ¡solo tienen que hacerse oír!».

Entonces esa rabia se transforma en rugido. Una rabia que primero llena los pulmones, luego da tempo al pulso conforme la sangre empieza a correr como loca por las venas. Un rugido capaz de llenar estadios, de llenar miles de corazones mientras vacía el propio. Una rabia capaz de romper huesos y promesas, de agarrar a profesores y estudiantes por la garganta. Una rabia capaz de plantar cara a los abusones y golpear a los fotógrafos que se ganan unas migajas intentando robar un momento de intimidad. Una rabia que puede lanzarse por el palco de una sala a los brazos de la multitud. Una rabia nuclear capaz de impulsar a una banda de rock o disolverla. *How to Dismantle an Atomic Bomb* fue como llamamos a un álbum unos cuantos años después.

Buena pregunta, Jim.

He vivido toda una vida intentando comprender mi propia rabia y, si es posible, intentando reescribirla. Parte de ella tenía que ver con depender de otras personas, pero parte de ella tenía que ver también con mi padre. Una parte está justificada, pero la otra es inestable y eruptiva.

Tras el fallecimiento de Bob, Ali pensó que mi inquietud iba a peor, pues yo empezaba a ser un poco más agresivo en mis relaciones con la gente. Quizá me convenía ir a ver a un terapeuta y que me planteara algunas preguntas. Desestimé su propuesta, pero, tal vez de forma inconsciente, opté por otra clase de interrogatorio. Cuando acepté ser entrevistado para *Rolling Stone* por el legendario editor y jefe de redacción, Jann Wenner, no había previsto que me tumbaría en el diván del psiquiatra, pero, eh, sus entrevistas con Bob Dylan y John Lennon me habían transformado tanto como algunas de sus canciones.

Saltaba a la vista que Wenner presionaba los puntos débiles de sus «pacientes», de modo que había hurgado mucho en mi relación con mi padre. Al final de unas cuantas sesiones largas, me sorprendió con una reflexión a la que yo no había sabido llegar ni con todas las plegarias ni con la meditación.

—Creo que tu padre se merece una disculpa —me reprendió—. ¿Puedes imaginarte esta historia desde su punto de vista? Tu padre pierde a su esposa y tiene que cuidar solo a dos críos y uno de ellos lo apunta a bocajarro, va a por él con toda la artillería. Uno de ellos va a liquidarlo al cumplir todas las ambiciones que él temía tener.

De acuerdo, está bien…

UN BARÍTONO QUE SE CREE TENOR

Primavera de 2002. Ali y yo visitamos la capilla de Èze, en Francia, una iglesia de pescadores con una vista desde la cima de una colina que lo ha visto todo. La sangre ha corrido durante milenios por esos pedregosos y empinados caminos que llegan hasta la costa, una colectividad que se ha defendido contra los piratas, contra los ejércitos y las armadas. Y ahora contra los turistas como yo. Desde el púlpito barroco, un único brazo sale de la pared sujetando una cruz y un barco de pesca cuelga del techo. Tras la liturgia (a veces mejorada, me parece, si no hablas el idioma demasiado bien) regresé a los bancos por mi cuenta. Me quedé un rato sentado y le pedí perdón a mi padre, Bob Hewson. Le había perdonado sus propios crímenes pasionales, pero nunca le había pedido perdón por los míos.

Tough, you think you've got the stuff
You're telling me and anyone
You're hard enough
You don't have to put up a fight
You don't have to always be right
Let me take some of the punches
For you tonight

Listen to me now
I need to let you know
You don't have to go it alone

And it's you when I look in the mirror

469

And it's you when I don't pick up the phone
Sometimes you can't make it on your own

We fight, all the time
You and I, that's alright
We're the same soul
I don't need, I don't need to hear you say
That if we weren't so alike
You'd like me a whole lot more

Listen to me now
I need to let you know
You don't have to go it alone

And it's you when I look in the mirror
And it's you when I don't pick up the phone
*Sometimes you can't make it on your own.**

«Sometimes You Can't Make It on Your Own»

Nunca sabré si tuvo que ver con el hecho de que le pidiera perdón en aquella capillita, pero, tras la muerte de mi padre, algo cambió. He oído hablar de personas que salen del confesonario sin la carga que sentían al entrar. En mi caso, lo que cambió fue la voz. Sentí que era capaz de entonar un par de notas más de mi registro; sentí que estaba convirtiéndome en un auténtico tenor en lugar de en un impostor. Podía alcanzar esas notas agudas como si fuese

---

* «Qué duro, piensas que tienes lo que hay que tener. / Nos dices a mí y a cualquiera / que eres lo bastante duro. / No hace falta que te pelees. / No hace falta tener siempre razón. / Deja que encaje yo algunos golpes / en tu nombre esta noche. // Ahora escúchame, / necesito decirte / que no tienes que pasarlo tú solo. // Y cuando me miro en el espejo eres tú. / Y cuando no cojo el teléfono eres tú. / A veces no puedes hacerlo tú solo. // Peleamos, todo el tiempo, / tú y yo, no pasa nada. / Somos la misma alma. / No necesito, no, no necesito oírte decir / que si no nos pareciésemos tanto / te caería mucho mejor. // Ahora escúchame, / necesito decirte / que no tienes que pasarlo tú solo. // Y cuando me miro en el espejo eres tú. / Y cuando no cojo el teléfono eres tú. / A veces no puedes hacerlo tú solo».

una campana, de un modo que hasta entonces me era imposible. Por supuesto, no tiene ninguna lógica científica, pero he oído decir que, cuando alguien muy cercano muere, te deja una especie de obsequio al fallecer, algún don invisible que heredas como una bendición especial. El último regalo que me hizo Bob Hewson fue ampliar el que ya me había dado mucho tiempo antes. Ahora era un tenor de verdad, había dejado de ser un barítono que solo se creía tenor.

And when I get that lonesome feelin'
And I'm miles away from home
I hear the voice of the mystic mountains
Callin' me back home.*

Cuando Norman y yo transportamos con orgullo el ataúd de Bob para sacarlo de la iglesia de la Asunción en Howth, la congregación de familiares y amigos de toda la vida cantó «The Black Hills of Dakota». Junto a la recepción del hotel Marine, apareció un camión del condado de Antrim y descargó un centenar de botellas en miniatura de whisky Black Bush. Al principio pensé que era algún tipo de promoción, pero no, no era sino un azaroso acto de amabilidad del norte al sur, de los protestantes a los católicos. El universo de Bob Hewson se comporta de esa manera.

---

* «Y cuando me siento muy solo / y estoy lejísimos de casa / oigo la voz de las montañas místicas / que me llaman para que vuelva a casa».

the door through which

Right now we are his mirror as he tightens the belt of his trousers and locks us both in his gaze one eyebrow raised suggesting a collegial gravitas-having no appearance but with no context in the reply

NO THEM there's only US

OPEN

Things fall apart the centre cannot hold.... mere ANARCHY is loosed upon the world.

we are another mirror. Harry Belafonte now in his ninety seventies has been fighting injustice since before we were born

our movement will pass

29

Crumbs from Your Table

From the brightest star
Comes the blackest hole
You had so much to offer
Why did you offer your soul?
I was there for you baby
When you needed my help
Would you deny for others
*What you demand for yourself?**

Estoy sentado en la cama de Harry Belafonte. Solo hay una silla en su pequeña habitación de hotel y Bob Geldof está sentado allí mientras miramos cómo se viste nuestro anfitrión. Recuerdo el antiguo proverbio francés: «Nadie es un héroe para su ayuda de cámara», pero Harry Belafonte es un héroe incluso cuando se sube los pantalones.

¿Qué hago aquí? En tiempos, en la banda de acompañamiento de Harry Belafonte estuvieron Charlie Parker y Miles Davis. Es el rey del calipso; cantó «Banana Boat Song (Day-O)», una pista incluida en el

---

* «De la estrella más brillante / sale el agujero más negro. / Tenías tanto que ofrecer. / ¿Por qué ofreciste tu alma? / Yo estaba a tu lado, cariño, / cuando necesitabas mi ayuda. / ¿Negarías a los demás / lo que te exiges a ti?».

primer álbum de la historia que vendió un millón de copias. También es un luchador empedernido por la igualdad. Y tan guapo que seguro que nunca ha tenido que comprobar en el espejo si va bien o no.

Ahora mismo su espejo somos nosotros, mientras se ajusta el cinturón de los pantalones y nos mira a los dos a la vez, con una ceja enarcada a modo de pregunta adolescente sobre su apariencia, pero sin interés por la respuesta. Somos otra clase de espejo. Belafonte, que tiene setenta y pocos años, lleva luchando contra la injusticia desde antes de que nosotros naciéramos. Con su combinación de encanto y advertencia ha escrito el manual de estrategia para cualquier artista–activista que haya llegado después. En la década de 1960, nos recuerda, se manifestó junto con su amigo Martin Luther King, hijo, en el movimiento en defensa de los derechos civiles, y, mientras se dispone a atarse los cordones de los zapatos (algo que yo habría hecho encantado), nos cuenta una historia que desde entonces ha dado forma a todos los días de mi vida.

A partir de los dramaturgos irlandeses (Wilde y Beckett, Synge y Behan), salta a la política de Irlanda, donde prevemos una admiración similar con la llegada al escenario de la realeza irlandesa, los Kennedy. No exactamente. Harry Belafonte habla de Bobby Kennedy como un freno, como un obstáculo en el camino del movimiento en defensa de los derechos civiles. Quiero objetar que yo no lo había visto así. Pero entonces recuerdo que no soy negro, que no estaba ahí y que, además, el que tiene el micro es Harry. Y no solo eso: tiene una voz que resuena como si le hubieran acoplado a las cuerdas vocales un pedal distorsionador, que añade melodrama a la expresión más simple. Y con ese susurro propio del escenario nos teletransporta al pasado.

—Cuando Jack Kennedy designó a Bobby fiscal general en 1961, fue un traspiés tan enorme para nuestra causa que provocó uno de los debates más acalorados que tuvimos en la SCLC —se refiere a la Conferencia Sur de Liderazgo Cristiano—. Todos los presentes echaban pestes de Bobby Kennedy. Decían que le faltaba la inspiración de su hermano John, el presidente. Que tenía fama de haber intentado impedir que JFK compaginara nuestra agenda con la del Partido Demócrata. Bobby estaba seguro de que, si la Casa Blanca se acercaba demasiado al movimiento en defensa de los derechos civiles, los demócratas lo pagarían caro en el sur, cuando ocupar el cargo más alto en el país siendo católico ya exigía esforzarse al máximo.

A juzgar por los hechos, confesó:

—Si rascamos en la superficie, muchos de los que enarbolan la bandera del Partido Demócrata no estarían del todo en contra de la esclavitud.

Conforme la conversación iba subiendo de tono, Harry recordó cómo se había dirigido a Martin Luther King, quien, en su opinión, se estaba cansando de tantas críticas a Bobby Kennedy.

—Martin da una palmada en la mesa para hacer callar a todo el mundo. «¿Alguien tiene algo bueno que decir sobre nuestro nuevo fiscal general?».

»"No, Martin, eso es lo que le estamos diciendo", es la respuesta que recibe. «Este hombre no tiene nada bueno; es un paleto blanco irlandés, no tiene tiempo para la lucha del hombre negro».

El doctor King, afirmó Harry, ya había tenido suficiente y pospuso la reunión, diciendo: «Caballeros, los envío al mundo para que encuentren algo bueno que decir sobre Bobby Kennedy, porque esa cualidad será la puerta por la que tendrá que pasar nuestro movimiento».

Si hasta entonces no había estado seguro de qué había ido a buscar a los pies de Harry Belafonte, de pronto lo vi con claridad. Los puntos en común comienzan con los puntos más importantes. Incluso los de los adversarios. Sobre todo los de los adversarios. Un momento de lucidez para mí y una convicción que ha regido mi vida como activista desde entonces. La idea sencilla, pero profunda, de que no es necesario estar de acuerdo en todo, si la única cosa en la que sí estás de acuerdo es lo bastante importante.

Pero, un momento, aún no ha acabado la clase.

Harry Belafonte no ha terminado de dar la lección.

—Años después —continúa—, cuando Bobby Kennedy estaba moribundo en el suelo de la cocina de un hotel de Los Ángeles, se había convertido en un héroe de los derechos civiles. Un pionero, no un rezagado, de nuestro movimiento, y todavía hoy me pregunto si al principio lo malinterpretamos. Nunca lo sabré, pero todavía lamento su pérdida.

—Entonces ¿la encontraron? —pregunta Bob, planteando la pregunta que nos hacemos ambos—. Cuando retomaron la reunión, ¿habían encontrado la cosa buena que buscaba el doctor King?

—Sí, sí. Bobby estaba muy próximo al obispo, que a su vez estaba próximo a parte de nuestro clero en el sur. Encontramos una puerta por la que colarnos.

LA PUERTA PRINCIPAL, LATERAL Y TRASERA DE GEORGE BUSH

En 2001, cuando George W. Bush se convirtió en el cuadragésimo tercer presidente de Estados Unidos, sacaron a todos nuestros contactos del Gobierno anterior. Las personas que los sustituyeron no tenían motivos para vernos como amigos. Y, lo que es peor: tenían buenas razones para no pensar de ningún modo en nosotros. No me refiero solo a las caras nuevas alrededor de la mesa del gabinete, sino al jefe supremo, el propio presidente. No era solo que me vieran como a un amigo de Bill y Hillary. Una vez más, era peor. Apenas unos años antes, en el ZOO TV Tour, la banda se había subido al escenario mientras sonaba un corte del discurso sobre el estado de la Unión de su padre (el presidente George H. W. Bush), a modo de parodia de «We Will Rock You» de Queen.

Noche tras noche llamaba a su padre desde el escenario. Bueno, llamaba para hacer una broma a los operadores de la Casa Blanca.

—Díganle al presidente que vea más la televisión.

Llamaba tantas veces que una noche reconocí la voz de quien contestó el teléfono de la Casa Blanca, porque ya lo había hecho antes.

—Perdone —le dije—, ¿cómo se llama?

—Operadora Dos —respondió.

La Operadora Dos se convirtió en mi favorita. Incluso la invité a un concierto.

—Trabajo por la noche —me dijo.

—Yo también —le respondí.

Pero Operadora Dos nunca se presentó en el espectáculo, y, aunque a menudo preguntaba si podían pasarme con ella, no volvimos a hablar jamás.

Mi número de teléfono no iba a estar en el listín de ninguno de los nuevos residentes del ala oeste. Ni siquiera en el de la Operadora Dos. Y eso suponía un problema, pues el movimiento al que pertenecíamos necesitaba tener de nuestra parte a la nueva Administración para completar la labor de condonar la deuda de los países más pobres. Y luego llegó el sida. Su rápida propagación por África y Asia empezaba a amenazar con comerse los beneficios de la cancelación de deuda en las economías en desarrollo. Kofi Annan lo entendió muy bien: «El sida es mucho más que una crisis sanitaria. Es una amenaza al propio desarrollo».

Sin embargo, ¿cómo se podía entablar amistad con George W. Bush? ¿Por qué puerta podíamos colarnos? Y, además, ¿de qué clase de movimiento formábamos parte? La gran coalición que constituía el Jubileo 2000 había prometido que se desmantelaría después del año 2000… tanto si las deudas se condonaban como si no. Y no lo habían hecho. Pero mientras se debatía la disolución de esa banda, caí en la cuenta de que me encantaba formar parte de ella. No quería desprenderme de mis nuevos camaradas.

Volví loco a Jamie Drummond, pero, cuanto más loco lo volvía a él, más cuerdo me ayudaba él a estar. Se informaba a fondo de cualquier tema que debatiéramos y se aseguraba de que yo también lo hiciera. Cuando la gente salía de las reuniones pensando que yo era más listo de lo que creían, en realidad se referían a Jamie. Un grifo abierto de datos y análisis concienzudos que era imposible cerrar. Excepto cuando nos poníamos a hablar de si el condado de Mayo llegaría a la final de la liga All-Ireland de la Gaelic Athletic Association. Entonces el grifo dejaba de gotear y las pintas de Guinness comenzaban a dirigir a nuestro «activista con base empírica» hacia otra clase de actitud. Sin Jamie no habría banda.

Bobby era un estratega político de primer orden, supongo que lo llevaba en el ADN, pero parecía preferir el *backstage* que la primera fila. Si alguien le pregunta, le dirá que lo que despertó la llama en él fue la muerte a causa del sida de su mejor amigo, el fotógrafo Herb Ritts.

Lucy Matthew, una defensora de la campaña Jubileo 2000 que había trabajado en Zambia, era la voz adulta, que nos recordaba que no confundiéramos el acceso con el éxito. Tenía talento para lograr que los grandes problemas parecieran mucho menores. No es algo trivial, hace falta temple, pero la luz de ese objetivo nos mantuvo en el camino cuando alguien nos rompía los faros.

Los invité a ellos y a Bob Geldof a Dublín en agosto de 2001 para decidir si debíamos continuar. Nos reunimos en mi cocina la mañana después de tocar en el castillo de Slane. Ali también estaba allí, meciendo a nuestro hijo recién nacido, John, que se le abrazaba al cuello, mientras Eli, de dos años, le agarraba la pierna. Me mira como si yo fuera un niño a punto de empezar en un colegio nuevo. Necesito saber que estará ahí cuando vuelva a casa. Tengo un fugaz momento de duda acerca de la decisión que estamos a punto de tomar. Fugaz.

A Bobby, a Jamie, a Lucy y a mí no solo nos gustaba trabajar juntos, sino que también teníamos una estrategia en la que creíamos, la de no enfrentar la izquierda a la derecha o lo *cool* a lo nada *cool*. Habitábamos un espacio en el que no parecíamos tener mucha compañía, un espacio que los críticos podrían despreciar, tildándolo de un centro moderado, aunque yo me lo imaginaba como un centro radical. Cuando nos levantamos de la mesa, habíamos decidido que a esta banda todavía le quedaba trabajo por hacer… pero primero necesitaba un nombre.

Podríamos haberla llamado WONK (que también significa «empollón»).

Por suerte, no lo hicimos. Geldof propuso DATA, para plasmar tres problemas candentes que siempre preocupaban a los activistas africanos: «la deuda, el sida y el comercio» («debt, AIDS, trade»). Lucy y Jamie defendían una especie de acuerdo DATA, donde las medidas sobre la deuda, el sida y el comercio tuvieran una contrapartida, un compromiso por la democracia, la responsabilidad y la transparencia económica en África.

En los años que han transcurrido desde entonces, a menudo he lamentado no haberme parado a pensar con un poco más de detenimiento sobre qué derecho teníamos para acometer esa tarea, para abrirnos paso en los pasillos del poder. Dimos por supuesto que, como los problemas de la desigualdad global se habían creado en su mayoría en el hemisferio norte, solucionarlos era responsabilidad de quienes vivíamos en el norte. Ahora reconozco lo arrogante que era esa postura. Con cierto retraso, aprendí la verdad del proverbio senegalés: «Si quieres cortarle el pelo a un hombre, asegúrate de que está en la sala».

UN SECRETILLO

«Los que hicieron que Bush saliera elegido fueron los católicos». El centro radical tenía algunos aliados naturales. James Carville era una estrella de la llamada «estrategia de la tercera vía» de Bill Clinton para conquistar la Casa Blanca. Ahora, en segundo plano, continuaba teniendo influencia como consultor demócrata y se había ganado el sobrenombre de Ragin' Cajun, en referencia al equipo de Luisiana, y transmitía su punto de vista con un estilo gótico sureño a lo Flannery O'Connor, con voz rasposa y expresiones semiautomáticas. Con una agilidad mental rápida como una bala, Carville era un animal político que sabía que había cazadores ocultos en todos los bosques, porque él también era cazador. Originario de Luisiana, era capaz de engatusar a los pájaros para que salieran de los magnolios antes de atraparlos en su red. El mantra que acuñó («Es la economía, idiota») había ayudado a que Bill Clinton saliera elegido.

Bobby Shriver le siguió la pista porque nadie conoce la estrategia militar como Carville: comprende que tiene que basarse en una comprensión profunda de tu contrincante, casi hasta alcanzar la empatía. «Bush cree que si lo eligieron fue gracias al conservadurismo compasivo», dice Carville.

—¿Queréis entrarle a Bush? Tenéis que haceros amigos de los católicos y también de los evangélicos.

—Ah, y otra cosa —añadió—: Hay un secretillo sobre las elecciones y sus promesas.

Un latido.

—La mayor parte de los presidentes quieren cumplir esas promesas. De verdad que es así.

Tal vez la puerta por la que podría pasar nuestro movimiento fuera la misma que había encontrado Luther King. Tal vez el compromiso religioso pudiera ser de nuevo la llave de esa puerta.

En un nivel más prosaico, tal vez yo necesitase mejorar mi código de etiqueta si íbamos a entrar de nuevo en la Casa Blanca.

Corría el rumor de que el cuadragésimo tercer presidente de Estados Unidos había restaurado la formalidad del cuadragésimo presidente, Ronald Reagan, y la edad de oro que representó para los conservadores. Se decía que el antiguo gobernador de Texas llevaba americana y corbata en el despacho oval, que el estilo de universitario informal del presidente anterior estaba pasado de moda: parecía de 1999. En consonancia, me compré una corbata, pero aun así no conseguí una entrevista con el gran jefe. ¿Y tal vez con Paul O'Neill, el secretario de Hacienda? El hombre que firma nada menos que los billetes de dólares estadounidenses que queríamos dejar de destinar a los aviones de combate para invertirlos en aulas y clínicas; en nuestra opinión, un mejor tipo de defensa.

Otro rechazo cortés. Volvimos a insistir. Una y otra vez. En esa ocasión a través de Tim Adams, el lúcido jefe de gabinete del secretario. No recuerdo si me puse la corbata, pero sí que por fin encontramos una vía de entrada.

Tim nos ofrecería veinte minutos con el secretario para que lo saludáramos, «solo por cortesía».

«¿HA ESTADO ALGUNA VEZ EN ÁFRICA?»

Paul O'Neill tenía una forma de hablar muy especial. Escupía las palabras por la boca a toda velocidad, con el menor énfasis posible. Decir «directo» se queda corto. Pero, una vez despojado de la habitual cortesía, resultó ser arrolladoramente sincero y digno de confianza. También resultó ser combativo. Como muchos de los grandes luchadores, tenía un ligerísimo ceceo.

—¿Ha estado alguna vez en África?

Unas cuantas veces, secretario.

—De acuerdo, sí, ha estado, pero ¿ha trabajado en el continente de verdad? Lo digo porque yo trabajé por todo el territorio con Alcoa. ¿Ha oído hablar de Alcoa? ¿Ha oído hablar de Guinea? Bueno, si cree que esta Administración va a darle un mísero céntimo para que se lo gaste en algunos de los países más corruptos del planeta, está más loco de lo que ya pensaba que estaba usted.

Vale. Ya empiezo a ver de dónde sale, señor secretario. No había terminado.

—Esos dictadores de pacotilla roban a su propia gente, ¿sabe? Ni siquiera confiamos en la contabilidad de nuestro propio organismo de ayuda estatal en lo referente a cómo se gastan el dinero que vertemos en esos países, así que ¿por qué íbamos a creer en ustedes?

Recordé mi mantra y empecé a buscar un punto de encuentro, alguna especie de puerta. Tiene razón, señor secretario, la corrupción es el gran asesino del continente de África, tanto como cualquier enfermedad.

—Pero eso también ocurrió en todos nuestros países en distintas fases del desarrollo, incluida Irlanda.

Entonces interviene Bobby Shriver y apunta que estaban surgiendo nuevos líderes en África con posturas más sólidas que las de si un país había sido nuestro amigo o nuestro enemigo durante la Guerra Fría.

—Hay un nuevo despertar de África —me oí decir—, desde las ruinas del colonialismo y las guerras de poder entre Occidente y Oriente.

—Bobadas.

¿He dicho ya que Paul O'Neill era directo?

—Bobadas sin sentido. No está leyendo el periódico que debería.

Parecía que se nos acababa el tiempo (¿habían sido los veinte minutos más rápidos de mi vida?), pero, mientras nos acompañaban con amabilidad y firmeza hacia fuera del despacho, me planté en la

481

puerta el tiempo suficiente para poder mirar a los ojos al secretario O'Neill.

—Si consiguiera presentarle diez países de África que se dirigen hacia un buen Gobierno y una transparencia en la contabilidad, ¿se lo replantearía?

—Si consigue presentarme cinco, estaré encantado de continuar hablando, pero tengo mis dudas sobre si volveremos a vernos. Muchas gracias, señor Bono, que tenga un buen día.

«HIJO, TE DOY MI BENDICIÓN»

Tendríamos que buscar a los «conservadores compasivos» que Bush creía que lo habían elegido y tendríamos que convencerlos de que la condonación de deuda y mandar el dinero de los contribuyentes de Estados Unidos al extranjero para combatir el VIH/sida era tanto compasivo como conservador. Las encuestas indicaban lo contrario. Cuando les preguntaron en 2001, más de la mitad de los cristianos evangélicos decían que «probable o definitivamente no ayudaría» a los huérfanos de las víctimas del sida. Creían que esta «nueva plaga», como se la denominaba a veces, no era algo que les atañera. Muchos lo relacionaban con la inmoralidad sexual; algunos incluso afirmaban que era un castigo divino por llevar una vida pecaminosa. La idea de que Jesucristo hubiera muerto por todos, no solo por los que se veían como moralmente intachables, se les escapaba. Así como cualquier paralelismo con los intocables de la época de Cristo, los leprosos, a quienes recibía con los brazos abiertos para curarlos.

Mientras me dedicaba a visitar a distintos líderes religiosos influyentes, les recordé los 2.003 versos de la Biblia relacionados con los pobres y que, después de la redención personal, el cuidado de estos es el tema principal de todo el libro. No quién se acuesta con quién. En una reunión en Washington, D. C., con tres docenas de evangélicos de peso, cité a Jesucristo, quien a su vez citaba a un profeta anterior, Isaías.

«El Espíritu del Señor está sobre mí, por cuanto me ha ungido para dar buenas nuevas a los pobres; me ha enviado a sanar a los quebrantados de corazón; a pregonar libertad a los cautivos, y vista a los ciegos; a poner en libertad a los oprimidos».

No es exactamente rock'n'roll… pero no está tan lejos.

Quería ver si la Biblia era una vía por la que poner en movimiento a personas que, de otro modo, permanecerían quietas.

Ama al prójimo, me gustaba decir, no es un consejo. Es un mandamiento. ¿De acuerdo? Sea quien fuere el prójimo. Y siempre.

Me remito a una reunión en el despacho del senador Jesse Helms en el Senado. Intento quitarme de la cabeza que es uno de los personajes que hay detrás de la historia de nuestra canción «Bullet the Blue Sky», un luchador de la Guerra Fría que defendió la intervención de Estados Unidos en América central en la década de 1980. Es el senador archiconservador de Carolina del Norte, el enemigo acérrimo no solo de los activistas contra el sida (que denominaba «enfermedad de gais»), sino también de los artistas, debido a sus intentos de reprobar el National Endowment for the Arts, el organismo estatal para el fomento de las artes. También había tratado de obstruir la ley que convertía la fecha de nacimiento de Martin Luther King en un día de fiesta nacional. En 2001, Helms está sentado en un trono tan poderoso como la presidencia de la Comisión de Relaciones Internacionales.

Y ahí está, poniéndome las manos sobre la cabeza.

—Hijo, te doy mi bendición. Deja que te ponga las manos en la cabeza.

Tiene lágrimas en los ojos y, más tarde, se arrepentirá en público de en qué términos había hablado del sida en el pasado. Un gran sobresalto tanto para la izquierda como para la derecha. Lo que lo conmovió fue la analogía con la lepra de las Sagradas Escrituras. En eso tenía que seguir a Cristo. Aun así, en momentos como este siento que me he metido en la obra dramática de otra persona y que algún día conoceré al escritor.

Edge se disgusta mucho cuando se entera de esta reunión. Estoy poniendo a prueba la paciencia de la banda y de nuestro público. Voy a ponerla a prueba un poco más.

Pasemos ahora al aeropuerto internacional de Kotoka, en Acra (Ghana). Formo parte de una operación militar. Desde el momento en el que el Air Force America aterrizó con mi nuevo mejor amigo Paul O'Neill, el secretario de Hacienda, fue como si fuéramos un ejército invasor. Los cantantes de rock saben algunas cosillas sobre los circos ambulantes, pero no hay nada comparable con viajar con la diligencia del Tío Sam. Es como una «caravana de carretas». No obstante, pese a toda la parafernalia logística, esa variopinta mezcla de economistas, burócratas y periodistas parecía genuinamente comprometida con la voluntad de cuestionar los clichés que todos habíamos albergado sobre el continente. Paul O'Neill se levantaba a las cinco de la mañana y, a las seis en punto, ya estaba sentado en el desfile. (Como no me iba a dormir hasta las cinco, algún día yo llegaba un poco tarde. Y normalmente me lo perdonaban). «El Tour de la Extraña Pareja», tal como lo apodaron, no tardó en captar la imaginación de los medios de comunicación, decididos a averiguar si había algo de fundamento en la reivindicación de George Bush sobre el conservadurismo compasivo.

Habíamos pedido a las organizaciones locales que apalabraran reuniones con trabajadoras sexuales, médicos, educadores sobre el sida y activistas. La secretaría de Hacienda organizó visitas a la bolsa de comercio, a un consultorio de tratamiento de registros dentales, a una fábrica de automóviles Ford.

Sin embargo, conforme transcurrían los días, empecé a observar algo paradójico, aunque también estimulante. Mientras la perspectiva del secretario O'Neill y de su equipo de teóricos monetarios iba cambiando por las historias sobrecogedoras que la pandemia del sida ponía en nuestro camino, también mi perspectiva iba modificándose, conforme empezaba a ver el papel de la industria nacional y el comercio, y sobre todo de la infraestructura, para poder sacar a las personas de la extrema pobreza.

Mientras yo empezaba a prestar más atención al tipo de datos económicos que te permiten saber lo que de verdad hay detrás de la pobreza de un país, Paul y su mujer, Nancy, junto con Julie, su hija, pasaban más tiempo del previsto hablando con personal de enfermería, médicos y pacientes en clínicas y hospitales.

Todavía recuerdo lo mucho que les impactó visitar una clínica en Soweto, en la que descubrieron que, pese a que Estados Unidos financiaba el fármaco nevirapina para las mujeres embarazadas portadoras del virus VIH, con el fin de que no se lo transmitieran a sus hijos antes de nacer, no había financiación para ARV (fármacos antirretrovirales), que salvaba la vida de las propias gestantes. Yo no me eché a llorar, pero los O'Neill sí. Estábamos cambiando.

You speak of signs and wonders
I need something other
I would believe if I was able
*But I'm waiting on the crumbs from your table.**

En el momento en que el secretario y yo nos abrazamos antes de separarnos en el aeropuerto, supe que, a pesar de nuestras diferencias, ahora teníamos a un aliado en la Administración Bush. Dejamos el continente empezando a creer que la Casa Blanca de Bush podría dar un gran paso contra el sida en África y, cuando volví a Dublín, estaba deseoso de contárselo todo a Edge.

Acompañados de una Guinness en Finnegan's, le describo los hechos transformadores de la «integración de la zona» y algunos de los detalles más concretos de la bolsa de comercio de Ghana. Se me acelera el pulso al recordar el vuelo en un Cessna de dos motores sobre el puerto de Dar es Salaam para obtener una vista mejor de los barcos contenedores y las líneas de ferrocarril.

—Vaya, vaya. Tenemos que llevarte al estudio cuanto antes —me dice Edge, y levanta la Guinness para llevársela a los labios con una cara totalmente inexpresiva—. Te sale la poesía por los poros.

---

* «Hablas de señales y maravillas. / Yo necesito otra cosa. / Creería si fuese capaz / pero estoy esperando las migajas de tu mesa».

No mucho después nos preparamos para volver al estudio con el productor Chris Thomas, con el fin de escribir canciones para *How to Dismantle an Atomic Bomb* cuando me entero de la noticia.

Acaban de despedir a Paul O'Neill, el hombre que administraba el dinero de Estados Unidos.

miracles
"in science and in medicine
I was a stranger and you
took me in"
PrEP
A|RV
GOD BLE$$ AMERICA

30

Miracle Drug

Beneath the noise
Below the din
I hear your voice
It's whispering
In science and in medicine
I was a stranger
*You took me in.**

Ay, esa sensación de estar en un hospital. El olor en los pasillos. El olor a detergente. A higiene. Salvo cuando el hospital no tiene provisiones. Luego otra puerta. Entonces el hedor es el de las personas que no han podido lavarse, que no tienen acceso a una ducha. Personas que huelen al humo de las hogueras que han encendido en los terrenos del hospital para cocinar cualquier cosa que encuentren para comer. Ese es el olor que me entra por la nariz en el hospital de Lilongüe, la capital de Malaui. Ese es el olor de un hospital que también necesita respiración artificial, donde no hay modo de tratar al asesino invisible que acecha en los pabellones.

---

* «Bajo el ruido, / bajo el escándalo, / oigo tu voz / que susurra. / En la ciencia y en la medicina / era un forastero / y me acogiste».

OBRA EN TRES ACTOS DURANTE DOS AÑOS. NUEVE ESCENAS DE LA VIDA DE UN ACTIVISTA AMATEUR CONTRA EL SIDA

Acto primero, primera escena: En los pabellones con la hermana Anne en Lilongüe, Malaui (la santa)

A principios de 2002, estoy en África en compañía del doctor Jeff Sachs y su mujer, la doctora Sonia Sachs. Hoy nos reunimos con la hermana Anne Carr, que me cuenta que nació en Dublín y se crio en Cork, y que ha dedicado su vida a ser misionera médica, trabajando de comadrona en clínicas y unidades móviles de aldeas apartadas.

Quedamos en el sobresaturado hospital de 750 camas que dirige el doctor Mwansambo, el cual nos dice que el centro está al 300 por ciento de su capacidad. Se parece más a un aparcamiento de varios pisos, con un montón de plantas apretadas que salen de pasarelas larguísimas que recorren toda la longitud de cada planta. En el hospital no admiten visitas, pero entro a toda prisa por la puerta sin que me hagan preguntas.

—Les he comentado que eras mi sobrino —me dice la hermana Anne.

Esta mujer me gusta de inmediato. La monja a quien todo el mundo reconoce pasea a la estrella del rock de la que nadie ha oído hablar por delante de colas de pacientes que aguardan en los pasillos. Acaban de diagnosticarles que son seropositivos, me cuenta Anne. Esperan a que los admitan en una antesala en la que algún empleado sanitario les informará de que no hay tratamiento para su enfermedad. Aquí deben prepararse para morir.

En los pabellones, la escena es todavía más penosa. Hay tres o cuatro pacientes por cama, a veces hay dos encima, con la cabeza en los pies del otro paciente. A veces tienen otros dos debajo. Todos se preparan para morir.

Mientras avanzamos, me arriesgo a mirar a la cara a algunas de las personas que esperan en la cola, previendo su desesperación, su enfado o su rabia. ¿Por qué no iba a enfurecerse alguien al saber que, si un occidental blanco como yo contrajera la enfermedad, no

490

estaría sentenciado a muerte? A mí sí me darían tratamiento. Sin embargo, no veo ira en las caras que me devuelven la mirada, solo aceptación. Esas personas a las que les están diciendo que van a morir casi se disculpan por su situación.

No, no hay ni rastro de rabia, solo buenos modales. Esconden la vergüenza; son educados y amables. Ocultan el dolor con gratitud hacia sus cuidadores, que les han dado la peor noticia del mundo. Mientras aguardan la muerte, también deben vivir con el estigma: el estigma de que les hayan hecho la prueba, de ser portadores del VIH.

Sí aprecio rabia en otros ojos que me miran. En los ojos del personal hospitalario. ¿Qué debe de sentir un empleado sanitario que puede diagnosticar pero no tratar la enfermedad, que debe decirles a sus pacientes que no se puede hacer nada por ellos? Esa rabia está contenida. No la gritan, ni siquiera la verbalizan. Pero la veo. Más que eso, la siento, y, si alguien quiere sentirla también, que siga leyendo estas páginas. La rabia está asimismo en mi mirada. Me enfurece que el mundo permita que esto ocurra. Cuando mi familia y mis amigos quisieron saber por qué pasaba tanto tiempo en los pasillos del poder, por qué quedaba con todas esas personas trajeadas, por qué estrechaba tantas jodidas manos… No tuve más remedio que compartir con ellos esta imagen.

Este hospital en Lilongüe.

Veinte años después de que se detectara por primera vez el VIH y cinco años después de que los ciudadanos de los países ricos tuvieran acceso a los tratamientos farmacológicos que les transformarían la vida, continúa sin haber cura asequible o accesible aquí. ¿Por qué iba alguien a molestarse en hacerse la prueba, aunque pudiera? El este y el sur de África, durante los primeros años del siglo XXI, son los epicentros de la epidemia. En Botswana, el 38 por ciento de la población adulta es seropositiva. Debido a ello, más de un tercio de los adultos van a enfermar y a morir. Podríamos echar un vistazo a un mercado abarrotado e imaginar esa devastación. No era una exageración cuando su presidente, Festus Mogae, declaró: «Corremos el riesgo de extinguirnos». Este virus no solo está matando a los jóvenes y a los más vulnerables; mata también a personal de enfermería, médicos, profesores, agricultores, contables, abogados. Madres y padres. Si no pueden recibir el tratamiento, las esperanzas y los sueños de toda la región perecerán.

La hermana Anne no está tan enfadada como yo.

Estoy sentado en su despacho y lo único en lo que puedo concentrar la atención es en el abrumador hedor a heces. Su despacho está encima de un desagüe de aguas fecales.

—¿Cómo ha podido acostumbrarse a esto? —le pregunto.

—¿Acostumbrarme a qué?

—A este olor —respondo.

—¿Qué olor? —vuelve a preguntar, con cara de incredulidad total. Luego me guiña un ojo.

La hermana Anne afronta la muerte echándole la bronca o dándole la mano. Se ríe mucho, pero no hay nadie que se tome tan en serio la tarea de transformar las vidas de los pobres. Esa es su forma de estar al servicio; ve el rostro de su Dios en las personas con las que vive. Recuerdo aquel versículo de las Sagradas Escrituras, que dice que cada vez que servimos a los más desfavorecidos, servimos a Dios. Lo sepamos o no. Quizá si me quedo cerca de la hermana Anne, también esté más cerca de Dios.

Pero aun así, el hedor…

Acto primero, segunda escena: Sudáfrica
No pierda el tiempo, señor Bono (los profesionales)

Malaui y Sudáfrica, esas fueron las visitas que me radicalizaron. Nos radicalizaron a todos los del equipo de DATA. No bastaba con enfurecerse; teníamos que organizarnos y obtener respuestas a preguntas difíciles. Preguntas sobre el coste de los tratamientos y sobre cómo conseguir que acceder a los antirretrovirales fuese una realidad. Creíamos que el VIH era una batalla que iba más allá de la compasión y el buen desarrollo, más allá de una conversación acerca de las tasas de devolución de una inversión de recursos. Había entrado en contacto con los Treatment Action Campaigners (TAC), miembros de una asociación que luchaban con sus vidas por el acceso universal a la medicación contra el sida, y, hasta el momento, no he experimentado jamás un activismo impulsado por una fuerza parecida a la suya. Su rabia no estaba contenida. Era tan audible e insistente como una alarma antiincendios. La extraordinaria Prudence Mabele (que murió de neumonía en 2017, a los cuarenta y cinco años) fue una de las primeras mujeres de Sudáfrica en hacer público que era portadora del VIH. Me miró a los ojos mientras me contaba que se estaba perdiendo un funeral de un familiar (fallecido por el mismo virus) para reunirse conmigo.

—Confío en que no nos haga perder el tiempo, señor Bono —me dijo—. Porque ninguno de nosotros tenemos tiempo que perder.

La delegación de Médicos sin Fronteras de Francia había donado antirretrovirales a los TAC, pero no eran suficientes. Eso condujo a decisiones inconcebibles acerca de quién recibiría esa medicación, capaz de salvarle la vida, y quién no. Entre colegas. Entre familias. Entre hermanos.

Zackie Achmat, el cofundador, había empezado una huelga de fármacos, pues se negaba a tomar los antirretrovirales hasta que todos los sudafricanos tuvieran acceso a ellos. Los TAC habían luchado contra Big Pharma en los tribunales porque esta compañía se negaba a que pudiera haber genéricos más baratos que sus medicamentos, y obtuvieron victorias que marcaron un hito como la de Pretoria, que obligó al Estado a proporcionar nevirapina a todas las mujeres embarazadas seropositivas.

El hecho de que esos medicamentos caros abundasen en el mundo rico, pero que se negaran al mundo pobre, parecía una prueba irrefutable de la desigualdad. Dejaba patente la injusticia global.

Acto primero, tercera escena: Kampala, Uganda
Busca una familia que cuide de tus hijos (las pautas)

Cuando, unos días más tarde, conocí a mujeres de TASO (la Organización de Apoyo a las Personas con Sida) en un edificio de hormigón de Kampala (Uganda), esta realidad no podría haberse manifestado de forma más clara.

Restándole importancia y sin tapujos, las mujeres describían su situación como si explicasen las normas de funcionamiento de una clase. Eran algo similar a estas:

CÓMO PREPARARSE PARA MORIR

Busca una familia que cuide de tus hijos. Prepara un álbum de recuerdos para ellos lleno de amor.
Educa a los miembros de tu comunidad que no tienen VIH.
Abraza a los que sí lo tienen y reza por ellos.
Cuidad unas de otras.

Las mujeres están serenas mientras nos lo explican, mientras nos muestran esos álbumes de recuerdos que están preparando para sus hijos: fotos, detalles, historias familiares, cartas para ocasiones futuras, consejos. Mensajes de amor incondicional. En su despacho, después de la visita, el doctor Alex Coutinho, el director, se atraganta mientras nos cuenta que a menudo es él quien tiene que decidir a quién le asignarán los antirretrovirales disponibles.

Sostuve esas tres pastillas en la mano y noté la superficie gelatinosa que contenía la vida o la muerte, y el artista/vendedor que hay en mí supo que teníamos los utensilios visuales para ganar la discusión. Al igual que ocurría con el Jubileo 2000, se trataba de un debate sobre la justicia y no tanto sobre las obras benéficas. Si el acceso a los antirretrovirales dependía de verdad del lugar geográfico en el que viviera alguien, «un suceso eventual de longitud o latitud», como me gustaba exponerlo, entonces consideraba que podíamos ganar el caso en el tribunal de la opinión pública. Si éramos capaces de hacer eso, podríamos ganar en el ámbito político.

Plasmaría ese pensamiento en «Crumbs from Your Table», que grabamos un par de años más tarde.

Where you live should not decide
Whether you live or whether you die
Three to a bed
Sister Anne, she said
Dignity passes by.*

«Crumbs from Your Table»

Sin embargo, la idea arraigó en mi vida antes de convertirse en el gancho de una canción. Un gancho que necesitábamos para que la pusieran en la radio… de la opinión pública.

«El lugar donde vives no debería decidir si vives».

Acto segundo, primera escena: Midtown de Manhattan, Nueva York
Sede principal de News Corp con el poder en la sombra, o el montador de andamios

Para que los políticos tomaran decisiones arriesgadas que beneficiarían a personas a miles de kilómetros de distancia, teníamos que entrar en contacto con los creadores de opinión, además de con los legisladores. Eso explica por qué apenas unos meses después estoy con Bobby Shriver en la sede principal de News Corp en el centro de Manhattan, a la vuelta de la esquina de una Times Square que cada vez se parece más a Disneyland. No vi nada especial en las oficinas en aquel momento, aunque, al mirar atrás, veo que sí era especial: allí es donde se fraguará con sigilo una revolución de derechas, una que hará temblar las bases de la democracia de Estados Unidos.

Estamos sentados con Rupert Murdoch, quien pocos años antes fundó Fox News, un canal que ya está nombrando a los belicosos presentadores de televisión y a los instigadores de la derecha que convertirán en un arma la insatisfacción de toda una serie de votantes de Estados Unidos. Personas que sienten que los canales informativos habituales son un servicio de espionaje liberal que les habla con altanería, ajenos a su dolor o a su miedo. En años venideros,

---

* «El lugar donde vives no debería decidir / si vives o mueres / con tres en una cama. / La hermana Anne decía: / la dignidad pasa de largo».

conforme la globalización deje de ser la respuesta para muchos estadounidenses, más y más habitantes verán cómo el miedo se transforma en rabia. Unido al auge de internet, el coste de la guerra en Irak, la crisis económica y la migración masiva, estas personas verán cómo se les vacían los bolsillos conforme aumentan las facturas por pagar. Se convertirán en la base que apoye a Donald Trump cuando este quiera llegar a la Casa Blanca; pese a que no haya muchas pruebas de que la difícil situación de esas personas le hubiera preocupado tiempo atrás.

Rupert Murdoch dista mucho de Donald Trump. Un pensador sofisticado, que se oculta en las expresiones coloquiales. Australiano. Pero sí comparten un rasgo. A Rupert Murdoch le encanta decir algo que varios en la sala quieren decir, pero no se atreven. Tiene algo de abuelo pastor presbiteriano, pero la última versión de los tormentos del infierno es un titular en *The Sun* o *The Post*, un titular que cree que revela otra tapadera del establishment.

¿El establishment?

Cualquier persona poderosa o política, rica o famosa. (Entre ellos, al final, también él. Unos cuantos años después, aceptará su responsabilidad a raíz del escándalo de las escuchas telefónicas en el que se vio envuelto su programa *News of the World*). Podría pensarse que los métodos empleados por su imperio para descubrirlo revelan un déficit de moral peor que el de las hipocresías que denuncian. Rupert Murdoch no lo ve así. ¿Que qué opino yo? Lo que yo opino importa menos ahora mismo que el hecho de que los periódicos de News Corp estén de nuestra parte en lugar de contra nosotros.

¿Hasta dónde puedo estirar la estrategia que había descrito como: «Hemos hablado con el enemigo y, en parte, tiene razón»? Sin duda se trata de un entorno tóxico para cualquiera a quien pudiera importarle estar en la portada de *Rolling Stone*. Por curioso que parezca, quien me anima a correr esos riesgos es precisamente el editor ultraliberal de dicha revista (y mi antiguo terapeuta), Jann Wenner, que se ríe mientras me recuerda la vieja advertencia de «no te metas con la prensa».

—¿Lo dice por usted o por él? —respondo.

Sentado junto a Rupert está Roger Ailes, a quien obligarán a dejar el puesto de director ejecutivo de la Fox News, pero no antes de ayudar a Donald Trump a pasar de estrella de la telerrealidad en *The Apprentice*... a estrella de la telerrealidad en la Casa Blanca. Junto a él está el compañero australiano de Murdoch, Col Allan, jefe de redacción del *New York Post*, que en esta ciudad es como el *Daily Bugle*, por si alguien es fan de Spiderman. Me preparo para el habitual escepticismo sobre la eficacia de la ayuda e intento explicar por qué a Estados Unidos debería importarle el que haya una pandemia sanitaria en África. Luego espero el juicio del hombre que crea a los presidentes y primeros ministros, el poder en la sombra o el montador de andamios. La cara de Rupert Murdoch es una cama deshecha, primero apoyada en dos manos y luego en una.

—Gracias por visitarnos hoy, Bono, y por presentar su punto de vista sobre el VIH/sida, que reconocemos que está destrozando la vida de millones de personas. Pero... pero... pero... si pregunta si News Corp puede implicarse en esa campaña para tratar de influir en el presidente de Estados Unidos en tal materia, la respuesta es no. Un «no» rotundo e innegociable.

Me sentí como un pelele que queda en ridículo y asentí con la cabeza mirando a Bobby mientras nos preparábamos para dar las gracias a todos por haberse reunido con nosotros.

—Pero... pero... No he terminado.

El improbable revolucionario no ha acabado.

—Quiero que sepa que, si el presidente de Estados Unidos llevara a cabo una iniciativa histórica contra el sida como la que usted plantea, entonces los que estamos presentes en este edificio nos uniríamos como una marea.

En cuanto salimos por la puerta, Bobby llamó a Karl Rove, consejero jefe del presidente Bush.

—Oye, Karl, hay una sorpresa: Rupert Murdoch acaba de decirnos que, si vuestro jefe va a por todas en la emergencia contra el sida, va a apoyarlo a muerte. Vamos, hombre, tú puedes.

Acto segundo, segunda escena: Washington, D.C.
Caer en desgracia y caer en gracia a la doctora Condoleezza Rice (la capitana del transbordador)

Dos personas del Gobierno que siempre nos dejaron la puerta abierta y se interesaron de forma genuina por lo que DATA defendía fueron Josh Bolten, un asesor de economía maduro que iba a convertirse en el jefe del gabinete del presidente Bush, y la doctora Condoleezza Rice, su asesora de seguridad nacional.

—El presidente me ha dado permiso para tratar de comprender lo que hacen ustedes —nos dijo.

Eso explicaba lo segura que se mostró cuando permitió que Bobby, Lucie, Jamie y yo entrásemos en su despacho. Unas reuniones que podían terminar con el contenido de las mochilas de Jamie y Lucy desparramado por el escritorio de la doctora Rice, y por todo el suelo de la sala, mientras ella repasaba los análisis de Christian Aid y Oxfam. A mucha gente le costaría relacionar esa estampa con la imagen rígida y arrogante de la Administración Bush, pero fue inspirador que la doctora Rice estuviera abierta a cualquier información relevante. Solo deseaba confirmación y conocimiento. Pidió café para nosotros y de paso nos fue haciendo preguntas difíciles sobre si esas cifras encajaban de verdad. Y así era; por tanto, prosiguió con las preguntas.

Resultó que la Administración Bush estaba mucho menos interesada en África y en la pandemia del sida que en el avance de la libertad, desde Afganistán hasta los países del Golfo, sobre todo Irak. Su argumento era que la libertad es fundamental para el progreso, para que el capitalismo al estilo estadounidense pueda poner el turbo a esas economías. Sin rodeos: si esos dictadores de pacotilla y esos extremistas religiosos se quitaran de en medio, entonces el comercio haría su trabajo y la ingenuidad de la gente en dichos países se encargaría del resto. Quizá hubiera cierta coherencia en el argumento, de no ser porque pasaba por completo por alto tanto la profundidad del tribalismo étnico y religioso como el devastador impacto del VIH/sida. En un sector comercial próspero la fuerza de trabajo no suele estar haciendo cola en un pasillo de hospital, ni dos o tres muriendo en la misma cama.

Después del 11-S, la Administración empezó a tomarse muy en serio al continente africano, por lo menos como compañero (o protagonista) en la guerra contra el terrorismo. Dicho esto, lo que continuó guiando el pensamiento del presidente sobre el desarrollo fue el poder transformador del comercio. El economista de Hacienda John Taylor y el embajador sudafricano Jendayi Frazer estaban entre las personas a las que transmitimos las ideas que darían en llamarse la Cuenta del Reto del Milenio, la propuesta de cientos de millones de nuevas subvenciones a países que se hubieran comprometido a tener una buena gobernanza y a impulsar sus economías. Podía ser para una autovía en Tanzania o para una presa en el Níger, pero los números debían cuadrar, y tenía que encajar dentro de un manual conservador de estrategia fiscal. Líderes como John Kufuor, en Ghana, o Joaquim Chissano, en Mozambique, lo abrazaron porque era una nueva clase de relación con Estados Unidos, que se alejaba del clientelismo y se acercaba a la colaboración.

El peligro era que la Cuenta del Reto del Milenio empezaba a aflorar como la gran idea, guiada por el asesor de seguridad nacional, Gary Edson, y era como si la puerta de entrada para la iniciativa contra el sida se estuviera cerrando. ¿La Cuenta del Reto del Milenio? Fuerte y rigurosa. ¿La iniciativa contra el sida? Blanda y difusa. Y cara. Muy cara. Era un quebradero de cabeza. Pero, en medio de estas conversaciones, la voz de la doctora Rice sonó precisa y rotunda. Condi, como llamábamos entonces a la futura secretaria de Estado, era una académica, una pensadora sofisticada, pianista de nivel profesional y hablante fluida de ruso. Había nacido en Birmingham (Alabama), era «creyente» en el sentido de que parecía poseer fe religiosa, pero no hacía ostentación de esa fe; la suya no era de esas iglesias en las que se acaba bailando entre los bancos. Cuando hacía ejercicio a primera hora de la mañana, a veces junto al presidente, me decía que podía ponerse rock'n'roll en los auriculares, y nunca me he quitado de la cabeza esa estampa de la clasicista.

—¿Qué tipo de rock?

—Pues Led Zeppelin es uno de mis favoritos —me dijo.

¿Por qué no me sorprendió? Porque nada sorprendía en esta mujer que era más exigente que el resto, una presencia de línea dura en la Casa Blanca y más tarde en el departamento de Estado, que se deslizaba sin esfuerzo desde los nocturnos de Chopin hasta el «Whole Lotta Love». Como miembro de Amnistía Internacional de toda la vida, tuve que sacarle el tema de la tortura de los extremistas islámicos encarcelados.

—Estados Unidos no cree en la tortura, porque acumula información imprecisa e invita a que la misma práctica se utilice contra nuestros combatientes.

Esa conversación habría que dejarla para otro momento.

Condi tenía un oído fino capaz de percibir la nota discordante de diferentes asuntos y de localizar la mejor melodía para el presidente. Era la voz de soprano en el coro que yo empezaba a creer que conseguiría que George W. Bush se pusiera al aparato. Pero, ahora mismo, pese a todo nuestro acceso a los pasillos del poder, no estábamos avanzando en una iniciativa contra el sida a gran escala.

Nuestra preocupación se concretó en marzo de 2002 con la noticia de que la Cuenta del Reto del Milenio para impulsar la economía, lo que Bobby llamaba «capital inicial para las nuevas democracias», iba a anunciarse sin mención alguna a la emergencia contra el sida. Mientras ayudábamos a perfilar la iniciativa, expusieron que se esperaba que yo estuviera junto al presidente Bush cuando lanzara la noticia al mundo en el Banco Interamericano de Desarrollo. Me gustaría enfatizar que se trataba de cinco mil millones de dólares más en ayudas al desarrollo (y procedentes de una Administración republicana) para construir infraestructuras como carreteras, redes eléctricas y hornos de fundición de acero. Sería un gran paso para los países que se beneficiaran de la ayuda. También sería un gran paso para DATA.

Y raro.

Muy raro.

Nuestros partidarios habían hecho campaña para el acceso universal a los fármacos contra el sida, pero en la noticia no se mencionaría eso ni de pasada.

Algo también raro para mí.

Muy raro.

Una oportunidad para la foto con un presidente púgil que, tras haber logrado invadir Afganistán, ahora empezaba a tocar los tambores de guerra en Irak. Con su retórica de cowboy y su arrogancia añadida, George W. Bush se estaba alejando incluso de los conservadores moderados. Una guerra en Irak se veía como un paso desproporcionado por parte de un presidente demasiado ambicioso en la estela de los neoconservadores del ala extremista de su partido. Dicho de forma burda, los neoconservadores creían que, si una mayoría chiita iraquí significativa echaba a sus gobernadores supremos sunnitas y se convertía en una democracia, entonces Irán y otros países de la zona posiblemente seguirían el ejemplo y anunciarían una estrategia conocida en el mundo de las relaciones internacionales y en el Consejo Atlántico como la Pax Americana. (¿Pax?).

En público, me había apartado de las noticias sobre Irak. Para un bocazas irlandés, eso era casi imposible, pero me obligué a mantener la boca cerrada. En privado, entablé conversaciones tanto con la doctora Rice como con Karl Rove sobre las tropas británicas que llegaron a Irlanda del Norte y que, al principio, tuvieron una cálida bienvenida por parte de la minoría católica que habían ido a proteger. En un abrir y cerrar de ojos, esas tropas se convirtieron en el enemigo. No hay nada comparable a que te detengan y te cacheen en tu propia calle unos soldados que hablan un «idioma» completamente distinto para causar alienación. En un arranque de sinceridad, Kark Rove soltó el aire y dijo:

—Bueno, hablemos claro, Bono, si hacemos esto mal, no tratará con nosotros mucho tiempo más, porque en breve habrá elecciones.

Eso ponía mi propio pequeño conflicto en contexto, pero ¿a qué clase de foto de prensa me dirigía? ¿Iba a ser yo el pringado liberal, aplaudiendo el anuncio de algo en lo que nuestro equipo había participado, pero que no era nuestra razón de ser? Mientras tanto, la emergencia contra el sida, el elemento fundamental que habíamos descrito como eje moral de una generación, era obviada.

Corría el riesgo de hacerle perder tiempo a Prudence Mabele mientras proporcionaba un apoyo tácito a un presidente aficionado a la guerra.

Ya podía oír los abucheos, y eso solo desde mi propia banda. Nuestros fans, tanto como nuestros críticos en los medios, echarían pestes.

—Cuéntale la verdad al poder… ¿Dónde está ahora tu bandera blanca de la no violencia?

Por supuesto, me decía a mí mismo, si este era el incremento en la ayuda económica de Estados Unidos más grande en diez años, podría soportar a cambio el vapuleo de los medios de comunicación. Pero ¿y con respecto a la banda? Mis colegas no habían pedido nada de esto. Dios bendiga su paciencia. La óptica, como aprendimos a decir más adelante, era errónea y nos entró el canguelo. Bobby llamó a Condi para explicarle que, si no se llevaba a cabo algún tipo de iniciativa más sobre el VIH/sida, el anuncio de la Cuenta del Reto del Milenio no nos serviría. En nuestra opinión, los dos elementos formaban parte de la misma estrategia.

Condi, que nunca perdía la compostura, perdió la compostura. «Está cabreadísima», tal como dijo Bobby.

Si la dejábamos en la estacada, podía ser el final de la colaboración de DATA con la Administración. Me encontraba en un aprieto. No quería decepcionar a Condi o a la Casa Blanca (y, además, en efecto, la Cuenta del Reto del Milenio era un movimiento significativo), pero tampoco quería parecer un pringado. Tenía que hablar con ella en persona. Un miércoles por la tarde me hicieron cruzar a toda prisa por el control de seguridad de la puerta oeste de la Casa Blanca, pasé por delante de las cámaras de televisión, atravesé el vestíbulo del ala oeste, donde había dejado de ser un bicho raro ante la mirada de los marines que me hacían el saludo militar y de los recepcionistas sentados en la antecámara que había junto a su despacho. Condi cerró la puerta en cuanto entré para mantener lo que de inmediato intuí que sería una de las conversaciones más cruciales de mi vida. Con sus estanterías de caoba y sus cómodos sillones, no es un despacho poco común, pero Condi sí tiene un poder poco común, formal, aunque nunca frío. Pero ¿acaso su sonrisa parece un poco más seria que de costumbre? ¿Está tan nerviosa como yo?

—Bono, soy una persona dada a las relaciones, las relaciones lo son todo para mí, y, si no te presentas para apoyar mañana al presidente, nos dejarás en ridículo.

Directa al grano.

—La Cuenta del Reto del Milenio implica cinco mil millones de dólares de nuevos fondos. Si no te basta con eso, intuyo que nuestra relación va a terminar. Por lo menos, por mi parte.

—Condi, por supuesto que te agradecemos mucho el acceso al presidente, sabes que sí, pero, por favor, tienes que vernos como representantes de todos los organizadores de campañas que trabajan en esto día y noche, año tras año. Nuestra proximidad a vuestra Administración también ha levantado sospechas sobre si al final nos venderemos. Poder acceder a los fármacos antirretrovirales es lo único que de verdad interesa al movimiento.

—¿Quién sospecha?

—La Alianza Internacional contra el VIH/Sida, para empezar; incluso nuestro buen amigo, el doctor Paul Zeitz, nos llama vendidos, dice que apoyamos la iniciativa presidencial, aunque no actúe en la emergencia contra el sida.

—Bono, ya llegaremos al problema del sida. Danos tiempo. Luchar contra el sida es uno de los cuatro o cinco pilares que compondrán la política para el buen desarrollo.

La hermana Anne me vuelve a la memoria, su oficina sobre el desagüe de las aguas fecales. Estoy en el despacho de Condi, una de las personas más poderosas del mundo, pero necesito que ella esté en la oficina de la hermana Anne. Ojalá Prudence estuviera aquí para mirarla a los ojos. Opino que Condi comete un error. Y ella opina que me equivoco yo. Pero, al mismo tiempo, quiero creer en ella; confío en que desea obrar bien. Siento que a lo largo de este último par de años he llegado a conocerla, como si pudiera intuir quién es bajo esa elegante armadura. Me parece que ella también intuye quién soy yo. Lo intento una última vez.

—Condi, este virus es algo más que el causante de una colosal emergencia sanitaria; está desmoronando todo aquello por lo que se esfuerza vuestra Administración.

(Podría haber ahondado en el tema. Lo hice).

—Ya lo sabemos, estamos en ello, ¿de acuerdo? Te doy mi palabra —me dijo—. Lo haremos. Tienes que creerme. Cualquier relación auténtica requiere confianza.

Imposible discrepar. Y noté algo distinto en la forma en la que lo dijo. No estaba seguro de qué era, pero sí sabía qué no era. Sabía que no estaba actuando. Confié en ella.

—Muy bien, a ver si lo he entendido. ¿Vais a comprometeros con una iniciativa contra el sida?

Sí.

Todo dependía de la siguiente pregunta.

—¿Una iniciativa histórica?

Pausa.

—Sí.

Extendí la mano y me la estrechó.

—De acuerdo. Mañana estaré allí.

Respiré hondo.

Salí del despacho de Condi para toparme con mi propio pelotón de fusilamiento y tuve que fingir que no me había decidido. Habíamos fijado una conferencia telefónica con los miembros de la junta de DATA, entre ellos la Open Society de George Soros y la Bill y Melinda Gates Foundation. El tono del debate cumplió mis expectativas. Desde Bobby (quizá podamos salir airosos) hasta Jamie y Lucy, a punto de dar la voz de máxima alarma. ¿Había perdido el norte? Jamie estaba muy preocupado por nuestra reputación en la izquierda, donde habita la mayor parte del activismo contra el sida; Lucy me recriminó que no hubiera puesto parámetros concretos a ese «histórico».

Les digo que comprendo que nuestra reputación como organización (y la mía como particular) pende de un hilo, pero creo que es un riesgo que podemos asumir. El riesgo de perder nuestra imagen pública no es nada en comparación con el riesgo que, si se corta la relación con la Casa Blanca, correrán las vidas de las personas por las que decimos estar trabajando.

Mi explicación es poco convincente y alguien señala que nos llamamos DATA, pero que parece que acabemos de firmar un acuerdo sin tener ningún dato concreto.

Antes de dar por concluida la conferencia, oímos el acento con un deje inconfundiblemente húngaro de George Soros.

—¿Bono?

—Sí, George.

—Bono, acabas de venderte por un plato de lentejas.

Al día siguiente, con una indigestión por el plato de lentejas, vuelvo al resplandor todavía más tenue del despacho oval para entrevistarme por primera vez con George W. Bush. Recuerdo a Bill Clinton sentado detrás de aquel escritorio, pero eso era entonces. Cuando Jimmy Carter se sentaba ahí, corría el rumor de que Willie Nelson le llevaba algunos productos farmacéuticos, y se los fumaban en la azotea. Yo también tengo drogas, tres pastillitas, que le entrego al actual ocupante del despacho. Antirretrovirales.

—Señor presidente, pinte estas píldoras de rojo, blanco y azul si es preciso, pero en África estas pastillas serían la mejor publicidad para los Estados Unidos de América de toda la historia.

Mientras nos dirigimos al desfile presidencial, recuerdo cuando Harry Belafonte me habló de Martin Luther King y el obispo de Bobby Kennedy. ¿Hemos encontrado esa puerta?

Por la ventanilla de la limusina presidencial veo que las hojas verdes están regresando a los árboles y que en los jardines aparecen brotes nuevos, mientras avanzamos en este día primaveral. En la carretera, la gente se detiene para admirar la larga cola de dragón de su desfile oficial, unos veinticinco vehículos moviéndose a la vez, empujados por la cabeza de dragón que hace destacar sus luces parpadeantes. La gente se para a saludar. Más personas de las que imaginaba. Bobby Shriver me dijo una vez que, desde el asesinato de su tío Jack (JFK) en un desfile presidencial en Dallas, siempre los acompaña una ambulancia. Por si acaso. Un pensamiento un tanto estremecedor.

Es el 14 de marzo de 2002, han transcurrido cinco meses desde que Estados Unidos entrara en guerra con Afganistán y seis meses desde el 11-S.

—Veo que lo aprecian mucho por aquí —comento mientras el presidente saluda hacia la carretera.

—Pues sí —dice, y suspira—. No siempre ha sido así. La primera vez que vine —hace una pausa—, la gente me saludaba con un solo dedo.

Me sonrío porque él es un hombre gracioso.

Y yo no soy tonto. Cinco mil millones de dólares es una barbaridad de dinero contante y sonante para invertir en los países más pobres, aunque no sea para combatir el VIH/sida. Unos meses más tarde, las medidas empezaron a girar en la dirección que los activistas llevaban debatiendo por todo el Congreso. El *rocket man* en persona, sir Elton John, se presentó en una audiencia de la comisión del Senado para proporcionar pruebas, además de para hacer una solicitud: que el país más rico de la historia erradicara la peor pandemia de la historia.

Sabíamos que había líderes en los pasillos del Congreso que podían conseguir algo mucho mayor. Nancy Pelosi dijo que la razón por la que estaba en el Congreso era para erradicar el sida en Estados Unidos. Veinte años más tarde, la líder demócrata cercana pero contundente estaba igual de comprometida por la causa en el resto del mundo, pues no podía olvidar lo que había presenciado en su propio distrito de San Francisco. Junto con sus colegas de California, Maxine Waters y Barbara Lee, estas tres mujeres no se anduvieron con miramientos, salvo con la propia enfermedad. Entonces también estaba el médico conservador Bill Frist, con el que me topé en Uganda, donde era cirujano cardiovascular voluntario del hospital local. Durante sus vacaciones, ¿cuál fue el consejo que me dio?

—En Washington, D. C., puedes conseguir cualquier cosa, siempre que no sea idea tuya.

Y, junto a ellos, John Kerry, un veterinario de Purple Heart tan duro como cualquier hombre de hierro. Yo tuve un accidente con la bicicleta y me pasé seis semanas en cama. Kerry tuvo un accidente con la bicicleta y creo que ni se enteró. Luego estaba también el puma de Vermont, Pat Leahy, cuyo rugido era más fuerte que nunca cuando alguna hiena amenazaba su orgullo a la hora de proteger a los más pobres.

Presionamos y presionamos.

Anunciaron que invertirían quinientos millones de dólares para detener la transmisión de madre a hijo de este atroz virus. El senador Jesse Helms presionó al presidente en persona para conseguirlo. Pero esa cantidad no se acercaba ni por asomo a lo que se necesitaba para una iniciativa histórica contra el sida, donde la magnitud de la respuesta debía estar a la altura de la magnitud del problema. Al hablar con los periodistas en la rosaleda de la Casa Blanca, el presidente Bush plantó la semilla: «Conforme veamos que funciona, ofreceremos más financiación».

Acto segundo, tercera escena: Hablar con Oprah para hablar con todo el país…
y un diagnóstico de Anthony Fauci (la reina y el médico)

Una semilla que no debía caer en tierra yerma. Había leído un artículo en el *Boston Globe* en el que Andrew Natsios, jefe de la Agencia de Estados Unidos para el Desarrollo (USAID), ridiculizaba el argumento para combatir el VIH/sida mediante tratamientos de fármacos antirretrovirales. Los africanos, dijo, «no saben lo que es el tiempo en Occidente […]. Muchas personas en África no han visto un reloj en toda su vida. Y, si les dices que es la una de la tarde, no saben de qué les estás hablando».

Aunque más adelante se disculpó por el comentario, resultaba sorprendente que alguien (y mucho más el director de la USAID) insinuara que no podía confiarse en mil millones de personas de todo un continente para que se tomaran la medicación cuando tocaba. El día en que Bobby Shriver recibió una llamada de la Casa Blanca, nuestros miedos se intensificaron.

—No os lo vais a creer —dijo—. Dicen que Tony Fauci está echándole el freno a algo grande y audaz.

¿El doctor Anthony Fauci? ¿El excepcional experto en inmunología y VIH? ¿El director del Instituto Nacional de Alergias y Enfermedades Infecciosas?

—Al parecer, su consejo es avanzar paso a paso.

El Everest estaba cada vez más alto, pero debía ir a Chicago para un ascenso más urgente y abrumador, el programa de entrevistas más importante de la televisión estadounidense, el de Oprah Winfrey. No para hablar de música, sino del sida. La noche anterior fui incapaz de dormir, estaba más nervioso por las doscientas cincuenta personas del público del plató que por cualquier concierto celebrado en un estadio.

Charlamos de cuando la banda actuó en la Super Bowl después del 11-S, enumeramos a todas las personas que fallecieron y hablamos de lo impopular que se había vuelto Estados Unidos (pese a haber liberado a Europa de la guerra) en algunas partes del planeta. Hablamos de la paternidad y de cómo invertir esa moneda de cambio que es la fama. Entonces Oprah ataca: ¿qué tiene que ver el sida en África con los diez millones de telespectadores del programa, en gran medida, según dice, mujeres que están en casa preocupadas por sus hijos?

Bueno… eh, en fin, Oprah… Desde mi punto de vista, tiene que ver con el valor que damos a la vida de un niño. Tal vez haya que explicárselo a un fan de la música, tal vez haya que explicárselo a los hombres en general, pero hay una clase de persona que no necesita explicaciones sobre este asunto.

—No creo que haya que explicarle a ninguna madre que la vida de un niño de África es igual de valiosa que la vida de su hijo.

Se forma un revuelo. El público del estudio salta. Todos nos quedamos perplejos ante la respuesta. Es un sonido extraordinario, el sonido de la conexión. Habla con Oprah, como nos había dicho alguien, y hablarás con todo el país. Ella unía los puntos del mapa.

Aliviado por el hecho de que hubiera salido bien, me disponía a regresar a Dublín para unirme a la banda de la que solía formar parte. Entonces, Bobby volvió a sacar el tema del doctor Fauci.

—Tienes que llamarlo a Washington. Dile que necesitas verlo antes de irte.

—Pero es que me voy ya.

—Para de camino al aeropuerto. Dile que lo verás donde sea. Ofrécete a leer un cuento de buenas noches a sus hijos. Haz lo que haga falta.

Cuando Lucy, Jamie y yo nos presentamos en la casa de ladrillo rojo del doctor Fauci en Georgetown, distinguí desde la ventana a su esposa, Christine, y a sus hijas. ¿Estaba ayudándolas a hacer los deberes? Echaba de menos a mis hijos y quería estar en casa, pero necesitaba comprender las reticencias del doctor Fauci. Que, según daba la impresión, no eran tal como habían dado a entender las filtraciones de la Casa Blanca. Y al doctor no le gustó nada oír que usaran su nombre para poner trabas a la magnitud de la ambición. Nos enfrascamos en una conversación sobre el trabajo de campo del doctor Paul Farmer en Haití. Farmer, otro médico de renombre, había adaptado un sistema que había desarrollado para atajar los brotes de tuberculosis en las comunidades rurales y pobres. Tenía el nombre de DOTS (referido a un tratamiento observado directamente en un plazo corto) y demostraba que, cuando los lugareños seguían el método de supervisarse mutuamente las tomas de medicamentos durante un tiempo, las tasas de seguimiento de la medicación eran más altas que en Europa o que en Estados Unidos.

—Que se pueda acceder a los antirretrovirales es nuestra obligación moral, y podemos hacerla posible —dijo el doctor antes de despedirnos—. Ustedes caldeen el ambiente, como suele decirse, y yo ya llevaré la fría ciencia.

Acto segundo, cuarta escena: En el corazón de Estados Unidos con Agnes, Ashley, Chris y Warren (los actores)

—Soy camionero. ¿Has dicho que la mitad de los camioneros de Sudáfrica van a acabar muriendo a causa del sida?

—Sí —respondí—. A menos que puedan acceder al tipo de medicamentos que abarrotan las estanterías de cualquier farmacia aquí.

Tras pedir boli y papel a la camarera que hay detrás del mostrador de la cafetería, este camionero, con el rostro cubierto de tatuajes, que me había rozado en un stop de la I-80, me pasó su número de teléfono.

Fue durante el Heart of America Tour, un viaje al interior de otro Estados Unidos, lejos de las costas y las grandes ciudades, cuando empezamos a tener la sensación de que la gente quería ayudar; cuando comencé a comprender que quienes llaman al Medio Oeste ese «terreno que sobrevolar» en realidad deberían recorrerlo en coche y conocerlo mejor.

La gira, que empezó el Día Mundial de la lucha contra el Sida, en diciembre de 2002, estaba planteada para demostrar a los políticos del Gobierno y del Congreso que los estadounidenses de a pie se preocupaban por personas de otro continente que vivían y morían a causa del sida. Elegimos distritos clave estratégicos, como el de Henry Hyde, presidente de la Comisión de Relaciones Internacionales, y fuimos a las iglesias de la zona, a escuelas y cantinas, además de dejarnos ver en los periódicos locales.

El circuito de la gira era ecléctico y contaba con una caravana de defensores de la causa que no tenía ningún punto de comparación con cualquier otro equipo con el que hubiera viajado jamás: un coro infantil de Ghana, la actriz Ashley Judd, el humorista Chris Tucker, Lance Armstrong y un sinfín de médicos expertos en sida, entre ellos Jim Kim, el cual dirigió más tarde el Banco Mundial. En el último minuto recordamos que hacía falta alguien que se encargase de las luces y el sonido: llamé a Rocko Reedy, el director de escena de la banda durante mucho tiempo.

Problema resuelto.

¿El momento que quedó inmortalizado? Cuando Agnes Nyamayarwo, de Uganda, relató la historia real de los estragos que el sida hacía en su país.

Estados Unidos es una masa de territorio física y demográficamente mucho más grande y menos rodada de lo que muchas bandas de rock experimentan cuando están de gira. Durante los más de veinte años de trayectoria de U2, habíamos cogido cariño a las giras por el Medio Oeste y el Sur, pues notábamos la decencia generalizada de unas personas que daban un gran valor a asuntos conservadores como los buenos modales y la independencia, aunque muchas tuvieran un punto de vista político muy distinto del nuestro.

Tom Hart, anterior partidario del Jubileo 2000 y ahora firme representante de DATA en Washington, D. C., me dio un sabio consejo: «Sobre todo, no menciones las armas. Con un asesino basta para un viaje como este». Al parecer, los estadounidenses tienen el mismo problema con las armas de fuego que los irlandeses con el alcohol. El problema es que no pensamos que tengamos un problema.

Tal vez Warren Buffett, el venerable inversor y director ejecutivo de Berkshire Hathaway, se hubiera convertido en el hombre más rico del mundo, pero el «Sabio de Omaha» continuaba siendo un estadounidense con los pies tan en el suelo como el que más. Fue él quien llevó a su hija, Susie, en coche para vernos actuar en el primer concierto de la gira.

Encantadoramente tímido, no era nada arrogante, y, cuando me senté a su lado en un rincón con el fin de pedirle consejo, me conquistó su capacidad para pensar con claridad y para acuñar sentencias.

Sabio consejo

He aprendido muchas cosas del «Sabio de Omaha» a lo largo del tiempo.

Sobre la mezcla de los negocios con las amistades: «Preferiría no invertir en una empresa con cuyo director ejecutivo no me apeteciera comer».

Sobre decepcionar a las personas: «Mi palabra favorita es "no". Me encanta cómo suena».

Sobre el ejercicio y una dieta saludable: «No me apunto».

Sobre el estrés: «Tampoco me apunto».

Sobre donar su fortuna: «No me desprendo de nada que signifique algo para mí. Una fortuna personal no tiene utilidad para mí».

—¿Qué vais a pedirle al público esta noche? —me preguntó.

—Vamos a poner una tarjeta en cada asiento —le expliqué—, para que a todo el mundo le resulte fácil contactar con los líderes y senadores del Congreso.

Demasiado fácil, contraatacó.

—La gente no confía en ti si le pides que haga algo demasiado fácil. Pídeles que hagan algo más complejo y tendrás más posibilidades de que lo lleven a cabo.

Vale, gracias, pero ¿qué opinas de nuestra primera premisa, que el Gobierno de Washington debería encabezar la lucha contra el caos que provoca la pandemia del sida en África? (Como porcentaje del producto interior bruto, el presupuesto de ayuda de Estados Unidos era la mitad del de la mayor parte de los países industrializados: un 0,15 por ciento, comparado con 0,4 en Gran Bretaña o 0,9 en Noruega).

—No apeles a la conciencia del país —respondió—. Apela a la grandeza de Estados Unidos. Así conseguirás tu cometido.

No habría podido recibir dos apuntes psicológicos más impactantes, uno sobre los ciudadanos y otro sobre el país. El segundo ha enmarcado todas las campañas que hemos montado en Estados Unidos. A diferencia de los europeos, y, en especial, los irlandeses, los estadounidenses no se ven motivados por los intentos de hacerles reaccionar por un sentimiento de culpa. Pero, si les ofreces el papel de la caballería, irán a apoyarte de cabeza.

La estrella de todos los conciertos era Ashley Judd, a quien conocía desde que ella tenía diecisiete años, cuando éramos fans de las actuaciones musicales de su madre, Naomi, y de su hermana, Wynonna: las

Judd. Era igual de magnífica como defensora de la causa que como actriz: con sus frases tan inteligentes y su cálida capacidad de comunicación, hacía que los pensamientos complejos resultaran accesibles. Allá donde fuera, la recibían con grandes ovaciones. Chris Tucker también aligeraba la carga encima y detrás del escenario y, tal como había ocurrido en un viaje anterior a Etiopía, la gente se abría paso entre todos nosotros para llegar hasta él. Su humildad era tan impresionante como su sentido del humor.

Noche tras noche descubríamos que el corazón de Estados Unidos latía fuerte; notábamos su calor mientras viajábamos por el paisaje invernal de lugares como Iowa City, Louisville y Chicago. La llamada «brújula moral» de aquellas personas era real, y, aunque puede que tuviéramos un punto de vista diferente sobre el norte magnético, incluso el más cínico de nosotros notó una ola espiritual cuando terminamos la gira en Wheaton College, en parte porque era la *alma mater* de muchos evangélicos influyentes, entre ellos Mike Gerson, redactor de los discursos del presidente Bush.

Agnes continuaba apropiándose del espectáculo, en el momento en que describía su vida como enfermera y activista en Uganda tras dar positivo de VIH en 1992. Al escucharla subida al escenario, me di cuenta de que siempre se apoyaba en los números: pero no solo en las cifras de lo que le costaría a la Hacienda de Estados Unidos luchar contra el VIH. También los números de su vida diaria: el año en que murió su marido, el número de hijos que había perdido y cuántos le quedaban, la duración del diagnóstico, la edad de su hijo menor y la hora del día en la que falleció. Me percaté de cuántas veces pasamos de largo ante los detalles de la vida de otras personas, cuando tales detalles también son en realidad nuestra vida.

El lirismo numérico de Agnes apenas sonaba más fuerte que un susurro, y, al terminar, llegaba el coro de los escolares de Ghana, de entre cuatro y dieciocho años, que casi siempre eran tan bulliciosos como si estuvieran en un patio de recreo. La vida los había llevado al refugio que era la casa en Acra de su maestra del coro, Ruth Butler Stokes. Intenté atrapar su relámpago en una canción que Dr. Dre estaba mezclando para nosotros y que se titulaba «Treason».

Durante el ensayo en un estudio de Los Ángeles, Andrews, uno de los coristas más jóvenes, se nos acercó con lo que creía que era un mensaje de las alturas dirigido al doctor.

—Creo que el doctor está en peligro. ¿Puedo rezar con él una oración para protegerlo?

Me pregunté a qué doctor se refería, pero resultó que Dr. Dre estaba dispuesto a rezar, aunque no le entusiasmaba que hubiera una intromisión en el programa de grabación. Este maestro del ritmo, este neurocirujano sabía que se había granjeado algunos enemigos a lo largo de los años: tantos que un equipo de seguridad digno de un presidente a menudo lo acompañaba.

Otra canción que salió de aquella sesión con Dre, una colaboración con Dave Stewart y Pharrell Williams, fue «American Prayer», que Beyoncé Knowles acabó cantando delante de Mandela en el Concierto 46664 de 2003, en el que Andrews rezó a su lado. Incluso a sus veintidós años, saltaba a la vista que Beyoncé era capaz de interpretar la coreografía del cambio político mejor que mucha gente.

Pese a ser una figura cinematográfica, captó enseguida la lógica de la pequeña pantalla sobre cómo a menudo la historia se transforma de un modo más prosaico que poético. Yo tenía el doble de su edad cuando lo comprendí.

«Querido Madiba —escribió más adelante—, has hecho posible que muchísimas personas como yo superásemos los escollos y comprendiéramos nuestras capacidades. Hemos hecho nuestros tus sueños […]. Tu trabajo y tu sacrificio no serán en vano».

Me hace pensar en otra gran cantante de baladas, Alicia Keys, a quien veo grabando «What's Going On?», de Marvin Gaye, para Artistas contra el Sida. Al otro lado del cristal de la sala de control, presencio el nacimiento de una estrella. Ella observa cómo se enciende la luz roja. Mira más allá de mí y del mundo que la contempla a través de la ventana de la sala. Esa mirada quiere hacer añicos el cristal que podría separarla de su música. De su activismo. Es imposible apartarla de los valores que dirigen su música hacia la justicia. A los veintidós años fundó la asociación Keep a Child Alive. Y, gracias a ella, infinidad de niños están vivos.

Nos despedimos en nuestro último día del Heart of America Tour y entonces salté a toda prisa desde esta banda hasta mi otra banda, corrí a encontrarme con esos otros colegas para la premier neoyorquina de la película de Martin Scorsese *Gangs of New York*, para la que habíamos escrito la canción «The Hands That Built America».

Acto tercero, primera escena: Dublín, viendo la tele por la noche, muy nervioso…
esperando esa llamada («para la ciencia y el corazón humano / no hay límite»)

Estamos a 28 de enero de 2003 y he vuelto con la música a Dublín, adonde ha llegado el rumor de que el presidente Bush va a hacer alguna clase de declaración sobre el sida en el discurso sobre el estado de la Unión.

Toda la banda y nuestras parejas estábamos en un restaurante de St. Stephen's Green con Chris Thomas, quien ha trabajado con todo el mundo, desde los Beatles hasta Pink Floyd, pasando por Roxy Music e INXS. No puedo concentrarme. No puedo pensar en el estado de la música; en lo único en lo que puedo pensar es en el estado de la Unión. Condi me había llamado antes para decirme:

—Vais a estar encantados esta noche. Estoy muy orgullosa del presidente. Vais a tener lo que tanto esperabais. Vamos a anunciarlo en el estado de la Unión.

—¿A cuánto asciende la cifra? –le pregunté–. Tengo que saber la cifra.

—Todavía no puedo decírtela. Aún están acabando de hacer cálculos. Pero no será una miseria, será una cifra considerable. Te llamaré justo antes del discurso.

Durante la cena, estoy confuso. Le susurro a Ali que tengo que marcharme; es la única que sabe de qué se trata. Pongo una excusa y me voy a casa, que es donde estoy sentado a última hora de una noche de invierno con el crepitar del fuego y nuestros dos perros, Chanty y Helena, que se me suben encima mientras en la CNN sale una imagen de George W. Bush entrando en la sala para dirigirse al Congreso de Estados Unidos. Entre la multitud que lo aplaude advierto a uno de mis héroes, el doctor Peter Mugyenyi, un médico ugandés a quien habían detenido un año antes por intentar introducir genéricos contra el sida en Kampala.

Es una yuxtaposición insostenible.

Estoy nervioso. Incluso los perros están irritables y saltan. Aparte de por la familia, ¿alguna vez me he comprometido tanto por algo como por esta declaración? Y entonces suena el teléfono. No es Condi, es Josh Bolten, que llama en su nombre.

—Muy bien, aquí está la cifra. Son quince mil millones de dólares durante los próximos cinco años.

Por un momento me mareo. Son nuevos fondos, me dice, sabiendo que me preocupará que se recorte de otro importante presupuesto.

—Es algo sin precedentes.

—Guau, sí, ya lo creo. Gracias, Josh, por favor, da las gracias a Condi y al presidente… Es más, dale las gracias a cualquier desconocido con el que te topes esta noche.

Se denominaría PEPFAR (las siglas en inglés para Plan de Choque del Presidente para la Ayuda contra el Sida) y entonces observé cómo Bush pedía al Congreso que designara quince mil millones de dólares para luchar contra el sida, en primer lugar para catorce de los países en los que más se había ensañado la enfermedad. Hasta la COVID-19, resultaría ser la intervención sanitaria más importante para luchar contra una única enfermedad en la historia de la medicina.

Pienso en la intensidad de mis dos últimos años y me maravillo ante el poder de aguante de los activistas que llevan décadas con esta lucha, grupos como ACT UP, que nunca se han rendido. Pienso en Agnes, o en Prudence, o en la hermana Anne, o en cualquiera de las personas responsables de que yo esté aquí. Impulsadas por la pérdida de sus familiares, amigos, compañeros. Sobre sus hombros nos alzamos.

Llega un fax de Rupert Murdoch. Nunca acabaré de acostumbrarme al extraño lugar que ocupo en este ecosistema de activismo. Una breve nota: «Enhorabuena, avísame si puedo hacer algo».

Le respondo con las palabras que me dijo en nuestra primera reunión. «Querido Rupert, gracias por tu cariñosa nota, pero ¿podríais "venir como la marea", por favor?».

La marea llegó, la cálida cobertura mediática salpicó el imperio de los medios de comunicación conservadores, incluso Fox News.

Pero… pero… los medicamentos no llegaron.

Acto tercero, segunda escena: Recogiendo las lentejas en la Casa Blanca… y molestando al Presidente (el presidente)

Por lo menos, no llegaron en el plazo que Bush había prometido en su discurso sobre el estado de la Unión ni el día después, cuando había hablado de la urgencia de proporcionar los fármacos a esas personas, aunque fuera en bicicleta y en moto. Fui a ver al presidente a la Casa Blanca, le di las gracias por el discurso, pero le pregunté por qué, transcurridos todos esos meses, seguía sin haberse puesto en marcha el engranaje. Mi cautela no tardó en dar paso a la contundencia, algo que pareció aturdirle tanto que empezó a aporrear el escritorio Resolute.

—Perdone que le interrumpa, pero no hago discursos solo porque me guste oír cómo suena mi voz. Mis palabras iban en serio y continúan yendo en serio, y sí, hay problemas logísticos, pero los solventaremos.

La siguiente parte de la historia está censurada. En ella participaron una determinada actitud periodística y una estrella del rock demasiado entusiasta que no paraba de meterse con el hombre cuya iniciativa salvaría las vidas de más niños, mujeres y hombres que cualquier otra desde la invención de las vacunas. Más adelante me disculparía por mis gritos y por perder los papeles… y sería perdonado.

Durante los años siguientes, más de cien mil millones de dólares de los bolsillos de los contribuyentes de Estados Unidos se invertirían en asegurar que esos niños, mujeres y hombres no perdían la vida a causa de una enfermedad que se puede prevenir y tratar. La magnitud de la respuesta casi estaría a la altura de la magnitud de la urgencia.

Cien mil millones de dólares. Eso son muchas lentejas.

Veetigo

(steve jobs) RED

31

Vertigo

The night is full of holes
As bullets rip the sky of ink with gold
They sparkle as the boys play rock and roll
*They know that they can't dance-at least they know.**

Vértigo.

La sensación que tengo en el momento en que grito las matemáticas y el lenguaje chapurreados de «¡Unos. Dos. Tres. Catorce!».

Un mareo.

La cuenta atrás de «Vertigo», el momento antes de que empiece la canción. Vértigo.

Voy a intentar describirlo.

Tal vez las matemáticas no sean tan chapuceras. Bruce Springsteen dijo que esa forma de empezar en realidad es acertada cuando se trata de una banda de rock and roll. «Pues, en el arte, y en el amor, y en la vida, es mejor que el resultado sea mucho más que la suma de sus partes, ya que, de lo contrario, es como frotar dos palos

---

* «La noche está llena de agujeros / como balas que rasgan el cielo de tinta con oro / brillan mientras los chicos que tocan rock and roll / saben que no pueden bailar, al menos lo saben».

para intentar hacer fuego». En el caso de U2 no puede ser más cierto, pero hay otro participante en la mezcla de cualquier verdadera banda de rock'n'roll que no es una persona, sino un público. Los críticos hablan del quinto miembro de un cuarteto refiriéndose al mánager, como Paul McGuinness en nuestro caso, o al productor, un Brian Eno o un Danny Lanois. A veces personas como estas y otras parecidas han sido los cuatro miembros de nuestra banda, pero ellos serían los primeros en admitir que como banda U2 solo llega a ser la que es en el escenario. Con nuestro público.

U2 vive en vivo.

Sin embargo, por mucho que nos esforcemos en trasladar la sensación de la actuación en vivo a nuestros álbumes, casi siempre resulta imposible. Excepto en el caso de «Vertigo». Una canción que se acerca más al sonido de una banda escapándose de sí misma que cualquier otra que hayamos grabado. Fue Steve Lillywhite, uno de nuestros primeros colaboradores en el estudio, que volvió con nosotros en 2004 para ayudarnos a terminar el álbum *How to Dismantle an Atomic Bomb*, el que nos dijo qué hacer. «Tenéis que tocar esta canción como si estuvieseis en un pequeño club», dijo con la misma sonrisa infantil que le conocíamos desde que produjo nuestros tres primeros álbumes de estudio. El don de Steve era una especie de ingenua claridad nacida de la experiencia. Cuando me atascaba con una letra, siempre me provocaba.

—¿Cuánto dura la canción, Bono?

—Tres minutos y medio —decía yo.

—No puede ser tan difícil.

Steve siempre quería saber.

—¿Cuál es el estribillo, cuál es el gancho y a cuento de qué?

Si no puedes tocar una canción sin una guitarra en la mano, entonces es que no es una auténtica canción. Ahora valoro todas estas ideas más que antes.

Hasta que nos conoció en 1980, Steve siempre había sido el hombre más joven de todas las salas de grabación en las que había trabajado. Un cuarto de siglo después, cuando grabamos «Vertigo», ni nosotros ni él habíamos trabajado aún ni un solo día, y ahora lo recuerdo encendiendo la luz roja de nuestro estudio en los muelles de Dublín. Aunque, si lo pienso mejor, no había ninguna luz roja y estábamos grabando en la azotea del almacén de al lado. Lo que resulta inconfundible es el sonido que logramos, un trío en su límite de elasticidad, tan poco costoso y tan eficaz como solo puede serlo un trío de rock. Cada instrumento transmite muy poca información, lo que se traduce en que el oído humano puede tolerarlo a un volumen más alto. Y «Vertigo», hasta a un volumen más bajo, suena alto.

UN ZORRO CRUZÓ LA CARRETERA

Estaba en el club nocturno Renards en Dublín con Cillian Murphy, un actor con un talento prodigioso. Renards, «zorros» en francés, se llama así por el dueño, Robbie Fox, que lleva acogiendo a U2 en tugurios para beber y bailar desde mediados de los ochenta. Generoso y buena persona, nacido y criado en Ballymun, Robbie tiene un lamentable parecido con el traficante saudí de armas Adnan Khashoggi. Con frecuencia le he hecho la broma de que un bigote como el suyo puede acarrearle muchos problemas. Él me ha dicho a menudo que carezco de gracia. Parte de la diversión de salir de noche es meterse en la clase de líos justa, y Renards está dispuesto a albergar la combustión espontánea que esperamos cuando salimos de noche. Como pasa con los nombres de los caballos y de los barcos, el nombre de un buen club nocturno suele ser malo. Renards, zorro, implica astucia, lo cual me lleva preguntarme: Si eres tan listo, ¿qué haces aquí? Una pregunta que cualquiera de más de treinta años debería hacerse con regularidad. ¿Qué hago en un club nocturno a las tantas de la madrugada si tengo más de cuarenta años? (Es una pregunta que sigo haciéndome, ahora que tengo más de sesenta).

Mis típicas respuestas:

1. Para bailar. En parte es cierta, pero no lo bastante para explicarlo del todo.
2. Para seguir bebiendo. Más cierto.
3. Para negar que me hago mayor. Aún más cierto.
4. Para estar con gente que aún no se ha hecho mayor. Demasiado cierto.
5. Para tener un sitio donde ir con tus amigos cuando cierran los bares. Toda la verdad y nada más que la verdad.

Había repasado algunas de estas respuestas con Cillian, el cual, al ser de Cork y mucho más joven que yo, me había ayudado a descartar algunas entre risas. Es posible que, como dicen los irlandeses, «nos hubiesen servido alguna copa más de la cuenta» cuando la conversación giró hacia la franca salida de la autopista que puede ser una gran noche. Intuía que íbamos en esa dirección.

Ahí… hablando con sinceridad sobre nuestra vida de artistas. Mano a mano sobre el efecto de la fama sobre la forma. ¿Nos cambia? Sí, ¿y por qué no? Decir no al cambio es una triste clase de estancamiento. A lo que aspiramos es a la posibilidad de ser mejores, sugerí, mientras una camarera con maquillaje gótico y un enorme crucifijo latinoamericano nos servía champán de un cubo de hielo de peltre. Un zorro cruzó la carretera, un lobo aulló en las montañas lejanas. (Os hacéis una idea…). Hablamos del genio de Pat McCabe y de la película basada en su novela, *Desayuno en Plutón*, en la que salía Cillian, con Gavin Friday, que estaba sentado más allá de unos cuantos gariteros. La sinceridad, coincidimos, es el mínimo irreductible de creatividad, y nunca se vuelve más fácil. Momento en el que Cillian cogió el volante y dimos un giro brusco hacia *in vino veritas*.

—Yo antes era uno de vuestros mejores fans —dijo—. Me encantaban las primeras cosas que hicisteis. Me encantaba *The Joshua Tree*… —pausa teatral—… pero luego os perdí.

Empieza a recitar la letra de «One Tree Hill».

We turn away to face the cold, enduring chill
As the day begs the night for mercy, love.

A sun so bright it leaves no shadows
only scars carved into stone on the face of earth.*

Y aquí llega la pregunta:

—¿Qué ha sido de tu lirismo? Antes escribías sobre el amor y sobre la vida real, sobre personajes como Víctor Jara o los huelguistas de «Red Hill Mining Town»… —Pausa—. ¿«Vertigo»? ¿Qué canción es esa? ¿A quién le hablas?

In vino veritas. Es digno de admiración. Este gran actor no sabe mentir, ni siquiera a la persona que le sirve el champán. «Vertigo», le expliqué, trata sobre nosotros. Escribo para ti y para mí.

Lights go down, it's dark
The jungle is your head can't rule your heart
A feeling so much stronger than a thought
Your eyes are wide
And though your soul it can't be bought
Your mind can wander…
The night is full of holes
As bullets rip the sky of ink with gold
They sparkle as the boys play rock and roll
They know that they can't dance
At least they know

I can't stand the beats
I'm asking for the cheque
The girl with crimson nails
Has Jesus round her neck.**

---

* «Nos volvemos para enfrentarnos al escalofrío gélido y duradero / mientras el día implora a la noche piedad, amor. / Un sol tan brillante que no arroja sombra / solo cicatrices grabadas en piedra en la faz de la tierra».

** «Las luces se apagan, oscurece / la selva está en tu cabeza… no puede controlar tu corazón / un sentimiento es mucho más fuerte que una idea / tienes los ojos abiertos de par en par / y aunque tu alma no está en venta / tu imaginación puede divagar… / La noche está llena de agujeros / como balas que rasgan el cielo de tinta con oro / brillan mientras los chicos que tocan rock and roll / saben que no pueden bailar… al menos lo

Y en ese momento la chica de uñas rojas, o alguien muy similar, nos preguntó si queríamos otra copa y los dos nos echamos a reír y le dije a Cillian:

—Hay que escribir lo que sabes, hay que escribir dónde estás.

Doy gracias por conocer a Cillian y a su pareja Yvonne, y me encanta seguir viéndolos en los conciertos de U2, pero aún doy más gracias por el actor excepcional que no sabe mentir.

EN CASA CON EL MÁXIMO MINIMALISTA

En octubre de 2004, un mes antes de que se publicara «Vertigo», Edge, Paul McGuinness, Jimmy Iovine y yo hicimos una visita a Steve Jobs. Teníamos un presentimiento que pensábamos que podría beneficiar tanto a Apple como a U2.

Steve vivía con su mujer, Laurene, y sus tres hijos en una discreta casa de estilo Tudor de ladrillo y pizarra en una próspera calle de Palo Alto. Su anglofilia también se dejaba ver en un jardín lleno de flores silvestres y cosas de comer, con una puerta lejos de la principal que nunca cerraba.

Apple tenía una larga tradición de anuncios rompedores y los últimos de sus iPods eran de un fosforescente y moderno pop art. Esta nueva canción, «Vertigo», sugerimos, encajaba a la perfección con uno de esos anuncios. Si conseguíamos llegar a un acuerdo. Había una pequeña complicación porque nuestra banda no hace anuncios. Nunca los había hecho. Una cuestión de principios con la etiqueta del precio que iba en aumento. Mientras tomábamos una quiche y un té verde, Steve nos dijo que se sentía halagado, pero que no disponía del presupuesto que una banda como la nuestra podía esperar.

—La verdad, Steve —dije—. No queremos dinero. Solo aparecer en el anuncio del iPod.

Steve se quedó descolocado. En los anuncios solo salían las siluetas de aficionados a la música bailando, con los icónicos auricu-

---

saben… // No soporto el ritmo / pido la cuenta / la chica de uñas carmesí / lleva a Jesús al cuello».

lares blancos en la cabeza, arterias blancas que bombeaban la música desde unos pequeños reproductores de mp3 llamados iPods.

—Tal vez sea el momento de mostrar a los artistas y no solo a los aficionados —añadió Edge—. ¿No crees que quedaríamos bien silueteados?

Steve, intrigado, dijo que, si ese era el trato, no tendría que pensárselo dos veces, pero antes debería consultarlo con sus creativos.

—Hay una cosa más —añadió Paul McGuinness—. Aunque la banda no quiere dinero, algunas acciones de Apple, aunque se tratase de una cantidad simbólica, podrían ser un detalle.

—Lo siento —dijo Steve—. Pero eso es imposible.

Silencio.

—Bueno… —propuse, dubitativo—. ¿Y qué tal nuestro propio iPod? ¿Un iPod personalizado de U2 en rojo y negro?

Steve pareció confundido. Apple, dijo, hace aparatos blancos.

—No os gustaría uno negro.

Se quedó pensando un momento.

—Puedo enseñaros cómo sería, pero no os gustará.

Luego, cuando nos enseñó el modelo, nos encantó. Tanto que decidió pedirle a Jony Ive, el genio del diseño de la compañía, que volviese a considerarlo, y, bueno, tal vez incluso experimentar con un componente rojo en el aparato. Para reflejar la portada de nuestro álbum *Atomic Bomb*. Jony era el arma secreta de Steve. Inglés. Típico tipo de escuela de arte, aunque había estudiado diseño industrial. Humor inexpresivo y la buena presencia de un monje budista que tomase esteroides. Dos meses después, este hombre, que podría enseñar buenos modales a cualquier caballero, llegó a Dublín con el iPod de U2, como si fuese el Arca de la Alianza. Y, para nosotros, lo era. El iPod estaba a punto de hacer que Apple pasara de ser una compañía mundial de tamaño medio de hardware y software a un Godzilla global. Como Paul nos recuerda a menudo, aunque nos hubiesen dado la mitad de lo que la banda podía haber pedido por un trato como ese, digamos esa muestra simbólica de acciones de Apple que sugerimos en aquel almuerzo, valdría treinta y cinco veces más al cabo de una década o dos. Paul siempre lamentará no haber conseguido hacerse con las acciones −aunque Steve no estaba dispuesto ni a planteárselo siquiera−, pero la verdad es que tuvimos suerte de aprovechar la ola de Apple en esa época. El fantástico y enérgico anuncio llevó a la banda a un público más joven y miles de personas compraron el iPod de U2 solo porque no era blanco. Apple estaba despegando hacia el infinito y más allá, nosotros tuvimos suerte hacer autoestop y acompañarles parte del viaje. No se podía comprar un billete.

Cuando conocimos a Steve, Apple aún no se había hecho famosa por el iPhone, pero en su imaginación su empresa ya era el vínculo más importante del planeta entre el arte y la ciencia. Incluso cuando el árbol de Apple crecía y crecía, Steve siguió con una actitud zen en su vida profesional y familiar. Que era un estudiante dedicado de Oriente quedaba claro cada vez que comías con él, y, en el caso de Steve, podía ser un solo plato. Me han contado que alguna vez sus invitados se sentaron a la mesa para compartir una coliflor. Estaba intentando seguir un camino de sencillez al tiempo que dirigía lo que se estaba convirtiendo en la mayor empresa del mundo. Era un minimalista máximo, un hombre que vivía a pequeña escala, pero pensaba a gran escala.

Luego Steve nos aconsejó a mí y a Bobby Shriver sobre la organización de (RED), nuestro intento de llevar nuestro activismo sobre el virus de inmunodeficiencia humana causante del sida al mundo del comercio, las grandes compañías y la comunicación. Un gurú tanto de la comunicación como del diseño, para Steve la clave estaba en la síntesis: el menor número posible de clics, la menor intromisión, el camino más corto de aquí allá.

Que sea sencillo era siempre su consigna. (Aunque no es que tuviese que recordárselo a Jony).

−Tenéis que repetir que, si la gente no tiene las pastillas, se muere, pero que, si las tiene, sigue viva. Imaginad que es un mantra. Un gancho.

Después de una reunión con Bobby para hablar de varios anuncios, Steve fue, como era habitual en él, ejem, rotundo.

> BOBBY: Steve dice que tú y yo nos hemos equivocado de negocio, que creemos estar en el negocio de la compasión, pero que no es donde debemos estar.
> Yo: ¿Y dónde cree que deberíamos estar?
> BOBBY: En el negocio de la magia. En el mismo negocio que él, meter diez mil canciones en el bolsillo de alguien, un truco de magia.

Es cierto, el iPod era un artículo de magia, que llevaba contigo toda tu colección de discos allí donde fueses. Ahora, al recordar la conversación, Bobby estalla en carcajadas.

> BOBBY: No paraba de decir que los antirretrovirales son como la penicilina, que son magia. Igual que Magic Johnson es magia.
> Yo: ¿Magic Johnson? ¿El jugador de baloncesto?
> BOBBY: Es seropositivo y Steve cree que Magic Johnson tiene un aspecto estupendo, la clave, según él, es que tenemos que mostrar los efectos de estos medicamentos, tenemos que mostrarlo antes y después, en fotos, en una película.

Tras esta conversación, encargamos una película, *The Lazarus Effect*, dirigida por Spike Jonze y Lance Bangs, que hacía justo eso: documentar cómo a intervalos prefijados, gracias a dos pastillas al día, una persona infectada por ese asesino llamado VIH/sida, un padre o un hijo demacrados, con el cuerpo lleno de cicatrices y al borde de la muerte, pueden volver de esta, pueden volver a estar con su familia al cabo de unas pocas semanas.

Magia.

Como Magic Johnson.

Un consejo mágico también.

Como Steve Jobs.

(RED) se lanzó en 2006, con Freud Communications, y se hizo famosa por algunas estrellas de alto voltaje, de diferentes mundos… Oprah, Julia Roberts, Penélope Cruz, Damien Hirst, Theaster Gates, David Adjaye, Scarlett Johansson, Bruce Springsteen, Annie Leibovitz, Christy Turlington, Gisele Bündchen, Mary J Blige, Kanye West, Chris Martin, Alicia Keys, Lady Gaga, Olivia Wilde, Phoebe Robinson, Jimmy Kimmel, Kristen Bell, The Killers, Jony Ive y Marc Newson.

(RED) llegó justo dos años después de ONE, que llegó dos años después de DATA. Tres nuevas organizaciones en cinco años y yo ya empezaba a sentir las consecuencias.

Entretanto, *la* banda —la otra ¿la recuerda el lector?— había sacado dos álbumes. Y había hecho dos giras. Yo no había previsto que el activismo pudiese complicarse tanto por tener que dirigir a la gente, y mis conocimientos de «desarrollo organizativo» no estaban tan actualizados como mis conocimientos del desarrollo internacional. Recordaba que mi hermano Norman hablaba de «gestión gaviota», en la que entras en una oficina, te cagas en lo que están haciendo todos y sales volando. Algunas veces mi habilidad para cambiar de forma me dejaba en baja forma. Agotado.

Había llegado demasiado lejos para volver atrás y, además, no quería volver atrás.

Y también seguía estando en una banda. Y tampoco quería salir de ella.

Asimismo era muy consciente de nuestras dos hijas adolescentes y de nuestros dos niños pequeños, de esta familia y de su madre, que se habían acostumbrado a que me fuese de gira con U2 y me veían desaparecer ahora en África.

¿Una misión? Sí.

¿Un bicho raro con sus misiones? Sí.

¿Escapando todavía de casa como el adolescente que era cuando entré en una banda? Sí.

¿Convencido de que mi trabajo es quedarme hasta las tantas bebiendo y hablando de noche de arte y activismo en ruidosos garitos y pubs? Sí.

Pero no era así.

¿Dónde estaba Ali? Bueno, a veces estaba a mi lado. Pero, la mayor parte de las veces, pensaba que yo necesitaba salir a galopar solo.

A veces habla dos palabras conmigo. A veces hablo dos palabras conmigo.

Entra en escena un hombre con encanto y talento que se ha hecho un nombre y ha ganado una fortuna hablando la lengua de los adolescentes y los adultos jóvenes. A lo largo de nuestra carrera habíamos visto convertirse a la MTV en un fenómeno global, y, desde lejos, habíamos visto a Tom Freston construirla de la nada. Bobby lo llamaba el «Walt Disney de la cultura pop», y supervisó grandes éxitos como *Bob Esponja* o el *Daily Show* de Jon Stewart; luego dirigió Viacom, que incluía Paramount Pictures. La gente adoraba a Tom Freston por sus valores morales y por su buen humor y, después de un año cortejándolo, y de mucho pensárselo, Tom decidió aceptarnos. DATA y ONE se fusionaron, y Tom, el nuevo presidente de ONE, decidió poner (RED) bajo la misma gobernanza compartida. Fue un cambio… y un paso más allá. No solo me devolvió parte de mi vida, sino que hizo que esos dos nuevos proyectos dejaran de estar paralizados por mis obligaciones particulares. Estaban preparados y listos para esprintar por su cuenta.

Ahora tienen doscientos activistas en once capitales en tres continentes. Me impresiona la constancia de esas personas que han consagrado su vida a la justicia social… empollones de políticas, agitadores, tocapelotas, y hacen historia. Y me humilla lo poco que me necesitan.

«¡UNOS, DOS, TRES… CATORCE!»

De vuelta a «Vertigo». De vuelta a la banda garage de rock'n'roll. La canción se convirtió en una gira con el mismo nombre en la que, noche tras noche, «Vertigo» adquiría una inercia que hacía que pareciese una canción de éxito. Estábamos dando nuestro mejor punk rock y el público respondía como si fuésemos una banda de veinteañeros. Cuando Edge nos interpretó por primera vez el *riff* yo no lo entendí bien, pero recuerdo haber pensado: «Lo mejor es enemigo de lo bueno». Ni bueno ni malo, ¿es esto mejor? Las partes de guitarra de Edge a menudo son tan sutiles que el gancho te eriza la piel, solo después de oírlas varias veces, de modo que no puedes imaginar la vida sin él. Son como esos tatuajes geométricos de líneas muy finas.

A veces pienso en las canciones que caen en el olvido, no porque no sean buenas, sino porque no tienen nada que las empuje. Mi momento favorito interpretando «Vertigo» –quizá mi sencillo favorito de U2, aunque no se parezca en nada a una canción pop– fue en el estadio del River Plate en Buenos Aires, en marzo de 2006. Había unas cámaras gigantescas colocadas alrededor del estadio, pues estábamos rodando una película que con imaginación íbamos a titular *U2 3D*. Las cámaras eran muy sensibles y la mayoría quedaron inutilizadas cuando el público empezó su trayecto vertical al oír «¡Unos, dos, tres… catorce!» y cayó con tanta fuerza que todo el estadio pareció temblar.

Es un fenómeno que U2 ha experimentado antes, los sueños y esperanzas de cien mil mentes y corazones tan cargados eléctricamente que los átomos del hormigón empiezan a vibrar. Ahora podría haber otras explicaciones. A veces estos escenarios sienten el paso del tiempo, a veces, durante su juventud, tienen suelos acolchados para jugar al baloncesto. Pero no me cabe ninguna duda de la verdadera explicación.

Adam Clayton.

La parte del bajo de «Vertigo» es la réplica a la figura de la guitarra. Es un espejo, pero no exactamente igual. Cuando Joe O'Herlihy tiene que manejar la acústica de un rugido de muchos decibelios, a menudo va debajo en lugar de encima del ruido. Permite que la base caiga hasta frecuencias que hacen remover el estómago y que pueden afectar al cuerpo de formas extrañas y extraordinarias. Una vez, en un concierto en Bélgica, el bajo de Adam se registró en la escala Richter, y en las noticias informaron de una mujer a la que le habían salido grietas en las paredes de casa. Ella creyó que era un terremoto. Nosotros sabíamos que era Adam Clayton.

Las multitudes sudamericanas nos recuerdan que, cuando late con más fuerza, el corazón de nuestra banda es latino.

Es operístico. Es insinuante.

Es un poco muy macho, pero puede acabar reducido a las lágrimas por los coros.

La ruptura de «Vertigo» es la tentación de Cristo, pero oír al público cantar en su inglés no nativo, la reveladora letra del diablo:

All of this, all of this can be yours
All of this, all of this can be yours
All of this, all of this can be yours
*Just give me what I want and no one gets hurt.**

Es el bajo el que responde a la pregunta y no la llamada de socorro de:

Hello, hello…
I'm at a place called Vertigo
*It's everything I wish I didn't know.***

Supongo que la idea que hay detrás de la canción es la de ser un hombre de mundo, pero no de este. Se tiene la sensación de que el cantante no está seguro de si es posible, pero va a intentarlo con todas sus fuerzas. Al final es el bajo el que responde que no al diablo, es el bajo el que dice el gran «vete a la mierda».

Tal vez «Vertigo» hubiese sido una gran canción para nosotros de todos modos, pero acabé agradecido a Steve Jobs por muchas razo-

---

* «Todo esto, todo esto puede ser tuyo / todo esto, todo esto puede ser tuyo / todo esto, todo esto puede ser tuyo / dame lo que quiero y nadie saldrá herido».

** «Hola, hola… / estoy en un lugar llamado Vértigo / es todo lo que preferiría no saber».

nes diferentes, y no solo porque fue aquí donde chocaron la cultura y el comercio para nosotros, una relación con la que sigo experimentando.

Con el paso de los años percibí en él una ternura de la que hablaban muy pocos que no fuesen su familia y algunos pocos amigos íntimos. En 2010 me hospitalizaron en Alemania para operarme de urgencia de la espalda, y, en cuanto volví a casa, llegó a mi puerta un cofre del tesoro con libros y películas, además de un tarro de miel casera. Eso ya habría sido un detalle, pero llegó con una nota manuscrita.

«Esta miel es de nuestro jardín. De las abejas del vecindario». La mujer del samurái, Laurene Powell Jobs, una *jedi* con un máster en administración de empresas por la Universidad de Stanford y una inteligencia a la altura de la de Steve, podía iluminar una habitación como una estrella de cine. Laurene compartía con Steve un instinto protector por la gente que le caía bien y tuve la suerte de poder participar un poco de todo esto.

La última vez que hablamos Steve y yo fue cuando me llamó de repente para decirme que le había preocupado mi aspecto durante mi última visita.

—Parecías enfermo…

Habíamos pasado una velada discreta, pero muy agradable, y yo había notado lo frágil que estaba cuando se esforzó en acompañarme a la puerta.

Ahora me llamaba, preocupado por mi salud, para decirme que sentía afecto por mí. Steve sabía que se moría.

—En lo personal, no te cuidas. En lo político, tienes que pensar un poco más qué compañías frecuentas. Y has engordado. Parecías disgustado… ¿qué te disgustaba?

El hombre que ha dado al mundo los *smartphones* en «señal estúpida» no tenía ni rastro del ego que podría haber dado a entender que él era la razón por la que estaba tan disgustado. Esa noche me había abrumado un poco leerle a Laurene y a él la *Balada de la cárcel de Reading*, de Oscar Wilde. Había encontrado una edición firmada que sabía que le gustaría, pero, al llegar a los célebres últimos versos, reparé en la propia sentencia de cárcel de Steve. Las palabras se me atragantaron en la garganta.

En la cárcel de Reading, cerca de la ciudad,
hay una fosa de oprobio
y en ella yace un desgraciado
devorado por dientes de fuego;
yace envuelto en un sudario abrasador
en una tumba sin nombre.

Y allí, hasta que Cristo llame a los muertos,
dejadle reposar en silencio,
no hay por qué malgastar lágrimas insensatas
ni soltar aparatosos suspiros:
el hombre había matado lo que amaba
y por eso debía morir.

Y todo hombre mata lo que ama.
Sépanlo todos.
¡Unos, con una mirada cruel;
otros, con palabras zalameras;
el cobarde, con un beso,
el valiente, con una espada!

No me extraña que Steve pensara que tenía mal aspecto. Me sentía fatal. Debió de recordar la escena unas semanas después cuando comprendió que no iba a sobrevivir, pero le preocupó que todos los que le rodeaban sí. Steve escapó a la condena de su enfermedad el 5 de octubre de 2011 y se marchó con su típica síntesis; unas palabras sin palabras a la altura del momento.

Oh, guau. Oh, guau. Oh, guau.

storytellers

Ireland in the
mind of the irish

truth and reconcilliation
nothing ordinary about Love

32

Ordinary Love

The sea wants to kiss the golden shore.
The sunlight warms your skin.
All the beauty that's been lost before
Wants to find us again.
I can't fight you anymore;
It's you I'm fighting for.
The sea throws rocks together
*But time leaves us polished stones.**

Mi versión favorita de nuestra canción «Ordinary Love» resultó ser la versión acústica que tocamos en la ceremonia de los Óscar de 2014. La canción estaba nominada por la película *Mandela. El largo camino hacia la libertad*, un biopic con Idris Elba y Naomie Harris que reflejaba la tormentosa relación entre Nelson y Winnie Mandela. En el último minuto cambiamos una gran producción, la que llevábamos semanas preparando con el director del espectáculo Hamish Hamilton, por otra acústica más calmada.

---

* «El mar quiere besar la orilla dorada. / La luz del sol calienta tu piel. / Toda la belleza que se ha perdido / quiere volver a encontrarnos. / No puedo pelear más; / Es por ti por quien estoy peleando. / El mar junta las rocas. / Pero el tiempo nos convierte en cantos rodados».

Entre la pompa y la prosopopeya del espectáculo televisivo de premios más popular del planeta tal vez pudiésemos pinchar la burbuja del *showbiz* y crear un momento más íntimo. ¿Lograría calar una interpretación más delicada de esta canción sobre un amor roto? Un productor pensó que no y nos soltó un: «¡Nunca volveréis a tocar en esta ciudad!». Después de tanto tiempo fue agradable oír una cosa así. Y, aunque reconocemos que la televisión no es nuestro medio natural, siempre hacemos lo posible para estar a la altura de la situación si esta lo requiere.

La canción sin adornos, iluminada con sencillez, con imágenes de un Mandela joven y pensativo mirando al público, captó una corriente de emoción en la sala, pero no sería sincero si diese a entender que nuestra banda era tan sublime que no nos importó perder el Óscar contra una canción infantil cantada por un dibujo animado. Y eso fue lo que pasó. También lo sentimos por Pharrell, cuyo «Happy» era sin más un clásico. La canción que se llevó el gato al agua, «Let It Go», era inteligente y pegadiza y tenía el verso más psicodélico de la noche: «Mi alma da vueltas en espiral rodeada de fractales congelados». No está mal. Tuvimos que dejarlo pasar. Tengo que encontrar mi propio personaje animado, pensé para mis adentros.

Pero al menos los autores de la canción acudieron a la gala. La vez anterior en que perdimos —con «The Hands That Built America», en 2002— Eminem estaba en la cama en Detroit y tuvieron que despertarle con la noticia de que su obra callejera «Lose Yourself» había ganado.

En los Óscar, reparas en el aspecto extrañamente competitivo de ese ego compartido de pertenecer a una banda. Una vez pones el culo en esos cómodos asientos de terciopelo, ese culo está todo menos cómodo. Parece como si, asomando por la ventana, hubiera un par de nalgas desnudas con una pegatina: «Patéame». Cuando empezó la ceremonia, Larry alargó el brazo y me dio unos golpecitos en el hombro.

—No nos basta solo con estar aquí, ¿no? —susurró—. La verdad es que queremos ganar, ¿no?

Exacto.

Demasiadas molestias como para perder.

Desde ese día nos describiríamos a nosotros mismos diciendo que habíamos quedado segundos en los Óscar.

Birds fly high in the summer sky
And rest on the breeze.
The same wind will take care of you and I,
we'll build our house in the trees.
Your heart is on my sleeve,
did you put it there with a magic marker?
For years I would believe,
*that the world, couldn't wash it away.**

Nelson Mandela. Este gigante del siglo XX, coronado de plata y blanco y sonriente, su buen humor lo eleva y hace que su cabeza y sus hombros sobresalgan por encima de su época. Si la risa es una prueba de libertad, entonces Madiba, el nombre del clan con el que quería que lo llamaran sus amigos, era más libre que los demás. Un manantial de alegría que desafiaba el peso con el que cargaba.

—¿Por qué un joven como usted iba a querer sentarse a que lo aburra un viejo como yo?

Siempre que tuve ocasión de visitarle, le daba la vuelta a la tortilla con una lección de elegancia.

Era capaz de seducir a la noche y el día y de hacer que los billetes salieran de las billeteras. Me contó que Margaret Thatcher, la primera ministra británica, había donado personalmente veinte mil libras a su fundación.

—¿Cómo lo consiguió?

La Dama de Hierro tenía fama de agarrada.

—Se lo pedí —dijo con una sonrisa—. Si no pides, nunca consigues lo que quieres.

---

* «Los pájaros vuelan alto en el cielo de verano /y descansan en la brisa. / El mismo viento cuidará de ti y de mí, / construiremos nuestra casa en los árboles. / Llevo tu corazón en la mano, / ¿lo grabaste ahí con un rotulador mágico? /Muchos años he creído / que el mundo no podría borrarlo».

En la época, su donación había asqueado a algunos en sus filas. «¿Acaso no intentó aplastar nuestro movimiento?», le espetaban.

¿Su respuesta?

—¿No aplastaba De Klerk a nuestra gente como moscas? La semana que viene voy a tomar el té con él. Él pagará la cuenta.

Yo quise saber qué le había ocurrido a este hombre que estuvo encerrado veintisiete años en una celda de hormigón de dos metros por dos metros y medio en Robben Island. Aquel estudioso no temía al trabajo duro y veía su cuerpo como una máquina que necesita mantenimiento y que la engrasen. Estaba en muy buena forma física, pues corría cuarenta y cinco minutos al día sin moverse del sitio, antes de hacer doscientas sentadillas y cien flexiones con la punta de los dedos. Al mismo tiempo, torturado y golpeado, solo parecía crecer como persona y como líder.

La respuesta, me dijo, estaba en la lectura. ¿Puede ser tan sencillo? Fueron los libros, dijo, los que lo hicieron un hombre mejor. Encontró la grandeza en la lectura y a menudo citaba a autores irlandeses, en particular a George Bernard Shaw. Tenía tanta sed de lecturas que, cuando se las negaron durante su primer encarcelamiento, ocultó a Shakespeare en una biblia, a sabiendas de que sus amos protestantes afrikáneres nunca le negarían el acceso a las Sagradas Escrituras.

Nelson Mandela despertaba muchas emociones en mucha gente, pero muy pocos sabían que no podía llorar. Mandela nació príncipe, su bisabuelo era un rey tribal, pero en los trabajos diarios de la cárcel le obligaron a trabajar en una cantera de piedra caliza. No podía imaginar el efecto que tendría el reflejo corrosivo de la caliza. Le costó sus glándulas lacrimales y Nelson Mandela no podía llorar. Eso aún me conmueve.

Me intrigaban su aplomo y su elegancia naturales. Era como si, después de veintisiete años, el miedo hubiese dejado de interesarse por él. Cuando acabó su encierro en Robben Island, la ambición de Nelson Mandela seguía siendo la misma, pero ahora se expresaba en forma de modestia. Si yo había sospechado que era solo una fachada para inspirar confianza en los demás o para conseguir cosas, una tarde soleada en España descubrí que lo rodeaba por todas partes.

La invitación llegó con la mejor de las intenciones y de parte del mejor de los nombres: Naomi Campbell, la antigua supermusa de Adam Clayton. Naomi lleva toda la vida luchando contra el racismo y veía la injusticia económica a la que África se enfrentaba como otra expresión de lo mismo. Naomi, como muchos de nosotros, tenía un enorme *grá* (digamos que es como se dice «cuelgue» en gaélico) por Nelson Mandela. Un sentimiento que a mi entender era correspondido. Fue muy especial ver a Graça Machel, otro icono, esbozar una amplia sonrisa al ver a su marido cautivado por la supermodelo británica. El «abuelo», como lo llamaba Naomi, cobraba vida en su compañía, hacía bromas, se reía y se inclinaba para susurrarle. Volvía a ser un niño a través de los ojos de ella.

Todo este delicioso ruido de fondo se convirtió en una idea en verano de 2001 cuando lo mejor de la moda y lo mejor de la música trabajarían para Madiba en Barcelona, bajo esa palabra combinada difícil de olvidar: «Ropa'n'Roll». Piénsese en fusión. O en confusión. Desde el principio, la prensa catalana no creyó que los grandes nombres tuvieran intención de acudir, y menos aún Nelson Mandela, el más importante de todos. Pero, para hacerle justicia a la gente de la moda, cumplieron, con un elenco de superestrellas como Kate Moss y Elle Macpherson, con colecciones de Versace y Alexander McQueen.

No ocurrió lo mismo en la música y, cuando los medios dejaron de prestar atención, todos abandonaron el barco. Solo quedamos el cantante de los Fugees Wyclef Jean y yo para llenar el programa, y, con una venta anticipada de dos mil entradas en un recinto construido para casi veinte mil personas, no faltaban razones para estar preocupado.

El Presidente del Mundo, como lo imaginaba yo, iba a bendecir el acto a las ocho. Lo retrasaron a las ocho y media cuando solo mil personas habían ocupado sus asientos. Luego, a las nueve, cuando tal vez hubiese tres mil personas en el pabellón. Pero Nelson Mandela tenía que coger un avión y al promotor se le ocurrió la idea de apagar las luces para que la enorme caverna vacía no pareciera tan enorme ni tan vacía. Nos pidió que le acompañáramos y salió al escenario, Naomi a su derecha y yo a su izquierda.

—Jóvenes de Barcelona, debo deciros desde el fondo del corazón de un anciano que me habéis dado una bienvenida que no merezco.

Yo miré un agujero en el escenario.

—He venido a Barcelona con grandes expectativas, y me alegra decir que se han cumplido por completo.

Al principio, pensé que estaba de broma, pero empecé a darme cuenta de que no era así. No era que su copa estuviese medio llena. Es que estaba rebosando. Reunir a tres mil personas para él era tener el mundo rebosando. Nelson Mandela era la encarnación de la gratitud, y, cuando miré al público, me pareció en verdad mucho más numeroso.

«LIMOSNAS NO, JUSTICIA»

En diciembre de 2013, cuando Ali y yo pasamos por delante del ataúd de Nelson Mandela en Pretoria, acudió a mi memoria un día de invierno de 2005 en Londres en Trafalgar Square. Era un mitin para la campaña de Make Poverty History, y, con su característico estilo contenido, Mandela dio uno de los discursos más cautivadores que he oído jamás.

—Al igual que la esclavitud y el *apartheid* —dijo—, la pobreza no es algo natural. Es algo creado por el hombre, y las acciones de los seres humanos pueden vencerla y erradicarla. Y vencer la pobreza no es dar limosna. Es un acto de justicia. Es la protección de un derecho humano fundamental, el derecho a la dignidad y a una vida decente.

Hay cosas que se creen y cosas que se saben. Yo ya creía en lo que estaba diciendo, pero ese gélido día de febrero llegué a saberlo a otro nivel. Sus palabras parecieron enfocar mejor el mundo para que yo comprendiese con más claridad que nunca la injusticia de la pobreza global. Mientras Madiba hablaba, oí sus palabras como una especie de llamada.

—A veces a una generación le corresponde ser grande. Vosotros podéis ser esa gran generación.

¿Podíamos? ¿Nuestra generación?

Había algo tentador en la propia idea y, al pensarlo, recuerdo las palabras de Ellen Johnson Sirleaf, que se convirtió en la primera presidenta en África: «Si tus sueños no te asustan, es que no son lo bastante grandes».

En estos primeros años del nuevo milenio, el movimiento antipobreza había ido viento en popa y tanto en Estados Unidos como en Europa la izquierda y la derecha estaban encontrando áreas de entendimiento más importantes para llegar a un común entendimiento. En el Reino Unido, por ejemplo, el trabajo de Richard Curtis, Emma Freud y algunos más en organizaciones como Comic Relief y su Red Nose Day bianual mantenía vivo en el recuerdo de la gente la injusticia de la vida en los países más pobres. Las organizaciones activistas, los organismos de ayuda y las ONG tenían un excepcional alcance político, una oportunidad de influir en los planes políticos de Blair y Brown. (Luego, ONE juntaría esas redes cuando colaboraron para conseguir convencer al Gobierno de coalición de David Cameron de que consagrara por ley que el Reino Unido dedicase el 0,7 por ciento de su renta nacional a la ayuda exterior. Es menos del 1 por ciento, pero sigue siendo una cifra gigantesca, y es una decisión colosal por parte de una potencia poscolonial. Solo quienes ignoran las relaciones del futuro, y las del pasado, intentarían desmantelarla. Lo hicieron).

Yo quería creer que éramos parte de un auténtico movimiento para cambiar materialmente la relación entre ricos y pobres, pero, pese a mi deseo de ser útil, tenía más lecciones que aprender. Aunque no se puede renunciar del todo a las caras de los famosos, si estas atraen la atención hacia una situación que todo el mundo pasa por alto, hay que desconfiar de las estrellas del rock, de las supermodelos, de los actores o de los multimillonarios que hacen cola para posar en las fotos con los enfermos y los moribundos.

Yo desconfío.

Mis sospechas no siempre están fundadas. Nunca he visto a ningún activista trabajar tanto sobre el terreno como a Sean Penn, después del huracán de Nueva Orleans y el terremoto en Haití. Y nunca he visto a un actor tan decidido a aceptar un papel secundario, uno en el que no estaba actuando.

Otra lección que las caras blancas como las nuestras debían aprender era evitar esas fotos en las que se simboliza a los pobres del mundo con rostros negros. A menudo consumidos. A menudo «africanos». No es exacto, y tampoco es justo. Es todo lo contrario de la justicia. La energía juvenil, la actividad emprendedora, la creatividad artística en las dinámicas capitales africanas rara vez se cuenta aún en ningún otro sitio del mundo. Si te das un paseo de cinco minutos a buen paso por las calles de Dakar, Durban o Lagos, tienes la sensación de haber hecho un esprint. Quedarse de pie en una esquina es como tomarse un café expreso doble.

Nollywood, en Nigeria, hace más películas que Hollywood. Hay más africanos —seiscientos cincuenta millones— con teléfono móvil que estadounidenses o europeos. Las tecnológicas africanas lideran el mundo de los pagos con teléfono móvil. La República Democrática del Congo tiene el 70 por ciento del cobalto mundial utilizado en las baterías, mientras que Sudáfrica tiene el 90 por ciento de las reservas de platino que necesitamos para las pilas de combustible y la electrónica. El continente más antiguo del mundo tiene la población más joven del mundo, y, antes de la COVID-19, albergaba seis de las diez economías de crecimiento más rápido del planeta. No hace falta preguntar a los chinos dónde creen que está el futuro: te los encuentras en casi todos los mercados o bolsas africanas donde pueden colarse.

¿Cómo es posible que este supercontinente en pleno desarrollo, donde hay más países, lenguas y diversidad cultural que en ningún otro, siga describiéndose abrumadoramente en el norte global en términos de su pobreza, a pesar de su riqueza? Todos los países que se esfuerzan por salir de debajo de la bota del colonialismo suelen acabar con un periodo de mala gobernanza. Pero ¿qué hay de la lucha por librarse de los estereotipos? Tal vez eso tenga algo que ver con los activistas. Estos pueden ser un grano en el culo. Sé que yo puedo serlo. En nuestras propias cabezas quienes trabajamos por el desarrollo global luchamos por las vidas ajenas.

Así que tenemos razón.

¿Razón?

No.

Pero ¿no tenemos la clave de cada argumento, el remate para poner fin a cualquier disputa?

Hay vidas que dependen de nosotros.

Eso tampoco.

EL SÍNDROME DEL MESÍAS BLANCO

Bienvenidos al síndrome del mesías blanco. Si eres el líder de una banda de rock'n'roll, es necesario tener cierto complejo de mesías, pero ese complejo es menos útil para los activistas antipobreza.

Los vientos políticos y culturales que habían soplado a nuestro favor habían empezado a rolar en algunos países en el sur global. Algunos activistas se habían hartado de lo que llamaban la «pornografía de la pobreza». «Guárdate tu ayuda» se convirtió en su tema musical. Me pareció que teníamos que hablarlo. Yo necesitaba escuchar. A Chris Anderson en TED le ofrecieron dirigir la conferencia Ted Global de 2007 en Arusha, Tanzania, y me invitó a participar. Sabiendo que el público sería escéptico ante el habitual diálogo de ayuda donante-receptor, no esperaba una respuesta entusiasta, pero tampoco esperaba que me abuchearan. El locutor de radio y periodista ugandés Andrew Mwenda empezó a destrozar los argumentos de quienes defienden que la ayuda internacional es una de las palancas que los países más pobres deberían accionar mientras salen de la pobreza. Decidme un país, pidió al público, que haya salido beneficiado de la ayuda extranjera. Yo levanté la mano.

¿Ah, sí, Bono? Estoy deseando oír esa respuesta…

Irlanda, dije.

¿Irlanda?

Sí, Irlanda. Mi país no existiría como es ahora sin el dinero de Europa. La ayuda europea ha ayudado a convertir Irlanda en una economía moderna.

Muy bien, tal vez Irlanda. Concedamos eso a Bono. ¿Alguno de los presentes puede decirme otro país? Volví a levantar la mano.

Alemania, sugerí. Ese país próspero y moderno no existiría si no fuese por el plan Marshall después de la Segunda Guerra Mundial. Pero, a pesar de mis respuestas de marisabidillo, agucé los oídos y noté un auténtico resentimiento en la sala que sabía que teníamos que identificar. Siempre habíamos visto la ayuda como una inversión: pensábamos que el negocio de la ayuda consiste en hacer que el negocio deje de ser necesario. No obstante, había muchos ejemplos en los que ese no era el caso. En su libro *Dead Aid* (parodiando el Live Aid) el economista Dambisa Moyo había demostrado que la ayuda puede acabar donde no debe y malgastarse y, en el peor de los casos, apoyar gobiernos que no rinden cuentas ante su propio pueblo.

Las voces de la sala retumban en mi cabeza, chocan con las voces de otras salas que piden más, no menos, ayuda. Sé que las intervenciones específicas pueden salvar muchas vidas, pero también sé que, si no ayudan a un país para apartarse de la pobreza hacia la prosperidad, perpetúan la dependencia e incluso pueden minar la democracia.

Sé que la deuda y los recursos internacionales para combatir el sida ayudaron a afianzar los sectores de la salud y la educación en muchos países. Pero luego miro la respuesta global a la COVID-19 en 2020-2021 y no la veo. Porque no la hubo. La dependencia de los países más pobres de la beneficencia de los más ricos quedó al descubierto cuando se prometieron vacunas, pero no se entregaron. Peor aún, los países africanos con los recursos para comprar sus propias vacunas no pudieron hacerlo porque Occidente compró la cadena de suministros.

Strive Masiyiwa, encargado de conseguir vacunas en nombre de la Unión Africana, lo describía así: «Imaginen que vivimos en un pueblo y hay una sequía. No habrá pan, así que los tipos más ricos secuestran al panadero, toman el control de la producción de pan y todos tenemos que acudir a ellos para pedirles una barra de pan. Eso es lo que está ocurriendo». Por eso Cyril Ramaphosa, el presidente de Sudáfrica, advirtió de un *apartheid* de las vacunas.

Aún creo que la ayuda es esencial, pero cómo se decide y se entrega es tan importante como el propio dinero, al igual que escuchar a las personas a las que se quiere ayudar. Al igual que la colaboración más que el patronazgo. Al igual que hacer responsables a los gobiernos de lo que se entrega y de lo que se recibe. Personas como el periodista convertido en activista John Githongo han arriesgado la vida por denunciar la corrupción y exigir transparencia. El hombre de negocios sudanés Mo Ibrahim me dice que solo hay una palabra que responda al desafío del desarrollo y la búsqueda de una prosperidad más igualitaria dentro y entre los países. Esa palabra es «gobernanza». Sin ella ningún éxito es duradero, dice. Si no nos gobiernan como es debido, no podemos avanzar. Todo lo demás va en segundo lugar. Todo.

Pero si Nelson Mandela tenía razón y vivir en la pobreza era una construcción humana que deben desmantelar los humanos, cómo desmantelarla se convierte en la pregunta más apremiante de nuestra historia compartida.

«INCLINEMOS LA CABEZA»

La respuesta estará en muchas salas y en las voces de las personas cuya vida, como la de Nelson Mandela, encarna esa lucha por acabar con la pobreza. He escuchado esa voz en compañía de Agnes Nyamayarwo en Uganda o de Florence Gasatura del hospital universitario de Kigali, Ruanda. Pero nunca he escuchado una tan alta y tan clara como la del arzobispo Desmond Tutu.

El Arzo, como Nelson Mandela, fue uno de los que me enrolaron en la lucha contra lo que él llamaba «esclavitud económica». Y me hizo un regalo de un valor incalculable: me enseñó a escuchar. Resulta que, en el caso de alguien tan bocazas como yo y con tendencia a meter la pata, hace falta un firme propósito espiritual.

No puedo olvidar el gesto de su semblante un día en 1998 cuando la banda estaba entre los invitados que abarrotaban su despacho de la Comisión de la Verdad y la Reconciliación en Ciudad del Cabo. Una mirada educada, pero que rozaba el desdén.

—Inclinemos la cabeza —dijo, dirigiéndose a nuestro circo ambulante, la mitad de cuyos miembros ni siquiera eran religiosos—. Pidamos al Espíritu Santo que bendiga la labor que hacemos en este edificio y nos ayude a mirar en nuestro corazón para ver qué podemos llevar a cabo para hacer realidad tu reino, tanto en la tierra como en el cielo.

Habló de la filosofía que había detrás de la verdad y la reconciliación, de su profunda convicción de que tenían que darse por ese orden, de que tenemos que vernos a nosotros mismos antes de redimirnos. Solo cuando la virtud se abre paso, puede el puño convertirse en una mano abierta.

Luego nos llevó al piso de arriba, donde había juntado a unos cien voluntarios, y, para nuestra sorpresa, les anunció: «Señoras y señores...¡U2 han venido a tocar para vosotros!».

Fue un momento extraño. No teníamos instrumentos y nunca se nos ha conocido por cantar a capela. Intentamos cantar «I Still Haven't Found What I'm Looking For», a lo que el reverendo añadió el amén que tanto significó al salir de su boca.

A pesar de nuestras buenas intenciones, algunos activistas podemos arder en el fuego de nuestras buenas obras y el secreto es saber cuándo callar y escuchar. Una vez le pregunté si con tanto trabajo le costaba encontrar tiempo para la oración y la meditación. Me echó una de sus miradas.

—¿Cómo cree que podríamos hacer este trabajo sin la oración y la meditación?

Me enseñó que la oración no es una escapatoria de la vida real, sino un paso hacia ella. Como él, tenemos que compartir el pan con nuestros enemigos, conocernos, pero él sabía que, si tenemos que enfrentarnos a verdades difíciles, antes resulta necesario revelar cómo llegamos a ser nosotros mismos, como países y como individuos. Estamos heridos, magullados y divididos, pero necesitamos vernos a nosotros mismos, maltrechos como estamos, antes de poder sanar. Todos necesitamos verdad y reconciliación.

De la pobreza al poder

Para acabar con la pobreza extrema y dar forma a un mundo equitativo y sostenible, un lugar donde todo el mundo decida su futuro con dignidad... he aquí once cosas que he aprendido de los activistas y el activismo.

1. EL PODER DE LA GENTE

«La gente tiene el poder», canta Patti Smith. «La gente tiene el poder de soñar, de gobernar, de deshacerse de los idiotas del mundo». Sabe lo que dice. Siempre lo ha sabido. Al final son cosas molestas y aburridas, como las reuniones en el ayuntamiento, llamar a las puertas, las manifestaciones y las recogidas de firmas las que cambian el mundo. Votar. Angélique Kidjo también lo ha sabido siempre: «No se puede transformar la sociedad de la gente si esta no es parte del cambio».

2. LA GENTE EN EL PODER

Las ideas son más importantes que la ideología. Se puede estar en desacuerdo en todo y, aun así, trabajar juntos en algo, si es lo bastante importante. Esto a veces supone que se te haga un nudo en la garganta. Resulta doloroso. Hay que buscar a los «activistas de dentro», los consejeros del presidente o del primer ministro. A menudo son ellos quienes toman las decisiones.

3. DECIR LA VERDAD A LOS PODEROSOS

Cuando los políticos no cumplen lo que prometieron, se les puede patear el culo, y, cuando lo cumplen no hay por qué besárselo... aunque a veces yo lo haya hecho. Deberíamos aplaudir si un representante del pueblo cambia de posición y hace lo correcto para la gente.

4. EL PODER DE LAS CHICAS

Los datos y los hechos nos dicen que, en sitios diferentes, funcionan estrategias distintas, pero también que hay algunas verdades universales… como que la igualdad de género multiplica la fuerza. «La pobreza es sexista», dice Serah Makka–Ugbabe, directora de campaña de ONE. «Cuando se dice que es cosa de mujeres», añade Gayle Smith, la directora general de ONE, «casi siempre significa que es cosa de todos».

5. QUIÉN TIENE EL PODER

Si no tienes un lugar en la mesa, lo más probable es que seas parte del menú. Quién ostenta el poder es lo que de verdad importa. ¿Por qué África, un continente de cincuenta y cuatro países y con la segunda mayor población del mundo, carece de representación en el G7 o en el Consejo de Seguridad de la ONU? ¿Y por qué solo tiene un lugar en el G20? ¿Qué siglo es este? ¿En qué planeta vivimos?

6. ENERGÍA SOLAR

No solo hay más energía renovable que extraer del sol, también está la fusión. Tanto el cambio climático como los conflictos son el desarrollo con la marcha atrás puesta.

7. EL PODER CORROMPE

Que la luz del día sea el detergente. La transparencia es la vacuna para la corrupción. Las normas de Gobierno funcionan cuando los ciudadanos ven quién se las salta. En los países, las empresas, las comunidades.

8. EL PODER ESTÁ EN EL BOLSILLO

Vota con la cartera o con la billetera. Se puede tumbar a las grandes corporaciones mediante lo que la gente decide o no gastar en ellas. El comercio ha librado a más gente de la pobreza de lo que se pueda imaginar. Puede ayudar a derrotar a la pobreza o defenderla. Puede hacer que el planeta sea verde o calentarlo. Depende de nosotros, de los consumidores y productores, de la inversión y la desinversión.

9. EL PODER DE LAS LETRAS

La sopa de letras de las buenas obras HIPC, PRSP, PRGT, GFATM, SDR, MDGS, SDGS, IDA, IADB, ADB, COP, etcétera... ¿Qué tal una Campaña por el Uso Responsable de las Siglas? Si las siglas hacen que nos sintamos desconcertados, es que quienes las idearon no son lo bastante listos.

10. EL PODER DE LAS CIFRAS

El activismo basado en las pruebas, también conocido como «activismo de los hechos». Los datos contienen soluciones y relatos. Las estadísticas cantan. El número más importante es el uno, porque, como dijo John Stuart Mill, «una persona con una creencia tiene la fuerza de noventa y nueve que solo tengan intereses». Más poder para ti.

11. PODER BLANDO

Piensa globalmente, bebe localmente (Sláinte).

LA VENTA DE SUEÑOS

Estamos en 1998 y me encuentro con un funcionario, Kader Asmal, en el jardín del Nellie, uno de los mejores hoteles de Ciudad del Cabo. El hotel Mount Nelson se llama así por el pirata colonial inglés lord Nelson. A pesar de su ambiente tranquilo, a medida que avanza la conversación, Kader se enfada. Pero no por el estado en el que los colonialistas dejaron su país. Volvió del exilio a Sudáfrica en 1990, y ahora es ministro de recursos hídricos y forestales en el primer Gobierno del Congreso Nacional Africano (CNA): su enfado con los colonialistas es menor que su enfado con el Estado que él y su Gobierno no han conseguido hacer de Sudáfrica. Su enfado, me cuenta, se dispara cada vez que oye el ruido del riego automático sobre el césped, y recuerdo aquella canción de Joni Mitchell, «The Hissing of Summer Lawns («El silbido de los céspedes en verano»)».

—Prometimos que ningún sudafricano estaría a más de trescientos metros del agua corriente y no lo hemos conseguido —dice—. Y, sin embargo, cultivamos begonias y pelargonios que perfuman el jardín para las élites que nos visitan. —Hace una pausa—. Dicho sea sin ánimo de ofender.

No me ha ofendido, le aseguro. Lo entiendo.

La historia de Kader subraya las dificultades de la transformación política. Después del histórico traspaso de poderes del Gobierno blanco, el cambio está llegando tan despacio a Sudáfrica que a Kader no solo le produce reflujo gástrico: está sembrando instintos antidemocráticos en un país que acaba de conocer el sufragio universal: una persona, un voto. Todo el mundo es igual ante la ley… solo que no lo es.

El ministro desmoralizado se levanta para contestar a una llamada y fumarse un cigarrillo. Lo sostiene entre el pulgar y el índice, con la punta de ceniza protegida por la palma de la mano como un muchacho de Cedarwood Road en una esquina resguardando el cigarrillo del viento. Lo imagino de joven, el activista exiliado del Congreso Nacional Africano, impartiendo clases de derecho en el Trinity College de Dublín casi tres décadas, cofundando el Movimiento Irlandés Anti-Apartheid donde tocamos en nuestro primer acto de *agitprop* de adolescentes. En Irlanda el Congreso Nacional Africano no se consideraba una organización terrorista, y veo a Kader en la mesa de la cocina de su casa de Foxrock, con el bloc en el regazo en 1987, escribiendo lo que luego se considerarían algunas de las partes más relevantes de la Constitución sudafricana.

¿Es este el aspecto que tiene la revuelta desmoralizada y vista de cerca? Al final solo importa esto: ¿han mejorado las cosas para la mayor parte de la gente?

Si la música de la revuelta no está sintonizada con las matemáticas del progreso económico, disuena.

Cuando liberaron a Nelson Mandela, recuerda Kader, y estaba a punto de retransmitir su primer discurso en libertad, estaba decidido a que fuese una declaración de autodeterminación. Nos dijo que anunciaría la nacionalización de la industria de los diamantes, una entrega de luz incandescente al pueblo.

—Madiba pensó que el simbolismo era elocuente: la riqueza del suelo sería ahora de la gente que estaba en esas tierras.

Kader me mira pausando ese acento sudafricano con su leve matiz indio. La idea parecía buena, continúa él, pero no podía funcionar.

—Madiba, no nos interesa tener el control de los diamantes. Es mejor que lo tenga De Beers.

—¿Y por qué —replicó el presidente— dejar semejante riqueza en las mismas manos de siempre?

—Porque, camarada, esos diamantes solo tienen valor en manos de un cártel. Verás que hay muchos más diamantes en el suelo de los que admitimos. Pero, si eso se hiciese público, el valor de esas extraordinarias concentraciones de carbono no sería mayor que el de la bisutería de cristal.

El gesto de Mandela cambió.

—Camarada, ¿me estás diciendo que esto es como el mundo del espectáculo y que tal vez no sea nuestro fuerte?

—Sí, Madiba. La venta de diamantes es la venta de sueños que, en realidad, no existen.

UN PAÍS ES UNA HISTORIA QUE NOS CONTAMOS A NOSOTROS MISMOS

Lo que me contó Kader se me quedó grabado en la memoria. Si los países de todos los continentes necesitan gobiernos competentes, también necesitan mitos… y creadores de mitos. Los diamantes, como los países, son una historia en la que queremos creer. Quisiera saber qué me ha enseñado el tiempo en estos años de campaña antipobreza; qué diferencia hay entre lo que hoy pensamos Ali y yo con respecto a los ingenuos jóvenes de veinticinco años que se fueron de voluntarios a Etiopía en los años ochenta.

Me remonto a las lecciones de historia del colegio, al poco tiempo que hace que nuestro propio país salió de la pobreza. En el siglo XIX, Irlanda tenía una población de ocho millones de personas, que después de la hambruna y la emigración se había reducido a tres millones a mediados del siglo XX. ¿Cómo se deshizo nuestro país de esa historia de pobreza?

Somos un pueblo isleño que se dispersó por el mundo en forma de refugiados políticos y económicos. La pobreza nos convirtió en trotamundos y volvimos a casa con lo que habíamos descubierto. Los frutos de nuestra diáspora no fueron solo materiales. Fueron inteligencia emocional, fueron una visión más culta del mundo, resultado de haberlo recorrido. Y, como en el caso de los judíos, uno de nuestros mayores descubrimientos fue que las ideas son más fáciles de transportar que los objetos. Nuestras primeras incursiones en el mundo intangible de la fabricación de software fueron el pensamiento religioso, la literatura y la música.

A partir de la década de 1970, pudimos cablear de nuevo nuestro hardware gracias a la ayuda y al comercio que nos aportó el ingreso en la Unión Europea. El país de los santos y los eruditos empezó a transformarse en el país de los pecadores y los ingenieros de software, y nuestra liviana industria se volvió totalmente intangible.

Esta pequeña piedra en el Atlántico Norte, batida por vientos y lluvias tormentosas, ideó un clima alternativo para atraer el interés y las inversiones en nuestra población joven y culta. La competitividad fiscal se convirtió en el principal trampolín de la política industrial de Irlanda, un modo de atraer a las empresas al país y de aumentar su base impositiva para incrementar el gasto en educación, salud, carreteras e infraestructuras. Unidos a la transformación económica del sector tecnológico, llegaron los incentivos para el arte y los artistas, y nuestra banda estuvo entre sus beneficiarios. De la propiedad intelectual y las farmacéuticas hasta la tecnología y la biotecnología, la industria naciente de la informática encontró un millar de bienvenidas en Irlanda. En vez de que sus habitantes emigraran, empezó a llegar gente de fuera y se contó una nueva historia irlandesa.

La historia de éxito que es Irlanda no la han escrito otros; es una historia que la hemos escrito nosotros mismos. Y aunque no está concluida, hemos hecho de ella un mito. La vida de Mandela, la que yo canté en los Óscars, es una historia increíble de creer. Una historia imponente. Una historia mítica. Una historia verdadera.

Las historias que un país cuenta de sí mismo son esenciales para su identidad y su desarrollo. Eso es cierto en Sudáfrica y en Irlanda; en Europa y en Estados Unidos. Para que Estados Unidos echara raíces han hecho falta novelistas, poetas, directores de cine y compositores, artistas de todos los medios que describieran la diversidad estadounidense en un único lienzo. El país aún está tensando el lienzo, el caballete todavía se tambalea.

Los europeos, en cambio, no están tan implicados en contar Europa. Conocen las historias de sus propios países, pero menos la metanarración de nuestro continente. Pero, si bien la filósofa francesa Simone Weil tiene razón al decir que «Nuestra vida real está compuesta en más de sus tres cuartas partes de imaginación y de ficción», a Europa se le escapa a menudo la idea de un «plan general». La identidad europea puede parecer un concepto frío… hasta que vemos a la gente de Ucrania enfrentarse a los tanques de Putin que bloquean su camino a la libertad. Esa gente anhela en el fondo formar parte de ese relato europeo, y en el proceso están empezando a reescribirlo… para todos nosotros.

Necesitamos que nuestros artistas cuenten una historia que podamos compartir. Al igual que Idris Elba y Naomie Harris narran la vida de Nelson y Winnie Mandela en *Mandela. El largo camino hacia la libertad*. Al igual que hago este llamamiento en nombre de esta visión imposible, Europa, un coro compuesto por antiguos enemigos y antiguas lenguas guerreras que intentan cantar con una sola voz. Una visión novelesca.

Me recuerdo a mí mismo que esta Europa es una idea que necesita convertirse en un sentimiento y que los artistas resultan esenciales para ubicarlo.

Me recuerdo a mí mismo que Hollywood tomó su nombre de Hollywood, un pueblecito en el condado de Wicklow.

Tener una buena trama es esencial.

Its not a place, this country is to me a sound
of DRUM and bass, you close your eyes to look around
its not a place
is a dream
the pilgrims face
the whole world owns
she had your heart
to call her home
CITY OF BLINDING lights
Us lies
Blessed are the bullies
For one day they'll have to stand up
to themselves
Blessed are the liars For the truth
can be AWKWARD
Blessed are the arrogant
For theirs is the KINGDOM OF THEIR OWN
Company
Blessed are the FILTHY RICH
For you can only truly own
what you give away
like your pain

33

City of Blinding Lights

The more you see the less you know
The less you find out as you grow
I knew much more then than I do now.*

«Que resuene la libertad. En este sitio donde estamos, hace cuarenta y seis años el doctor King tuvo un sueño. El martes, ese sueño se hace realidad».

Enero de 2009, estoy delante de un U2 congelado hablando desde el mismo lugar en el que se encontraba Martin Luther King cuando pronunció su discurso «I have a dream» («Tengo un sueño») en agosto de 1963.

Abraham Lincoln nos mira con autoridad desde su asiento de granito. Este hombre, tan famoso por su altura, está sentado en un sillón. Tal vez si estuviese de pie, arrojaría una sombra demasiado larga. ¿Podría haber imaginado un día así? Un día en que un negro sería el próximo presidente de Estados Unidos.

Parece haber un millón de personas apretujadas ante el Lincoln Memorial, y a muchas de ellas también les resulta difícil creerlo.

Después de «Pride (In the Name of Love)», escrita en 1984 en honor al doctor King, tocamos «City of Blinding Lights», una can-

---

* «Cuánto más ves, menos sabes / menos descubres al crecer. / Sabía mucho más entonces de lo que ahora sé».

ción que Barack Obama utilizó cuando anunció su campaña a la presidencia en Springfield, Illinois, otra fría mañana de invierno, hace casi dos años. Hoy he actualizado la letra.

America, let your road rise
*Under Lincoln's unblinking eyes.**

El hombre negro con nombre musulmán que está a punto de convertirse en presidente está sentado al lado de su mujer, Michelle, y de sus dos hijas, Malia y Sasha. Gracias a mi trabajo con ONE, conozco a Barack Obama desde que era senador. Al principio me pareció un poco reservado, pero luego comprendí que era solo su forma de ser. No es un hombre de relaciones superficiales. Washington, D. C., le parecerá una ciudad de contradicciones, un lugar donde lo amarán y lo odiarán gracias a una cultura política más dividida en facciones y más agrietada que nunca desde la guerra de Secesión. Y no solo por el racismo inherente de las estructuras de poder, sino porque la grasa que hace girar las ruedas y los engranajes del Capitolio se ha convertido en un charco de aceite de las redes sociales.

Mi generación creció con una política que compartía hechos y divergía en opiniones, pero Obama heredó un Washington con pocos hechos compartidos y muchos oponentes decididos a rechazar cualquier cosa que pueda parecerse a una verdadera conversación o la posibilidad de un acuerdo.

W. B. Yeats lo dijo hace cien años en su poema «Segundo advenimiento»: «Todo se desmorona, el centro no se sostiene; la anarquía se cierne sobre el mundo».

Aquí en el National Mall, el gentío se extiende hasta donde alcanza la vista; Barack Obama es fascinante. Si alguien puede llegar más alto, es él. Sí, él puede. Pero ¿le permitirá una política polarizada alcanzar siquiera puntos en común? Su familia y él convertirán esta

---

* «América, deja que tu camino se alce / bajo la mirada impertérrita de Lincoln».

ciudad en su hogar sin llegar a sentirse del todo en casa. Bien. Esta es la historia de las dos Américas. De dos proclamaciones.

Pero ¿qué hago yo aquí? Este no es mi país. Mi respuesta está en la letra de una canción, «American Soul», que voy a escribir diez años después.

> *It's not a place*
> *This country is to me a thought*
> *That offers grace*
> *For every welcome that is sought.**

Una canción escrita casi cuarenta años más tarde de que desembarcáramos en esta costa.

> *It's not a place*
> *This is a dream the whole world owns*
> *The pilgrim's face*
> *She had your heart to call her home.***

LA IDEA DE ESTADOS UNIDOS

Se hunde muy dentro.

Más que la idea de Wim Wenders de que Estados Unidos ha colonizado nuestro inconsciente a través del cine y la literatura, a través de la televisión. Más que el modo en que el rock'n'roll estadounidense conformó a una generación anterior a la mía y a todo el mundo después. Solo cuando escarbo aún más hondo en la mitología de Estados Unidos puedo entender mi decisión de despertar en el sueño que es Estados Unidos, el sueño de un país donde realmente tienes derecho a vivir, a la libertad y a la búsqueda de la

---

* «No es un sitio / para mí este país es una idea / que honra / cualquier bienvenida anhelada».

** «No es un sitio / este es un sueño propiedad del mundo entero / el rostro del peregrino / ella cautivó tu corazón para llamarlo hogar».

felicidad. «Vosotros sois la luz del mundo. Una ciudad asentada sobre un monte no se puede esconder».

No es la primera vez que unas palabras del Evangelio me animan a imaginar lo que este país podría ser en la historia. Fuera es Estados Unidos. Pero para mí también lo es dentro. Estados Unidos habita en mi imaginación. El senador Obama dijo en su campaña que no había estados de uno u otro signo, solo Estados Unidos, pero yo siempre he visto dos Américas. No una republicana y otra demócrata, ni siquiera una rica y otra pobre, más bien una real y otra imaginada. Una operativa, cuyo capitalismo emprendedor cambia y recarga el mundo, y una mítica, que es una idea poética en la que todos participamos. Irlanda es un gran país, pero no es una idea. Gran Bretaña es un gran país, pero no es una idea. Estados Unidos es una idea. Una gran idea. Podemos argumentar que tal vez sea una idea francesa —«Liberté, Égalité, Fraternité»— y que un regalo francés —la estatua de la Libertad— se encarga de recordárselo a todos los recién llegados, pero también vemos que la idea de Estados Unidos implica un nuevo principio, un nuevo comienzo.

The promised land is there for those who need it most
And Lincoln's ghost
Says...

*Get out of your own way.**

«Get Out of Your Own Way»

Antes de los vuelos transatlánticos, cuando los irlandeses dejaban su hogar para ir a Estados Unidos, era como una muerte. Nunca se les volvería a ver. Y, sin embargo, renacerían en esta tierra de promisión. El mito de Estados Unidos. Pero ¿sigue perteneciendo Estados Unidos a todo el mundo? ¿Pertenece siquiera a muchos estadounidenses?

---

* «La tierra prometida está ahí para quienes más la necesitan / y el fantasma de Lincoln / dice... / que te apartes de tu propio camino».

A los hombres negros estadounidenses, por ejemplo: muchos no se sienten en casa, cuando este es su hogar. Ni siquiera aunque lo haya sido durante cuatrocientos años, desde que trajeron aquí a la fuerza a sus antepasados para llevar «la carga del hombre blanco». Estados Unidos es una canción inacabada y que aún no ha sido grabada. Para muchos estadounidenses, aún no existe. Y, sin embargo, tal vez sea una inspiración; tal vez Estados Unidos sea la gran canción que el mundo aún no ha escuchado.

POR FIN, LA TIERRA PROMETIDA

El tiempo de hoy no tiene nada de mítico. Estamos bajo cero y veo congelarse el aliento de Larry contra el cielo de enero. Adam va vestido como si fuese a escalar el Matterhorn en 1928; mientras que Edge me mira como preguntando cómo se toca la guitarra cuando no se sienten los dedos. «City of Blinding Lights» se convirtió en una canción que el cuadragésimo cuarto presidente de Estados Unidos tomó como el tema de apertura de cientos de mítines que allanaron su camino hacia su elección. Una canción sobre la pérdida de la inocencia y la ingenuidad, sobre el descubrimiento de lo que una gran ciudad puede ofrecerte y de lo que podría quitarte. No es una elección tan extraña como parece.

And I miss you when you're not around.*

Un recuerdo de la juventud, de la ingenuidad que te hace tan poderoso cuando eres joven. La música encuentra eco en las multitudes que creen en este hombre. Tal vez sea la promesa de esa idea de una ciudad en una colina.

Oh, you look so beautiful tonight
In the city of blinding lights.**

---

* «Y te extraño cuando no estás».
** «Estás tan guapa esta noche / en la ciudad de las luces cegadoras».

Taca-taca-taca. A las 12.22 exactamente, surge el ruido de las hélices y el cambio de presión en el aire, cuando el helicóptero despega y se aleja por el National Mall, llevándose, por última vez, a George W. Bush como presidente. Ni él ni nadie de su familia parece mirar atrás a la multitud, mientras algunos le saludan y otros le abuchean.

—Se va a cobrar lo ganado con sus amigos tejanos.

—¿De vuelta al negocio del petróleo, eh, W.?

—Aún tienes tiempo de empezar otra guerra.

A mi alrededor la gente aplaude para celebrar la llegada de esta nueva era y le hace la peineta al hombre que tendrá la jubilación más tranquila de la era moderna. Pienso en los retratos que pintó de los hombres y mujeres a los que envió al peligro. A una guerra que no tenía sentido para mí, aunque fuese una guerra que me pareció que él mismo habría librado si hubiese tenido que hacerlo.

Pero ahora la historia se reescribirá ante nosotros; todos los grandes problemas —la sanidad, la crisis por el cambio climático, la crisis financiera— se arreglarán. Obama enseñará modales a Wall Street.

Por fin, la tierra prometida. (No exactamente). El cuadragésimo cuarto presidente tiene grandes ideales y dotes como narrador para explicarlos.

Durante su presidencia llegué a conocer un poco más a Barack Obama. Reparé en su profunda integridad, vi la ternura detrás de la seriedad. Al escuchar con él algunas mezclas de nuevas canciones de U2, me cautivó su curiosidad intelectual por saber cómo se hacía la música. Más escritor que político, pero no tan narcisista como los que escribimos canciones, reparé en lo profundo que era su compromiso con su familia, y la de esta con él. Michelle era la definición de lo que el empresario de hip-hop Andre Harrell describió como «la energía de la leona». Defensora a ultranza de su familia y de sus ideales, era inevitable que Ali y ella se llevaran bien, y que ninguna dejase que su vida la definiera su pareja. La Casa Blanca de los Obama estaba llena de alma, pero era rigurosa y razonada.

Precavido, considerado, desprovisto de histeria y de falso dramatismo. «Nada de drama, Obama» era la cantinela del ala oeste. «Lo difícil… es difícil», le decía él siempre a Gayle Smith, que dirigía la Agencia de Estados Unidos para el Desarrollo y a la que luego le quitamos para que dirigiera la campaña de ONE.

LA CIUDAD DE LAS MENTIRAS CEGADORAS

Avancemos hasta otro 8 de enero. Igual que el flashback que producen algunas drogas psicotrópicas, pero peor, porque este es un salto hacia delante. Ahora se están dando los primeros pasos para desmantelar esta república. Para empezar, no es una proclamación, sino una coronación, y la corona es naranja, no dorada. El rey Trump empieza su reinado de mentiras compulsivas con una imagen recortada del National Mall, abarrotado, aunque en realidad apenas está tres cuartos lleno. ¿Merece la pena discutir por el tamaño del gentío? Cuando descubrimos que el cuadragésimo quinto presidente ha ordenado que cuelguen esas fotos imaginarias en el ala oeste, sabemos que hemos entrado en una nueva dimensión de la vida estadounidense.

«NO ES NINGÚN SECRETO QUE UN MENTIROSO NO ESTÁ DISPUESTO A CREER A CUALQUIERA»

En ONE decidimos que al menos teníamos que intentar vérnoslas con la Administración de Trump. Lo intentamos hasta que resultó imposible. El protagonista nunca admitirá que se equivoca y duplicará o triplicará la apuesta. Y controla el relato. ¿Cómo lo hace?

Porque nació para las redes sociales. Porque la viralidad que da fuerza a la plataforma premia la sorpresa y el escándalo, que es su lengua franca. Porque es el narrador de este nuevo presente que requiere solo 280 caracteres y en el que cualquier relato es un cuento de hadas de los hermanos Grimm, donde el monstruo está debajo de tu cama, o en la puerta, o en la frontera. Y no puedes sacarte al monstruo de la cabeza. Nunca entendí la lucha libre profesional hasta que me explicaron que es todo falso, que no es una competición, que es puro teatro. Los miembros del público no son idiotas; solo se dejan llevar por la teatralidad, los insultos y las palabrotas, los jadeos y los suspiros, mientras que el lobo feroz echa otra casa abajo. Es la pantomima: «¡Mira a tu espalda!». Que se llevara el voto popular fue un logro tanto más notable teniendo en cuenta que Hillary Clinton no se había pasado la vida preparándose para que la política fuese una rama más de la industria del espectáculo.

Cuando me enteré de que había sido elegido, sentí más asco que sorpresa, pero, como tantos otros, ya había empezado a entender que Trump no es el problema. Es el síntoma del problema. No es el virus. Es el supercontagiador. El virus es el populismo y es tan mortífero como la peste. El verdadero anfitrión es el miedo. Como me había recordado Chuck D, el rapero/intelectual público cuando estuvimos de gira en 1992.

I've been wonderin' why
People livin' in fear
Of my shade
(Or my high-top fade)
I'm not the one that's running
But they got me on the run
Treat me like I have a gun
*All I got is genes and chromosomes.**

Public Enemy, «Fear of a Black Planet»

CURVANDO EL ARCO

Mi miedo es haberme/habernos dormido en la comodidad de nuestra libertad. El recorrido de nuestra banda reflejaba el de nuestra

---

* «Quisiera saber por qué / la gente vive atemorizada / de mi sombra / (o de mi corte de pelo) / no soy yo quien corre / pero me hacen huir / me tratan como si tuviese una pistola / lo único que tengo son genes y cromosomas.

época. Mi generación había sido testigo presencial de una serie de momentos imposibles. La caída del Muro de Berlín. El fin del *apartheid*. Los acuerdos de Viernes Santo. Hasta el matrimonio igualitario en Irlanda. ¿Habíamos llegado a creer, perezosamente, que estábamos en un viaje imparable hacia el mundo más justo en que creíamos? Incluso nosotros, los activistas y bienhechores. Sobre todo nosotros.

Me vi volviendo a unas palabras de Martin Luther King, que afirmó que «el arco de la moral universal es largo, pero se inclina hacia la justicia». Ya no creía en ellas. El arco de la moral universal no se inclina hacia la justicia. Hay que enderezarlo, y eso requiere una fuerza de voluntad absoluta. Requiere toda nuestra concentración y todos nuestros esfuerzos. La historia no se mueve en línea recta, hay que arrastrarla, por mucho que chille y se resista, hacia el futuro.

Michelle y Barack Obama dejaron el poder con una callada dignidad, la mayor polémica de su mandato fue el que causó su reflexión de que todos los estadounidenses merecían tener acceso a la sanidad. ¿Por qué a la sanidad? Porque creían que el derecho a «la vida, la libertad y la búsqueda de la felicidad» prometido en la Declaración de Independencia era una afirmación ridícula si no existe el acceso igualitario a la sanidad. La ley de sanidad, el Obamacare, no era todo lo que quería el cuadragésimo cuarto presidente, pero sería crucial para muchas vidas, a menos, claro, que alguien intentara destruir esos cimientos recién echados.

EN COMA EN LA CAMA DE LINCOLN

¿Reparó alguien en la pérdida que sería para el mundo la marcha de los Obama? Nuestra familia, olvidando que somos irlandeses, se lo tomó como una pérdida personal. En un último almuerzo en la Casa Blanca en el que estuvimos a solas, pude darle las gracias por seguir con la innovadora política del presidente Bush contra el sida. Añadió cincuenta y dos mil millones más a los dieciocho mil millones de Bush. Los presidentes suelen querer llevarse el mérito de algo tan caro. Extender un cheque para continuar el legado de tu predecesor no debería ser algo extraordinario, pero lo es.

Eso incluye el dinero para los fondos de la lucha contra el sida, la tuberculosis y la malaria, que Obama ha apoyado junto con campeones como el francés Emmanuel Macron y el canadiense Justin Trudeau.

Él le quita importancia a mi agradecimiento, pero luego el hombre que tiene una fotografía del combate de la Rumble in the Jungle (Pelea en la Selva) en su despacho (Mohammad Ali de pie ante Foreman) asesta un último golpe mortal.

> 44: ¿A cuántos mandatos puedes presentarte como cantante de U2? ¡Ja, ja, ja!
> Yo: Yo digo siempre que cada nuevo disco es como unas elecciones. Dos álbumes malos y te vas a la calle.

Una noche estábamos ocho personas en la residencia particular del presidente y la primera dama, cuando sus ocho años de mandato llegaban a su fin. Ahora que las niñas eran un poco mayores, Michelle y Barack invitaban con más frecuencia a amigos a cenar. Si me hubiese limitado a los cócteles, todo habría ido bien, pero me bebí una copa de vino con la comida. ¿O fueron dos?

¿He contado que soy alérgico al vino? Es un aviso. Soy oficialmente alérgico al vino. Soy alérgico a los salicilatos, soy alérgico al ácido salicílico, que está en todas partes, desde la fruta hasta la salsa de tomate, pasando por la aspirina. Que está en el vino tinto y explica por qué una gran noche con pizza, vino tinto y una aspirina puede significar que me dé vueltas la cabeza y mis ojos desaparezcan. Ali dice que debería tomármelo como un aviso, pero, en vez de eso, tomo antihistamínicos. Si no los tomo, si bebo sin medicación, puedo desvanecerme sin más. Me quedo profundamente dormido. Esté donde esté.

He dormido sobre la capota de un coche y a la puerta de una tienda. Una vez me quedé dormido en la mesa de luces de un concierto de Sonic Youth. Da igual dónde esté. Podría estar en la Casa Blanca.

Para ser más preciso, 44 no bebe como un irlandés; 44 prefiere los cócteles. Ojalá me hubiese limitado a los cócteles.

Cuando empecé a quedarme dormido, me excusé, y lo que pasó después está un poco borroso, pero, según Ali, pasaron unos diez minutos antes de que el líder del mundo libre le preguntase:

—Bono hace un rato que se fue. ¿Está bien?

—Sí, claro —dijo ella, como si tal cosa—. Probablemente haya ido a dormir un poco.

—¿Qué quieres decir con que ha ido a dormir un poco? ¿Dónde?

—Bueno, normalmente busca un coche, pero no sé dónde habrá ido esta vez. No te preocupes, suele tardar solo diez minutos. Volverá.

—Espera un segundo —le interrumpió el presidente—, espera, espera, espera. ¿Crees que ha ido a alguna parte a dormir un poco?

—Sí. —Luego, al notar su preocupación, ella añadió—: No durmió en el vuelo de Dublín. Iré a buscarlo. No se preocupe, señor presidente.

Se levanta para salir, pero él la sigue.

—Tengo que ver esto. ¿Dónde puede estar?

Ali responde:

—No tengo ni idea.

El presidente replica:

—Antes me preguntó por el discurso de Lincoln, por el discurso de Gettysburg.

Eso es tener instinto. Fueron directos al dormitorio de Lincoln y allí estaba yo, frito en el seno de Abraham Lincoln, en su misma cama. «Dormido bajo el amparo de nuestras libertades», bromeé después.

El presidente me despertó y, cuando recobré la conciencia, intenté reírme tanto como Ali y él. No se cree lo de mi alergia. Cree que es una excusa que Ali se ha inventado. Le cuenta a todo el mundo que me ha tumbado bebiendo. Bobadas. Aunque es cierto que prepara unos martinis muy cargados.

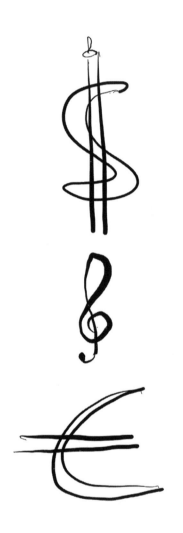

34

Get Out of Your Own Way

I can sing it to you all night, all night
If I could I'd make it alright, alright
Nothing's stopping you except what's inside
*I can help you but it's your fight, your fight.**

Estoy sentado en el asiento delantero de un Range Rover rojo. El conductor, que acaba de recogerme en el aeropuerto John Lennon de Liverpool, es Paul McCartney.

Va a llevarnos a Jimmy Iovine y a mí en un viaje mágico y misterioso por su ciudad, a enseñarnos los barrios donde creció el fabuloso cuarteto. Señala aquí, allí y allá. Y se disculpa.

—¿Seguro que os interesa todo esto?

—Sí, claro —respondo—. No podría interesarme más.

—¿De verdad? En fin, bueno, ahí es donde estaba el barrio de George. Era un barrio bastante peligroso. Aunque la verdad es que el de Ringo lo era un poco más. En un minuto os enseño dónde estaba. El de John era más elegante. No mucho, pero sí un poco. Y el mío… a mi familia le iba bien. Vivíamos allí.

---

* «Puedo cantártelo toda la noche, toda la noche / si pudiera lo arreglaría, lo arreglaría / nada te detiene, excepto lo que llevas dentro / puedo ayudarte, pero es tu lucha, es tu lucha».

Mientras conduce, señala por la ventanilla.

—Esa es la parada del 86. John y yo lo cogíamos, acabamos de pasarla. ¿Seguro que no os importa que os cuente esto?

—No, no, no me importa. Por favor, sigue.

¿Que si me importa?

Es como si Moisés te enseñara la Tierra Santa.

Es como si Freud te llevase a visitar el cerebro.

Es como si Neil Armstrong te enseñara la Luna.

Es como si Paul McCartney me llevara en coche por la geografía de una música que ha transformado mi vida. Nos paramos en un semáforo.

—¿Ves eso? ¿Aquel quiosco de prensa? Ha cambiado un poco, pero ahí es donde tuve mi primera conversación real con John.

Sé bastante de los Beatles y me pregunto si la memoria no le estará jugando una mala pasada.

—Pero yo pensaba que tu primera conversación con John fue cuando estaba en los Quarrymen y tocaron en la iglesia de St. Peter.

Paul me mira con respeto, esa es la impresión que tengo.

—Sí, es cierto —dice, con una sonrisa—. Pero me refiero a una conversación real y profunda, no a cosas como «¿qué guitarra usas?» o «¿qué música escuchas?».

—¿Profunda? ¿Qué quieres decir?

—Bueno, John compró una tableta de chocolate, de chocolate Cadbury's, y cuando salió del quiosco la partió en dos. Me dio la mitad. Me sorprendió porque en aquel entonces el chocolate era algo muy apreciado. La mayoría de los chicos te habrían dado una onza, pero John me dio media tableta.

Me quedé pensándolo cuando Paul apretó el acelerador y seguimos hacia delante.

—No sé por qué te cuento estas cosas.

Tal vez lo supiera ahora. Yo lo sabía. En un instante me quedó claro que la mayor colaboración en la historia de la cultura popular empezó con el reparto a medias de una tableta de chocolate. Lennon y McCartney. Nacidos gracias a una tableta de chocolate Cadbury's.

CUANDO LOS MÚSICOS SE HICIERON CON LOS MEDIOS DE PRODUCCIÓN

Estábamos en 2008 y yo había ido a Liverpool para entregar a Paul el premio Ultimate Legend de la MTV. Si Elvis puso el rock'n'roll en el *mainstream*, los Beatles lo mantuvieron allí y lo llevaron aún más allá. Fueron un ejemplo para todos. Pero cincuenta años después, la era de independencia que ellos anunciaron estaba amenazada. Durante unas pocas décadas los artistas tuvieron un papel destacado, pero esa época estaba llegando a su fin. La tecnología estaba alterando la cultura y la industria musical se esforzaba por sobrevivir.

El mecenazgo ha sido habitual en el mundo artístico desde el principio, y sobre todo en la música. ¿Quién podía permitirse una orquesta? ¿Acaso podía Chaikovski permitirse una orquesta? ¿Y Mozart? Eso es una *big band*. No, tenían mecenas. Y se aprovechaban de ese sistema. Antes del fonógrafo, las partituras eran lo más cerca que la mayoría de la gente estaba del sonido de Chaikovski o de Mozart. Todo era mecenazgo.

Los juglares iban de pueblo en pueblo, al igual que ahora, pero tenían que cantar para ganarse la cena. Luego, nosotros tuvimos que cantar para ganarnos la cena. Para el señor de la casa. Y, si tocábamos bien, nos daban buena comida y bebíamos buen vino, según fuera la generosidad de nuestro amo.

Pero cuando John, Paul, George y Ringo miraron a través del cristal del Studio 2 de Abbey Road y vieron a los ingenieros de EMI con sus batas blancas, se atrevieron a pensar lo impensable. Tal vez no hagan falta las batas blancas y los títulos de técnico de sonido para estar a cargo de nuestra propia música. Perdón, para estar a cargo de esta tecnología que traduce nuestra música. No solo somos intérpretes que escribimos nuestro propio material, sino que también somos escritores que queremos estar a cargo de nuestros propios discos. Controlar cómo se graban y se publican.

Otros siguieron su ejemplo y, en los años sesenta, los artistas, por citar a Lenin, «se hicieron con los medios de producción». Fue un renacimiento para la música. No solo un renacimiento en calidad e impacto social, sino en remuneración. Los artistas empezaron a cobrar. No todos, y en particular no todos los músicos negros, de quienes había surgido el rock'n'roll. Aún siguieron aprovechándose de ellos, una injusticia que solo mucho después se reparó en parte. Pero muchos músicos empezaron a cobrar por su trabajo, por ello la paradoja fue aún más cruel cuando, después de la muerte de su mánager, Brian Epstein, los propios Beatles descubrieron que tenían que hacer varios tratos poco provechosos. Una nueva tecnología —el CD— salvaría sus ingresos, aunque no llegara a tiempo para John, que tuvo que vender su casa para comprar un apartamento en Nueva York.

En 1968, los Beatles, que se convertirían en la banda favorita de Steve Jobs, fundaron Apple Records. En 1976, el Día de los Inocentes, Steve quiso conseguir la misma independencia para su manzana que la que habían logrado los Beatles. Un símbolo de deseo y de tentación. Un símbolo del árbol de la ciencia, Steve le dio un mordisco a la manzana. Los Beatles le demandaron.

En nuestra propia carrera, Paul McGuinness se había asegurado de hacer buenos tratos, pero no todo el mundo tenía un Paul McGuinness. Ni siquiera muchos de los artistas con más talento de la faz de la tierra.

> *Fight back, don't take it lying down you've got to bite back*
> *The face of liberty is starting to crack*
> *She had a plan until she got a smack in the mouth and it all went*
>   *south like*
> *Freedom.**

---

* «Defiéndete, no te dejes avasallar, tienes que pelear / el rostro de la libertad empieza a resquebrajarse / ella tenía un plan hasta que recibió un puñetazo en la boca y todo se fue al garete como / la libertad».

En el mundo del espectáculo es necesario hacer una gran entrada y una gran salida. La entrada del artista que llegaría a ser conocido como «el artista antes conocido como Prince» fue muy llamativa. Sus salidas, aún más. Cuando ibas a tomar una copa con Prince, la noche podía acabar con él saltando de mesa en mesa. Es muy impactante estar sentado con alguien y ver cómo se pone en pie, sube a tu mesa, salta a la mesa de al lado, y luego a la siguiente, y llega a la salida antes de que te des cuenta de qué ha pasado. Excepto de que se ha ido. (En lo que nadie repara, y al principio yo tampoco me di cuenta, es en que sus empleados están de pie al lado de las mesas sujetándolas mientras camina por ellas).

En el fondo, siempre he sido un fan. Es como llegué a la música. Entre los beneficios de esta vida que se me ha dado es que a veces la suerte te concede la oportunidad de pasar tiempo con alguien de quien siempre serás fan. Como Prince.

Tuve ese honor y este placer en varias ocasiones. Fue como estar en compañía de un intocable, un Duke Ellington, o un Hendrix. Además de ser un auténtico genio, Prince también reconocía serlo… lo cual plantea una pregunta.

¿Qué es exactamente un genio?

Creo que un genio no es una persona, sino un proceso, un proceso en el que alguien decide revelar su don y en el que puede entrar por un tiempo. El «don» es un estado que se explica a sí mismo, y una especie de premio en la lotería del ADN –digamos nacer guapo o rico–; el genio no justifica la soberbia.

Pero esa forma de pensar no sirve cuando conoces a Prince. El mundo brilla más con su deslumbrante luz. Aún ocupa mi imaginación tanto como Roxy Music, o James Brown, o Miles Davis… artistas que no solo me gustan, sino que necesito.

Lo vi –un artista de primer orden– hacer su «salida» varias veces, pero la vez más memorable fue después de una noche que Ali y yo pasamos con él en el Kitchen Nightclub de Dublín en 1994. Llevaba la palabra «esclavo» escrita en la cara. Ali, al ser irlandesa y protestante, siempre hace preguntas. Por ejemplo:

—¿Por qué llevas la palabra «esclavo» escrita en la cara? —Yo no se lo habría preguntado.

—Soy un esclavo —responde, en tono amable e inexpresivo—, porque no soy dueño de mi propia música.

Está serio como un palo, pero chupa una piruleta mientras habla.

—Creo saber a qué te refieres, aunque tal vez me equivoque.

Recalco las palabras para que se me oiga por encima del bajo que retumba en las paredes desde la pista de baile al otro lado de la puerta.

El gran artista habla con un susurro metálico, pero le oigo como si fuese la única voz en la habitación. Por no decir en el mundo.

—No soy dueño de mis cintas originales. No soy dueño de mis derechos de autor. Los tienen los sellos discográficos. Si no eres dueño de tus cintas originales, tu amo es tu dueño. Así que soy un esclavo.

Escuchamos; resulta fascinante.

—No me gusta que un sello discográfico crea que puede ser mi dueño, que puede poseer mi nombre. Es un nombre de esclavo, por eso lo he abandonado.

No puedo hacerme una idea de lo que fue para un adolescente negro desconocido de Mineápolis, un artista en solitario, una banda compuesta por un solo hombre, negociar con un sello discográfico estadounidense en los años setenta del siglo XX. Estoy seguro de que Prince tuvo que enfrentarse a obstáculos que U2 no se encontró nunca, pero parte del ritual de salir a un bar en Dublín consiste en que gente a la que no conoces demasiado te haga reproches a la cara. Aunque esté de acuerdo con él, decido presionarle.

—Yo no me siento como un esclavo ante esa gente.

Ahora la protestante irlandesa tiene el mismo aspecto para mí que para ella la piruleta de nuestro invitado.

—Porque no lo eres —replica—. Es sabido que vuestro mánager negoció que fueseis dueños de vuestra música, de las cintas originales y de los derechos de autor.

—Eso es cierto —admito.

—¿Y cómo lo consiguió? —pregunta.

—Bueno, Chris Blackwell, que fundó Island Records, tuvo un papel clave —respondo—, pero también fue importante que aceptásemos derechos más bajos.

—¿Derechos más bajos?

—Paul McGuinness hizo un trato.

—¿Qué clase de trato?

—Igual que tú, descubrimos que los contratos de grabación tienen con frecuencia una cláusula «a perpetuidad» con la que te tienen pillado de por vida… eso es lo que te cabrea, y a nosotros también. Nos libramos de esa compensación. Menos anticipo, menos derechos de autor, pero, a cambio, al cabo de un tiempo, recuperaríamos nuestros derechos y la propiedad de nuestras grabaciones.

—Todo el mundo debería tener derecho a eso.

Los dos estábamos de acuerdo, pero ahora creo que debería haber escuchado más y haber hablado menos en esa conversación. Que debería haber sido más un amigo y menos un fan deseoso de impresionar a un gran ídolo. Hubo algo profético cuando Prince volvió la cara hacia un cartel de neón, y comprendí que la propiedad era algo que yo daba por descontado.

Nos burlamos del precio de la independencia. Hacer las cosas a tu manera puede salirte caro. Sean cuales fueren los contratos, parecía claro que ambos habíamos ganado una fortuna y habíamos gastado una fortuna. Le comenté que estábamos en el sótano del Clarence, un hotel dublinés que la banda compró, pues nos creímos expertos en hostelería porque habíamos dormido en muchos hoteles. Le pregunté por el coste de Paisley Park, su famoso complejo de grabación… y ahí fue cuando el genio hizo su gran salida.

La libertad es un concepto muy embriagador, esquivo en muchos sentidos.

CUANDO LA MÚSICA SE VOLVIÓ GRATUITA… SIN SERLO

Ya no somos esclavos económicos. El mensaje de Paul siempre había sido que, si nos preocupaba nuestro arte, también teníamos que preocuparnos por el negocio de nuestro arte. Paul sabía que, en el negocio musical, los negocios habían roto más bandas que la música. Paul consiguió de los mejores acuerdos en un mundo en el que a menudo los mánager prefieren pactar anticipos y derechos de autor más altos, porque así sacan más tajada. Paul prefirió poner por delante lo que nos convenía a nosotros, no lo que le convenía a él.

Siempre ha habido artistas indiferentes con respecto a cómo se cuelga su arte en las paredes del mundo, pero nuestra banda no está entre las que no les importa. Y, cuando te preocupa tu obra, te preocupa su presentación: quién te va a representar, dónde se va a interpretar tu canción. Quizá porque provenía del mundo del cine, Paul no aceptaba esas monsergas. Sabía por propia experiencia que un director no se levanta una mañana y empieza a filmar una película. Es una ecuación financiera y artística y una ecuación logística, toda una serie de problemas que hay que resolver para que el director pueda rodar su película. Dinero. Cultura. Colaboración.

Crecer en Cedarwood Road hizo que la política y la cultura estuviesen siempre mezcladas, pero mi padre me animó decididamente a mirar más allá de lo evidente. A los quince años leí todo lo que encontré de George Orwell, y su alegoría *Rebelión en la granja* me tenía embelesado: los cerdos se levantan contra los granjeros y luego aquellos se vuelven peores que los granjeros a los que han desalojado del poder.

Orwell me hizo ver el poder de la sátira política y me dejó, años después, con una inquietante pregunta. ¿Soy ahora un cerdo o un granjero? ¿Es posible ser ambas cosas? Una vez me preguntaron si me había convertido en un «cerdo capitalista», y, aunque no creo que lo dijesen por George Orwell, respondí con otra pregunta. «¿Puedo ser un no cerdo capitalista?». He llegado a aceptar algunas de las ortodoxias del libre mercado, pero no acepto que sean «gratis».

Un país civilizado no puede sacrificar de pronto a colectivos de trabajadores porque el salario por ese trabajo sea más barato en otra parte. Esas transiciones tienen que regularse. Sabemos que la competencia es con frecuencia lo que impulsa la innovación, pero no queremos ser parte de su injusticia darwiniana. La supervivencia del más fuerte queda muy lejos de la afirmación de Jesús de que los últimos serán los primeros.

El capitalismo puede que haya sacado a más gente de la extrema pobreza que ningún otro sistema, pero también ha destruido demasiadas vidas. El capitalismo no es inmoral, sino amoral. Es un animal violento y salvaje que requiere instrucción para que aprenda a obedecer y ayudar. Es preciso reinventar el capitalismo. Reiniciarlo.

Pero si desconfiar del dinero es inteligente, no ignorarlo también lo es. Mi padre decía que yo nunca haría dinero, porque no parecía respetarlo. Hasta cuando no tenía un céntimo, siempre tuve la sensación de tener todo lo que necesitaba. Desde que era un crío, Guggi y yo lo compartíamos todo. Durante mi adolescencia, eran mis amigos quienes pagaban por mí. Las entradas a un concierto, la cuenta de una cena o un par de botas y unos vaqueros, de esos lujos siempre se hacía cargo otro. Yo daba por sentado que, si las cosas me iban bien con la banda, tendría más que suficiente para corresponder.

Cuando estábamos cerrando nuestro primer contrato publicitario, Paul nos llamó para convencernos de que firmásemos las canciones los cuatro, con independencia de qué hubiese escrito cada uno. «El dinero —afirmó— ha disuelto las mejores bandas». Yo ya lo había pensado.

Nuestro pacto aceptó que, mientras continuásemos siendo generosos unos con otros en todos los frentes, no todos nuestros talentos tenían que ser los mismos o estar en los mismos departamentos. Hay muchas áreas que requieren que una banda junte sus talentos: el trabajo artístico, los vídeos, la escenografía, la comercialización, las reuniones con la gente que trabaja de firme por ti y por tu música. Y algo incluso más importante: ver a la gente que paga por oírte o verte tocar. Esos son los que pagan tu salario.

Muchas bandas, fundadas con la intención de ser lo más equitativas, se disuelven en discusiones sobre quién hizo qué y para qué. Pero, como Paul no se cansaba de repetir, «Sería estúpido ser bueno en el arte y malo en el negocio del arte». Nos encontró los mejores abogados y los mejores negociadores y nos explicó que Principle Management tenía que ser duro y elevado. Ambas cosas, insistía, no eran impulsos contradictorios.

Tal vez fuésemos demasiado lejos cuando trasladamos una de nuestras empresas a los Países Bajos para pagar menos impuestos. A algunos les pareció poco patriótico. Respondimos que, si Irlanda podía ser competitiva en cuestiones fiscales, nuestra banda también. Nos mantuvimos en nuestras trece. Al recordarlo, veo nuestra vena obcecada. Es posible que haya discusiones que se pierden solo por el hecho de participar en ellas.

En la década de los noventa, Paul perdió unos cuantos amigos por argumentar que se podía ahorrar al salir de gira tratando directamente con un único promotor, que tal vez necesitásemos cambiar de forma drástica la relación tradicional entre la banda, el promotor local y el agente.

—Seguid haciendo estas grandes producciones y nos arruinaréis —dijo—. Necesitamos socios que compartan el riesgo.

Live Nation entró en nuestra vida, y Arthur Fogel y Michael Rapino todavía discuten los costes con nosotros; solo dejan de pelear cuando queda claro que la experiencia de los fans será mejor gracias a esos costes.

—Porque, si ponemos a los fans en primer lugar, volverán.

En la primera década del 2000, cuando la tecnología estaba transformando la economía de la industria de la música, los directos se estaban convirtiendo cada vez más en la línea de vida de la mayoría de los artistas. Las ventajas estaban claras: para los fans era más fácil y, en general, más barato acceder a la música, y, para los creadores musicales, se trataba de una revolución con respecto a la proliferación. Pero había, y hay, una desventaja potencialmente desastrosa. Ahora que era tan fácil pasarse la música en forma de archivos gratuitos, los compositores y los músicos cada vez cobraban menos… y tal vez acabaran no cobrando nada.

Paul lo llamaba «el gran asalto al cerebro».

−Tus amigos de las grandes tecnológicas están a punto de zamparse a tus amigos del negocio de la música como aperitivo. ¿Quién dijo: «Si no estás en la mesa, es que estás en el menú»?

Probablemente tú, pensé.

Ese acuciante problema me llevó a Roger McNamee, un asesor técnico de los Grateful Dead y uno de los fundadores de la empresa de inversiones Silver Lake, y por un tiempo pusimos en marcha un equipo que estudiara la audaz idea −«ridícula» quizá fuese una palabra mejor− de adquirir uno de los grandes consorcios musicales. ¿Podríamos tomar la Bastilla y organizar una revolución artístico-céntrica?

No pudimos.

Pero nos faltó poco, y por eso Roger me invitó a formar otra «banda» con él. Una banda de inversores en el mundo de los medios de comunicación y la tecnología. Otra idea ridícula, pues yo no tenía tiempo. Así que acepté. Cofundamos Elevation Partners, llamada así por la canción de U2, que durante los siguientes diez años fue mi guía para el plan de estudios sobre la transformación tecnológica.

El librepensador y nada avaricioso Roger se convirtió en mi tutor en este nuevo campus. Me recordó, como descubriría durante mis primeros estudios con Jeff Sachs en desarrollo internacional, que este adolescente que pasó menos de una semana matriculado en la universidad es un eterno estudiante. Y que aprende haciendo cosas.

Más recientemente, he estudiado al pie de Jeff Skoll, el empresario tecnológico cuya Participant Media produjo *Una verdad incómoda*, de Al Gore, y una serie de películas de gran impacto social. Con su inteligencia para los negocios y su intuición para el trabajo, Jeff quería demostrar que un grupo de inversores «radicales» que apoyasen a innovadores comprometidos con «cosas buenas» podrían ayudar a hacer realidad conceptos «confusos» como «un futuro sostenible para las personas y el planeta». Yo necesitaba una nueva actualización de software.

¿Otra nueva banda? Una idea ridícula. No tenía tiempo. Así que acepté. Cofundé Rise Fund con Bill McGlashan, Jim Coulter y David Bonderman de la empresa de inversiones TPG. Rise Fund sigue siendo un trabajo en curso, y entiendo el cinismo de la gente por los benefactores en cualquier campo, sobre todo los que facilitan el comercio. Pero Rise y Rise Climate, ahora guiadas por la imponente figura del antiguo secretario de Hacienda y activista medioambiental Hank Paulson, ya han ayudado a construir algunas empresas extraordinarias. Estos fondos están causando un impacto social mucho mayor de lo que yo habría creído posible hace solo unos cuantos años.

Pero he aquí la dificultad.

A pesar del éxito de estas empresas, cuando escribo estas palabras el mundo de la tecnología y el de la música todavía no pagan con justicia a los miles de músicos que no son megaestrellas del pop. Y eso me parece un fracaso personal y profesional. A pesar del habitual recordatorio de mis allegados de que abarco demasiado y a pesar de todo lo que he aprendido sobre los nuevos medios, me sigue avergonzando que U2 no consiguiera dar forma a un negocio de la música más justo. Me sigue dando rabia conocer a tantos compositores cuyas canciones se cantan, pero que no pueden pagar las facturas.

ARTISTA BARRA ACTIVISTA BARRA INVERSOR

No estoy ciñéndome al camino, pero tampoco voy dando bandazos. Podría decirse que voy en un globo aerostático sobre un terreno muy interesante.

El paisaje que se extiende ante mí es el lienzo, la obra de arte. No veo la diferencia entre lo que hago como artista y lo que hago con el resto de mi vida. No tengo un «resto de mi vida». No quiero tenerlo. Solo tengo esta vida.

Björk, la cantante/compositora/artista/productora/activista, me contó que en Islandia un artista es simplemente un servicio a la comunidad más, como un carpintero o a un fontanero.

—Tu valor… bueno… depende de lo cómoda que sea tu silla y de lo bien que funcione la cadena del váter —añadió sonriendo como una criatura mítica.

Me gusta esa forma de ver las cosas. ¿Es más importante el arte que, digamos, inventar fármacos capaces de salvar vidas? No. Ni aun cuando crea que hay días en los que el arte puede salvarte la vida. Cuando estoy en casa intentando que la letra de una canción no parezca un crucigrama, sé que en ese momento hay cuidadores en residencias de ancianos, trabajadores sociales o basureros que hacen tareas más esenciales que lo que yo hago. Pero confieso que tengo la esperanza de que lo que yo hago pueda llegar a ser esencial para ellos.

¿Por qué tendría que haber una tensión entre nuestra vida en el mundo material y el mundo inmaterial? El arte no está por fuerza en un plano superior a los negocios, y un artista no tiene un alma más pura porque haga arte. Algunas de las personas más egocéntricas que he conocido son artistas (yo soy una de ellas…) y algunas de las más generosas eran líderes empresariales que intentaban tratar a sus empleados con dignidad.

El surgimiento del rap y del hip-hop volvió inútiles esas contradicciones. He aquí una cultura en la que el artista, el activista y el inversor chocaban de manera espectacular, su moda y su filosofía permearon el planeta de un modo que el rock no había hecho nunca. A menudo los músicos negros han sido menos sentimentales que los blancos a la hora de contemporizar con el capitalismo. No tenían más remedio. Sam Cooke fundó su propio sello. Igual que Curtis Mayfield. Berry Gordy construyó un imperio musical. James Brown era dueño de varias emisoras de radio. Artistas contemporáneos, como Jay-Z y Beyoncé, como Puff Daddy, Kanye y Rihanna, no solo desarrollaron su propio arte musical, sino un enfoque del capitalismo empresarial que les ayudara a convertirse en superestrellas.

El economista del siglo XVIII Richard Cantillon, nacido en el condado de Kerry, fue el que introdujo por primera vez la idea moderna del «entrepreneur» y sugirió que era alguien que corre riesgos en cosas que desconoce con cosas que conoce… o algo por el estilo. No me considero un *entrepreneur*. Cuando me siento más engreído, me veo a mí mismo como un «actualista», una palabra que inventé… hasta que la encontré en el diccionario. Soy un idealista que también es pragmático.

¿Qué funciona? Eso es lo que pregunto siempre. Cuando alguien afirmó que el trabajo de un artista es describir el problema, no solucionarlo, yo no estaba escuchando. Quiero estar con quienes continúan y hacen que en realidad las cosas mejoren en realidad. En realidad. Me gusta lo que funciona.

También me gusta la aliteración. Artista, activista, actualista. Tal vez por eso me fascinaba Bill Gates.

VACÍO LOS BOLSILLOS A BILL Y A MELINDA

La primera vez que fui a ver a Bill y Melinda Gates, intenté meter la mano en el bolsillo interior de su chaqueta para redistribuir parte de sus considerables recursos en lo que acabaría convirtiéndose en la campaña de ONE. Pero lo que tenían en el bolsillo resultó ser menos valioso que lo que había en su cerebro. Y que su amistad.

Puede que Melinda haya tenido un perfil más bajo que Bill, pero no tiene menos energías ni está menos comprometida con los resultados, por más que sea el miembro más reflexivo y meditativo de su larga relación de pareja. Siempre hay claridad en su mirada, siempre busca respuestas, tanto a los problemas materiales que su fundación se ha consagrado a resolver como para intentar comprender mejor el mundo inmaterial que su fe parece abrirle. En veinte años de amistad y colaboración, he reparado en que es la oradora que no está claramente enamorada de su propia voz, lo cual podría explicar el poder que emana de ella cuando habla y podría ser la clave de su claridad. Las palabras importan. Yo a veces abuso de ellas. Melinda no.

Por su parte, Bill se estaba convirtiendo en un hombre capaz de llenar estadios. En parte porque era Bill Gates, de Microsoft, pero también porque no le arredran las luces, la cámara y la acción; no es vanidoso. Por eso fue Bill quien salió al escenario en Live 8, en 2005, una serie de conciertos globales en el vigésimo aniversario de Live Aid, a recordar al mundo que la desesperación y la angustia de la extrema pobreza no eran inevitables. A recordar a los políticos en la reunión del G8 en Escocia que los problemas están para solucionarlos.

—He aprendido que el éxito depende de saber qué es lo que funciona y de aportar recursos al problema.

No es exactamente una canción pop, pero sí una clara línea melódica; Bill se sentía tan cómodo dirigiéndose a una muchedumbre de aficionados a la música como yo necesitaba dirigirme a una multitud de economistas.

Un año después, Ali y yo celebramos una reunión de miembros de la junta y el personal de la campaña de ONE en Francia cuando llamó Bill.

—Te hemos echado en falta —le dije.

—¿A mí?

—Estamos en la reunión de la junta de ONE.

—Se me había olvidado.

—¿No llamabas por eso?

—No —dijo Bill—. ¿Estás sentado?

—Iba a sentarme ahora.

Miré a mi alrededor, el cielo y el mar silueteaban a activistas y mecenas muy serios cargados con sus dosieres. Gente que rara vez disfruta de un día libre como este.

—Deberías estar aquí —regaño al hombre que, andando el tiempo, apoyará con Melinda a ONE y (RED) con más recursos que ningún otro patrocinador—. ¿Qué quieres?

—No soy yo. Es Warren. Quiere hablar contigo…

Warren Buffett, uno de los inversores con más éxito de la historia, tiene una pinta peculiar, más de alumno que de profesor. Siempre humilde, inquisitivo.

—¿Cómo está Ali? ¿Qué tal todos en Francia? —preguntó—. A Susie le encantó aquel sitio al que fuimos.

—Estamos muy bien, Warren. ¿Qué tal estás tú?

—Bueno —dijo—, desde que murió Susie he estado pensando.

Susie, su mujer durante cincuenta años, había muerto de cáncer hacía dos. «All I Want Is You» era su canción favorita, y yo la toqué en su funeral, acompañado a la guitarra por su nieto Michael. Tengo mucho afecto a esa familia. Su hija, Susie, miembro de la junta con una moral del Medio Oeste, es una buena mecenas y una buena amiga.

—Tengo muchos recursos —continuó Warren.

—Quieres decir «dinero» —le interrumpí con una risa nerviosa.

—Bueno, sí, y dinero que no me sirve para nada. Necesito encontrarle un fin. —La cháchara y el ruido parecieron desaparecer del ambiente. Por el temblor de su voz, en general irónica, comprendo que habla en serio. Vi pasar a una niña en traje de baño con un flotador hinchable alrededor de la cintura; el mar sobre su cabeza ni siquiera la molestó con una ola—. Son unos treinta y un mil millones de dólares, y acabo de donárselos a la fundación de Bill y Melinda. Ellos saben cómo gastar dinero en las cosas que tanto os preocupan. Las cosas que preocupaban a Susie.

—Warren —dije, enmudecido por un momento, intentando procesar lo que acababa de oír. Tal vez necesitase que lo repitiese, para estar seguro. Tal vez todos los presentes en la reunión necesitaran oírlo—: Warren, ¿te importa si pongo el manos libres?

Todos los que había alrededor de la mesa se inclinaron para oírlo, las palabras de Warren surgieron de mi viejo Sony Ericsson, y las caras de la gente se alegran y entristecen cuando comprenden lo que este momento podría suponer en la lucha contra la pobreza extrema que nos había llevado a todos a esa mesa.

La primera y la segunda familia más ricas del mundo combinando su fortuna para mejorar la salud global y combatir las privaciones entre algunas de las familias más pobres del mundo. Resulta difícil no reparar en la poesía de este momento, pero a los involucrados tampoco se nos ocultó que el mundo no debería depender tanto de las obras benéficas. La justicia siempre nos empuja a un nivel más alto.*

PALABRAS ESTRIDENTES, PALABRAS DISCRETAS

Cuando escribí mi primera canción a los dieciocho años, el dinero era lo último en lo que pensaba. En lo que pensaba era en hacer algo de la nada. En lo que pensaba era en la música; en el arte. Nunca he ocultado el secreto de esta vida paradójica que he acabado viviendo, en la que una estrella del rock demasiado bien pagada se dedica a dar la lata con lo mal que lo pasan los pobres.

> *Don't believe in excess*
> *Success is to give*
> *Don't believe in riches*
> *But you should see where I live…***

«God Part II»

Gracias a los filantrocapitalistas como Bill y Melinda, como Warren y Susie, en ONE nunca tuvimos que pedirle dinero al pú-

---

* Esta llamada de Warren y Bill hizo que nuestro trabajo en ONE cambiara. Al igual que se reforzó nuestra presencia en Londres y Washington, en Bruselas y Berlín, fuimos capaces de expandir nuestras oficinas en el continente africano. Nuestro movimiento había arraigado en el sur del ecuador, nuestros miembros africanos se podrían igualar a nuestros miembros europeos y estadounidenses, por lo que yo solía comentar a la gente que deberíamos llamarnos HALF. Sin embargo, si ONE era su verdadero nombre, los africanos necesitarían conformar nuestra organización. Y así personas como Ngozi Okonjo-Iweala, Aliko Dangote, Zouera Youssoufou y Mo Ibrahim se unieron a nosotros, y así pudimos contratar a gente en Abuya y Johannesburgo, Dakar, Nairobi y Addis Abeba, por lo que nuestro movimiento empezó a cambiar la forma de mirar y de hablar. (*N. del A.*)

** «No creo en los excesos / el éxito es dar / no creo en las riquezas / pero tendrías que ver dónde vivo…».

blico. Gracias a donantes superricos como Mike Bloomberg, George Soros, John Doerr, Mellody Hobson… o, ahora que lo pienso, a no tan ricos como la banda y yo.

A veces he mirado la mesa en algún encuentro bienintencionado con esa gente tan excepcional y me he preguntado cómo este chico tan poco excepcional de Cedarwood Road, al que le gustan las alubias de bote —el que sobrevivió a sus años escolares con una dieta de cereales y Cadbury's Smash, y a los ensayos con la banda robándoles bocadillos a Edge y a Larry—, ha terminado en semejante compañía.

Pero, aunque todos tengamos orígenes diferentes, esta gente que financia ONG como ONE comparte la convicción de que, aunque los individuos pueden cambiar el mundo a mejor o a peor, el cambio duradero requiere movimientos sociales.

Entonces el beneficio es a la enésima potencia.

Yo no puedo cambiar el mundo. Nosotros podemos.

Entra la expresión «apoyo activo».

Es una expresión menos sensiblera que dar fondos para escuelas y medicamentos, pero cuando ONG como Amnistía Internacional o Global Citizen, Oxfam o Save the Children son eficaces, pueden transformar políticas, que a su vez transforman la vida de millones de personas. En el mejor de los casos, organizaciones como ONE se convierten en un sistema de megafonía para las personas y países que rara vez son invitados a la escena global.

Porque, al final, nuestra petición va dirigida a los gobiernos.

Nuestra petición es rehacer la estructura global en favor de los que se han quedado fuera.

Nuestra petición es por la justicia.

Y resulta que la lucha por la justicia se reduce a unas palabras aburridas que no quedan bien en una camiseta.

Competencia.

Gobernanza.

Transparencia.

Responsabilidad.

Palabras que traen la transformación.

Son palabras poco llamativas. Palabras discretas que ponen el mundo boca arriba.

Las palabras tienen su importancia.

Las palabras arrastran a la gente, la gente arrastra a las palabras.

Aunque, mientras escribo ahora, estas palabras se están poniendo a prueba duramente en Rusia, Yemen, Siria, Etiopía… Rellena los huecos.

Queremos creer al activista egipcio Wael Gonim cuando dice: «El poder de la gente es mucho más fuerte que la gente en el poder».

Lo que significa es que todo el dinero del mundo y toda la influencia, también la de los ricos elegantes como yo, acabarán siendo arrollados por la gente.

Hasta los tanques que aplastan a la gente en Ucrania acabarán siendo arrollados.

If you go your way and I go mine

always dressed for the occasion even if it wasn't
hand made shirts from **Turn Bull and Asser**
tailored. Suits from Edward Sexton of
Paul Smith and the faint whiff of a ridiculously
Japanese scent trailing in his wake
expensive ...then his eyes sparkled a little
in anticipation of the
grudge he was going to bear
Xai

PRINCIPLE
ment
Tropical Rm
St John Rd

MELODIA
plays of
the West

our office
the rain
Mr Gonzales

35

Every Breaking Wave

Every sailor knows that the sea
Is a friend made enemy
And every shipwrecked soul, knows what it is
To live without intimacy
I thought I heard the captain's voice
It's hard to listen while you preach
Like every broken wave on the shore
*This is as far as I could reach.**

Temple Hill, Dublín. Un día de junio contemplando los pinos marítimos como en candela sobre la línea horizontal de la bahía de Killiney.

Una conversación con un amigo.

—La vida sin ti es inconcebible.

Unos ojos desconcertados me devuelven la mirada.

—Sabes que no soporto el rechazo… tengo problemas con el abandono.

Un gruñido.

---

* «Todos los marineros saben que el mar / es un amigo convertido en enemigo / y que cada alma naufraga, saben qué es / vivir sin intimidad / me pareció oír la voz del capitán / es difícil escuchar mientras predicas / como una ola que rompe en la orilla / hasta aquí he podido llegar».

En parte lebrel irlandés, en parte collie y en parte lurcher, a Jackson, nuestro perro, el mejor amigo del hombre y de la mujer en esta casa, le han dado solo unos meses de vida. Todas las despedidas me recuerdan a otras despedidas, y pienso que, para ser alguien que ha escrito más canciones de despedida que la mayoría, en realidad no me gusta despedirme.

El picaporte de la cocina se mueve y Lemmy, nuestro otro perro (llamado así por el cantante de Motörhead), entra silencioso. Los dos perros han aprendido a abrir la puerta con las patas, y Lemmy siempre se cuela para saquear los víveres de la despensa. En parte lurcher, en parte rata, Lemmy siempre está hambriento y es difícil de controlar. Me identifico con Lemmy. Al menos la mayor parte de mi vida adulta, he tenido a Paul McGuinness intentando controlarme.

Odio las despedidas.

ADIÓS A NUESTRO QUINTO BEATLE

Paul McGuinness ha llegado a ser todo un personaje con los años. Una presencia extraordinaria extraordinariamente presentada.

Siempre vestido para la ocasión y haciendo que la ocasión valga la pena, aunque no la valga. Camisas hechas a mano y corbatas de Turnbull & Asser, Jermyn Street, trajes hechos a medida de Edward Sexton, o Paul Smith, y dejando a su paso el leve olorcillo a colonia japonesa cara. Justo lo necesario. Si tenía resaca, Paul lo solucionaba con una ducha caliente y un afeitado muy apurado. Y, al verlo por la mañana, nunca dirías que había estado de juerga la noche anterior, intrigando y planeando por ti. Aunque, si la juerga había durado mucho, tal vez esos minúsculos trocitos de papel pegados a los cortes de la cuchilla fuesen testigos de una carnicería más sangrienta. Paul tiene un no sé qué del mundo antiguo, de alguien a quien su madre maestra y su padre de Liverpool, que fue bombardero en la RAF, apenas si pudieron prepararlo para una vida de *gentleman*.

Paul vive a lo grande y la generosidad era su naturaleza hasta el momento en que tenía la sensación de que le habías traicionado. Entonces sus ojos chispeaban un poco pensando en el rencor que iba a tenerte.

En las oficinas de Principle Management, en Sir John Rogerson's Quay, a orillas del río Liffey, estoy contemplando el nuevo y estiloso Dublín que Paul había ayudado a crear de forma discreta, pero importante. Una ciudad moderna regida por políticas de centro derecha y una economía de centro izquierda. Al fondo de su despacho forrado de paneles de madera, un enorme lienzo de dos metros de ancho, *Melodeon Player of the West Ireland*, de Harry Kernoff, está apoyado en un caballete a la antigua usanza. En su escritorio, los papeles en la bandeja de entrada se alzan un poco más que los de la de salida. Justo detrás, hay imágenes que muestran grandes momentos de una vida grande. Retratos de personas relevantes. Amigos. Antiguos amigos. Algunos retratos de personas que en realidad no le gustaban. Así como momentos y personalidades exhibidos como trofeos, un registro de malhechores con las personas con las que ha roto la relación. No es que lo hiciese a menudo, pero, si se producía la ocasión, Paul no tenía ningún reparo en romper contigo. No tiene problemas con el abandono. Ni (nota mental) se excusaba al rechazar una solicitud.

«Le escribo para informarle de que la banda no podrá tocar en su espectáculo de televisión/programa de radio/o lo que sea».

Ni siquiera un «Por desgracia, no estaremos en la ciudad» o «Estamos ocupados».

Y no era solo Paul. Había adiestrado a sus empleados para que actuaran como él. Nadie en Principle Management debía excusarse, exagerar o mentir por él. Paul tenía sus principios y estilo de sobra para ejercerlos. Si hubiese sido un personaje de ficción, su personalidad no habría resultado creíble, pero, por suerte para nosotros, este hombre tan magnífico existía. Y existía para nuestra banda.

Helo aquí en 2013, sentado detrás de ese escritorio, con una corbata y un traje perfectos explicándole al cantante de esa banda en pañales que educó hasta la adolescencia y luego hasta cierta madurez que no puede seguir con los planes del cantante para dominar el mundo. El último es mi «teoría de la barricada», crear una lista de varios mánager de diversos géneros musicales, que sería imposible sortear si fueses un nuevo formato o una plataforma digital intentando utilizar la música como un gancho comercial perdiendo dinero.

> PAUL: Bono, no tengo ni tiempo ni ganas de dirigirlo, no estoy interesado en otro gran proyecto ni en ampliar Principle Management.
>
> Yo (interrumpiéndole): Pero eres la persona perfecta para el trabajo. Todos los demás mánager te imitan. Principle Management es el coordinador perfecto. Debería llamarse Principle...

Paul me interrumpe.

> PAUL: No me estás escuchando. Tendría que apetecerme y no me apetece.
>
> Yo (a punto de interrumpirle).
>
> PAUL (interrumpiendo mi interrupción): ¿Y quieres decirme quién sería el mánager de U2, si tengo que ocuparme de todo eso?
>
> Yo: Tú. Claro. No tendrías que hacer esto solo. Y sería más fácil si te ayudasen otros mánager. Guy Oseary está dispuesto a hablar con Madonna sobre este nuevo sistema. Me cae bien; me fío de él. Es más joven que nosotros, es innovador, sabe mucho de tecnología.
>
> PAUL: ¿Entendería Guy Oseary que es imposible representar a U2 con una Blackberry? ¿Que representaros a vosotros no es como representar a Madonna, sino como representar a otras cuatro? Estoy hablando en nombre de los artistas y del destino del negocio de la música. Creo que lo he pensado bastante más que tú. ¿Has leído al menos el discurso que di en el Midem?
>
> Yo: Sí. Ya me lo preguntaste la semana pasada y la anterior...

y un mes antes. «La bonanza online. ¿Quiénes están ganando todo el dinero y por qué no lo comparten?». Pues claro que lo leí. Esta conversación me persigue.

PAUL (alzando los ojos al cielo): No soy el hombre indicado para esto, Bono. Además, querrás ampliar la vena misionera y querrás meter a todos los artistas. En fin, me gusta el *star system* porque significa que no todos pueden brillar. Mira, de verdad, no tengo fuerzas para esto. He estado dándole vueltas a la idea de dejar el negocio de la música y volver a las películas y a la televisión, que es donde empecé. Si eso es lo que piensas, quizá sea el momento de seguir mi camino.

Los dos tomamos aliento.

Fue un momento revelador porque Paul siempre había tenido una ambición y una energía ilimitadas, y ahora estaba dejando claro que eran finitas. Paul aspiraba a una vida más sencilla, no a una más complicada. Tal vez al cumplir los sesenta pensó que prefería que siguiésemos siendo amigos a continuar librando batallas con nosotros. Ahora que el negocio de la música estaba cambiando más deprisa que nunca, Paul tenía la honradez intelectual de decir: «No puedo continuar el viaje, si es para reorganizar el negocio de la música».

Yo sabía qué significaba eso: «Para esta montaña que tienes que escalar, necesitas encontrar un nuevo campamento base».

Paul me lanzó el guante:

—¿Por qué no hablas con Arthur Fogel y Michael Rapino de Live Nation? ¿Por qué no averiguas si quieren comprar Principle Management?

Y, con una nueva palmada en la cara afeitada, el hombre que produjo y dirigió los sueños de cuatro jóvenes de barrio empezó a escribir su salida de nuestra vida.

¿Sus palabras de despedida?

—No puedo acompañaros, pero siempre me tendréis aquí.

Luego, cuando me quedo solo, me pregunto qué acaba de ocurrir. ¿Qué hacer con la despedida?

Dos recuerdos acuden a mi memoria.

Primer recuerdo. «¿Sabes por qué quiero trabajar con vosotros el resto de mi vida?».

Noche de viernes en 1979, y Paul susurra a gritos en tono conspirador en la comodidad del Dockers, a la vuelta de la esquina de los estudios de grabación Windmill Lane. Su voz de barítono se oye con facilidad sobre el estrépito de un pub abarrotado. Los vasos aterrizan y despegan de las mesas como aviones desde la pista. A mí, que tengo diecinueve años, su frase «el resto de mi vida» me suena como hasta los veintiséis o veintisiete.

—Porque retienes toda la ecuación. —Me mira—. ¿Entiendes lo que digo?

—Sí —respondo. Sin tener ni la menor idea. Luego descubro que es una referencia a *El último magnate*, de Francis Scott Fitzgerald.

Segundo recuerdo. Veinte años más adelante, estamos en 1999, y estoy entrando en el estadio de los Giants sin la banda. Actúo en Net Aid con Wyclef Jean. El alivio de la deuda es nuestra causa y es enorme. ¿El público esa noche? No tan numeroso. Yo diría que menos de veinte mil en un sitio con capacidad para ochenta mil. Paul, a mi lado, me susurra a gritos una vez más, como si yo no fuese a aprender nunca.

—Me he pasado la vida asegurándome de que esto no te ocurriera nunca. Mira lo que has conseguido.

En el escenario, Quincy Jones dirige una orquesta.

—Quincy —le digo—. Ahí no hay nadie.

Él me mira y responde:

—Bono, yo no tengo que darme la vuelta.

Sé que a Paul le irá bien. Pero ¿y a nosotros? En el funeral de un amigo escucho «Andamios», («Scaffolding»), el poema de Seamus Heaney. Seamus está ahí cuando lo necesitas:

Los albañiles, al empezar a hacer un edificio,
procuran comprobar siempre los andamios;
se aseguran de que ningún tablón pueda soltarse,
fijan las escaleras y aprietan los tornillos.
Pero cuando acaban la obra todo desaparece
dejando ver la sólida y firme piedra de los muros.
De modo que si, amor, alguna vez tienes la impresión
de que entre tú y yo los viejos puentes se derrumban,
no temas. Podremos dejar que caiga el andamiaje, seguros
de que nuestro muro ya lo habremos construido.*

Vete a saber si la pared aguantará sin Paul y sin Principle Management. O si ha llegado la hora de echarla abajo.

Construir otra cosa. Problemas con el abandono.

¿Es esto el final de algo? ¿O el inicio de otra cosa?

Otra piedra angular se soltó cuando Jack Heaslip, nuestro guía espiritual desde los días de Mount Temple, enfermó y le dieron poco tiempo de vida. Estas personas que nos han sostenido en los días buenos y malos, estas personas a las que nos habíamos amarrado en aguas turbulentas… su ausencia nos dejaría a la deriva o tendríamos que empezar de nuevo. ¡Otra vez!

¿De verdad necesitaba el mundo otro álbum de U2? Y de ser así… ¿por qué? Esa era la pregunta a la que yo quería responder.

¿Estaba la banda dispuesta a ir al lugar donde vive la música?

Las puertas del gran almacén que contiene la música están cerradas y muy pocas llaves permiten entrar.

---

* Seamus Heaney, «Andamios», *100 poemas*, trad. de Andrés Catalán, Barcelona, Alba, 2019.

Una humildad que roza la humillación es una de ellas, pero, con la llegada del éxito, es una de las llaves que la mayoría de los artistas pierden.

Pedir ayuda. También es una llave. Otra es aceptar las críticas.

El ego masculino se vuelve más, no menos, frágil con el éxito. («Escucha, estoy en U2… No me hables así solo porque… estés en U2»).

La falsedad cierra la puerta del «almacén de canciones», el escritor con un poco más de éxito de la cuenta que está bajo la impresión de que vale la pena compartir todos sus pensamientos. La llave está más adentro, en lo más hondo de tu alma. De manera más prosaica: ¿qué es lo que más te asusta?

¿Qué hay realmente en tu corazón?

Me remonté a nuestros primeros días en la banda, y luego aún más atrás, a mis primeros recuerdos en el número 10 de Cedarwood Road. A la caja de zapatos que era mi cuarto, a las peleas dentro y fuera de casa. La llegada de Ali, tan rápida y oportuna tras la desaparición de Iris. ¿Cómo reemplazaron tan deprisa una pandilla callejera y luego una banda a una familia?

Volví a escuchar la música que me formó y sobre todo el chute de adrenalina, el subidón de *speed* del punk rock. Recordé por qué habíamos formado la banda, el goce de las melodías simples, las guitarras ruidosas y desgarradoras que apoyaban esas letras tan sencillas. El descaro inocente de todo. ¿Nos habíamos apartado demasiado de nuestras raíces en nuestro último álbum, *No Line on the Horizon*? ¿Era el momento de volver a los principios? A los principios del punk.

—La nostalgia —dijo Edge— es cosa del pasado.

¡Ja…! Pero, por motivos egoístas, tuve que ir allí. Tuve que volver a Cedarwood Road y redescubrir la esquina de la que tantos años después seguía intentando librarme a fuerza de escribir.

Empecé a escribir sobre los cantantes que me habían moldeado. Empecé una canción sobre Joey Ramone. Empecé a escribir sobre mi primer concierto de música punk rock, los Clash, en su primera gira. Y sobre cómo, después de eso, una parte de mí ya no volvió nunca a Cedarwood Road. Una canción titulada «This is Where You Can Reach Me Now».

On a double decker bus
Into College Square
If you won't let us in your world
Your world just isn't there
Old man says that we never listen
We shout about what we don't know
We're taking the path of most resistance
*The only way for us to go.**

Empecé a releer al pintor y poeta inglés del siglo xviii William Blake, una fascinación heredada de Van Morrison, Patti Smith y Kris Kristofferson. Blake había escrito desde dos puntos de vista totalmente distintos en su vida: uno desde la inocencia, en 1789, y otro desde la experiencia, en 1794. Transcurrieron solo cinco años. Comprendí que estaba escribiendo nuestras propias *Songs of Innocence*, lo que significaba que también tendríamos que componer nuestras *Songs of Experience*.

Un verso de nuestro segundo álbum, *October*, fue lo que me llevó de un disco al otro. En 1981, cuando era joven, había cantado: «No puedo cambiar el mundo, pero puedo cambiar el mundo que hay en mí». Ahora, con cincuenta y tantos, me vi cantando algo diferente: «Puedo cambiar el mundo, pero no puedo cambiar el mundo que hay en mí».

El pivote.

Dos álbumes y, como Blake, daba igual que hubiesen pasado solo unos pocos años entre los dos.

WISH YOU WERE HERE

Songs of Innocence fue un disco mucho más difícil de hacer de lo que nos pareció entonces, quizá por lo mucho que nos divertíamos

---

* «En un autobús de dos pisos / hacia College Square / si no nos dejas entrar en tu mundo / tu mundo no está ahí / mi viejo dice que nunca escuchamos / que gritamos sobre cosas que desconocemos / seguimos el camino más difícil / el único que podemos seguir».

después de trabajar. Estábamos grabando en una vieja iglesia en Crouch End, y, como Adam tenía ya casa en Londres, se convirtió en una excusa para que los demás compartiéramos otra casa. Casi cuatro décadas después de la última vez que habíamos compartido casa en Londres, fue como si reviviésemos nuestra inocencia. Con mucha más experiencia.

POSTALES DESDE LONDRES (24 HORAS)

#1: *4.30 a.m., en la casa del Big Brother de U2*
No puedo dormir porque Edge está tocando la guitarra en la habitación de arriba. Suena como una guitarra acústica, española, con cuerdas de tripa. Me despertó poco después de las dos, pero volví a quedarme dormido. Ahora son más de las cuatro. Los arpegios de «Song for Someone» parecen estar llevándolo al país de los sueños. Edge puede no hablar con desenvoltura del instrumento que lo hizo famoso. No es un hombre que «se encierre» con otros guitarristas, pero yo puedo decirle al mundo que… toca la guitarra en sueños.

#2: *4 p. m., Noel Gallagher en el estudio de la iglesia*
«A mi madre le encantaría esto. ¿Es católica?».
Nuestra banda conoce a Noel desde el primer álbum de Oasis, *Definitely Maybe*, cuando, después de un concierto, fuimos a su apartamento en un sótano de Albert Street. Es tan inteligente como divertido y venera el santuario de las melodías inalcanzables y las posturas intocables. Es el mejor creador de melodías del Reino Unido desde Paul McCartney. Para él las canciones son como una colección de pistolas o de cuchillos. «Ellos pueden sacarte de un problemilla si estas atrapado […]. ¿Qué tienes?».

#3: *10 p. m., hotel Chiltern Firehouse*
Escenas rabelaisianas cuando Brian Eno llega tarde a comer con nosotros. Noel y Sara, Damien Hirst, Stella McCartney y Ant Genn empiezan a cantar, como una peña de fútbol: «EEEENO, EEEENO». Brian parece confundido, pero halagado, un incidente que mezcla-

rá en alguna futura maravilla sónica. La noche nos lleva hacia delante.

#4: *Medianoche con la alcaldesa*
Stella McCartney, la pionera de la moda ética, parece la alcaldesa de Londres esta noche en que la sala da la impresión de girar en torno a ella. Ella y su marido, Alasdhair, entregado como ella al diseño, a la economía circular, a sus hijos, y a… la diversión. Stella comenta lo maravilloso que es ver salir a divertirse a los cuatro miembros de U2, pues no recuerda haber visto a su padre con los miembros de su banda (un grupo de Liverpool). «No mires esto por encima, párate a mirar —me dice—. Mira fijamente lo que tienes».

#5: *5 a. m. «¿Qué vas a tomar?»*
Larry está detrás de la barra con nuestro ingeniero/productor Declan Gaffney sirviendo a una sala abarrotada a las cinco de la mañana, cuando prometimos al director del hotel que nos iríamos a la cama. (Cuando el director se marchó volvimos para servirnos nosotros).

—¿Cómo nos convertimos en adultos?

Creo que fui yo quien se lo preguntó a Larry, mientras empezaba a salir el sol.

—¿Cómo? —pone la pregunta sobre nuestras cabezas—. ¿En qué te basas para hacer esa acusación?

Songs of Innocence nos aportó mucha experiencia. Volvimos al pozo y descubrimos que aún podíamos bajar el cubo si todavía estábamos sedientos. Si queríamos seguir en la banda, tendríamos que recordarnos por qué habíamos entrado en ella. Era un álbum que traía a la memoria nuestros primeros viajes: geográfica, espiritual y sexualmente. Era una idea clara, aunque no tuviésemos la cabeza muy despejada. Mezclamos el disco en los Electric Lady Studios de Nueva York, otro estudio en el que me sentía como si tuviese que quitarme los zapatos antes de entrar.

A nuestro nuevo mánager, Guy O, como llamaban a Guy Oseary, no le angustiaba la tecnología digital. Le entusiasmaba, lo que indicaba que al final más gente tendrá más acceso a más música y, con el tiempo, todo iría bien para los compositores, los cantantes y los intérpretes. Él también creía que los artistas podrían surfear esta ola tecnológica y hablar directamente con nuestro público. Ese fue el plan para el lanzamiento de *Songs of Innocence*. ¿Por qué hacer menos CD para personas que compran menos reproductores de CD cuando podías ir directo a cualquiera que hubiese comprado alguna vez un álbum de U2 y hacerle llegar el nuevo en formato digital?

—¿Música gratis? —pregunta Tim Cook, con un leve aire de incredulidad—. ¿Estás hablando de música gratis?

Tim es el director general de Apple y estamos en su despacho en Cupertino. Guy, yo, Eddy Cue y Phil Schiller, y acabamos de ponerle en el equipo algunas de nuestras canciones de inocencia.

—¿Queréis ofrecer gratis esta música? Pero la clave de lo que estamos intentando hacer en Apple es no regalar la música. La clave es asegurarse de que los músicos cobren. No vemos la música como un gancho comercial.

—No —dije yo—, no creo que la estemos regalando. Creo que nos pagas por ella y luego tú la das gratis, como regalo. ¿No sería maravilloso?

Tim Cook arqueó una ceja.

—¿Quieres decir que paguemos el álbum y luego nos limitemos a distribuirlo?

—Sí —dije—. Como cuando Netflix compra la película y la pone a disposición de los suscriptores.

Tim me mira como si estuviese explicándole el alfabeto a un profesor de inglés.

—Pero nuestro sistema no funciona por suscripción.

—Aún no —dije yo—. Que el nuestro sea el primero.

Tim no está convencido.

—Hay algo que no me gusta en esto de ofrecer gratis tu arte —dice—. ¿Y sería solo para gente a la que le guste U2?

—Bueno —respondí—, creo que deberíamos dárselo a todo el mundo. Quiero decir que es asunto de ellos si quieren oírlo o no.

¿Qué acaba de pasar?

Puede tildarse de ambición jactanciosa. O de salto al vacío. Los críticos pueden acusarme de extralimitarme. Y con razón.

Si la idea era ofrecer nuestra música a quienes les gusta nuestra música, la idea era buena. Pero, si la idea era ofrecérsela a quienes no tenían ni el más mínimo interés por nuestra música, quizá encontráramos alguna reticencia. Pero ¿qué era lo peor que podía suceder? Sería como el correo basura, ¿no? Como coger nuestra botella de leche y dejarla en el umbral de cada casa del vecindario.

De-eso-nada.

El 9 de septiembre de 2004, no solo dejamos nuestra botella de leche en la puerta, sino en la nevera de todas las casas de la ciudad. En algunos casos, la vertimos sobre los cereales de la gente. Y a algunos les gustaba usar su propia leche. Y otros tenían intolerancia a la lactosa.

Acepto toda la responsabilidad. No fue Guy O, ni Edge, ni Adam, ni Larry, ni Tim Cook, ni Eddy Cue. Pensé que, si poníamos nuestra música al alcance de la gente, tal vez se decidieran a oírla. Pues no. Como dijo un gracioso en las redes sociales: «Esta mañana desperté y encontré a Bono en mi cocina, bebiéndose mi café, con mi batín, leyendo mi periódico».

O, dicho de manera menos amable: «El álbum gratuito de U2 es demasiado caro».

Mea culpa.

Al principio, pensé que era solo una tormenta de internet. Nosotros éramos Santa Claus y habíamos desplazado algunos ladrillos al bajar por la chimenea con nuestro saco lleno de canciones. Pero enseguida nos dimos cuenta de que nos habíamos topado con un debate muy serio sobre lo mucho que preocupa a la gente el acceso de las grandes tecnológicas a nuestra vida. Mi parte punk rock pensó que eso era exactamente lo que harían los Clash. Subversivo. Pero es difícil decir que eres subversivo cuando trabajas con una empresa que está a punto de convertirse en la más grande de la tierra.

A pesar de las críticas que recibió Apple –la cual rápidamente buscó la manera de eliminar el álbum–, Tim Cook no pestañeó.

–Nos convenciste para hacer un experimento –dijo–. Lo probamos. Puede que no haya funcionado, pero tenemos que experimentar, porque en su forma actual el negocio de la música no satisface a nadie.

Si alguien necesita más pistas de por qué Steve Jobs escogió a Tim Cook para ponerlo al frente de Apple, esta es una. Conservador por instinto, quizá, estaba dispuesto sin embargo a probar algo diferente para solucionar un problema. Cuando no funcionó, no le importó cargar con la responsabilidad. Y, aunque no podía despedir al hombre que le puso el problema sobre la mesa, sí le habría resultado muy fácil señalarme a mí. Por el contrario, continuó confiando en nosotros y se gastó más de doscientos cincuenta millones de dólares de Apple para apoyar a (RED), un dinero que fue directamente al Fondo Global de la Lucha contra el Sida, la Tuberculosis y la Malaria.

Nos habíamos metido de lleno en el campo de minas de las comunicaciones y las libertades civiles. Habíamos aprendido una lección, pero tendríamos que ir con cuidado dónde pisábamos la próxima vez. No era solo una piel de plátano. Era una mina de tierra.

Había otros asuntos urgentes. Una tragedia dos días antes de que presentásemos las canciones en Vancouver al principio de Innocence + Experience Tour. El padre de Larry, Larry Mullen Senior, murió a la respetable edad de noventa y dos años. Larry recorrió siete mil kilómetros y pico para enterrar a esa figura de incalculable valor en su vida. Pero volvió para estar en el escenario la noche inaugural y, a medida que íbamos dando conciertos, noté que la banda amaba más que nunca la música que hacía.

Y también a cada uno de sus miembros.

Amor. Una gran palabra que no se puede malgastar.

CANCIONES DE AMOR

Me resulta más difícil escribir canciones de amor a los hombres que a las mujeres. Lo habíamos hecho con «Bad». Los Beatles tenían «A Day in the Life». Los Rolling Stones, «Waiting on a Friend». Los Clash, «Stay Free». En *Songs of Innocence* teníamos más protagonistas masculinos que en ninguno de nuestros álbumes anteriores. «Raised by Wolves» y «Cedarwood Road» ganaban fuerza cuando las tocábamos en directo, pero, personalmente, las sirenas «Song for Someone» y «Every Breaking Wave» acunaban mi casa de forma diferente. Una era un ingenuo retrato de dos enamorados comprometiéndose. La otra, una descripción más cinemática de unos amantes más experimentados que empezaban a perder ritmo y fuerza.

La amistad puede quedarse sin combustible. El amor romántico siempre lo hará.

El amor romántico, un asunto épico, se desgasta, a no ser que vaya hacia lo real y se aparte de la fantasía. Ojalá pudiera escribir mejor esas canciones. Ojalá pudiera honrar mejor a las mujeres de mi vida. A mi mujer, a nuestras hijas, a nuestras amigas.

Yo canto: *Women of the future / hold the big revelations.**

Ali dice: «No me admires ni me desprecies; mírame. Estoy aquí».

ANATOMÍA DE UNA CANCIÓN DE AMOR

El desamor es un tema al que vuelvo una y otra vez… aunque no lo sufra. Mientras tenga algo que ver con participar de un matrimonio que nunca querría poner en peligro, también es un estado de ánimo que me resulta atractivo. La dualidad que exijo al arte con mayúsculas, en general, y, a la buena música, en particular. Las canciones de amor obsesivas y agobiantes de Roy Orbison, Bruce Springsteen y Cole Porter. Mi idea de la perfección es la versión

---

* «Las mujeres del futuro / guardan las grandes revelaciones».

casi obsesiva de «Something's Gotten Hold of My Heart», de Mark Almond y Gene Pitney. Como ya he mencionado, tuve «Without You» de Harry Nilsson en la cabeza cuando escribía «With or Without You», y quizá un eco de «Killing Moon», de Echo and the Bunnymen.

Hay algo en mi interior que siempre me impulsa a buscar la desesperanza que subyace en la alegría o la amargura de la dulzura, tal vez porque sé que ninguna relación puede esquivar esa complejidad. Las grandes relaciones, como las buenas canciones, merecen algo más que mero sentimentalismo. Cuando se trata de auténticas canciones de amor, no puedo superar «Nothing compares 2 U», escrita por Prince, interpretada por Sinéad O'Connor. Son los detalles, el tiempo y el lugar. De hecho, cuando se trata de grandes cantantes, resulta difícil superarla a ella. La dualidad otra vez.

«If you're the best thing about me then why am I walking away?».* Se trata de un verso que añadí a una canción titulada «You're the Best Thing About Me»; lo incluí para proporcionar dimensión a lo que podría haber parecido hagiográfico. Lo escribí en un momento (no mucho después de cuando empieza este libro) en que tenía graves problemas de salud y, por primera vez en mi vida, me angustiaba que pudiera no quedarme mucho tiempo con esta mujer a la que había conocido de niña. Siempre busco los límites, los bordes exteriores de la emoción. Si escribo una canción sobre la fe, la expreso por medio de la duda, porque «aún no he encontrado lo que busco». Si escribo una canción sobre un «día precioso», esta también trata de la añoranza de un amigo perdido.

A lo largo de los años ha habido ocasiones en las que me ha fascinado una figura en mi imaginación que he tomado por alguien real. Un enamoramiento que habría podido destrozar los sentimientos de mi pareja. En momentos así, aunque no puedas controlar qué o quién te engatusa o embelesa, sí puedes controlar qué hacer con esos sentimientos. Las elecciones que haces. El amor ro-

* «Si eres la mejor parte de mí, ¿por qué me alejo?».

mántico puede agrandar o empequeñecer a una persona. A veces el acto de amor más convincente es dejar que alguien sea quien es. Sin ti. Como compositor de canciones, me atrae cualquier asunto o territorio que esté justo fuera de los límites, alguien o algo que pueda tomar por sorpresa mi imaginación.

Como hombre también. Eso puede resultar problemático. Puedo enamorarme de alguien que no existe.

Ali encuentra otros obstáculos en el camino de su amor.

¿Ha habido días en los que a ambos han podido molestarnos las obligaciones que impone al otro nuestro matrimonio? Claro que sí, pero ninguno de los dos querría vivir sin el amor del otro tal como lo expresa ese constructo anticuado, pero todavía funcional, al que llamamos «matrimonio».

Nos gusta su poesía, pero también sabemos que no siempre podemos vivir de nuestros sentimientos. Hace mucho que hemos intuido que una carrera de larga distancia como la nuestra debe basarse en algo más que el amor. Nos gustamos lo suficiente para que, cuando no nos gustamos, sigamos empujándonos a través del dolor. Para intentar llegar al nivel siguiente. Ali llama a eso «la obra del amor» y tal vez algunos días signifique que soy difícil de tratar. Pero tiene razón: el amor es una obra. Una buena obra. Podemos dejar que se caigan los andamios, pero hemos construido nuestra pared.

Ali se pone nerviosa cuando me pongo demasiado serio. Como ahora. Cuando me esfuerzo en expresar cómo cada día que nos entregamos el uno al otro añade tanto peso… como ligereza. La gravedad y la gracia.

¿Estoy más desesperado porque nuestro matrimonio funcione que Ali, que nunca está tan desesperada como su marido? Tengo mucho que aprender de esta relación, y una de las lecciones más profundas que me ha enseñado es la crianza de los hijos. Hice aquel pacto de hermano de sangre con mi amigo Guggi de no crecer nunca, pero, cuando Ali y yo tuvimos hijos, poco a poco comprendí que no se puede tener un hijo y seguir siendo un niño.

Es verdad que no me gustan las despedidas, pero a veces hay que decir adiós.

Incluso a uno mismo.

36

I Still Haven't Found What I'm Looking For

I have spoke with the tongue of angels
I have held the hand of a devil
It was warm in the night
*I was cold as a stone.**

El tipo blanco que hará más que la mayoría de los demás blancos del negocio de la música por dar a conocer el hip-hop en Estados Unidos, la fuerza musical más importante desde que los Beatles reinventaron el rock'n'roll. El hombre que llevará la música en *streaming* a Apple. El productor de éxito que se asociará y trabará amistad con uno de los más importantes productores del siglo −el rapero Dr. Dre, antiguo miembro de N. W. A.− y que construirá un imperio instaurando los cascos Beats como un símbolo cultural. El tipo blanco que ha luchado más que nadie que yo conozca en el mundo de la música por la expresión del genio de los negros y su justa remuneración. Este tipo está a punto de revelar algunas de las claves que explicarán por qué algún día conseguirá todo lo anterior. Está haciéndome una advertencia sobre el turis-

---

* «He hablado con la lengua de los ángeles / he sujetado la mano del diablo / estaba tibia en la noche / yo estaba frío como un témpano».

mo musical y lo que algunos llamarían en este tiempo «apropiación cultural».

En suma, sobre esos tipos blancos que se disfrazan con el genio de la música negra sin entender de verdad esa música y su contexto. Y, hasta que le recordemos las buenas razones por las que hemos decidido venir aquí, en fin, prefiere no bajar del autobús.

Bueno, para ser justos con él, el autobús aún no ha llegado a nuestro destino, que es una iglesia donde intentan contener el fuego de un grupo góspel llamado New Voices of Freedom. De camino a dicho destino he pedido que detengan el autobús en una esquina escogida al azar. Una esquina que parezca guay y donde estén llevándose a cabo actividades guais. Me gustaría que la grabación de esta excursión tuviese ambiente, además de *cinema verité*.

−Bono, esta parte de Harlem no es para los turistas. Este sitio me inspira demasiado respeto para aparecer como parte de un equipo de grabación. Y plantarle una cámara delante a esos tipos.

»Tú eres irlandés −continúa−. Si quieres hacer fotos, haz lo que quieras. Yo soy italiano. Créeme, crecí en Red Hook, Brooklyn, y a los italianos no nos gusta cambiar de barrio. Cuando bajábamos del barco nunca nos íbamos lejos, ¿entiendes? Sabemos dónde parar y dónde empezar.

Aún no ha terminado:

−Nueva York, en los años setenta, era territorial. Si entrabas en territorio ajeno, necesitabas tener una buena razón. ¿Estás seguro de que no estamos haciendo perder el tiempo a esta gente? Porque hay una parte de mí, como bien sabes, que sigue anclada en los años setenta.

−¿Estás insinuando −pregunto− que tal vez no seamos lo bastante serios o lo bastante guais para estar aquí?

−Un poco las dos cosas −dice−. Mira, entiendo por qué estamos aquí. Quieres grabar a este coro. Dicho sea de paso, el tipo que lo organiza es blanco. No estoy diciendo que sea imposible para unos músicos blancos estar aquí, pero necesitas un salvoconducto, cierta compostura, cierto respeto.

Edge, Larry, Adam y yo quisiéramos saber qué ocurrirá si nuestro productor decide no apearse del autobús.

—Dejadme aquí un minuto hasta que me haga a la idea. Me acostumbraré.

EL IRLANDÉS EN EL EXTRANJERO

Este hombre es Jimmy Iovine, y está en Harlem con nosotros para grabar a un coro góspel. Los de New Voices of Freedom van a cantar «I Still Haven't Found What I'm Looking For» y luego saldrán con nosotros al escenario del Madison Square Garden. Es un breve instante de nuestra genuflexión ante la música estadounidense porque el góspel está tan cerca del corazón del rock'n'roll como el blues, clave en la búsqueda de una mayor comprensión de dónde viene esta música rock'n'roll. Si Jimmy Iovine se siente demasiado cohibido por ser un hombre blanco en Harlem, tal vez nosotros no lo estemos lo suficiente. Somos viajeros inocentes en el extranjero, entrando en la iglesia, emocionados por la posibilidad de que nuestra propia canción góspel pueda llegar a alcanzar otro nivel.

En algún lugar en el centro de «I Still Haven't Found What I'm Looking For» —el título es de Edge— está la idea de John Bunyan del progreso del peregrino. O, en mi caso, de la falta de progreso. Si en general la religiosidad me resulta pesada, lo más pesado de todo es la obstinada certeza del devoto que no duda. No solo no hay sitio para la duda en el Dios al que siguen, sino tampoco en su capacidad para descifrar los textos sagrados. Por supuesto, su versión de los acontecimientos es la correcta.

¿Qué sentido tiene conversar con alguien que ya está convencido? En 1987, yo todavía estaba intentando responder a eso, a cómo la vida es una continua renovación, un apartarse a diario de las influencias negativas, impuestas tanto por la crianza como por la naturaleza. A que la única forma de liberarse del número asignado en la lotería del ADN es liberarse día tras día. La vida como una muerte y renacimiento permanentes, muerte y renacimiento.

El rabínico Bob Dylan ya había llegado a esa conclusión. «Quien no está ocupado naciendo, está ocupado muriendo». Conque hete aquí a estos chicos irlandeses en una iglesia de Harlem, cantando sobre «el reino que llegará cuando todos los colores sangren y sean uno».

Me esfuerzo en parecer relajado, pero estoy un poco cohibido y también me duele la clavícula que se me rompió después de correr —y resbalar— en un escenario barrido por la lluvia en el estadio RFK en Washington, D. C. Pero, ahora que mi voz se une a esas nuevas voces, descubro que su libertad es una medicina más eficaz que cualquier analgésico. Descubro que estoy extasiado. Veo los afluentes llegar a la desembocadura de un gran río, vidas reales e historias reales se juntan en esos reclinatorios de pino. Las almas desaparecen unas en otras mediante la mística de la música, y sé que la razón por la que estamos ahí es que la música religiosa negra parece más sincera. Me vuelve a recordar que no pasa nada si cantamos porque estamos destrozados, que nuestro vacío es siempre una invitación a llenarnos. A medida que la banda y yo, y hasta Jimmy, nos desinhibimos, noto los numerosos espíritus presentes en esta canción. Brian Eno, que nos hizo descubrir a los Swan Silvertones, al Golden Gate Quartet, a Dorothy Love Coates y a un minero del carbón de Kentucky llamado reverendo Claude Jeter. Danny Lanois, que descifró el código para conseguir que la sección rítmica casi sonara a reggae, su estilo plano de puntear ayudando a las guitarras mientras me cantaba viejos clásicos del soul al oído, improvisando melodías. Esta, nuestra canción más góspel, trata de la búsqueda, no de la llegada. Y así es como encuentro la fe.

La canción te lleva a un final extático cuando «todos los colores sangren y sean uno», pero la carrera no ha terminado. «Sí, aún sigo corriendo». La historia de cualquier peregrino es el avance hacia (y la huida de) la iluminación. Del Espíritu Santo. De Jehová. Moisés, aterrorizado por la zarza ardiente, el cantante de blues Robert Johnson con un perro del infierno tras su rastro.

Por esa época, cuando la banda estaba en Australia, tuve un problema recurrente de la voz y me aconsejaron visitar a un médico que tenía reputación de ayudar a los cantantes. El médico pensaba que la explicación de mi continuo dolor de garganta era la ansiedad y no, como habían insinuado muchos de mis allegados, los cigarros, el alcohol y las conversaciones de madrugada. Me convenía confiar en el bueno del médico y, como además tenía buenas referencias, acepté hacer algo que no había aceptado hasta entonces. Permití que me hipnotizara.

Bueno, casi…

—Imagine —dijo el médico— una habitación donde están todos sus mejores recuerdos. Quédese en esa habitación. Ahora abra un cajón. Busque esos recuerdos. Las mejores cosas que le han sucedido. Las confirmaciones. Su pareja, sus hijos, sus mejores amigos. Un momento que cambió la dirección de su vida. Las mejores cosas. Quédese en esa habitación.

Estuve en esa habitación. Podría haber sido un local de ensayos cuando surgía una nueva canción, pero casi enseguida se convirtió en un paseo por un camino rural.

—Y ahora —continuó el médico—. Extraiga el sentimiento que hace que se sienta más fuerte y más seguro y descríbamelo.

—Estoy andando a lo largo de un río con mi mejor amigo —dije—. Y todo va como debería ir. Tengo confianza en mis pasos; mi sensación es que estoy aprendiendo a juzgar, pero no estoy siendo juzgado. Puedo decir lo que quiera. A veces obtengo respuesta; a veces no. Es solo una conversación entre amigos.

—Y su amigo —preguntó el médico—, ¿quién es?

Yo respondí:

—Creo que es Jesús.

Oí al médico moverse incómodo en el asiento. Tal vez no estuviese tan profundamente hipnotizado.

Luego me preguntó:

—¿Dónde está usted?

Respondí:

—Paseando por un camino rural al lado de un río. No es el Tolka, ni el Liffey, ni siquiera el Mississippi. ¿Será el Jordán? Siempre me ha gustado el río Jordán.

Al salir de esa «relajación profunda», noté que el gran médico no contaba con que encontrase a Jesucristo en el fondo del cajón. El médico fue educado, pero también fue evidente que estaba decepcionado. En lugar de descubrir el origen de mis problemas de voz, había encontrado el origen de mi complejo mesiánico. Le di las gracias porque estaba seguro de que esas imágenes eran un gran consuelo de la infancia, de cuando cantaba canciones góspel los domingos como «What a Friend We Have in Jesus». En realidad, nunca llegó a saber cómo había abierto para mí una vivencia que me ayudó a entenderme a mí mismo. Por qué la amistad es para mí una especie de sacramento y cómo mi compañero en el camino de la fe había pasado de ser la figura paterna del Antiguo Testamento al amigo y compañero del Nuevo Testamento.

Treinta años después de esa sesión de hipnosis, en abril de 2016, estoy en el río Jordán, en Jordania, con mi hija Jordan.

En realidad, con toda la familia. En esa época del año el río es de color marrón fangoso, lleva poca agua y estamos en la orilla oriental, en Bethabara, uno de los nombres dados al lugar donde se dice que Jesús fue bautizado por san Juan Bautista. Está a unos treinta kilómetros del monte Nebo, desde donde se cuenta que Moisés vio la tierra prometida. A unos cientos de metros de distancia, una iglesia ortodoxa rusa y una iglesia ortodoxa griega, con sus adornos bizantinos, absorben la luz dorada del cielo. La familia está compensando la desesperanza que hemos presenciado en primera persona en la frontera de esta tierra mística. Hemos viajado hasta aquí desde Zaatari, el mayor campamento jordano de refugiados que huyen de la guerra civil siria. Huyen a un país donde el 20 por ciento de la población son ya refugiados de alguna otra parte. Nuestros hijos han estado ayudando en el United Nations High Commissioner for Refugees y yo he ido con la campaña de ONE para intentar arrojar luz sobre el trabajo de esta gran agencia humanitaria, que solo disponía de una parte de los recursos que desesperadamente necesita. Los campamentos se llaman «soluciones permanentes provisionales». La duración media de la estancia en uno de estos campamentos es de diecisiete años.

Nuestro único acompañante es el guía, un profesor muy bien vestido y versado en las escrituras hebreas y en los textos islámicos.

—Sí, aquí es donde Juan bautizó a Jesús.

Yo sonrío ante su certeza.

—¿Cómo puede estar tan seguro?

El profesor, que además es arqueólogo, explica:

—En realidad, es más fácil de lo que cree. En la época, aquí no había tanta gente, de modo que los acontecimientos más relevantes —el lugar donde nació Jesús, por ejemplo— se señalaron como un lugar sagrado desde muy pronto. Si excavas y excavas lo más probable es que te encuentres con que alguien construyó un santuario para señalar un lugar de veneración.

—Ya que no hay nadie por aquí —pregunto, cambiando de tema—... ¿le importa si nos metemos en el río? ¿Para darnos un chapuzón?

—Los invitados son ustedes.

Y, de ese modo, desprovistos de la obvia beatería, pero con un profundo respeto por el lugar, la familia Hewson se sumerge en el río Jordán en una especie de bautismo. Nos reímos en voz alta hasta que guardamos silencio. Sorprendidos por la alegría. Acallados por el antiguo presente.

Sumergirme en el agua de este río mítico significa para mí más de lo que acierto a comprender. La simbología del bautismo es sumergirte en tu propia muerte para emerger a una vida nueva, una imagen poética muy potente, y yo tengo la suerte de tener una familia de absurdos peregrinos dispuestos a seguirme en ese simbolismo. Comprendo que este momento suena absurdo. Ridículo.

En el lugar del bautismo, Bethabara o Al-Maghtas —«inmersión»—, el río hace unos meandros entre los juncos para formar una piscina

611

natural, y mis ojos reparan en unos antiguos escalones que descienden por el barro rojizo hasta el agua más clara y cristalina. El zumbido de las abejas me inspira la meliflua idea de que este lugar apenas ha cambiado en dos mil años, a medida que el profesor se convierte en un viajero en el tiempo, aparta los estratos de historia y nos introduce en las narraciones que muchos buscadores vivirán aquí.

—Según la tradición —explica—, san Juan Bautista era un hombre que vivía en el desierto de langostas y miel, por lo que hay quien piensa que era el profeta Elías, que había regresado. Pero en todas partes encontrarán ustedes el pasado y el presente bailando entrelazados.

Mientras su voz cantarina asciende y desciende, oigo el leve murmullo de un afluente aún más minúsculo a nuestros pies.

—El arroyo de Elías —dice, y nos cuenta que el Jordán se alimenta de muchos afluentes, entre ellos uno de la pequeña montaña de Hermón, o colina de Elías. Otra fuente es el monte Horeb (Sinaí), que apenas se distingue entornando los ojos en la distancia. Donde se dice que Moisés recibió los diez mandamientos en dos tablillas de piedra, pues la gente necesitaba claridad con respecto a cómo vivir de la mejor manera.

Damos un paso atrás y nos maravillamos ante el gran cuadro que hay más allá del marco y de cómo en este lugar hasta el paisaje físico parece someterse a la narración. Estos detalles, escritos primero en pieles de animales y luego en papiros, y que se presentan ahora como fragmentos de piedra y color, me hacen retroceder, en busca de otra perspectiva, intentando abarcar toda la escena.

En el mejor de los casos, llegas a oír una rima en la poesía general. Me pasma el poder poético de las Sagradas Escrituras, así como que sea imposible acercarse a Dios sin una metáfora. Desde Adán y Eva, estos relatos fabulosos nos ayudan a abrirnos camino en nuestra vida metafísica. Si la ciencia es el modo en que nos movemos por el universo físico, los textos religiosos nos ofrecen movernos por algo más allá de lo físico, por una existencia que ni siquiera podemos probar que exista.

Los relatos son los instrumentos que usamos para indagar en un mundo invisible que nos esforzamos por ver, un mundo que vislumbramos por medio del arte, la familia y la amistad. Son relatos de un amor que no tiene principio ni fin.

Me consuela esta idea del amor infinito, la visión más amplia que va más allá del marco. Me devuelve a una Nochebuena a mediados de los años ochenta en la que hacía desesperados esfuerzos por no dormirme mientras cantaban los villancicos en la catedral de St. Patrick, en Dublín. Recién aterrizados, con el cuerpo todavía en otra zona horaria, Ali y yo nos metimos en la catedral abarrotada en el último minuto y tuvimos la suerte de encontrar un banco justo detrás de uno de los grandes pilares de piedra caliza que sostienen la nave abovedada del siglo XII. Incapaz de ver el coro o a los intérpretes en el relato navideño, me concentro en escuchar a los sopranos:

> *Una vez en la ciudad real de David*
> *había un humilde establo,*
> *donde una madre tuvo a su hijo*
> *con un pesebre como cama.*

Pero muy pronto, a pesar del codo de Ali que se clava en mis costillas, me quedo adormilado. Vuelvo a mis breves días en el colegio de al lado, pienso en el escritor irlandés Jonathan Swift, el autor de *Los viajes de Gulliver*, que una vez fue deán aquí. Otro codazo e intento despertarme a mí mismo esforzándome en visualizar a la madre y al niño compartiendo una sala de partos con cabras y ovejas, la naturaleza vulnerable de la Natividad, la suciedad del parto envuelta en mierda y paja.

Es curioso cómo funcionan los sentidos, puedo oler la escena; la pobreza tiene su propio olor. La poesía y la política de la historia de la Navidad me afectan como si estuviese oyéndola por primera vez: la idea de que una fuerza de amor y lógica en este universo misterioso escoja revelarse en las tribulaciones de un niño pobre, nacido en mitad de la nada para enseñarnos que podemos vivir al servicio de los demás, resulta abrumadora.

Su elocuencia resulta abrumadora. Un poder insondable expresado mediante la impotencia. Estuve a punto de echarme a reír en voz alta.

Una genialidad.

Una presencia inexpresable que no elige hacerse presente en un palacio, sino en la pobreza. «Y sintió nuestra tristeza, y compartió nuestra alegría».

Mi familia habla de esta idea cuando visitamos Belén y la iglesia que se dice que se construyó sobre aquel humilde establo. Nuestro guía nos recuerda que el establo en el que nació Jesús no era el de nuestras sensibleras tarjetas navideñas, sino más probablemente una cueva, utilizada en general como refugio para el ganado en la región. Nuestro hijo pequeño, John, comprende lo que es estar sin hogar y hablamos de que la divinidad duerme debajo de las cajas de cartón de nuestras propias ciudades.

Aún estoy pensando en la epifanía de la catedral cuando visitamos la iglesia del Santo Sepulcro, en la antigua ciudad de Jerusalén; se dice que está erigida en el lugar donde Jesús fue crucificado. Donde sus seguidores creen que murió la propia muerte. Una idea descabellada, si uno osa concebirla, pero la inmortalidad nos queda un poco lejos a la mayoría de los mortales. Y, en cualquier caso, aquí el negocio de los milagros empuja el milagro de los negocios.

Lo pienso mientras vemos al alcalde de Jerusalén, Nir Barkat, que me cuenta que una vez a la semana unos dos tercios del planeta se levantan pensando en su ciudad. Y sigo pensándolo mientras medito en el lanzamiento de cohetes y pelotas de goma que puntúan su política actual.

UN SUEÑO BAJO EL CIELO DEL DESIERTO

Un peregrinaje a menudo te lleva al desierto. Odiseas. Viajes por carretera. Vagabundeos. Hubo mucho desierto en ese peregrinaje a Tierra Santa, pero ha sido una metáfora duradera en la labor de la banda. En nuestro disco más famoso contemplamos el mundo desde un desierto.

Los desiertos estadounidenses, como el desierto de Sonora y el de Mojave, nos ofrecieron el árbol de Josué como uno de nuestros símbolos más perdurables. En esa sesión fotográfica con Anton Corbijn, descubrimos lo frío e implacable que puede ser el desierto de noche. O, en invierno, de día. En el desplegable central de la carátula del álbum, la fotografía de Anton nos captó acurrucados en un paisaje frío, rechazando el papel de actores fingiendo tener calor. Yo fui aún más allá y posé con una camiseta de tirantes a seis grados.

Cuánto compromiso. Nos divertía mucho que Anton, el maestro neerlandés, no supiera pronunciar el nombre Joshua. «Yoshua», decía él, *The Yoshua Tree*. De hecho, su pronunciación se acercaba más al original hebreo, *Yeshua*, que, años después, descubrimos que era el mismo nombre, pero con una pronunciación diferente, de «Jesús». *Yeshua*. Titulamos nuestro disco más popular *The Jesus Tree*. Típico...

Ese álbum y esa gira llevaron a la banda un paso más allá en cuanto a reconocimiento, nos procuró ese éxito que quiere convencerte para que olvides quién eres. A veces hay que marcharse para llegar a casa, tal vez eso fuese lo que pensáramos Adam y yo de nuestro propio peregrinaje. En coche. Un viaje por las carreteras del desierto. Un viaje que podría revelar un poco más sobre la música de este país de la que nos habíamos enamorado. Nuestro tema musical era «Let's Get Lost», de Chet Baker, y así lo hicimos, desde Los Ángeles hasta Nueva Orleans. Cargamos el coche de toda suerte de objetos relacionados con la herencia cultural estadounidense y nos pusimos en camino a través del Desierto Pintado. Pasamos por pueblos con nombres como Truth or Consequences (TC), en Nuevo México, y nos encaminamos a Arizona, leyendo, charlando, oyendo música y tomando estupendos desayunos mexicanos... y luego bajando las ventanillas.

Al Green, uno de los mejores cantantes soul de todos los tiempos y, en la actualidad, pastor de la Iglesia del Tabernáculo del Evangelio Completo, no estaba en casa cuando llegamos a Memphis, pero alguien de su equipo nos llevó a la iglesia, una vivencia estimulante que aún nos dio más escalofríos cuando el predicador llegó a su apogeo.

—Me da igual de dónde vengáis. Si habéis cruzado valles y desiertos. Si habéis venido por carretera desde Los Ángeles. Estáis en peligro. Donde vais no hay guardarraíl. Puede que seáis famosos. Tal vez estéis en lo más alto del mundo. Pero vuestro coche está a punto de despeñarse por una carretera de montaña. No sé quiénes sois, pero noto que estáis aquí.

¿Lo decía por nosotros?

¿Éramos nosotros quiénes íbamos a despeñarnos por la carretera de montaña?

A los dos nos entraron sudores fríos hasta que dedujimos que tal vez nuestro chófer hubiese hablado con el predicador de los visitantes de la Babilonia del rock'n'roll. Chamanismo, el mundo del espectáculo, solo los separa una línea muy fina.

LA CASA DE CASH

Ni Adam ni yo teníamos ni idea de adónde nos llevaba nuestro peregrinaje, pero sí sabíamos hacia quién nos llevaba y que estaba en Nashville, un peregrino original haciendo un progreso único. Yo había conocido a Johnny Cash en los años ochenta en Irlanda, donde su popularidad nunca decayó. La tradición del folk irlandés veneraba su melancólico estilo country, la verdad sin tapujos, y todo el mundo sabía que lo primero que hacía al aterrizar en el aeropuerto de Dublín era tomarse una pinta de Guinness.

La gente no había relacionado eso con el alcoholismo, pero, en ese día de 1987, en Nashville, quien nos invitó a comer fue un Johnny Cash sobrio. Y solo fue un poco desconcertante cruzar la puerta del comedor y encontrar la mesa puesta para cuarenta personas. Y a su adorada June Carter Cash.

—Hola, chicos. Estoy haciendo una sesión de fotos para mi libro de recetas. Hoy comeremos en la cocina.

Los cuatro nos sentamos en la cocina y agachamos la cabeza mientras Johnny bendice la mesa del modo más poético que he escuchado nunca. Pero luego sonríe para sus adentros, como si June no pudiera verle u oírle:

—No vayáis a creer que no echo de menos las drogas.

La casa estaba abarrotada de muebles decimonónicos de roble de rebuscado tallado, de Francia, el Reino Unido e Irlanda.

—Me interesa la historia. A June también.

—Eres irlandés, ¿no? —pregunta Adam.

—La verdad es que no, el apellido viene de Escocia. La estirpe de Cash. Baronía escocesa.

Yo digo:

—Johnny, aunque para mí eres de la realeza, yo de ti lo comprobaría, pues te pareces a los que crían caballos en el condado de Wexford, en Irlanda. Y se apellidan Cash.

»¿Sabías que el apellido Cash está relacionado en Irlanda con la comunidad de los *travellers*? Son expertos en trabajar el latón y el metal, de niño recuerdo que su gente iba de puerta en puerta y afilaban cuchillos y arreglaban ollas.

»Tal vez fuesen alquimistas como tú, Johnny. Convertían metales en oro… discos de oro en tu caso. Entre los *travellers* había también grandes músicos, como Finbar Furey o Pecker Dunne, aunque él no es tan conocido.

Johnny se tomó esa perla histórica un poco mejor que June.

—¿Queréis visitar nuestro zoo?

—¿Zoo? ¿Tenéis un zoo?

—Aquí mismo. El Zoo Carter-Cash, y me encantaría enseñároslo.

—Chicos, deberíais ver el zoo de Johnny —añade June—. Decidle que os cuente la historia del emú. No querrá.

Johnny nos llevó en su camioneta y nos lo enseñó muy orgulloso. Nos contó que los lugareños iban a visitarlo a menudo y que estaba vallado para garantizar la seguridad de todos. Algunos ocupantes podían ser un poco impredecibles.

—June os ha hablado del emú. No me gusta decirlo, pero deberíais saber que un emú es un animal peligroso del que uno no debe fiarse.

Su voz pasó de áspera a solemne y nos describió un enfrentamiento con ese «pollo prehistórico del infierno».

—No exagero cuando digo que estuve a punto de morir aquí mismo. Quiero decir que me atacó. Me pateó. Ese pájaro gigante me tiró al suelo y, cuando caí de espaldas, no demostró la más mínima compasión y me pateó el pecho.

»Muchachos, si no llega a haber unas estacas tiradas ahí que usé para espantar a ese dinosaurio, habría sido hombre muerto. No os miento.

Sonriendo, Adam me cuenta después que había imaginado el titular: «Un emú mata a Johnny Cash». Es difícil de olvidar una vez se te ha metido en la cabeza, pero el hombre de negro se puso muy pálido al recordar el incidente. El hombre que cantó: «Disparé a un hombre en Reno solo por verlo morir» no se había quitado de encima con facilidad a ese forajido australiano.

Más adelante pasé tiempo con Kris Kristofferson, que me puso al corriente de más detalles sobre este hombre que dejaba a los demás con la sensación de que quizá ellos no lo fuesen. John había sido muy alocado en su época.

—Dormía en la copa de los árboles, como un animal, el animal más salvaje que podías encontrar en la naturaleza, y por eso le queremos.

Cuando Johnny se compró la casa en Nashville, antes de que June le enseñara buenos modales, solo tenía un mueble.

—Un baúl de madera en el que dormía. Lo llamaba su ataúd; se reía de la muerte.

Solo June Carter Cash pudo domarlo. Pero, a pesar de su profunda fe y de sus convicciones, nunca fue uno de esos tipos piadosos, y tal vez por eso le gusta a tanta gente. Si la música góspel tiene una alegría que en manos de algunos puede resultar sensiblera, un dulzor que puede convertirse en sacarina, con Johnny Cash siempre se tenía la sensación de que los ángeles estaban a la vuelta de la esquina de los demonios. Había elegido plantar su tienda «a las puertas de Sheol». Johnny no cantaba para los condenados; cantaba con los condenados, y, a veces, tenías la sensación de que tal vez prefiriese su compañía.

Razones para querer a Johnny Cash

1. Escribió «I Walk the Line» (que puede traducirse por «Ir por el buen camino») y se esforzó más que la mayoría en hacerlo.
2. Aunque medía un metro ochenta y ocho nunca miró a nadie con superioridad.
3. Hizo que las visitas a las cárceles a San Quentin y Folsom parecieran un regalo para él, y sus grabaciones de esos encuentros siguen simbolizando la libertad para muchos.
4. Descubrió a Kris Kristofferson cuando Kris estaba atravesando una mala racha y trabajaba de conserje en el estudio de grabación de la CBS en Nashville, y le silbó sus canciones a John mientras iba al baño. No llamó a la policía cuando Kris, un antiguo piloto de helicóptero de los marines, aterrizó en el jardín de Johnny con una maqueta de «Sunday Morning Coming Down».
5. Formó los Highwaymen, con Kris, Willie Nelson y Waylon Jennings, forjando una música country de forajidos sin tapujos que intentaba superar el abismo entre las opiniones izquierdistas y derechistas en el país. Y en la banda.
6. Jesucristo usó sus iniciales.

EL *WANDERLUST* DEL VAGABUNDO

Unos años más tarde, en 1993, le pedimos a Johnny que cantara en un tema electrónico en el que estábamos trabajando para el álbum *Zooropa*. Yo tenía en mente el Eclesiastés, uno de los libros sapienciales que figuran en el centro del Antiguo Testamento. Trata de alguien que busca, un peregrino.

Insolentemente escribí la letra de «The Wanderer» en su voz y para su voz.

I went drifting through the capitals of tin
Where men can't walk or freely talk
And sons turn their fathers in.
I topped outside a church house
Where the citizens like to sit.
They say they want the kingdom
*But they don't want God in it.**

—Tal vez esta música electrónica no sea santo de tu devoción, pero contrastará un poco con tu voz.

—No soy devoto de ningún santo en particular. Puedo intentarlo.

Hay que decir que Johnny Cash era el campeón de los pesos pesados en cualquier sitio donde entrase, a no ser que estuviese allí June Carter, ella misma una grande de la música country. En «Ring of Fire», June escribió la mejor canción de advertencia sobre el matrimonio, y la escribió para ella y para John. Comprendió la fuerza de gravedad que la vida ejerce sobre un matrimonio, porque la había experimentado. A principios del 2000, cuando me enteré de que John estaba muy enfermo, llamé a su casa y June respondió al teléfono.

—Vaya, hola, Bono. ¿Qué tal Irlanda? ¿Cómo está Ali? ¿Qué tal la banda? ¿Y el hotel Burlington?

Charlamos quince minutos y supuse que Johnny estaba demasiado enfermo para ponerse al teléfono.

—Bueno, June, por favor dale recuerdos de nuestra parte a John.

—¡Caramba, Bono, lo tengo aquí a mi lado! Estamos en la cama. Te lo paso.

La inconfundible voz de barítono se había convertido en un bajo y un gruñido.

—Lo siento.

---

* «Estuve vagando por capitales de estaño / donde no se puede pasear ni hablar con libertad / y los hijos entregan a sus padres. / Me detuve a las puertas de una iglesia / en la que a los ciudadanos les gusta sentarse. / Dicen que quieren el reino / pero no quieren a Dios en él».

No hizo falta decir más. Estaba en brazos de su amada y ella en los de él. Al final fue Johnny el que sobrevivió a June. Su música lo mantuvo vivo. Gracias a una llamada de Rick Rubin años atrás.

—Necesito grabar. Si no, me moriré.

Una llamada que condujo a American Recordings y a algunas de las mejores interpretaciones musicales de la historia, entre ellas la versión fría y sobria de nuestra canción «One».

—No vayáis a creer que no echo de menos las drogas.

Ese era Johnny intentando que nos sintiéramos como en casa.

En el país de U2, en verano de 2013, estuvimos en una reunión con nuestro eterno director creativo, Willie Williams, además de Es Devlin, el artista y diseñador, y Mark Fisher, el arquitecto rock'n'roll que era clave a la hora de ayudarnos a proyectar nuestro propio universo para la gira. Amante confeso del arte público, Mark había dejado un sello en la música en directo, desde *The Wall*, de Pink Floyd en adelante, que no tenía rival. En sus últimos meses de vida, no pudo estar con nosotros en persona, pero se conectó online. ¿Cómo podíamos poner en escena Innocence + Experience Tour y sus canciones inspiradas por los poemarios de Blake con el mismo título?

Willie insistió con razón en que no podemos decidir qué queremos mostrar hasta que decidamos qué queremos decir. Así que ¿qué queremos decir? Se planteó si la calle donde yo había crecido, Cedarwood Road, el tema de una de nuestras nuevas canciones, podría ser una calle física, que conectara dos escenarios, una especie de calzada espiritual. Momento en el que, desde el oscuro espacio digital, aparece la voz de Mark, un reproche con el tono retumbante de un general de división dirigiéndose a un consejo de jefazos acobardados.

—¿Por qué no construimos una puta cruz gigantesca en el centro del estadio? Eso es lo que queréis decir, ¿no?

—Bueno —respondo yo—, no exactamente, pero no vas desencaminado. La imagen de la cruz siempre nos ha gustado. Su alcance horizontal en la comunidad, el arraigo vertical de nuestros sueños en tierra firme.

Tal vez me pareció que Mark pensaba: «Hacedlo de una puta vez», pero lo que dijo fue:

—En fin, es lo que haría William Blake.

Y Johnny Cash también, ahora que lo pienso. Y ese es el camino que quiero seguir. El *wanderlust* del vagabundo. El espíritu que aún no ha encontrado lo que está buscando, una vida y una canción góspel sobre las dudas y las certezas, sobre el viaje más que sobre el destino. Así es como funciona esta banda. Justo cuando llegas a la tierra prometida, descubres que no has llegado.

En la antigua literatura sapiencial conocida como el Eclesiastés, escrita varios cientos de años antes de Cristo, hay un vagabundo que tomé prestado, un viajero que descubre que el sexo, las drogas, el dinero, la fama… por lo visto no son la tierra prometida.

En vez de eso, dice el escritor —quizá Salomón—, son vanidad de vanidades. Lo mejor de la vida, descubre, es disfrutar con tu trabajo. Hacer lo que te gusta.

La tierra prometida siempre estará en otra parte.

Creo que lo entiendo. No sé si lo conseguiré.

Dearest
Elijah & John.
if you can step over the shite
love is bigger than anything in its way
papa nu guinea

37

Love Is Bigger Than Anything
in Its Way

The door is open to go through
If I could I would come too
But the path is made by you
*As you're walking, start singing and stop talking.**

El amor es más grande que cualquier cosa que se interponga en su camino. Pero hay que decir que en su camino se interponen muchas cosas.

ESCENA 1: UN CONCIERTO DE ROCK'N'ROLL

Una sala de conciertos calurosa y abarrotada de Dublín. Una joven muchedumbre intenta salir aerotransportada, alzarse fuera de su propio cuerpo para acercarse más a la banda. El cantante ha hecho dos proezas que nadie esperaba. Después de saltar sobre la batería, ha caído al suelo y yace sin vida en el escenario resbaladizo. Los chicos están boquiabiertos, las chicas gritan, pero no ha muerto electrocutado. Es un número de *show business*.

---

* «La puerta está abierta para atravesarla / si pudiera entraría también / pero lo haces / al andar, empieza a cantar y deja de hablar».

El chico no soy yo. Es mi hijo. Pero el tamaño del concierto que este joven ha organizado en invierno de 2018 es un reflejo de los conciertos que yo daba con mis compañeros de colegio. Cuando, como él, era un adolescente.

Su madre está allí. Va a sus conciertos. ¿Raro? No. Me emociona y me impresiona ver que nuestro tercer hijo, el mayor de los dos niños, Elijah, es capaz de tener su propia imagen musical. Sabe que el rostro de su padre es para él un arma de doble filo. Lo ha pensado. Unos seis minutos. No es ni timorato ni demasiado guay. A veces me pide consejo y le he dicho que envidio su desenvoltura en el escenario, y fuera de él. Que sentirte cómodo en tu propia piel es lo más atractivo que un público puede apreciar en un artista.

—Ser uno mismo es lo más difícil, y a ti te resulta fácil. Nunca he sido yo mismo. Pero tocas muy bien; no hace falta ser un gran cantante para dejar huella.

—¿Estás diciendo que no soy un gran cantante?

Desafía a su padre, con una sonrisa a lo Elvis. Eso fue una semana antes de fingir el desvanecimiento. Así es él. Un perro de caza. Este chico podrá ser el hombre que quiera ser.

ESCENA 2: UN PARTIDO DE RUGBY

Estoy en un partido de rugby en el club de un equipo llamado los Wanderers, muchachos de dieciséis años que están perdiendo la confianza ante un equipo llamado Coolmine. El número 3 tiene dieciséis años y mide un metro ochenta, y en nuestra familia eso lo convierte en un gigante, pero en su cabeza lo que lo convierte en un gigante son sus compañeros. Sus compañeros están perdiendo ante un equipo al que no le son simpáticos, y en ese momento es cuando reparo en la habilidad de nuestro hijo John para ser un gran deportista. Se dice que los grandes boxeadores no se miden por su habilidad para dar puñetazos, sino por su talento para encajarlos, y lo mismo puede decirse de una gran persona. John, el benjamín de la familia, es también, en cierto sentido, el mayor. Nació a toda prisa. Recuerdo con claridad su llegada a este mundo, camino del hospital, Ali me pidió que me saltara los semáforos.

—Este chico conducirá el coche de unos atracadores o uno de la policía —le dije—. Será atracador o guardia.

—No tengo ninguna duda de que le esperan unas cuantas multas por exceso de velocidad.

Nuestro John siempre cuida de las ovejas descarriadas que todos podemos ser. Es la persona que a todos nos gustaría ser.

Empezamos cuidando de nuestros hijos y, con el tiempo, si tenemos esa suerte, descubrimos que son ellos los que nos cuidan.

ESCENA 3: UNA REVELACIÓN FAMILIAR

Ser un padre cercano no debería resultarme fácil, porque nunca estuve muy unido al mío. La paternidad se enseña en casa, no en el colegio, pero mi padre no fue un padre cercano porque no le gustaban los críos. No fue un padre cercano porque yo fui un poco borde en una época en la que él era vulnerable. Ahora sé que parte de la razón de que no fuese más cercano es porque se encontraba próximo a otra persona. Septiembre de 2000, estoy en casa cuando Norman aparece como caído del cielo.

—Tengo noticias familiares. Nunca adivinaréis qué voy a contaros.

—¿Que nuestro primo es nuestro hermano? —interrumpo—. Scott Rankin.

¿De dónde salió esa respuesta? En algún lugar de mi subconsciente la noticia que estaba a punto de darme Norman no debía de ser tan novedosa. Se muestra incrédulo.

—¿Cómo sabías lo que iba a contarte?

—Es el síndrome del hijo mediano —sugiero, entendiendo su respuesta como la confirmación de que acabo de convertirme en hijo mediano.

Semejante intuición es, lo sé, excéntrica. Y, algo que aún es más raro, no me quedé perplejo.

Curiosamente, fue como si me sintiese mejor de un dolor que no sabía que tenía.

Mi primo Scott siempre estuvo muy próximo a nosotros y, a veces, sus dos hermanos, Adam y Michael, parecían ser nuestros hermanos. Después de la muerte de Iris, fue como si su familia me acogiera. Todos sabíamos que mi padre y la tía Barbara estaban muy unidos, pero Iris y Jack eran hermanos, así que no era extraño que sus esposos se llevaran bien. Éramos una familia unida y nunca vimos más que amistad. Pero quizá, solo quizá, algo se hubiese colado en mi cerebro prepuberal. La noticia de Norman no es una sorpresa, pero sí una revelación. Tengo que pensarlo y mi memoria vuelve a ese vagón en Rush, esos días y noches cálidos de verano. Las animadas conversaciones.

Scott nació cuando yo tenía once años, tres años antes de que Iris, mi madre, muriese. Iris nunca supo la verdad. Bob, su marido y mi padre, no le dijo nada a nadie, y tampoco lo hizo Barbara, la madre de Scott. Durante tres décadas solo lo supieron ellos dos. Cuando por fin se lo contaron a Jack, el padre de Scott, Barbara y él siguieron juntos, y él continuó siendo con Scott el padre cariñoso que siempre había sido.

Desde esta revelación Scott y yo estamos incluso más unidos. Es inteligente y sincero. Está en paz con su pasado y con su presente. Hace poco me dijo que no quiere ser parte de ninguna manipulación de los hechos con sus hijos. Quiere que se sientan cómodos con su identidad dual Rankin/Hewson. Hoy lo admiro. Quizá sea más difícil para Scott y su familia tener un nombre famoso unido al suyo, más discreto. Sé que esa discreción le ha llevado a proteger la intimidad de mi familia tanto como a la suya, y que a veces ha sido difícil.

Las familias y nuestros secretos. ¿Hay alguna familia que no tenga ninguno?

Esta noticia perdura días en mi imaginación y empiezo a preguntarme: ¿estaría eso en el centro de mi agresividad con mi padre? Tal vez no fuese su falta de interés lo que me encendió. Tal vez fue que noté cómo relegaba a mi madre. ¿Podría explicar eso parte de mi rabia? Mi madre no tuvo elección cuando desapareció de mi vida. Con esa revelación sobre Scott comprendí de pronto que mi padre tenía otra vida de la que yo no formaba parte. Así que ahí era donde estaba. Estar físicamente presente en una relación no lo es todo. La proximidad emocional sí lo es. Empecé a entender que este hombre no se encontraba conmigo cuando crecí, aunque estuviera allí.

Necesitaba hacerle una pregunta. También necesitaba valor para hacérsela. Crucé la ciudad para ir a su apartamento en Howth, enfrente de la playa donde Iris se había bañado de niña. Estaba débil y tenía los ojos enrojecidos mientras miraba el mar.

—¿Querías a nuestra madre?

—Pues claro que quería a tu madre. Estas cosas pasan.

Volví a preguntárselo:

—¿La querías?

—Sí. Quería a tu madre.

En ese momento supe que decía la verdad.

Descubrir que Norman no es mi único hermano, que ahora Scott lo es también, me obliga a preguntarme qué es una familia, quiénes han sido mis otros hermanos. Los que descubrí cuando murió mi madre, cuando para mí fue como si perdiera a mi propia familia.

La familia siempre ha estado en el centro de quién soy. He probado con varios sustitutos desde que murió Iris. Familias que encontré, o que fundé, para ser parte de ellas. Empezó en mi adolescencia en Cedarwood Road, con pandillas callejeras surrealistas como Lypton Village, y continuó en el colegio, en Mount Temple, cuando entré en U2, esta familia que hallé en la cocina de Larry en 1976.

Encontré otra más o menos por la misma época, cuando tenía dieciséis años y el padre y la madre de Ali me dejaron formar parte de la suya, a sabiendas de que necesitaba una de verdad. Luego, después de todo nuestro éxito, tal vez volviese a buscarla en el mundo del activismo y la política. Buscando que me necesitaran.

ESCENA 4: EN EL ESCENARIO, BERLÍN, NOVIEMBRE DE 2018

Es la última noche que cantamos nuestras canciones de inocencia y experiencia. Estamos en Berlín, tocando un tema titulado «Acrobat» en el escenario circular, y estoy presenciando una hazaña acrobática. Cuatro hombres vestidos de artistas callejeros en el alambre. No se caen, caminan sobre él, bailan en la punta de la gravedad. Nos embriaga una canción que llevamos sin tocar veinte años —es muy difícil–, pero esta noche Edge, como dicen en las revistas de guitarra, está derrochando sus mejores dotes a lo Les Paul. El presbítero zen como en la misa mayor de la víspera del Día de Todos los Santos. Un derviche girando en una especie de exorcismo guitarrístico, expulsando el demonio de mi interior en la representación en el escenario donde yo tengo los ojos ennegrecidos de vudú. Liberando el murciélago de todos nuestros demonios.

Miro a Larry, que se ha convertido en el batería que su padre siempre quiso que fuese. Un verdadero músico de jazz, que ha superado las expectativas de todos, pero no las suyas. Lo veo tocar, ya no es un alumno, sino un maestro de su instrumento; sus baquetas golpean la piel y la caja como si fuese Buddy Rich o algún irlandés bebop de los años cincuenta. Se ha convertido en Larry Mullen «hijo», sin duda tiene nombre de *jazzman*, un guiño a otra época en la que ser «hijo» significaba que tenías un padre. Que pertenecías a una estirpe. Las comillas que abren y cierran «hijo» eran un irónico reconocimiento por parte de nosotros, los punk, al jazz. Siempre estoy deseando que llegue ese momento heráldico en el concierto en el que puedo decir: «En la batería, Larry Mullen, "hijo"». La multitud ruge, pero esta noche no la oigo, estoy en un trance en el que el silencio absorbe los gritos y sus decibelios.

No oigo nada. Todo está tranquilo. Todo se ha esfumado. La multitud desaparece como el tiempo, solo quedamos los cuatro en el escenario.

Soy yo dándole las gracias a Larry, no solo por superarse a sí mismo, sino por pedirme que entrara en su banda. Vuelvo a estar en el pasillo morado, en la sala de música del señor McKenzie en Mount Temple Comprehensive School, observando a ese chico, no tan tímido como cree todo el mundo, cómo esboza una sonrisa agradecida por haber encontrado a alguien con quien tocar la batería. Es lo único que deseaba.

En el pasillo amarillo veo a Adam Clayton con su pelo rubio rizado a lo afro, su abrigo de piel vuelta de borreguillo sobre su camiseta de Pakistan 76. El mayor farol en una era de tantos faroles que no lo eran. Un siglo después, el chico sin plan B, el adolescente sin otra idea en la cabeza que la de que cuatro cuerdas son mejor que seis, controla totalmente su bajo y su vida. Adam Clayton Superstar está exactamente igual que siempre y totalmente distinto. Sí, coquetea con todas las mujeres con las que cruza la mirada desde el escenario, pero ahora tiene mujer y dos hijos y mucha más sabiduría que el conocimiento del mundo al que una vez aspiró. Lo presento como un artículo de lujo, le provoco por provocar a nuestro público femenino, pero me impresiona lo lejos que hemos ido. Tal vez Adam sea el que más lejos ha llegado desde el manido cadáver en el que podría haberse convertido hasta la fuerza vital, nada manida, en que se ha convertido.

A medida que el solo de guitarra va *in crescendo*, aquí está *The* Edge, este talento singular y ese fenómeno de la naturaleza, tocando aún esas armonías como campanillas que hizo famosas en nuestro primer single. Lo veo antes aún, a los quince años, sentado en el pasillo verde del nuevo bloque, guitarra en mano, tocando la música de su LP favorito, *Close to the Edge*, de la banda de rock progresivo Yes. El chico que se compraría una guitarra con la misma forma que su cabeza, el creador y descifrador de códigos que se convirtió en programador de mentes y corazones. «Edge es del futuro —estoy a punto de decirle a todos, como hago a menudo— y dice que allí se está mejor». Pero en este momento que estoy teniendo, no hay nadie. Estamos solo los cuatro en el sala de música de Mount Temple, y este Edge es del pasado. Le digo que los tres le debemos gran parte de nuestro presente a él, a las horas y los días, a los meses y los años, en que se quedaba en su habitación ensayando. El ensañamiento del genio que tan a menudo no llega de repente.

631

Cuánto tiempo se tarda en detener el tiempo. En exprimir lo eterno del instante. Cuánto tiempo se tarda en alargar el tiempo. Ahora, el tiempo se ha esfumado, y todo el mundo con él. Estoy de pie en medio de este gran estadio al final de un escenario circular, y solo puedo pensar en el comienzo y el fin de esta banda llamada U2. Nosotros cuatro.

Hay una frase que hemos utilizado al presentar estas canciones de inocencia y experiencia: «La sabiduría consiste en recuperar la inocencia al llegar al final de la experiencia».

—¿Qué he encontrado aquí, al final de la experiencia? Gratitud.

En mi caso, por estar vivo. Hace un año, once meses y cinco días estaba en el quirófano del hospital Mount Sinai.

Nunca se está tan vivo como cuando se ha estado a punto de no estarlo. Las cosas se ven con una claridad renovada.

Por ejemplo, ahora sé que esta banda no es un recopilatorio de canciones. Es más bien una sola canción, una canción inacabada. Por eso sigo volviendo a la sala de ensayo, al estudio, al escenario, para intentar acabar esta canción, para completar U2. Tal vez desde que fundamos la banda estamos intentando acabarla, completarla. La canción en que se ha convertido nuestra vida. Liberarnos de ella. Eso ha de ser. No hay nada mejor.

¿Estamos completos? ¿Se acabó? Siento agradecimiento.

Escucho las palabras que he dicho a nuestros fans la mayoría de las noches de nuestra vida en el escenario, pero ahora les hablo a mis hermanos, a esos compañeros de viaje que, cuando nos conocimos, no tenían ni idea de qué camino seguiríamos. Gracias por regalarme una gran vida. Gracias por dejarme estar en vuestra banda. Gracias por dejarme acosaros, intimidaros, empujaros y tirar de vosotros.

Inspiraros y decepcionaros.

Por mi cara de payaso caen lágrimas. No son lágrimas de alegría.

Descubro que me estoy disculpando por haber usado demasiada fuerza para despegar. Para sacar lo mejor de ellos, tal vez no siempre lo haya hecho bien, pero, si este es el fin, que así sea. En lo más alto de nuestros logros, dudo de si nos hemos quedado sin pista por delante, sin razones para compartir el camino.

¿Por qué pienso todo esto?

¿Seguimos siendo una canción inacabada? ¿Y si la canción está completa? No es una pregunta ilógica.

Además, esto tiene un coste en el sistema nervioso de todos. Y el precio es mayor cuanto mayores nos hacemos, cuanto más estamos juntos.

Mucha gente, desde luego muchos artistas, necesitan cierto nivel de mentiras para levantarse de la cama por la mañana y vestirse. Enfrentarse al día a día ya es bastante duro sin tener que enfrentarse a uno mismo. O, peor aún, a esos otros tres seres que ven cuándo estás mintiendo. Si la persona que te dices que eres no encaja con la persona que tu banda sabe que eres, es más que probable que estés fingiendo. A la serpiente o a la lagartija se le permite sufrir una metamorfosis, pero esos queridos hermanos andan alrededor y sobre la piel que acabas de quitarte. Pueden estar encantados de que te hayas deshecho de tu historia original, pero saben cuál es. Y, si no puedes soportarlo, tal vez haya llegado el momento de dejarlo.

¿Por qué las bandas siguen juntas?

Hemos oído hablar de grupos de música que apenas se hablan, cuyas reuniones más íntimas son en el escenario o la contaduría. ¿De verdad compensan las ventajas económicas esa sensación de desasosiego? Entendemos que una banda es un negocio familiar, que da de comer a mucha gente, y que a veces eso te obliga a tolerar ciertos comportamientos. Y también que un negocio familiar puede ser el mayor de los esfuerzos, porque una familia es el lugar donde estás libre de toda cohibición, donde puedes ser tú mismo con todos tus estados de ánimo. La familia es donde puedes estar sin miedo. Tal vez, en el mejor de los casos, es un lugar donde «el perfecto amor echa fuera el temor».

Así que ¿por qué miro a mis amigos en este escenario, pensando en estas cosas? No es que no lo hayamos pensado antes. Nos pasamos la vida rompiendo, después de giras o álbumes que han supuesto demasiada tensión. Los mejores álbumes son los que más cuesta completar. Las mejores canciones son a menudo las que más nos cuestan, porque cuatro personas creativas luchan por ellas. Las peleas en una familia pueden dejar cicatrices, pero a veces, cuando dejas de pelear, es cuando dejas de funcionar.

El escritor Jon Pareles nos preguntó una vez si lo que hacía que nuestra relación fuese tan decorosa era el verdadero respeto que sentíamos unos por otros o solo una especie de protocolo carcelario. El miedo a acabar a cuchilladas con alguien con quien estás confinado. Siguiente pregunta, por favor.

He intentado ser sincero en estas páginas y respetar la perspectiva de estas tres personas a las que quiero y con las que trabajo. Nunca nos hemos criticado unos a otros en público, pero decir que a veces se nos ha agotado el amor no es ninguna crítica. Eso ocurre. El pozo de la amistad puede agotarse en una familia, un matrimonio, una colectividad, una banda.

Para mí una buena estrategia es volver siempre a la fuente. Bajar el cubo en el pozo con la esperanza de rellenarlo. ¿Por qué hablo siempre de las Sagradas Escrituras? Porque me sostuvieron durante los años más difíciles en la banda y siguen siendo la plomada con la que mido lo torcido que se ha vuelto el muro de mi ego. Con la que me mido a mí mismo. Así es como encuentro la inspiración para seguir adelante. La advertencia que hace que esta lucha con el ego sea tolerable. La sabiduría que la hace factible.

Vuelvo a un maestro espiritual como el apóstol Pablo, en el siglo I de la era moderna. Acudo a alguien que se superó a sí mismo.

ESCENA 5: EL VIAJE HACIA LA QUIETUD

Tengo mucho que aprender de este escritor antiguo. ¿Cómo alguien que al principio parece ser un fundamentalista, que es un auténtico grano en el culo, se convierte en alguien capaz de escribir el mayor elogio al amor en dos mil años? En algún momento en su camino espiritual descubre que el amor es más grande que cualquier cosa que se interponga en su camino. Que «diga lo que diga, lo que crea y lo que haga, sin amor de nada sirve».

El amor no ceja.

El amor se preocupa más de los demás que de sí mismo.

El amor no quiere lo que no tiene.

El amor no se apresura,
no es jactancioso,
no se impone a los demás
no va siempre «el primero»,
no pierde los estribos,
no lleva la cuenta de los pecados ajenos,
no se alegra de los males ajenos,
se alegra cuando prevalece la verdad,
lo aguanta todo,
confía siempre en Dios,
siempre aspira a lo mejor,
nunca mira atrás,
sino que sigue hasta el final.

San Pablo, 1, Corintios, 13, 3-7

Este sabio zelote que acabó fabricando carpas itinerantes y ganándose la vida con el trabajo manual. Que se enfrentó a la cárcel y a la muerte por sus creencias y que aprendió que el amor no es sensiblero, sino duro, que consiste en decirle las verdades al poder o a ti mismo. El hombre que se cayó del caballo camino de Damasco para empezar el mayor viaje de todos. El viaje hacia la quietud. La enorme distancia que va de hablar a escuchar.

El hombre que al principio parecía un ser humano despreciable se transforma en el maestro que encuentra consuelo en el caos y paz en el conflicto. Cuando estaba encarcelado a causa de sus creencias, escribió uno de los mejores estudios jamás escritos sobre el amor. Contiene una madurez espiritual que me sobrepasa. Aunque en las situaciones de emergencia pienso con claridad, ante los conflictos recurro a menudo a la pelea o la huida. Con frecuencia vuelvo a Cedarwood Road, con los puños en guardia.

Pero, si mi fe es una muleta, quiero tirarla. Prefiero caerme. Sigo desconfiando más de la religión que la mayoría de las personas que nunca han cruzado la puerta de un templo. Nunca he encontrado una iglesia que pudiera llamar mi casa, y digo a mis hijos que desconfíen de la religión: que lo que busca el espíritu humano no puede reducirse a ninguna secta o confesión, ni encerrarse en un edificio. Que es más una disciplina diaria, una rendición y un renacimiento diarios. Es más probable que la iglesia no sea un lugar, sino una práctica, y que esta llegue a convertirse en un lugar. No hay tierra prometida. Solo el viaje prometido, la peregrinación. Buscamos una señal entre el ruido, y aprendemos a plantearnos unas preguntas mejores a nosotros mismos y a los demás.

Llamo a esa señal «Dios» y repaso mi vida en busca de pistas que revelen la ubicación de la eterna presencia. Para empezar miramos a quien está de pie a nuestro lado o por delante en el camino, a aquellos cuyo techo compartimos, o a los que están a la vuelta de la esquina y no tienen techo. Los místicos nos dicen que Dios se hace presente en el presente, lo que el doctor King describía como «el intenso apremio del ahora».

Dios está presente en el amor que nos profesamos. En una muchedumbre. En una banda.

En un matrimonio.

En el modo en que nos enfrentamos al mundo.

Dios está presente en el amor expresado como acción.

A los veintisiete, cantaba «I Still Haven't Found What I'm Looking For» como si fuese una pregunta. Pero, al intentar hacer las paces con mi propia incertidumbre, llegué a estar seguro de una cosa, esto es, sean cuales sean nuestros instintos o nuestras ideas sobre Él o Ella o Ellos, sean cuales sean las diferencias entre las grandes tradiciones de la fe, están de acuerdo en algo: la señal es más fuerte entre los pobres y los vulnerables.

Así que ¿dónde está Dios?

Bueno, aunque espero que Dios esté con los que tenemos vidas muy cómodas, sé que Dios está con los más necesitados y más vulnerables. En los suburbios y en las cajas de cartón con las que los pobres hacen sus casas. En los umbrales cuando pasamos por encima de lo divino en dirección al trabajo. En el silencio de una madre que sin saberlo ha infectado a su hijo con un virus que acabará con la vida de ambos. Dios está en los gritos que se oyen bajo los escombros de la guerra, en las manos desnudas que excavan en busca de aire. Dios está con los atemorizados. En el mar con los desesperados, que se aferran a sueños ahogados. Dios está con el refugiado. Oigo que su único hijo era uno. Dios está con los pobres y los vulnerables, y Dios está con nosotros si estamos con ellos.

Dicen que uno escoge a sus amigos, pero no a su familia; tal vez aún estén investigando cómo funciona esto con una banda. Tal vez nos escoja la música.

Pero con esta banda oigo la señal, y ahora la estoy oyendo en el escenario en Berlín. Esta onda de sonido en la que todos nos encontramos, y que es lo que esperaba cuando salí al escenario en las páginas anteriores de este relato, cómo, incluso más que la música: tal vez nuestra propia amistad sea una especie de sacramento. Esta alquimia que convierte el metal vulgar del talento individual en la fiebre del oro que hace que una buena banda sea grande.

Pienso en Joey Ramone y en una canción que escribimos para esta banda, pues su precioso sonido fue lo que nos hizo emprender este peregrinaje en el que todavía nos encontramos. En cómo «I woke up at the moment when the miracle occurred / Heard a song that made some sense out of the world».*

Esa señal.

If you listen you can hear the silence say
«When you thing you're done, you've just begun»
*Love is bigger than anything in its way.***

Y, mientras canto, tiendo los brazos hacia la noche y los alargo para agarrarme a otra mano.

---

* «Desperté cuando ocurrió el milagro / oí una canción que le dio sentido al mundo».

** «Si escuchas, puedes oír el silencio que dice: / "Cuando crees que estás acabado, acabas de empezar", / el amor es más grande que cualquier cosa que se interponga en su camino».

at the moment of
surrender
I folded to my knees
I did not notice
the passers by
and they
did not
notice me

38

Moment of Surrender

I was speeding on the subway
Through the stations of the cross
Every eye looking every other way
Counting down 'til the pentecost

At the moment of surrender
Of vision over visibility
I did not notice the passers-by
*And they did not notice me.**

Estoy debajo de la mesa, sujetando la mano de Ali, en uno de nuestros restaurantes favoritos. La Petite Maison, en la ciudad vieja de Niza. A menudo llevamos allí a nuestros amigos, y algunos están con nosotros. También debajo de la mesa. Además de Ali y nuestra hija mayor, Jordan, estamos con Anton Corbijn, que mide un metro ochenta —¿cómo se las ha arreglado para meterse ahí?—, su pareja, la diseñadora de ropa Nimi, y también Nonie y Miki, que viven con

* «Iba a toda velocidad en el metro / por las estaciones del viacrucis / todo el mundo miraba hacia otra parte / contando los días hasta Pentecostés // en el momento de la rendición / de la visión sobre la visibilidad / no me fijé en los transeúntes / y ellos no se fijaron en mí».

639

nosotros. Emmanuelle, mi asistente. Estamos consolando a Theo, un niño pequeño, que a su vez está consolando a su madre, que no puede articular palabra.

En realidad nunca me han gustado los fuegos artificiales. El cielo que explota con un derroche de color, los oohs y aahs de esas bengalas como supernovas. Hoy es el Día de la Bastilla y Francia celebra y es celebrada. La toma de la Bastilla, el asalto al poder. A los franceses se les dan bien los motines y las revoluciones; en cierto modo los inventaron ellos. El Día de la Bastilla es una gran noche en la Promenade des Anglais, donde los franceses hacen estallar el cielo y recuerdan al mundo que son la realeza y pueden permitirse cierta pompa. Me cuentan que, si has estado sitiado en la guerra, los destellos y el fósforo de los fuegos artificiales resultan estremecedoramente familiares. El instante antes de la muerte y la destrucción.

Menos de una hora antes de esta velada de julio de 2016, me había vuelto hacia Ali en el paseo y le había susurrado: «Si todo el mundo ha visto lo suficiente, tal vez sea hora de ir yendo hacia el restaurante». Cinco minutos después estamos a la puerta de La Petite Maison y por el camino nos encontramos con Christian Estrosi, el «alcalde ecologista» de la ciudad. Estamos charlando sobre la línea de tranvía que quiere construir a lo largo de la costa, cuando un coche patrulla llega dando marcha atrás a toda velocidad por un callejón. Se llevan a Estrosi por alguna emergencia, sin siquiera un «au revoir». Sin saber qué ha sucedido, reparamos en el *crescendo* de gritos y chillidos. Una estampida viene huyendo en nuestra dirección, desde el lugar donde estábamos hace un rato, por la calle por la que hemos venido. Está pasando algo singularmente inquietante. Lucha y huida. Notamos el terror. Cojo a la familia y los empujo adentro, a través de una ventana entreabierta.

—¡Métanse todos debajo de las mesas!

Por ridículo que parezca, estoy gritando a la clientela. ¿Acaso no sabemos los irlandeses de estas cosas? Y ahora estamos debajo de las mesas, porque, si hay explosiones, los cristales de las ventanas saltarán en pedazos. La madre de Theo está hiperventilando y él le da palmaditas en la cabeza.

—Mamá, mamá, no pasa nada. No te preocupes.

El personal cierra las contraventanas y desaparece, y nosotros esperamos. No sabemos que justo donde hemos estado viendo los fuegos artificiales, un tunecino de treinta y un años ha arremetido con su camión contra la multitud. No sabemos que se perderán ochenta y seis vidas y que es un atentado terrorista. No sabemos si el terror continúa suelto. No sabemos contener el pánico. Nonie, un chef, pregunta:

—¿Voy a la cocina a ver si encuentro algo para consolar al niño? Tal vez un helado.

La memoria me lleva de vuelta a París, ocho meses antes. El viernes 13 de noviembre. Un día libre entre cuatro conciertos. Estamos en el estadio, ensayando un fragmento sobre los emigrantes que cruzan a Europa, cuando, sin previo aviso, las puertas se cierran y nos obligan a bajar del escenario. París está sufriendo varios atentados terroristas contra locales musicales. En ese mismo instante se está produciendo un ataque en la sala Bataclan durante un concierto de los Eagles of Death Metal, una banda que conocemos por su batería Josh Homme. De vuelta al hotel, todo el mundo acude a mi habitación, las contraventanas están cerradas y oímos disparos, un ruido que no dejaré de oír nunca. Las noticias informan del asesinato de los fans, de ataques en otros locales nocturnos y en el Stade de France, durante un partido de fútbol. Nadie dice lo que todos estamos pensando. Este podría haber sido nuestro público.

Al día siguiente, encontré el número de Jesse Hughes, el cantante de Eagles of Death Metal, y le llamé para preguntar si podíamos serle de ayuda. Jesse estaba conmocionado, probablemente con estrés postraumático. Me llamaba «señor». La policía retenía a la banda para interrogarla. El local era el escenario de un crimen. Me contó cómo había sobrevivido. Mientras su novia y él huían por un pasillo entre bambalinas, el fusil de uno de los asaltantes se encasquilló justo cuando iba a dispararles. El momento en que el fusil se encasquilló fue suficiente para que pudieran escapar.

—Sé cómo funcionan esas armas, señor. Crecí rodeado de armas.

—Jesse. No tienes por qué llamarme «señor».

—Sí, señor. Lo entiendo, señor. Pero quiero que sepa que sé cómo suenan las armas de fuego y sabía que podíamos contar los disparos y que tendríamos un momento mientras cambiaban el cargador. Ha sido una carnicería, señor. No puedo creer que siga con vida.

Dejó de hablar y lo oí llorar.

Eso es todo lo que pasa por mi cabeza mientras esperamos debajo de las mesas de La Petite Maison. Al principio, pensé que era algo nuevo, el terror convirtiendo en blanco a los músicos y a sus fans. Pero recuerdo otra matanza cuando yo era adolescente. La Fuerza de Voluntarios del Úlster asesinó a varios miembros de la Miami Showband cuando viajaban de vuelta a Dublín después de un concierto en Banbridge. Recuerdo otra carnicería cuando yo tenía catorce años, cuando no cogí el autobús del colegio, cuando el padre de Guggi y su hermano Andrew Guck Pants Delaney Rowen quedaron atrapados en el terror. Debajo de la mesa, el niño ha calmado a su madre, y nuestro amigo Serge Pactus llega con el mensaje de que fuera hay un grupo de soldados franceses que puede ponernos a salvo si salimos de La Petite Maison.

Los soldados parecen asustados. No están seguros de quién es o de dónde está el enemigo.

—¡Las manos en la cabeza!

Nos gritan la orden, y cruzamos la vieja plaza con las manos hacia el cielo en un acto de rendición.

EL INFINITO ES UN BUEN SITIO DONDE EMPEZAR

—Es posible que «rendición» sea la palabra más poderosa del diccionario —sugiere Brian Eno mientras hablamos de asuntos tan apasionantes como la fotografía de Sugimoto y lo difícil que es cocinar un buen *risotto*.

Me convence la idea de que el único modo de vencer es rendirse. Uno a otro. Al amor. Al poder superior.

Esas son las conversaciones que se pueden tener con Brian Eno sin sentirse pretencioso. Hablamos de titular el nuevo álbum de la banda *No Line on the Horizon* y pensamos que el artista japonés sería perfecto para la portada del álbum.

—Uno podría quedarse mirando eternamente sus paisajes marinos.

En Irlanda me encanta contemplar la bahía de Killiney cuando hay justo la niebla suficiente para difuminar la separación entre el cielo y el mar, cuando tienes la sensación de vislumbrar el infinito. El infinito, en mi caso, es a menudo una búsqueda religiosa, pero, eh, estamos intentando que parezca sexy en el nuevo álbum, así que pruebo con el viejo clásico que compara al mar con una mujer.

> *I know a girl who's like the sea*
> *I watch her changing every day for me, oh yeah*
> *One day she's still, the next she swells*
> *You can hear the universe in her sea shells, oh yeah*
>
> *No, no line on the horizon, no, no line*
>
> *I know a girl, a hole in her heart*
> *She said infinity is a great place to start.**

«No Line on the Horizon»

---

* «Conozco una chica que es como el mar / la veo cambiar a diario para mí, oh, sí / un día está tranquila, al siguiente se encrespa / se puede oír el universo en sus conchas marinas, oh, sí // no, no hay línea del horizonte, no, no hay línea. // Conozco una chica, con un hueco en su corazón / dijo que el infinito es un buen sitio donde empezar».

Estamos en la antigua ciudad amurallada de Fez, en Marruecos, en 2007, donde los cuatro hemos instalado un estudio con Brian y Danny. Brian habla de cómo, en los cantos sagrados, el cantante tiene que renunciar a su ser, dejar que los demás sean dominados por lo que quiera que sea que adoren.

«Islam» se ha traducido a veces como «rendición». Al igual que ha ocurrido con el cristianismo, y con el judaísmo, y con tantas otras grandes religiones, hay quien se ha apropiado del islam, lo ha mercantilizado y, a veces, desfigurado. ¿Qué clase de distorsión insinúa que una religión que pretende servir a Dios puede odiar la música o a las mujeres? Fue su conversión al islam lo que llevó a Cat Stevens, uno de mis cantantes favoritos de adolescente, a dejar la música. Luego, después del 11 de septiembre, convertido en Yusuf Islam, abandonó esa postura para intentar recordar a la gente que, aunque el islam puede no sentirse a gusto con ciertos aspectos de la modernidad, no es una fuerza hostil en el mundo. En su centro está el servicio a la comunidad por encima del individuo. Islam. *Salām* o *salaam*.

Paz en árabe.

Paz mediante la rendición.

La rendición es una idea central en muchas de las grandes religiones. «No se haga mi voluntad, sino la tuya», como rezó Jesús la noche que los soldados romanos fueron a prenderlo.

PEREGRINACIÓN A FEZ

Nos habíamos instalado en un pequeño *riad*, y utilizábamos el patio para grabar, escribíamos y tocábamos nuestras nuevas canciones bajo un cuadrado de cielo, enmarcado por los tejados. Los pájaros surcaban la brillante geometría de arriba, su canto era más natural que el nuestro. A veces sus ruidosas improvisaciones eran un poco molestas, pero aun así se colaron en algunas de las pistas definitivas. En las noches marroquíes, el cuadrado de cielo me hechizaba cuando pasaba de turquesa a cobalto, a zafiro y, por fin, a ese negro viscoso tachonado de estrellas plateadas.

Me atrae el poder gráfico del paisaje del norte de África, la geometría del diseño y la arquitectura, que parece al mismo tiempo moderna y antigua. Fueron los árabes los que trajeron las matemáticas al mundo, su álgebra me sigue fascinando como forma pura, aparte del deseo humano de entender la cantidad, la forma, la medida, el ciclo lunar. Sentado ante un tablero de ajedrez, pienso en los árabes que conquistaron Persia y nos trajeron este juego a los europeos. Las tres religiones abrahámicas tienen en común el aprovecharse de la estrategia. El mundo árabe me fascina, y la fascinación siempre me ha llevado a todas partes.

Nos han invitado a Fez, al Festival de Música Sagrada del Mundo, un lugar en el que se puede escuchar a los cantantes devotos de las tradiciones judía, islámica e hindú, y ahora vamos en peregrinación a esta ciudad sagrada para los músicos. Fue inspirador pasear por las calles estrechas y por los zocos de la medina, disfrutar de la pesquisa religiosa de una ciudad que todavía mantiene una sinagoga y todo tipo de iglesias cristianas. No solo da la sensación de que se ha consagrado la tolerancia, sino que percibí un respeto por las tangentes religiosas, las lentes del sufí o el cabalista. Grabamos con músicos locales, entre ellos un intérprete de *oud* y percusionistas de las tradiciones gnawa y sufí.

En esta preciosa ciudad que celebra la diversidad en el centro del mundo islámico, estoy sentado al pie de un enorme árbol con Larry, Adam, Edge, Brian y Danny. Estamos viendo a la gran cantante sufí Parisa y su voz —las ululaciones, el grito desgarrador— es igual que la mía. Pero su destreza, su habilidad y agilidad están a un nivel superior. Sin embargo, sé que es ahí donde quiero ir ahora. Quiero dominar mi propio instrumento para que no solo me permita cantar para alabar a Dios, sino cantar a mi mujer, cantar a mis hijos, cantar a nuestro público, cantar mi vida. La música ofrece un lenguaje para una parte nuestra que no estábamos seguros de que estuviese ahí… nuestro espíritu, nuestra esencia, lo que sea, está más allá de nuestro cuerpo y de nuestra mente, es esa otra cosa.

Por un momento hago de nerd: noto una especie de relación genómica entre las culturas musicales de Marruecos e Irlanda, las escalas pentatónicas, el don natural de los cantantes. En los años ochenta músicos y musicólogos rastrearon melodías irlandesas hasta Oriente Próximo.

La fascinación llevó a los árabes a Irlanda. Y a los irlandeses al norte de África.

CÁNTATE HASTA ELEVARTE DEL SUELO

Sing yourself on down the street
Sing yourself right off your feet
Sing yourself away from victory and from defeat
Sing yourself with fife and drum
Sing yourself to overcome
The thought that someone's lost
*And someone else has won.**

«Soon»

El canto surge de alguna parte que no entendemos y se comunica con una parte de nosotros a la que no podemos acceder de otro modo. Aunque desbloquea las emociones, parece colarse más hondo de lo que parece en los sentimientos. En mi libreta anoto: «Hay quien canta para ganarse la vida / otros cantan para sobrevivir / yo canto porque no quiero estar solo esta noche».

Trabajar con Danny y con Brian en este ambiente antiguo resulta fructífero, y entre las canciones que surgen una se titula «Moment of Surrender». Danny nos anima a hacer un corro e inspirado por Parisa experimento con las distintas facetas de mi voz, y, al internarme en un territorio nuevo, descubro nuevos papeles que explorar. Esta canción es un melodrama, una ópera moderna, extraída de una emotiva fotografía que había hecho y guardado. La imagen más dramática es la de un hombre adulto que cae de rodillas en una calle ajetreada. Llorando y lamentándose. Su momento de rendi-

---

* «Cántate calle abajo / cántate hasta elevarte del suelo / cántate lejos de la victoria y la derrota / cántate con flautas y tambores / cántate para superar / la idea de que alguien está perdido / y otro ha ganado».

ción. Adam me cuenta que en las reuniones de Alcohólicos Anónimos lo llaman tocar fondo: vas a robar tu propio banco y no tienes suficiente gasolina para el coche con el que ibas a huir. *Kaputt*. Has tocado fondo. El final del camino.

Recuerdo escenas como en una película: una boda en la que la pareja estaba colocada; un viaje en metro para colocarse; una escena en el cajero automático.

La grabación de ese tema surgió de la nada, justo cuando nadie lo esperaba. Brian estaba tocando con un bucle «camello», un motivo rítmico que recorre toda la pista y que no había previsto que funcionara. Pero, en ese momento, Larry empezó a tocar por encima del bucle, Brian siguió con un sonido de armonio/órgano de iglesia, y, cuando entré con la voz, fue como si estuviese pasando algo especial. Brian me contó después que «le habían dado escalofríos» y casi había olvidado que estaba tocando. No obstante, no lo hizo y su recuerdo es muy gráfico: «Creo que fue la vivencia más intensa que jamás he tenido en un estudio. No sé cuánto duró. Pudo ser media hora o todo el día. Estaba concentrado, en estado de fluidez, y fue una de las pocas veces en mi vida en que supe con exactitud qué debería estar haciendo».

El momento de rendición es aquel en el que pierdes el control de tu vida, el momento de impotencia en que confías en que haya algún tipo de «poder superior» al mando, porque desde luego tú no lo estás.

Desde 1998, cuando Adam ingresó en Priory, en Londres, una clínica especializada en adicciones, he tenido el honor de ver funcionar la «rendición» en la notable vida y época de este hombre. He visto cómo esta palabra tan esquiva se hacía carne en una serie de buenas decisiones que le devolvieron su vida a Adam, tanto que, a los cincuenta años, no solo pudo rendirse a su poder superior, sino también al poder terrenal que es Mariana Teixeira de Carvalho, una bella y brillante abogada de derechos humanos brasileña a quien conoció gracias a su común pasión por el arte.

La prolongada obediencia de Adam en la misma dirección parece ahora un camino que solo podía conducirlo hasta su puerta:

hasta ese punto están hechos el uno para el otro. ¿He visto a este hombre tan feliz como lo veo en nuestra última gira, persiguiendo a su nueva hija, Alba, por el pasillo del avión, riéndose sin parar mientras ella le persigue hacia la cabina del piloto? Lo veo abrochándole el cinturón antes de aterrizar, una atractiva metáfora para cualquier escritor.

El momento del despegue.

El momento del aterrizaje. He tenido esos momentos. Pero también otros.

Momentos de hundimiento, cuando siento como si me ahogara, o a punto de que me arrastre hasta el fondo alguien que se está ahogando. Los que acudimos al rescate a menudo creemos ser quienes estamos salvando a alguien, cuando en realidad somos nosotros quienes necesitamos que nos salven.

«No haciendo gestos, sino ahogándonos», como escribió Stevie Smith.

Esos esfuerzos no se refieren a las adicciones corrientes, las drogas o la bebida, y me pregunto si no tendré otro tipo de compulsión. Me atrae lo difícil, los retos extremos. Me atrae el Everest. Veo una cima y me obligo a pensar un modo de escalarla. Un subidón. ¿Qué tipo de adicción es esa? Escalar la montaña de tu propio ego.

La ventaja de estas absurdas exploraciones, sea la cima de la montaña o la campana de buzo, es que me llevan al límite de mi potencial. Y luego están las desventajas. Vivir siempre con los nervios a flor de piel, desquiciando a los demás. Creyendo que puedo respirar debajo del agua… y, cuando salgo demasiado deprisa a la superficie y no puedo librarme de las ataduras, sigo queriendo ir un paso más allá. Tragar más agua salada.

Y sí, querido lector, quiero que todo el mundo me acompañe.

«U2 podría pasarle a cualquiera» era el eslogan de nuestra primera chapa en 1978. Lo creía y se hizo realidad. Decía ser cantante mucho antes de aprender a cantar. Escritor de canciones, mucho antes de saber tocar un instrumento. Un artista al que le incomodaba tanto el modo en que el escenario me apartaba de nuestro público que me dije que podía salvar esa distancia. Y, cuando saltaba desde el escenario en un concierto, nunca dudé de que habría alguien para sujetarme. Nuestro público. Un «autobús lleno de fe para ir tirando», como dijo Lou Reed.

Nos ocurrió lo imposible, así que ¿fue eso lo que hizo que me embriagaran el despegue imposible y la caída temeraria? Esta misión de transmitir mi convicción adolescente de que esa providencia está ahora para todos. Pero, a medida que envejezco, veo el peligro de ese desesperado deseo de librarme de mi impotencia. Lentamente, a regañadientes, estoy aprendiendo a dejar pasar las cosas. Porque, si lo haces, ese puede ser el momento en que descubras que tu potencial espiritual no reside en lo que tienes, sino en lo que no tienes. Que las dificultades, las torturas y los pesos con que no puedes cargar pueden llevarte a ti. Tus aflicciones y adicciones son una especie de don. Te llevan al lugar vacío que estás obligado a llenar. Casi quieres agradecérselo. Por ejemplo, la necesidad de ser amado a gran escala.

Tener a toda esa gente gritando tu nombre cada noche para sentirte normal es, por supuesto, un poco ridículo. Pero los mejores artistas necesitan a su público mucho más de lo que su público los necesita a ellos. Una muchedumbre lo nota.

LA MELODÍA QUE TE ENCUENTRA

Hay quien ve una imagen. Otros oyen una voz. Hay quien repite una oración o un mantra. ¿Yo? He oído una melodía que incluso ahora puede aliviar mi alma cuando estoy inquieto. No sé cómo la encontré, tal vez la oyese por primera vez a los nueve o diez años, una pieza para niño soprano. Sé que la aprendí mucho antes de que me cambiara la voz. Es una melodía con la letra del padrenuestro.

Padre nuestro que estás en los cielos, santificado sea tu nombre.

Cuando no duermo bien, cuando tengo insomnio, la canto en mi cabeza. En esos momentos en que me encuentro perdido, esta melodía me encuentra. Me lleva más allá de cualquier concepto o idea, más allá de la teoría de un poder superior. La melodía me da un nombre, y, por una fracción de segundo ese es mi nombre. Descubro quién soy. Intuyo mi verdadera identidad, mi verdadero yo, detrás de las máscaras que me pongo para disimular el miedo al abandono o a la soledad. Las máscaras de un artista que ha creído durante mucho tiempo que su inseguridad ha sido su mayor seguridad. Las máscaras de ser una estrella cuando no te queda luz. El ego que se viene abajo cuando comprendes que no eres el centro de ningún universo, ni siquiera del tuyo. La máscara que se te cae de la cara cuando te miran. O te admiran. Que ahora revela el odio por uno mismo que sustituye al autobombo. La máscara que devora tu cara, como dijo John Updike de la fama.

El momento puede no ser espectacular. Puede ser el imperceptible deshielo, la levísima posibilidad de una primavera. Como el escritor C. S. Lewis, en la cubierta superior de un autobús en Oxford, Inglaterra, cuando se sintió como si fuese «un muñeco de nieve que por fin empezaba a fundirse».

Para mí este proceso de descubrimiento es un goteo continuo. Momentos de revelación y de comprensión en miniatura. Pero, cuando me hago las preguntas más profundas sobre la existencia, la mía y la de aquellos a quienes quiero, con el aliento entrecortado, con la sensación íntima de alguna otra cosa, sé que no pasa nada. Que a veces la vida necesita hablarnos. Un murmullo en el corazón que aumenta y luego disminuye.

Toda mi vida he tenido estas epifanías, pero la que me domina ahora que entro en el tercer acto de esta vida no es un gran consuelo. Me anima a superarme a mí mismo, a ir más allá de quien he sido, a renovarme a mí mismo. No estoy seguro de que pueda hacerlo. Dudo de mí mismo.

Carl Jung observó que las mismas cosas que te hacían tener éxito durante la primera mitad de tu vida dejaban de funcionar en la segunda y se volvían contra ti. El fraile franciscano Richard Rohr me lo formuló de este modo: «A veces son nuestras fuerzas y no nuestras debilidades las que a menudo nos impiden avanzar».

Servicio, ambición, deber, lealtad, el deseo de ser el mejor, el deseo de decir que sí… no son tan malos rasgos de carácter. Siempre los he considerado mis puntos fuertes, aunque últimamente dudo de si en algún momento no se convirtieron en una tapadera de algo más sospechoso. La exigencia de estar en el centro de la acción. Crear a Dios a nuestra imagen y semejanza, ayudarle a cruzar la calle, como si fuese una ancianita.

Este constante anhelo de imbuirse de lo extraordinario hasta que empiezas a dejar de apreciar lo ordinario.

Si tienes el hombro amoratado de intentar forzar todas las puertas cerradas, tal vez haya estancias en las que no necesites entrar. O quizá algunas puertas tengan en la cerradura una llave que gire sin más. Esta larga lucha por el arte, la justicia y el autobombo. Toda esta ambición, este ego. ¿Son objetivos impulsados por el sentido del deber o por unas henchidas señas de identidad?

A menudo la lucha no es con el mundo, sino con uno mismo.

Siempre me ha fascinado la historia de Elías, a quien se le dice que espere a oír la voz de Dios en una cueva en el monte. Helo ahí esperando que la tierra tiemble, y tembló, pero no oyó una palabra. Ni tampoco la espectacularidad de los fuegos celestiales o los ciclones le ofrecieron ninguna pista. Cuando llegó, la comunicación divina fue un susurro tan bajo que Elías casi no la reconoció. En una traducción se describe como «un silbo apacible y delicado» y en otra como «el sonido del silencio».

Tal vez Paul Simon la oyera también:

And the sign said «The words of the prophets
Are written on the subway walls
And tenement halls
And whispered in the sounds of silence».*

«The Sound of Silence»

---

* «Y el cartel decía. "La palabra de los profetas está escrita en las paredes del metro / y en los pasillos de los edificios / y se susurra en los sonidos del silencio"».

Que me digan que me calle y escuche no es lo que quiero oír. «Calla» no es muy epifánico. Pero «Calla» es lo único que oigo en el silencio. Yo esperaba algo más rock'n'roll.

Es posible que «rendición» sea la palabra más poderosa del mundo, pero ahora estoy atrapado entre la vida que conozco y la que desconozco. ¿Puedo dar un paseo por Killiney Hill con mi mejor amiga, que resulta que es mi mujer, y sentarme en ese banco de madera que da a la bahía y no mirar el teléfono para ver qué está pasando en otra parte del mundo?

¿Puedo contemplar el panorama sin tener que formar parte de él? ¿Puedo no responder a esa llamada para responder a la llamada del silencio? ¿Es así, como ahora, la visión comparada con la visibilidad? No aprecio ni respeto tanto a nadie como a Leonard Cohen, pero no me veo siguiéndolo hasta esa montaña de su retiro zen. No estoy seguro de poder subir esa pendiente. Pero luego llega el goteo, ploc, ploc, ploc. Oigo las palabras de otro sufí. El poeta Rumi.

Más allá de las ideas del bien y del mal
hay un prado. Te espero allí.

Cuando el alma se tiende en esa hierba,
el mundo está demasiado lleno para hablar de él.

Tal vez esté descubriendo que la rendición no siempre tiene por qué ser la consecuencia de la derrota y que puede ser aún más plena después de la victoria. Cuando has ganado una discusión que ahora comprendes que no habría hecho falta tener. La discusión con tu vida ya no es necesaria.

EL PODER DE SOÑAR

Volvimos a París, para dar los conciertos cancelados por los atentados terroristas, y Eagles of Death Metal volvieron con nosotros para enfrentarse a sus miedos. Al final de nuestra actuación, les dejamos nuestro escenario y nuestros instrumentos para que el rock'n'roll dijese lo que tuviese que decir con su voz y no con la nuestra.

—¿Lo estáis pasando bien? No os oigo —digo—. ¿Lo estáis pasando bien?

Abrumador. Eso es lo que es ver desde un lado del escenario a Jesse Hughes con su traje de calicó blanco, de vuelta al frente de su banda e interpretando rock'n'roll ante veinte mil parisinos. Esas frases se han convertido en un sentimiento conmovedor.

—Sois muy guapos —le dice a la multitud—. De verdad que lo sois.

Tiene razón, lo son. Y él también. Cuando todos tocamos «People Have the Power», de Patti Smith, París nos eleva, y el poder curativo de la canción resulta claro. Nos recuerda a todos por qué estamos aquí, la visión que puede contener una gran canción.

I was dreaming in my dreaming
Of an aspect bright and fair
And my sleeping it was broken
But my dream it lingered near
In the form of shining valleys
Where the pure air recognized
And my senses newly opened
I awakened to the cry
That the people have the power
To redeem the work of fools
Upon the meek the graces shower
It's decreed the people rule
The people have the power
*The people have the power.**

* «Soñaba en mis sueños / con un aspecto limpio y radiante / y me desperté / pero mi sueño siguió ahí / en forma de valles radiantes / donde se reconocía el aire puro / y mis sentidos se abrieron / desperté al grito / de que el pueblo tiene el poder / de redimir la obra de los necios / de cubrir de gracia a los mansos / se ha decretado que el pueblo gobierne / el pueblo tiene el poder / el pueblo tiene el poder».

La noche anterior la propia Patti había cerrado el concierto con nosotros, otra sorpresa, como una paloma liberada, andando por el escenario para recibir una ovación en un país donde no ha vivido nunca, pero donde siempre la han querido. Cantando con Patti soy consciente de que es una de las guías espirituales que más aprecio. Su primer álbum, *Horses*, nos dio una oportunidad de expresar nuestra fe en forma de duda. «Jesus died for somebody's sins but not mine».* Esa voz que oí con veintipocos años me demostró que podías tener visiones, que podías cantar acerca de ellas. *Radio Ethiopia* y esa voz me señalaron el camino. En *Wave* le habla al papa en una visión, mientras que las fervientes plegarias de *Easter*, en 1978, esa irreverencia reverente, eran todo lo que yo quería. El modo en que dejaba que fluyera su religiosidad conformaría la forma en que veo la música.

Ahora tiene sesenta y ocho años, es elegante y salvaje a la vez, muy temerosa. No solo veo a la cantante ponerse al servicio de la canción, sino convertirse en la propia canción. Presenciar eso te cambia, y mucho más cuando lo has vivido como cantante, como me ha pasado a mí.

¿Por qué iba a querer hacer otra cosa con mi vida?

¿Qué querrían Edge, Adam y Larry hacer con sus vidas? Y, lo que es más, ¿qué haría yo sin ellos?

Es saludable preguntarse por qué alguien iba a querer seguir escuchando a nuestra banda. Preguntando si nuestra canción está completa. En este momento cuestiono la pregunta.

Ahora me veo rechazando la libertad de ser cualquier otra cosa que el cantante y la canción. Esa imagen del cantante convirtiéndose en la canción no es de lo que me estoy apartando. Es a la que me estoy acercando. Quiero ser libre para hacer solo eso. Patti Smith ha servido a las letras y a la melodía, y reparo en que tengo celos de su singularidad y de su propósito.

I believe everything we dream
Can come to pass through our union

---

* «Jesús murió por los pecados de alguien, pero no por los míos».

We can turn the world around
We can turn the earth's revolution
We have the power
*People have the power.**

Muchos de los personajes que quiero habitar se juntan en Patti Smith: el poeta, el adivino, el punk rocker que escupe veneno, la juerga y la ensoñación, la presencia física animal, la voz aullante, el silencio piadoso, la reverencia por el sacramento de la música. Por encima de todo, el peregrino. Que deja su casa para encontrar su hogar. ¿Cuán lejos estoy de casa?

Sobre todo el peregrino. Abandonar la casa para encontrarla. ¿A qué distancia estoy de casa?

---

* «Creo que todo lo que soñamos / puede cumplirse si nos unimos / podemos darle la vuelta al mundo / podemos cambiar la rotación de la Tierra / tenemos el poder / el pueblo tiene el poder».

every wave that broke me
every song that wrote me
every dawn that woke me
was to get me home to you, see
every soul that left me
every heart that kept me
the strangers
that protected me
to bring me home to you
every magic potion
every false emotion
how unswerving our devotion
to the lies we know are almost true
every sweet confusion
every grand illusion
I will win and call it losing
if the prize is not for you

39

Landlady

Roam, the phone is where I live till I get home
And when the doorbell rings
You tell me that I have a key
I ask you, how you know it's me?

The road, no road without a turn
And if there was, the road would be too long
What keeps us standing in this view
Is the view that we can be brand new.*

Dos días después del concierto de París. He dormido profundamente cinco horas antes, a eso de la una de la madrugada, y ahora son las seis y nado en las sábanas limpias de mi cama en Temple Hill, en la ciudad donde crecí.

Nuestra cama es una cama muy grande en lo alto de una casa en la ladera que da a una playa donde hemos vivido más de treinta años. Es una cama lo bastante grande para que quepa en ella

---

* «Deambulo, el teléfono es donde vivo hasta llegar a casa / y cuando suena el timbre de la puerta / me dices que tengo llave / yo te pregunto: ¿cómo sabes que soy yo? // El camino, no hay camino sin desvíos / y, si lo hubiese, sería demasiado largo / lo que nos mantiene aferrados a esto / es saber que siempre podemos renovarnos».

toda una familia, y ha habido veces en que los seis nos hemos metido en ella para ver una película o para hablar de algo, pero no ahora. La única conversación ahora es conmigo mismo y con mi Hacedor.

Una brisa fría acecha por si estuviese tan loco como para asomar la cabeza fuera del edredón, pero no lo estoy.

Estoy inmerso en una conversación que hace mucho que debí tener.

No ocurre en el silencio.

Puedo oír la respiración de Ali y, hasta con los oídos aturdidos por el griterío de la multitud y el ruido de montar y desmontar un concierto de rock'n'roll, esto es mejor que el silencio.

Es una meditación sobre cosas pequeñas.

El ruido de la gira y su energía cinética sustituidos por el suave rumor de las olas en Killiney Beach y los murmullos de la mujer a la que he querido desde que éramos adolescentes.

En general, si puedo, me levanto antes que nadie, sobre todo si acabo de volver de una gira. ¡Johnny Cash decía que la mejor sensación del mundo era andar descalzo por el patio trasero de tu casa! Para mí es recorrer descalzo mi propia casa, deteniéndome en cada habitación, estén ocupadas o vacías, solo para sentir la estancia y, supongo, que mi propia ausencia.

A menudo, si no siempre, es un momento de oración en el que doy gracias por tener un refugio. Muchas veces a lo largo de los años he entrado en el dormitorio de los chicos y los he observado mientras dormían, los he observado durante mucho tiempo, he susurrado oraciones a su lado, por su potencial, por su futuro, por sus futuras parejas, pero no esta mañana.

Esta mañana no me muevo de la cama. Dejo que mi imaginación se expanda, no hacia donde he estado, sino hacia donde estoy. La paliza y las magulladuras que se lleva uno cuando se arroja sobre veinte mil personas pueden hacer que me despierte de noche con un: «¡Ay, no! ¡Miiiierda! ¿Por qué me he hecho esto a mí mismo?».

Y hay otras heridas autoinfligidas que pueden hacer que me despierte, pero todas se calman en este momento crepuscular antes de la mañana. No tengo prisa por recobrar la conciencia, pero estoy despierto a otro nivel, más despierto de lo que lo he estado nunca.

Estiro el cuerpo y siento vivo hasta el último centímetro de mi ser. Mis dedos, mis pies, mi cuello, el torso. En este momento, a mi cuerpo dolorido le duele su vitalidad.

Alargo el brazo hacia ti, la razón por la que he retrocedido de tantos precipicios… tú, la mujer a quien conocí de niña en Mount Temple con una falda escocesa, un jersey de lana de color azafrán y unas botas de agua.

Noto tu silueta, pero quiero verla.

Busco mi teléfono, que siempre está encendido, pero siempre está en silencio, y uso la luz para mirarte la cara, y, cuando te apartas inconsciente de esa luz tan tenue, mis ojos se fijan en ti, parpadean al ver todos tus distintos seres, los finitos y los infinitos. Estás tumbada de lado. Veo el mechón de tu pelo. Veo tus ojos cerrados, que sugieren tantas cosas, e intuyo que aún hay muchas cosas más para nosotros y te lo agradezco y doy gracias a nuestro creador y a todo el universo…

de que la razón por la que emprendí esta aventura

la razón por la que he vivido cuarenta años en tan extraordinaria compañía

la razón de todos estos vagabundeos en lo que más que nada ha sido un desierto agreste y extraño, describiendo círculos en la arena

la razón por la que he llenado el hueco de mi corazón con música y haciendo el amor a lo desconocido

esa razón ha desaparecido

la herida de mi adolescencia que estaba abierta se ha cerrado

la búsqueda de un hogar ha terminado

eres tú

estoy en casa

ya no estoy en el exilio

ni siquiera aquí

y tengo que aprender
a estar en casa
a estar tranquilo
y rendirme
al final de un nuevo comienzo…

why at 55 years old I'm still wailing for my mother
and why the apple doesn't fall far from the tree
but it can roll ...
IRIS
the star that
gives us light
has been gone awhile
but it's not an illusion

40

Breathe

To walk into the street
Sing your heart out
The people we meet will not be drowned out
There is nothing you have that I need
*I can breathe.**

Esos arcos eléctricos.

Esos arcos eléctricos vierten una fría fluorescencia sobre toda la escena.

La escena no es para mí.

Esa sala está a la temperatura de una nevera. Una nevera en cuyo interior no quiero estar. Una nevera que no es sitio para un animal de sangre caliente como yo. Me gusta estar bajo las olas o flotando sobre ellas.

Me gusta esta sensación oceánica.

Amniótica.

Hipnótica.

Oigo latir un corazón.

No me estoy ahogando donde estoy.

---

* «Salir a la calle / cantar a pleno pulmón / las personas que vemos no se ahogarán / no hay nada que tengas que yo necesite / puedo respirar».

Estoy respirando bajo el agua.

Me consuela el ruido de un corazón que late cada vez más fuerte en mi oído. O cerca de él.

Una especie de tambor subacuático.

Un tamtán.

Ba bum ba bum ba bum ba bum ba bum

un pentámetro yámbico.

Shakespeare encontró el ritmo del corazón para impulsar sus palabras.

«Pero, ¡oh!, ¿qué luz asoma a esa ventana?».

Me encanta Willie Shakespeare.

Me encantan los que van de fiesta. Me encantan las *raves*. Me encanta la música dance.

La música electrónica dance encontró el corazón de un corredor de maratón.

120 bpm. EDM. Tecno.

Estoy a punto de esprintar en la maratón.

Llaman a la puerta de un corazón. No son mis latidos.

El corazón es de Iris, mi madre, a quien estoy deseando ver.

En cierto sentido, no podría estar más cerca de ella. Ya la conozco. Dentro, pero no fuera.

Pero tengo que abandonar su refugio, si quiero ver su cara en el mundo exterior.

Y lo hago.

Y no lo hago.

Fuera hace frío. Poco acogedor. Y se produce un gran movimiento del universo del vientre hinchado de Iris al mundo circular de la North Circular Road y el hospital Rotunda de Dublín.

La puñetera cabeza me da vueltas. Como el mundo de fuera. Gira a la vez que yo, pero este mundo infantil no quiere sacarse el dedo de la boca.

Esta semana el mundo adulto gira sobre sí mismo.

Papá dice: «No puedes conseguir un ejemplar de *Las chicas de campo*, de Edna O'Brien, en Irlanda porque es demasiado subido de tono».

Papá dice que Europa va a ser un país y que será mayor que Estados Unidos.

Papá dice que los estadounidenses y los rusos están cada vez más cerca de lo que mi tío Leslie llama una «extinción».

Dice que tienen una bomba capaz de volar el mundo entero. Estamos a 10 de mayo.

La semana pasada los rusos derribaron uno de los aviones espía más secretos de Estados Unidos.

El U2.

La revista *Time* va a sacar al piloto en la portada de su próximo número.

Se rumorea que un candidato estadounidense de origen irlandés a la presidencia cree que la paz es posible –si se le explica a la gente– y que el espacio es la nueva frontera.

JFK dice que los astronautas son los nuevos cowboys. Supongo que ha empezado la cuenta atrás.

DIEZ

de la vida del agua a la vida del aire

NUEVE

de la vida en el útero a la vida salvaje

OCHO

de la vida soñada a la mujer soñada

SIETE

de mi hogar dentro de Iris a «¡Nunca me sentiré a gusto en este mundo!».

SEIS

¿es un niño? ¿Es una niña?

CINCO

minutos por el amor de Dios

desde romper aguas

hasta la gran entrada… ¡es un solo plano!

CUATRO

pantallas en el Savoy

del rojo intenso al alegre carmesí

desde detrás del telón de terciopelo sale el chico

TRES

pulgadas de dilatación
de murmullo a murmuración
un cielo demasiado extenso para una isla nación.

DOS

ojos fijos en el foco
entro por la parte derecha del escenario
del babeo y las bobadas de una
buena noche
sé cómo encontrar mi luz
pánico escénico. No lo creo
ni siquiera parpadeo, no,
estoy cómodo
en la gran pantalla
ahora es el escenario de un delito
sangre y el barro de la imaginación
de proyector a proyección
anhelaré tu protección
ya oigo tu voz
estoy eligiendo, hojeo los periódicos
para encontrar LA PALABRA
se verán niños, se oirán

DOS

Iris grita en la segunda fase
del cohete mientras despega enamorada y rabiosa
para sacarnos de la atmósfera terrestre
«sin duda, lo único que nos retiene es la gravedad»
orbitando alrededor del Sol. Soy una mujer pero soy…

UNO

Iris grita al abismo

UNO

de la comodidad del sufrimiento y el terror de la dicha

UNO

todas esas bocas que alimentar y besar y llenar con esto
esto… esto…

UNA

historia de rendición.

Mi corazón late con tanta fuerza que ya no oigo el de Iris.
Este es mi corazón.
Este corazón tiene que durarme toda la vida.
Es mi comienzo.
Estoy preparándome para respirar por primera vez.

To walk into the street
With my arms out
The people we meet will not be drowned out
There is nothing you have that I need
I can breathe...*

---

* «Salir a la calle / cantar a pleno pulmón / las personas que vemos no se ahogarán / no hay nada que tengas que yo necesite / puedo respirar...».

I waited patiently for the Lord.
He inclined and heard my cry.
He brought me up out of the pit
Out of the miry clay.

I will sing, sing a new song.
I will sing, sing a new song.

How long to sing this song?
How long to sing this song?
How long, how long, how long.
How long to sing this song?

You set my feet upon a rock
And made my footsteps firm.
Many will see, many will see and hear.

I will sing, sing a new song.
I will sing, sing a new song.
I will sing, sing a new song.
I will sing, sing a new song.

How long to sing this song?
How long to sing this song?
How long, how long, how long.
*How long to sing this song?**

---

    * «Esperé con paciencia al Señor. / Se inclinó y oyó mi grito. / Me sacó del pozo / del barro fangoso. // Cantaré, cantaré una canción nueva. / Cantaré, cantaré una canción nueva. // ¿Cuánto tiempo para cantar esta canción? / ¿Cuánto tiempo para cantar esta canción? / ¿Cuánto, cuánto, cuánto? / ¿Cuánto tiempo para cantar esta canción? // Pusiste mis pies sobre una roca / y diste firmeza a mis pasos. Muchos verán, muchos verán y oirán. // Cantaré, cantaré una canción nueva. / Cantaré, cantaré una canción nueva. / Cantaré, cantaré una canción nueva. / Cantaré, cantaré una canción nueva. // ¿Cuánto tiempo para cantar esta canción? / ¿Cuánto tiempo para cantar esta canción? / ¿Cuánto, cuánto, cuánto? / ¿Cuánto tiempo para cantar esta canción?».

Epílogo

Respecto a cómo estas ideas mías se encontraron con las del lector, respecto a cómo he llegado a poner mi vida en palabras, respecto a cómo un escritor conoce a un lector. La respuesta está sobre todo en las más de seiscientas páginas anteriores. Pero escribir es sobre todo revisar y, una vez que comprendí que serían las canciones las que me conducirían a lo largo de esta narración tan episódica de mi vida, muchas figuras y momentos transformadores tuvieron que quedarse en los libros que no escribí. Una de las cosas más difíciles de reflejar todo esto es no poder incluir a tantísima gente de la que he aprendido y en la que me he apoyado… camaradas, colegas, equipo.

Vuelvo a decirlo, todos los errores que haya aquí son míos. Tengo muy buena memoria, excepto para las cosas que he olvidado. Las conversaciones que he escrito ocurrieron todas, pero, al escribirlas, a veces he embellecido los diálogos. He aprendido de Ali que mejoro con una buena revisión. Si todos somos relatos que nos contamos a nosotros mismos, espero haber hecho justicia a los demás al contar estos.

No habría escrito este libro sin que algunas personas cruciales me convencieran de ello. En primer lugar, Ed Victor, que, a lo largo de muchos años, me ha ido persuadiendo desde el otro lado de la mesa de que nuestras conversaciones deberían convertirse en textos. Cuando seguí su consejo y empecé a escribir, fue clave que me presentara a Sonny Mehta. Envié muy nervioso algunos de los primeros capítulos a Sonny y me animó el mensaje que trasladó a Knopf: «Sabe escribir». Si Sonny Mehta cree que puedo hacerlo, tal vez pueda. De Patti Smith vino la indicación de procedencia de Sonny y siempre le estaré agradecido por animarme a seguir adelante.

Cuando Ed y Sonny fallecieron hace un par de años, se me pasó por la cabeza que el proyecto podría morir con ellos, pero luego Jonny Geller y Gail Rebuck, en Londres, y mi nuevo editor, Reagan Arthur, en Nueva York, lo mantuvieron vivo en el mundo editorial, y sus equipos se dedicaron a supervisarlo con perspicacia.

En mi mundo, tuve una caja de resonancia editorial que se dedicó a seguir poniéndome el lápiz de vuelta en la mano, esto es, sacapuntas, goma de borrar y papel: Martin Wroe y Lucy Matthew, os doy las gracias. Por vuestra compasión y vuestra comprensión, por una sincera opinión de mi vida desde la distancia. Este libro no habría podido hacerse ni terminarse sin Emma, Leah, Catriona, Jenn, Kelly, Nadine, Guy O, Gavin, Anton, Shaughn, Saoirse, Candida, Kathy, Douglas, Didi, Callan, Regine y Bri, Hackin' Mackin y los Freud, Matthew y Jonah. Todos estos ánimos y sabiduría se complementaron con las tijeras y el pegamento de aquellos que se dedicaron a leer los distintos capítulos: Edna O'Brien, Sian, Orlagh, Kathy, Paul, Bill, Bobby, Jeff, Jann, Josh, Jamie, Tom, Serah, Kate, los Sheridan y los Carmody. Gracias a Mannix Flynn, que me inspiró para hacer la cuenta atrás hasta mis comienzos.

Jordan, Eve, Eli y John me dieron permiso para escribir sobre sus vidas. Creo que hay muchas posibilidades de que Ali en algún momento lo haga.

La vida me dio una canción para cantar y Edge, Adam, y Larry me dieron una historia que escribir.

Los fans de U2 me proporcionaron una razón para seguir escribiendo la canción y la historia.

De ninguno de mis profesores aprendí a amar el lenguaje, pero hubo dos que me enseñaron la lengua franca mucho más imposible de comunicación conmigo mismo y con mi creador. Gracias, Donald Moxham y Jack Heaslip, profesores de la Mount Temple Comprehensive School. Sigo siendo vuestro alumno.

Epílogo del epílogo

Gracias a estas figuras inspiradoras, por permitirme reproducir estas letras a partir de material previamente publicado.

Página 9: «Every Grain of Sand», escrita por Bob Dylan y publicada por Universal Tunes.

Página 21: «Cars», escrita por Gary Numan. Publicada por Universal Music Publishing Ltd. y Gary Numan USA Universe (BMI).

Página 25: «Glad to See You Go», letra y música de Johnny Ramone, Joey Ramone, Tommy Ramone y Dee Dee Ramone. Cretin Hop Music (ASCAP), Mutated Music (ASCAP), WC Music Corp. (ASCAP) y Taco Tunes (ASCAP): todos los derechos en nombre propio y de Cretin Hop Music administrados por Wixen Music Publishing, Inc., y los de Mutated Music y Taco Tunes administrados por WC Music Corp.

Página 58: «For the Good Times», escrita por Kristoffer Kristofferson y publicada por Universal Music Careers.

Página 116: «God Save the Queen», letra y música de John Lydon, Paul Thomas Cook, Steve (Gb 1) Jones y Glen Matlock Rotten Music Ltd. (RS) y Warner Chappell Music Ltd. (PRS). Todos los derechos en nombre propio y de Rotten Music Ltd. administrados por Warner Chappell Music Ltd. Publicada por Universal Music Careers, Universal PolyGram Int. Publishing, Inc. en nombre de Thousand Miles Long, Inc., A y Universal Music Publishing Ltd.

Página 116: «White Riot», de Strummer/Jones y publicada por Nineden Ltd./ Universal Music Publishing Ltd.

Página 119: «Blowin' in the Wind», escrita por Bob Dylan y publicada por Universal Tunes.

Página 139: «Sonnets to Orpheus, I», de Rainer Maria Rilke, editado y traducido por Stephen Mitchell, de *Selected Poetry of Rainer Maria Rilke*, copyright de la traducción ©1980, 1981, 1982 de Stephen Mitchell. Utilizado con permiso de Random House, un sello y división de Penguin Random House LLC. Reservados todos los derechos. [Rainer Maria Rilke, *Sonetos a Orfeo*, trad. de Carlos Barral, Barcelona, Lumen, 1983, p. 39].

Página 150: «A' Bomb in Wardour Street», escrita por Paul John Weller, publicado por Universal Music Careers en nombre de Stylist Music Ltd.

Página 166: «Oh My Love», letra y música de John Lennon y Yoko Ono. Copyright ©1971 de Lenono Music, copyright renovado. Todos los derechos administrados por Downtown DMP Songs. Reservados todos los derechos.*

Página 167: «Instant Karma!», letra y música de John Lennon, copyright ©1980 de Lenono Music, copyright renovado. Todos los derechos administrados por Downtown DMP Songs. Reservados todos los derechos.*

Página 196: «Come on Eileen», letra y música de Kevin Rowland, James Patterson y Kevin Adams. Copyright ©1982 de EMI Music Publishing Ltd. Todos los derechos administrados por Sony Music Publishing (US) LLC. Derechos de autor internacionales garantizados. Reservados todos los derechos.*

Página 203: «King of Pain», escrita por Sting y publicada por Songs of Universal, Inc.

Página 209: «The Times They Are A-Changin», escrita por Bob Dylan y publicada por Universal Tunes.

Página 248: «Rise», letra y música de Bill Laswell y John Lydon. Copyright ©1986 de BMG Platinum Songs US, Adageo BV/Atal Music Ltd. (PRS) y Rotten Music Ltd. (PRS). Todos los derechos de BMG Platinum Songs US administrados por BMG Rights Management (US) LLD. Todos los derechos en nombre de Rotten Music Ltd. (PRS) administrados por Warner Chappell Music Ltd. Todos los derechos reservados.*

Página 254: «Do they Know It's Christmas? (Feed the World)», letra y música de Bob Geldof y Midge Ure. Chappell Music Ltd. (PRS). Todos los derechos administrados por WC Music Corp.

Página 274: «Without You», letra y música de Peter Ham y Thomas Evans. Copyright ©1971 de The Estate of Peter William Ham y The Estate of Thomas Evans, copyright renovado. Todos los derechos en los Estados Unidos administrados por Kobalt Songs Music Publishing. Copyright ©1970 de Apply Publishing Ltd. Todos los derechos administrados por Concord Copyrights UK c/o Concord Music Publishing y Westminster Music Ltd. Todos los derechos reservados. Reimpreso con permiso de Hal Leonard Europe Ltd. y TRO Essex.*

Página 297: «Beautiful», cortesía de Linda Perry.

Página 335: «Fame», letra y música de John Winston Lennon, David Bowie y Carlos Alomar. Copyright ©1975 de EMI Music Publishing Ltd., Lenono Music, Jones Music America (ASCAP), Unitunes Music (ASCAP) y BMG Rights Management (UK) Limited. Derechos de autor renovados. Todos los

Página 649: «Busload of Faith», letra y música de Lou Reed. Copyright ©1988 de Metal Machine Music. Todos los derechos administrados por Sony Music Publishing (US) LLC. Derechos de autor internacionales garantizados. Reservados todos los derechos.*

Página 651: «The Sound of Silence», escrita por Paul Simon. Copyright ©1964 de Sony Music Publishing US (LLC). Todos los derechos administrados por Sony Music Publishing US (LLC). Reservados todos los derechos.

Página 653: «People Have the Power», letra y música de Fred Smith y Patti Smith. Stratium Music Inc. (ASCAP) y Druse Music Inc. (ASCAP). In Excelsis Deo, letra y música de Patti Smith. Linda S Music Corp (ASCAP). Todos los derechos administrados por Warner Chappell Music Publishing Ltd.

*Reimpreso con permiso de Hal Leonard Europe Ltd.

Gracias a:

Página 632: *The Experience of God: Being, Consciousness, Bliss*, de David Bentley Hart (Yale University Press, 2013).

Página 652: *The Essential Rumi de Jalal ad-Din Rumi*, traducción de Coleman Barks (HarperOne, 2011).

Gracias a mis compañeros de banda y a nuestra editorial, Universal Music Publishing Group, por permitirme citar nuestras canciones y, por si alguien lo ha notado, sí, en ocasiones he reescrito algunas de las letras. Durante el confinamiento tuvimos ocasión de reinventar cuarenta pistas de U2 para la colección *Songs of Surrender*, lo que me dio la oportunidad de vivir otra vez dentro de esas canciones mientras escribía estas memorias. También significó que pude lidiar con algo que llevaba un tiempo molestándome: las letras de algunas canciones que siempre había tenido la sensación de que no estaban terminadas del todo. Ahora lo están (o eso creo).

Gracias al inmortal invisible por permitirme citar muchas versiones diferentes de su libro sagrado y, en particular, al difunto y añorado Eugene Peterson por permitirme citar de su especialísima traducción moderna *The Message*.

Gracias a todos mis mentores, maestros y amigos inspiradores en el mundo del activismo, a todos los que me recuerdan que «ellos» no existen... que todos somos «nosotros». Gracias especialmente a Amnistía Internacional (amnesty.org), Chernobyl Children International (chernobyl-international.com), Greenpeace (greenpeace.org), The Irish Hospice Foundation (hospicefoundation.ie), The ONE Campaign (one.org), (RED) (red.org), Olimpiadas Especiales (specialolympics.org), y la Agencia de la ONU para los Refugiados (unhcr.org).

Textos de las ilustraciones

p. 14: Una visión bicúspide del mundo empieza mucho antes. / Me dicen que tengo un corazón excéntrico…

p. 24: El milagro de Joey Ramone.

p. 50: Casa de Bono, «un barítono que se cree tenor», y Bob Hewson, un auténtico tenor.

p. 78: Diario / Nov. 1976 / Una gran semana para mí en el Instituto del Rock'n'roll. Es decir, en Mount Temple Comprehensive.

p. 94: La Gibson Explorer / La casa amarilla.

p. 226: Bueno, mejor, lo mejor. Eno & Lanois. Guck Pants Delaney y cómo el mejor de nosotros puede volverse mejor o peor según con quién vaya…

p. 300: Hasta el fin del mundo donde Edge y yo cogemos un tren, en un metro / refugio antibombas en la capital de Ucrania y Mijaíl Gorbachov, un líder del «mundo no libre» llama a nuestra puerta en Dublín para ofrecernos un osito de peluche para un picnic / Fin del mundo.

p. 314: En el que, en Berlín, hechizado por los espíritus de Hansa, la banda U2 se pelea y está a punto de convertirse en historia hasta que acabo recordando que sin Edge, Adam y Larry soy un cuarto de artista.

p. 330: En el que empiezo a cambiar mi forma de ser al descubrir la importancia de no ser tan serio… y comienzo a imitar a Elvis antes de que Elvis aparezca en mi habitación del hotel de Chicago con la esperanza de convertirse en el líder del mundo libre.

p. 350: En el que, en Australia, Adam pierde el norte y nosotros casi perdemos a Adam. La banda se degenera hasta que Adam aprende a respirar bajo el agua y (lo creáis o no) Friedrich Nietzsche llega al rescate con la frase adecuada y descubrimos que a veces el defecto es incluso mejor que la perfección.

675

Textos del cuadernillo

Imagen 1. Yo, Iris, Bob, Norman, Butlin's Mosney, piscina, Co Meath 1971.

Imagen 2. Estos son mi madre y mi padre / cuando el amor llegó a la ciudad. ¿Quién?

Imagen 3. «Rey León» y sus castillos de arena / abrazo de padrino y ahijado / esta marea nunca subirá

Imagen 4. El consuelo de que te cojan y la alegría de coger en brazos / Yo & Eve / Bob & Iris

Imagen 5. Padre & hijas / no podemos separarnos, sobre todo cuando estamos juntos

Imagen 6. La estrella que nos da luz desapareció por un tiempo. Pero no es una ilusión. El dolor de mi corazón es una parte tan importante de lo que soy. / IRIS de pie en el pasillo me dice que puedo hacerlo todo / IRIS se despierta con mis pesadillas. No temas el mundo. ¡No está ahí! / IRIS jugando en la playa entierra al niño en la arena / IRIS dice que seré su muerte. No fui yo. Abrázame fuerte como si me conocieras

Imagen 7. Adolescentes y veinteañeros

Imagen 8. FERNS WEXFORD / JORDAN enseñándome a escribir + Eve de Eve la artista / Parc Monceau París

Imagen 9. El más joven como el más viejo… Lil John / Director de escena / Yo, Bob & Elijah / 3 generaciones de Hewson

Imagen 10. Terry & Joy me acogieron como a un perro abandonado y me alimentaron en todos los sentidos. / Abuelo «Gags» Rankin / Iris Rankin / Todos los Rankin

Imagen 11. Elijah y yo oímos la misma melodía

Imagen 12. Veranos del amor & primos / EDWINA / EDGAR, IRIS, BARBARA, MICHAEL, ADAM, JACK, YO

Imagen 13. Paul David eh Hensen, Dave Evans, Larry Mullen, Adam Clayton ganamos nuestra primera sesión de grabación/U2 & The Virgin Prunes. Glasnevin/Bill Graham

Imagen 14. El hype se convierte en U2/Guggi/yo no cantando con armonía/Gavin

Imagen 15. A algunos se nos daba bien posar

Imagen 16. Adam el mejor padrino por un par de razones./1. El mejor maestro de ceremonias, crítico con las bodas irlandesas, dio el mejor discurso./2. Quizá mi fachada adolescente no siempre llevó bien que Adam liderase más y más... Pero simplemente él era mejor en un montón de cosas. /¿La visión por encima de la visibilidad?/«concierto», «circuito», «demos»/El rubio guiando a los ciegos...

Imagen 17. U2 & The Virgin Prunes/«Si U2 es Dios entonces los Prunes son el demonio»/Gavin Friday, Hot Press 1980/Gavin, David, Mary, Strongman, Guggi, Dik/U2 podría, ocurrirle, a, cualquiera

Imagen 18. El hombre que me permitiría entrar en su vida, su hogar, su mujer, su hija y su hijo Ian/40 años después/Terry Stewart/Joy Stewart/Jojo une a la familia/10 St. Assams Ave Raheny Dublín

Imagen 19. O Paul McGuinness haciendo que U2 firme un contrato para que fuese nuestro mánager, o nosotros haciendo que nos pague una copa o una furgoneta./Guggi y Gavin observan mientras jugamos a estar en una banda/Edge el francotirador, Larry el chico corriente, yo perfeccionando «el gesto de sorpresa», Adam perfeccionando su «boca malhablada»/Proyecto artístico después del concierto 18/9/78. Primer encuentro con nuestro futuro mánager Paul McG

Imagen 20. Dos sándwiches de jamón y dos huevos duros

Imagen 21. Bono, Ali, con la clase del 78 de los más «ilustrados» del Mount Temple Comprehensive/The edge/Estudios de Grabación de Windmill Lane, grabando «Boy»

Imagen 22. El seto/10 Cedarwood Rd. y el Avenger Hillman

Imagen 23. *Mullet* en Madhattan busca y encuentra a una chica que entienda más de esas cosas

Imagen 24. No sé si esta foto la hizo Ali o Edge pero sé que era 1981 en Nassau donde estábamos mezclando «Fire»/El columpio es en Gorey, Wexford, Irlanda, agosto de 1980. Creo que es la cabeza de Ali con mi cuerpo...

Créditos de las fotografías

Todas las fotografías son cortesía del archivo familiar de los Hewson a no ser que se indique lo contrario.

p. 9: (abajo izquierda) Copyright Anton Corbijn

p. 13: (desde arriba) Cortesía del Irish News Archives; copyright Patrick Brocklebank

p. 14: (abajo) Copyright Hugo McGuinness

p. 15: Copyright Paul Slattery

p. 17: (desde arriba) IMAGO/Future Image; copyright Patrick Brocklebank; copyright Colm Henry

p. 19: Copyright Patrick Brocklebank

p. 20: (arriba izquierda) Copyright Anton Corbijn

p. 21: (desde arriba) Cortesía del Mount Temple Comprehensive School Dublin; copyright Tom Sheehan

p. 24: (abajo izquierda y arriba derecha) Copyright Paul Slattery

Diseño del cuadernillo: Anton Corbijn, Gavin Friday y Shaughn McGrath

"lion king" and his castles
in the sand
godfather
&
godchild
embrace.
this tide is never coming in

the comfort of being held
and
the joy of holding....

me & Eve

Bob &
Iris

Fathers & daughters
cannot be apart especially
when we are together.

the star that gives us light
has been gone awhile
but it's not an illusion
the ache in my heart is so much a part
of who I am
IRIS
standing in the hall
she tells me I can do it all
IRIS wakes
to my nightmares
don't fear the world
it isn't there
IRIS
playing on the strand
she buries the boy
beneath the sand
IRIS
says that I will be
the death of her
It was not me
Hold me close
like I'm someone
that you might know

teens into twenties

FERNS WEXFORD JORDAN teaching me to write + EVE OF EVE the artist Parc Monceau Paris

the youngest as the eldest...
lil John

stage coach

ME, BONO + ELIJAH 3 generations of Hewson

Terry & Joy took me in as a
stray dog and fed me up
every which way.

Grandad 'Gage' Rankin

was RANKIN.

all the RANKINS

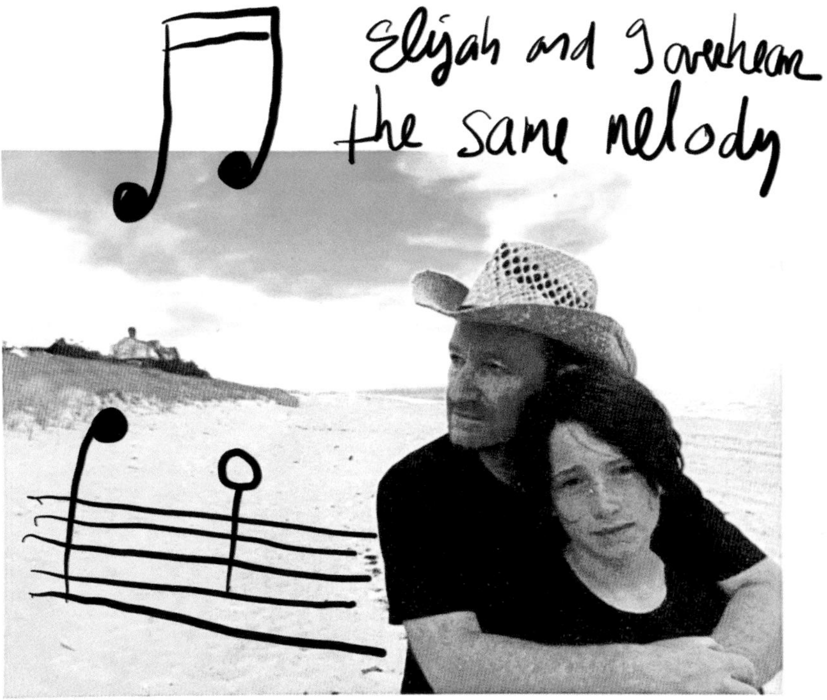
Elijah and I overhear
the same melody

summers of love & cousins

Paul DAVID
eh Hensen Dac Evans Larmy Muller
ADAM CCAYtay
wen our 1st
Recording
session

U2 from Malahide, Dublin, winners of the Pop '78
contest at Limerick (left to right) Paul Hensen, Dave
Evans, Larry Mullin and Adam Clayton (leader).

U2 + the
Virgen prnes
Glasnevin

Bill Graham

the HYpe
becomes U2

guggi
me
not singing
HARMONY
Gaum

posing came easily to some of us

ADAM the best man for a couple of reasons 1. best at being MC and critical for Irish wedding, give the best

2.... maybe my teenage front best man's speech didn't always appreciate ADAM getting more out Front! but he was just better at lots of things "vision are visibility?"

"gig" "Circuit" "demo tape"

the blond leading the blind .....

U2 & the Virgin Prunes

"If U2 is God then the prunes are the devil"

STRONGMAN, GUGGI, DIK

GAVIN FRIDAY
HA PRESS 1980

GAVIN, DAVE (D), MARY

U2 COULD

U2 HAPPEN

U2 TO

U2 ANYONE

the man who would let me in
to his life, home wide daughter
– son Ian 40 years
Terry   later
   Stewart

Jot
Stewart

JoJo
brings the
family
closer

70 St Assams Ave Raheny Dublin.

either Paul McGuinness getting U2 to sign mgmt contract or we getting him to buy us a drink or a van ....

Project Arts aftershow 18/4/78

First meeting with our soon to be manager Paul McG

guggi and gavin look on as we play at being in a band

Edge the marksman, Larry the high moral door, Adam perfected "potty mouth", Bono perfected "the startled look"

two hans & and two boiled eggs

the Bono
the Ali — with class of 78 at the most
'enlightened' Mount Temple Comprehensive

the edge

Class of 1978, Mount Temple Comprehensive School

Windmill lane recording studios
recording "Boy"

the hedge

10 CEDARWOOD RD and the avenger Hillman

mullet in Madhattan seeks
and finds a girl who will know better
about such things

dont know if this photo is taken by Ali or Edge
but I know it was 1981 in Nassau where we were
mixing 'Fire'

the song is
Gloria, but I had i Ireland AUG, 1980
that's Ali's head on my body
I think......